世界歴史大系

朝鮮史

1

先史
▼
朝鮮王朝

李成市
宮嶋博史
糟谷憲一
編

山川出版社

はじめに

朝鮮史は、日本における外国史のなかでも特別な意味をもっている。日本にもっとも深くかかわる隣国の歴史であることのほかに、近代日本が侵略政策・植民地支配を背景として先鞭をつけた朝鮮史研究の蓄積があり、それに加えて、戦後にも植民地期の研究蓄積の上に独自の研究成果がある。また、一方には、そのような研究を批判克服すべく、大韓民国や朝鮮民主主義人民共和国（以後、韓国、北朝鮮と略す）の研究蓄積がおのおのにある。それらの研究に基づく通史はおのおのが独自の歴史観によって個性ある構成をとって叙述されている。このような状況にあって、外国史の立場から信頼にたる詳細な通史を日本で刊行することは容易ではない。

本書は、山川出版社が日本の歴史研究の水準を示す、もっとも信頼できる本格的な通史をめざし「世界歴史大系シリーズ」の一環として企画された。当初、武田幸男先生（東京大学名誉教授）に出版に関する相談があったが、二〇〇六年末に李成市に委ねられ、宮嶋博史、糟谷憲一が加わり、三人による編者によって全二巻として刊行の準備に着手した。

その後、編者の李成市や執筆者の諸事情もあり、当初の刊行予定を大幅に遅延することになって出版社には多大なご迷惑をおかけすることになった。お詫び申し上げるとともに、刊行までのご尽力に心からお礼申し上げたい。

本書全二巻は、李成市、宮嶋博史、糟谷憲一の三人が共同討議をかさねて立案し、各巻執筆者たちとの議論をへて構成案を作成した。各章の叙述は執筆担当者の責任においてなされているが、表記の統一や年表の作成などについては編者が調整をおこなった。編集にあたっては、第一巻を李成市・宮嶋が、第二巻にあたっては糟谷が主として担当した。糟谷は両巻にわたる調整をおこなった。

本書は、おおよそ原始古代、高句麗・百済・新羅・加耶史、後期新羅・渤海史、高麗史、朝鮮時代史、近代史、現代史からなるが、通史としての体系性については編者の三人が協議して、各時代の執筆者に依頼することとし、成稿後に編集作業で統一性をはかることにした。執筆に際しては、現今の学界の最新の研究成果に基づきながら、方法論的にも実証性、客観性に留意した。

本書の構成案を作成する過程で全執筆者との編集会議・打合わせにおいてさまざまな議論があった。とりわけ、一九四八年における韓国、北朝鮮の建国以後の歴史をどのように叙述するかについて少なからず議論があった。朝鮮史としての一貫性を重視して一定の時代区分にしたがって、それらの各時代の歴史を南北同時に叙述していくという従来の方法にしたがうべきでないかとの見解もあった。しかしながら、韓国と北朝鮮は、建国以来、まったく別の国家論理と諸国関係のなかで歴史を展開しており、そのような両国のあり方を共通の基準によって時代区分するのは困難であって、別個の叙述を試みるべきであるとの見解にしたがうことにした。

また、従来は、朝鮮史を国民国家に枠づけられた歴史叙述にしたがって、一国史の観点から通史を描こうとしてきたが、朝鮮の歴史を一国史の方法論で描くのは、多くの豊かな事実を捨象してしまうという見解も出された。朝鮮史が展開した地域は、北部の大陸に連なる地域から、南部の半島部へ伸びる地域で構成されており、この南北には古来、多様な生業と諸民族の活動が展開したのであって、必ずしも南北を一体のものとして自明視できない歴史的展開を排除すべきでないというのである。

　インド史やベトナム史がそうであるように、南北の地域の差異は、それらの地域の複雑で多様な歴史の実態を反映したものであり、そのような史実を直視してこそ、自国民が自国史に求める政治的な課題とは別途に、今日かかえている当該国の諸問題を外国史として他者の視点からとらえることができるのではないかとの意見も出された。

　私たちは、朝鮮半島で生きる人びとが「未完の国民国家」の時代に生きており、統一国家の建設をめざしている途上にあるという現実的な課題について、しばしば熱情を込めた議論に接することがある。朝鮮半島に生きる人びとの統一国家への希求という切実な現実的課題に共感しながらも、なお外国史を叙述する主体的な立場がありえると信じている。そもそも、国際的な歴史学界では、国民国家とは何かが問われており、国民国家の枠組を相対化する歴史叙述が模索されているが、近年のこうした研究動向には、地球規模の課題に応じた学術的な根拠があると考えている。

　序章にも述べるように、外国史は、そもそも歴史叙述の対象となる本国の研究成果に多くを学ぶことから始まる。ただし、韓国と北朝鮮においてはおのおのに特色ある立場からの歴史学研究がなされており、それらの成果を主体的にとらえることも外国史の役割であると信じている。

　ところで、外国史としての朝鮮史にかかわって、歴史用語のルビについて言及しておきたい。日本では朝鮮史の語彙は同じ漢字を用いることもあって、それらを日本における漢字音で読み慣わしてきた。しかし、グローバル化の現在、大学の教場では英語文献などになじんだ諸外国からの留学生が一緒に学ぶことが日常化しており、このような場合、日本の漢字音や慣用的な読み方ではもはや通じないことがある。それゆえ、本書では固有名詞や歴史的な用語には可能な限り朝鮮語読みのルビを付した。また、これらのルビについても、朝鮮語では、たとえば、姓と名や、地名と行政区画名などを一体として発音する際には、リエゾンして個々の発音とは異なる場合がある。このように個別の漢字ごとに機械的にルビを付しては通じないことを考慮し、原則として、上記のような事例はリエゾンしたルビを付すことにした。

また、参考文献は、本書が主として日本の読者を対象としているために日本語文献を中心に掲げることに努めたが、時代や地域によっては、日本語文献がない場合があり、あえて韓国や北朝鮮、諸外国の文献を掲げたところがある。当然のことであるが、朝鮮史研究は日本の学界では完結しえない研究状況にある。

本書の編集作業には、早稲田大学朝鮮文化研究所の全面的な支援を得た。研究員の澤本光弘、柳美那両氏には、編者とともに、年表・索引・ルビや、その他編集作業にかかわる諸事を担当していただいたことを明記し、お礼申し上げたい。

二〇一七年六月

李　成　市
宮嶋　博史
糟谷　憲一

目次

第三章　後期新羅と渤海　橋本繁・李成市・酒寄雅志

第六章　朝鮮初期……六反田　豊　288

▼補説▲

付録

朝鮮史 1

先史〜朝鮮王朝

序章　朝鮮史研究と植民地主義の克服

1　朝鮮史の理解のために

朝鮮、韓国、コリアという呼称

まず、本書で用いる国号について言及しておきたい。英語圏では、朝鮮《チョソン》と韓国《ハングク》はKOREAの一語で表現されるが、漢字文化圏では、二つの用語には明確にニュアンスの違いがある。例えば、両者はときには朝鮮半島の南北で対峙している二つの国家（大韓民国《テハンミングク》、朝鮮民主主義人民共和国《チョソンミンジュジュイインミンゴンファグク》、以後、韓国、北朝鮮と略）の代名詞にもなりうる。さらには、韓国では「朝鮮半島《バンド》」ではなく、「韓半島《ハンバンド》」と呼称して、日本で一般に用いられる朝鮮半島を「韓半島」に改めるよう求められることがある。両国にとって、朝鮮と韓とは、国家の正統性と深くかかわる重要な問題と認識されているのである。

そもそも、歴史的に遡れば、朝鮮という国号は、遅くとも紀元前四〜前三世紀頃には、古代東北地方の（遼寧地方）の燕《えん》と争う勢力として存在していたことが確認される。燕の東方に隣接して朝鮮と呼ばれる勢力は、秦の始皇帝が中国を統一する頃、朝鮮王・否《ブ》という者が即位して秦に服属したという。そして朝鮮王・否の子、準《チュン》が王位を継承すると、自ら登用した燕の亡命者・衛満《ウィマン》によって滅ぼされ、衛満によって新たな朝鮮国が建国される。この王朝は、一般に「衛氏《ウィシ》朝鮮」と呼ばれる。この衛氏朝鮮は、漢の武帝に前一〇八年に滅ぼされるまで存続した。要するに、前四世紀頃から前一〇八年まで、数百年にわたって朝鮮と称する二つの古代国家が朝鮮半島北部に存続したことになる。

一方、衛氏朝鮮の同時代に朝鮮半島南部には、韓を称する勢力があって、後三世紀頃には、馬韓《マハン》、弁韓《ピョナン》、辰韓《チナン》という三つの勢力区分のもとに、七〇余りの小国が群立していた。一般に馬韓、弁韓、辰韓の三つの勢力を三韓《サマン》と総称するが、後世には「三韓」が高句麗《コグリョ》、百済《ペクチェ》、新羅《シルラ》の総称となったり、朝鮮半島そのものの別称となったりするので、この点にも留意が必要である。

この三韓の地域から、やがて、半島西南部の馬韓からは、ソウル地方を拠点にした百済が、東南部の辰韓からは新羅が誕生する。洛東江下流域の弁韓からは、高霊《コリョン》に拠点をおく大加耶《テガヤ》国が、金海《キメ》に拠点をおく金官加耶《キムグァンガヤ》国が誕生する。百済、新羅、加耶《カヤ》といった国々は、南方の韓の地から興ったのである。韓もまた朝鮮と同様に、古くに遡る地域名として歴史に登場していることがわかる。

さらに、朝鮮半島と中国大陸を隔てる鴨緑江《アムノッカン》《おうりょくこう》の支流・渾江《こんこう》流域の桓仁《かんじん》から興起した高句麗は、紀元前後頃には、高句麗王統を誕生させていた。高句麗は、五世紀に「高麗《コリョ》」とも自称し、国際的に用いられている。九一八年に現在の開城《ケソン》に建国される高麗は、六六八年に滅亡した高句麗の継承を唱えていたが、直接の系譜関係があるわけではない。ただし、十世紀初頭に開城地方に台頭した高麗は、その後、後三国《フサムグク》という分裂状況を収拾して約五〇〇年の命脈を保った。こうして王朝名としての「高麗」は長期にわたって存続していることになり、今日の国際的に流通しているKOREAは高麗に起源するといわれている。

ついで高麗王朝を襲って一三九二年に朝鮮王朝が建国されるが、その国号の由来は、歴史的に形成された古代の朝鮮国の建国神話を意識し、十三世紀末の建国時の自意識に基づいてとくに選ばれたことにある[1]。この近世の朝鮮と区別するために、一般には、古代の朝鮮を「古朝鮮《コジョソン》」と呼び慣わしている。近世の朝鮮王朝を、日本の学界では「李氏朝鮮」と呼び慣わしてきたが、北朝鮮では、「李朝《リジョ》」とする。北朝鮮では「朝鮮」とは、あくまで現在の朝鮮民主主義人民共和国のことを指すとみてよい。一方、韓国では、「朝鮮王朝」「朝鮮時代」と呼称する。韓国では「朝鮮」といえば、前近代の王朝を指すことになる。本書では、各章を王朝名によって叙述することとし、したがって、近世の王朝を朝鮮王朝、朝鮮時代とする。

ただし、日清戦争を機にして、朝鮮王朝は清国との宗属関係を絶ち、一八九七年には国号を大韓帝国《テハンジェグク》と改め、自主独立の帝国であることを内外に表明する。その後、大韓帝国は、日本に併合されると（韓国併合《ハングクピョンハプ》）、その地域は、大日本帝国の一地方として「朝鮮」と呼称されることになる。一方、日本の植民地化の過程で多くの独立運動家が結集した上海

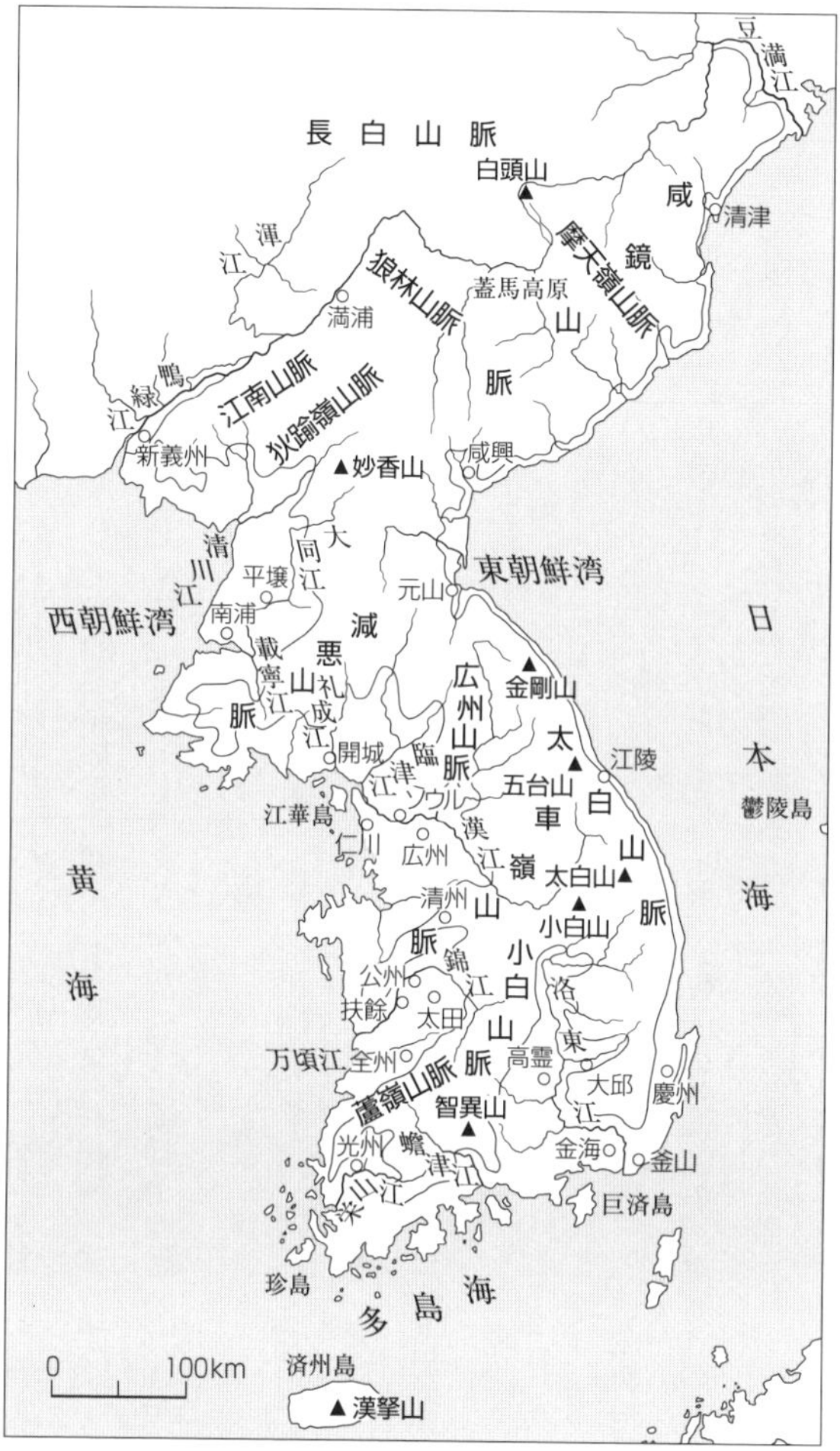

図１　朝鮮半島の地勢図

には、三《サ》・一独立運動《ミルトンニプウンドン》のさなかに大韓民国臨時政府《テハンミングギムシジョンブ》が樹立される。日本の支配から解放されたのち、一九四八年には、まず南部には、大韓民国が誕生し、ついで北部に朝鮮民主主義人民共和国が成立する。

前述のように、朝鮮半島の通史において歴史上の大きな転換期に朝鮮と韓という国号が大きな比重をもって登場しており、二つの国号がもつ意義は軽視できないものがある。

このような経緯を踏まえれば、その地域、言語、文化の総称として、「朝鮮」を用いるか「韓」を用いるかは、現代の南北両国家の正統性とかかわることにもなり、格別に重要な問題ではあるが、外国史としての立場から、本書では日本の学界の慣習に従って価値中立的に、「朝鮮」を言語、文化、地域の総称として用いることにする。

朝鮮半島の民族と生業

現在の朝鮮半島の二つの国家の領域に限ってみても、朝鮮半島は、北緯三十三度から四十三度に南北千キロにわたっており、その南北の広がりゆえに、古代から多様な生業をもった諸民族[2]の活動がこの地域で展開された。その民族構成は、大きく北方系列と南方系列とに分けて考えられる。

北方系とは夫餘《プヨ》、濊《イエ》(穢《わい》)、狛《ベク》《はく》、沃沮《オクチョ》《よくそ》、高句麗、渤海《パレ》《ぼっかい》であり、これらの民族集団は北東アジアの狩猟・漁撈・遊牧文化と連なっていた。ただし、夫餘、高句麗、渤海の支配集団が遊牧民であったわけではない。濊や沃沮は、国家を形成するまでにはいたらなかったが、高麗、渤海、新羅の動向にかかわっていた。例えば、濊や沃沮は、高句麗の支配集団に長く従属していた。また、渤海は国号として用いられており、渤海の支配集団のもとには、濊や沃沮の後身である靺鞨《マルガル》《まっかつ》諸族を従属させていた。そもそも「靺鞨」という名称は中国側からの名付けであり、諸族は文化や習俗を異にしていたと考えられている。古代の北方系の動向は、渤海に集約され、渤海に象徴される。[3]

南方系とは、三韓や百済、新羅の系列であり、これらは南海方面に連なって農耕・漁撈文化を育んだ。百済は馬韓の一国・伯済《ペクチェ》から興り、ソウルを拠点に発展し、北の高句麗に対抗しながら、現在の朝鮮半島南部の西南地方に領域を展開した。新羅は辰韓の斯盧《サロ》国から発して、慶州《キョンジュ》を拠点に半島南部の東南地域で勢力基盤を固め、弁韓地域に進出して加耶諸国を併合し、百済、高句麗と抗争して三国の覇者となる。

新羅は、百済と高句麗の南方領域の一部を吸収し、約二〇〇年間、平壌《ピョンヤン》に流れる大同江《テドンガン》と元山《ウォンサン》湾を結ぶ地域で渤海と南北で対峙した。南方系の動向は、渤海に対抗する新羅に集約され、新羅に象徴される。

ところで、北方系の高句麗が鴨緑江流域から南下して四二七年から滅亡（六六八年）にいたるまで王都とした平壌は、前一〇八年から後三一三年まで約四二〇年間、楽浪《ナンナン》郡がおかれ、ここを拠点に朝鮮半島北部は中国王朝の郡県支配が継続した。

この平壌以北には、北方系の民族集団が居住し、この地域の諸集団は、狩猟、漁撈、牧畜、農耕などを営んでいた。また、高句麗は、前述の濊や沃沮などのほかに、遊牧系の契丹《きったん》の一部族をも政治的に従属させていた。

朝鮮半島中部の平壌は古代において稲作の北限であり、平壌以南の南方系の地域では農耕・漁撈を生業としていた。南方地域でも、馬韓の南部の西南地域は、稲作圏であり、東南地域の弁韓・辰韓地域は、稲作・畑作圏であり、二つの地域には祭祀に差異がみられ、地域圏の相違があった。

したがって、高句麗は、平壌に王都をおいてソウル地方以南の韓の地域にまで勢力を広げていた五世紀においては、北部の遊牧から南部の稲作にいたる多様な生業に従事する諸民族を従属させた国家であったことになる。

最盛期の高句麗が北緯三十九度の平壌に都をおいて、南北の生業が異なる諸民族に支配をおよぼしていた事実は、広くアフロユーラシアにまで目を広げれば、平壌が洛陽、長安、サマルカンド、バグダード、コンスタンティノープルをはじめとする諸都市と同様に、ほぼ同じ緯度の上に異なる生業が接触する境界領域に所在していたことが視野にはいってくる[4]。こうした平壌の生態系上の位置づけをめぐっては、漢の武帝が設置した楽浪郡の位置問題にかかわって軽視できない大きな問題である。

また、高句麗による平壌以南への侵攻は、南方系である韓の地域の諸族の政治的な連携を強めたり、諸族の国家形成を促したりするなど、朝鮮半島の古代国家の形成史において見逃せない影響をおよぼしたことにも注目したい。

高句麗の滅亡後、北方系の諸族は、高句麗遺民によって六九八年に渤海の前身である震《チン》(振)国が建国されることによって、高句麗支配層や、かつて高句麗の統属下にあった靺鞨諸族を支配下におさめて南部の新羅と対抗したことはよく知られているとおりである。ただし、北部の渤海史をめぐっては、近代に成立した一国史の枠組において、その帰属をめぐっては国際的にも論争が繰り広げられており、未解決の問題が横たわっている。例えば、北朝鮮では、渤海史を朝鮮史に位置づけて、七世紀以降の歴史を渤海と後期新羅《フギ》の併存時代としてとらえている。一方、韓国では、渤海史を朝鮮史に位置づけることにおいて同様ではあるが、渤海と新羅が併存した時代を「南北国時代《ナムブックシデ》」と呼称している。中国やロシアにおいては、また別途の位置づけがあるが、ここでは省略する。本書では、北朝鮮や韓国における学界の研究を踏まえ、朝鮮史の枠組のなかで渤海史を論述することにする。

朝鮮史の歴史的な特徴

以上、王朝・民族の呼称や朝鮮半島の歴史地理的な問題に言及したが、それらを朝鮮史の特徴としてまとめれば、つぎのようになるであろう。

まず、古代国家の形成が古くに遡ることである。朝鮮半島北部には、遅くとも前四世紀には朝鮮という国の存在が認められる。鴨緑江流域から興起した高句麗もまた諸勢力を結集して紀元前に遡って王権を誕生させていた。

第二には、政治的な統一過程が長く続いたことである。北部の朝鮮に対して、半島の南部では三韓と呼ばれた地域に七〇余りの小国群があって、この地域の統合は、後四世紀以降になって始動する。やがて、この地域から興った百済や新羅は、北部の高句麗と抗争を繰り広げ、結局、新羅が覇者となるが、六九八年に高句麗故地の北部から興った渤海と朝鮮半島中部(大同江付近)で対立することになる。朝鮮半島の諸国の統一を、高麗による九三六年の後百済の統合に求める見解は、今日では南北の学界で有力である。

第三に複合的な諸民族(エトノス)が歴史を展開するという点である。すでに述べたように、夫餘、狛(貊)、濊(靺鞨)、沃沮、韓といった諸民族が朝鮮古代史の展開にかかわっており、いうまでもなく、朝鮮史をアプリオリに単一の民族(ネイションないしはフォルク)の歴史とみなすことはできない。

第四に、前述のように複合的な北方系・南方系の諸民族の構成にかかわって、南北千キロにおよぶ半島南北間の自然環境と社会的・文化的な無視しえない差異についてである。古代においてはもちろんのこと、十九世紀にいたるまで、生業の違いがあって、北部と南部は相互に生産物を補完し合う関係にあったことを李重煥《イジュンファン》の『八域志《パリョクチ》』は描いている。

第五に、中国や中国東北地方の王朝との複雑な政治関係が朝鮮半島の歴史的な展開に多大な影響をおよぼしている点である。古くは隣接する中国東北地方の遼寧地域(燕)との抗争や、秦漢帝国の誕生と、それらの王朝による干渉によって、郡県支配がおよんでいる。また、魏晋南北朝をへて隋唐帝国の誕生後には、激しい軍事抗争をへて、高句麗や百済の滅亡を招いている。高麗王朝は、遼、金、元と、朝鮮王朝は明、清との関係において、おのおのが冊封《チェクポン》あるいは駙馬《ブマ》《ふば》関係など近代国家とは異なる独特の性格をもった支配・従属関係を結んでおり、朝鮮半島の諸国の発展にとって、中国諸王朝との政治・外交関係は朝鮮の諸王朝にさまざまな規制や掣肘《せいちゅう》を加えることとなった。

第六に、日本列島との密接な関係である。日本列島と朝鮮半島南部地域との交渉は古くに遡り、人的な往来はさまざまな考古遺物が裏づけている。ソウル地方に興った百済との外交関係も三六〇年代には開始され、その関係は六六〇年の百済滅亡まで続くことになる。八世紀にはいっても、日本は新羅と南北で対立する渤海と約二〇〇年にわたって緊密な関係を結びながら、新羅を牽制する政策をとっている。一方、新羅と日本との外交は古くに遡り、両国は敵対関係を伏在させながら妥協的な外交でもあったが、その関係は長期におよんだ。高麗時代には、公的な交流はほとんどなかったものの西国の領主との関係があったほか、倭寇《ウェグ》は高麗時代末、朝鮮時代初期にわたって朝鮮半島に甚大な影響をおよぼした。また、豊臣秀吉の侵略ののち、徳川幕府との外交関係は修復されたが、通信使による長期におよぶ通交関係の歴史は、両国の外交がはらむ本質的な矛盾が隠されたままになっており、近代以降の外交を考えるうえで、たんに「平和な外交」とはいえない面がある。

第七に、朝鮮の政治、社会、文化の全般にわたって、中国を中心とする東アジア文化圏のなかで自己を体現してきたことである。それは、日本、琉球、ベトナムといった地域の歴史と同様であって、古代以来、中国文明の圧倒的な影響のなかで、歴史を形成してきた。ただし注意すべきは、漢字を用いながらも、あるいは儒教や漢訳仏教を受容しながらも、それらの漢字で表現された語彙の意味内容(実態)は必ずしも同一とはいえない。本書に、歴史的な用語にカタカナのルビを付したのは、それらが同時代の中国や日本の語彙と異なることを喚起する意味もある。仏教・儒教の信仰や思想の内容においても、同様の留意が不可欠である。

2 外国史としての朝鮮史

朝鮮史研究と日本

朝鮮史研究は、日本における外国史研究のなかでも、かなり特殊な位置を占めている。例えば、イギリス史やフランス史を研究しようとすれば、まずは、イギリスやフランスといった「本国」の研究者が唱える成果を学ぶであろうし、それらの本国の研究からまったく離れて日本において研究がなされることはほとんどありえないだろう。

外国史研究は、まずはその土地に生きている人びと自身が自分たちの過去に対する研究を外部者がいったん受け止め、当該国の研究成果を学習することから通常は始まる。外国史を学ぶということは、外国という他者と、その地の過去（その地に居住していても一般の人びとには知りえない他者）という二重の他者と向き合うことを意味する。

ところが、日本における朝鮮史研究は長いあいだ、本国の研究とは直接関係なく、日本の学界で、ある意味では自己完結的におこなわれてきたという歴史的経緯がある。というのも、日本の朝鮮史研究は、近代日本が朝鮮の植民地統治のために、従前とは異なる近代歴史学の方法を用いて着手された。二十世紀初頭に開始されて以来、長いあいだ、日本人の手によって近代の学知として朝鮮史研究がなされてきたのである。統治のための学問であるがゆえに、国家プロジェクトとして膨大な予算と人材が投入された。近代的な意味における「朝鮮史」研究は、まずは日本人による日本人のための学問として出発したのである。

例えば、朝鮮総督府は、朝鮮の慣行調査や各種資料の収集・刊行に努めた。朝鮮史学に関する代表的な刊行物には、『朝鮮金石総覧』『朝鮮古蹟図譜』『朝鮮古蹟調査報告・同特別報告』、朝鮮史編修会『朝鮮史』などがあって、それらは、総督府が統治する必要から、あるいは統治の威信を示すために推進した文化事業の一環としておこなわれた(5)。

そのほかにも、藤田亮策、今西龍、池内宏、末松保和、稲葉岩吉、田保橋潔、中村栄孝、四方博といった研究者が、考古学や、古代・高麗・朝鮮の各時代史、日朝関係史、東アジア国際関係、社会経済史といった多彩な分野の研究上の基礎を築いた。

一九四五年まで、朝鮮史研究は主として日本人によって多くの成果を生み出してきたが、植民地支配が終わったのちも、本国における朝鮮人の研究とは別個に、既存の研究蓄積のうえに、戦後の日本における朝鮮史研究が再開され、国際的にも高い水準の成果が生み出された。それらは長い期間にわたって本国との研究とは距離をおいたままおこなわれてきたところもあった。そうした意味において、日本の朝鮮史研究は、他の外国史とりわけ日本における諸外国を対象とする歴史研究とはかなり異なるといえる。

植民地主義の克服と朝鮮史

そのような点に加えて、外国史としての朝鮮史の特殊性は、植民地から解放されたのちに、本国の歴史研究がまったく異なる二つの体系のもとに、相互に対抗しながら今日にいたるまで歴史像が形成されている点にある。

一九四八年に朝鮮半島の南に大韓民国が、北に朝鮮民主主義人民共和国がおのおの国家イデオロギーを異にして成立し、それに基づきおのおのが自国史を構想し叙述してきている。

北朝鮮では、マルクス主義史学から提起された理論的な問題に立脚しつつも、一九七〇年代からは主体《チュチェ》思想に従い、解放後の社会主義国家にいたる歴史的過程を、いわば必然の過程として構築している。韓国においては、植民地支配に抗しながら形成された申采浩《シンチェホ》、鄭寅普《チョンインボ》、崔南善《チェナムソン》らの民族主義史学を大きな基盤としながらも、実証主義に基づく膨大な研究が蓄積されている。南北において原始古代から現代にいたるまで、相互に共有する歴史がまったくないというわけではないが、近代史以降については大きな隔たりがあり、そのような歴史認識の相違は、外国史としての朝鮮史の体系を構想するとき、容易でない問題を生じることになる。

しかしながら、もっとも重要な問題は、二つの本国の歴史研究の体系が異なることもさることながら、二十世紀初頭以来、継続して日本人によって担われてきた朝鮮史研究と本国との相違についてである。その違いを生じさせているのは、南北両国の本国の研究がともに、近代日本人によって築かれてきた朝鮮史研究の克服、つまりは植民地史観の克服という共通の課題を掲げてきたことで、これが日本の朝鮮史研究との違いを際立たせているのである。

南北両国が克服の対象としている日本のかつての朝鮮史研究(植民地期の研究)には、いくつかの特徴があるが、一つは停滞性史観、もう一つは他律性史観といわれている。前者の停滞性史観は、十九世紀末に、朝鮮が独力で近代国家をつくりあげることができなかったことを朝鮮の内在的な問題として取り上げ、後者は、地政学的に中国や日本などの外部の勢力(外圧)によって左右され、その歴史的な展開に自律性がないことが強調された[6]。

このような植民地支配を合理化する研究を批判すること（反植民地主義、脱植民地主義）を主要な課題としながら、さらに二つの本国の研究とつねに向き合わなければならないところに日本における朝鮮史研究の課題がある。

朝鮮史がかかえている植民地主義の克服という課題に対して、いまなお韓国と北朝鮮とのイデオロギーを異にする二つの「本国」が存在するということ自体、この地域に冷戦構造が依然として残っていることを物語っており、こうした分断解消には、近代における日本と朝鮮の歴史に深く根ざした問題の取組が不可欠である。また植民地主義の克服は、世界史的な人類共通の課題であり、人類史にとっても普遍的な課題であるがゆえに、朝鮮史研究は、世界史的な課題に取り組むことになりえるのであって[7]、意義ある研究対象であることをあえて指摘しておきたい。

以上の点を踏まえながらも、本書では、韓国、北朝鮮における最新の成果を踏まえつつ、実証主義の方法、史料批判による客観的・普遍的な方法論を重視して、外国史研究の立場から主体的な叙述に努めた。

李　成市

注

（1）国初に朝鮮王朝から明への使者が持参した二つの国号のなかから太祖・朱元璋によって朝鮮が選ばれた経緯を強調する向きもあるが、これは儀礼としての側面が強く、もとより「朝鮮」が選択されることを意図していたことが明らかにされている。中村栄孝「十五世紀の朝鮮の歴史叙述に関する覚書」『天理大学報』六一、一九六四年参照。

（2）以下、特別な断りのない場合は、「民族」をネイションやフォルクの翻訳語ではなく、エトノス、エスニックグループの意味で用いる。

（3）武田幸男編『新版世界各国史2　朝鮮史』山川出版社、二〇〇〇年。

（4）妹尾達彦『長安の都市計画』講談社、二〇〇一年。

（5）武田幸男「朝鮮学　朝鮮史学の一世紀」『東方学』一〇〇、二〇〇〇年。

（6）旗田巍『日本人の朝鮮観』勁草書房、一九六九年、同『朝鮮と日本人』勁草書房、一九八三年。

（7）宮嶋博史・林志弦・李成市・尹海東編『植民地近代の視座——朝鮮と日本』岩波書店、二〇〇四年。国立歴史民俗博物館編『韓国併合百年』岩波書店、二〇一一年。

第一章　先史から古朝鮮

1　旧石器時代・新石器時代の朝鮮半島

更新世の自然環境と旧石器文化の始まり

旧石器時代は、地球上に登場した人類が、打ち欠いてつくった石器（打製石器）をおもな道具として用いて生活した時代である。この時代は、地質学的な時代区分では更新世にあたり、平均気温が大きくさがって氷河が発達した氷期と、相対的に暖かくなる間氷期が繰り返された。ただ、どの時期も現在よりも寒冷であり、朝鮮《チョソン》半島周辺の海面も大きく後退していたと考えられる。

この時代において、人類が、どこから、いつ、どのようにして朝鮮半島に到達し、どのような生活をしたのかは、東アジア、さらには地球規模の人類史を考えるうえでも重要な問題である。中国においては、北京原人をはじめとする原人の化石が出土しており、当時の人類が朝鮮半島まで到達した可能性は十分に考えられる。ただ、これまで朝鮮半島北部の平壌《ピョンヤン》・大峴洞《テヒョンドン》《だいけんどう》遺跡から発見された力浦《リョクポ》人、平安南道徳川《ピョンアンナムドトクチョン》・勝利山《スンリサン》遺跡から発見された徳川人《トクチョニン》・勝利山人《スンリサニン》などの化石人骨は、いずれもホモ・サピエンスに属するものである。よって、朝鮮半島における最初の人類の活動については、彼らの残した考古資料をとおして研究しなければならない。

朝鮮半島における旧石器時代遺跡の存在は、直良信夫《なおらのぶお》が咸鏡北道穏城《ハムギョンブクトオンソン》・潼関鎮《トングアンジン》《どうかんちん》遺跡出土の絶滅動物化石に、石器や骨角器が共伴することを指摘したことで認識されるようになった。しかし、旧石器時代に関する本格的な調査研究が始まったのは、一九六三年に咸鏡北道羅先《ラソン》・屈浦里西浦項《クルポリソポハン》遺跡下層から、そして六四年に忠清南道公州《チュンチョンナムドコンジュ》・石壮里《ソクチャンニ》遺跡から旧石器が発見されてからのことである。当初は遺跡の数は少なく、分布地域も石灰岩地帯などに限られていたが、大韓民国側で発掘調査件数が増加したこともあって、現在では朝鮮半島のほぼ全域に遺跡の存在が確認されている。

朝鮮半島における旧石器時代の始まりを考えるうえで重要な遺跡が、一九七八年に発見された京畿道漣川《キョンギドヨンチョン》・全谷里《チョンゴンニ》遺跡である。この遺跡からは、ハンドアックスをはじめとする両面加工の石核石器が出土し、それがヨーロッパのアシュール文化の石器と類似することから、世界的に注目をあびた。ただ、その実年代については、石器の形態の類似性から、ヨーロッパにおける前期旧石器時代と同じ時期まで遡るとみる説と、それより年代がさがると推定する説などに分かれた。

こうした年代問題を解決するために、自然科学的な手法による年代測定が試みられてきた。まず、カリウム－アルゴン年代測定法を用いて、臨津江《イムジンガン》流域に位置する全谷里遺跡が立地する、玄武岩台地の形成時期の推定が試みられてきた。地点により測定値が大きく異なることが問題となってきたが、最近の地質学的研究により、その理由が玄武岩の噴出時期の違い(約五〇万年前と約一七万年前)に求められうることが明らかになりつつある。ただ、これらの測定値は、あくまでも旧石器時代遺跡が形成された年代の上限しか示していない。一方、旧石器が包含された文化層から、ごく少量の姶《あい》良《ら》丹沢《たんざわ》火山灰(約二万五〇〇〇年前に噴出)などの広域火山灰が検出されたことにより、日本列島の旧石器時代遺跡との相対的な対比が可能となりつつある。今後、古地磁気の測定や、ソイルウェッジと呼ばれる土壌の地割れの様相も手がかりとして、朝鮮半島内の他地域や、中国・日本における旧石器時代遺跡との相対的な年代関係が解明されることが期待される。

旧石器文化の展開

朝鮮半島における旧石器時代は、旧石器時代の世界的な時期代区分を対照しつつ、前期・中期・後期に区分されることが一般的である。このうち後期(約三万五〇〇〇年前)の開始の指標を、石刃を用いて製作された剝片石器の出現におくことについては、ほぼ意見が一致している。それに対して、前期と中期をどのような指標により設定・区分するのかについては、旧石器時代の開始時期に対する認識の違いとも関係して、意見が分かれている。

旧石器時代前期・中期の石器は、石英や硅岩《けいがん》を主たる石材とした、石核石器や大型薄片石器の使用に特徴づけられる。礫《れき》の両面を加工して刃部をつくりだすハンドアックスをはじめとして、ピック、クリーヴァー、チョッパー、チョッピングツールなどがおもに用いられた。こうした石器は、全谷里遺跡周辺の臨津江流域の遺跡での出土例が中心であったが、朝鮮半島南部の各地でも発見例が増加している。

旧石器時代後期の石器は、ホルンフェルス、珪質頁岩《けいしつけつがん》、黒曜石などを主たる石材としてつくられた石刃を加工した種々の剝片石器の使用によって特徴づけられる。なかでも、剝片の片方を茎状に加工した剝片尖頭器は、忠清北道丹《タ》陽《ニャン》・スヤンゲ遺跡で最初に見つかり、その後、朝鮮半島南部の遺跡で類例が増加している。同様の石器は、姶良丹沢火山灰降下後の九州の旧石器時代遺跡で出土することから、当時の地域間関係を知るうえでも重要な資料である。

また朝鮮半島各地では、細石器に特徴づけられる石器群も見つかっている。朝鮮半島においては、石刃石器群との先後関係が層位学的に明確にわかる例が少ないが、中国北部、モンゴル、シベリア東部、日本列島などの周辺地域における出土状況からみて、細石器石器群は石刃石器群よりも遅れて出現したと思われる。その製作によく用いられる黒曜石は産地が限定されており、製作技法の分析と合わせ、当時の石材流通システムの一端を知りうる貴重な資料である。

新石器時代の始まりと土器の地域性

約一万年前にヴィルム氷期が終わり完新世にはいると、しだいに気温は上昇し、現在とほぼ同じ気候へと移行した。朝鮮半島でも、海水面が上昇して現在とほぼ同様の海岸線や島嶼が形成された。また大型哺乳動物の多くが姿を消し、植生も変化した。当時、朝鮮半島各地で生活した人びとは、こうした環境の変化に適応していったと思われる。

ただ朝鮮半島においては、旧石器時代から新石器時代への移行過程を検討しうる考古資料は、非常に限られているのが実情である。済州《チェジュ》・高山里《コサンリ》遺跡において、アカホヤ火山灰（約七三〇〇年前に噴出）より下層から見つかった、隆起文土器および胎土に植物性繊維が混入した土器、石鏃《せきぞく》をはじめとする打製石器は、当該時期のものと考えられる数少ない資料である。しかし、その明確な相対年代および実年代は不明であり、今後、空白期を埋める遺跡・遺物のさらなる発見が待たれる。こうした例を除くと、朝鮮半島における新石器時代の考古資料は、おおむね紀元前六〇〇〇年頃以降のものということになる。

新石器時代をめぐる考古学的研究のなかで、もっとも多くの成果があげられているのが、当時用いられた「櫛目文《ビサルムニ》《くしめもん》土器」「有文《ユムン》《ゆうもん》土器」と総称される土器に対する研究である。朝鮮民主主義人民共和国と大韓民国における調査成果を基に、新石器時代の土器の分布を、平底土器がつくられつづける北方の土器分布圏と、丸底土器が多く用いられるようになる南方の土器分布圏に大きく分ける説が広く受け入れられている。

北方の土器分布圏のうち、鴨緑江《アムノッカン》《おうりょくこう》流域を中心とする西北地方では、古くは連続孤線文が施された土器が確認され、のちには深鉢とともに、雷文が施された壺が用いられた。豆満江《トゥマンガン》《とまんこう》流域を中心とする東北地方では、平底深鉢がおもに用いられ、のちには渦巻文や雷文が施された土器が用いられた。

朝鮮半島中西部以南の各地では、粘土紐を貼りつけて文様を施した平底土器（隆起文土器）がまず用いられた。なかでも江原道《カンウォンド》の東海岸と朝鮮半島東南部の遺跡からは、表面にさまざまな幾何学文を施した平底鉢が出土している。幾何学文の種類と施文方法の違いを基に、その系統と編年が試みられているが、具体的な時空的な展開については意見が分かれている。

その後、大同江《テドンガン》流域および漢江《ハンガン》流域では、へら状の工具などを用いて沈線で幾何学文を施した砲弾形の丸底土器（櫛目文土器）がおもに用いられるようになる。幾何学文の種類は多様であるが、おおむね、外面全体に文様を施すものから、口縁部に文様が集約していくように変化していくものと想定される。

朝鮮半島の南海岸地域では、隆起文土器のあとに、刺突や押引などの手法で幾何学文を施文する段階をへて、太い沈

図２　先史時代の朝鮮半島

線で幾何学文を施文する、砲弾形の丸底土器が用いられるようになった。時期がさがるにつれて文様は単純化し、のちには文様が施されず口縁端を外側に折り曲げた土器が用いられるようになる。

新石器時代の生業と墓制

ヨーロッパにおいて提唱された新石器時代は、磨製石器の使用により定義された。その後の研究の進展により、農耕・牧畜の開始や土器の使用がその定義に加えられた。朝鮮半島においては、旧石器時代に続く時代として新石器時代が設定されているが、その当初から農耕がおこなわれていたわけではない。しかし発掘調査をとおして、完新世の環境に適応しつつさまざまな生業に携わった、当時の人びとの生活の実相が明らかになりつつある。

新石器時代の遺跡としていち早く認識され、調査が進んだのが貝塚である。新石器時代につくられた貝塚は、朝鮮半島の西海岸や北東海岸にも存在するが、南海岸ではより多く見つかっている。それらのなかには、釜山《プサン》・東三洞《トンサムドン》貝塚のように、半島側の海岸沿いに立地し、長期間にわたって形成された例がある。その一方、慶尚南道《キョンサンナムド》統営《トンヨン》・煙台島《ヨンデド》貝塚のように、島嶼に立地し、特定の季節に短期間滞在するなかで形成されたと思われる例も存在する。

貝塚からは、カキをはじめとする採取された貝殻や、沿岸でとれる魚の骨以外に、沖合でとれる回遊魚の骨、クジラ・イルカなどの海獣の骨が見つかっており、さまざまな自然環境に生活した海洋生物を捕獲するために、多様な漁撈活動がおこなわれていたことがうかがわれる。また、島嶼部の貝塚からは、島では生息しないシカの骨や角も見つかっており、本土から道具の材料として持ち込まれたと考えられる。

漁撈活動をおこなう道具としては、さまざまな大きさの釣針、網漁に用いられた石錘、魚を突き刺して捕獲するためのモリやヤスに用いられた石器・骨角器などが出土している。釣針のなかでも、石製の軸と骨角製の針からなる鰲山里《オサルリ》《ごうさんり》型組合式釣針は、大型回遊魚漁のために用いられたと思われ、朝鮮半島東海岸および南海岸の遺跡から出土している。

当時の漁撈活動および移動のために用いられたと思われる丸太舟は、昌寧《チャンニョン》・飛鳳里《ビボンニ》遺跡から出土している。

陸上においては、狩猟・採集活動がおこなわれた。貝塚などから出土した獣骨の分析成果により、シカとイノシシが主たる狩猟対象であったと考えられる。それらの動物を捕まえるために弓矢がさかんに用いられたことは、各地で出土する打製石鏃・磨製石鏃・骨鏃によって知ることができる。また、遺跡からドングリとその貯蔵穴が発見されており、堅果類をはじめとする植物資源の採集がおこなわれたことがわかる。

一方、炭化穀物の出土をとおして、新石器時代のある段階から、穀物を栽培する初源的な農業が始まったことが推定できる。黄海北道《ファンヘブクト》の智塔里《チタムリ》遺跡などでは、紀元前四〇〇〇年前まで遡るアワやキビが見つかっており、中国の華北地方から遼寧地方をへて、朝鮮半島北部にアワ・キビ農耕が伝わったと思われる。朝鮮半島南部各地でも、前三三〇〇年前後のアワ・キビの炭化物が見つかっており、北部から比較的早く農耕文化が南下したようである。採集・栽培された植物資源の活用を示す考古資料としては、すり臼・すり棒などの調理具の存在があげられる。また土掘具である石鍬《くわ》や収穫具である石鎌なども出土している。

以上のようなさまざまな生業に携わるなか、朝鮮半島の新石器時代では本格的な定住生活が始まったことは、各地で発掘される竪穴《たてあな》式住居跡の存在が示している。住居跡の平面形には円形・方形・長方形などがあり、おおむね円形から方形・長方形へと変化したようである。また、住居内や屋外で炉跡が見つかっている。

新石器時代の人びとの埋葬方法のうち一番類例が多いのが、土壙墓《トグァンミョ》《どこうぼ》に被葬者を伸展葬するものである。それらのなかには、被葬者が骨や牙などでつくられた装身具を身につけた例があるが、規模や立地において他の土壙墓のあいだに大きな違いは見出されない。江原道《カンウォンド》春川《チュンチョン》・校洞《キョドン》遺跡では、洞窟を用いて、三人の被葬者が伸展葬で埋葬されていた。

一方、二次葬がおこなわれた例も知られている。慶尚北道《キョンサンブクト》蔚珍《ウルチン》・厚浦里《フポリ》遺跡では、不定形土壙の中に、多数の人骨が大型の磨製石斧とともに埋葬される、特殊な埋葬の状況が明らかになった。また、慶尚南道晋州《チンジュ》・上村里《サンチョルリ》B遺跡などでは、土器棺を用いた埋葬が確認されている。

2　青銅器時代・初期鉄器時代の朝鮮半島

時代区分をめぐる問題

朝鮮《チョソン》半島において本格的に稲作農耕が始まり、金属器が使用・製作されるようになるなか、古代国家の形成に向かって社会が変動する過程を、どのように理解して時代区分するのかについては、この間、さまざまな検討がなされてきた。植民地時代において日本の考古学者は、朝鮮半島では石器時代が長く続き、中国大陸で用いられるようになった青銅器・鉄器がもたらされてからも、ある時期まで石器時代の文化が残存したと考えて、金石併用時代を設定した。

解放後、朝鮮民主主義人民共和国の考古学者は、集落遺跡の調査成果をもとに、新石器時代のあとに青銅器時代を設定した。その成果を参照しつつ、大韓民国では金元龍《キムオルリョン》が青銅器時代を設定した。さらに青銅器時代のあとの、細形銅剣《セヒョンドンゴム》《ほそがたどうけん》を中心とする青銅器類がさかんに製作されるとともに、燕《えん》系の鋳造鉄器の使用が始まる段階を、初期鉄器時代と設定した。一方、日本においては西谷正が、青銅器時代・初期鉄器時代を通じて用いられた、赤褐色軟質でほとんど文様が施されない土器群（無文土器《ムムン》《むもん》）を指標として、無文土器時代を設定することを提唱した。

新石器時代以後の時代設定について意見が分かれる理由の一つは、指標となる青銅器・鉄器の使用および製作過程が、朝鮮半島の南北でかなり異なる点にある。例えば朝鮮半島南部では、「青銅器時代」に青銅器が用いられない時期が存在し、多様な青銅器が製作・使用される段階は、「初期鉄器時代」にあたる。このような時代設定の指標となる考古資料とその実態のずれは、当時用いられた土器により時代を設定することで、ある程度まで解消できるだろう。しかし「無文土器」とされる土器群は、地域や時期により多様であり、それらのなかには系統を異にするものがあると考えられる。そうした土器群が時代設定の基準としてふさわしいかについては、意見の分かれるところである。

もう一つの理由として、文献史学による時代区分との関係に対する認識の違いがあげられる。例えば、鴨緑江《アムノッカン》《おうりょくこう》流域や大同江《テドンガン》流域を中心として広がる、青銅器をはじめとする独特な考古資料に代表される文化を、古朝鮮《コジョソン》の文化として理解し説明しようとする議論が、さまざまな立場からなされてきた。また、朝鮮半島南部における細形銅剣を中心とする青銅器と粘土帯土器に代表される文化を、馬韓《マハン》・弁韓《ピョナン》・辰韓《チナン》諸国の文化ととらえ、瓦質土器の使用を指標とする原三国《ウォンサムグク》時代(後述、四二頁参照)の文化と合わせ、「三韓《サマン》時代」を設定する説もある。

このようにさまざまな議論がある時期ではあるが、ここでは大韓民国の考古学においておもに用いられる青銅器時代と初期鉄器時代という時代名称を用いつつ、両時代をとおして土器と青銅器の変遷を概観し、さらに墳墓と集落の様相についてみていくこととする。

無文土器の変遷とその地域性

新石器時代に用いられた土器を「有文《ユムン》《ゆうもん》土器」と呼ぶのに対して、青銅器時代・初期鉄器時代に用いられた土器を「無文土器」と呼ぶ。ただこれらのなかには、口縁部近くに孔列文、刻目《きざみめ》文、突帯文などの文様を施すものがある。それらの文様や土器の形態に注目して、無文土器の地域性と系統、編年についての検討がおこなわれてきた。

朝鮮半島北部では、地域ごとに独特の形態をもつ土器が用いられた。鴨緑江下流域の美松里《ミソンリ》式土器は、胴部に帯状把手を一対もち、胴部や口頸部に櫛状の道具で数条の沈線をめぐらす例が多い長頸壺を指標とする。同様の土器は、清《チョン》川江《チョンガン》以北から、中国東北地方の各地に広く分布している。鴨緑江中上流域の土器は、卵形の胴部に帯状把手を縦方向につけ、短い頸部がつく壺(公貴里《コングィリ》式土器)を特徴とする。豆満江《トゥマンガン》《とまんこう》流域では、口縁部に孔列文を施した平底の深鉢が用いられた。大同江流域では、口縁部を外側に折り返して、ところどころに数条ずつの平行沈線を縦方向に施し、卵形の胴部と小さな底部をもつ壺（コマ形土器）が特徴的である。

朝鮮半島南部の無文土器は、前期（青銅器時代前期）・中期（青銅器時代後期）・後期（初期鉄器時代）に区分されてきた。しかし最近の研究により、口縁部付近に刻目が施された突帯をめぐらす土器（刻目突帯文土器）が、前期土器よりも先行する可能性が指摘されるようになった。京畿道《キョンギド》河南《ハナム》・渼沙里《ミサリ》遺跡など漢江《ハンガン》流域の遺跡をはじめとして、それより南部の遺跡でも同様の土器が見つかっており、本土器を指標として、朝鮮半島南部における無文土器（青銅器時代）早期を設定することが一般化しつつある。しかし、その起源と展開の様相については、さらなる検討が必要である。

無文土器前期の土器としては、二重口縁の外面に短い斜線文を施す可楽洞《カラクトン》式土器、口縁部に孔列文をめぐらす駅三洞《ヨクサムドン》式土器、孔列文と短斜線文が組み合わさった欣岩里《フナムニ》式土器などが知られている。これらは、いずれも漢江流域で調査された遺跡から出土した土器を指標としており、口縁部の形状や文様の共通性に注目して、それぞれの土器の起源を、朝鮮半島北部の無文土器に求めようとする見解が示されてきた。しかし、それらの系譜と年代については意見の一致をみていない。漢江より南側では、地域ごとに各型式と関係づけられる土器がさまざまなかたちで出現・展開した様子が明らかになりつつある。

無文土器中期（青銅器時代後期）を代表するのが、平底で口縁部が外反する甕《かめ》を指標とする松菊里《ソングンニ》式土器である。この土器を指標とする文化は、錦江《クムガン》流域を中心として、全羅道《チョルラド》や慶尚南道《キョンサンナムド》西部などに広がった。一方、それ以外の地域では、前期土器の系統を引く土器が用いられたと考えられる。

無文土器後期（初期鉄器時代）を代表するのが、口縁部に粘土帯をめぐらす土器（粘土帯土器）である。粘土帯の断面形状は円形から三角形に変化するものと考えられている。漢江以南の地域に分布し、黒色磨研長頸壺などが共伴する場合が多い。

青銅器・鉄器の変遷

朝鮮半島における初期の青銅器としては、朝鮮半島北部の各地で出土した青銅製刀子や銅泡《ほう》(ボタン)が知られている。その後、銅剣を中心とした青銅器を用いる文化が、朝鮮半島各地に広がった。

青銅器時代の代表的な青銅器は、把手が別造りで、剣身の両側面が曲線をなす琵琶形《びわがた》《ビパヒョン》銅剣《どうけん》《ドンゴム》である。この銅剣は、遼寧地方に起源を求めることができ、その後、朝鮮半島に伝わったと考えられる。朝鮮半島西北部においては、美松里式土器と共伴することが多い。朝鮮半島南部においては、基本的に松菊里式土器を指標とする文化に属するが、それより遡る時期の出土例も知られている。銅剣以外には、銅剣と同様の刃部の形状をした琵琶形銅矛や、扇状の刃部をもつ銅斧などが用いられた。また、銅剣の茎部を再加工してつくられた銅鑿《のみ》も知られている。

初期鉄器時代にはいると、琵琶形銅剣から型式学的に変化して成立したと思われる細形銅剣が用いられる。この時期のさまざまな青銅器は、大同江流域と錦江流域を中心として分布している。細形銅剣には、当初、多鈕《たちゅう》粗文鏡や小銅鐸、剣把形青銅器など、その起源を遼寧地方に求められる異形青銅器が組み合わさる。その後、細形銅剣に銅矛・銅戈などが組み合わさるようになり、一部の墳墓では、多鈕細文鏡や鈴がついた異形青銅器などがともなう。さらに時期がさがると、朝鮮半島南部では、燕系と思われる鋳造鉄器(鉄斧・鉄鑿など)が共伴する。細形銅剣をはじめとする青銅器は、楽浪漢墓に副葬された例が知られる。一方、朝鮮半島南部においては、原三国時代にはいると、青銅器の分布の中心が慶尚道に移り、漢系の青銅器・鉄器と組み合わさるようになる。

集落の変遷と生業・墓制

刻目突帯文土器が用いられた遺跡では、平面方形・長方形の竪穴《たてあな》式住居が用いられた。その後、可楽洞式・駅三洞式・欣岩里式土器が用いられた青銅器時代前期(無文土器前期)では、平面長方形の竪穴式住居の長辺が、非常に長くなる。これらの住居跡床面には、主軸にそって複数の炉がつくられており、住居内を複数の部屋に分けて用いたと思われる。当時の集落は、丘陵上に立地する場合が多く、数棟の竪穴式住居跡が群集するのが基本だが、それ以外に大型の掘立柱建物が建てられた例も知られている。また青銅器時代前期のある段階からは、集落を濠や木柵で取り囲む、いわゆる環濠《ファノ》《かんごう》集落が出現する。

松菊里式土器を用いる忠清道《チュンチョンド》・全羅道・慶尚南道西部の集落では、平面円形で、床面中央に楕円形の竪穴と一対の柱穴をもつ竪穴式住居が用いられた。初期鉄器時代の竪穴式住居跡の平面形は、円形・楕円形・方形など多様である。朝鮮半島北部の住居内には、暖房のために、カマドの煙道を壁面にそってつくりつけた、オンドルの祖型となる施設が用いられるようになる。同様の施設は、南海岸の慶尚南道泗川《サチョン》《しせん》・勒島《ヌクト》《ろくとう》遺跡の竪穴式住居でも見つかっている。

青銅器時代の農業における大きな変化として、稲作農耕の開始があげられる。炭化米は大同江流域の南京里《ナムギョンリ》遺跡、漢江流域の欣岩里遺跡、錦江流域の松菊里遺跡などの住居跡から見つかっている。また、地形に合わせて畦で区切られた水田や、灌漑用の水路や井戸などが、青銅器時代前期から確認されている。

稲作農耕の開始とともに、農耕にかかわる道具や、それらを製作するための道具が発達した。低湿地遺跡の発掘では、木製の耕作具や脱穀用の竪杵などが見つかっている。また、穀物の収穫に用いられた石包丁がさかんにつくられ、その形状は地域により異なっている。そして農具をはじめとする木器を製作するために、伐採用のみならず、加工用のさまざまな形状の磨製石斧が用いられるようになった。

青銅器時代・初期鉄器時代の遺跡からは、アワ・キビ・コムギ・ダイズなどの炭化物も出土している。このことから、新石器時代に始まった畑における穀物などの栽培が、青銅器時代以降にもおこなわれていたことがわかる。また、集落の周辺では、畝を立てた畑の遺構も確認されている。

青銅器時代を代表する墳墓が、支石墓《チソンミョ》《しせきぼ》である。地上に残っている構造的特徴から、板石を箱状に組み合わせ、その上に大きな板石を載せてテーブル状をなす北方式支石墓と、大きな板石や塊石からなる上石を数個の石で支えて碁盤状の形状をなす、南方式支石墓に分類されてきた。しかし発掘調査が進むなかで、埋葬施設の構造や規模は、地域や時期によりさらに多様であったことが明らかになってきている。また、調査面積の拡大により、埋葬施設の周囲に石を敷き詰めたり、数段の石積をめぐらしたりして、一定の墓域を区画した支石墓が多く知られるようになった。支石墓には、赤色磨研土器と、磨製石剣・磨製石鏃《せきぞく》などが副葬された。

支石墓のなかには、埋葬施設の構造や副葬品により、他と区別できるものがある。例えば、慶尚南道昌原《チャンウォン》・徳川里《トクチョルリ》遺跡で発掘された支石墓のように、地下に大きな墓壙を掘って、その最下段に竪穴式石槨を築き、埋葬後、墓壙内に石を詰めて丁寧に埋め戻した例は、朝鮮半島南部の各地で見つかっている。また、全羅南道麗水《ヨス》・積良洞《チャンニャンドン》支石墓群のように、同様の規模・構造の支石墓群のなかで、特定の墳墓にだけ琵琶形銅剣などが副葬された例もある。

松菊里式土器が用いられた遺跡では、墓壙の中に、板石を組み合わせて石棺をすえつけた石棺墓や、松菊里式土器を用いた土器棺墓がつくられた。また、埋葬施設の周囲を長方形の溝で囲んだ周溝墓も各地で発掘されている。

初期鉄器時代になると、支石墓に代わり、墓壙内に木棺をすえつけた木棺墓《モックアンミョ》《もっかんぼ》がさかんにつくられるようになる。墓壙内から、多くの石が出土した例があり、木棺の周囲、あるいは墓壙上部に石を積んだものと思われる。木棺墓には、種々の青銅器(のちには鉄器が加わる)とともに、黒色磨研長頸壺や粘土帯土器が副葬された。

▼補説1▲　旧石器時代・新石器時代における日朝関係

従来の研究では、朝鮮半島と日本列島のあいだで本格的な交流が始まるのは、水田による稲作農耕技術とともにさまざまな新しい技術が伝えられた、弥生時代早期(朝鮮半島では青銅器時代後期)以降のことであると考えられてきた。しかし、大韓民国における発掘調査が進むなかで、それ以前の時代における両地域間の交流の実態が明らかになりつつある。

　更新世にあたる旧石器時代には、気候の寒冷化にともなう海退現象により、朝鮮半島と日本列島のあいだを隔てる海のほとんどが陸地化しており、残された海峡部分を渡ることにより、両地域の往来は可能であったと思われる。しかし、全《チョン》谷里《ゴンニ》遺跡などで出土している石核石器が使用された時期において、日本列島に旧石器人が生活していた明確な証拠は今のところ見つかっていない。

　後期旧石器時代になると、日本列島にやってきた人類が各地で活動した痕跡が見出されるようになる。そして、始良《あいら》丹《たん》沢《ざわ》火山灰が降下した時期以降、使用される石器の石材や形状などにおいて、地域性がみられるようになる。九州各地では、石刃の下側を加工して茎をつくりだした剝片尖頭器が用いられたことが明らかにされてきた。そうしたなかで、一九八〇年代の忠清北道《チュンチョンブクト》丹陽《タニャン》・スヤンゲ遺跡での発掘調査により発見された剝片尖頭器は、日本の研究者の注目を集めることとなった。その後、朝鮮半島における分布と使用時期が明らかになり、剝片尖頭器を製作する技術が朝鮮半島から九州へと伝わったと考えられるようになった。ただ、九州ではしだいに剝片尖頭器が使われなくなり、そのあとに出現した細石器は、朝鮮半島各地で用いられた細石器とは互いに異なる製作技術を用いている。

　完新世にはいると、海進現象により朝鮮半島と日本列島は、現在のように壱岐・対馬をあいだにおき、海によって隔たれることとなった。そうした状況においても、両地域間の交流はとだえることはなかった。すでに植民地時代において、朝鮮半島各地で出土した有文土器のうち、幾何学文により表面を装飾した櫛目文《くしめもん》《ビサルムニ》土器が、縄文時代前期の曽畑《そばた》式土器などと類似していることが指摘されていた。その後、一九八〇年代以降の発掘調査の進展にともない、両地域における土器の搬入・搬出関係が明らかになるとともに、漁撈具をはじめとする種々の遺物の共通性に注目した研究が進められたのである。

　土器については、対馬の越高《こしたか》遺跡・越高《こしたか》尾崎《おざき》遺跡・夫婦《みょうと》石《いし》遺跡などで、朝鮮半島の有文土器が比較的まとまって出土している。これらの土器には複数の器種があり、現地で製作された可能性があるものを含んでいる。そのため、朝鮮半島南東部の集団がこれらの遺跡に渡り、一定期間居住したことが想定されている。壱岐・五島列島・玄界灘沿岸においても有文土器の出土例が知られているが、その数は限られている。また、かつて指摘された九州の縄文時代前期土器と朝鮮半島の有文土器の類似性については、最近の研究は否定的である。現在では、縄文時代前期中葉の土器である西唐津式土器の施文方法の一部に有文土器の影響を認めるものの、両地域の土器様式を大きく変化させるような影響関係はなかったとする説が有力である。

一方、釜山《プサン》・東三洞《トンサムドン》貝塚をはじめとして、朝鮮半島東南海岸および島嶼部の貝塚からは、出土量は限られているものの、縄文土器や、石匙などの縄文時代特有の石器の出土例が知られる。これまでの検討から、対馬で有文土器が比較的多く出土する縄文時代前期前・中葉および中期の縄文土器が、朝鮮半島で出土する傾向があることが指摘されている。

両地域における漁撈具のうち、早くから注目されてきたのが、回遊魚を捕獲するために用いられた結合式釣針の形態の共通性である。ただ、西北九州型結合式釣針は、軸部と針部を骨や牙でつくるのに対し、朝鮮半島の鰲山里《オサンリ》《ごうさんり》型組合式釣針は、軸部を石材、針部を骨や牙でつくるという違いがあり、軸部と針部の結合方法も異なっている。また、それぞれの釣針が対岸の遺跡で出土した例は限られている。

九州地方から朝鮮半島南海岸に搬入されたことが明確で、その類例が多いものとしては、黒曜石とそれを用いてつくられた石器類があげられる。朝鮮半島南部には良質の黒曜石産出地がなく、佐賀県腰岳《こしだけ》や大分県姫島など九州側で良好な黒曜石が産出することが知られており、それらが朝鮮半島まで持ち込まれたと考えられている。一方、朝鮮半島側から九州に持ち込まれたものとしては、二枚貝で製作された貝輪が注目されてきた。東三洞貝塚からは、貝輪の未製品が出土している。

以上のような考古資料の様相からみて、新石器時代(縄文時代)においても、海峡をはさんだ地域間になんらかの交流がおこなわれていたことは間違いない。その背景として、漁撈活動をおこなうなかで両地域の集団が恒常的に接触していたと推定し、それを積極的に評価する説がある。しかし最近では、両地域間の影響関係が時期的にも種類的にも限定的であることから、交流関係を過大評価すべきではないという説も出されている。今後も、資料の増加を待ちつつ、当時の交流の実態とその歴史的背景について検討が進められていくことを期待したい。

吉井　秀夫

3　古朝鮮から三韓へ

古朝鮮と諸族

朝鮮《チョソン》の歴史は、文献記録では、檀君《タングン》朝鮮・箕子《キジャ》《きし》朝鮮・衛氏《ウィシ》朝鮮によって始まったとされる。これらは古朝鮮《コジョソン》と総称されるが、前二者は神話であり、歴史的に実在が確認できるのは、衛氏朝鮮以降である。

檀君朝鮮の神話はつぎのような内容をもつ。帝釈天《チェソクチョン》《たいしゃくてん》（インドラ）の庶子である桓雄《ファヌン》《かんゆう》が、人間の世をおさめようと願って三千人の家来を率いて太白《テベク》山頂の神檀樹のもとに降り立った。風・雨・雲を司る神を率いて穀物・命・病などさまざまなことを執りおこなって人びとを教化した。熊と虎が人間になることを神に願ったので、神はヨモギとニンニクを与え、百日のあいだ日光を見ずに物忌みするように言った。熊は女になることができたが、虎は失敗してしまった。熊の女は結婚する相手がいないため檀樹のもとで祈っていたところ、桓雄が人間の姿になって婚姻した。そうして生まれたのが檀君である。

檀君は平壌《ピョンヤン》城（現在の平壌）に都をおいて、はじめて朝鮮と称した。一五〇〇年のあいだ統治したが、中国で周の武王が即位すると箕子を朝鮮に封じたため、檀君は阿斯達《アサダル》《あしたつ》に隠遁して山神になり一九〇八歳まで生きたという。檀君が建国したのは中国の聖天子である堯《ぎょう》と同時代とされ、紀元前二三三三年に比定されている。この年を基準とする檀君紀元は韓国で公式に使用されていたこともあり、また、十月三日は檀君が建国した日として現在でも祝日とされている。

檀君神話にはさまざまな宗教の影響がみられる。祖父が帝釈天であるとされるように仏教の影響があり、また、桓雄が率いてきた風・雨・雲を司る神には、道教やシャーマニズムの影響がうかがえる。こうした点から、古朝鮮の神話そのままの姿でないことは明らかである。いつ頃神話が形成されたのかについてはさまざまな理解がなされており、原型となる神話は古朝鮮にまで遡るとする考えもある。ただし、檀君神話についての現存するもっとも古い記録は、一然《イリョン》《いちねん》の手になる『三国遺事《サムグンニュサ》』および李承休《イスンヒョ》の『帝王韻記《チェワンウンギ》』であり、いずれも十三世紀後半のものである。また、『帝王韻記』が引用している「檀君本紀」を現行の『三国史記《サムグクサギ》』に先行する『旧三国史《クサムグクサ》』からの引用であるとみなせるならば、十一世紀以前に遡ることになる。十～十一世紀における契丹《きったん》によるたびかさなる高麗《コリョ》侵攻や十三世紀におけるモンゴルの侵略のなかで神話が展開したものと考えられよう。[1]

また、檀君神話では、殷を滅ぼして周を建国した武王が箕子を朝鮮に封じたので、檀君は国を譲ったとある。やはり史実とは認めがたいが、箕子が武王によって朝鮮に封じられたとする記事は『史記』にみられ、『漢書』には、殷が衰えると箕子が朝鮮に行って犯禁八条をもって人びとを教化したと記されている。漢代にいたってこうした箕子伝説が形成されたものとみられる。

歴史としての朝鮮の姿が確かめられるのは、中国の戦国時代にあたる前四～前三世紀である。戦国七雄の一国である燕《えん》は、穢貊《イエメク》《わいばく》、朝鮮、真番《チンボン》《しんばん》などと交易をおこなっていた。朝鮮には、この頃王と称する首長がおり、それを大夫が補佐していたという。

秦が中国を統一して長城が遼東にまでおよぶと、朝鮮王の否《プ》は秦に服属した。王位を子の準《チュン》が継いだ時代には、秦末の争いを避けて多くの人びとが中国から逃れてきた。また、漢代にはいって燕王の盧綰《ろわん》が匈奴《きょうど》に亡命すると、燕人の衛《ウィ》満《マン》が朝鮮に亡命してきた。多くの亡命者を集めて勢力をもつようになった衛満は、準を攻めて自ら王となり王険城《ワンゴムソン》（現在の平壌）に都をおいた。これが衛氏朝鮮である。その後、衛満は漢の外臣《ウェシン》になると、真番・臨屯《イムドゥン》《りんとん》をはじめとする周辺の諸種族に勢力を広げていった。

衛氏朝鮮では、王位が世襲されていた。支配階層にあったのは、路《ノ》・韓《ハン》・王《ワン》など中国式の姓をもつ土着化した中国人と、在地首長であった。相《サン》・大臣《テシン》・将軍《チャングン》などの職名がみられ、ある程度の職掌分化が進んでいたようであるが、国家組織の官職というよりは首長たちに与えられた称号と考えられる。彼らの地位は世襲され、歴谿《ヨッケ》卿が辰国《チングク》に逃れる際に支配下の二〇〇〇戸余りが従ったことからもわかるように、独自の政治的基盤を有する半独立的な性格が強かった。

漢の四郡設置

衛満の孫の右渠《ウゴ》《うきょ》は、中国からの亡命者によって勢力が盛んであった。しかし、周辺国の首長が漢に入朝することを妨げていた。そうしたなかで、前一二八年に、穢君《イエグン》《わいくん》の南閭《ナムニョ》《なんりょ》が配下の二八万人を率いて朝鮮から漢に降るという事件が起きている。漢はこれを受けて蒼海《チャンヘ》郡を設置したが、道路建設の困難さから前一二六年にはこれを廃止している。穢《イエ》《わい》族は朝鮮半島の東海岸を中心に広く分布しており、蒼海郡の郡治は咸興《ハムン》《かんこう》、永興《ヨンフン》など咸鏡南道《ハムギョンナムド》の東海岸であったと考えられる。

しだいに朝鮮と漢の緊張が高まるなか、前一〇九年に漢は朝鮮に使者を派遣したが、右渠はこれに従わなかった。境界まで見送ってきた朝鮮の裨王《ペワン》《はいおう》を漢の使者が殺害し、その報復で朝鮮側がこの使者を殺害するにおよび、戦いは避けられなくなった。漢は兵を募って同年のうちに海と陸から朝鮮に進軍したが、右渠は要害によってよく守り、しばしば遠征軍を破った。王険城が包囲されてからも数カ月にわたって堅守したが、激しい攻撃の続くなかで相や将軍などの有力者がつぎつぎと漢に降服し、前一〇八年の夏、右渠も殺害されるにいたった。その後も王険城では大臣が抵抗を続けたが、右渠の子らの説得でついに降服した。

衛氏朝鮮を滅ぼした漢は、朝鮮の服属下にあった地域に四つの郡をおいて直接支配しようとした。楽浪・真番・臨屯・玄菟《げんと》の四郡である。

楽浪郡の設置とその影響

前一〇八年、朝鮮の王都であった王険城を中心とした地域に楽浪郡がおかれた。また、朝鮮に服属していた真番国および臨屯国の故地に、真番郡と臨屯郡がそれぞれ設置された。真番郡の郡治は霅《チャプ》《とう》県にあり、一五の属県があった。所在地についてははっきりしていないが、楽浪郡の南方、朝鮮半島南部にあったと考えられる。後漢《ごかん》の許慎《きょしん》がつくった字書『説文解字《せつもんかいじ》』には、楽浪潘国で産出されるという「鯜」「魦」「鱳」などの魚類の漢字がみられ、真番郡から中国本土へとさまざまな水産物が運ばれていたことがわかる。臨屯郡は朝鮮半島の東海岸方面にあったとみられ、郡治は東暆《トンイ》《とうい》県におかれて一五の属県をもっていた。また、翌前一〇七年には東海岸の北部、現在の咸鏡南道方面に玄菟郡を設置した。玄菟郡は、蒼海郡の失敗ではたせなかった東海岸へのルートを確保するために、遼東から東海岸へいたる交通路にそった穢貊の地におかれた。郡治があったのは沃沮《オクチョ》《よくそ》県(現在の咸興地方)と考えられる。

こうして朝鮮半島に設置された漢の四郡であったが、わずか二六年後の前八二年に臨屯・真番の両郡は廃止され、残った一部の県は玄菟・楽浪郡に併合された。さらに玄菟郡も、前七五年には西方の高句麗《コグリョ》県(遼寧省新賓県永陵鎮)に移動され、単単大領《タンダンデリョン》《たんたんだいれい》(太白《テベク》山脈)以東の地域は楽浪郡に属することとなった。衛氏朝鮮の滅亡からわずか三〇年で、漢による郡県支配は大幅な再編をよぎなくされ、朝鮮半島に存するのは楽浪郡のみとなった。楽浪郡は、もとの臨屯郡や玄菟郡の県をも合わせて所属する県が二五に達し、単単大領以東の七県を統治するために東部都尉《トンブドウィ》を設けた。

この頃の楽浪郡の様子をよくあらわす遺物が、平壌の貞柏洞《チョンベクトン》三六四号墓で出土した「楽浪郡初元四年県別戸口簿」木《モッ》簡《カン》および『論語』竹簡《チュッカン》《ちくかん》である。戸口簿には、初元四(前四五)年における楽浪郡に属する二五県の戸数・口数および前年からの増減とその合計が記されている。それによれば、総戸数は四万三八二五戸、総人口は二八万一二六一であったという。また、『漢書』地理誌にみられる後二年における戸数は六万二八一二戸、総人口が四〇万六七四八となっており、年平均で〇・八%程の増加率をみせている。

楽浪郡の設置による朝鮮社会の変化について、「犯禁」(おきて)が急激に増加したことが史料に残されている。それによると、もともと朝鮮には箕子の定めた「犯禁八条」が存在したという。殺人を犯した者は死刑、傷害を加えた者は穀物で償う、盗みを働いた者はその家の奴隷とするなどとされていた。そのため、盗む者もいないために門を閉める習慣もなかった。ところが、楽浪郡が設置されると、中国の内地から官吏や商人が多くやってくるようになり、夜に盗賊となる者もあらわれた。それにともなって犯禁が増え、前二〇年頃には六〇条余りにまで増大していたという。平壌地方における在来の社会に、急激な漢人の流入によって異なる文化・習俗が持ち込まれ、社会的な摩擦と混乱が生じたのである。

橋本　繁

楽浪文化とその広がり

楽浪郡・帯方郡の考古学的研究は、平壌市街地から大同江《テドンガン》をはさんで南側の丘陵上に位置する土城洞《トソンドン》(楽浪《ラクラン》)土城《トソン》とその南側に分布する古墳群の調査研究から始まった。この土城内からは、「楽浪太守章」などの銘をもつ封泥《ボンニ》《ふうでい》や、「楽浪富貴」「楽浪礼官」銘をもつ軒丸瓦が出土した。(2) 城内東部の発掘調査により、礎石建物跡や、塼積《せんづみ》の井戸などの遺構が見つかっている。また出土遺物をとおして、青銅器・鉄器・ガラス製品を製作した工房が存在したことがわかる。以上のような状況から、一般的にこの土城に楽浪郡治がおかれたと考えられている。ただし、楽浪郡設置当初からここが郡治であったのかについては明らかにされていない。

楽浪土城以外にも、楽浪郡・帯方郡と関係すると思われる土城が、大同江下流域でいくつか発見されている。なかでも、平安南道《ピョンアンナムド》温泉《オンチョン》・於乙洞《オウルドン》土城は、付近で黏蟬《チョムソン》《ねんてい》県碑が見つかったことから黏蟬県の治所に、黄海北道《ファンヘブクト》鳳山《ボンサン》・智塔里《チタムリ》土城は、付近に「帯方太守張撫夷」銘塼が出土した墳墓が存在することなどから、帯方郡治と推定されてきた。また、咸鏡南道金野《クミヤ》に所在する所羅里《ソラリ》土城は、東海岸地域で確認されている漢系土城である。

楽浪郡に関係する墳墓（楽浪漢墓）は、楽浪土城の南側に集中して分布しており、その埋葬施設の構造により、木槨墓《モックアクミョ》《もっかくぼ》と塼室墓《チョンシルミョ》《せんしつぼ》に大きく分けられる。木槨墓は、平面長方形の木槨内に木棺を一基安置する単葬木槨墓、二基の単葬木槨墓を並行させて築造する異穴合葬木槨墓、平面正方形の木槨内に木棺を複数安置する同穴合葬木槨墓などに分けられる。

もっとも類例の多い同穴合葬木槨墓は、平面正方形に近い木槨の片隅に、夫婦と思われる男女をそれぞれ木棺におさめて並行して安置し、残りのL字形の空間に副葬品が安置されることが多い。木槨内には、三基以上の木棺が安置されている例があり、新たな木棺を安置するたびに、副葬品の位置を移動させたり、木槨を拡張したことが確認されている。

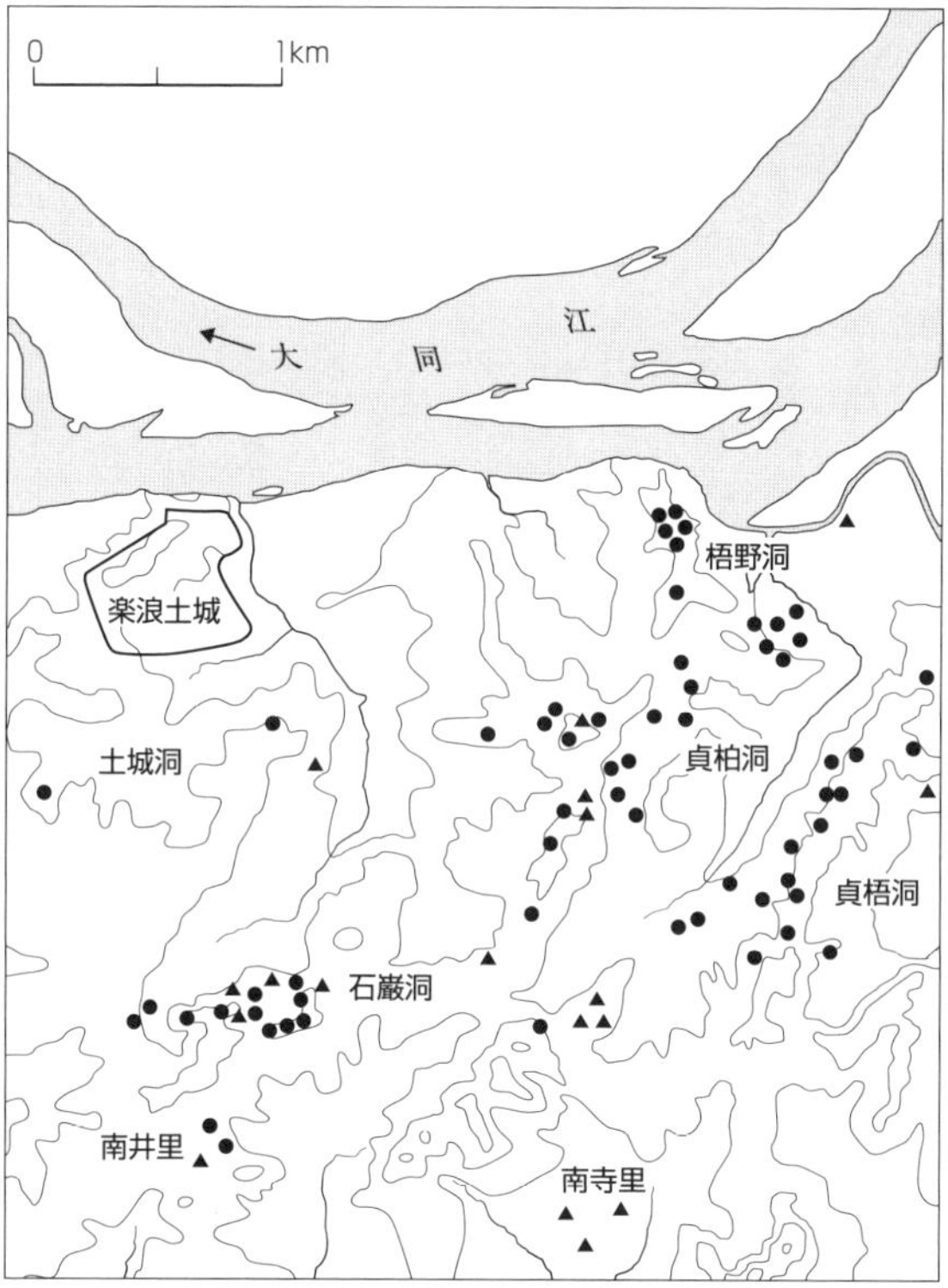

図3　楽浪郡治周辺遺跡図（高久健二『楽浪古墳文化研究』をもとに作成）　●木槨墓　▲塼室墓

このように同じ埋葬施設に複数の被葬者を追葬する風習を受容しながら、三世紀頃まで、竪穴《たてあな》式木槨の構造を維持しつづけたのが、楽浪郡における墓制の特徴の一つである。

木槨墓には、その初期段階では、細形銅剣《セヒョンドンゴム》《ほそがたどうけん》や銅矛など初期鉄器時代以来の青銅器が副葬される。しかし副葬品の多くは、長剣をはじめとする鉄製武器類や、鉄斧をはじめとする鉄製農工具類、青銅製・鉄製の車馬具金具、漢鏡、滑石が混入した花盆形土器や、タタキ技法で製作された短頸壺など中国系の遺物である。また楽浪漢墓では、耳杯《じはい》・盒《こう》・盤・案・皿など副葬された多様な漆器が、しばしばよく残存している。そのなかには銘文をもつものがあり、それによって中国四川省の蜀郡・広漢郡で製作・搬入されたものが存在することがわかっている。

塼室墓は、二世紀半ばには築造が始まったと考えられる。天井部を木材や石材で構築する例も知られているが、ほとんどの例は、塼を用いて穹窿《きゅうりゅう》状天井を構築している。また、平面方形の玄室と羨道《せんどう》からなる単室墓と、前室と後室の二室と羨道からなる複室墓に大きく分けられる。これらの玄室には、一つないし二つの耳室がとりつくものもある。玄室内には木棺が複数安置されている例が多い。副葬品には、祭祀に用いられたと思われる明器が加わるようになる。

塼室墓は、楽浪土城周辺だけではなく、それ以外の地域でも築造が確認されている。なかでも、のちに帯方郡に属したと思われる黄海南道《ファンヘナムド》の信川《シンチョン》郡周辺に築造された塼室墳では、紀年銘を含む文字が刻まれた塼が用いられた例が多く知られている。そのなかには、楽浪郡・帯方郡滅亡後の年号をもつものがあり、四世紀にはいっても同様の古墳が築造されつづけたことがわかる。

楽浪郡では、還元炎で焼成された土器類が多く用いられた。それらは、胎土と製作技法により、泥質系土器、滑石混入系土器、白色土器に大きく分けられる。泥質系土器には、壺・鉢・高杯《たかつき》・甑《こしき》などの日用土器と、カマド形土器や耳杯など副葬用に製作されたと思われる土器がある。これらのうち、大型土器の製作には、タタキ技法が用いられた。滑石混入系土器は花盆形土器のような煮沸用の器種がおもにつくられた。白色土器では、貯蔵用の大型甕《かめ》が代表的な器種である。

発掘調査の進展により、楽浪系の考古資料は大韓民国の各地でも見つかるようになった。まず、北漢江《ブッカンガン》上流域の加平《カピョン》・達田里《タルチョルリ》二号土壙墓のような、楽浪の木槨墓とほぼ同じ構造と副葬品をもつ墳墓の存在が知られている。また、漢江《ハンガン》流域や江原道《カンウォンド》の東海岸地域の遺跡では、楽浪系土器がまとまって出土する場合が少なくない。それらのなかには、楽浪郡から持ち込まれたものだけではなく、それを模倣して現地で製作されたものが存在する。楽浪系土器が出土する遺跡のなかには、京畿道《キョンギド》華城《ファソン》・旗安里《キアルリ》遺跡や加平・大成里《テソンニ》遺跡のように、鉄器生産とかかわる遺跡がある。このことは、漢江流域における当時の鉄器生産を考えるうえで、楽浪郡との関係が重要であったことを示唆している。

朝鮮半島の南海岸では、慶尚南道《キョンサンナムド》泗川《サチョン》《しせん》・勒島《ノクド》《ろくとう》遺跡など、海上交通の要所と思われる遺跡で、楽浪系土器が出土している。さらに楽浪系土器は、対馬・壱岐（長崎県原ノ辻遺跡など）・九州の玄界灘沿岸（福岡県三雲遺跡群など）からもまとまって出土している。五銖銭《ごしゅせん》や貨泉などの銅銭の分布とも合わせ、これらの遺物は、楽浪郡が朝鮮半島南部や日本列島の諸地域と活発に交流していたことを示している。

吉井　秀夫

高句麗の出現

高句麗の名がはじめてみられるのは、前一〇七年におかれた玄菟郡の属県としてである。当初の高句麗県は、のちに高句麗の王都となる集安の通溝城（集安県城土城）におかれた。県名は高句麗族にちなむものであり、高句麗族の居住地は、桓仁《かんじん》（遼寧省）・集安（吉林省）を中心とする地域であった。玄菟郡の目的の一つは、県城をおくことで高句麗族を統制下におくことであり、この地域には高句麗県以外にもいくつかの県がおかれた。このことは、漢が統轄をめざすほどに高句麗族は勢力をもっていたが、それを排除するまでにはいたっていなかったことを意味する。

前七五年、玄菟郡は西方に移動し、高句驪《こうくり》県を郡治とする。この高句驪県は集安ではなく、内陸にはいった遼寧省新賓県永陵鎮であった。このときの玄菟郡の属県は、高句驪・上殷台《じょういんだい》・西蓋馬《せいがいば》の三県にすぎず、蘇子河流域にそって高句麗に通じるルート上にある。当初の玄菟郡に設置された県のうち、高句麗族の地域におかれたものは放棄せざるをえなかったのである。西方への移動の理由として「夷貊の侵す所となり」と記されており、漢が県城を放棄せざるをえないほど高句麗族の攻撃が激しかったことを意味する。漢の郡県支配によってもたらされた政治・社会的な影響力に対抗するなかで、高句麗は勃興したのである。

高句麗の政治的首長の名が最初に確認されるのは、後一二年のことである。漢の元帝の外戚として権力を伸ばし、後八年に新を建国した王莽《おうもう》は、匈奴《きょうど》を討つために高句麗の兵を徴発しようとした。しかし、強制的に徴兵しようとしたため、みな逃亡して略奪を働くようになった。王莽は、その責任を「高句驪侯騶」にあるとして討伐させ、遠征軍に誘い出された騶《チュ》《すう》は殺害された。その首は長安に送られ、王莽はおおいに喜んで高句麗を「下句麗」と改名させた。農民反乱によって新は滅び、二五年に光武帝が漢を再興した(後漢)。三二年に高句麗が朝貢すると、「高句麗王」へと称号を戻させた。

その後の高句麗は、漢との抗争を通じて成長していく。四九年には右北平・漁陽・上谷・太原など現在の河北省から北京方面にまで侵入している。一〇五年以降、高句麗王の宮《クン》はさかんに遼東郡・玄菟郡への侵攻をおこなっている。こうした状況のなかで、玄菟郡はさらに西方へと移動せざるをえなかった。郡治はやはり「高句麗県」とされたが、遼寧省撫順《ぶじゅん》市の永安台古城と推定される。属県は六県とはいえ、そのうちの三県は遼東郡からの移属であった。蘇子河下流の渾河《こんが》にそった県の配置であり、遼東郡の一部を割いて高句麗へ向かうルートを確保するために設定したものである。玄菟郡は、遼東から高句麗へいたるルート上を、しだいに西方へと後退するかたちで移転していったことになる。そしてそれは、高句麗による西方への進出の結果であった。

高句麗だけでなく朝鮮半島のさまざまな集団が、郡県支配の影響によって政治的なまとまりを得ていく。前七五年に楽浪郡の県となった単単大領（太白山脈）以東の七県は、沃沮および濊族の住地におかれていた。平壌市楽浪区域貞柏洞の古墳から「夫租薉君《プジョイエグン》」と彫られた銀印が発見されており、「夫租《プジョ》」（沃沮）県の「薉《イエ》」（濊）族の君長に与えられたものであろう。

濊族は、咸鏡道から江原道にかけての東海岸沿海地帯を中心にして、南は新羅《シルラ》の王都・慶州《キョンジュ》のすぐ北まで、西は西海岸の近くまで進出していた(3)。濊族は農耕もおこないつつ、漁撈・狩猟を主たる生業として遠隔地交易に従事していた。『説文解字』には、「鮸」や「魵」などの魚が「薉邪頭国《イエヤドゥ》《わいやとう》」や「楽浪東暆」など東部都尉のおさめる濊族地域で産することが記されている。また、同姓不婚の習俗をもち、中国で体系化された占星術を熟知していた。濊族全体を支配する王などは存在しなかったが、集落の有力者は侯《フ》・邑君《ウプクン》・三老《サムノ》などの官に任命されていた。後三〇年、後漢の光武帝が東部都尉を廃して、東部七県が廃棄されると、首長たちは県侯《ヒョヌ》とされ不耐《プネ》・華麗《ハリョ》・沃沮の諸県は侯国とされた。

その後、沃沮や濊は、高句麗の支配を受けるようになる。高句麗は沃沮の有力者に高句麗の官位である「使者《サジャ》」を与えて間接支配をおこなったり、あるいは高句麗の有力者である大加《テガ》を直接派遣して、塩や水産物などの租賦をおさめさせた。

三韓と辰王

朝鮮半島の南部地域には、前二世紀頃に真番や辰国《チングク》の存在が知られる。衛氏朝鮮のときに真番国があり、また、漢の武帝が朝鮮を攻撃するきっかけとなったのは、真番のかたわらの辰国が朝貢しようとしたのを妨げたためとされる。

後一世紀になると、この地域には韓《ハン》という呼称で呼ばれている人びとの存在がみられる。王莽の地皇年間（二〇〜二三年）に、廉斯鑡《ヨムサチャク》《れんしさく》なる人物が「辰韓の右渠帥《ウゴス》《ゆうきょすい》」であったという。また、後漢の光武帝のときにも、「韓人廉斯人蘇馬諟《ソマシ》《そまし》」が朝貢している。

図4　3世紀の東北アジア

二世紀の後半になると、韓族や濊族の活動が活発になり、楽浪郡の民が多く韓族の地域に流入した。また、黄巾《こうきん》の乱をきっかけに後漢がしだいに混乱へと向かうと、遼東郡を中心として公孫《こうそん》氏が独自の勢力を有するようになった。一九〇年に遼東で自立した公孫度《こうそんたく》は、玄菟郡と楽浪郡を支配し、周辺諸民族との関係を深めた。二〇四年に公孫度の跡を継いだ康は、楽浪郡の南半分を分けて新たに帯方郡を設置し、韓や濊に遠征して郡県民を取り戻して支配の立直しをはかった。帯方郡の治所は、黄海北道智塔里土城と推定される[4]。それまで楽浪郡を通じて朝貢をおこなっていた韓や倭《ウェ》は、このあとは帯方郡の統轄となった。

三世紀頃の韓は、馬韓《マハン》、辰韓《チナン》、弁韓《ピョナン》(弁辰《ピョンジン》)に分かれており、合わせて三韓《サマン》と呼ばれる。三韓の区分は、政治的なまとまりによるものではなく、文化的にもそれほど大きな違いがあったとは考えにくい。ただ、馬韓と辰韓では言語に違いがあったとされ、また、辰韓と弁韓では言語や習俗もほとんど同じであるが鬼神の祭祀のみ異なっていたという。

地域的には明確に分かれており、馬韓は現在の京畿道あたりから忠清《チュンチョン》・全羅道《チョルラド》にいたる地域である。五〇国余りに分かれて、大国は一万戸以上、小国は数千戸、総計一〇万戸余りの大きさであった。辰韓はおおよそ慶尚北道、弁韓は慶尚南道にあたり、それぞれ一二国に分かれていた。大国で四〇〇〇～五〇〇〇戸、小国で六〇〇～七〇〇戸、総計四万～五万戸であった。それぞれの国には首長がおり、馬韓の有力首長層は臣智《シンジ》《しんち》、そのつぎに有力な者は邑借《ウプチャ》《ゆうしゃく》と称していた。弁韓や辰韓では、臣智・険側《コムチュク》《けんそく》・樊濊《ポネ》《はんわい》・殺奚《サレ》《さっけい》・邑借などと自称していた。諸国には天神を祀る天君《チョングン》がおかれており、蘇塗《ソド》《そと》と呼ぶ特別な地域に大木を立て、そこに鈴鼓を懸けて鬼神を祀った。

三韓には、これらの首長とは別に辰王《チンワン》が存在していた。辰王の実態については、三韓全域に君臨する専制的な支配者という理解から、史書編纂の過程でつくりだされた机上の産物にすぎないという意見まで存在する。その実態については不明な点も多いが、おおよそつぎのように理解される。

辰王はもともと馬韓人ではないが、馬韓の一国である月支国《ウォルチ》（目支国《モクチ》とも。現在の忠清南道礼山《チュンチョンナムドイエサン》付近と推定される）に治所をおいていた。(5) 弁韓・辰韓のうちの一二国や馬韓諸国の多くが辰王に属していた。辰王を支えたのは、馬韓の臣雲新《シヌンシン》国・臣濆沽《シンブンチョム》《しんぷんてん》国、弁韓の安邪《アニャ》《あんや》国（慶尚南道咸安《ハマン》《かんあん》）・狗邪《クヤ》《くや》国（金海《キメ》）そして月支国であった。これらは三韓諸国の頂点に立つ有力国であり、帯方郡と日本列島を結ぶ交通路上にあった。辰王は、三韓諸国間の利害関係の調整や、中国郡県との調停的な機能をはたすという性格をもった特殊な最高首長であった。このような辰王が成立したのは、公孫康が帯方郡を新設した頃と推定される。韓族の統治を強化しようとした公孫氏の支援のもと、三韓側の対外的な在地機関の最高首長として登場したものであろう。公孫氏による冊封《チェクボン》体制が形成され、そのもとで辰王を中心とする序列秩序が機能していた。

ところが、二三八年、魏は公孫氏を攻撃してこれを滅ぼすと同時に、海から楽浪・帯方郡を攻めて平定した。魏は韓の臣智らに邑君《ウプクン》《ゆうくん》・邑長《ウプチャン》《ゆうちょう》の官爵を与えて、公孫氏に替わって掌握した。邑君・邑長の印綬や衣服を受けた者は千人余りにもいたったといい、彼らは冊封を受けて個別的に皇帝の外臣となって魏の統制下に組み込まれ、皇帝の代行たる帯方太守に朝謁するようになった。一方、辰王は、自らは魏の官爵を受けて冊封された形跡はみられないものの、辰王の官として「魏の率善邑君《ソルソヌプクン》《そつぜんゆうくん》」と記されていることから、公孫氏から魏に代わっても魏の外臣たる首長を統率していた。従来の機能を保ったままに存続していたといえる。

しかし、こうした辰王の地位は、長くは続かなかった。二四六年、帯方郡に属していた諸国のうち、辰韓の八国の所属を楽浪郡へと変更しようとしたところ、通訳の手違いによって臣濆沽国が帯方郡を攻撃するという事態にいたった。

この反抗の動きは、数十国が参加する大規模な反乱となり、帯方郡太守が戦死するほど激しいものであった。だが、帯方・楽浪の「二郡、遂に韓を滅ぼす」とあるように反乱は鎮圧され、那奚《ナヘ》《なけい》(辰韓の冉奚《ヨメ》《ぜんけい》国)をはじめとする数十国が降服した。この頃に辰王も廃止されたと考えられる。二〇四年頃から二四六年まで、半世紀足らずの存在であった。

しかし、韓が滅亡したわけではなく、小国の分立した状態はその後も続いた。『晋書』には、二七六～二九一年にかけて東夷《トンイ》諸国から頻繁に遣使のあったことが記されている。馬韓や辰韓の諸国が含まれており、小国ごとに遣使していたのである。そして、晋が統一後すぐに分裂し、高句麗によって楽浪・帯方郡が滅ぼされる頃、馬韓の伯済《ペクチェ》国から百済《ペクチェ》が、辰韓の斯盧《サロ》《しろ》国から新羅が成長してくるのである。

橋本　繁

朝鮮半島の三韓文化

朝鮮半島中部の様相

初期鉄器時代から三国時代にかけての移行期については、植民地時代では「金石併用期」、解放後は「金海期」と呼ばれることが多かった。その後に金元龍《キムオルリョン》は、高句麗が登場し、百済や新羅の中心勢力が形成されつつある時代として、紀元前後からの約三百年間を「原三国《ウォンサムグク》時代」として設定した。考古学的には、慶尚南道金海・会峴里《フェヒョルリ》貝塚出土遺物を基準とする金海文化を指標とした。しかし、その後の調査研究の進展により、朝鮮半島東南部の慶尚道《キョンサンド》で出土する土器のなかで、初期鉄器時代の粘土帯土器と三国時代初期の古式陶質土器のあいだに、「瓦質土器」の存在が見出され、これが原三国時代の土器として認められるようになった。朝鮮半島西南部・中部においても原三国時代にあたる遺跡の調査例が増加している。ただ、これらの地域においては、土器をはじめとする考古資料の相対編年および実年代の比定について、さらに検討を進める余地が残されている。とくに、初期鉄器時代から原三国時代への移行時期、および三国時代への移行時期の様相の解明と、それらの歴史的背景の理解は、朝鮮半島における古代国家形成過程を考古学的に考えるための大きな課題となっている。

漢江流域および江原道東海岸地域には、平面が呂字形・凸字形を呈する竪穴式住居跡からなる集落が各地で形成されたことがわかってきた。それらのなかには、ソウル・風納《プンナプ》土城《トソン》下層遺構のように、周囲に濠をめぐらす例も知られている。住居跡の内部には、オンドルの祖型とされる一字形・L字形のカマドがある場合が多い。出土土器には、硬質無文《ムムン》《むもん》土器と呼ばれる酸化炎焼成された赤褐色系の土器と、タタキ技法で製作された壺・甕に代表される還元炎焼成の灰色系の土器が知られている。硬質無文土器を中心とする段階から、しだいに灰色系硬質土器が主体となる段階への変化が想定されている。しかし、硬質無文土器の使用時期については異論も提起されている。

原三国時代の朝鮮半島中部における墳墓として特徴的なのが、積石塚《チョッソクチョン》《つみいしづか》(6)と呼ばれてきた特殊な墳墓である。こうした墳墓は、北漢江および南漢江《ナマンガン》流域で類例が知られ始めたが、その後、臨津江《イムジンガン》流域において発掘調査例が増加して、具体的な様相が明らかになってきた。その結果によれば、川沿いの自然堤防の高まりを利用して、円形・方形・楕円形などを呈する墳丘をつくり、その表面に石を葺いて積石塚のような外観を形成している。墳頂部分では石を数段にわたり積み上げ、その内側に複数の竪穴式石槨がつくられている。副葬品は多くないが、メノウ製管玉や金層ガラス玉、多様な鉄器(鉄鎌・鉄斧・鉄矛・素環頭大刀など)、楽浪漢墓に類例の知られる銅製釧《くしろ》などが出土している。副葬された土器のなかに、楽浪系土器が含まれている点も興味深い。

呂字形住居跡を用いた集団については、その分布域が江原道東海岸にいたることなどから、濊族にあてる説が多く提示されてきた。また、こうした文化について、ロシア沿海州の文化との関連性を考える説もある。一方、「積石塚」については、石を用いる墳墓であるという共通性から、高句麗系の移住民、なかでも百済の建国にかかわる人びとであるという解釈がなされてきた。その一方で、先述の住居跡の分布との関係などから、濊族を被葬者と考える説もある。ただ、呂字形住居跡の分布と、積石塚の分布とのあいだにずれがあること、また、のちに漢城《ハンソン》百済の中心地となる風納土城の下層に呂字形住居跡が存在することなどは、考古資料の分布と、文献記録上から想定される民族の広がりとは必ずしも一致しないことを示している。

朝鮮半島西南部の様相

朝鮮半島西南部にあたる忠清道と全羅道、さらに京畿道南部では、平面円形もしくは方形の竪穴式住居からなる集落が確認される。一方、墓制においては、周囲に溝をめぐらす平面方形の墳墓がさかんにつくられた。これらは、埋葬施設と墳丘の築造順序の違いにより、周溝土壙墓《チュグトグァンミョ》《しゅうこうどこうぼ》と方形周溝墓《パンヒョンジュグミョ》に大きく分けられる。

周溝土壙墓は、低丘陵斜面に立地し、地面を掘り下げた墓壙内に木棺や木槨を設置して被葬者を安置したのち、それを覆うように方形の低墳丘がつくられた墳墓である。周溝は、斜面の上側に凹状に残されている場合が多い。数基の墳墓が群集し、墳墓間に大きな規模の違いは認められないが、副葬品の量が多く外来系の遺物も有する墳墓が少数存在する。副葬品としては、タタキ技法で製作された灰色軟質の短頸壺と赤褐色軟質の平底鉢を中心とする土器類、多様な鉄器（素環頭大刀・鉄矛・鉄鎌・鉄斧・刀子）、帯鉤《たいこう》、玉類などがある。帯鉤のなかでも馬形帯鉤は、帯金具の一部として被葬者が装着せず、複数をまとめて副葬した例が知られている。玉類には、金層ガラス玉やメノウ玉のように、遠距離交易によって材料や製品が入手されたと思われるものが含まれている。こうした墳墓は、牙山《アサン》湾流域をはじめとする京畿道南部から、錦江《クムガン》中流域にかけて分布している。

方形周溝墓は、低丘陵の尾根線上に立地することが多く、方形の周溝をめぐらした低墳丘の内部に埋葬施設を築造した墳墓である。ただ、発掘調査時には墳丘が削平されており、周溝のみが発掘される例が大部分であるため、埋葬施設の構造や副葬品については不明な点が多い。数基から数十基の墳墓が群集している場合が一般的であるが、墳丘規模には違いがみられ、一辺二〇メートルを越えるものも少数存在する。方形周溝墓は、忠清道・全羅道の西海岸地域で多く発見されてきた。最近では、漢江河口近くの京畿道金浦《キムポ》・陽村《ヤンチョン》遺跡などでも類似した墳墓が確認されている。

周溝土壙墓や方形周溝墓が築造された地域は、馬韓諸国の分布した地域におおむねかさなる。そして、周溝土壙墓における副葬品の量や質、方形周溝墓における墳丘平面規模における違いが、被葬者の階層差を反映しているとすれば、馬韓諸国における社会構造をそこから読み取ることが可能であろう。また、副葬された遺物に漢系遺物が少なからず存在することは、楽浪郡との関係をうかがわせる。その一方、「馬韓」としてまとめて記録された地域のなかにおいて、墓制などに地域差が存在することは、文献記録と考古資料との関係を考えるうえで留意しなければならない。

朝鮮半島東南部の様相

朝鮮半島東南部にあたる慶尚道では、還元炎焼成された灰色軟質土器である瓦質《がしつ》土器が、原三国時代の土器として用いられた。瓦質土器は、組合式牛角把手付長頸壺とキンチャク形甕を指標とする前期と、台付長頸壺と炉形土器を指標とする後期に区分され、さらにそのなかで数段階に細分されている。短頸壺などにみられるタタキ技法や、還元炎焼成技術などが新たに導入された一方、長頸壺については、初期鉄器時代に用いられた黒色磨研長頸壺から変化したと考えられている。

原三国時代前期には、木棺墓《モックアンミョ》《もっかんぼ》がさかんにつくられた。慶尚南道昌原《チャンウォン》・茶戸里《タホリ》一号墓にみられるように、割竹式木棺を用い、墓壙上方には積石がなされたと考えられている。瓦質土器とともに、鋳造鉄斧や、鍛造で製作された多様な武器・農工具などが副葬される。このうち、複数がまとめて副葬された鋳造鉄斧や板状鉄斧については、鉄器を製作するための素材でもあったと考える説が提起されている。また、鏡や青銅容器などの楽浪系の遺物が少なからず副葬される。この段階においても、細形銅剣とそれにともなう銅矛・銅戈なども副葬されるが、そうした青銅器には装飾が施されて儀器化が進む。また、細形銅剣と同様の鞘に鉄剣がおさめられていた茶戸里一号墓出土例が象徴するように、青銅製武器は鉄製武器におきかえられていった。木棺墓は、弁韓・辰韓諸国が位置したと思われる慶尚道各地で確認されているが、なかでも、海上交通や内陸交通の要所と思われる地域に、外来系副葬品などが多く出土する木棺墓群が存在することが指摘されている。

二世紀にはいると、木棺墓よりも幅が広く浅い墓壙内に木槨をつくり、その中に被葬者と副葬品をおさめる木槨墓が出現する。なかでも大型の木槨墓は、金海・蔚山《ウルサン》・慶州などの東海岸沿いに多くの例が知られている。墓壙内の遺物出土状況などから、木槨の上部には低墳丘が築かれ、その上部で大型の甕などを用いた祭祀がおこなわれたと推定されている。平面長方形の木槨内には、平面L字状に瓦質土器や多様な鉄器類が配置され、残りの空間を木材で区画して被葬者を安置する。こうした木槨内の埋葬・副葬の空間原理については、楽浪の同穴合葬式木槨墓との類似性が指摘されている。しかし、被葬者は原則として一人であることや、明確な木棺の使用例が知られていない点は異なる。一方、鉄器を折り曲げて副葬したり、木槨を燃やす風習は、北方遊牧民族の墳墓との関係が指摘されてきた。

遺物においては、木棺墓に比べて鉄器の副葬量が増加する。そのなかには、車馬具に起源をもちながら実用的な構造を失った轡《くつわ》や、柄部分まで鉄で製作した鉄矛などがあり、それらに蕨手《わらびで》状の装飾が付加されたものも知られる。外来系の遺物としては、青銅鏡や青銅製・鉄製鼎《かなえ》などの中国系遺物や、仿製《ぼうせい》鏡や広形銅矛などの北部九州系遺物が知られている。

こうした慶尚道一帯に広がる原三国文化は、弁韓・辰韓諸国と関係づけられてきた。そして特定の墳墓に外来系遺物を含む多くの副葬品が集中することは、当時の弁韓・辰韓社会において首長者層が出現しつつあったことを暗示していると考えられてきた。しかし、三国時代の墳墓とは異なり、この時期には大小の墳墓が同じ古墳群内に共存している。また、細かな違いは指摘できるにせよ、考古学的には弁韓と辰韓の違いを明確には区別できない。

▼補説2▲　先史時代における実年代をめぐって

文字記録が残されていない時代である先史時代において、考古資料の実年代を推定することは容易ではない。朝鮮半島の場合、中国の文字記録を利用して実年代を推定できる時代においては、中国の考古資料と朝鮮半島各地の考古資料の並行関係を検討することにより、間接的に実年代を推定してきた。しかし、考古資料の同時期性をどのように認定するのか、また地域間の伝播にかかわる時間差をどのように見積もるかによって、研究者により推定される年代が一致しない場合が少なくない。

一方、中国においても文字記録が存在しない時代においては、理化学的年代を参照することになる。朝鮮半島の先史時代の実年代を推定するためには、おもに放射性炭素（炭素一四）年代測定法により算出された年代（炭素一四年代）が参照されてきた。またこの間、放射性炭素年代の測定技術は大きく改良されてきた。まず、試料に含まれる放射性炭素の数を、加速器質量分析計（ＡＭＳ）を用いて直接数えるＡＭＳ法が開発されたことにより、従来よりも少量の試料での測定が可能となった。また、炭素一四年代を年輪年代などと比較して正すこと（「較正」）が、一般的におこなわれるようになった。

これまでの研究により、先史時代においては測定された炭素一四年代よりも、それを較正した年代が古くなる傾向にあることがわかっている。それを受けて、例えば従来は三万年前と表記されてきた旧石器時代後期の開始年代は三万五〇〇〇年前、一万年前と表記されてきた更新世の終りは一万五〇〇〇年前ないし一万二〇〇〇年前と表記されることが多くなってきた。ただ、見かけの年代の数値は古くなるとはいえ、それぞれの段階の文化の内容、およびその変遷の順序に変更があったわけではないことに留意する必要がある。

中国や日本の考古資料との並行関係から間接的に実年代が推定されてきた、朝鮮半島の青銅器時代・初期鉄器時代・原三国時代の遺物についても、ＡＭＳ法による年代測定成果が蓄積・公開されてきた。しかし、考古学者がこれまで想定してきた実年代よりかなり古くでる傾向にあることが、大きな問題となっている。具体的には、炭素一四年代の較正年代を実年代としてそのまま受け入れようとする研究者と、較正年代の古さに懐疑的な研究者に分かれる。両者間の議論は現在も進められているが、以下、煩雑さを避けるために本文では省いた実年代の問題点について、その現状を整理しておく。

まず、青銅器時代の開始時期および青銅器の使用開始時期である。従来、大韓民国の研究者は、平安北道《ピョンアンブクト》龍川《リョンチョン》・新岩《シナム》里《リ》遺跡で出土した青銅製刀子・銅泡とその共伴土器を手がかりとして、青銅器時代および青銅器使用の上限が前一〇〇〇年頃まで遡る可能性を想定してきた。ところが、青銅器時代前期（無文土器前期）の土器にともなう木炭を試料とした炭素一四年代を較正した年代は、前十三世紀から前十世紀のあいだにほぼおさまっている。さらに青銅器時代早期に比定されている突帯文土器にともなう木炭を試料とした炭素一四年代の較正年代については、前十五〜前十四世紀まで遡る例が報告されている。これらの測定年代を実年代として受け入れるのであれば、青銅器時代の時間幅は従来より数百年長くなる。また、青銅器時代早期・前期には、ほとんど青銅器は用いられていなかったことになる。

一方、松菊里《ソングンニ》式土器に代表される青銅器時代後期（無文土器中期）の遺跡から出土した木炭を試料とした炭素一四年代の較正年代は、前九世紀から前五世紀頃までの範囲におさまっている。この年代観をそのまま受け入れ、琵琶形銅剣の出現時期についての諸説を考慮すれば、中国東北地方で出現した琵琶形銅剣は、さほど時間差をおかずに朝鮮半島に持ち込まれたことになる。

つぎに初期鉄器時代の開始時期は、従来は前三世紀頃であると考えられていた。しかし、ＡＭＳ法による炭素一四年代の較正年代も参考にしつつ、初期鉄器時代の指標となる粘土帯土器の起源を中国東北地方の土器に求める立場から、その上限を前六世紀まで遡るとする説が登場している。この主張を受け入れた場合、松菊里式土器文化の存続期間と、粘土帯土器に代表される文化の存続期間は、一定期間重複することになる。しかし、両文化が朝鮮半島のなかで具体的にどのように共存しえたのかについては、さらに実証的な検証が必要となるだろう。

また、朝鮮半島南部における鉄器出現時期については、従来は前三世紀ないし前二世紀初頭と考える説が有力であり、その歴史的背景として、衛氏《ウィシ》朝鮮の成立により準《チュン》王ら古朝鮮《コジョソン》遺民が南下したという記録などが参照されてきた。しかしその後に増加した出土例の出土状況および較正された炭素一四年代の成果をもとに、朝鮮半島における鉄器の出現時期が、前四世紀まで遡る可能性が指摘されるようになった。この年代を受け入れた場合、朝鮮半島における鉄器の出現においては、戦国時代燕《えん》との直接的な関係がより具体的に検討されなければならなくなる。

原三国時代を提唱した金元龍《キムオルリョン》は、『三国史記《サムグクサギ》』の初期記録の評価を踏まえて、紀元前後をその上限であると考えた。その後、瓦質土器が副葬された木棺墓から出土する漢系遺物の状況を踏まえて、原三国時代の始まりは、前一世紀初頭と考えられるようになった。しかし、粘土帯土器の変遷過程を再検討し、較正された炭素一四年代の成果も参考にしつつ、原三国時代の開始時期を、前二世紀にまで遡らせようとする説が提示されている。こうした立場に立つ場合、原三国時代の定義および、その開始にかかわる歴史的背景に対する再検討が必要となろう。

今後もAMS法による炭素一四年代測定例はさらに増加していくはずであり、蓄積されたデータを検討することにより、具体的な年代の絞り込みが進められなければならない。それとともに、中国・日本の考古資料との並行関係の見直し、さらに朝鮮半島内における考古資料の時空的位置づけの再検討が進められることにより、実年代についての共通認識が形成されていく必要がある。

吉井　秀夫

▼補説3▲　楽浪戸口統計簿木牘・『論語』竹簡の発見と楽浪郡の位置

楽浪戸口統計簿木牘・『論語』竹簡の公表の経緯

平壌市大同江南岸の楽浪《ラクラン》区域に所在する貞柏洞三六四号墳から初元四（前四五）年の楽浪郡県別戸口簿と『論語』竹簡《チュッカン》《ちくかん》が出土した事実は、最近になって内外に広く知られるようになった。貞柏洞三六四号墳が発掘されたのは、一九九〇年七月であり、そこから初元四年楽浪郡県別戸口簿を記した木牘《モットク》《もくとく》（以下、「楽浪戸口簿木牘」と略）や、『論語』竹簡が出土したことが判明したのは、二〇年近くが経過した二〇〇九年以降になってからである。

しかも、『論語』竹簡と楽浪戸口簿木牘が同一の古墳から出土していたことを確認できたのは、ようやく二〇〇九年になってのことであった。さまざまな経緯があって「楽浪戸口簿木牘」と『論語』竹簡はすでに遺失しており、『論語』木簡は二枚の写真が残るだけであり、「楽浪戸口簿木牘」も一種類の写真が公表されているのみである。

『論語』竹簡および楽浪戸口簿木牘が貞柏洞三六四号墳から出土したという事実の確認が遅れた原因には、いくつもの事情がかさなったが、『論語』木簡の場合は、一九九二年に「『論語』の第一一巻と第一二巻の全文が書かれている冊書のような遺物もある」と劉秉興《リュビョンフン/りゅうへいこう》「考古学分野でなしえた成果」(『朝鮮考古学研究』一九九二年第二期、平壌)によって報告されていた。その後、発掘当初に撮影された二枚の写真と、さらに発掘にかかわった機関の証言に基づくと、出土した『論語』竹簡は、写真での確認は先進三一枚(五五七字)、顔淵八枚(一四四字)にとどまるが、元来、先進篇・顔淵二篇の全文一二〇枚程度が存在したと推定される。

一方、「楽浪戸口簿木牘」は、二〇〇六年に「平壌市貞柏洞三六四号古墳からは楽浪郡初元四年県別戸口多少□□という統計表が書かれている木簡があらわれた」(孫永鍾《ソニョンジョン/そんえいしょう》『朝鮮断代史〈高句麗史二〉』二〇〇六年三月、平壌)との指摘がなされていたが、同書は国外には公表されていなかった。すぐあとに、孫永鍾「楽浪郡南部地域(後代帯方郡地域)の位置――楽浪郡初元四年戸口多少□□』統計資料を中心に」(『歴史科学』二〇〇六年第二期、二〇〇六年六月、平壌)によって、その内容は公表されるところとなり、この木牘に関する論考は発刊後に大韓民国(以下、韓国と略)や日本の学界で衝撃をもって受け止められた。しかしながら、この論文には木牘の出土古墳が明記されていなかった。さらに楽浪戸口簿木牘の写真がはじめて公開されたのは二〇〇八年にいたってからで、「楽浪遺蹟で出土した木簡」(『朝鮮考古研究』一四九号、二〇〇八年十一月、平壌)によってはじめて公にされた。この写真を外国の研究者が確認したのは二〇〇九年四月であった。

北朝鮮学界の苦悩

じつに発掘から一八年以上の歳月をへて、木牘と『論語』竹簡は貞柏洞三六四号墳から出土したことが確認されることになった。

楽浪戸口簿木牘の内容は本文でも紹介されているように、楽浪郡二五県の戸口の変動を記したものであり、前四五年における楽浪郡管下二五県の実態を把握するうえで、貴重な同時代資料の発見となった。そのような貴重な資料の実在が発掘後、二〇年近くをへて公表されたその理由については、まず、発掘を担当した社会科学院がいまだに貞柏洞一帯を含めた楽浪区域の古墳群に対する発掘報告書を刊行していないことがある。また第二には、平壌市内に所在する貞柏洞三六四号墳から、『論語』竹簡と楽浪戸口簿木牘および楽浪郡の官衙《かんが》で作成されたと判断される「公文書抄写本」が出土したことによる朝鮮民主主義人民共和国(以下、北朝鮮と略)学界の困惑と苦悩である。北朝鮮の学界では、一九四五年以前に平壌の楽浪土城から出土した楽浪郡関係の印章や封泥はすべて偽造品という立場をとりつづけており、楽浪郡および帯方郡は遼東半島に所在していたとの見解を採っている。例えば、長期にわたる刊行準備期間をへて二〇〇八年に公表された社会科学院の編纂による歴史地図でも、遼東半島の蓋《がい》県(蓋州)を楽浪郡朝鮮県としている。

　北朝鮮学界では、同時代の朝鮮半島には、楽浪国というこの地域民の国家が存在していたとの見解をとっている。この楽浪郡が遼東半島に所在していたとする説は、古くは申采浩《シンチェホ》《しんさいこう》によって唱えられたが、基本的に北朝鮮学界では、それを継承しているとみてよい。

　こうした北朝鮮学界における楽浪郡治の位置比定にかかわって、平壌貞柏洞における楽浪戸口簿木牘出土に関する発表のなかで、現時点においてもっとも早く確認できるのは、前述した孫永鍾『朝鮮断代史(高句麗史一)』であり、そこにはつぎのような指摘がある。

> 楽浪郡が遼東地方にあったということは最近の平壌市楽浪区域で発掘された木簡の内容が雄弁に語っている。平壌市楽浪区域貞柏洞三六四号古墳からは『楽浪郡初元四年県別戸口多少□□』という統計表が書かれた木簡が出土した。この木簡はその他のいくつかの該当時期の公文書抄写本とともに出土した。それは当然、楽浪郡官衙に保管されなければならない性質の文書である。しかし当時、朝鮮半島西北部にあった楽浪国の首都であった平壌楽浪土城付近の墓の中から楽浪郡県別戸口統計があらわれるのは、いささか異様に感じられる。ともすれば、それは楽浪郡が平壌一帯にあったとみられかねない文書のように誤認される。しかしそれを仔細に検討すると、この戸口統計は西北朝鮮に楽浪郡があったのではなく、遼東半島に楽浪郡が位置していたということを立証してくれる動かぬ重要根拠を提供しているのである。

そのうえで、平壌に楽浪郡が設置されなかったにもかかわらず、遼東半島に所在したと北朝鮮学界が唱えてきた楽浪郡官衙にかかわる公文書抄写本や楽浪戸口簿木牘などが平壌の古墳から出土した理由についてはつぎのように説いている。すなわち、そのような木簡が平壌楽浪区域の一木槨墳《モックアクブン》《もっかくふん》からあらわれたのは、遼東半島に所在する楽浪郡の地方下級役人であった被葬者がある罪を犯したか、地域民の反乱によって、その地(遼東半島の楽浪郡)で耐えきれずいられなくなったために、朝鮮半島の楽浪国(現在の平壌)に逃亡して自己の所持品とともに埋められたと認められるというものである。

こうした理解の仕方から推察されるのは、一九九〇年に貞柏洞三六四号墳から出土した『論語』竹簡はじめ楽浪戸口簿木牘および文書木簡は、楽浪郡の位置比定とかかわって北朝鮮研究者にとって重大な関心事になったという事実である。つまり、北朝鮮学界における楽浪郡の位置比定と貞柏洞三六四号墳出土の資料との整合性が厳しく問われたに違いない。実際に、貞柏洞一帯の墳墓の造営時期をめぐる時代区分には、墳墓群から出土した文字資料を掲げて時期区分の基準としているにもかかわらず、一九九五年に公表された論文には楽浪戸口簿木牘に対する言及はまったくない。おそらくは二〇〇六年にはじめて公表された孫永鍾の楽浪戸口簿木牘に関する論文は、長期にわたる議論を踏まえて発表されたものであろう。

貞柏洞三六四号墳と被葬者

楽浪戸口簿木牘と論語木簡が発見された貞柏洞三六四号墳は、平壌市西南の大同江南岸の楽浪地区に位置している。墳墓は東西方向に墓壙を掘って板槨を設けたあとに、その中に内槨をつくって木棺を安置した単葬型の板槨墳《パングアクブン》《はんかくふん》である。外郭の大きさは長さ三二五センチ、幅一三〇センチ、深さ一二二センチ、内槨の長さ二二〇センチ、幅九四センチ、高さ七六センチである。木棺の長さは一九五センチ、幅五六センチ、高さ四八センチで、墓壙と板槨の規模からは、木槨墓のなかでは最高級に属するものであるという。

北朝鮮の学界の報告によれば、平壌一帯の板槨墳は、前三世紀以前から前一世紀後半までの期間に築造されたものであって、平壌一帯の楽浪遺蹟は、板槨墳から木槨墳へ、木槨墳から塼槨墳《チョングアクブン》《せんかくふん》へと変化したといわれ、この点を中国の戦国時代と前漢時代の墳墓と比較してみると、地方ごとに差異はあるものの、全般的には戦国時代までは木槨墓が盛行するが、前漢時代にはいって減少し、空心塼墓が新しく出現して盛行して前一世紀後半には塼室墓へと転換するという。

つまり、板槨墳は、漢代に限定して築造されたのではなく、平壌地方で比較的長い時期にわたって築かれたというのである。また、平壌一帯の板槨墳は、この地において連綿と生きてきた人びとの墳墓であり、楽浪設置時期（前一〇八年）よりも数百年前から使用され始め、前一世紀後半期までの時期にこの地域の主要な墳墓形式として存在したとみなされている。

貞柏洞三六四号墳からは、武器（環頭刀子・鉄長剣・鉄矛）、車馬具、農耕具（鉄斧・鉄鎌・鉄鑿）、装身具（玉・帯鉤・櫛・銀指輪・木櫛・化粧用刷毛）などが出土し、そのほかに各種漆器が副葬されていたことが伝えられている。これらの副葬品をもつ墓主については、筆記用具として使用できる環頭刀子や、官服に使用される帯鉤などから、墓主は生前に楽浪郡府で戸口簿作成など行政業務を担当した者であって、墳墓の位置と構造や遺物および北朝鮮学界の板槨墳の分析などを踏まえつつ、そこに衛氏朝鮮以来の墓制の延長にあることを認めたうえで、貞柏洞三六四号墳の墓主を現地出身の楽浪郡属吏とみなされるという説は韓国の尹龍九《ユニョング》《いんりゅうきゅう》によって唱えられていた。

さらに、その後になって貞柏洞三六四号墳の被葬者の副葬品に関する発掘直後の写真が確認され、貞柏洞三六四号墳から細形銅剣が出土していたことが明らかになった。それは貞柏洞古墳の三つの板槨墳から出土した細形銅剣と同型であり、これによって貞柏洞古墳群の板槨墓から細形銅剣の出土していたことが判明した。

新たに副葬品として確認された細形銅剣は、前四世紀から前一世紀に該当する時期の在地化した青銅器であり、朝鮮半島で独自に発生したため、韓国の学界では「韓国式銅剣《ハングクシットンゴム》」とも呼ばれる。このような遺物が貞柏洞三六四号墳から出土していたことは被葬者を検討するうえで極めて重要な意味をもつ。

すなわち、北朝鮮の学界では、板槨墳の編年を遺物中の武器の副葬形態に注目して六期に分けており、貞柏洞三六四号墳の遺物から、同古墳は板槨墳の最終段階の構成に位置づけられ、編年上、前一世紀後半期と推定されている。つまり、貞柏洞三六四号墳の被葬者は、在地性の強い板槨墳とともに、これまた在地性を色濃く帯びた細形銅剣の消長と同じく、その編年の末期に位置づけられるのである。したがって、貞柏洞三六四号墳の被葬者は現地出身の楽浪郡属吏とすることに問題はなく、今後は、こうした被葬者の漢文化の受容という視点から『論語』竹簡は論じられることが要請されることになろう。

李成市

注

(1) 朝鮮民主主義人民共和国では、古朝鮮の中心は遼東方面にあるとされてきた。しかし、一九九三年に平壌の東方に所在する檀君陵という伝説のある墓から人骨が出土すると、それを檀君のものと断定した。さらに年代測定の結果、人骨の年代が前三〇〇〇年以前に遡るとして、古朝鮮の中心地が終始一貫して平壌にあったとされるようになった。また、近くに将軍塚に似せた巨大な檀君陵を建設した。檀君は、神話ではなく歴史として位置づけられるようになったのである。一方、大韓民国では、古朝鮮の中心地が遼東地域から平壌地域へ移ったとする見方が強い。前八～前七世紀、遼寧省方面における琵琶形銅剣の分布圏を初期古朝鮮の中心地とみて、前四世紀以降になると、中心地が大同江流域の細形銅剣文化圏へと移ったとする。

(2) 解放後、朝鮮民主主義人民共和国の研究者は、これらの銘文資料は日本人により捏造されたものとして、平壌に楽浪郡が存在したことを否定しようとした。最近では、平壌周辺には「楽浪国」という政治体があったのであり、楽浪郡は現在の遼寧省内に存在したという学説が提示されている。

(3) 一九六六年、慶尚北道《キョンサンブクト》迎日《ヨンイル》郡新光《シングァン》面で「晋率善穢佰長」と刻まれた銅印が出土した。これにより、新羅王都のすぐ北方地域において、三～四世紀に晋の外臣となった濊族の首長が存在していたことになる。また、『三国史記』にみえる「靺鞨《マルガル》《まつかつ》」は濊族を指すとみられるが、百済とのあいだで係争している地域は、関弥嶺《クァンミリョン》《かんびれい》、漢山城《ハンサンソン》、独山城《トクサンソン》などソウルや京畿道《キョンギド》など西海岸方面とみられる。こうした濊族の広い活動範囲は、広開土《クァンゲト》王碑が旧百済地域から守墓人として徴発した人びとを「新来の韓・穢」として濊族も含んでいることからも確認できる。

（4）帯方郡治の位置について、ソウルにあったとする説と、黄海道《ファンヘド》方面にあったという二つの説がある。『漢書』地理志の「帯水が西に流れ、帯方にいたって海にはいる」という記録からは、漢江があって海に近いソウルが有力とされる。しかし、ソウル付近では漢・魏代の遺物はほとんど出土していない。それに対して、黄海道地方では多くの漢・魏代の遺物が発見されており、また、黄海北道《ファンヘプクト》鳳山《ホンサン》郡文井《ムンジョン》面の張撫夷《チャンムイ》墓から「帯方太守」という銘のある塼が出土しているため、近くの智塔《チタム》里《ニ》土城が帯方郡治とされてきた。張撫夷墓については、その後、四世紀中頃の高句麗古墳である可能性が高いとされ、帯方郡とは直接関連しないとみられる。これらを矛盾なく理解するには、当初の帯方県はソウル付近にあったがのちに黄海道方面に移されたと考えるのが妥当であり、帯方郡が設置されたのは黄海道方面であったとみられる。

（5）辰王の治所である月支国の所在については、ソウル、仁川《インチョン》、忠清南道の稷山《チクサン》・成歓《ソンファン》面、同道の礼山、全羅南道《チョルラナムド》の羅州《ナジュ》・潘南《ポンナム》《はんなん》面などさまざまな説が出されている。礼山付近とする推定は、『三国志』馬韓条に列挙されている五〇国余りの国名が、おおよそ北から南へという順に記されているという理解によるものである。すなわち、月支国は一四番目に記されているが、前後の国名で所在地が推定できるものとして、八番目の「伯済国《ペクチェ》」は百済の前身であり現在のソウル付近であり、二二番目の「支侵国《チチム》」はおおよそ忠清南道西部の洪城《ホンソン》郡や礼山郡大興《テフン》面付近と推定される。したがって、月支国は京畿道南部から忠清南道北部にかけて位置していたと推定される。馬韓全体からみればかなり北方にあり、楽浪・帯方郡に近い場所ということになる。

（6）こうした墳墓については、高句麗の積石塚と構造が異なることを考慮して、「葺石墓《チブソクミョ》《ふきいしぼ》」「葺石塚《チブソクチョン》《ふきいしづか》」「葺石式積石塚」といった名称が提案されているが、いずれも定着していないのが実情である。

第二章　高句麗・百済・新羅・加耶

1　高句麗の発展

高句麗の始祖伝説

高句麗《コグリョ》の建国伝説では、始祖の名は朱蒙《チュモン》《しゅもう》または鄒牟《チュモ》《すうぼう》と伝えられる。朱蒙による建国の年代を『三国史記《サムググサギ》』は紀元前三七年としている。朱蒙伝説は「広開土王碑《クァンゲトワンビ》」(四一四年)や「牟頭婁《モドゥル》《ぼうとうろう》墓誌《ミョジ》」(五世紀初め)にはじめてみられるが、まとまった記述としては、『魏書《ぎしょ》』高句麗伝の記事がもっとも早い。『魏書』の完成は北斉の五五四年であるが、伝説が記録されたのは、四三五年に使者として平壌《ピョンヤン》を訪れた北魏の李敖《りごう》によるものと推定される。

朱蒙の母は、河伯(川の神)の娘である。夫餘《プヨ》王によって幽閉されたが、日光に照らされて妊娠し、大きな卵を産んだ。夫餘王は卵を犬や豚に与えたが食わず、野原に捨てさせたが鳥が集まってこれを温めた。さらに王はこれを割ろうとしたが割れなかったため母に返した。母親がこれを温めておいたところ中から殻を破って男児が出てきたので、弓の上手な者という意味の「朱蒙」と名づけた。夫餘の人びとは朱蒙を除こうとしたが、王はそれを許さずに馬の世話を命じた。朱蒙は馬を試して駿馬を自分のものとし、狩りに出ると朱蒙の獲物がもっとも多かった。夫餘王の家臣たちは朱蒙を殺そうと図ったが、母はそれを知って国外へ逃げるように言った。朱蒙は従者二人を連れて逃亡するが、大きな川にぶつかって渡ることができなかった。追っ手が近づくなか「われは日の子、河伯の外孫である」と言うと、魚鼈《ぎょべつ》が浮かんで橋となり川を渡ることができた。朱蒙が渡り終えると魚たちはいなくなったので、追っ手は渡ることができなかった。朱蒙は普述水《ポスルス》にいたり、そこで出会った三人とともに紇升骨城《フルスンゴルソン》《きっしょうこつ》においてついに高句麗を建国した。

朱蒙のように卵から生まれたという卵生型の神話は、新羅《シルラ》や加耶《カヤ》など他の朝鮮《チョソン》半島の建国神話にもみられるが、東南アジアを中心に広くみられる南方的な神話であり、高句麗はその北限にあたる。一方、日の光に感応して妊娠したという日光感精神話は、東北アジアに多い北方的な神話要素である。高句麗の始祖伝説は、南方系と北方系の文化がともにみられるという特徴をもっている。

朱蒙伝説は、夫餘の建国神話である東明《トンミョン》王伝説と類似している。そのため、夫餘と高句麗の民族的な系譜関係を認める考えもある。しかし、両伝説は、主人公(朱蒙と東明王)、出生地(夫餘と北夷槖離国《ブギタンニ》《ほくいたくり》)、建国した国(高句麗と夫餘)がそれぞれ異なっている。さらに神話の構成要素としても、朱蒙伝説は卵生型であるのに対して、東明王伝説には卵から生まれたことはみえず日光感精型であるという大きな差異がある。したがって、両者は明らかに別個の建国伝説である。王が外来者であるとする伝説は世界的に広く存在しており、ことさらに共通点を強調するべきではない。両国の墓制をみても、高句麗が積石塚《チョクソクチョン》《つみいしづか》を主体としているのに対して、夫餘は土壙墓《トグァンミョ》《どこうぼ》や木槨墓《モックァンミョ》《もっかんぼ》が主体であるなど異なっており、別個の種族であったとみるべきである。

朱蒙伝説が出自を夫餘に求めたのは、神話が形成された四〜五世紀の政治的な戦略によるものと考えられる。四世紀初めに夫餘の旧領域を高句麗が支配するようになり、その支配の正当性を内外に示す必要があったこと、また、三四〇年代に前燕《ぜんえん》の攻撃により壊滅的な打撃を受けた高句麗が、復興のために高句麗王権を支える役割を夫餘族に期待したためとみられる。

国内城時代の政治と外交

高句麗は、後漢《ごかん》時代に西方へと勢力を伸ばし、遼東郡、玄菟《げんと》郡としばしば争った。後漢末に中国が混乱に陥ると、公孫《こうそん》氏が遼東郡を中心に自立する。高句麗は公孫氏と共同で富山の賊を破るなど協力関係にあった。

高句麗王の伯固《ペッコ》が死去すると、長子の抜奇《バルギ》と次子の伊夷模《イイモ》が王位をめぐって対立した。人びとの支持によって伊夷模が立って王になると、抜奇は五部の一つである涓奴部《ヨンノブ》《えんど》の有力者とともに三万人余りを率いて公孫康に降服した。その後、抜奇が高句麗発祥の地である卒本《チョルボン》（遼寧省桓仁県）に戻り住んだため、伊夷模は国内城《クンネソン》（吉林省集安市）に新たに国をつくった。この遷都について、『三国史記』は二〇九年のこととしている。

公孫氏にくだった抜奇の家系のその後は不明であり、高句麗王系は伊夷模が継承することとなった。伊夷模が死去すると、子の位宮《ウイグン》が跡を継いだ。二三三年、呉の孫権が魏を挟撃するために公孫氏に使節団を派遣すると、魏の脅威を感じた公孫氏はこの使節団を殺害して魏に送った。その一部が高句麗に逃亡すると高句麗はこれを呉に帰したため、呉は高句麗王を単于《ぜんう》に冊封《チェクボン》して魏との対抗および軍馬の供給を期待した。しかし、高句麗は魏への傾斜を強め、二三六年には呉の使者の首を斬って魏へ送り服属の意志を示している。二三八年に魏の司馬懿《しばい》が公孫氏を討って滅ぼした際にも、高句麗は数千人の軍隊を派遣している。

しかし、このような両国の協力関係は長く続かなかった。二四二年、高句麗が鴨緑江《アムノッカン》《おうりょくこう》河口の西安平《せいあんへい》を攻撃したことが契機となって、魏は大規模な高句麗遠征をおこなった。玄菟太守を夫餘に派遣して軍糧を調達したうえで、二四四年、玄菟郡から出撃した毌丘倹《かんきゅうけん》は、待ち受けた東川《トンチョン》王を破って王都を陥落させ、さらに王を追って沃沮《オクチョ》《よくそ》にまで軍を派遣し、挹婁《ウムヌ》《ゆうろう》の南側領域にまで達した。東川王はからくも逃れたが王都は蹂躙され、隷属していた沃沮や濊《イエ》《わい》は高句麗から離反して魏に通交するようになった。

なお、『三国史記』には二四七年に「丸都《ファンド》城が乱をへて再び都とすることができないので、平壌城を築いて民と廟社を移した」という記事があるが、このときに平壌に都を遷したとは考えにくい。高句麗は、国内城において勢力を回復していった。

高句麗は地縁共同体である那《ナ》集団の連合から成っており、有力な那集団に涓奴部、絶奴部《チョルノブ》、順奴部《スンノブ》、灌奴部《クァンノブ》、桂婁部《ケルブ》《けいろう》の五部があった。かつて王は涓奴部が輩出していたが、この頃には桂婁部に替わっていた。また、王妃は絶奴部から出すこととなっているなど、族制的な性格が強く残されていた。各那集団の有力者である大加《テガ》は、相加《サンガ》、対盧《テロ》《たいろ》、沛者《ペジャ》《はいしゃ》、古雛加《コチュガ》《こすうか》などの官名を王から得て支配階級を構成した。大加はそれぞれ自立性を有しており、王や王族と同様に使者《サジャ》、皁《チョ》《そく》衣《ウィ》《い》、先人《ソニン》という家産的な直属官僚層をおいていた。王はそのほかに、直属の官僚層である主簿《チュブ》、優台《ウデ》、丞《スン》《じょう》を組織して王権の優越性を示してはいたが、大加層の連合政権という性格が強かった。

中国大陸では、その後、司馬炎が魏から禅譲を受けて晋を開き、二八〇年に呉を滅ぼして中国全土を統一する。しかし、統一は長続きせず内乱によって混乱に陥ると、国力を挽回した高句麗は、玄菟郡、楽浪郡の攻略を進めた。そして、三一三年、楽浪の王遵《おうじゅん》らは一〇〇〇家余りを率いて鮮卑《せんぴ》族の慕容《ぼよう》氏のもとに移住した。帯方郡も同時期に高句麗の占領するところとなり、約四〇〇年以上続いた中国の郡県支配は完全に終りを告げた。

内乱により混乱した華北には、五胡《ごこ》と総称されるさまざまな異民族が移住していた。そのなかの鮮卑系の慕容氏が東晋の平州刺史を追放して遼東を確保すると、高句麗と衝突するようになる。高句麗は玄菟郡を駆逐すると、新たな拠点として新城《シンソン》(撫順市高爾山城《こうじさんじょう》)を築いた。三四二年、燕王となった慕容皝《こう》は、自ら五万の兵を率いて高句麗を攻め、王都に侵入した。前王である美川《ミチョン》王の墓を暴いて遺骸を奪い、王の母や妃をはじめとする男女五万人以上を捕虜として連行し、宮殿を焼いて城を破壊した。故国原《コググォン》王は翌年、臣と称して前燕に朝貢して美川王の遺骸を取り戻した。そして三五五年に人質を派遣してようやく母を取り戻すとともに、征東大将軍・営州刺史・楽浪公に冊封されて安定を取り戻した。

一方、その頃南方の朝鮮半島では、百済《ペクチェ》が急成長していた。故国原王は三六九年に自ら軍を率いて百済を攻めるが敗れ、三七一年には百済王自ら平壌城まで攻めてきた。王はこの防戦のさなかに流れ矢に当たって戦死してしまった。

こうした混乱を立て直したのが、跡を継いだ小獣林王《ソスリム》(在位三七一～三八四)である。前燕を破って華北を統一していた前秦から三七二年に仏教経典と仏像が伝わると、三七五年に肖門寺《チョムンサ》と伊弗蘭寺《イブルランサ》を創建した。これが海東《ヘドン》(朝鮮)における仏教の始まりであった。また、大学《テハク》を建てて儒教の教育をおこなうとともに、具体的な内容についてはまったく不明であるが律令を頒布したという。つぎの故国壌《コグギャン》王も仏教を信仰し、また、国社《ククサ》を建て宗廟《チョンミョ》《そうびょう》を修理した。

このように四世紀の高句麗は、王都が蹂躙され、国王が戦死するなど対外的な危機の時期であった。しかし、この頃に大対盧《テデロ》から仙人《ソニン》にいたる一三等の官位制が整備されている。初期官位制は族制的な基盤が強かったのに対して、王を頂点とする一元的なこの官位制は滅亡時まで維持されており、国家発展が飛躍的に進んだことを意味する。

こうした国家の展開を背景に、四方に領土を広げて高句麗の全盛時代を築いたのが、広開土王であった。三九一年に十八歳で王位にのぼってから四一二年に亡くなるまでの功績は、子の長寿王《チャンス》が四一四年に建立した広開土王碑文に詳しく記録されている。それによると、三九五年には契丹《きったん》族の一部である稗麗《はいれい》に遠征して多くの牛・馬・羊を奪った。三九六年には百済に遠征して大勝利をおさめ、五八城・七〇〇村を奪って王に服従を誓わせている。三九八年に東方の粛慎《スクシン》に軍を送って朝貢させた。三九九年に、百済が誓いを破って倭《ウェ》と通じたため、軍を率いて平壌に赴いて倭人の撃退策を練り、四〇〇年に新羅救援軍を派遣して倭と安羅《アルラ》《あら》の軍を破った。四〇四年に、もとの帯方郡の地域に倭人が攻めてきたため、これを撃退した。四〇七年に百済と推定される地域に兵を派遣した。四一〇年に東夫餘《トンブヨ》に遠征した。王が在位中に攻め破った地域は、城六四、村一四〇〇に達したという。

碑文には書かれていないが、広開土王は西方方面でも激しい攻防戦を繰り広げた。一時的に華北を統一していた前秦が崩壊して慕容氏が後燕を再建すると、三九六年に広開土王を平州牧・遼東帯方二国王に冊封した。四〇〇年に後燕が新城・南蘇《ナムソ》城を攻撃すると、遼東をめぐって高句麗と激しい戦闘を繰り広げたが、高句麗は重要拠点を確保することに成功する。さらに、高句麗族出身で後燕皇帝の養子となっていた高雲が、馮跋《ふうばつ》に擁立されて即位すると、広開土王はこれを宗族として遇し、雲もそれに報いた。これによって遼東の情勢は和平へと転換し、馮跋が北燕を建国してからも安定した状況は続いた。

広開土王による国内支配として注目されるのは、墓守《はかもり》の制度を整備したことである。旧来は高句麗民を王陵の墓守としていたが、錯綜した状態になっていた。そこで、広開土王は各王陵に守墓人《スミョイン》の碑を建てるとともに、新たに征服した地域の韓《ハン》・濊族を徴発して墓守にあてようとした。碑文を建てた息子の長寿王は、征服地の韓・濊族二二〇家と、もともとの高句麗の民一一〇家を墓守人とした。碑文の末尾には、「守墓人の売買を禁止する。もしこの命に反した場合、売った者は刑罰を加え、買った者は守墓人とする」という法令が記されている。二〇一二年に新たに発見された集安高句麗碑には、これとほぼ同文の規定が記されている。この碑は、広開土王が各王の墓に建てた碑の一つであるとも、のちに長寿王が建てた碑ともされるが、建立年代・背景は明確となっていない。

平壌時代の政治と外交

広開土王を継いだ長寿王(在位四一三〜四九一)は、その名のとおり四九一年に亡くなったときには九十八歳の高齢であったという。長寿王の時代には、広開土王の外交姿勢を受け継いで、新羅を従属下におき百済に対する圧力を強めていった。また、中国の南北朝双方と外交を展開した。四一三年の即位直後、約七〇年ぶりに南朝の東晋に使者を派遣し、その後も宋や南斉への朝貢を続けた。北方では、北魏が華北を統一するとこれに朝貢して冊封を受けている。しかし、北魏に敗れた北燕の馮弘《ふうこう》の亡命を高句麗が受け入れると、北魏との関係が緊張し、使者の往来は約二〇年間中断した。四六二年以降は頻繁に北魏との外交をおこなっており、遼河を境界としている。こうした西方和平策は、隋と対立する七世紀初頭まで続くこととなる。

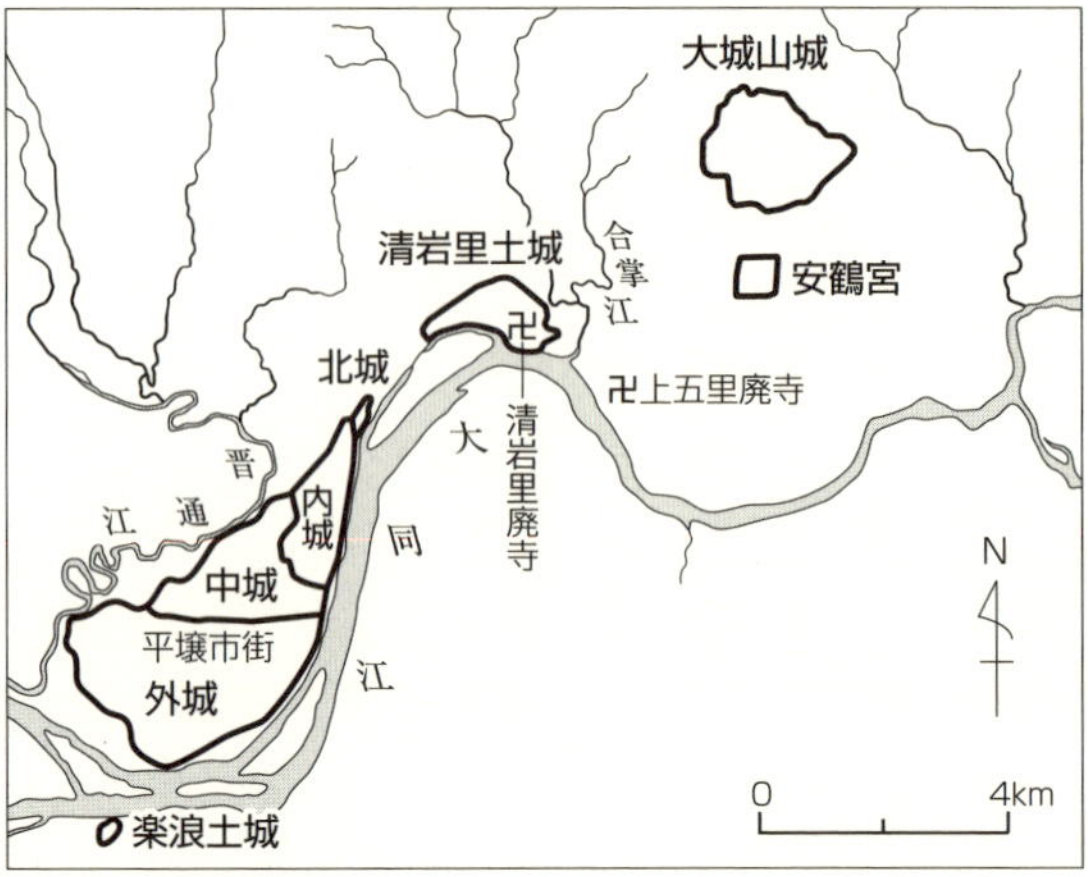

図5　平壌市付近図

対新羅では、実聖王《シルソン》の兄を人質とし、また、四一七年に訥祇王《ヌルチ》《とつし》の即位に軍事力を背景に介入するなど強い影響力をもっていた。この頃の高句麗と新羅の関係を物語るのが、中原《チュンウォン》高句麗碑である。[1] 碑文では新羅のことを東夷《トンイ》と呼び、兄弟のごとく和合して高句麗の天下を守るべきであるとしている。また、新羅領内に駐留した高句麗軍の姿も確認される。

長寿王は四二七年に平壌へと遷都し、さらに南進策を強めていった。遷都当初の中心は、現在の平壌市街から東北に六キロ程離れた大城山《テソンサン》城《ソン》の一帯であった。高句麗の王都は山城と平地の居城がセットとなっており、大城山城は緊急時の逃げ城であった。一方の平時の居城については、清岩里土城《チョンアムリトソン》と安鶴宮《アナックン》《あんかくきゅう》の二説があり確定されていない。

高句麗が南方への関心を強めるなかで、新羅はしだいに高句麗から離れ、四三三年に百済と和通するなど結びつきを強めていく。四五〇年には、高句麗が新羅北方に侵入して領土を奪っている。百済方面では、四七五年に長寿王自らが三万の兵を率いて都の漢城《ハンソン》を陥落させ、蓋鹵王《ケロ》《がいろ》を殺害した。この頃が高句麗の最大版図であり、忠清南道北部から慶尚北道北部にいたる朝鮮半島の大半にまで拡大した。

高句麗の地方統治体制は、城の規模や重要度によって派遣される地方官が異なっていた。もっとも重要な諸大城には、軍主《クンジュ》とも呼ばれる褥薩《ヨクサル》《じょくさつ》が派遣された。そのつぎの諸城（備《ビ》）には道使《トサ》とも呼ばれる処閭近支《チョリョグンジ》《しょりょきんし》が、諸小城には可邏達《カラダル》《からたつ》が、城には婁肖《ヌチョ》《ろうしょう》がそれぞれ派遣された。

六世紀にはいると、支配勢力のあいだでの対立が深刻となり、王位をめぐる争いがあいついで起こった。五三一年、安蔵《アンジャン》王が殺害され、弟の安原《アヌォン》王が跡を継いだ。その安原王が亡くなると、五四五～五四六年には王位後継をめぐって、中夫人《チュンブイン》の出身である麁《チュ》族と小夫人《ソブイン》の出身である細《セ》族が王都で衝突し、小夫人の側が敗れて二〇〇〇人以上の死者を出した。五五七年にはかつての都であった丸都城で反乱が起こるなど、政治的な混乱が続いている。

対外的にも、新羅が台頭するとともに朝鮮半島南部の領土がしだいに奪われていく。五五一年には新羅と百済の連合軍によって漢城が占領され、勝利に乗じた新羅により漢江《ハンガン》上流の一〇郡も奪われている。高句麗は新たに現在の黄海南《ファンヘナム》道新院《ドシヌォン》に都市を築いて漢城と名づけ、都の平壌城、旧都の丸都城と並ぶ三京の一つとして南方の拠点とした。

こうした内外の危機に対処するために、五五二年、陽原《ヤンウォン》王(在位五四五～五五九)は都を現在の平壌市街へ遷すことを決意し、新たに長安城《チャンアンソン》を築くこととした。長安城の築城時期については、城壁から発見された銘文城石によって知ることができる。それによると、五六六年に内城《ネソン》城壁の工事が始まり、五八六年には遷都しているが、遷都後も築造工事は続けられ、五八九年には外城《ウェソン》全体を囲む城壁の工事が始まり、計画から四一年後の五九三年に完工した。

高句麗の文化

高句麗の仏教は、小獣林王の時代、三七二年に前秦の苻堅《ふけん》から僧の順道《スンド》が派遣されてきて、三七五年に肖門寺と伊弗蘭寺を創建したことによって始まる。故国壌王も仏教信仰の教書を出し、広開土王は三九三年に平壌に九つの寺を創建するなど、積極的な仏教振興政策をおこなった。

学問は、三七二年に建てられた大学を中心に発展したと考えられる。高句麗には、儒教の基本経典である五経(『易経』『書経』『詩経』『礼記』『春秋』)や『史記』『漢書』『後漢書』『三国志』『晋陽秋』などの歴史書、『玉篇』『字統』『字林』などの字典があり、『文選』がとくに重んじられたという。高句麗で編纂された書物としては、建国初期にさまざまな事柄を書きとめた『留記《ユギ》』一〇〇巻があり、六〇〇年に嬰陽王《ヨンヤン》《えいよう》（在位五九〇～六一八）が大学博士《テハッパクサ》の李文真《イムンジン》に命じて『新集《シンジプ》』という歴史書を編纂させている。

道教は、文献の記録では七世紀に唐から伝わったとされる。六二四年に唐の高祖が道士を派遣して天尊像をもたらし、老子の教えについて講義させたほか、六四三年に、権力を掌握したばかりの淵蓋蘇文《ヨンゲソムン》《えんがいそぶん》の求めに応じて、太宗が八人の道士を派遣し『道徳経』を賜ったので、仏教寺院を取り上げて道士に与えたという。しかし、古墳壁画に描かれた神や星座、仙人には道教思想が色濃く反映されており、早い時期から伝来して在来信仰と習合していたと考えられる。

橋本　繁

考古学からみた高句麗

高句麗に関係する遺跡は、国内城が位置した集安を中心とする鴨緑江流域、およびその支流である渾江《こんこう》流域、平壌城を中心とする大同江《テドンガン》流域に多く分布している。また、高句麗の領域拡張とともに築造された山城は、渾河《こんが》流域・遼東半島をはじめとして、現在の中華人民共和国の遼寧省・吉林省各地にも分布する。大韓民国内では、臨津江《イムジンガン》流域や漢江流域に、防塁遺跡を中心とした高句麗遺跡が存在することが知られるようになった。最近では、清原《チョンウォン》・南城谷《ナムソンゴク》遺跡など、漢江より南側でも高句麗に関連する遺跡が見つかっている。

城　郭

高句麗の王城は、居住域である平地城と、逃げ城である山城がセットになっている場合が多い。平面方形に城壁をめぐらす通溝城と、その北西に位置する包谷式山城である山城子山城からなる集安・国内城がその典型例である。高句麗発祥の地である卒本に比定される桓仁では、五女山城が当時の山城であったとする説が強いが、平地城の位置については意見が分かれる。

前期平壌城における山城が大城山城であることについては、意見が一致している。それに対応する平地城としては、山城の南麓に位置する安鶴宮跡に比定する説と、南西側に位置する清岩里土城に比定する説がある。後期平壌城である長安城は、現在の平壌市街地に位置する。北側に丘陵、南側に平地が広がる地域を囲い込んだ城内は、さらに北城《ブクソン》・内城・中城《チュンソン》・外城に区分されていた。王宮などの施設は、内城にあったと推定されている。一方、地面に残された痕跡から、外城内には条坊が存在したと考えられる。

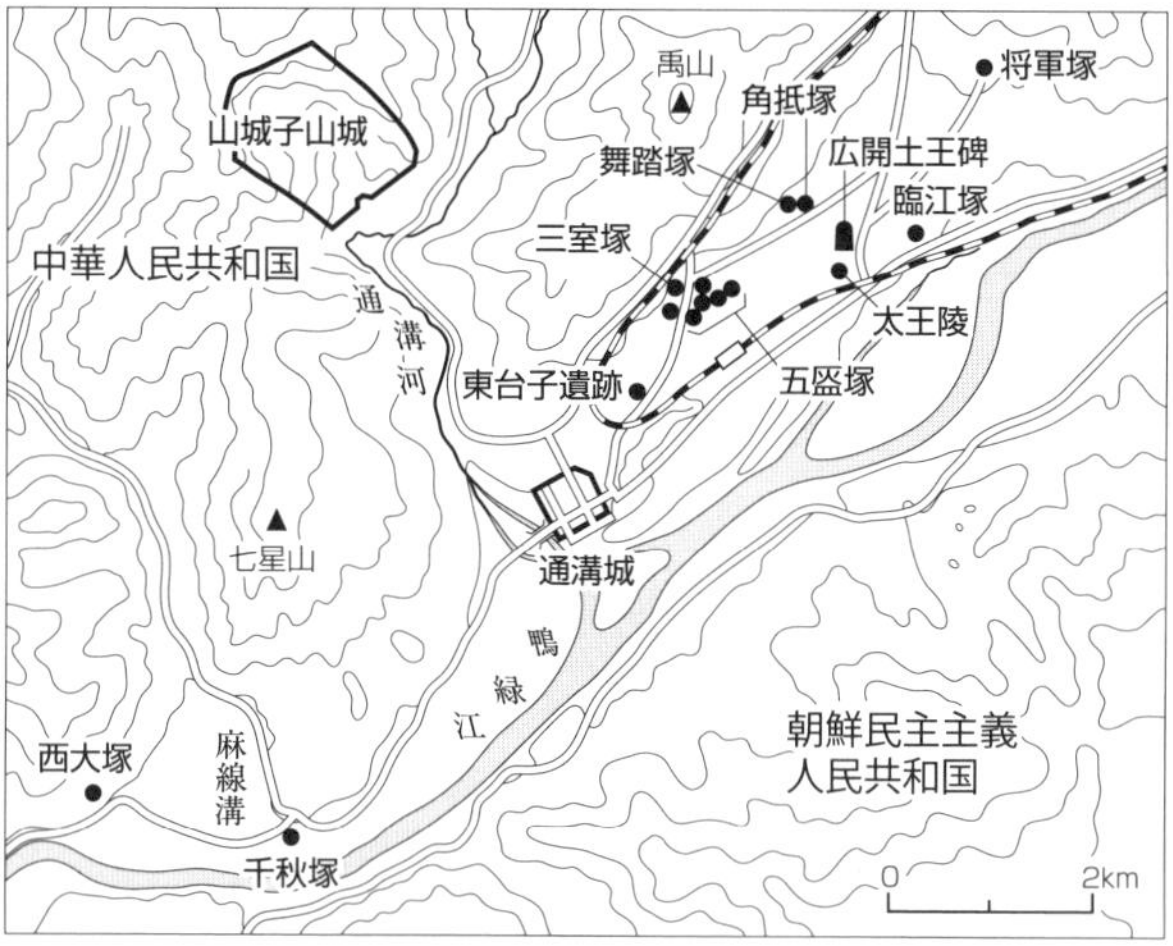

図6　集安市付近の遺跡分布図

大韓民国各地で調査が進んでいる堡塁遺跡は、臨津江の北岸(京《キョン》畿道《ギド》漣川《ヨンチョン》・瓠蘆《ころ》古塁《ホロゴル》など)や、川をはさんで百済・風納土城《プンナプ》と向かい合う、漢江北岸の阿旦《アダン》(峨嵯《アチャ》)山《サン》一帯に分布している。また、臨津江と漢江を結ぶ交通路沿いにも同様の遺跡が見つかっている。堡塁は、臨津江流域では玄武岩台地の自然崖を、阿旦山一帯では丘陵尾根の自然地形を利用しつつ、土塁や石塁で平面楕円形ないし円形に築造されている。堡塁内部には、兵舎と目される長方形の建物がつくられ、瓦葺《かわらぶき》建物も存在したと思われる。建物内部からは、オンドル状遺構や貯水池が見つかった。出土遺物には、生活用の土器のほか、多様な鉄製武器・武具類、農具類などがあり、当時の高句麗兵士の生活の一端をうかがうことができる。

積石塚

高句麗を代表する古墳の一つが、土の代わりに石を用いて墳丘を築造した積石塚《チョッソクチョン》《つみいしづか》である。その主たる分布域は、鴨緑江流域および渾江流域である。積石塚の平面形は方形のものを基本とするが、それ以外に、平面円形をなす例や、平面円形の墳丘に敷石状の方形壇がつく例、数基の方形墳丘が連接する例も存在する。墳丘外部の形状は、初期は単純に石を積んだものだったが、のちに、方形の基壇を築くもの、さらに数段の方形段を階段状に積み上げたものが出現した。埋葬施設は、墳丘上部に竪穴《たてあな》式石槨《せっかく》を築くものが一般的であったが、のちに横穴式石室が用いられるようになる。

集安周辺には数多くの積石塚が築造されたが、そのなかには、四世紀を中心として築造された、大ぶりの石材を用いて方形壇を階段状に積み重ねた大型積石塚(大型方壇階梯積石塚)が存在する。それらの墳丘からは、巻雲文や蓮蕾文が用いられた軒丸瓦をはじめとする各種瓦塼《がせん》が採集された例が多く、千秋塚《チョンチュチョン》(「千秋萬歳永固」「保固乾坤相畢」)や、太王陵《テワンルン》(「願太王陵安如山固如岳」)のように銘文塼が出土する例もある。また古墳の周辺には、陪葬墓・建物跡・祭祀遺構や、墓域を画する石列が確認される例があり、それらが複合して「陵園」を構成したとみる説もある。

広開土王碑の存在から、これらの大型積石塚の被葬者が、高句麗王もしくはそれに準ずる人物である蓋然性は高い。墳丘の周辺から、鉄鏃や甲冑などの武器・武具類、金製の各種装飾金具や金銅装馬具などとともに出土した、「辛卯年好大王□造鈴九十六」銘馬鐸は、太王陵を広開土王陵に比定する説に有力な根拠を提供した。しかし、将軍塚《チャングンチョン》を広開土王陵とする説もあり、議論が続いている。その他の大型積石塚についても、被葬者を比定する研究が進められている。

横穴式石室墳

集安周辺の墳墓には、四世紀頃には横穴式石室が導入されたと思われる。初期の石室は、穹窿《きゅうりゅう》状天井の玄室と、両側に龕《がん》がとりつく羨道《せんどう》からなるもので、墳丘を土で築造した封土墳《ポントブン》《ほうどふん》に採用されたのち、積石塚にも用いられた。一方、大型積石塚には、単室の横穴式石室が採用された。五世紀にはいると、羨道の龕は前室へと変化し、複室構造をとるようになる。

楽浪郡および帯方郡の中心地であった大同江流域および黄海道《ファンヘド》一帯では、すでに二世紀頃から横穴式塼室墳《チョンシルブン》《せんしつふん》の築造が始まっていた。楽浪郡・帯方郡が滅亡してからも、同様の塼室墳が築造されていたことは、「永和九〔三五三〕年」銘塼が出土した平壌・佟利《とうり》墓などによって知ることができる。その後、塼と石材を混用して築造された南井里《ナムジョンリ》一一九号墳などをへて、横穴式石室が築造されるようになった。

この地域には、遼東地方から移住した人びとにより、故地の石室と類似した横穴式石室墳《ソクシルブン》も築造された。黄海南道安《ア》岳《ナク》・安岳三号墳は、前室の両側に側室をつくり、八角形石柱に囲まれた後室の東側と北側に回廊をめぐらす。石室の各面には、墓主夫婦をあらわしたと思われる肖像をはじめとして、車馬行列図・生活風習図などが描かれている。また西

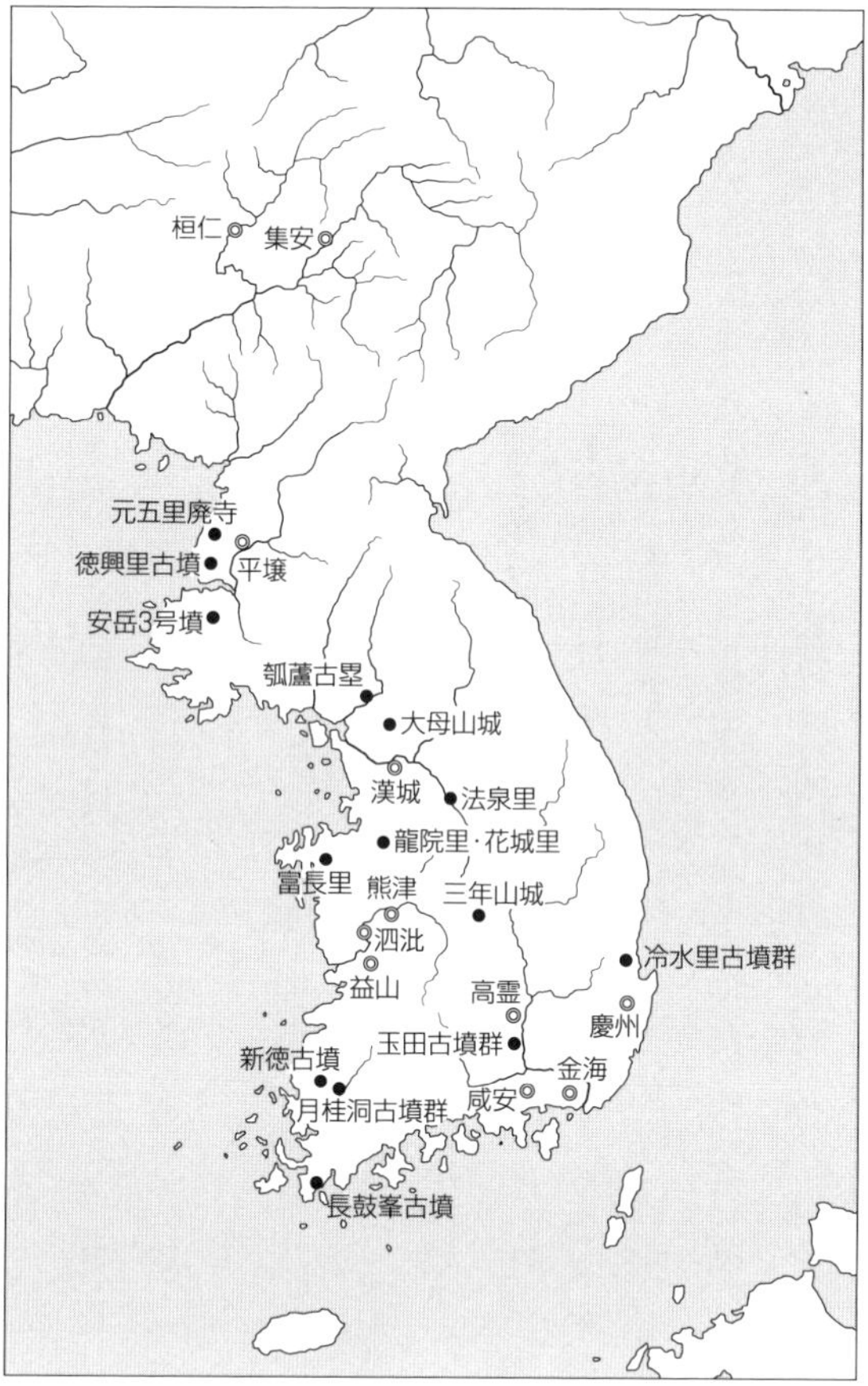

図7　三国時代の朝鮮半島

側側室内には、高句麗に亡命した冬寿《とうじゅ》について述べられた墨書が残されている。被葬者については、冬寿説と、高句麗王説に分かれる。平安南道《ピョンアンナムド》大安《テアン》・徳興里《トックンリ》古墳は、前室と後室からなり、前室には被葬者の公的な生活、後室には私的な生活が描かれている。前室に残された墨書銘により、被葬者の名前は「鎮《チン》」であり、永楽《ヨンナク》十八（四〇八）年に亡くなったことがわかる。

五世紀以降、王都が移された平壌周辺を中心として、上流の平安南道・順川《スンチョン》や、下流の南浦《ナムポ》や黄海南道安岳などに、横穴式石室を埋葬施設とする封土墳がさかんに築造されるようになる。五世紀代には、天井の構造や前室の有無などに、それ以前の石室構造を継承したと思われる例も少なくない。六世紀にはいると、平面が方形に近く、平行持送りと三角持送りを組み合わせて天井を組み上げる、単室の横穴式石室がさかんに築造されるようになった。

高句麗古墳を特徴づける壁画古墳《ピョッカコブン》は、集安を中心とする鴨緑江流域に二〇基前後、大同江流域に七〇基前後分布する。壁画に描かれた内容としては、墓主像をはじめとした被葬者の公的・私的な生活の場面がある一方、四神をはじめとする想像上の世界も多く描かれた。日常生活を描いた壁画は各室の四壁に描かれるのに対して、想像上の世界は天井部に描かれる傾向があったが、しだいに描かれる場面の数が少なくなり、最後には四壁に四神を大きく描くように変化していった。壁画の内容は、高句麗人の生活の様子や精神世界を検討するうえで重要な手がかりを提供している。

寺院

前秦から僧侶・仏像・経文が高句麗にもたらされたのは、三七二年のことである。集安周辺の壁画古墳には、しばしば蓮華文が採用された。また集安・長川《ちょうせん》一号墳には、仏像と思われる図像も描かれており、仏教の影響が想定されてきた。しかし、本格的な伽藍をもつ高句麗の寺院は、現状では平壌とその周辺でのみ知られている。発掘調査がおこなわれた例としては、清岩里土城内で発見された清岩里廃寺《チョンアムリペサ》、同廃寺の東南側に位置する上五里廃寺《サンオリペサ》、伝東明王陵をはじめとする真坡里《チンパリ》古墳群の南側に位置する定陵寺《チョンヌンサ》、塼仏《チョンブル》の出土をきっかけとして発掘された平安南道平原《ピョンウォン》・元五里廃寺《ウォノリペサ》などがある。調査の結果、平面八角形の建物を中心として、その東西側、さらに北側に、平面長方形の建物が配置された例が多い。こうした伽藍配置は、日本で最初の本格的な寺院である飛鳥寺における、塔の周辺に三つの金堂が配置された伽藍配置との関係が注目されてきた。

吉井　秀夫

▼補説4▲ 広開土王碑の立碑目的と集安高句麗碑の発見

広開土王の死後足かけ三年の殯《ビン》《もがり》ののち、甲寅年(四一四年)九月二十九日に、広開土王の子・長寿《チャンス》王によって王都のあった集安に広開土王碑は建立された。碑石は高さ六三九センチ、一辺は一三五〜二〇〇センチにおよぶ方柱状の自然石で、重さは三〇から四〇トンと推定されている。四面には幅一四センチ前後の罫線が彫り込まれ、その各行に整然と文字が刻されている。

古典漢文によって記された一七七五字の全文は、内容上、序文と本論(1、2)とで形成されている。すなわち、まず序文として、始祖・鄒牟王による建国創業の由来から一七代目の孫である広開土王にいたる高句麗王家の世系と王の功績を略述し、ついで本論の前半(本論1)に、広開土王一代の武勲を年代記的に八年八条にして列挙して、本論の後半(本論2)には、守墓人《スミョイン》三三〇家の内訳(出身地と戸数)と彼らに関する禁令と罰則を記している。

このように碑文は、大きくは三段落で構成されているのであるが、そこには、高句麗の建国神話に始まり、高句麗を中心とする東アジアの流動的な国際関係、高句麗の異民族支配の様相について、さらに、守墓役体制・固有法といったさまざまな文化の諸相が描き出されている。

本碑の核心部分ともいうべき本論2の内容を詳述すれば、(1)古来、高句麗では、王陵のかたわらに守墓人に聚落をつくらせ、彼らを墓守《はかもり》にかかわる労役集団として王陵およびその付属施設の清掃・管理に代々にわたって従事させていたが、広開土王は自ら攻め破った地域の住民を主として守墓人に加えることを命令したこと、(2)広開土王の命令に従って、守墓人制度を新たに組織したこと、⑶それ以前の守墓人制度に変化が生じ、先王たちの各陵墓の守墓人の聚落が相互に錯綜してしまったので、石碑を歴代王陵のかたわらに立てることを広開土王が命じたこと、そして碑文末尾に、⑷広開土王が定めた新たな守墓人制度の禁令と罰則を布告したことが銘記されている。

このような内容をもつ広開土王碑の立碑目的を考える際に、碑文本論2に記された高句麗の守墓人制度と広開土王が創案して王陵ごとに立てたという守墓人の碑⑶への言及は、軽視できない問題である。なぜならば、広開土王碑文は、王の武勲のみならず、前記のような法令の布告にかかわる具体的な内容を詳述しているからである。このような内容からなる広開土王碑を、安易に墓碑などと規定することは許されない。広開土王碑は、王一代の過去の軍事的な事績にとどまらず、歴代王の守墓に関する現在および未来を規定する法令を告示しているからである。

従来、本論2にいうところの王陵ごとのかたわらに立てられたという守墓人の碑が一点も存在しないことから、広開土王碑文の末尾に記された守墓人制度の禁令と罰則について、碑文の立碑目的といかなる関係にあるかを議論することはほとんどなかった。

ところが、二〇一二年八月に集安で高句麗碑が発見され、その碑文から広開土王碑の冒頭の建国創業の由来や、本論2の守墓人の禁令と罰則の内容と酷似する文面が確認された。発見された碑石は、高句麗の王陵と推定される二つの古墳のあいだに流れる麻綫江《ませんこう》の河川に埋もれていた。碑石の高さは一七〇センチ、幅は最長部が六五センチ、厚さ二一センチ程の花崗岩を精緻に加工した碑石であった。碑には両面に文字が記されており、表面には、約二〇〇字が記され、裏面は、大半が人工的に削られた痕跡があり、一行だけが判読されている。

これまでの中国や韓国における研究を総合すると、新たに発見された碑文から、高句麗における三段階におよぶ「守墓人制度」が浮かび上がる。まず、第一段階として、歴代諸王が守墓人制度を運用してきたことが述べられ、つぎに、第二段階として、広開土王代にいたって守墓人制度が崩壊の危機に直面して、広開土王が先王たちの墓のかたわらに碑を立て守墓人烟戸を銘記する制度を創設したこと、最後に第三段階として、このたび発見された碑の当代王(長寿王)が碑を立て、新たに守墓人烟戸と禁令を銘記して守墓人制度を継承・強化したとされる。

もっとも重要な点は、新たに発見された石碑によって、広開土王が創案した石碑を立て「守墓人」を銘記して守墓人制度の強化策の実在が明らかになったことである。

従来、広開土王碑は王陵のかたわらにあり、王の生前の事績を後世に伝えるために記したものと信じられてきた。たしかに序文の末尾には、「ここに碑を立て（広開土王の）勲績を銘記して後世に示す」とあって、ここで記す「功績」とは、本論1の武勲記事のみが王の勲績の対象とみなして疑われることがなかった。本論2の守墓人リストと守墓人の法令と罰則は、別個の内容として軽視されてきたのである。

しかしながら、広開土王碑は、序文につぐ本論の1、2の二つの内容で構成されているというよりは、二つは密接に結びつき、全体として守墓人制度の由来を説明する内容になっている。

すなわち、本論1の八年八条の武勲は、「合計して広開土王が攻め破った城は六四、村は一四〇〇」と総括されているが、武勲記事は、この句に収斂される限りをもって意味をなすのであって、たんに広開土王の生涯の武勲のすべてを列挙したのではない。例えば、広開土王の武勲は中国側の史料にあるように、これ以外にも多数あるにもかかわらず、対中国王朝との戦闘はすべて省略されている。したがって、これらの武勲は、後半の本論2で記す守墓人の出身地の由来を記すうえで前提となる武勲記事でなければならない。実際に、碑文は、広開土王の守墓人に関する命令のなかで、守墓人は「ただ私が自ら奪い取ってきた韓族と穢族を守墓人にして墓を管理させよ」という王の命令の根拠が本論1の前半に示されているからである。

広開土王碑の本論2に注目すると、当該部分は、すでに引用したとおり、⑴広開土王の生前中の命令と、⑵、⑶その命令に基づく守墓人制度の施策、最後に、⑷広開土王が制定した法令で構成されている。この⑴から⑷までの部分は、高句麗の守墓人制度が法制化される過程とみなすことができる。その内容は守墓人制度にかかわる策定の過程⑵、⑶を含めて、全体として王の命令を構成しているといえる。

こうした内容の石碑に酷似するのは、後漢の乙瑛碑《いつえい》（孔廟置守廟百石卒史碑）である。この碑には、魯国の相・乙瑛が孔子廟を管理する下級の役人（百石卒史）を常置させること、および定期的な祭祀をおこないその経費をどうするかについて提言して、その請願を受けて司徒らが太常《たいじょう》に諮問し、司徒らは、その答申に基づき皇帝に上言して裁可を得たというものである。留意すべきは、以上の部分が詔書そのものとなっている点である。つまり、これらの過程は、決定事項のみが詔書ではなく、決定にいたるまでの審議の段階の文書を含めて、全体として詔書を構成しているのである。この碑の目的は、孔子廟の管理が皇帝によって保障されたことを明示するとともに、孔子廟の管理運営にかかわって貢献した者の功徳を讃える詔書の形式を利用した頌徳碑、あるいは顕彰碑であるとの指摘がある。

このような内容の乙瑛碑を参照すると、広開土王碑は、乙瑛碑との類似性が認められる。つまり、高句麗の公文書がそのまま碑石に刻まれている石刻文書とみなすことができるのである。東アジアで最大の規模をもつ碑石は、碑文中にあるように王の命令によって定めた守墓人制度の「万年の後」（未来永劫）の維持を祈念したものであって、守墓人制度の護持を最大の目的とするものであったとみることができる。

李成市

2 百済の興起

百済の始祖伝説

百済《ペクチェ》の始祖である温祚《オンジョ》《おんそ》王は、高句麗《コグリョ》の始祖・朱蒙《チュモン》の子であるとされている。『三国史記《サムグクサギ》』百済本紀に記された始祖伝説は以下のようなものである。

鄒牟《チュモ》（朱蒙）が北扶餘《プクプヨ》から逃れて卒本扶餘《チョルボンプヨ》にいたると、王の娘を妻として迎えて沸流《プルリュ》と温祚の兄弟が生まれた。王となった朱蒙が、北扶餘にいたときの子を呼び寄せて太子にすると、沸流と温祚は家臣や人びとを引き連れて南方に逃れて漢山《ハンサン》(ソウル地方)にいたった。沸流は弥鄒忽《ミチュホル》《びすうこう》(仁川《インチョン》)に拠ったのに対して、温祚は河南慰礼城《ハナムイレソン》《いれい》で国を建てて十済《シプチェ》と号した。その後、沸流の勢力も合流すると、国号を百済と改め、また系譜が扶餘から出ているとして扶餘氏を名乗った。

温祚の建国は、紀元前一八年のこととされる。このほか、同書の分註には、沸流を始祖として、父は北扶餘王の一族である優台《ウデ》で、朱蒙は義父であるとする伝承もある。また、『隋書』には、夫餘の始祖である東明《トンミョン》の子孫・仇台《クデ》が帯方郡の故地に国を建て、それが百済になったとある。日本に渡った百済系渡来人は、先祖を都慕《トモ》(朱蒙)としている場合もある。

このように百済王が扶餘あるいは高句麗に出自するという主張は、四七二年に蓋鹵王《ケロ》《がいろ》が北魏に送った上表文にも「私は高句麗と同じく扶餘の出自である」と明確に述べられている。さらに、三七二年に東晋にはじめて朝貢した際に「餘《ヨ》句《グ》」を名乗って以来、国姓として餘を名乗っているだけでなく、五三八年に泗沘《サビ》《しひ》に遷都した際に国号を南扶餘《ナムブヨ》とするなど、対外的に一貫して主張されていた。考古学的にも、王宮があったと考えられる風納《プンナプ》土城の近くにある石村洞《ソクチョンドン》古墳群は積石塚《チョッソクチョン》《つみいしづか》であって、高句麗の影響を受けてつくられたとみられる。

ただし、百済の前身となったのは馬韓《マハン》の一国である伯済国《ベクチェ》であり、住民は韓《ハン》族であったと考えられる。したがって、もし、始祖伝説が歴史的な事実を反映していて扶餘に出自したとすると、住民は韓族であるのに対して、王をはじめとする支配層のみが扶餘族であったということになる。だが、このような始祖伝説にみえる扶餘出自認識については、四世紀以来、敵対する関係にあった高句麗に対して、自らの正統性を強調するためになされたという可能性が高い。百済王系が扶餘に出自していることを歴史的事実とは考えられないとしても、建国当初から抗争を繰り返し、幾度も滅亡の淵にまで追いやられるなど最大の外交課題であった高句麗への対抗意識が、始祖伝説に反映されていることは間違いない。

漢城時代の政治と外交

百済は、馬韓の一国である伯済国から成長した。『三国志』に記されている段階では、辰王《チンワン》の治所であった月支国《ウォルチ》などが中心で、伯済国がとくに有力な国であったとはみられない。伯済が急速に成長したのは、楽浪・帯方郡が崩壊する四世紀初め以降であろう。帯方郡の故地にとどまったり、中国の混乱を避けてきた漢人が、百済の興起に寄与したと考えられる。

百済勃興の画期となったのは、四世紀後半の近肖古王《クンチョゴ》（在位三四六～三七五）・近仇首王《クングス》（在位三七五～三八四）父子の時代である。近肖古王は、北方の高句麗に対抗するために加耶《カヤ》南部の卓淳《タクスン》（昌原《チャンウォン》）・安羅《アルラ》《あんら》（咸安《ハマン》《かんあん》）、金官《クムグァン》（金海《キメ》）諸国と関係を結び、さらに、これら諸国を通じて倭《ウェ》との交渉を始めた。南方を固めた百済は、南進してくる高句麗と激しく争い、三七一年には平壌城《ピョンヤン》を攻めて故国原《コググォン》王を戦死させている。翌年には、東晋にはじめて使節を送り、「鎮東将軍領楽浪太守」に冊封《チェクボン》された。奈良県の石上《いそのかみ》神宮に残る七支刀は、「泰和四年」（三六九年）につくられて百済から贈られたものである。百済が中国南朝、加耶諸国、倭と結んで高句麗と対抗するという形勢は、その後も継続した。

高句麗で広開土《クァンゲト》王が即位すると、連年の攻撃によって北部の多くの城を奪われて劣勢となった。三九六年には、阿花《アファ》《あか》（華）王が降服して「奴客」になることを誓い、王弟や大臣を連行されるほどであった。しかし、阿花王は、王子の腆支《チョンジ》《てんし》を人質として送るなどして倭との結びつきを強めた。阿花王が死去すると、弟が自立して王位に就く混乱が生じたが、倭の軍事力を背景に腆支が帰国して王位を継いだ。

四二七年に平壌に遷都した高句麗の長寿王《チャンス》は、さらに南進政策を強めていった。百済は、四三三年に新羅《シルラ》に使者を送るなど連携を模索するとともに、中国南朝の宋・斉・梁に朝貢して冊封を受けていた。百済の爵位は高句麗につぎ、倭よりも上の位にあった。しだいに高句麗に対して劣勢となっていった蓋鹵王は、四七二年に突如北魏へと遣使し、高句麗による連年の侵攻を訴え救援を求めた。しかし、北魏はこれに応じることはなく、百済の北朝への朝貢はこの一度にとどまる。四七五年、長寿王自ら率いる軍勢によって漢城《ハンソン》は包囲された。蓋鹵王は、城から逃走するものの高句麗軍に捕まり殺害された。これによって、百済は一時的に滅びることとなる。

熊津・泗沘時代の政治と外交

四七五年、熊津《ウンジン》(公州《コンジュ》)に逃れた文周《ムンジュ》が王位に即いて(在位四七五〜四七八)百済の再興をはかるものの、政治的に不安定な情勢が続く。文周王は四七八年に兵官佐平《ピョングァンジャピョン》の解仇《ヘグ》により暗殺され、実権を掌握した解仇も大豆城《テドゥソン》に拠って反乱を起こすが鎮圧された。文周王の子である三斤《サムグン》王の跡を、文周王の弟の子である東城《トンソン》王が継ぐと、高句麗に対抗するために新羅との連携を強めていく。四九三年に婚姻関係を結び、高句麗の侵攻に対して互いに援軍を送るなど緊密な関係を築いた。東城王は五〇一年に苩加《ペッカ》《はくか》によって暗殺されるが、加林城《カリムソン》で反乱を起こした苩加を武寧《ムリョン》王が鎮圧した。武寧王(在位五〇一〜五二三)の代にいたって、ようやく政治が安定に向かった。

熊津時代の百済は、それまでの領土の中心地であった都の漢城周辺を失ったため、南方への進出をはかっていく。まず、南斉に対して四九〇年と四九五年に邁羅《メラ》《まいら》王や弗中《プルジュン》《ふっちゅう》侯など全羅道《チョルラド》地域の地名を冠した「王・侯」号を臣下に与えるよう要求している。この時点でこれらの地域をすでに領有していたのかについては議論があるが、少なくともこれと前後して領域を拡大していったことは確かである。さらに四九八年には、耽羅《タムナ》(済州島《チェジュド》)へ親征するとして東城王自ら武珍《ムジン》州(光州《クァンジュ》)にまでいたっている。こうした南方への拡大は、武寧王代にも継続され、『日本書紀』には五一二年に倭が百済に任那《イムナ》の四県を割譲した、とする記事がある。記事そのものは潤色であるとしても、この頃までに全羅道南部地域まで百済が領有化していたことを物語る。五一三年からは東方に転じてさらに加耶諸国へ進出していき、己汶《キムン》《こぶん》(南原《ナムォン》・長水《チャンス》)を手始めに蟾津江《ソムジンガン》《せんしんこう》の河口である帯沙津《テサジン》を確保する。さらに南海岸地域を東進するとともに、新羅の進出に対抗するために安羅が救援を求めてくると、五三一年に軍隊を進駐させた。百済と新羅は、加耶諸国南部において膠着状態に陥ることとなる。

勢力を回復した百済の姿は、五二一年に、新羅の使者をともなった梁への遣使にみることができる。百済の使者は、高句麗をしばしば破ったと述べるとともに、新羅が文化的に遅れた国で加耶諸国とともに自らの附庸国であると主張し、再び強国になったことを強調している。(2)

武寧王の跡を継いだ聖王《ソンワン》(聖明王《ソンミョン》、在位五二三〜五五四)は、五三八年に泗沘(扶餘)に遷都する。泗沘は、熊津から錦江《クムガン》を約三〇キロくだったところにある。都城の北側と東側には全長六・三キロにおよぶ羅城《ナソン》が築かれ、それ以外は錦江がめぐっている。都城の北部に扶蘇山城《プソサンソン》があり、その南麓に王宮・官庁があったと推定される。城内は、上部・前部・中部・下部・後部の五部《オブ》に分けられ、それぞれに五〇〇人の兵が配置された。部内はさらに五巷《オハン》《こう》に分けられていた。

泗沘に遷都した頃に、内外の制度が整備されたとみられる。

熊津時代の地方制度は檐魯《タムノ》《たんろ》制と呼ばれ、全国二二の檐魯(地方拠点)に子弟や王族が派遣されていた。泗沘時代には全国が五方《オバン》に分けられ、中方は古沙城《コサソン》(古阜《コブ》)、東方は得安城《トゥガンソン》(恩津《ウンジン》)、南方は久知下城《クジハソン》(不明)、西方は刀先城《トソンソン》(不明)、北方は熊津城にそれぞれおかれた。各方は一〇程度の郡を統率しており、郡の下には城があった。方には方領《バンニョン》がおり達率《タルソル》の者があてられ、方佐《バンジャ》がこれを補佐した。郡には郡将《クンジャン》がおり徳率《トクソル》の者があてられ、県には城主《ソンジュ》がおかれた。各方には七〇〇〜一二〇〇人の兵が配置された。

官位制としては、佐平《チャピョン》・達率・恩率《ウンソル》・徳率・扞率《ハンソル》《かんそつ》・奈率《ナソル》・将徳《チャンドク》・施徳《シドク》・固徳《コドク》・季徳《ケドク》・対徳《テドク》・文督《ムンドク》・武督《ムドク》・佐軍《チャグン》・振《チン》武《ム》・克虞《クグ》《こくぐ》の一六等からなる体系的な官位が整備された。また、中央官庁として二二部司が整備された。王室の家政機関的な性格をもつ内官《ネグァン》には、前内部《チョンネブ》・穀部《コクブ》・肉部《ユクブ》・内椋部《ネリャンブ》《ないりょう》・外椋部《ウェリャンブ》《がいりょう》・馬部《マブ》・刀部《トブ》・功徳部《コンドクブ》・薬部《ヤクブ》・木部《モクブ》・法部《ポップ》・後官部《フグァンブ》の一二部があり、軍事や司法など国政を担う外官《ウェグァン》には、司軍部《サグンブ》・司徒部《サドブ》・司空部《サゴンブ》・司寇部《サグブ》《しこう》・点口部《チョムグブ》・客部《ケクブ》・外舎部《ウェサブ》・綢《チュ》《ちゅう》部《ブ》《ぶ》・日官部《イルグァンブ》・都市部《トシブ》があった。官位第一等の佐平は定員が五人とされ、こうした部司の長官の役割をはたしていた。

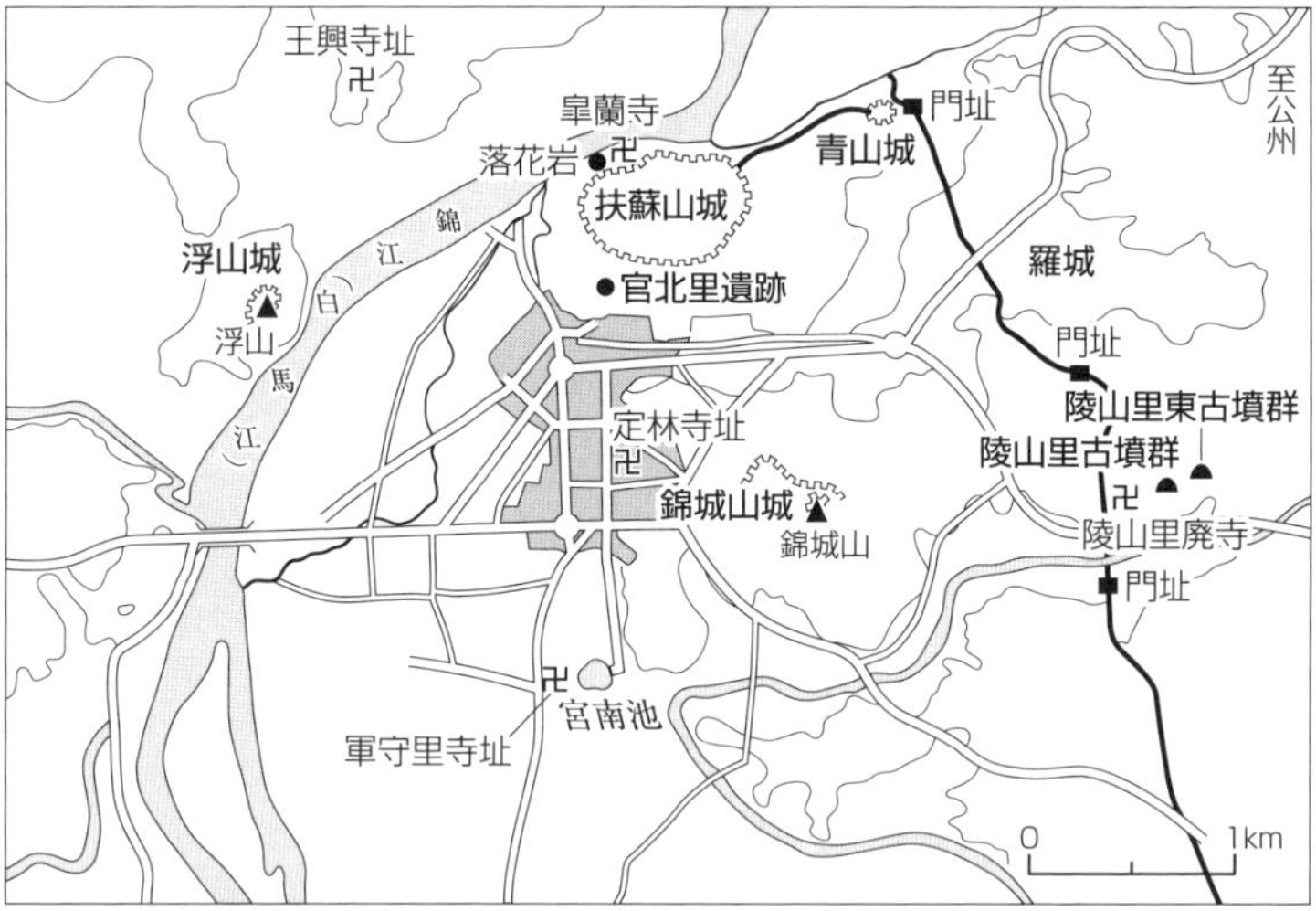

図8　扶餘の遺跡分布図

五五一年、聖王は、新羅や加耶諸国と協力して高句麗に侵攻し、七六年ぶりに漢城を奪還することに成功した。しかし、漢城が新羅によって奪われると、両国は激しく敵対するようになり、五五四年、管山城《クアンサンソン》（沃川《オクチョン》《よくせん》）の戦いにおいて聖王は戦死してしまう。

聖王の死後、嫡子の威徳王《ウィドク》は一時出家することも願ったが、結局王位を継ぐこととなる（在位五五四〜五九八）。中国南北朝に使者を送り、五八九年に隋が中国を統一するといち早く祝賀使節を送っている。威徳王は、また、あいついで都に寺院を創建している[3]。五六七年には、王陵である陵山里《ヌンサルリ》古墳群に隣接する寺院に舎《しゃ》利《り》龕《がん》を埋納して木塔を建立した。また、扶蘇山城の対岸に位置する王興寺《ワンフンサ》は、木塔の心礎石から発見された舎利容器から五七七年に威徳王が亡き王子のために建立したものであることがわかった。

六〇〇年に即位した武王《ムワン》（在位六〇〇〜六四二）代には、益山《イクサン》へ遷都したという記録もあるように、益山地域で大規模な造営事業をおこなっている。別宮として建立された王宮里《ワングンニ》遺跡や帝釈寺《チェソクサ》、弥《ミ》勒寺《ルクサ》が残されており、近年発掘が進められている。弥勒寺の西塔から発見された舎利奉安記には、六三九年に伽藍を造立したと記されている。

百済の文化

百済の仏教は、三八四年に晋から胡僧の摩羅難陀《マラナンダ》がやってきたことによって始まる。翌年には漢山《ハンサン》に寺を建立して僧一〇名を出家させたというが、この時期の寺院跡はこれまでのところ発見されていない。また、熊津への遷都後、五二七年に大通寺《テトンサ》を建立したという記録があり、「大通」という銘のある瓦も出土しているが、建物跡は発見されていない。この頃謙益《キョミク》がインドから『五部律』を持ち帰り、これを翻訳することで百済の律宗《ユルジョン》が始まった。五四一年には梁に対して『涅槃経《ヨルバンギョン》《ねはんきょう》』の解説書および医・工・画師、毛詩(『詩経』)博士の派遣を願い出てこれを許されている。「僧尼寺塔甚だ多し」と『周書』に記されるように泗沘時代には仏教はますます盛んとなり、都城の内外に多くの寺院跡が残っている。

学問も非常に盛んであり、儒教の経典である『五経《オギョン》』や思想書、歴史書が好んで読まれ、文章に巧みで公務に長けていたという。近肖古王代には、博士高興《コフン》に国についての記録を始めさせている。梁から毛詩博士を招いている一方、倭に対して武寧王代から五経博士を交代で派遣している。そのほか、陰陽五行や卜筮・占相、医薬、暦なども盛んであり、やはり易・暦・医薬の博士を倭に派遣している。

橋本　繁

考古学からみた百済

漢城時代

漢城時代の王城、もしくはそれに準ずる城と考えられてきたのが、漢江《ハンガン》南岸に位置する夢村土城《モンチョントソン》と風納土城《プンナプトソン》である。夢村土城は、低丘陵の自然地形を利用して築造された不定形の土城である。城壁は、自然地形を利用しつつ、丘陵の低い部分では版築技法により築かれた。城壁外側では、木柵や濠の痕跡も見つかっている。城内からは、竪穴《たてあな》式住居跡や貯蔵穴が見つかった。

風納土城は、夢村土城の北側に位置し、その西側城壁が漢江に接している。城壁の全周長は約三・五キロで、南北に長い長方形をなす。上下二段からなる城壁は、版築層のあいだに木の枝を敷いて堅固さを高める敷葉工法により築かれている。城内の調査では大型建物の基壇が見つかり、その周囲には、施釉された大型甕《かめ》が多数出土した長方形穴、馬の頭骨や意図的に壊された土器が大量に捨てられた穴、完形土器が多数投入された井戸などがあり、この付近で大規模な祭祀がおこなわれたことをうかがわせる。

両土城からは、漢や高句麗の影響を受けたと考えられる瓦が出土しており、瓦葺《かわらぶき》建物が存在したことがわかる。出土土器は百済土器を中心とするが、朝鮮半島南部の各地からもたらされた土器や、中国製陶磁器も見つかっており、百済と周辺地域のあいだに幅広い交渉関係があったことを暗示している。また、夢村土城からは高句麗土器が多数出土しており、漢城陥落後の城の使用状況を知る手がかりとなっている。

漢城時代の百済王や王族らの墓地と考えられる石村洞《ソクチョンドン》古墳群には、積石塚と封土墳《ポントブン》《ほうどふん》がある。積石塚《つみいしづか》は平面方形で、割石を用いて三段以上の階段状に築いている。その外観が高句麗の積石塚と類似することと、始祖神話にみる高句麗と百済の関係をもとに、これらの墳墓の被葬者を高句麗系移住民とする説が提起されてきた。しかし、高句麗の積石塚とは違い、墳丘内部は土を盛り、外側だけを積石塚のように築いた例も知られている。このことから、百済の積石塚は、高句麗積石塚を模倣して成立したと考える説もある。

封土墳は、平面円形に土を盛ったもので、表面に石を葺いたものもある。[4] 墳丘内部には、木棺《モックァン》《もっかん》や甕棺《オングァン》《かめかん》を用いて複数の被葬者が埋葬された。こうした墓制上の特徴や出土遺物から、封土墳の被葬者を馬韓系の在地勢力と考える説がある。また、出土遺物の検討を基に、封土墳の一部を積石塚に先行する百済王墓とみる説もある。なお、これらの大型墳墓の周辺からは、墳丘をもたず、木棺や甕棺を用いた墓も見つかっている。

漢城時代の版図拡大を考えるうえで重要な手がかりを提供しているのが、当時の王都から離れた地域につくられた墳墓と、その出土遺物である。漢江上流域の江原道《カンウォンド》原州《ウォンジュ》・法泉里《ポプチョルリ》遺跡、京畿道《キョンギド》南部から錦江以北の忠清南道《チュンチョンナムド》天安《チョナン》の花《ファ》城里《ソンニ》遺跡・龍院里《ヨンウォルリ》遺跡、公州・水村里《スチョルリ》遺跡、瑞山《ソサン》・富長里《プジャンニ》遺跡などの墳墓には、有蓋四耳壺や鶏首壺などの中国製陶磁器が副葬された例がある。また、龍文・鳳凰文・T字文・火焔文などが透彫で表現された金銅製冠帽・飾履や、金製垂飾付耳飾、装飾付大刀などもしばしば共伴する。こうした遺物を、当時の百済中央勢力が入手・もしくは製作し、地方の有力な首長に配布したものとみなし、その広がりが百済の地方支配の範囲を示すと解釈されてきた(5)。ただ、これらの遺物が副葬された墳墓の構造は、地域ごとに多様であり、こうした違いが、地方勢力の独自性を示していると解釈する説も提示されている。

熊津時代

熊津時代の王城であった熊津城は、錦江南岸に位置する包谷式山城である公山城《コンサンソン》に比定されている。城内南西側の尾根上にあたる双樹亭《サンスジョン》周辺での発掘調査では、大型建物跡や円形池などが発見された。一方、かつて集落が存在した城内北西側の発掘調査では、多数の建物跡が見つかり、方形池内からは、「貞観十九〔六四五〕年」銘漆札甲・馬冑・金銅装圭頭環頭大刀をはじめとする、大量の遺物が出土した。これらの遺構・遺物は、熊津時代から百済滅亡にいたるまでの公山城の実態を知るうえで重要な資料である。

熊津時代の百済王や王族の墓地であったと考えられるのが、公州盆地の西側を画する丘陵上に立地する宋山里《ソンサルリ》古墳群である。植民地時代に発掘調査された結果、玄室平面が正方形に近く、穹窿《きゅうりゅう》状天井をもち、羨道《せんどう》が入り口に向かって右側にとりつく横穴式石室が多く見つかった。こうした石室に類似した例は、公州周辺の古墳群でも多く知られ、さらに益山・笠店里《イプチョムニ》一号墳など、他地域の墳墓でも見つかっている。

宋山里古墳群には、玄室平面が長方形で、文様塼《せん》を断面トンネル形に積み上げ、短壁中央に羨道がとりつく横穴式塼室もある。宋山里六号墳では、玄室の四壁に粘土を塗った上に四神図が描かれていた。宋山里六号墳の北側に位置する武寧王陵《ムリョンワンヌン》は、未盗掘の状態で発掘された。中国製陶磁器や単龍環頭大刀をはじめとする副葬品は、百済のみならず、東アジア各地の類似する考古資料の実年代を推測するうえで重要な資料である。羨道で見つかった二枚の誌石の記述から、この墓の被葬者が武寧王とその王妃であることと、二人は死亡後に約二年の殯《ビン》《もがり》期間をおいて埋葬されたことが明らかになった。溝と柵列がめぐらされた内部に、方形掘立柱建物を中心として、数棟の建物跡が見つかった艇止山《チョンジサン》遺跡は、誌石に記された武寧王らの殯の場である可能性が指摘されている。

泗沘時代

泗沘時代の王城に比定されるのが、現在の扶餘邑市街地の北端に位置する扶蘇山城である。発掘調査の結果、泗沘時代の扶蘇山城は包谷式山城であり、統一新羅時代以降、南北二カ所の峰にそれぞれ鉢巻式山城が築かれたことが明らかになった。この山城の東側から始まり南北方向に伸びる羅城と、扶餘邑の北・西・南側を流れる錦江に囲まれた範囲が、当時の王京《ワンギョン》域であったと推定されている。

当時の王京内部の様子の一端を示すのが、扶蘇山城の南麓に位置する官北里《クァンブンニ》遺跡である。この遺跡では、東西・南北方向の道路遺構が見つかっており、王京内に方形区画が存在したことが想定されている。遺跡の各所では、鉄器・金工品・ガラス製品などの工房跡、池、地下貯蔵庫、大型建物跡なども見つかっている。

泗沘王京に関係する墳墓は、羅城より東側の丘陵地帯に集中してつくられている。羅城のすぐ東側に位置し、王陵の伝承をもった陵山里の六基の墳墓は、一九一〇年代に日本人の手により調査され、いずれも精巧に加工された石材を組み合わせてつくられた横穴式石室が見つかった。それらのうち中下塚《チュンハチョン》の石室は、横穴式塼室の形を模倣してつくられている。断面四角形の玄室をもつ東下塚《トンハチョン》は、玄室四壁に四神図、天井に蓮華文と雲文が描かれた壁画古墳である。

それ以外の墳墓の石室は、玄室の断面が六角形で、短壁中央にとりついた羨道を板石で閉じる、という特徴をもつ。同様の構造の石室をもつ墳墓は、錦江流域から栄山江《ヨンサンガン》流域にいたる、当時の百済の版図のほぼ全域で見つかっている。これらは、石材の加工度や、木棺に用いられた金具の構造、銀製冠飾の有無などにより、いくつかの階層に分類でき、それらが被葬者の官位の違いを反映している可能性が指摘されている。

泗沘時代には、多くの寺院が建立された。泗沘王京内では、定林寺《チョンニムサ》、軍守里廃寺《クンスリペサ》、東南里廃寺《トンナムニペサ》、扶蘇山城西腹寺跡、王京の近辺では、陵山里廃寺、王興寺、龍井里廃寺《ヨンジョンニペサ》などが知られている。これらの寺院の多くは、中門—塔—金堂—講堂が一直線上に並ぶ、特徴的な伽藍配置をとる。発掘調査の結果、陵山里廃寺などでは、金堂の東西に、工房などに用いられた南北に長い建物が見つかっている。

羅城と陵山里古墳群のあいだに位置する陵山里廃寺は、塔心礎上で見つかった舎利龕に刻まれた銘文により、昌王《チャンワン》(威徳王)十三(五六七)年に聖王を弔うために塔が建立されたことが明らかになった。このことから、陵山里古墳群のなかに聖王の王陵があることが確定的となり、中下塚に比定する説が有力である。寺域南方の湿地帯からは、大量の木簡《モッカン》が発見された。扶餘では、官北里遺跡・宮南池《クンナムジ》遺跡・双北里《サンブンニ》遺跡などからも木簡が見つかっている。

王興寺は、扶蘇山城に面した錦江北岸に位置する。発掘調査で見つかった木塔心礎の上面からは舎利具とその供養具が見つかった。円筒形青銅製舎利函の外側には六行にわたる銘文があり、この木塔は、亡き王子を弔うために五七七年に昌王が建立したことが明らかになった。

扶餘から南方に三〇キロ余り離れ、『観世音応験記』の記述をもとに、武王が遷都したとする説がある、全羅北道《チョルラブクト》益山市金馬《クムマ》面一帯には、泗沘時代の重要な遺跡が集中している。王宮里遺跡では、長方形にめぐらされた城壁内部の南半に、複数の大型建物跡が見つかった。また遺跡内の各所で、金工品やガラス製品を生産した工房、庭園遺構、トイレ遺構、窯跡などが見つかっている。本遺跡の性格については諸説があるが、出土遺物に印章瓦や有顎《ゆうがく》土器・蓋付埦など、扶餘周辺で多く出土するものがあることから、百済王権にとって重要な遺跡であった可能性は高い。

武王が、薯童《ソドン》伝説で有名な新羅出身の善花《ソヌァ》夫人の願いにより建立したと伝えられる弥勒寺は、三基の塔(中央に木塔、その東西に石塔)の北側にそれぞれ金堂を配置し、その北側に一棟の講堂をおく、他に類例のない伽藍配置をもつ。西塔の解体修理中に、石塔第一層心柱上面から、舎利具・供養具とともに見つかった金製舎利奉安記には、石塔が佐平・沙《サ》宅徳積《テクトクチョク》の娘である百済王后により建立されたことが記されており、薯童伝説との不一致が問題となっている。

王宮里遺跡の北東側にある帝釈寺は、最近の発掘調査により木塔、金堂、講堂などが確認されたほか、瓦や建築部材を廃棄した地点で、多量の塑像片が出土して注目された。また、武王の王陵との伝承がある益山双陵大王墓《サンヌンデワンミョ》からは、さまざまな金具で飾り立てられた木棺が出土した。本例や武寧王陵出土木棺は、日本特産種であるコウヤマキでつくられており、当時の百済と倭の関係を示す考古資料として重要である。

▼補説5▲　栄山江流域の前方後円墳

全羅南道《チョルラナムド》の西側に位置する栄山江は、木浦《モッポ》・羅州《ナジュ》・光州など、朝鮮近現代史を考えるうえで重要な都市のあいだを流れている。従来、この地域における考古学的研究は必ずしも進んでいなかった。しかし一九九〇年代に、日本列島を代表する古墳である前方後円墳と類似した古墳が存在することが広く知られるようになると、大韓民国の考古学者のみならず、日本の考古学者もこの地域に注目するようになった。

栄山江流域に前方後円墳と類似した古墳が存在する可能性をはじめて指摘したのは、一九三九年に羅州・潘南面《ポンナムミョン》《ばんなん》古墳群の発掘調査をおこなった有光《ありみつ》教一であった。しかし、解放後の調査成果からみて、有光が前方後円墳であると考えた古墳は、平面長方形ないし楕円形を呈し、周濠をめぐらす低墳丘墓であった蓋然性が高い。その後一九八〇年代に、姜仁求《カンイング》が朝鮮半島各地に前方後円墳が存在することを主張した。なかでも全羅南道においては、海南《ヘナム》の長鼓峯《チャンゴボン》古墳と龍頭里《ヨンドゥリ》古墳の墳丘測量図が作成・公開された。姜仁求の研究は、当時の大韓民国・日本の研究者の多くからは受け入れられなかったが、全羅南道の考古学者たちは、地表調査をとおして類似した古墳を発見していった。

一九九〇年代にはいり、羅州・チャラボン古墳、光州・明花洞《ミョンファドン》古墳、光州・月桂洞《ウォルゲドン》一・二号墳、咸平《ハムピョン》・新徳《シンドク》古墳などが発掘されることにより、これらの古墳は周囲に濠をめぐらし、墳丘の平面形がたしかに前方後円形をなすことが確かめられた。また新徳古墳のように、段築と葺石の存在が確認された例もある。墳丘には、日本の普通円筒埴輪・朝顔形埴輪を祖型とし、現地の土器製作技術で製作された円筒形土製品が樹立されていた場合が多い。月桂洞一・二号墳では、いわゆる「木製の埴輪」も出土した。埋葬施設は、北部九州各地で築造された横穴式石室と類似したり、そこから変形したと思われる石室を用いた例が多い。さらに副葬品のなかには、須恵器をはじめとする日本列島起源の遺物が含まれている。こうした状況から、これらの古墳が、当時の日本列島との関係から出現・築造されたと広く考えられるようになった。

これまでの調査により、計一〇基以上の前方後円墳が、全羅南道南西部の海岸沿いに立地する海南および栄山江流域（羅州・咸平・光州・潭陽《タミヤン》《たんよう》）、さらには全羅北道南西部の高敞《コチャン》《こうしょう》に分布することが知られている。出土遺物からみて、これらの古墳の築造時期は六世紀前半を中心とし、五世紀まで遡りうる例も存在することがわかってきた。

栄山江流域の前方後円墳については、その被葬者像が最大の問題とされてきた。これまでの諸説は、日本列島から栄山江流域に渡った人物が倭系の古墳を築造したとする「倭人説」、百済の南下に対抗して在地の首長が倭系の墓制を受容したとみる「在地首長説」、百済に仕えた倭人が栄山江流域を支配するために派遣されて倭系の古墳を築造したとする「倭系百済官人説」に分けられる。

ただ、最近の調査研究成果は、栄山江流域の前方後円墳を理解するためには、まず在地墓制の展開と、周辺諸地域との関係を明らかにする必要があることを示している。原三国《ウォンサムグク》時代の栄山江流域では、方形周溝墓《バンヒョンジュグミョ》が築造されており、三国時代にはいると、周溝をめぐらす墳丘の形状が、方形以外に円形・楕円形などに多様化する。そして、肩部に鋸歯文をめぐらす大型甕から変化した、埋葬専用の甕棺二つを合わせて成人被葬者を伸展葬する、という独特な埋葬風習が流行した。また甕棺は、同一墳丘に複数埋葬されることが一般的である。五世紀にはいると、栄山江流域の各地に一辺三〇メートルを越す大型の方形墳が出現する。咸平・長鼓山《チャンゴサン》(竹岩里《チュガムニ》)古墳と米出《ミチュル》古墳・中良《チュンニャン》古墳のように、前方後円墳と方形墳が近接した位置に築造される例もあるが、おおむね両者が築造される地域は異なっている。

ところが、大型方形墳をはじめとする在地墓制においても、葺石・円筒形土製品・横穴式石室などの、倭系墓制の要素が受容されていたことが明らかになりつつある。なかでも円筒形土製品は、前方後円墳出現以前から採用されていたと考えられる。またその形状をみると、壺に祖型をもつと思われる鼓状の形態をなす例や、円筒形の台上に在地の短頸壺を載せた形状を表現した例など、日本では類例がほとんど知られないものが少なくない。葬送儀礼の面では、羅州・伏岩里《ポガムニ》三号墳の南側中央に築造された北部九州系横穴式石室の玄室に、専用甕棺を含む四基の甕棺が安置されていたことが注目される。以上のような状況からみて、在地墓制にみられる倭系の要素は、被葬者により取捨選択して受容されたと考えられる。

日本列島各地で出土する栄山江流域産、あるいはその影響を受けた土器の様相も興味深い。蓋を固定するための一対の耳状の突起が肩部につく土器は、弥生時代後期から古墳時代前期にかけて、おもに北部九州各地で出土する。古墳時代中期になると、鳥足状の文様が刻まれたタタキ板を用いて製作された短頸壺や、平底で円形穴が多数あけられた甑《こしき》などが、九州北部のみならず、近畿地方をはじめとする西日本各地の遺跡で出土するようになる。また、初期須恵器の器形のうち蓋杯や𤭯《はそう》の起源も、栄山江流域に求められる蓋然性は高い。このような、三世紀頃からの長期間にわたる日本列島各地との交流関係の存在は、六世紀になって栄山江流域に前方後円墳が築造されることになる前提条件の一つとして考慮されるべきである。

一方、栄山江流域の在地墓制および前方後円墳を考えるとき、百済との関係を無視することはできない。解放後の大韓民国における研究で、四世紀後半の近肖古王代に百済の領域が栄山江流域まで達したという学説が出されたことを受けて、専用甕棺を用いた墳墓は、百済領域内の地方墓制であるという解釈が示されてきた。それに対して、全羅道の研究者を中心として、専用甕棺墓制を採用した馬韓諸国の流れを汲む在地勢力は、四〜五世紀においても百済から独立した存在であったとする説が主張されている。考古学的にみた場合、墓制の違いは明らかである。また副葬された土器をみると、その一部に漢城百済のものと共通する器種が認められるものの、栄山江流域にのみみられる器種や、錦江流域に類例をもつ器種が多いことも指摘できる。

百済が錦江流域に中心地を移した五世紀後葉以降は、専用甕棺墓制の墳墓からも、前方後円墳からも、百済系の遺物が出土するようになる。なかでも金銅製冠帽・外冠・飾履は、百済中央勢力との関係を示す資料であると解釈されてきた遺物である。また、月桂洞一号墳や新徳古墳からは、頭部を銀で装飾した釘が出土しており、百済系の木棺が用いられたことがわかる。このほか、同時期の古墳からは、新羅・加耶系の遺物も見つかっている。

以上のように、前方後円墳を含めた六世紀前半の栄山江流域の古墳には、墓制や副葬品において、在地系の要素とともに、百済系・倭系などの外来系の考古資料が混在して出土している。こうした実態に対して、先述の前方後円墳の被葬者をめぐる諸説は、さまざまな文化要素の一部だけに注目して解釈しようとした結果とみなすこともできる。そうではなく、考古資料にみる多様性を前提として、四～六世紀における東アジア世界の地域間交流において栄山江流域がはたした役割を評価していくなかで、この地域に前方後円墳が築造された意味を考えていく必要があるであろう。

吉井　秀夫

3　新羅の台頭

新羅の始祖伝説
新羅《シルラ》の始祖伝説は、王位を朴《パク》・昔《ソク》《せき》・金《キム》の三姓が順次受け継いでいったとされていることが特徴である。
建国始祖である朴氏の祖は、名は赫居世《ヒョッコセ》《かくきょせい》といった。慶州《キョンジュ》盆地に朝鮮《チョソン》の遺民が閼川《アルチョン》《あっせん》楊山《ヤンサン》村、突山高墟《トルサンコホ》村、觜山《チュイサン》《しさん》珍支《チンジ》村、茂山大樹《ムサンテス》村、金山加利《クムサンカリ》村、明活山高耶《ミョンファルサンコヤ》村の六村に分かれて住んでいた。高墟村の村長蘇伐《ソボル》公が、蘿井《ナジョン》《らせい》のそばで馬がいないているので行ってみると卵があり、割ってみると中から嬰児がでてきた。十三歳になると、出生が神異であるとして六村の人びとが推戴して王位に就き、王号を居西干《コソガン》とした。即位は紀元前五七年のことであり、六村はのちの新羅六《ユク》部《ブ》であるという。
昔氏の始祖である脱解《タレ》は、倭国《ウエ》の東北千里にある多婆那《タパナ》国で生まれたが、卵であったため不吉であるとして箱に入れられて流され、新羅に漂着した。第二代南解《ナメ》王の娘婿になって国政を任され、朴氏の跡を継いで第四代王になった。ある日、脱解王が林のなかで鶏の鳴き声を聞いて調べさせたところ、金色の箱が木の枝にかかっていた。箱を開くと中から童子が生まれたので閼智《アルチ》《あっち》と名づけて宮中で育てた。この閼智が金氏の始祖であり、子孫である味鄒《ミチュ》《みすう》が一三代王に即位した。

朴氏と昔氏に共通してみられる卵生神話は、東南アジアを中心に分布しており、南方的文化による影響を受けたものといえる。文献記録では四世紀までこの三姓が交代で王位に就いたとされるが、新羅で姓が用いられるようになるのは六世紀以降のことである。また、天から降臨した始祖を六村が迎え入れたとされているが、後述するように近年の金石文研究で六部と王との密接な関係が明らかになっており、神話で描かれる姿とは大きく異なる。

斯盧国から新羅へ

新羅の前身は、辰韓《チナン》一二国のうちの斯盧《サロ》《しろ》であった。国際舞台に登場してくるのは四世紀後半のことである。三七七・三八二年に中国の前秦に朝貢しており、「新羅王楼寒《ヌハン》《ろうかん》」として記録にあらわれる。楼寒は当時の王号である麻立干《マリッカン》を指すとみられ、奈勿《ナムル》《なぶつ》麻立干に比定される。三七七年の朝貢が高句麗《コグリョ》使に随伴したものであったと推定されるように、新羅は高句麗に従属するなかで成長していった。

広開土王《クァンゲト》碑文には、百済《ペクチェ》と同盟した倭の侵略を受けた新羅が広開土王に援軍を求め、それに応えた高句麗軍が四〇〇年に新羅の都にまでいたっていることがみられる。また、『三国遺事《サムグンニュサ》』や『三国史記《サムグクサギ》』には、この頃奈勿王の王子である美海《ミヘ》(未叱喜《ミジルヒ》《みしっき》)が倭に、宝海《ポヘ》(卜好《ポコ》)が高句麗に人質としてとられたことがみられる。四一七年に訥祇《ヌルチ》《とっし》王が即位する際にも、高句麗の支援があった。高句麗に従属する新羅のこうした外交姿勢は、慶州の壺杅塚《ホウチョン》《こうづか》から出土した青銅製壺杅(四一五年)や、瑞鳳塚《ソボンチョン》で出土した銀盒杅(四五一年)など高句麗製の遺品が見つかっていることからも推測される。さらに、正確な年代は不明であるが五世紀のものである中原高句麗碑《チュンウォンコグリョビ》には、高句麗王と新羅寐錦《メグム》《びきん》(王)が兄弟の関係であるとされ、寐錦(王)をはじめとする新羅の高官に高句麗の衣服を与え、新羅領内で徴発した三〇〇人を高句麗の軍官が組織する姿がみられる。石碑が立てられているのは朝鮮半島のほぼ中央にあたる忠州《チュンジュ》であり、高句麗は新羅に圧力を加え従属させることで、百済に対抗していたのである。

五世紀後半にはいると、しだいに高句麗の従属下から脱しようとする動きがみられるようになる。四五〇年には東海岸で高句麗の将を殺害している。このときには謝罪をしているが、四五四年には高句麗が新羅に侵入しており、四五五年に高句麗が百済に侵入すると新羅は援軍を派遣している。両国の戦いの主たる舞台となったのは、濊《イエ》族が居住する地域である東海岸の悉直《シルチク》《しっちょく》(三陟《サムチョク》《さんちょく》)や何瑟羅《ハスルラ》《かしつら》(江陵《カンヌン》)であった。四八一年には南下してきた高句麗・濊を、百済・加耶《カヤ》の援軍を得て撃退している。新羅がこの地域を安定的に確保したのは、悉直軍主《クンジュ》をおいた五〇五年前後であった。同時期に、旧辰韓地域にも勢力を拡大していき、四七〇年には小白《ソベク》山脈を越えた三年山城《サムニョンサンソン》(報恩《ボウン》)をはじめ、西北方面での築城を集中しておこなっている。

興隆への道のり

『三国史記』によると、五〇〇年に即位した智証《チジョン》麻立干(在位五〇〇〜五一四)は、それまでの斯盧、斯羅《サラ》などさまざまに記された国号を新羅とし、同時に、居西干、次次雄《チャチャウン》、尼師今《ニサグム》《じしきん》などと新羅の言葉で称してきた君主号も王と定めたという。しかし、近年発見された浦項中城里《ポハンチュンソンニ》碑(五〇一年)、迎日冷水里《ヨンイルネンスリ》碑(五〇三年)、蔚珍鳳坪里《ウルチンポンピョンニ》碑(五二四年)などの当時の石碑をみると、五二〇年代までは「寐錦王」「葛文《カルムン》王」という王号が使用されており、しかも、この二王が同時に併存していた。また、寐錦王は喙《フェ》《かい》部、葛文王は沙喙《サフェ》《さかい》部の出身ということも記されていた。[6] この二つの部が、王京《ワンギョン》の六部の中心となって新羅の発展を主導したのである。

つぎの法興《ポプン》王（在位五一四〜五四〇）代には、国政の整備が一段と進められた。まず、王京の六部人を対象とした一七等からなる京位《キョンウィ》と、それ以外の地方人を対象とする一一等からなる外位《ウェウィ》という別個の官位を設けた。五二〇年に頒布した「律令《ユルリョン》」は、こうした官位制を踏まえた衣冠制の制定を中心とした固有法を意味する。五一七年には兵部《ビョンブ》をおいて軍事を司らせた。さらに、王京では六つの喙評《タクピョン》《たくひょう》、地方では五二の邑勒《ウムヌク》《ゆうろく》と呼ばれる拠点に法幢《ポプタン》《ほうとう》軍団を配備し、これによって新羅の軍制の基盤が整備された。五三一年には上大等《サンデドゥン》をおいて国事を統轄させた。上大等は一王代に一名、有力者層から任命された。五三六年には、新羅独自の元号である「建元《コヌォン》」を定めている。このとき以後、六五〇年に唐年号の使用を開始するまで、断続的に年号を使用している。

対外的には、五二一年に百済の使者にともなわれて中国南朝の梁に朝貢する。じつに一四〇年ぶりの中国遣使であった。加耶諸国への本格的な侵攻も開始され、五二二年に大加耶《テガヤ》国と婚姻関係を結ぶと、五三二年には金官《クムグァン》国の降服を受け入れて王の一族を六部に編入した。

飛躍的に領土を拡大したのは、つぎの真興《チヌン》王（在位五四〇〜五七六）代であった。五四〇年代後半には高句麗との境となっていた小白山脈の竹嶺《チュンニョン》を越え、五五一年には一〇郡を奪取して漢江《ハンガン》流域へ進出する。翌年には、百済が七〇年ぶりに高句麗から奪還したばかりの漢城《ハンソン》地方をも占領して新州《シンジュ》をおき、ついに西海岸への進出をはたす。これに報復せんとして聖王《ソンワン》自ら率いてやってきた百済軍を、五五四年の管山城《クァンサンソン》の戦いで撃破して聖王を戦死させている。五六二年には大加耶を滅ぼして、旧加耶諸国の大部分を手中におさめることに成功した。こうして、新羅は、朝鮮半島東南の一小国から高句麗や百済と並ぶ強国となり、名実ともに三国《サムグク》時代が始まった。そして、漢城地方を編入することで中国との自主的な交通が可能となり、五六四年には北斉に、五六八年には陳に朝貢をおこなっている。

真興王は、こうして拡大していった領域の各地に記念碑を建てている。丹陽《タニヤン》赤城《チョクソン》碑(五四五年頃)は、竹嶺の北の出口にあたる赤城一帯の経営に際して住民を安撫するために建立された。五六一年の昌寧《チャンニョン》碑は、加耶諸国併合を目前に控えて、勢力を誇示し経略の決意を明示するために比子伐《ビジャボル》に結集した高官・軍官を記している。五六八年の磨雲嶺《マウルリョン》碑、黄草嶺《ファンチョリョン》碑は、真興王自らが高官・高僧をともなって高句麗との最前線である咸鏡南道《ハムギョンナムド》にいたって建立したものである。同時期の北漢山《プッカンサン》碑は、高句麗・百済から奪取した漢城地域を見下ろす山上に建てられた。

新羅は領内に州・郡を設置し、郡のなかには城・村があった。(7) 州には軍主《クンジュ》が、城・村には邏頭《ナドゥ》《らとう》や道使《トサ》が派遣されるとともに、在地の有力者を村主《チョンジュ》に任命してこれに協力させた。そのほか、新たに獲得した国原《クグォン》(忠州)などに小京《ソギョン》を設置し、王京から移住させたり加耶からの亡命者を受け入れた。

新羅の文化

法興王は、五二七年に多くの反対を抑えて仏教を公認する。同時期に新羅最初の寺院である興輪寺《フンニュンサ》の創建を開始し、五四四年に完成すると人びとが出家して僧尼になることを許した。法興王妃も、新羅最初の尼寺である永興寺《ヨンフンサ》を建立している。王室の信仰によって仏教が盛んとなるなかで、祇園寺《キウォンサ》・実際寺《シルチェサ》・三郎寺《サムナンサ》など多くの寺院が建立された。なかでも中心的な役割をはたしたのが皇龍寺《ファンニョンサ》であり、五五三年に創建が始まり五六九年に完成している。五六四年に鋳造した丈六の三尊像は、六四六年に完成する皇龍寺九層塔などとともに、新羅三宝とされた。

五五〇年に安蔵《アンジャン》法師を大書省《テソソン》に任じ、翌五五一年には高句麗から恵亮《ヘリャン》《えりょう》法師を迎えて最高の僧官である僧統《スントン》(国統《ククトン》、寺《サ》主《ジュ》)に任命し、はじめて百座講会《ペクチャガンフェ》と八関斎会《パルグァンジェフェ》をおこなっている。さらに宝良《ポリャン》法師を大都維那《テドユナ》に任命し僧たちを統轄させた。

橋本 繁

考古学からみた新羅

高句麗や百済とは違い、新羅の王都は慶州におかれつづけた。そのため、新羅の出現から滅亡にいたるまでの代表的な遺跡は、慶州およびその周辺地域に集まっている。また、新羅の領域拡大とともに、新羅に関連する遺跡は、慶尚道《キョンサンド》の洛東江《ナットンガン》以東地域から以西地域へ、さらに漢江流域や江原道《カンウォンド》の東海岸地域に広がっている。

慶州の古墳

前一世紀から後三世紀頃まで、慶州およびその周辺地域には、嶺南《ヨンナム》(慶尚道)地方の他地域と同様の構造・副葬品をもつ木棺墓《モックァンミョ》《もっかんぼ》・木槨墓《モックァクミョ》《もっかくぼ》が築造された。四世紀頃からは、慶州を中心として、平面細長方形の墓壙内に主槨と副槨がつくられた、新羅式木槨墓が出現する。主槨の被葬者を安置する部分には、九政洞《クジョンドン》古墳のように、儀器化した鉄矛を主軸に直交して敷き並べる例が知られている。また、初期では土壙と木槨のあいだを土で埋めていたが、しだいに石で埋めるようになり、さらに木槨上部まで石が積まれるようになる。同様の構造をもつ木槨墓は、慶州以外には、隣接する浦《ポ》項《ハン》・蔚山《ウルサン》《うつざん》、さらに慶山《キョンサン》・大邱《テグ》でも類例が知られている。一方、九於里《クオリ》遺跡などでは、主槨と副槨を別々の土壙に築いた大型木槨墓も発掘されている。

慶州を代表する古墳である積石木槨墳《チョクソンモックァクプン》《つみいしもっかくふん》は、地面下に掘られた墓壙内に築かれた木槨を覆うように石が積まれ、さらにそれを覆うように土で墳丘がつくられた。中小型墳は、円形墳丘をもつもの以外に、円形墳丘に複数の墳丘が半円形にとりつくかたちで築造された、多葬墳の例も多く知られている。一方、大型積石木槨墓の場合は、基底部を除き、木槨および積石部がほぼ地上に存在する。また、墳丘は径に比べて高さが高く、「高塚《コチョン》」と呼ばれる。大型墳の墳丘は、平面円形をなすものと、二つの円形墳丘が連結された双円形のものに分けられる。

慶州盆地の中央部にあたる月城《ウォルソン》と朝鮮時代の邑城《ウプソン》のあいだの地域には、数多くの積石木槨墳が築造された。そのなかでも、大型の円墳および双円墳の数は限られている。それらのうち、発掘調査がおこなわれた皇南《ファンナム》大塚《デチョン》・金冠塚《クムグァンチョン》・瑞《ソ》鳳塚《ボンチョン》・天馬塚《チョンマチョン》・金鈴塚《キムニョンチョン》などでは、山字形の立飾をもつ金冠をはじめとして、多量・多様な副葬品が出土しており、麻立干期の新羅王もしくは王族の古墳であると考えられてきた。それ以外の古墳は、墳丘および埋葬施設の規模と、副葬品の量・質により違いが見出される。とくに冠・帯金具・飾履などの金属製装身具類の材質は、金・銀・金銅のあいだで差異が認められる。こうした違いが、当時の社会における被葬者の階層差を反映していると考えられてきた。

出土遺物、とくに土器類の編年をとおして、積石木槨墳の相対的な編年については、おおむね一致しつつある。しかし、積石木槨墳の出現時期と、各古墳の実年代については、研究者により少なからずの違いがある。とくに皇南大塚南《ナム》墳《ブン》の築造時期については、被葬者をどの王とみるか(奈勿王説と訥祇王説が有力である)により、五〇年近い時間差が存在する。

六世紀以降、慶州の古墳には横穴式石室が用いられるようになった。初期段階のものは、平面長方形の玄室に短い羨《せん》道《どう》がつくものが多く、積石木槨墳と隣接してつくられた例が多い。その後、玄室平面が正方形に近く、穹窿《きゅうりゅう》状天井をもち、羨道が左右どちらかに偏ってつく横穴式石室を用いた古墳が、慶州盆地を取り囲む山々の山腹に築造されるようになった。

被葬者の埋葬方法をみると、初期の例では、釘や鐶座《かんざ》金具を用いた木棺におさめて石室内に埋葬された例が知られている。しかし慶州では、棺を用いずに屍身を玄室内に直接安置したと思われる例のほうが一般的である。被葬者を安置するために、屍床や、石枕・足台などが発達する。副葬品は土器などに限られ、薄葬化が進む。統一新羅時代にはいると、王陵と目される古墳は、墳丘裾に十二支像を含む護石をめぐらし、その前面に床石・獅子・文人・武人・亀趺《クィブ》《きふ》・碑石などを配置するようになった。

地方の墳墓

慶州周辺で、積石木槨を埋葬施設とする高塚古墳が築造され始めて以降、平面が円形で高い墳丘をもつ古墳が、それ以外の地域でもさかんに築造されるようになる。なかでも埋葬施設の構造の一部や、土器・装身具・装飾大刀などの副葬品をとおして、慶州と地方勢力の関係を推測する研究が進められてきた。

洛東江以東地域の高塚古墳の埋葬施設のうち、積石木槨を用いる例は、慶州盆地近辺に限られている。また、積石木槨の影響を受けたと思われる埋葬施設は、義城《ウィソン》大里里《テリリ》古墳群・慶山林堂洞《イムダンドン》古墳群・東莱《トンネ》《とうらい》福泉洞《ボクチョンドン》古墳群・陜川《ハプチョン》《きょうせん》玉田《オクチョン》古墳群などに類例があるが、数は少なく、その解釈についても意見が分かれている。それ以外の地域では、平面細長方形の竪穴《たてあな》式石槨を採用する場合が多い。また、昌寧校洞《チャンニョンキョドン》・松峴洞《ソンヒョンドン》《しょうけん》古墳群の例のように、竪穴式石槨と同様の構造をもちながら、短壁に横口構造をもつものも存在する。

副葬品のなかでも早くから注目されてきたのが、土器類、とくに脚部に上下二段の透孔をもつ高杯《たかつき》である。脚部の透孔が上下同じ位置に開けられた、洛東江よりも西側の諸地域に分布する高杯とは違い、洛東江より東側の諸地域、さらには上流西側の星州《ソンジュ》などに分布している高杯は、上下の透孔が交互に開けられている。こうした特徴をもった高杯については、新羅で成立したものが周辺地域に影響を与えたとみる説と、洛東江以東地域において共通した要素として出現したのち、慶州周辺に狭義の新羅土器が成立したとみる説に分かれる。このほか、長頸壺《ちょうけいこ》や器台なども、洛東江東岸では形態的な共通性が認められる一方、製作技術や土器に施される文様などについては、地域性が存在する。

装身具類や装飾大刀のなかで、慶州と他地域との関係を考えるうえで注目されてきたのが冠である。慶州においては、細帯に三本の山字形立飾と二本の鹿角形立飾がつく冠が特徴的である。このうち金冠には、歩揺《ボヨ》とともにヒスイ製勾玉が多数取りつけられた例が多い。それに対して慶州以外の地域においては、冠は基本的に金銅製である。それらのなかには、金冠とほぼ同じ形状をもつ例がある一方、鹿角形立飾をもたない例や、山字形立飾の形状が変化した例も存在する。これらの冠については、新羅王から地方の有力首長に配布されたものであるとする説と、各地域で形状を模倣して製作されたとする説が存在する。このほか、冠帽・冠飾・飾履・耳飾・帯金具・装飾大刀などにおいても、モティーフが共通しながら、少しずつ形状が異なる例が、洛東江以東地域を中心として、一部、洛東江以西地域でも見つかっている。

こうした洛東江以東地域における遺構・遺物の共通性に注目して、麻立干を中心とする慶州中央勢力が、各地域の首長をとおして各地を間接支配したと解釈する説がある。その一方、考古資料にみられる地域性の存在を根拠として、慶州以外の諸地域の多くを、新羅と関係をもつ「加耶」諸国であるとみなす説も根強い。ただいずれにせよ、こうした考古学的な様相が、四〜五世紀における新羅の成長と地方支配過程の変化を考えていくうえでの重要な手がかりであることは確かである。

六世紀前半になると、尚州《サンジュ》・善山《ソンサン》などの洛東江上流域西側や、安東《アンドン》・義城・昌寧・梁山《ヤンサン》などの洛東江以東地域で、竪穴式石槨に横口構造がついた埋葬施設が築造されるようになる。一方、浦項・冷水里《ヨンスリ》古墳群では、高句麗の影響を受けたと思われる、羨道部に耳室がとりついた石室や、門扉構造をもつ石室が築造された。これらの石室の築造時期は、慶州における横穴式石室の築造開始時期と同じか、やや先行すると思われる。

六世紀中葉以降には、平面が正方形に近く、穹窿状天井をもつ横穴式石室が、洛東江以東地域だけではなく、洛東江以西地域、江原道の海岸沿いや漢江流域など、新たに新羅の領域に含まれた地域で築造されるようになる。古墳に副葬された土器は、短脚高杯と呼ばれる特徴的な高杯や、印花文と呼ばれる、スタンプに刻まれた文様を連続的に捺印して表面を装飾する土器が広く用いられるようになる。また、被葬者の屍身を木棺におさめずに直接玄室内に安置し、しばしば三名以上の被葬者が追葬される埋葬方式も新羅領域内に広がる。こうした横穴式石室墳とそれにともなう諸墓制の広がりは、六世紀以降の新羅の地方支配のあり方と密接な関係があると考えられる。

王城と山城

新羅の王宮が所在する城と考えられてきたのが、南川《ナムチョン》にそって南北に延びる丘陵を利用して築かれた月城である。丘陵端部にそって、土石混じりの城壁がめぐらされ、九カ所で門跡が確認されている。発掘調査により、城の北・東・西側には濠が確認された。月城が立地する丘陵上で人びとが生活した時期は三国時代より遡るが、城壁が築かれるのは四世紀以降であると考えられる。城内の各所からは瓦が出土し、礎石の存在や、地下遺構のレーダー探査により、大まかな建物群の広がりも確認されつつある。しかし、それらのなかに三国時代まで遡るものがあるかどうかは、今後の調査で明らかにされなければならない。

月城付近から北川《プッチョン》のあいだには方格地割が残されており、それらが王京の坊里の痕跡であると考えられてきた。発掘調査がおこなわれた結果、慶州市内の各所で道路遺構、および坊里内の建物跡などの遺構が確認されている。これまでの調査研究により、道路の方向および坊里の規模は、地点により異なっており、それは坊里の築造時期の違いによるものと考えられてきた。そのなかでも皇龍寺周辺の道路・坊里は、六世紀中葉頃まで遡る可能性があり、そこから周辺地域へ拡大していったとみる説が有力である。

月城の南側に位置する都堂山《トダンサン》土城《トソン》と南山《ナムサン》土城、東側に位置する明活山《ミョンファルサン》土城は、王宮・王城を守るために築造された初期の土城であると思われる。その後、慶州盆地にいたる交通路を守るように、西側に西兄山城《ソヒョンサンソン》、南側に南山新城《ナムサンシンソン》、東側に明活山城などの石築の城壁をめぐらす山城が築造された。また、新羅の領域が拡大することに従い、百済・高句麗の領域に接する地域には、忠清北道報恩・三年山城、京畿道《キョンギド》楊州《ヤンジュ》・大母山城《テモサンソン》などの、石築城壁をめぐらす山城が築造された。慶州の南山新城や明活山城で見つかった作城碑や、慶尚南道《キョンサンナムド》咸安《ハマン》《かんあん》・城山山城《ソンサンサンソン》の貯水池で見つかった木簡をとおして、築城にあたって人びとが動員された様子をうかがい知ることができる。

吉井　秀夫

4　加耶の諸国から連合へ

加耶の始祖神話

三世紀の朝鮮《チョソン》半島に存在した三韓《サマン》のうち、馬韓《マハン》からは百済《ペクチェ》が、辰韓《チナン》からは新羅《シルラ》が成長していったが、弁韓《ピョナン》では小国の分立状態が続いた。この弁韓地域の諸国を総称して、あるいは、新羅・百済に取り込まれていない国々をも含めて加耶《カヤ》(加羅《カラ》)と呼んでいる。なお、日本では任那《みまな》と呼ぶこともあるが、任那《イムナ》は加耶のなかの一国である金官《クムグァン》国を指す言葉であり適当な用語ではない。

加耶は最後まで一つの国にまとまることはなかったが、いくつかの国が連合することがあった。最初に成長したのは洛東江《ナットンガン》河口に位置する金官国(金海《キメ》)であり、つぎに有力となったのが洛東江中流の大加耶《テガヤ》(高霊《コリョン》)であった。そして、この二国にのみ始祖神話が伝わっている。

金官加耶の始祖神話は、『駕洛国記《カラックッキ》』によれば以下のとおりである。

この地域には国もなく九人の酋長が人びとを統率していた。紀元四二年、亀旨峰《クジボン》で天から人の声のようなものが聞こえた。酋長らがこれに答えると、「神が私に、この地に新たな国を造り国王になるように命じられた。お前たちは山の頂を掘ってその土をつまみながら「亀よ亀よ、首を出せ。出さねば焼いて食べようぞ」と歌いながら踊れ。そうすれば大王を迎えることができるぞ」と言った。そこで歌い踊っていると、天から一筋の紫色の縄が降りてきて、金の合子の中から黄金の卵が六つあらわれた。卵は童子になり、一人は即位して金官加耶国の首露《スロ》王となり、ほかの五人の童子も、それぞれ五加耶の国王となった。

卵から生まれたという点で高句麗《コグリョ》・新羅の神話と共通しており、とくに、天から降りてくるという点と、もともといた首長に推戴されて王になるという点で、新羅の神話との類似がみられる。

大加耶の神話は、崔致遠《チエチウォン》撰の『釈利貞伝《ソンニジョンジョン》』に伝わる。「伽倻山神《カヤ》である正見母主《チョンギョンモジュ》が、天の神である夷毗訶《イビガ》の感ずるところとなり、太伽倻王悩窒朱日《ヌエジルチュイル》と金官国王悩窒青裔《ヌエジルチョンエ》の二人を生んだ。悩窒朱日は伊珍阿豉《イジナシ》《いちんあし》王の別称であり、悩窒青裔は首露王の別称である」というものである。大加耶の神話でありながら、金官国の始祖と兄弟であるとしており、金官国に対する対抗意識がみられる。

加耶諸国の合従連衡

金官国は、『魏志』韓伝に「弁辰《ピョンジン》の狗邪《クヤ》国」としてみられる。帯方郡から邪馬台国にいたる使者が狗邪国から海を渡っているように、海上交易が国の基盤となり、また鉄生産も盛んであった。四世紀頃には卓淳《タクスン》(昌原《チャンウォン》)や安羅《アルラ》《あら》(咸安《ハマン》《かんあん》)をはじめとする加耶南部諸国の盟主的な地位にあった。四世紀前半には倭《ウェ》国との通交が始まり、四世紀後半には百済―加耶南部―倭という連携が成立した。このことが、高句麗軍の攻撃を招くこととなる。広開土《クァンゲト》王碑文によれば、倭国の侵攻を受けているという新羅からの援軍要請を受けた広開土王は、四〇〇年に五万の軍勢を派遣して新羅を救い、さらに逃げる倭兵を追って「任那加羅」(金官国)の従伐城《チョンボルソン》にまでいたり帰服させたという。この戦闘に際して、安羅の軍勢も倭や金官とともに戦っている。この戦いののちも金官国自体は五三二年まで続くが、弱体化していった。それに代わって台頭したのが、大加耶であった。

大加耶は、固有名としては伴跛《バンパ》《はんは》といい、『魏志』東夷伝の「弁辰の半路《パルロ》国」がこれにあたる。四四二年に倭は、加耶南部諸国との関係から大加耶国を攻撃しているが、百済の救援によって退けられている。百済が高句麗の南下によって弱体化すると、大加耶は加耶西部諸国を糾合して連盟を結成した。連盟の範囲は、西は蟾津江《ソムジンガン》《せんしんこう》の己汶《キムン》《こぶん》(南原《ナムオン》)・多沙《タサ》(河《ハ》東《ドン》)、東は洛東江の多羅《タラ》(陜川《ハプチョン》《きょうせん》)、南は南海岸の史勿《サムル》(固城《コソン》)にいたる範囲であった。四七九年には、加耶諸国では唯一となる中国の南斉への朝貢をおこない、荷知《ハジ》（嘉悉《カシル》《かしつ》）王は輔国将軍・加羅国王に封じられた。また、王は一二弦の加耶琴《カヤグム》をつくって、連盟の斯二岐《サニギ》《しにぎ》国（宜寧《ウィリョン》郡富林《プリム》）の于勒《ウルク》《うろく》に楽曲をつくらせた。于勒はその後、新羅に亡命して楽曲を伝えている。

熊津《ウンジン》遷都の混乱から回復した百済は、南方への領土拡大を進めて六世紀初めには全羅南道《チョルラナムド》一帯にまで達し、五一三年以降は加耶諸国への進出が開始される。最初に狙われたのは己汶であり、大加耶はこれに抵抗したが攻略を防ぐことができず、さらに帯沙《テサ》まで失った。そこで大加耶は新羅との同盟を求め、五二二年に新羅の王女と大加耶王との婚姻が成立する。五二四年、新羅が洛東江を越えて加耶南部地方に進出すると、大加耶王もこれに参加している。ところが、新羅が王女の従者として遣わしてきた一〇〇人が勝手に新羅の衣冠を着用したことをきっかけとして、五二九年に同盟は破綻して大加耶が新羅の城を攻撃するにいたる。

その頃金官国は、新羅の攻撃によって壊滅的な打撃を受け、ついに五三二年に金官国王の仇亥《クヘ》《きゅうがい》は、妻子を引き連れて新羅に降服した。新羅では彼らを六部に編入し、本国を食邑《シグプ》として与えるなど優遇した。これと前後して、新羅は金官国よりも西にある喙己呑《フェギタン》《かいこどん》と卓淳も攻略していた。こうした動きに危機感を覚えた安羅は、倭に救援を求めたものの、派遣された倭の援軍は新羅に対抗することができなかった。そこで安羅は、多沙にまで進出していた百済に救援を求め、五三一年に百済軍が安羅に進駐することとなる。こうして、新羅と百済は、加耶南部で対峙することとなる。膠着状態に陥った両国であったが、五四一年に百済が新羅に和議を求めて同盟が成立した。

百済の聖王《ソンワン》は、五四一年と五四四年の二回にわたり、新羅に滅ぼされた金官・喙己呑・卓淳を復興するという名目で加耶諸国の首長を集めて会議を主催した（任那復興会議）。この会議には、安羅に駐留していた倭の使節団も参加している。しかし、会議は何も決めることなく終わり、安羅もこれ以後は新羅への傾斜を強める。

新羅と百済の和議は、新羅による漢城《ハンソン》の奪取により破綻した。五五四年の管山城《クァンサンソン》の戦いでは、大加耶は百済に援軍を送っていたが百済は敗北し聖王は戦死してしまう。新羅は、五六一年に昌寧《チャンニョン》において示威行動をおこなったのち、五六二年に大加耶を攻撃して降服させた。そのときまで残っていた加耶諸国も、すべて新羅にくだった。

橋本　繁

考古学からみた加耶

四世紀の加耶諸国

弁韓・辰韓の諸国が所在した朝鮮半島東南部の各地では、前一世紀頃から、還元焼成の軟質土器（瓦質土器）と多様な鉄器類、楽浪郡から入手したと思われる漢系遺物を副葬する木棺墓《モックァンミョ》《もっかんぼ》が築造されるようになる。後二世紀頃からは、木槨墓《モックァクミョ》《もっかくぼ》が築造されるようになった。副葬品の量が多く、漢系（銅鏡など）や倭系（仿製《ぼうせい》鏡・広形銅鉾など、北部九州との関係が深い遺物）などの外来系遺物もしばしば副葬される大型木槨墓は、中・小型墓と同じ墓域につくられる。地域ごとに細かな違いがみられるものの、当時の墓制には共通点が多い。

四世紀頃になると、金官加耶《クムグァンガヤ》と関連すると考えられる金海・大成洞《テソンドン》古墳群と釜山《プサン》・福泉洞《ポクチョンドン》古墳群で、副槨をもつ木槨墓が築造されるようになる。両古墳群では、丘陵上に大型墳墓が集中して築造され、中型・小型木槨墓とはその立地が区別されていた。副葬用の土器は高温で焼き締められたもの（陶質土器）が中心となり、無蓋高杯・炉形器台・短頸壺などが代表的な器種である。鉄器類としては、板状鉄斧や鉄鋌《てってい》が多く副葬されるようになり、鉄製甲冑類も副葬されるようになる。木槨内からは、主たる被葬者以外の人骨が複数出土することがあり、殉葬がおこなわれた可能性が指摘されている。

副葬品のなかには、周辺地域から持ち込まれたり、その影響を受けてつくられたものも少なくない。青銅製容器や金銅製帯金具は、北燕《ほくえん》など北方諸民族の文化に起源をもつと考えられる。また、この時期に副葬が始まる轡《くつわ》・輪鐙《わあぶみ》などの馬具類も、北方系の考古資料である。

一方、筒形銅器・巴形銅器・鏃《やじり》形石製品・紡錘車形石製品などは、日本列島、なかでも近畿地方との関わりを示す副葬品である。ただ従来、日本列島固有の遺物と考えられてきた筒形銅器は、大成洞古墳群と福泉洞古墳群で集中して出土し、一古墳当りの副葬個数も、日本列島の出土例よりも多いことが明らかになっている。こうした状況から、この遺物の製作地を、金海周辺であると考える説も提示されている。

以上のような諸特徴、とくに大量の鉄器副葬と外来系遺物の出土から、この地域を支配した金官加耶の勢力が、鉄を入手しようとする周辺諸勢力と活発な交易をおこなうなかで、大型木槨墓を築造するほどに成長したと推定されてきた。金海・官洞里《クァンドンニ》遺跡で見つかった波止場の遺構は、こうした説を裏づける材料の一つである。

同時期、金海・東萊《トンネ》《とうらい》地方以外の洛東江以西地域では、副槨をもたない木槨墓が築造された。副葬された陶質土器は、金海・東萊地方のものとは異なる形状をもつ無蓋高杯・鉢形土器・短頸壺などからなる。なかでも咸安地方で生産された土器は、洛東江以西地域のみならず、以東地域にまで流通している。その一方、それらの形状を模倣して土器を製作した窯が見つかった地域もある。

五世紀の加耶諸国

五世紀にはいると、加耶諸国が位置する洛東江以西地域の古墳築造の様相が大きく変化する。大成洞古墳群では、五世紀初めで大型古墳の築造が中断される。福泉洞古墳群では、竪穴《たてあな》式石槨《せっかく》墓が築造されるとともに、慶州《キョンジュ》の影響を受けたと思われる土器や冠などが副葬されるようになった。さらに五世紀後半になると、福泉洞古墳群から水営江《スヨンガン》をはさんで南側に位置する蓮山洞《ヨンサンドン》古墳群において、新羅の他地域でもみられる高塚《コチョン》古墳が築造されるようになった。こうした古墳群の変化は、金海を中心とした金官加耶の勢力が、広開土王の南下を契機として衰える一方、福泉洞古墳群を築造した集団が、新羅の版図に取り込まれる過程を示していると考えられてきた。しかし、そうした変化が起きた時期や、具体的な歴史的解釈については、論者により意見が分かれている。

同時期、金海以外の洛東江以西地域では、土器や埋葬施設の構造などにおいて、地域的な特色を示す古墳の築造が盛んになる。例えば、安羅加耶《アルラガヤ》の中心的な古墳群とみなされてきた咸安道項里《トハンニ》古墳群では、長大な竪穴式石槨を埋葬施設とする高塚古墳が築造された。これまで調査された大型古墳から、石槨内に殉葬されたと思われる複数の人骨が出土している。また、小加耶の中心地であったと考えられる固城では、内山里《ネサルリ》古墳群や松鶴洞《ソンハクトン》古墳群などで、墳丘上部に複数の竪穴式石槨を築く、特徴的な古墳の存在が知られている。これらの古墳に副葬された特徴的な形態をもつ土器は、泗川《サチョン》《しせん》・晋州《チンジュ》などにも分布している。

大加耶の中心的な古墳群と考えられる高霊池山洞《チサンドン》古墳群では、細長方形の竪穴式石槨を主槨とし、その周りに副槨や、殉死者を葬ったと思われる小型竪穴式石槨がつくられ、それらを覆うように円形の墳丘が築かれた。副葬された土器は、有蓋高杯・有蓋長頸壺・筒形器台・鉢形器台などの特徴的な形態をもつ。同様の埋葬施設や副葬土器をもつ古墳は、五世紀後葉以降、黄江《ファンガン》流域の陜川・居昌《コチャン》、南江《ナムガン》流域の山清《サンチョン》・咸陽《ハミヤン》《かんよう》・南原《ナムォン》(雲峰《ウンボン》高原)、蟾津江流域の順天《スンチョン》、錦江《クムガン》流域の長水《チャンス》などに分布する。ただ、陜川・玉田《オクチョン》古墳群のように、洛東江以東地域の強い影響が見出される古墳が、高霊の影響を受けて、平面細長方形の竪穴式石槨に高霊系土器が副葬される古墳へと変化しながらも、石槨内の被葬者や副葬品の配置には、それ以前の風習が維持されている例も存在する。

こうした墓制の広がりや、装身具・装飾大刀などの分布状況を、大加耶の高霊を中心とした、諸地域集団の連合体、もしくは国家が存在したことを反映していると考える説が提示されている。しかし、古墳群ごとの地域性をどのように評価するのかについては、研究者により意見を異にする。

六世紀の加耶諸国

六世紀にはいると、洛東江以西地域の各地でも、各地で横穴系墓制が採用されるようになるが、その受容様相は複雑である。固城・宜寧・晋州など南海岸に近い地域では、それまで用いられていた竪穴式石槨の短壁に羨道《せんどう》がとりついたような構造的特徴をもつ、横穴式石室が築造された。高霊・陜川などの内陸地域では、百済の影響を受けたと思われる横穴式石室が築造された。なかには、横穴式塼室《せんしつ》を原型としたと思われるトンネル状天井をもつ横穴式石室の天井部に、扶餘《プヨ》・東下塚《トンハチョン》の例と類似した蓮華文が描かれた、高霊・古衙洞《コアドン》《こがどう》壁画古墳のような例もある。また墓制においては、釘と鐶座《かんざ》金具を用いた木棺が用いられるようになった。

一方、北部九州各地の横穴式石室の影響を受けたと思われる横穴式石室も、各地で見つかっている。そのなかには、巨済《コジェ》・長木《チャンモク》古墳のように、平面形や石材の構築方法などにおいて、北部九州のものとほぼ共通する例がある。しかし、玄門構造や壁面への赤色顔料の塗布、といった北部九州系の要素をもつ一方、玄室平面形態などについては、全羅南道《チョルラナムド》の南海岸地域の石室に求められる例（固城・松鶴洞《ソンハクトン》一号墳B－一号石室）や、石屋形（宜寧・景山里《キョンサルリ》一号墳石室）や石棚（宜寧・雲《ウン》谷里《ゴンニ》一号墳）など、一部の要素のみが受容された例も多い。また、こうした古墳の副葬品には、在地のものと、日本列島から持ち込まれたと思われるものがあるだけではなく、高霊・新羅・百済との関係がうかがわれる遺物も存在する。このようにさまざまな系統の考古資料が混在する様相は、加耶諸国をめぐって、百済・新羅・倭がさまざまにかかわっていく、当時の歴史的状況が反映されていると考えられる。

吉井　秀夫

▼補説6▲　韓国出土の木簡

朝鮮半島で出土した木簡は、二〇一七年現在で三八の遺跡から約九〇〇点に達している。木簡の年代は、前一世紀の楽浪郡から十五世紀の朝鮮時代初期までと幅広い。もっとも点数が多いのは古代であり、高句麗の木簡はこれまでのところ発見されていないが、百済および新羅の木簡は六世紀代のものも数多く発見されており、日本列島で木簡が使われ始めるよりも一〇〇年程早い。

百済の木簡は、一四遺跡から二〇〇点余りが出土している。いずれも、最後の都である泗沘《サビ》《しひ》時代のものである。これらの木簡を通じて、百済の政治制度がどのように運営されていたかがしだいに明らかになってきている。

支配の基礎となる戸籍制度について、扶餘・宮南池《クンナムジ》木簡には「丁」とついた人名や「中口四　小口二」などの記載があり、丁—中口—小口という年齢区分によって人びとが把握されていたことがわかる。また、「水田五形」とあることから、田畑も把握されていたとみられる。こうした制度は地方で見つかった木簡からも確認され、羅州《ナジュ》・伏岩里《ポガムニ》木簡には「兄将除公丁」「婦中口二」「妹中口一」などと家族呼称、年齢区分の表記がある木簡や、表面には「丁」「中口」という年齢区分が、裏面には「畠一形得六十二石」「得耕麦田一形半」という田畑に関する記載のあるものがある。

また、穀物を貸し出して五割の利息をとる出挙《すいこ》に似た制度の存在が、扶餘・双北里《サンブンニ》の「佐官貸食記」から明らかになった。戊寅年（六一八年）という干支年をもつこの木簡には、「人名、数量、「上」数量、「未」数量」という定形化した記載内容が羅列されており、穀物の貸出額と返納について各人ごとに記録したものである。扶餘・陵山里《ヌンサルリ》木簡には、「支薬児食米記」で始まる四面木簡があり、支給した米の量を日ごとに記録している。百済ではこのような帳簿木簡を用いて管理する文書行政がおこなわれていたのである。木簡は、こうした文書行政を支えるのに必要な文字・算学を習得するためにも使用された。宮南池からは「文」「書」などの文字を習書した木簡が、双北里からは「九九八十一」から始まり二の段まで記した九九段木簡が出土している。

そのほか、信仰にかかわる木簡として、陵山里からは「宝憙寺《ポヒサ》」「子基寺《チャギサ》」など寺院名の記されたものや、「宿世結業、同生一処」などと仏教用語の記されたものが出土している。同じく陵山里の「无奉義道縁立」と記された陽物形木簡は、羅城《ナソン》の城門付近における道の祭祀で使用されたとみられる。

新羅の木簡は、一三の遺跡から約四三〇点が出土している。このうち三三〇点は咸安《ハマン》・城山山城《ソンサンサンソン》遺跡で出土しており、二五〇点程に墨書がある。年代は六世紀半ばと推定され、大部分は荷札木簡で「地名・人名・外位・物品名・数量」という記載内容をもつ。地名としてみられる仇利伐《クリボル》、古阤《コタ》《こた》、仇伐《クボル》、甘文《カムムン》、及伐城《クッポルソン》などはいずれも洛東江上流域であり、これらの地域から稗や麦・米などの穀物、鉄を移入した際につけられた荷札である。こうした物資は、郡や城など当時の地方制度を通じて徴集されたとみられ、城山山城木簡は、当時の地方社会の動向や支配制度の実態を知るための貴重な史料となっている。荷札木簡以外に、四面に文章が書かれた文書木簡も数点出土しており、いずれも在地有力者である村主が送った報告文である。地方支配にかかわる新羅木簡としては、二聖山城《イソンサンソン》木簡にも南漢城道使《ナマンソンドサ》から「□須城道使・村主」に宛てられた木簡がある。宛所を示すために「村主前」という書き方をしているが、このような「某の前に申す」という記載様式をもつ前白木簡としては、新羅王宮のあった慶州《キョンジュ》・月城《ウォルソン》垓子《ヘジャ》《がいし》遺跡で出土した木簡も「大烏知郎の足下に万拜みて白し白す」で始まっている。このような前白木簡は、古代日本でも広く使用されていて、新羅からの影響があったと考えられている。月城垓子からはこのほか、「習比部《スッピ》」「牟喙《モフェ》」など王京《ワンギョン》の六部《ユクブ》と「新里《シルリ》」「上里《サンニ》」「下里《ハリ》」など里が記され、その下に小さく「受」あるいは「不」などと記された木簡も出土している。部内の里を単位とした課役についての記録と考えられる。

朝鮮半島の木簡は、二〇〇〇年代以降に出土点数が急増している。本格的な研究が始まってからまだ日が浅いが、当時の政治、社会、文化を知るうえで不可欠な同時代史料として評価されている。

橋本　繁

5　新羅の統一と展開

三国の抗争と隋・唐

加耶《カヤ》が五六二年に滅亡して朝鮮《チョソン》半島で三国《サムグク》の抗争が本格化した頃、中国大陸でも大きな動きが起こった。後漢末以来、四〇〇年にわたり続いてきた分裂の時代が、五八九年に隋が南朝の陳を滅ぼして中国を統一することで終りを迎えたのである。強大な中国統一王朝の出現は、朝鮮半島の情勢にも多大な影響を与え、このにち、新羅《シルラ》による統一にいたるまで百年近い動乱の時代を迎えることとなる。

五八一年、北周皇帝の禅譲を受けて楊堅《ようけん》が即位(文帝、在位五八一〜六〇四)して隋を建国すると、高句麗《コグリョ》・百済《ペクチェ》が遣使して冊封《チェクポン》を受け、やや遅れて新羅も五九四年に使者を派遣した。高句麗は、分裂する南北朝それぞれに朝貢をおこなってきており、隋成立後も南朝の陳に朝貢している。中国が南北に分かれて対立していることによって、高句麗は中国王朝との比較的安定した関係を維持し、朝鮮半島方面での勢力拡大に専念できたのである。

ところが、五八九年に隋が陳を滅ぼして中国を統一したことによって、こうした国際情勢は大きく変わることとなる。軍事的な圧力を恐れた高句麗では防備を整え、これに対して隋が叱責する書を送るなどしだいに緊張が高まっていく。五九八年に高句麗が遼西に侵入したことを契機に、水陸三〇万の大軍による遠征がおこなわれた。隋軍側には兵糧の不足や疫病の流行があり、高句麗王が謝罪の使者を送ったために戦いは取り止められ、朝貢が再開された。

しかし、六〇七年、二代目皇帝の煬帝《ようだい》（在位六〇四～六一八）が突厥《とっけつ》の啓民《けいみん》可汗《かがん》のもとを訪れた際に、高句麗が突厥と通交していることが明るみとなった。さらに、百済や新羅も高句麗侵攻を要請すると、六一二年に煬帝は一〇〇万を超える軍勢を率いて高句麗を攻撃した。隋軍は遼東城《ヨドンソン》を落とすことができず、また、平壌城《ピョンヤン》に迫った別働隊も薩水《サルス》（清川江《チョンチョンガン》）において乙支文徳《ウルチムンドク》に敗れたため撤退せざるをえなかった。煬帝は六一三、六一四年にも高句麗への遠征をおこなったが、高句麗は激しく抵抗し、隋国内で反乱が起きたためにやはり中止せざるをえなくなった。その後、第四次遠征も計画されたが、あいつぐ反乱によってもはや実行することはできず、混乱のなかで隋王朝そのものが崩壊する。

隋に代わって中国を統一したのは、唐であった。六一八年に建国すると、翌年には早くも高句麗が遣使している。六二一年に唐が中国を統一すると、三国はそれぞれ使者を送り、六二四年に冊封を受けた。建国当初の唐は周辺諸国に対して融和的な政策をとっており、朝鮮三国に対しても互いへの侵略をやめて和解させる使者を派遣するなどした。しかし、三国の抗争はしだいに激しさを増すこととなる。

三国の国家体制の再編

その頃、東突厥が北方で勢力を誇っていたが、六三〇年に唐が内乱に乗じて滅ぼすと、遊牧部族の首長らは太宗に天可汗の尊称を奉った。こののち、唐は積極政策へと転じていき、高句麗への圧力も強まっていく。六三一年、使者を派遣して隋軍の遺骨を埋葬させ、高句麗が戦勝記念として建てた塚を破壊させた。これを警戒した高句麗は、千里におよぶ長城を国境に築いて防備を固めた。唐はさらに、西方の吐谷渾《とよくこん》をくだし、六四〇年には高昌《こうしょう》(トルファン)を滅ぼすなど拡大を続けていた。こうした情勢に危機感をいだいた大対盧《テデロ》の淵蓋蘇文《ヨンゲソムン》《えんがいそぶん》は、栄留《ヨンニュ》王および大臣百人以上を殺害し、王弟の子を王として即位させ自らは莫離支《マンニジ》《ばくりし》となって権力を掌握した。

同時期に百済でも政変が起こる。義慈《ウィジャ》王は、孝心と兄弟との友愛が厚いことで有名であったが、六四一年に王位を継ぐと(在位六四一～六六〇)、王族や有力者などに対する大規模な粛清をおこなった。翌六四二年には、自ら軍勢を率いて新羅に攻め込み、大耶城《テヤソン》(陜川《ハプチョン》《きょうせん》)をはじめとする旧加耶地域の四〇城余りを奪った。

これに対抗するために新羅の善徳《ソンドク》女王は、王族の金春秋《キムチュンチュ》を高句麗に派遣して救援を求めた。しかし、高句麗はこれを拒否し、かえって百済と結んで新羅から唐への通行路を塞ごうとした。そこで、新羅は唐に使者を派遣して救援を願った。これを受けて六四五年、唐の太宗は、淵蓋蘇文が国王に叛逆して殺害したことを口実に、自ら一〇万の軍勢を率いて高句麗遠征を開始した。遼東城はじめ多くの城が攻め落とされたが、高句麗もよく防戦して安市城《アンシソン》を守り抜いたため、唐軍は撤退せざるをえなかった。六四七、六四八年にもあいついで唐は遠征軍を派遣したものの、高句麗はこれを防ぎ切った。こうして、唐は朝鮮半島へ本格的に介入することとなり、それにともなって朝鮮三国の抗争は激しさを増していった。

一方、救援を要請した新羅に対して唐側から、女王であるから隣国にあなどられるので、唐の宗室の者を新羅国主として派遣するという提案がなされた。これによって唐との外交関係をめぐる新羅国内の対立が激しくなり、六四七年、上大等《サンデドゥン》の毗曇《ピダム》《ひたん》が「女王ではよくおさめることができない」ことを名分に京内で反乱を起こした。この乱の最中に善徳女王は亡くなったが、金春秋・金庾信《キムユシン》《きんゆしん》は乱を鎮圧して真徳《チンドク》女王を擁立した。金春秋は、積極的な外交政策を展開し、自ら日本を訪れたのち唐に赴いた。このの ち新羅は、法興《ポブン》王以来の独自の衣冠制や年号を廃止して唐の制度を採用するとともに、最高執行機関である執事部《チプサブ》を設置するなど官制の整備を推し進めた。また、真徳女王を継いで金春秋が即位（武《ム》烈《ヨル》王、在位六五四〜六六一）すると、理方府格《イバンブギョク》六〇条余りを定めて法制面でも整備を進めた。

図9　三国時代形勢図

百済・高句麗の滅亡

高句麗と百済による新羅への侵攻は連年おこなわれ、六五五年には新羅の北部三三城が攻略されるなど危機を迎えた。新羅はたびたび唐に救援を求め、高宗はこれに応じて高句麗に遠征軍を送るが、大きな成果を得ることはできなかった。六五九年に百済の頻繁な侵略を新羅が訴えると、六六〇年に唐は蘇定方《そていほう》を大惣管《だいそうかん》とする水陸一三万の軍勢を百済に向けて派遣した。武烈王も金庾信らとともに五万の兵を率いてこれに呼応し、迎え撃った百済軍を黄山《ファンサン》の原で破った。唐軍も白江《ペッカン》(白村江《ペクチョンガン》)で百済軍を破るとそのまま泗沘城《サビソン》《しび》まで進んでこれを包囲した。泗沘城は陥落し、熊津城《ウンジンソン》へ逃れた義慈王もまもなく降服し、百済は滅亡した。蘇定方は、義慈王はじめ王族や臣下を唐に連行していった。また、五部・三七郡・二〇〇城からなる百済の地に五都督府《トドクブ》をおき、州・県を設置して地方の有力者を長官に任命する間接統治をおこなった。

しかし、滅亡直後から各地で百済復興の動きが起こる。なかでも任存城《イムジョンソン》(礼山《イェサン》)に拠った福信《ポクシン》と僧の道琛《トチム》《どうちん》の勢いは盛んで、唐の補給路を遮断しようと熊津河口を封鎖したり、泗沘城を包囲するほどだった。さらに、日本に人質として送られていた豊璋《プンジャン》《ほうしょう》を迎えて王として即位させた。しかし、復興軍で内紛が起こり、福信は道琛を殺害してその兵力を合わせたが、その福信も謀反を疑った豊璋によって殺される。六六三年、日本の水軍と復興軍は、戦力を盛り返した唐・新羅連合軍と白江(白村江)の河口で戦って敗れて壊滅し、抵抗を続けていた諸城も降服した。豊璋は高句麗へと逃亡し、百済復興運動は終息した。

百済を滅ぼした唐は、六六一年から高句麗攻撃を再開した。武烈王が死去して跡を継いだばかりの文武王《ムンム》(在位六六一〜六八一)も、これに応じて金庾信を派遣する。唐軍はついに平壌城を包囲するにいたるが、高句麗軍の逆襲を受けて兵糧もつきるなど苦境に陥り、新羅軍の食糧供給を受けて辛くも撤退することができた。

ところが、これまで高句麗を率いてきた淵蓋蘇文が六六六年に死去すると、跡を継いだ三子の争いが起こる。淵蓋蘇文を継いで莫離支となった長男の男生《ナムセン》は、弟の男建《ナムゴン》・男産《ナムサン》と対立すると、旧都である国内城《クンネソン》に拠って唐に救援を求めた。淵蓋蘇文の弟の淵浄土《ヨンジョント》も、一二城とともに新羅に降服した。唐はこの機を逃さずに李勣《りせき》を大惣管として新城《シンソン》をくだすと、さらに東に進んで男生と合流し、鴨緑江《アムノッカン》《おうりょくこう》河口の大行城《テヘンソン》を攻略した。六六八年、唐と新羅軍はついに平壌城を囲む。一月余りの籠城ののち、男産はいち早く降服するが、男建はなおも抵抗を続けた。しかし、ついに内応によって城は落ち、宝蔵《ポジャン》王（在位六四二〜六六八）らは唐に連行されていった。男生・男産は唐より官職を得たが、男建は流刑となった。五部・一七六城・六九万戸余りの旧高句麗領は、九都督府・四二州・一〇〇県に再編され、唐に協力した高句麗人が長に任命された。

新羅の統一政策

こうして新羅は、唐を引き入れることによって百済、高句麗をあいついで滅ぼすことができた。しかし、唐の狙いは、両地域を間接支配（羈縻《きび》支配）することであった。高句麗の故地には、安東都護府《アンドンドホブ》をおいて唐の軍隊を駐留させており、百済においては、義慈王の息子である扶餘隆《プヨユン》を熊津都督《ウンジンドドク》として帰国させている。そして、六六四・六六五年の二度にわたり新羅と百済のあいだで会盟をおこなわせ、互いの境界を犯さないことを誓わせた。しかも、六六三年に唐は、新羅を鶏林大都督府《ケリムデドドクブ》に、文武王を鶏林州大都督としているので、両国は対等な立場で会盟をおこなったことになる。

こうしたなか、新羅は六七〇年に、唐に対抗する動きを本格化させる。まず、旧百済地域に侵攻して八二城を奪い、翌年、泗沘に所夫里《ソブリ》州を設置した。さらに、旧高句麗領で反乱を起こした勢力が亡命してくると、彼らを金馬渚《クムマジョ》《きんばしょ》（益山《イクサン》）に住まわせるとともに王の外孫であった安勝《アンスン》を高句麗王に冊封した。その後、六七四年には安勝を報徳《ポドク》王に封じている。

こうした新羅の対抗姿勢に対して、唐は数度にわたり遠征軍を送る。そして、六七四年には高句麗の反逆民を受け入れて百済の地を奪ったとの理由で、文武王の官爵を剝奪して王弟の金仁問《キミンムン》を新羅王として帰国させようとしている。新羅はこうした危機に対して、唐に謝罪使を送って弁明をおこなうとともに、軍事的な抵抗を続けた。六七五年の買肖城《メチョソン》における戦いで新羅が勝利し、さらに、六七六年に伎伐浦《キボルポ きばつほ》においても唐の水軍を破ると、対唐戦争はいちおうの終息を迎える。唐は安東都護府を平壌から遼東故城(遼寧省遼陽)、翌年にさらに新城(遼寧省撫順)へと移し、熊津都督府を遼東半島の建安城に後退させた。しかし、唐は新羅遠征を放棄したわけではなく、六七八年にも計画が持ち上がったが、チベット高原の吐蕃《とばん》との戦いのために中止された。

こうして唐との戦いが終息に向かうと、高句麗遺民の国を国内に維持する意義は薄くなる。六八〇年に安勝を新羅王族と婚姻させたのち、六八三年には官位と金氏の姓を与えて都に住まわせた。翌年に金馬渚で反乱が起こると、報徳国を解体して金馬郡へと再編し、高句麗遺民は各地に分散させられた。こうして、新羅は、三国の統一を成し遂げたのである。

橋本　繁

▼補説7▲　新羅村落文書と作成年

新羅村落文書の内容

新羅の地方民への支配方式や村落の実態を知りうる資料にいわゆる「新羅村落文書」がある。この文書は、正倉院所蔵の「華厳経第七帙」と書かれた経帙のなかから一九三〇年の修理の際に偶然に発見された。新羅官庁で用いられた文書が反故紙として経帙に再利用されたと推定される。その後、経典とともに、新羅との交流の過程で、日本にもたらされ正倉院におさめられたと考えられる。

二片からなる文書には、「当県」所属の「沙害漸村《サヘジョム》」、「薩下知村《サルハジ》」と、冒頭の村名が欠如した村と西原京《ソウォンギョン》所属の村の四村の戸口、牛馬、土地、樹木などの現況を記している。文書は記載様式や書体がまったく同一で、発見された二片は元来、巻子本で同一巻から経帙に再利用される際に裁断された可能性がある。ただし、罫線の状態からみて、二片の文書が直接繋がっていたかは不明である。しかしながら、これまで四村は西原京付近（現在の忠清北道《チュンチョンブクト》清州《チョンジュ》）の村落として検討されてきた。

文書によれば、四村はおのおの平均一〇戸、一〇〇人（一戸当り一〇人）程で構成され、百数十結《キョル》の田畑があって、それらのなかには官庁や官僚、在地首長（村主《チョンジュ》）に割り当てられた耕地もある。奴婢《ノビ》は一村落に平均五・六人であり、これは古代日本と等しい。

文書には村ごとに、戸口、牛馬、樹木（桑・松・胡桃）の三年間の増減を集計してあり、作成直後に急激な変化があったため別筆（墨の色も異なる）で補正追記がなされている。集計された数値は戸口の記載がもっとも詳細であり、文書作成の関心の所在をうかがい知ることができる。

まず村ごとに冒頭には戸の合計数（戸は「烟《ヨン》」と表記されている）、ついで「計烟《ケヨン》《けいえん》」なる数値が記され、そのあとに村内の各戸が九等（上上～下下）に分けられており、その戸数が記されている。最後に、村落民の合計数を記し、その内訳として男女に分け、おのおの六級の区分ごとにおのおのの数が記されている（男性は丁《チョン》・助子《チョジャ》・追子《チュジャ》・小子《ソジャ》・除公《チェゴン》・老公《ノゴン》、女性は丁女《チョンニョ》・助女子《チョニョジャ》・追女子《チュニョジャ》・小女子《ソニョジャ》・除母《チェモ》・老母《ノモ》）。

計烟とは何か

ところで、各村の冒頭には、戸数合計のあとに「計烟」なる数値が示されているが、それらはおのおの「四余分三」「四余分二」「一余分五」（一村は欠落）などと記されていた。この計烟は、村落文書の性格を規定する重要な数値であるが、計烟の算出方法とその意味をめぐって多くの議論がかさねられてきた。それらの研究成果をまとめれば以下のとおりである。

まずもって前提となるのは、九等戸《クドゥンホ》の算出方法である。九等戸は家ごとの丁男と丁女の数の合計によって定められた。その際に原則として、丁男は丁女の二倍とし、その合計数の一五人以上を「上上」とし、以下、一人を減じるごとに「上仲」「上下」となり、七人以下を「下下」とする。このように村内の各家を九等戸に評価したうえで、さらに「仲上」（一二人）を6/6＝1として、「上上」は9/6、「下下」は1/6と定め、村内の九等戸に評定された数値（9/6～1/6）の合計が「計烟」となる。例えば、「四余分三」とは、帯分数で表記すれば、4 3/6となる。

つまり、「計烟」とは、(1)丁男と丁女の数を二対一に換算し、(2)各戸の丁男の倍数と丁女の数を足して九等戸に分け、(3)九等戸を基準に計烟数値を算出する、という三度の換算をかさねて算出されたものである。九等戸の算出にあたっては、男女の差（二対一）が前提となっていた事実は注意を要する。

このような三段階の換算をへて算出された「計烟」の数値がいかなる意味をもつかは、村落文書の性格規定にかかわる重要な要素になるが、算出の過程を重視すれば、「計烟」とは、各村に所在する戸を九等戸の「仲上」（一二人）に換算すると何戸に相当するかを明示していることになる。すなわち、沙害漸村は、村名と村域を示したあとに「合孔烟十一　計烟四余分三、此中仲下烟四　下上烟二、下下烟五　合人百卌七」とあるが、その意味するところは、「村には合計十一戸あるが、仲上戸に換算すると四・五戸であり、実際の内訳は、仲下四戸、下上二戸、下下五戸であり、それらの村民の合計は一四七人」となる。

計烟は、机上で換算された「仲上」の戸数をあらわしており、それによって村の再生産力を把握することも可能であろうが、端数が処理されることによって整数化できることから、各村が所属する県や郡、あるいは小京《ソギョン》といった上位の行政単位規模で集計してなんらかの賦課（例えば徭役のような力役）の目安とする可能性もある。いずれにしても、各村に課せられる負担の基礎数にもなりえるだろう。

文書の作成年

こうした特徴をもつ村落文書の最大の焦点は、文書の作成された時期にある。四村の調査にかかわる干支には、「乙未《ウルミ》年」と「甲午《カボ》年」があって、村落文書の研究が本格化されて以来、文書の作成された「乙未年」は、七五五年、八一五年とする説が有力であった。しかし、その後、六九五年説（尹善泰）も提起され、現在ではこれがもっとも有力である。

その理由は、文書には「甲午年壹月」とあって、「正月」ではなく「壹月」とする表記は、則天武后が採用した周暦に関連するものであり、実際に新羅は六九五年から七〇〇年のあいだに、唐に倣って周暦を導入しているので、文書の「壹月」はその反映となるからである。また、新羅は、八世紀中頃の諸史料には、「年」は「載」と表記されているので、文書中の「乙未年」は七五五年ではありえないことも明らかにされている。

そのほかにも、村落文書の書風は、研究の当初から六朝風であるといわれ、七世紀末の藤原宮木簡の書体（「奴」「此」）と酷似していることが具体的に指摘されてきた。それゆえ、作成年として八一五年説が有力であった際には、新羅では初唐の書風ではなく「九世紀まで新羅は六朝の書風が行われ、初唐の書風がついに輸入されなかったようにみられる」（鬼頭清明）というような無理な解釈をしなければならなかった。

書風にとどまらず、人丁を男女おのおの六区分する点について、「その文字の使用法だけについてみても唐制にみられない特徴があるが、丁より年長の者を除・老の二段階に分かっている点は、全く晋制にひとしい」（虎尾俊哉）との指摘があった。さらに、男女が二対一で九等戸の換算がなされているが、北魏・西魏・北斉・隋初の支給地は二対一となっており、当時の賦課役の男女比も二対一と考えられることから、こうした算出法も唐より遡るとみられる。つまり、村落文書は、唐以前の中国王朝の影響を受けて成立したものであって、戸を高句麗以来の「烟」と表記していた点など、唐以前の五胡十六国→北魏→高句麗などの系譜を想定する説も提起されている。そのうえで、美濃国戸籍（七〇〇年前後）との類縁性が指摘されている（尹善泰）。

これに加えて、七世紀初頭の羅州《ナジュ》伏岩里《ポガムニ》百済木簡から村落文書に記された年齢六区分の一つである「除公」が検出されている。それゆえ、村落文書は七世紀における東アジア諸国の制度との関係でとらえるべきであろう。要するに、新羅村落文書は、三国統一戦争後の唐との戦乱が終結した七世紀末における新羅の地方支配や村落の実態としてみなすのが穏当である。

村落文書の作成目的については、依然として今後の課題であるが、人口の記載様式に端的にみられるとおり、村落文書は、計帳様文書の基礎史料にはなりえず、その人口集計に多大な関心が寄せられていることを特徴とする。文書には、内《ネ》省《ソン》の長官(内視令《ネシリョン》)や内省と推定される耕作地があることなどから、内省の禄邑《ノグプ》文書とする仮説も提起されているが、あくまでも八一五年の作成を前提にしている。戸口、牛馬、樹木の三年間の変動の集計からなる文書作成の目的は、文書に記された村落概況に対する具体的な分節の仕方にそくして検討されるべきである。

李成市

注

(1) 中原高句麗碑は、一九七九年、朝鮮半島中南部の忠清北道《チュンチョンブクト》忠州《チュンジュ》市において発見された。高さ二〇三センチの四角柱状をしていて広開土王碑と酷似している。本来は四面に文字があったと考えられるが、摩滅により二面にしか文字が残っていない。そのため、立碑年次については不明であり、五世紀の長寿王代とする理解が一般的であるが、広開土王代とする説もある(木村誠「中原高句麗碑立碑年次の再検討」『古代朝鮮の国家と社会』吉川弘文館、二〇〇四年)。

(2) 新羅や加耶諸国を附庸国としたという認識は、『梁職貢図』百済国使条にみられ、近傍の附庸国として「叛波・卓・多羅・前羅・斯羅・止迷・麻連・上己文・下枕羅」の諸国をあげている。後半にあげられる「止迷《チミ》・麻連《マリョン》」は栄山江《ヨンサンガン》流域、「上己文《サンキムン》」は己汶《キムン》《こぶん》、「下枕羅《ハチムナ》」は耽羅《タムナ》《たんら》であり百済の勢力範囲にあったといえるが、前半にあげられる「叛波《バンパ》」は大加耶《テガヤ》、「卓《タク》」は昌原《チャンウォン》の卓淳《タクスン》、「多羅《タラ》」は陝川《ハプチョン》《きょうせん》、「前羅《チョルラ》」は咸安《ハマン》の安羅《アルラ》《あら》でいずれも加耶諸国の有力国であり、百済に服属していたわけではない。また、「斯羅《サラ》」すなわち新羅は、実際に百済国使に連れられて梁に遣使しており、『梁書』新羅伝には、国が弱小のため百済の導きがなくては中国に使節を派遣することもできず、また、文字もないなどとされている。百済は、自らの勢力を梁に誇示するために、このような誇張を含む主張をおこなっているのである(李鎔賢「「梁職貢図」百済国使条の「旁小国」」『朝鮮史研究会論文集』三七、一九九九年)。

(3) 近年、百済寺院から仏舎利にかかわる文字資料の発見があいついでいる。一九九五年、扶餘・陵山里《ヌンサルリ》寺址の木塔の心礎石で発見された舎利龕《しゃりがん》には、「百済昌王十三季太歳在/丁亥妹兄公主供養舎利」(/は改行)とあり、昌王《チャンワン》すなわち威徳王の十三(五六七)年に「妹兄公主」が舎利を供養したと記されている。二〇〇七年、王興寺《ワンフンサ》址の木塔心礎の舎利孔で発見された青銅の舎利容器には、「丁酉年二月／十五日百済／王昌為亡王／子立刹本舎／利二枚葬時／神化為三」と記されていて、丁酉年(五七七年)に亡き王子のために建立したことがわかる(鈴木靖民編『古代東アジアの仏教と王権――王興寺から飛鳥寺へ』勉誠出版、二〇一〇年)。『三国史記』は王興寺について、法王二(六〇〇)年に創り始めて武王三十五(六三四)年に完成したとあるが、それよりも早かったことになる。

さらに、二〇〇九年、益山《イクサン》・弥勒寺《ミルクサ》西塔の解体修理中に、心柱石の舎利孔から創建時に密封されたままの舎利荘厳具が発見され、金の板の表裏に陰刻された舎利奉安記が発見された。内容は、釈迦の出世と入滅、仏舎利の霊験、王后による伽藍造立と仏舎利奉安、供養による大王と王后の福徳からなり、「佐平沙乇積徳《サタクチョクトク》《さたくせきとく》の女」である百済王后が己亥年(六三九年)に建立したとある。弥勒寺の創建主体について、『三国遺事《サムグンニュサ》』武王《ムワン》条では新羅・真平《チンピョン》王の娘である善花公主《ソヌァゴンジュ》が武王の后となって建立したとあって大きく異なるためさまざまな解釈が出されている(新川登亀男編『『仏教』文明の東方移動――百済弥勒寺西塔の舎利荘厳』汲古書院、二〇一三年)。

(4) 墳丘に石を葺く特徴から「葺石封土墳」、埋葬施設の構造に注目して「木棺封土墳」といった名称が用いられることもある。

(5) こうした説からみた場合、錦江以南がいつ・どのようにして百済の版図に取り込まれたかが問題となる。栄山江流域の場合については、補説5「栄山江流域の前方後円墳」を参照願いたい。

(6) 六世紀前半の新羅の石碑には、王が発した命令である「教」を記したものが多く残されており、権力構造の変化を読み解くことができる。この教をくだした主体が、浦項中城里碑では「□折盧(葛文王)」をはじめとする三人、迎日冷水里碑では「沙喙・至都盧《チドノ》・葛文王」をはじめとする「七王等」となっている。「□折盧」「至都盧」はいずれも智証《チジュン》王であり、沙喙部に所属して葛文王を称していた。また、蔚珍鳳坪里碑では、「喙部・牟即智《モジュクチ》・寐錦王、沙喙部・従夫智《チョンブジ》・葛文王」をはじめとする一四人が主体となっており、牟即智は法興《ポプン》王、従夫智はその弟の立宗《イプチョン》を指す。六世紀初頭は、喙部の寐錦王と、沙喙部の葛文王という二人の王が併存する時代であり、他の部の有力者層との合議をもとに命令をくだしていた。ところが、真《チ》興《ヌン》王代になると、丹陽《タニャン》赤城《チョクソン》碑においては部名を称さない「王」一人が教をくだす主体となっており、さらに、北漢山《プッカンサン》・磨《マ》雲嶺《ウルリョン》・黄草嶺《ファンチョリョン》の巡狩碑《スンスビ》にいたると「真興太王」を称している。王が六部を超越した存在となり、教の主体が六部の有力者集団から王ただ一人へと変化したのであり、王権への権力集中を物語る。

（7）　州の長官である軍主《クンジュ》は、五〇五年に異斯夫《イサブ》を日本海側の拠点である悉直《シルチク》《しっちょく》州（現在の三陟《サムチョク》《さんちょく》）軍主に任じたのがはじめてである。軍主の派遣された州は、地方支配の拠点となる城邑を意味し、そのときどきの情勢によって改廃・移動が繰り返された。昌寧《チャンニョン》碑の段階では「四方軍主」がおり、比子伐《ビジャボル》（昌寧）、漢城《ハンソン》（ソウル）、碑利城《ビリソン》（安辺《アンビョン》）、甘文《カムムン》（開寧《ケリョン》）に存在した。六世紀の半ばになると、こうした支配の拠点としての州と同時に、上州《サンジュ》、下州《ハジュ》、新州《シンジュ》など広域の領域を意味する州がおかれるようになる。昌寧碑には、上州・下州に使大等《サデドゥン》が派遣されていることがみえ、各州に喙部・沙喙部から一人ずつ派遣されているのが特徴的である。使大等の性格については、民政官ととらえる意見と監察・検察官とする見解が存在する（武田幸男「新羅の二人派遣官と外司正——新羅地方検察官の系譜」『西嶋定生博士追悼論文集　東アジア史の展開と日本』山川出版社、二〇〇〇年）。

第三章　後期新羅と渤海

1　新羅中代の政治と社会

文武・神文王代の統合政策

『三国史記《サムグクサギ》』は、新羅《シルラ》の建国から滅亡までを上代《サンデ》・中代《チュンデ》・下代《ハデ》の三代に分けている。中代は、武烈《ムヨル》王から恵恭《ヘゴン》王にいたる六五四～七八〇年であり、統一を成し遂げて政治的な安定を保つとともに文化的な繁栄を迎えた時期であった。百済《ペクチェ》と高句麗《コグリョ》をあいついで滅ぼした新羅であったが、名実ともに統一を成し遂げるためには、旧百済・高句麗の人びとと地域を統合していく必要があった。

そのためにまずとられたのが、旧百済・高句麗の官人に、新羅の官位を与えることであった。百済滅亡直後から、降服してきた者に対して個別に新羅の官位を与えて官職に就けてきたが、六七三年に、もとの百済の官位と新たに授ける新羅官位との対応を制度的に定めた。百済の従前の官位第二等・達率《タルソル》の場合、京位《キョンウィ》(王京《ワンギョン》人の個人的身分制)であれば第一〇等の大奈麻《テナマ》を、外位《ウェウィ》(地方人の個人的身分制)であれば第四等の貴干《クィガン》を授けることとした。服属した百済人の場合は、旧王京人と地方人とのあいだに差を設けて新羅の官位秩序に吸収したのである。一方、高句麗についても、六八六年に従前の官位第三等・主簿《チュブ》であれば、京位第七等・一吉湌《イルギルチャン》《いっきつさん》を授けることとした。そして、この間の六七四年に、地方人に授けられていた外位は廃止された。三国を統一し百済・高句麗を統合する過程で、王京の内と外の区別がなくなり、官位体系が京位に一元化されたのである（補説8「骨品制の成立時期と六部」参照）。

中央行政機構の整備も進められ、国政を総括する最高官職である上大等《サンデドゥン》のほかに、官制機構の中枢となる執事部《チプサブ》が六五一年に成立した。執事部の前身は、おもに財政を担当していた稟主《プムジェ》《ひんしゅ》（租主《チョジュ》）であったが、財政のみを担当する倉部《チャンブ》を分化して、執事部の長官である中侍《チュンシ》が中心となって中央行政機構を統轄するようにした。神文《シンムン》王の六八〇年代まで官庁・官職の整備が続けられ、長官職の令《ヨン》をもつ一三の上級官庁と、その下に中・下級官庁が属する整然とした官僚組織となった。文武の官僚には、六八七年に職田《チクチョン》が支給され、六八九年にはそれまでの禄邑《ノグプチェ》制を廃止して租を支給することとなった。村落に対する国家の直接支配を確立して官僚に土地と俸禄を支給することで、貴族を官僚化するものであった。また、官吏養成を目的とした教育機関として六八二年に国学《クッカク》が設けられ、儒教の経典や史書が学ばれた(1)。

地方制度としては、九州五京が整備された。六世紀以来、新羅は拠点となる地に州を設置し、その下に郡—城・村をおいてきた。六八五年までに州が九つ設置され、一部の州の改廃をへて六八七年に九州が整っている。九州は、旧高句麗、百済と元来の新羅・加耶《カヤ》の地域に三州ずつ均しく配分された。元来の新羅・加耶地域には沙伐《サボル》州（尚州《サンジュ》）・歃良《サムニャン》《そうりょう》州（梁山《ヤンサン》）・菁州《チョンジュ》（晋州《チンジュ》）が、百済地域には熊川《ウンチョン》《ゆうせん》州（公州《コンジュ》）・完山《ワンサン》州（全州《チョンジュ》）・武珍《ムジン》州（光州《クァンジュ》）が、高句麗地域には漢山《ハンサン》州（広州《クァンジュ》）・首《ス》若《ヤク》州（春川《チュンチョン》）・河西《ハソ》州（江陵《カンヌン》）が設置された。また、王京が東南に偏していることを補完するために、北原《プグォン》京（原州《ウォンジュ》）・中原《チュンウォン》京（忠州《チュンジエ》）・西原《ソウォン》京（清州《チョンジュ》）・南原《ナムォン》京（南原）・金官《クムグァン》京（金海《キメ》）という五つの小京《ソギョン》をおいた。これら九州五京には城郭が築かれて条坊が整備され、王京の六部《ユクブ》人が徙民《しみん》されて地方統治の拠点とされた。

軍制も同時に整備された。王京や州におかれた歩兵軍団の六停《ユクチョン》は、六世紀半ば以降、領域の拡大とともに各地に増設されていき、六八五年に完山停が設置されたことで完結した。九誓幢《クソダン》は王都に設置された歩騎混成の軍団であり、六世紀末に設置されて以来、高句麗・百済の遺民を組織して増設されて六八七年に完備した。九つの軍団の構成は、新羅人で構成された三軍団、高句麗遺民が三軍団、百済遺民が二軍団、靺鞨《マルガル》《まつかつ》人が一軍団というものであった。このほか、各州の州治の近くには、騎兵部隊である十停《シプチョン》（三千幢《サムチョンダン》）がおかれた。

王権安定期の政治と社会

神文王は即位すると（在位六八一〜六九二）、反乱をはかったとして王妃の父である欽突《フムドル》《きんとつ》や兵部令《ビョンブリョン》の軍官らを誅殺している。その直後に、王宮の警護にあたる侍衛府《シウィブ》に将軍《チャングン》をおき、大幅な拡充をおこなっている。また、六八七年には、太祖《テジョ》大王（始祖）および父・文武王にいたる直系四尊属の五代の王を神主として祖廟に祀る五廟《オミョ》の制度を整えた。

唐とのあいだでは、表面的には平穏な状態が続いていた。神文王と孝昭王《ヒョソ》（在位六九二〜七〇二）は、即位するとすぐに唐から王に冊封《チェクボン》されている。また、六八六年には唐に使者を遣わして書を求め、さまざまな書籍から抜粋した五〇巻の本が与えられている。しかし、緊張関係が完全にとけたわけではなかった。六九二年には、金春秋《キムチュンチュ》の諡号である太宗《テジョン》が、李世民《りせいみん》の廟号と同じであり僭越であるため改称するよう唐から迫られたが、これを拒むということもあった。

こうした唐との緊張関係とは対照的に、日本との関係は密接であった。高句麗滅亡後の三〇年間に、新羅からは二五回、日本からは九回の使節がそれぞれ派遣されている。新羅のこうした積極的な対日外交は、唐との対立関係があるため後方の安全を確保するという性格が強かった。日本側でも、白村江《ペクチョンガン》の敗戦後も唐への警戒をおこなう必要があったことと、律令制を整備するなかで新羅の文物・制度を摂取する必要があったのである。

こうした情勢は、八世紀にはいる頃には大きく変化し、新羅は毎年のように唐に使者を送るようになる。その背景には、六九八年に旧高句麗領の北部において渤海《パレ》が成立したことがあった。新羅は渤海を警戒し、七二一年には何瑟羅《ハスルラ》《かしつら》（江陵）の人びとを動員して渤海に備えるための長城を築かせている。[2] 七三二年に渤海が登州（山東半島）を攻撃すると、唐の玄宗は王族の金思蘭《キムサラン》を帰国させて王に寧海軍使《ヨンヘグンサ》の称号を授けて渤海を攻撃させた。出兵した新羅軍は、大雪に阻ま

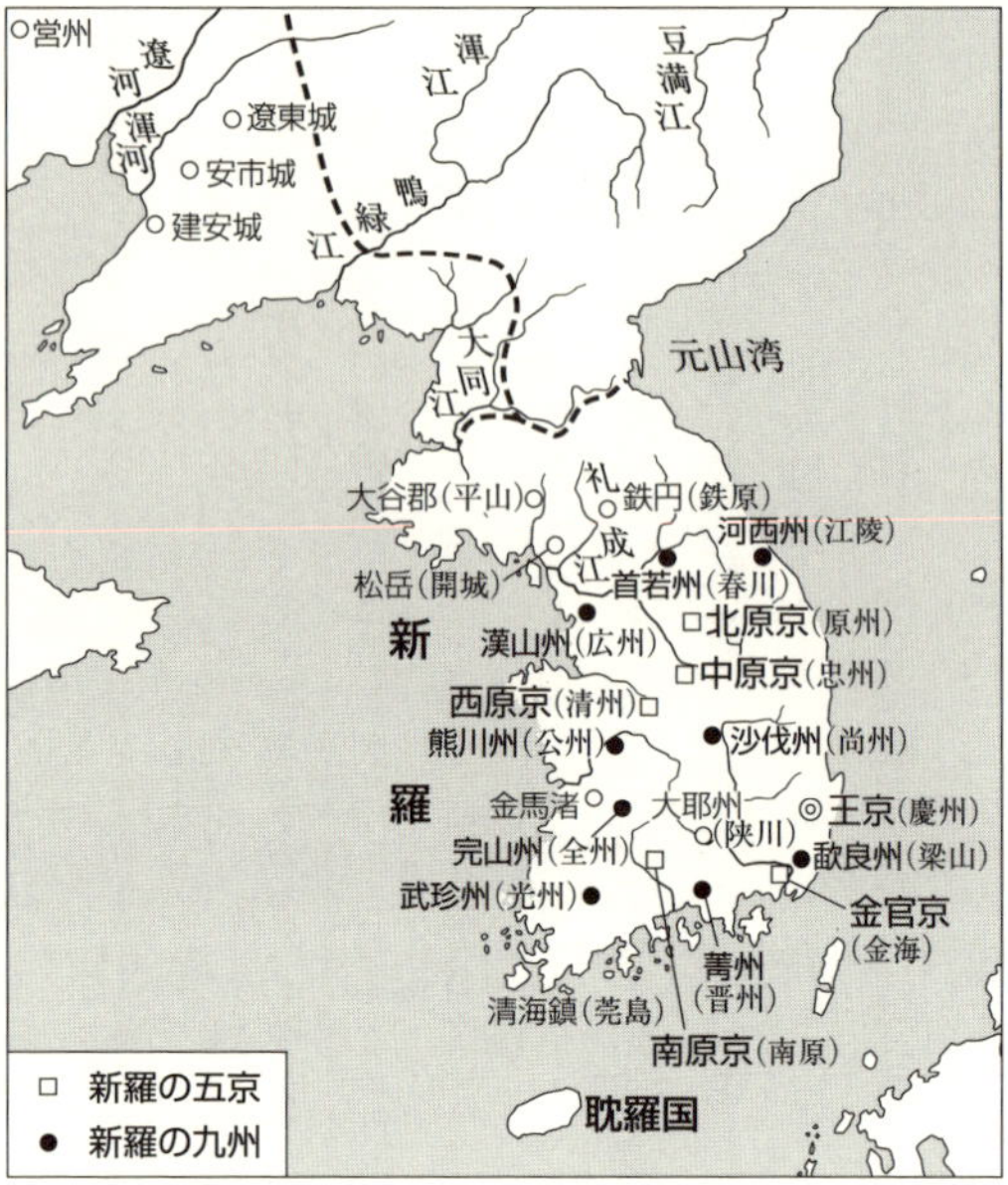

図10　新羅要図

れて過半の者が死亡してなんら功績をあげることはなかったが、出兵の労によって唐から浿江《ペガン》《ばいこう》(大同江《テドンガン》)以南の領有が認められた。七四八年にいたって大谷城《テゴクソン》(黄海北道《ファンヘブクト》平山《ピョンサン》)をはじめとする一四郡県を新たに設置して、新羅国境は旧高句麗領の南部を加えて大きく北進することとなった。

日本とのあいだでは、しだいに摩擦がみられるようになってくる。七二二年には、毛伐城《モボルソン》(慶州《キョンジュ》郡毛火《モファ》)に関門を築いて日本に対する防備を固めている(3)。新羅と渤海のあいだに緊張が高まると、渤海は日本との関係を緊密にするようになる。七六二年の藤原仲麻呂による新羅征討計画は、渤海との関係が前提となっていた。こうしたなかで、七八〇年以降は日本との外交関係は途絶することとなる。

八世紀半ばの景徳王《キョンドク》代(七四二〜七六五年)は、国力がもっとも充実した時期であった。七五七年には沙伐州を尚州、歃良州を良州《ヤンジュ》とするなど全国の地名を唐式に改めて郡県制の再編がおこなわれた。この時点で郡は一一七、県は二九三あり、九州五京と合わせて四二四の行政区画から成っていた。さらに、七五九年には、執事部の次官である典大等《チョンデドゥン》を侍郎《シラン》、その下の大舎《テサ》を郎中《ナンジュン》とするなど、官職名も唐風に改めた。仏国寺《ブルグクサ》や石窟庵《ソックラム》《せっくつあん》など、統一新羅時代を代表する寺院が建立されたのもこの頃である。

しかし、支配体制はしだいに行詰りをみせていく。七五七年には、それまで官僚に給付してきた月俸(官僚の俸禄制)

を取り止め、六八九年に廃止した禄邑制（一定の地域を俸禄として官僚に与える制度）を再び復活させている。景徳王の子の恵恭王が年少で即位して母の満月《マヌォル》王后《ワンフ》が政治をとるようになると、こうした矛盾を背景に中央貴族の謀反があいついで起こった。七六八年に最初の反乱が都で起こり、大恭《テゴン》が王宮を三十三日間にわたって包囲した。この混乱は地方にも広がり、九六人の角干《カッカン》つまり官位第一等をもつ真骨《チンゴル》貴族が地方で相争った。その後も七七〇年には金融《キムニュン》が、七七五年には金隠居《キムンゴ》、同年に廉相《ヨムサム》・正門《チョンムン》があいついで反乱を起こして誅殺されている。そうしたなかで、七七六年には景徳王が改名した官職名をすべてもとの名称に戻した。七八〇年、金志貞《キムジジョン》が反乱を起こして王宮を包囲し、反乱軍によって恵恭王は王妃とともに殺害されてしまう。これによって、武烈王からの王統はとだえ、中代は終りを迎えた。

2　新羅下代の動揺と衰退

王位争奪と爛熟期の社会

反乱を鎮圧し、恵恭《ヘゴン》王が殺害されたあとに即位した宣徳《ソンドク》王（在位七八〇～七八五）は、奈勿《ナムル》王（在位三五六～四〇二）の十世孫とされ、また、宣徳王を継いで即位した元聖《ウォンソン》王（在位七八五～七九八）は、奈勿王の十二世孫という。これ以降、九三五年に滅亡するまでの約一五〇年間、武烈《ムヨル》王系に替わって元聖王の子孫が王位を継ぐこととなる。この時期を、『三国史《サムグクサ》記《ギ》』は下代《ハデ》と呼んでいる。

下代には新羅《シルラ》王権が動揺し、国勢は衰退に向かっていく。王都での反乱が繰り返され、王位の簒奪が頻繁におこなわれた。八〇九年には哀荘《エジャン》王の叔父が反乱を起こして王を殺害し、自ら即位して憲徳《ホンドク》王（在位八〇九～八二六）となった。八三八年には上《サン》大等《デドゥン》が反乱を起こして僖康《ヒガン》王（在位八三六～八三八）を自殺させて閔哀《ミネ》王（在位八三八～八三九）となるが、その翌年にすぐに神武《シンム》王（在位八三九）によって殺害されている。

こうした王都での混乱は、しだいに地方へも波及していく。八二二年、熊川州《ウンチョンジュ》都督《ドドク》の金憲昌《キムホンチャン》が反乱を起こして自立し、国号を長安《チャンアン》として慶雲《キョンウン》という年号を用いた。金憲昌は武烈王系の王族であり、父の金周元《キムジュウォン》が王位争奪戦で元聖王に敗れたことが挙兵の理由であった。中央では執事省の侍中となり、地方では武珍州《ムジン》・菁州《チョンジュ》の長官である都督を歴任して勢力を築いていたため、一時は五つの州・三つの小京《ソギョン》を押さえたが最終的には鎮圧された。その子の梵文《ボムムン》《ぼんぶん》も、八二五年に反乱を起こして北漢山州《プッカンサン》を攻撃したが失敗している。

また、この頃張保皐《チャンボゴ》《ちょうほこう》は、日本や唐とのあいだで広く貿易活動をおこなった。張保皐は、朝鮮側の史料では弓福《クンボク》または弓巴《クンパ》《きゅうは》と書かれ、日本側の『続日本後紀』などでは張宝高《チャンボコ》《ちょうほうこう》とされる。張保皐の身分や素性については明らかでないが、海島の出身であるという。唐に渡り徐州（江蘇省徐州市）の武寧軍節度使の配下にはいって頭角をあらわし、帰国すると新羅王に要請して全羅南道の莞島《ワンド》に清海鎮《チョンヘジン》を開設し、その大使となって唐―新羅―日本を結ぶ交易を主導した。興徳王《フンドク》（在位八二六〜八三五）が亡くなると王族間で王位争奪が起こり、敗れた金均貞《キムギュンジョン》が殺害されると、その子の祐徴《ウジン》が清海鎮に逃れてきた。張保皐は祐徴を奉じて閔哀王を倒し、神武王として即位させる。神武王は張保皐を感義《カミ》軍使とし、また、子の文聖王《ムンソン》（在位八三九〜八五七）も鎮海将軍を授けるなど厚遇した。しかし、張保皐の娘を文聖王の次妃にするという動きは、海島の出身であるという理由によって拒絶される。張保皐はそのために反乱を起こすが八四一年に暗殺され、清海鎮も八五一年に廃止された。

地方勢力の台頭

中央集権により政治が安定していた時期には、在地勢力である村主《チョンジュ》は郡県制の末端を担う存在にすぎなかった。しかし、下代になり中央の統制がおよばなくなると、しだいに勢力をもつようになる。そうした情勢は、九世紀にはいると地方においてさかんにつくられた梵鐘からうかがうことができる。京位《キョンウィ》をもつ村主層がこうした事業を主導しており、八三三年に鋳造された菁州蓮池寺《ヨンジサ》の鐘の銘文には、及干《クプカン》や大乃末《テネマル》の官位をもつ「卿村主《キョンチョンジュ》」がみられる。また、八五六年につくられた窾興寺《キュフンサ》《きょうこうじ》の鐘にも「上村主《サンチョンジュ》」「第《チェ》二村主《イチョンジュ》」「第三村主《チェサムチョンジュ》」がみられ、上村主は三重沙干《サムジュンサガン》の官位をもっていた。八三四年に出された風俗規定では、外真村主《ウェジンチョンジュ》は五頭品《オドゥプム》と、次村主《チャチョンジュ》は四頭品《サドゥプム》と同じとするよう定められている。こうして力を蓄えた地方勢力は、各地で自己の勢力圏を確保して城主《ソンジュ》・将軍《チャングン》などと自称するようになっていった。

地方の自立化が顕著になるなかで、八八九年、国内各地からの貢賦が輸送されなくなって国費が窮乏したため督促する使者を各地に派遣したところ、沙伐州《サボル》での元宗《ウォンジョン》をはじめ全国的に反乱を招くこととなった。八九六年には、赤袴賊《チョッコ》《せきこ》と呼ばれる反乱が西南で起こり、都近くにおいてすら略奪が起きた。

こうした混乱のなか、地方勢力をまとめて自立するものがあらわれる。尚州《サンジュ》の農民であった甄萱《キョヌォン》《けんけん》は、八九二年に武珍州(光州《クァンジュ》)を襲って自立すると、旧百済《ペクチェ》地域に勢力を伸ばして九〇〇年に完山州《ワンサン》(全州《チョンジュ》)を都として後百済《フペクジュ》王を自称した。一方、北原《プグォン》京には梁吉《ヤンギル》《りょうきつ》が拠って勢力を伸ばし、国原《クグォン》京(忠州《チュンジュ》)など三〇城余りを有した。新羅の王族であった弓裔《クンエ》《きゅうえい》は、梁吉の部下となって旧高句麗《コグリョ》方面で勢力を伸ばすと、松岳《ソンアク》(開城《ケソン》)を拠点として自立する。九〇一年には王を自称し、九〇四年には国号を摩震《マジン》、年号を武泰《ムテ》として官僚機構を整備して鉄円《チョルウォン》(鉄原《チョルウォン》)を都と定め、九一一年にはさらに国号を泰《テ》封《ボン》、年号を水徳万歳《スドクマンセ》と改めた。しかし、九一八年、松岳を拠点とする王建《ワンゴン》が弓裔を倒して高麗《コリョ》を建国した。

こうして地方勢力が自立して全国に割拠するようになると、新羅はわずかに東南部を維持するのみとなる。後百済、高麗と並び立つ後三国《フサムグク》時代である。九二七年には、甄萱が新羅王都にまで侵入して景哀《キョンエ》王を殺害するなどますます衰えていくと、九三五年、敬順《キョンスン》王(在位九二七〜九三五)はついに高麗に降服した。翌九三六年、高麗は後百済を滅ぼして後三国を統一する。

橋本　繁

▼補説8▲　骨品制の成立時期と六部

骨品制の構造と成立時期問題

骨品制《コルプムジェ》は、新羅の王京人《ワンギョン》を対象とした族制的身分制と規定され、その構造は八階層からなり、大きくは、聖骨《ソンゴル》、真骨《チンゴル》の骨《コル》階層と、六頭品《ユクトゥプム》、五頭品《オドゥプム》、四頭品《サドゥプム》などの頭品《トゥプム》階層とで構成されているといわれる。このうち聖骨は、真徳《チンドク》女王の死去により六五四年に消滅したと伝えられるが、後代になって真徳女王以前の歴代王に追尊されたという見解もある。頭品階層は、六頭品から順次下降する構造からみて、元来、一頭品《イルドゥプム》にいたる六階層からなっていたと推定される。

各階層間には婚姻規制があり、極端な近親婚を許容する同族婚によって各階層は再生産されることを原則とした。これらの各階層を構成する基礎集団の実態は、父系を中心としつつも双系的な性格をもち、明確な血統をたどれなくとも同一集団意識をもつ血縁集団（同族集団）とみられる。留意すべきは、政治的理由によって真骨から六頭品に降下された事例があることで、骨品制の編成自体が基礎集団のたんなる集積でなく、王権によって強制的に編成された身分体系であった。

骨品の各階層は、王位、官位、官職など国家組織の構成と密接に関連し、その規制は広く社会生活にまでおよんだ。例えば、王族である真骨は、それ以下の頭品階層の上位にあって、さまざまな政治的特権を占有し、個人的な身分制である一七等官位制の上位五等や中央官庁の長官、軍団の将軍《チャングン》などは、いずれも真骨が独占した。一方、頭品階層にはおのおの、昇りうる官位の上限や就任しうる官職に制限があった。また真骨以下の各階層には衣服、車騎、器用、屋舎にいたる日常生活全般にわたって規制が加えられていた。

骨階層と頭品階層の多階層からなる骨品制の成立については、骨階層と頭品階層をあわせた八階層からなる秩序構造が六世紀に成立したとする通説に対して、九世紀になって真骨以下の七階層が成立したとする説もあって、その史的展開過程はつまびらかでない。しかし一九七八年に韓国の国宝に指定された新羅華厳経写経跋文（七五五年）に「六頭品」身分の者が検出され、九世紀成立説は存立しえなくなった。ただ六世紀に遡って多階層からなる骨品制の成立を裏づける明証はない。骨品制成立時期に関する解明の糸口は、七世紀後半まで、新羅王京人の身分標識として内外に誇示された六部《ユクブ》と骨品制とがいかなる連関を有していたかの検討にある。

骨品制と六部

そもそも新羅の支配集団は、歴史的に遡れば、三国期の六部と呼ばれる集団で構成されており、彼らは支配者共同体を形成していた。骨品制の理解は、とりもなおさず六部の性格そのものにかかわってくる。この六部とは、慶州《キョンジュ》盆地を中心に広がった王京に居住する六つの地縁集団であり、彼らはその出自をつねに対外的に標榜した。六部の歴史的展開はおおよそ三期に区分されている。第一期は四～五世紀からの形成期、第二期は六世紀初頭の発展・確立期、第三期は七世紀後半から新羅滅亡にかけての停滞期とされる。

こうした六部の形成論で留意されるのは、六部間の著しい不平等性であって、より具体的には喙《フェ》《かい》部・沙喙《サフェ》《さかい》部（梁《ヤン》部、沙《サ》梁《リャン》部）二部の圧倒的な優位性である。さらに、この二部が当時の新羅王権と密接な関係を有していた。例えば、六世紀前半の国王と副王的存在である葛文《カルムン》王は、この二部から輩出している。つまり喙部・沙喙部は王権の直接の政治基盤となっており、六部の中核はこの二部にあった。

法興《ポップン》王代に、六部人を対象に一七等の京位《キョンウィ》と、それとは別体系の一一等からなる外位《ウエウィ》が成立する。京位が六部人専用の官位となり、対外的に六部人は部名を冠称し、身分標識として所属する部を官位とともに標榜した。一方、新羅が支配服属させた地域の首長たちには外位を授け、彼らを政治的に包摂していった。京位と外位は明確に区分され、王京人と地方人とは厳然とした身分的差別が設けられていた。

しかし、七世紀後半にはいると、地方人や来降者にも京位が授けられて外位が消滅し、京位は、六部人に限定された身分標識としての対外的意義を失う。そしてほぼ同じ頃に部名の冠称は消滅し始め、現在のところ六八〇年頃を下限に部名の冠称はみられなくなる。この部名冠称が消滅する時期と、百済《ペクチェ》・高句麗《コグリョ》滅亡にともなって外部から王京へ人口が流入した時期とは軌を一にしている。それと同時に、王京から九州・五京に六部人が徙民《しみん》されている。

本文に述べたように、新羅は、六七三年に制度として帰属してきた旧百済人に、その位を帯びている者に従前の位に応じて新羅の京位と外位とを与えることで新羅の政治秩序に編入したが、六八六年には、旧高句麗人に対して、京位だけを授けている。六七四年に王京人の大量の徙民策にともなって、京位と外位の二元的な身分標識が京位に一本化されたのである。

こうした王京人の外部への移住にともなって、外位が廃止され京位に一本化されたとすると、このような事態に対して王京六部人の従前の特権はいかにして補償されるのかが問題となる。言い換えれば、六〜七世紀前半の金石文にみられるように新羅の六部人は永らく部名と京位を標榜し、地方人に対する優越性を誇示してきたが、そうすると、新羅領域にあった在地首長をはじめとして、新たに編入された旧百済・高句麗の官人やその旧領域にあった在地首長たちと六部人とを、いったい何をもって差異化したのかという当事者にとって深刻な問題が生じることになる。

実際に、九州・五京のなかには、王京と同じような条坊が確認されたり、部名を刻した瓦が出土したりするなど、これらによって地方に徙民された六部人が旧来の意識を維持して居住していたことがわかる。やがて時をへて州や小京に居住したかつての王京人は六部の冠称を廃棄した場合、かつての王京内で占めていた身分や地位は何をもって補償されるのか、既得権意識をもっていたかつての王京六部人にとって由々しき事態である。これはまた、外部から王京に流入してきた人びとと六部人とのあいだでも生じうる問題である。京位を帯びるにいたった地方人や旧百済や高句麗の来降者でさえも京位を通じて官職に就きうるからである。

要するに、八階層からなる骨品制とは、このような事態に対して六部人と非六部人を弁別するために構想された制度であったとみられる。その際に、区分上の指標となるのは、六部間の不均衡もさることながら、六部には各部内において実質的にはいくつかの階層を内包していたことである。言い換えると、六部人を非六部人と弁別するためには、六部間差別と同時に、六部内差別を新たな原理で再編成する必要がある。

つまり、三国期の新羅を支えてきた六部人総体の優越性を、既存の六部内秩序を織り込みながら新たな原理のもとに収束させて創出されたのが、骨身分と頭品身分からなる八階層の階層秩序とみられるのである。

六頭品・真骨・聖骨

ところで、すでに述べた華厳経写経跋文には、写経作成にかかわった一九人にはおのおの出身地が明記されていた。そのなかで八人の王京出身者のうち一人だけが「六頭品」であることが明示されていた。それは同じ京位を帯びながらも、それとは異なる次元の身分差を顕示しようとする行為にほかならない。こうした事実に象徴されるように、王京内においても王京外においても、身分標識が京位に一本化されれば、かつての六部人としての優位性を喪失しかねず、その補償として旧来の六部人の部内秩序を前提に、六部の枠をとりはらったうえで、各族団の等級づけが創出された。それこそが頭《トゥ》品制《プムジェ》であったとみてよい。

それでは、頭品身分の上位に位置する真骨とは何かといえば、喙部と沙喙部の一部の集団間の婚姻をとおして形成された王族層の身分と考えられる。その名称の有無はともかく、この階層はすでに六世紀に遡って実在した。さらに真骨の上位に位置したとされる聖骨については、一部に非実在説は根強く主張されているが、骨品制の確立期に、真徳女王以前の歴代王に追尊されたとみてよい。実際に、史料にそくしていえば、「聖骨」とは国王個人をいうのに対して、真骨は国王をも含む王族を指しており両者には用例に明確な違いがあるからである。

骨品制の原理と制度の確立

冒頭に指摘したとおり、骨品制の編成過程は基礎集団のたんなる集積ではなく、また集団内部から自然発生的に発現されたわけでもない。なんらかの外部からの強制によって、政治的強権によって推進されたものであった。骨品制とは国王を中心として同族諸集団が階層的に編成された身分制であり、基礎集団のたんなる集積が骨品制に結果するわけではなく、それは強制的に編成されたのであった。骨品制が本質的には族制的な身分体系でありながら、本来的に政治的性格をあわせもつ根拠は、王権を中心として同族団が階層的に編成されるところにある。そうであれば、その政治的作為は文武《ムンム》王代から神文《シンムン》王代の時期にこそ求められる。さらにその制度の確立期を狭めれば、神文王代の可能性が高い。少なくとも骨品制が六部の秩序を前提として要請されたことを念頭におけば、六部の秩序を意識しながら徙民をおこなった時期以降となるからである。いずれにしても、骨品制は王京の六部人と流入者を弁別し、さらに徙民によって王京から出居した六部人と地方人とを弁別して、既存の秩序を再編保全するために構想され、制度的な確立をみたと推定される。

これまで骨品制は、王京支配者共同体に局限された閉鎖的な族制的身分制といわれてきた。たしかに、骨品制の対象者は、あくまで旧六部人であったが、しかしながら新たに包摂した旧百済・高句麗領域とその人民をも統治する官僚機構を創出するためには、新羅王権のもとに、より広い人的基盤をいかに組織化するのかという難題が立ちはだかっていた。そうした課題に対し、永らく支配共同体を形成してきた六部人に族制的・世襲的な補償を与えて在来の秩序の崩壊を回避させながら、新たな人的基盤の上に律令的国家機構を創出するうえで、骨品制は要諦をなすものであった。

▼補説9▲ 後期新羅における国家祭祀の再編

『三国史記』によれば、智証《チジョン》王代(五〇〇~五一四年)に始祖降臨の地である奈乙《ナウル》に、神宮《シングン》が創立されたと伝えられ、文武大王陵碑とも付合することから、そこでは祭天の儀礼がおこなわれていたとみられている。神宮祭祀の詳細は不明であるが、その祭祀が一王代に一度だけ挙行されていることからみて、即位儀礼としての性格を帯びたものとの見解が有力である。

このような新羅固有の神宮祭祀に対して、神文王七(六八七)年にいたり、はじめて祖廟において、太祖《テジョ》以来、神文王の直系の四尊属とで構成される五神主を祀っている。つまり、中国の皇帝が七廟であるのに対して、新羅の王室を諸侯の位置において宗廟《チョンミョ》《そうびょう》の神主の構成を規制し、諸侯五廟《オミョ》の制を採用することになったのである。これは、その前年に新羅が唐に遣使して礼と文章を求め、「吉凶要礼」が下賜されたことにかかわるとされる。すなわち「吉凶要礼」は、五礼のなかの吉礼・凶礼のなかから国家に必須の礼を抄録したものとみられ、新羅はこれを得たことで、『礼記』王制篇に宗廟の規定を学んだのである。新羅では神文王七年にいたり、唐の礼制に従って宗廟制を定め、これ以後、継承されていくことになる。

ところで、新羅の国家祭祀は、『三国史記』祭祀志において大祀《テサ》・中祀《チュンサ》・小祀《ソサ》に三区分されている。三分法そのものは隋代に成立し唐代にもみられるが、そこでは大祀には「昊天上帝・五方上帝・皇地祇・神州・宗廟」をおき、名山大川の祭祀は中祀・小祀に配しているのに対して、新羅では名山大川の祭祀のみで大・中・小祀を編成している。

まず大祀には三山、中祀には五岳・四鎮・四海・四瀆《とく》および五山と一鎮、小祀には二四山を配している。大祀の三山は、王京とその近郊に所在し、中祀は、統一期における東南西北の名山と慶州近郊の慶山の父岳を中岳とする五岳で構成され、四鎮・四海・四瀆も後期新羅の東南西北の名山・海浜・大河で編成されている。小祀は、全国に散在する山岳で構成され、その所在する県名が祭祀志に残されている。

このようにみてくると、これらの祭祀が挙行された祭場の位置と、そのような祭祀が国家祭祀として体系化された時期が問題となる。『三国史記』祭祀志所載の名山大川の所在する郡県名は、景徳《キョンドク》王代の改称前と後のものが混在することからみると、すべてが一時期に成立したものとはいえない。しかしながら、大・中・小祀制の基本は、六八六年に唐から「吉凶要礼」を得て、その翌年に五廟制が成立した頃から、典祀《チョンサ》署《ソ》が設置された七一三年頃までに成立したものとみられる。

例えば、五岳については、神文王代(六八一～六九一年)、あるいは文武《ムンム》王十六(六七六)年から二十(六八〇)年に遡る可能性が示されている。また中祀・小祀の地名表記をみると、文武・神文王代の州・郡改廃の痕跡も確認される。こうした点から、大・中・小祀制の制定には、百済・高句麗を滅ぼしたあとに領域を拡大したのち、九州・五京制として成立した地方統治体制の成立を前提とせざるをえない。とりわけ、国家祭祀としての大・中・小祀制の骨格の成立は、おおよそ、五廟制を定めた神文王代にあったとみてよいであろう。

各地の名山大川の祭祀は、おのおのが古くに遡るであろうが、各地域の土着的な信仰に対し、新羅は国家的な祭礼を通じて新たな政治的編成を試みた結果であって、百済・高句麗滅亡後の神文王代にいたって、在地の祭祀を取り込みながら、国家祭祀への編入によって新たな秩序がめざされたのであろう。

李成市

3　後期新羅の文化

後期新羅の仏教文化と文芸

新羅《シルラ》文化を代表するのは仏教文化である。なかでも統一を前後する頃に、数多くの国家的な寺院が建立された。

唐で仏教を学んだ慈蔵《チャジャン》は、三国《サムグク》の抗争が激しさを増す六四三年に帰国すると、皇龍寺《ファンニョンサ》に九層塔を建立することを請願する。八〇メートルにもなるこの巨大な木塔は、隣国からの災いを鎮める国家鎮護の象徴となる。六七九年に完成した四天王寺《サチョンワンサ》は、唐軍の撃退を祈念するために造営され、六八二年に完工した感恩寺《カムンサ》は、倭《ウェ》兵を鎮めようと建立された。六八五年の望徳寺《マンドクサ》は、唐の高宗の長寿を祈願するために創建されたという。また、奉徳寺《ポンドクサ》は、聖徳《ソンドク》王代に太宗武烈《テジョンムヨル》王を追福するために発願され、遺志を継いだ子の孝成《ヒョソン》王が七三八年に完成させた。奉徳寺鐘は高さが三・九メートルあり、朝鮮鐘ではもっとも大きい。この鐘は、景徳《キョンドク》王が一二万斤の銅から造ろうとして完成せず、子の恵恭《ヘゴン》王代の七七一年にいたって完成した。四天王寺や感恩寺、奉徳寺などの主要な寺院は、寺院成典《サウォンソンジョン》という官庁によって管理・運営される国家寺院であった。

代表的な新羅寺院として著名な仏国寺《プルグクサ》と石窟庵《ソックラム》《せっくつあん》は、慶州《キョンジュ》市内から東南に離れた吐含山《トアムサン》にある。七五一年に景徳王代の宰相である金大城《キムデソン》が、現世の父母のために仏国寺を、前世の父母のために石窟庵を創り、大城の死後には国がこれを引き継いで完成させた。仏国寺の伽藍は大きな石段の上にあり、青雲橋・白雲橋という石階がかけられている。正門である紫霞門をはいると、大雄殿の一郭となる。大雄殿の前には、精緻な装飾を施された多宝塔と、それとは対照的に簡素な釈迦塔の双塔がある。石窟庵は山の中腹にあり、円形の主室と、方形の前室、それを繋ぐ甬道《ようどう》からなる。前室には左右に八部衆像が、甬道には仁王像と四天王像が板石に浮彫りにされる。主室には、本尊の如来座像が中央に安置され、その後方中央に十一面観音像、その左右に梵天と帝釈天、文殊菩薩と普賢菩薩が対に配され、十軀の比丘立像が配置される。

近年、慶州の新羅寺院跡の発掘が進展している。四天王寺の本格的な調査によって、僧良志《ヤンジ》が制作したという緑釉四天王像塼《せん》が出土した。戦前に発見された部分も知られていたが、多くの断片が出土することによって、統一新羅初期にあらわれる写実的彫刻様式があらためて脚光をあびることになった。良志は、書画にも長じたといわれ、新羅時代の仏教芸術の作者として名前の残る唯一の人物である。そのほか、霊廟寺《ヨンミョサ》の丈六三尊、法輪寺の主仏三尊の作者としても史書に伝わる。

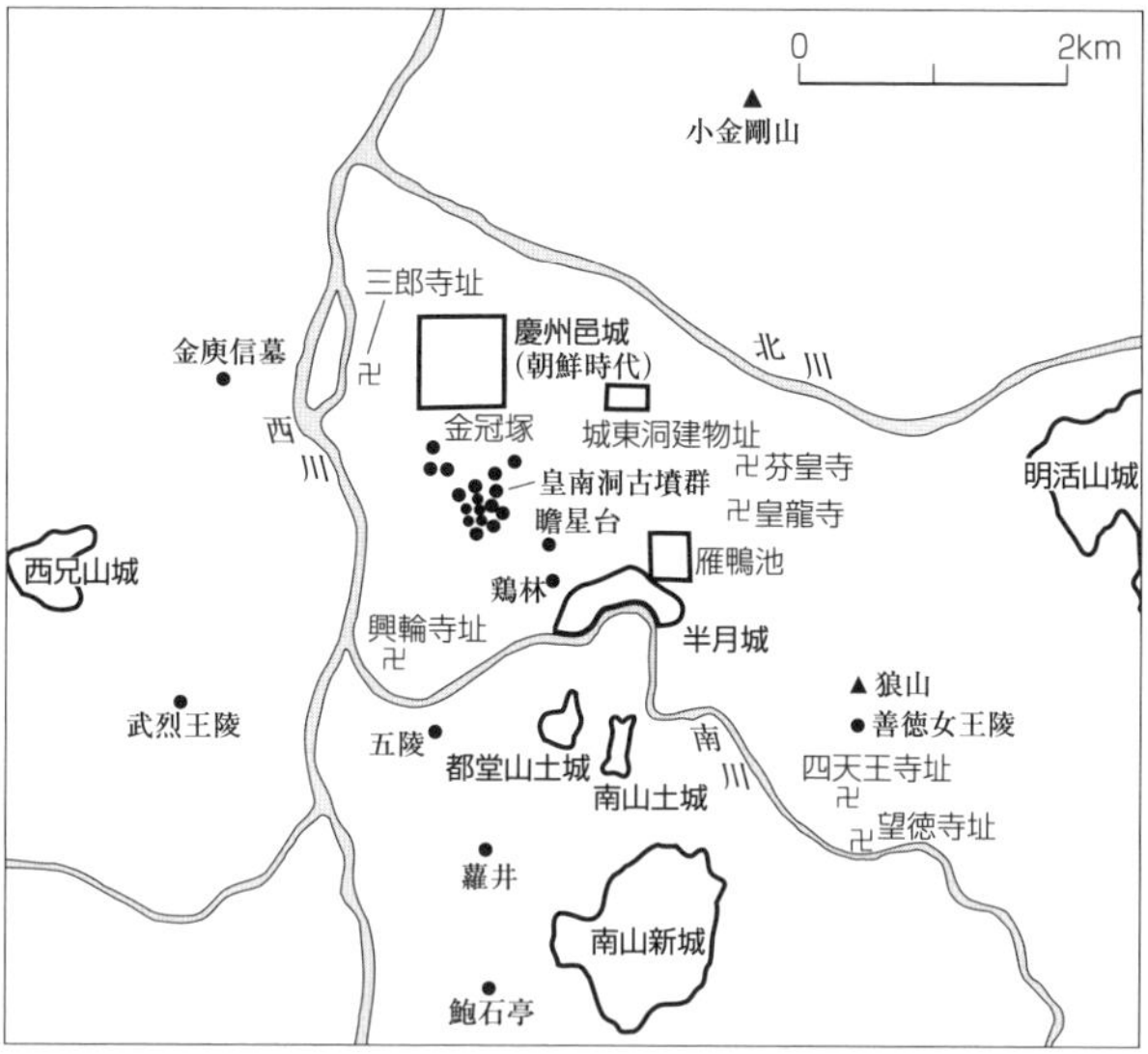

図11　慶州の遺跡分布図

また、王都の南にそびえる南山には、仏教の隆盛とともに渓谷にそって多くの寺院が建設された。確認されている寺址だけでも一四七を数え、そのほか仏像が一一八、石塔が九六など、多くの仏蹟が点在している。

多くの僧が、最新の仏教を取り入れるために唐に渡っている。円測《ウォンチュク》《えんじき》は玄奘《げんじょう》三蔵のもとで唯識学を学び、帰国することなく唐で多くの経典を訳出するとともに著作を残した。新羅華厳宗の祖である義湘《ウィサン》《ぎしょう》は、唐に留学して帰国ののち、六七一年に浮石寺《プソクサ》を創建して布教活動をおこない、海印寺《ヘインサ》など全国に華厳十刹《ファオムシプチャル》を建立した。元暁《ウォニョ》《がんぎょう》は唐には渡らなかったが多くの著書を残しており、諸宗派の融合を説いた。元暁の著作は中国や日本でもさかんに読まれ、大きな影響を与えている。また、全国各地を行脚して念仏による救済を説いて浄土信仰を広げた。慧超《ヘチョ》《えちょう》は、海を渡ってインドに行って釈迦の遺跡を巡礼し、中央アジアを経由して長安に帰ると『往五天竺国伝《ワンオチョンチュックチョン》』を著した。
儒学も尊重されており、強首《カンス》は儒学をおさめて巧みな外交文書によって統一に貢献した。元暁の子・薛聡《ソルチョン》《せっそう》は儒学者としても知られているが、新羅独自の漢文解読法（郷札《ヒャンチャル》・吏読《イドゥ》《りとう》）を定式化させ、漢籍を訓読によって学ぶ多くの学習者を再生産することに貢献した。これによって、儒教経典や仏教経典などを、漢語学習を介在させることなく自国語で読むことを本格化させた。また、漢字の音・訓を利用して記された詩である郷歌《ヒャンガ》（詞脳歌《サネガ》）も盛んで、九世紀末には王命により歌集『三代目《サムデモク》』が編纂されたが、現存する新羅の郷歌はわずか一四首にすぎない。そのほか、書家では金生《キムセン》が著名であり、金大問《キムデムン》は『高僧伝《コスンジョン》』『花郎世記《ファランセギ》』などの著作を残した。唐に留学して科挙《クァゴ》に及第して官職に就く者も多く、『桂苑《ケウォン》筆耕集《ピルギョンジプ》』を残した崔致遠《チェチウォン》もその一人である。

木簡が語る後期新羅の文化

東宮官衙《トングンかんが》の所在した雁鴨池《アナプチ》からは、統一新羅時代の木簡《モッカン》約六〇点が出土しており、当時の宮廷生活の一端を知ることができる。[4] もっとも多いのは加工した食品の付札であり、イノシシやノロなどの動物や鳥、魚などを塩漬けにして発酵させて利用していたことがわかる。また、大黄、甘草、青木香などの薬物を列挙した木簡や、阿膠《アギョ》（ニカワ）の授受にかかわるものもある。東宮の宮殿と推定される隅宮《ウグン》の北門《プンムン》、西門《ソムン》、東門《トンムン》、開義門《ケイムン》という四つの門が記された木簡は、門名の下に門番の人名が書かれており、日本の兵衛木簡と類似する。

『論語』を記した木簡が、金海《キメ》・鳳凰《ポンファン》洞遺跡および仁川《インチョン》・桂陽山城《ケヤンサンソン》で出土している。出土した木簡は断片であるが、いずれも一メートルを越える長大な棒状の木簡の四面ないし五面に『論語』テキストを記していたと復元される。木簡の詳細な年代や使用方法については不明であるが、七世紀に整備された国学《クッカク》において『論語』が必読文献とされていることと関わると思われ、新羅の地方社会における儒学《ユハク》の広がりを物語る。

信仰にかかわる木簡として注目されるのが、「龍王」と記された二点の木簡である。昌寧《チャンニョン》・火旺山城《ファワンサンソン》の城内の池から発見された木簡は、長さ約四九センチの円筒形の木に人の姿を描き、その上に、「六月廿九日」「龍王開祭」などの文字が記されている。頭と胴の部分には鉄釘が刺さっていた。また、慶州・伝仁容寺《イニョンサ》址の井戸から出土した木簡は、刀子状をしている。表面の冒頭に「大龍王」と記されており、裏面には行ごとに天地逆にして二人の人名が記されている。これら龍王と記された木簡は、いずれも雨乞いの儀式に使用されたと考えられる。類似した木簡は日本列島でも出土していることから、中国に端を発して東アジアで共通の祭祀が広がっていたことがうかがえる。

橋本　繁

▼補説10▲　文明化からみた新羅下代

新羅下代《ハデ》(七八〇〜九三五年)は、「下代」という呼称から、ともすれば新羅時代の王朝としての衰退のイメージが強調され、その歴史的な評価についても、それらにかかわることに力点がおかれることになる。しかしながら、そうした王朝権力の弛緩の一方で、渡唐留学生が増大するのみならず、多くの入唐僧《イプタンスン》を輩出するなど「国際化」が新羅社会に広く深く浸透した時代でもある。

全土に散在する新羅末・高麗《コリョ》初期に刻まれた石碑の形態や内容を一見すればわかるように、新羅社会に中国文明化が促進され、それまでは王都・慶州に偏していた文化が地方社会に拡散していく時代でもあった。多くの入唐僧が帰国して禅《ソン》門九山《ムングサン》に代表される地方寺院を全国に建立した。禅門九山は地方豪族と結びつき、地方の経済勢力と結びついて地方分権化が進んで、九世紀末には後三国《フサムグク》と呼ばれる国家分裂がもたらされるなど、新羅社会がダイナミックに変動する時期でもあった。

この下代の著しい特徴の一つに、前述した渡唐留学生の急増がある。この時代には、王子をはじめ貴人の子弟を唐に派遣し宮城で宿衛させたり、唐の太学《たいがく》に留学させたりした。学生は多いときには百余人にいたった。留学生のなかには、外国人に開かれていた賓貢科《ひんこうか》に登第したのちに、唐朝廷に仕官する者も多く、唐末までに五八人、五代・後梁《こうりょう》・後唐《こうとう》のあいだにも三二人におよんでいる。新羅末・高麗初期の地方に建てられた碑銘は、崔致遠《チェチウォン》や彼の従弟・崔彦撝《チェオヌィ》《さいげんき》をはじめとする渡唐留学生の手になるものが多く残されている。

留学生とともに頻繁に唐に渡ったのは求法僧たちであったが、帰国した彼らの唐における事績は各地に残る碑銘で知ることができる。新羅下代から高麗初期までは、新羅から唐に渡航する者たちが急増し、それにともなって王都のみならず新羅の地方社会にまで中国文明化が促されたことは、この時代の大きな特徴として注目される。

このように新羅下代は、それ以前とは比較にならないほど中国文明の浸透が深まった時代であるが、それと同時に、留意すべきは、固有の文化に対する自覚が深まった時代でもあるという点である。そのような時代の文化を代表するものに郷歌《ヒャンガ》がある。郷歌は、『三国遺事《サムグンニュサ》』『釋均如伝《ソッキュニョジョン》』などに高麗初期の作品を含めて二六首が伝わっているが、郷歌とは、漢字の音訓を借りて朝鮮語を表記する方法(郷札《ヒャンチャル》)によって表記された詩歌で、日本の万葉集の歌や『日本書紀』『古事記』所載の歌謡と似ているとされている。

本文で述べたように、郷歌集である『三代目《サムデモク》』は、真聖《チンソン》女王が八八八年に、魏弘《ウィホン》と大矩《テグ》《だいく》和尚に命じて郷歌を収集し創らせたといわれている。この郷歌の「郷《ヒャン》」とは、九世紀末以降に用いられた言葉であり、使用された当初は、崔致遠に代表されるような留学生らが慕華主義の立場からの理解と用法によるものと推定されている。やがて、高麗初期になると、「郷職《ヒャンジク》」という名称の高麗独自の爵制が成立する(一八五頁参照)ことにみられるように、「郷」とは、中国王朝に対して朝鮮独自の立場を主張する言葉に転化するようになる。このような自己認識の端緒が新羅下代に生じたことは重要である。

今日、郷歌と呼ばれている歌謡は、もともとは「詞脳《サネ》」(思内、詩悩)歌《ガ》と呼ばれており、こちらが一般化していた。『三代目』の編纂は、新羅下代以降の中国文明の浸透と、その強い影響のもとで、反作用のように自己を中心とする文化意識が形成され始めたことを物語る、朝鮮史上における国風の端緒とみることも可能である。

李 成市

4　「海東の盛国」渤海

契丹の反乱と振国の樹立

渤海《バレ》は、六九八年から九二六年まで中国東北地方から朝鮮《チョソン》半島北部・ロシア沿海地方に広がった国家である。この渤海の建国をめぐる事情を伝えるのは、『旧唐書』巻一九九・渤海靺鞨《マルガル》《まっかつ》伝と『新唐書』巻二一九・渤海伝が主な史料である。『旧唐書』渤海靺鞨伝は、「渤海靺鞨の大祚栄は、本高麗の別種なり。高麗すでに滅び、祚栄、家属を率いて営州に徙居す」と、六六八年九月に高句麗《コグリョ》が滅亡したのちに、高句麗人の別種である大祚栄《テジョヨン》《だいそえい》が、一族を引き連れて営州（遼寧省朝陽）に移り住んだとする。また『資治通鑑《しじつがん》』にも高句麗遺民が唐に反旗を翻して離反する者が多かったため彼らを中国各地に徙民《しみん》し、また徙《うつ》すことのできない人びとに安東を守らせたとある。大祚栄が営州に徙居、つまり強制移住させられたのは、こうした高句麗遺民の移配の一環としておこなわれたと思われる。

さらに『旧唐書』渤海靺鞨伝は、「万歳通天年、契丹の李尽忠反叛す。祚栄と靺鞨の乞四比羽、各領亡命して東奔し、阻を保ち以て自ら固む。尽忠すでに死す」と契丹《きったん》の李尽忠《りじんちゅう》の乱を契機に大祚栄と乞四比羽《コルサビウ》《きつしひう》が自立したことを伝える。また『新唐書』渤海伝も、「万歳通天中、契丹の尽忠営州都督の趙翽《ちょうかい》を殺して反す。舎利乞乞仲象なる者あり。靺鞨の酋の乞四比羽および高麗余種と東走し、遼水を度り、太白山の東北を保ち、奥婁河を阻て、壁を樹てて自ら固む」と、万歳通天年中（六九六〜六九七年）に起こった契丹の李尽忠の反乱が、大祚栄や靺鞨の乞乞仲象《コルゴルジュンサン》《きつきつちゅうしょう》と乞四比羽らが唐からの自立をはかる契機となったと記している。

契丹は五世紀頃に歴史上に登場し、遼水（遼河）上流のシラムレン河（潢水《こうすい》、饒楽水《じょうらくすい》）流域の熱河のステップで遊牧生活を営んでいた。しかし中国や高句麗・突厥《とっけつ》の狭間にあって、その帰属は一定ではなかった。唐の初期の六二一年、別部の酋長であった孫敖曹《そんごうそう》が唐に遣使した。六四八年には、新たにおかれた松漠《しょうばく》都督府（治所は遼寧省林西県）の都督に任ぜられ、唐の国姓李氏を賜っている。

その後、六八四年に李尽忠が松漠都督に任ぜられ、翌六八五年には、その妻の兄で孫敖曹の孫の孫万栄《そんばんえい》も帰誠州刺史《しし》に冊封《さくほう》されて、唐の羈縻《きび》に服した。李尽忠は、営州城の近傍に居住していた。営州は現在の遼寧省朝陽市で、南に唐、西には奚《けい》、東には契丹などの異民族との境界に位置していたため、唐に投降したり、徙民させられたりした契丹や奚、さらには高句麗や靺鞨などの人びとが雑居していた。

六九六年五月六日、李尽忠は孫万栄とともに営州都督の趙文翽《ちょうぶんかい》（趙翽）を殺害した。趙文翽が飢餓に陥った契丹人を救済しないうえ、酋長の李尽忠と孫万栄を下僕のごとく扱ったために反旗を翻したのであった。

周の武則天（在位六九〇～七〇五）は、李尽忠の反乱を鎮圧しようと甥の武三思《ぶさんし》に備えさせるとともに、李尽忠を李尽滅《りじんめつ》、孫万栄を孫万斬《そんばんざん》と改名した。一方、李尽忠は自ら「無上可汗」と号して営州に拠り、孫万栄を先鋒として、同年八月に硤石谷《きょうせきこく》（河北省唐山遷安市東北）で、唐軍と戦い大勝した。九月になると、武則天は山東州刺史の武攸宜《ぶゆうぎ》に命じて契丹を討つことにしたが、十月二十二日に突然、李尽忠が死亡した。この混乱の間隙を突いて、突厥の黙啜《ぼくせつ》（カプガン）可汗は契丹の根拠地となっていた松漠都督府を襲撃し、李尽忠と孫万栄の妻子を捕らえ去った。

尽忠亡きあと、乱は孫万栄に引き継がれ、契丹の侵寇は河北一帯に広がった。そこで武則天は彭沢《ほうたく》県令に左遷されていた狄仁傑《てきじんけつ》を魏州刺史に起用して契丹に備えた。翌六九七年三月、清辺道総管の王孝傑《おうこうけつ》は東硤石谷《ひがしきょうせきこく》で孫万栄と戦ったが、大敗を喫して戦死した。勝ちに乗じた孫万栄は突厥の黙啜可汗を誘って、幽州（北京）へ侵寇しようとしたが、黙啜は同意せず、かえって契丹を攻め、奚人もまた万栄に背いた。万栄は潞水《ろすい》（山西省の濁漳河《だくしょうが》）の東まで逃れたものの唐に戻ることもできず、また突厥にも新羅《シルラ》にも頼ることもできず、六九七年六月三十日、奴にその首を斬られた。これを機に、契丹の余衆をはじめ奚、霫《しゅう》などの諸族が突厥に降伏したのであった。

大祚栄は、李尽忠が反旗を翻した六九六年五月十二日から死亡する十月二十二日までの五カ月の間に営州で立ち上がり、孫万栄の死後に東走して自立した。『旧唐書』渤海靺鞨伝によれば、李尽忠が死ぬと、武則天は契丹の降将李楷固《りかいこ》を派遣して、まず乞四比羽を討ち、さらに天門嶺を越えて大祚栄に迫ったが大敗を喫した。その後、大祚栄はさらに東へ移動して、桂婁《ケル》《けいろう》の故地の東牟山《トンモサン》《とうぼうさん》に城を築き根拠地とした。一方、『新唐書』渤海伝は、舎利の乞乞仲象と靺鞨の酋長である乞四比羽は高句麗の余種とともに東に走り、遼水を渡って太白山の東北に拠って奥婁河《おうろうが》で敵を阻み、壁を造って固めたとする。武則天は乞四比羽を「許国公《ホグッコン》」、乞乞仲象を「震国公《チングッコン》」に冊封し、その罪を許そうとしたが、乞四比羽は受けなかった。そこで武則天は李楷固と索仇《さくきゅう》に命じて大祚栄らを討つことにした。仲象はすでに死亡していたが、その子の祚栄は生き残った人びとを連れて逃亡した。李楷固は天門嶺を越えて急追したが、祚栄は高句麗と靺鞨の人びとともに撃退したという。東牟山の場所は、今日、吉林省敦化市付近に比定され、渤海最初の王都である「旧国」とみなされている。敦化南郊の六頂山古墳群(5)に渤海初期の王陵、王族の墓が所在することからも妥当であろう。

続いて『旧唐書』渤海靺鞨伝は、大祚栄が聖暦年中(六九八年正月〜七〇〇年五月)に、自ら「振国王《チングクワン》」と称していたとする。また『新唐書』渤海伝は「震国王《チングクワン》」とする。大祚栄がはたして「振国王」と自称したか否かは判然としないが、「震国王」は大祚栄が自称する以前に、乞乞仲象が武則天から「震国公」に冊封されたことに基づくものであろう。この「震」は『周易』によれば「東方」を指し、大氏の拠った地はその「震」の方角にあり、帝王は「震」つまり東方より出るという故事によったとする意見もある。また「震」は、易の八卦の一つで、陽気がようやく動き出そうとする象《かたち》を示し、季節では春、方位では東に配することに基づくともする。しかしながら、この冊封号は武則天が賜与したもので、それは周(唐)を中心とした方位観念に基づくものであることは明らかであり、大祚栄が自ら国号を「震国」と称したことは考えがたい。

大祚栄の「渤海郡王」冊封

七〇五年正月に武則天が退位して、中宗が復位（在位七〇五～七一〇）すると、唐は突厥や契丹など北方民族の蠢動《しゅんどう》を牽制するために大祚栄による東北アジアの統治を承認せざるをえず、侍御史張行岌《ちょうこうきゅう》を遣わして大祚栄を招諭する外交政策に転じた。大祚栄も唐による武力制圧の危惧を捨て、王子を入唐させて親唐的姿勢を示した。そこで唐は大祚栄を冊封することにしたが、契丹と突厥が毎年唐に入寇したため、唐は振国への道を断たれ、大祚栄を冊立する使者を派遣できなかった。たしかに六九八年以降、突厥は唐へ連年侵寇している。突厥の黙啜可汗は隴右道《ろううどう》（甘粛省）の牧馬一万頭を盗み去っている。翌六九九年には塩州（寧夏省塩池県）・夏州（内モンゴル自治区白城子）に侵寇して、羊や馬十万頭を略奪した。さらに石嶺を攻め、ついには并州《へいしゅう》（山西省太原）を包囲している。中宗が即位すると、七〇六年十二月、黙啜は鳴沙《めいさ》（寧夏自治区中衛県）に侵寇して唐軍を破り、さらに原州（寧夏自治区固原）、会州（寧夏自治区）に侵寇して多くの牧馬を奪った。そのため中宗は、武則天のときに約束した黙啜の娘との婚姻を破棄したのであった。

この時期の契丹の活動は判然としないが、契丹は孫万栄が殺害された六九七年六月以降、突厥に臣従していることから、黙啜の長安北方への侵寇に呼応して、大祚栄の根拠地「旧国」と唐を結ぶ東方の交通路を遮断したものと思われる。賈耽《かたん》（唐の宰相）の『道里記』によれば、唐と渤海を結ぶ交通路の一つ「営州道」は、営州―燕郡城（遼寧省錦州市義県）―汝羅《じょら》の守捉―遼水―安東都護府（遼寧省遼陽）―新城（撫順市付近）―長嶺府（吉林省樺甸《かでん》市）―上京（黒竜江省寧安市）にいたるルートである。一方、「朝貢道」は上京から一路南下して、天宝年間（七四二～七五五年）に都であった顕州（延辺朝鮮族自治州和竜）を経て、のちに渤海五京の一つの西京がおかれることになる臨江に向かい、そこから船で鴨緑江《アムノッカン》《おうりょくこう》をくだって河口の泊汋《はくしゃく》城へ向かう。そして遼東半島の突端である都里鎮（旅順）に寄港したのち、渤海湾を廟島《びょうとう》群島伝いに渡って登州にいたり、ここから山東、河南、河北を経て長安に向かう道である。

こうした二つの交通路のうち、契丹が擁塞したのは、「営州道」であり、唐の使者は陸路をとって振国へ向かうことは不可能になったと思われる。しかし睿宗《えいそう》(在位七一〇～七一二)が復位すると、默啜は和親を請い、宋王(睿宗の長男)の娘を金山公主として降嫁させることとした。ここに両国の関係が改善され、唐と渤海の通行の障害は解消した。七一三年に、唐は郎将崔忻《さいきん》(訢)を派遣して、大祚栄を左驍衛員外大将軍・渤海郡王《パレグンワン》に冊立した。以後、大祚栄は爵号にちなんで、国号を「渤海」と称することになった。そもそも渤海郡は、漢の高祖劉邦《りゅうほう》によって設置されたが、それは海にちなむ名である。南北朝時代の『北史』第二六・列伝にも、渤海郡は冀州《きしゅう》に属していたことが記されており、今日の河北省の渤海湾に面していた。しかし「渤海郡王」に冊封された大祚栄が政権を樹立した旧国(吉林省敦化地方)は、はるかに海から離れた山に囲まれた地であり、「渤海郡王」号はいかにも不似合いである。

ところで唐の版図は、第三代皇帝高宗(在位六四九～六八三)の時代に最大の広がりをみせたが、武則天の治世の後半になると防衛ラインは伸び切り、突厥や契丹の侵寇に苦しむようになった。そのため宰相となった狄仁傑《てきじんけつ》は、安東都護府を廃止して、六六八年十月に滅亡した高句麗王室を復活させて辺境防衛の負担軽減策を提案した。唐は、六七七年二月に唐に投降した元高句麗王の高蔵《コジャン》を遼東州都督・朝鮮王に封じて遼東に帰らせて高句麗を再興させようとした。しかし高蔵は靺鞨と通じて唐に反し、露見して邛州《きょうしゅう》(四川省邛崍《きょうらい》)に流された。さらに唐は六九九年に高蔵の子の徳武《トンム》を安東都督に任じたが、多くの高句麗人が突厥や靺鞨に投じて、高句麗は完全に歴史上から姿を消したのであった。唐はこのようにたびたび高句麗を復活させようとしたのであったが功を奏さず、狄仁傑は七〇〇年に亡くなった。

その後、七一二年六月に唐は幽州都督の孫佺《そんけん》に李楷洛《りかいらく》と周以悌《しゅういてい》に兵三万を与えて、奚の首領李大輔《りだいほ》の部落を襲わせた。奚は営州の西北のシラムレン川周辺で遊牧をおこない、七世紀末に起こった契丹の李尽忠の反乱後、突厥に服属していた。孫佺の奚侵寇は、奚と突厥との関係断絶を企図したものとみられるが、孫佺らは、李大輔と硎山《けいざん》で戦い、敗れて周以悌とともに捕らえられ、突厥の默啜可汗のもとに送られて殺害された。

この孫佺らが硎山で敗れた二カ月後に即位した玄宗(在位七一二～七五六)は、奚を牽制できる勢力として当時、「振国」

と称して奚の東方に位置していた大祚栄に注目した。そこで狄仁傑の提案を実現することにして、[6]すでに滅亡していた高句麗高氏の復活をめざし、大祚栄を「渤海郡王」に冊封した。前述したように「渤海郡」は、河北の海に面した地域を指すが、後漢代には章帝(在位七五～八八)の曾孫であった劉鴻《りゅうこう》が渤海郡王であったように、伝統的な王号であった。しかも六世紀になると、鮮卑族出身の高歓《こうかん》(神武帝、在位四九六～五四七)が、渤海郡の出身と称して東魏の実権を握り、さらに高歓の第二子である高洋《こうよう》(文宣帝)が、渤海郡より出て北斉王朝(五五〇～五七七年)を建てるなど、高氏は渤海郡出身の名族であった。

玄宗は高句麗の王族と同名である高氏の「渤海郡王」号を大祚栄に与えることによって、高句麗高氏の後裔とみなして唐の内臣に位置づけ、奚の牽制と安東の経営を期待したのであろう。ただし大祚栄は、「高」氏ではなく「大」氏を称しているが、「大祚栄」という名の字義には、「はじめて王位に就いて栄える」の意があり、この名も唐から与えられたものかもしれない。ともあれ玄宗は、狄仁傑の高句麗復興策を実効性のある外交戦略として採用したのであった。

七二七年九月、はじめて第二代渤海郡王の大武芸《テムイエ》(在位七一九～七三七)の使者である首領高斉徳《コジェドク》らが日本へ派遣された。このときに持参した大武芸の王啓によれば、高句麗が六六八年に唐によって滅ぼされて以降久しく朝貢していなかったと述べている。また大武芸は自らを大国の王として唐から冊封されて諸蕃を統治し、加えて扶餘《ブヨ》族の後裔として高句麗を復興させたと表明している。さらに七五八年九月に来日した楊承慶《ヤンスンギョン》らを「高麗使」と呼び、また平城宮南辺大垣の溝から出土した木簡に「遣高麗使」と書かれていることも、右のような渤海冊封の事情を反映したものといえよう。

▼補説11▲「鴻臚井の碑」をめぐって

日本の皇居内吹上地区南の御府と呼ばれる区画に、横幅三〇〇センチ、奥行二〇〇センチ、高さ一八〇センチの巨石が置かれているという。この碑石は、一般の見学を許されていない。ただ一九六七年五月に見学を許された渡辺諒は、「石亭を以て庇覆され、保存状態は良好、碑石の実態は一個の巨大な自然石である」と述べ、この碑石には、

　　勅持節宣労靺羯(鞨)使
　　鴻臚卿崔忻井両口永為
　　記験開元二年五月十八日

の二九文字が刻まれていると報告している。すなわち開元二(七一四)年五月十八日に、宣労靺鞨使の鴻臚卿崔忻《こうろけいさいきん》が井戸二口を掘ったことを記念して刻まれたものである。崔忻は、七一三(先天二)年に、唐が渤海の建国者である大祚栄を冊封するために派遣されたことが、『唐書』から裏づけられる。

石碑は、崔忻の刻文を囲んで彫られた追刻から、「光緒乙未冬」すなわち一八九五年冬まで、中国金州旅順海口の黄金山麓にあったが、その後、皇居に移送されたものと思われる。この間の経緯を物語るのが、防衛省防衛研究所に所蔵されている『明治三十七、八年戦役戦利品寄贈書類』である。この書類によれば、一九〇七(明治四十)年四月三十日に、日露戦争の戦利品として「唐碑亭」を宮中へ差し出したことが記されている。『寄贈書類』に添付された薄葉紙に書かれた「唐碑略図」は、渡辺が見学した碑石の「形体は楕円錐状、軽く握った右拳を拇指の側から水平に眺めたのとよく似ている」と記しているとおりのものである。渡辺が皇居内で見学をした碑石も「唐碑亭」と呼ばれ、旅順黄金山麓にあったとしていることと、その記載内容からこれが「鴻臚井の碑」であることは疑いない。さらに『戦利品寄贈書類』の一つである「旅順ニ関スル調査」によって、一九〇五(明治三十八)年七月に渡満して旅順港を見学した内藤湖南が、碑石に着目して日本への搬送に大きく寄与したことが判明した。

加えて国立国会図書館の憲政資料室の齋藤實関係資料に、関重忠《せきしげただ》という海軍機関将校によって撮影された写真帳『戦後写真(旅順口)　十六枚』と記された大型の封筒のなかに、「十五、唐碑亭」と記された写真がおさめられていた。この写真にみえる石塊は、石亭によって覆われ、また碑亭の背後には煉瓦の建物が建ち、線路などが敷設されていることから、

明らかに「唐碑亭」が旅順港口にあったときの写真であることがわかる。
なお後日、情報公開法に基づいて宮内庁に「鴻臚井の碑」の写真の公開を申請したところ、御府の庭に置かれた碑のカラー写真を含む九枚の写真が提供された。その一枚には、碑石を覆う石亭の梁に「唐碑亭」と刻まれていた。

5 渤海の領域拡大

第二代王大武芸の領域拡大

渤海《パレ》が唐の冊封《チェクポン》を受け入れたことによって、唐は渤海に対する警戒心をゆるめた。そこで渤海は領域の拡大をはかった。七一九年、第二代渤海郡王となった大武芸《テムイェ》は、「おおいに土宇（領土）を斥《ひら》き、東北の諸夷畏れこれに臣す」（『新唐書』渤海伝）と伝えられるように、領域の拡大に熱心で、割拠する東北地方の諸族が恐れて臣従したという。

武芸はまず日本海側の新羅《シルラ》に近い地域への領域拡大をめざした。この付近は、靺鞨《マルガル》《まつかつ》部の一つであった白山靺鞨《ペクサンマルガル》の地で、かつて高句麗《コグリョ》の支配下にあった。だが高句麗が滅亡すると白山靺鞨人の一部は唐国内に強制的に移住させられた。元来、この地は唐の安東都護府の支配を受けることになっていたが、八世紀になると、その支配もおよばなくなったため、安東の支配を委ねられた渤海郡王の大武芸は、まずそこを支配下に組み込もうとした。それは新羅にとって北の国境の危機であった。そこで七二一年七月、何瑟羅道《ハスルラド》《かしつらどう》の丁夫二〇〇〇人を徴発して長城を築いている。白山靺鞨の地を得た渤海は、この地域一帯の統治と新羅への備えとして、のちに渤海五京の一つとなる南京《ナムギョン》と、地方行政府の拠点として南海府《ナメブ》をおくことになる。

一方、七三五年三月頃に、唐の玄宗が新羅王金興光《キムングァン》、すなわち聖徳王《ソンドク》に与えた勅書に、「卿（金興光）、浿江《ばいこう》に戍《じゅ》（守備兵）をおくを欲するを知る。すでに渤海の衝要にあたる」（『唐丞相曲江張先生文集』巻九）とあって、浿江《ペガン》、つまり今日の平《ピョン》

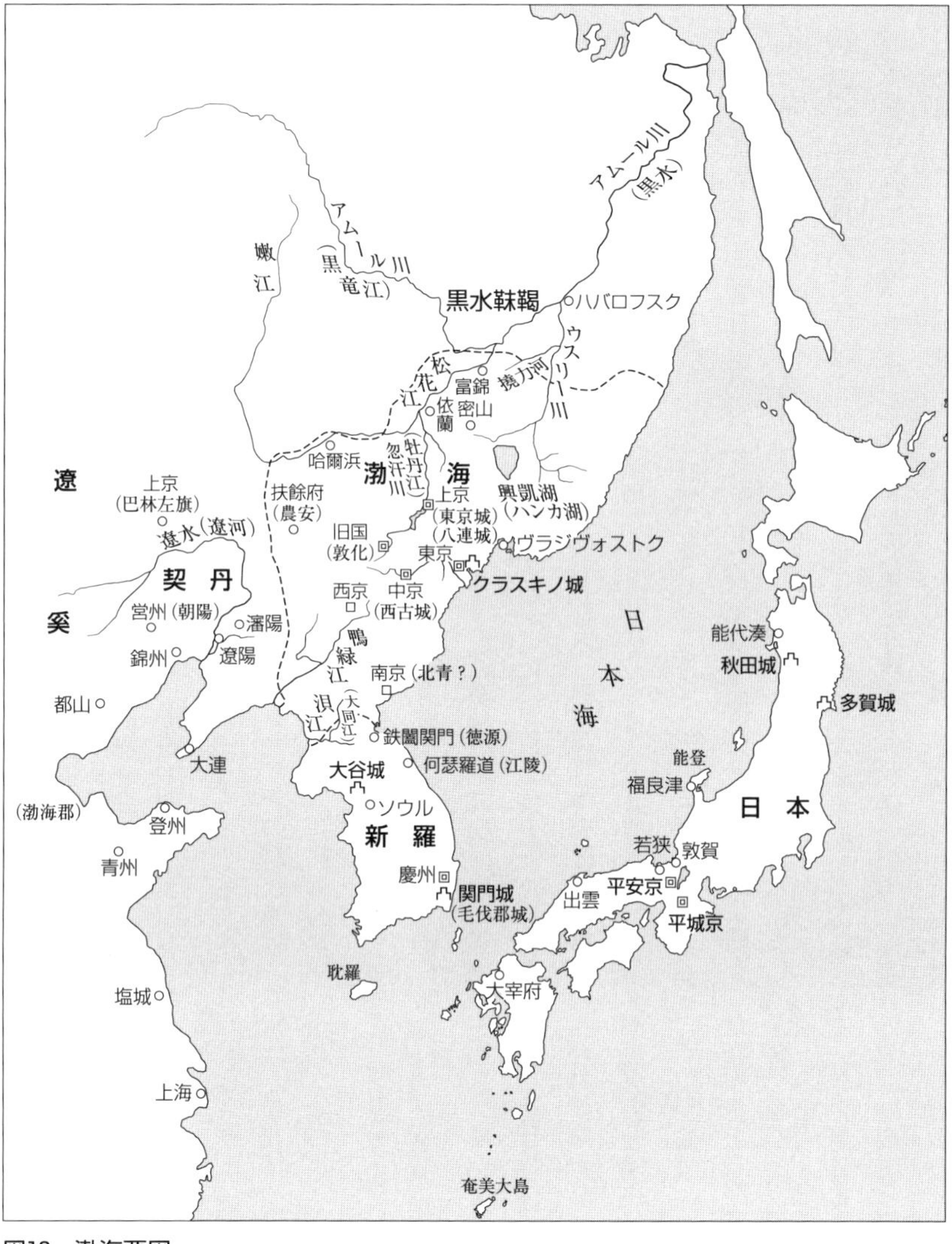
アムール川（黒水）
嫩江
アムール川（黒竜江）
黒水靺鞨
ハバロフスク
ウスリー川
松花江
富錦
撓力河
依蘭
密山
哈爾浜
牡丹江
忽汗川
渤海
興凱湖（ハンカ湖）
遼
上京（巴林左旗）
扶餘府（農安）
上京（東京城）（八連城）
旧国（敦化）
遼水（遼河）
ウラジヴォストク
東京
クラスキノ城
契丹
西京
中京（西古城）
営州（朝陽）
瀋陽
奚
錦州
遼陽
鴨緑江
南京（北青？）
日本海
能代湊
秋田城
多賀城
都山
浿江（大同江）
鉄闗関門（徳源）
大連
何瑟羅道（江陵）
大谷城
能登
福良津
ソウル
日本
（渤海郡）
登州
新羅
若狭
敦賀
青州
慶州
平安京
関門城（毛伐郡城）
出雲
平城京
耽羅
大宰府
塩城
上海
奄美大島

図12　渤海要図

壌《ヤン》を流れる大同江《テドンガン》付近が渤海と新羅の境界となっていたことがわかる。このことから大武芸は鴨緑江《アムノッカン》《おうりょくこう》流域から平壌にかけての地域にも勢力の伸張をはかっていた。この地は桓仁《かんじん》や集安・平壌など高句麗の故地であり、高句麗の継承国を自認する渤海にとってぜひとも獲得したい地域であった。既述のように鴨緑江をくだって契丹《きったん》や奚《けい》に妨害されずに遼東半島を経由して入唐する、いわゆる「朝貢道」にあたり、極めて重要なところであった。

渤海の北部には、払涅《ふつでつ》・鉄利・越喜・虞婁《ぐろう》・黒水などの靺鞨諸部が割拠していた。なかでも黒水靺鞨《フクスマルガル》は、「もっとも勁健（強く健やか）」（『旧唐書』巻一九九・靺鞨伝）といわれていた。その居住地は、牡丹江と松花江の合流点である黒竜江省依蘭《いらん》付近からアムール川（黒竜江）とソンホワ川（松花江）の合流するあたり、さらにはウスリー川（烏蘇里江）の合流するハバロフスク付近に居住していたと推定され、渤海滅亡後には、遼（契丹）から女真と呼ばれるようになる。

この黒水靺鞨の大酋長属利稽《ぞくりけい》が、七二二年に渤海領内を無断で通過して唐へ朝貢し、勃利州（黒竜江省七台河付近）刺史《しし》に任ぜられた。さらに七二五年に、唐の安東都護の薛泰《せったい》は黒水靺鞨の地に黒水軍をおき、続いて翌七二六年には、その中心的な部落に黒水府（軍政と民政を司る官庁）を設けた。そして黒水靺鞨の首領を都督（軍政長官）に、部長を刺史（州の民政長官）に任じ、ここに漢人の長史（次官）を派遣して、幽州都督の支配下に組み入れたのであった。このように黒水靺鞨が唐との政治・軍事的な結びつきを強めようとしたことは、大武芸にとって「必ず是唐家と謀を通じ、腹背より我を攻めるなり」（『旧唐書』渤海靺鞨伝）と危機感を募らせることになった。そこで大武芸は、同母弟の門芸と舅《ムネ》（母方のおじ）の任雅相《イマサン》を派遣して、黒水靺鞨を討とうとした。だが宿衛（人質）として唐に滞在した経験のある門芸は、黒水靺鞨の征討は唐の軍事介入を招く恐れがあること、さらには高句麗が唐に滅ぼされたことを引合いに出して諫言《かんげん》した。兄武芸はこの弟の諫言を受け入れないばかりか殺害を企てた。身の危険を感じた門芸は、七三〇年に唐に亡命した。武芸は門芸の返還を執拗に唐に求め、七三二年九月、張文休《チャンムニュ》に海賊を率いさせて登州に侵寇して刺史の韋俊《いしゅん》を殺害したうえ、捕虜を渤海に連れ去った。渤海や靺鞨を鎮撫する任を負った幽州節度使の治所や平盧節度使の治所の営州を攻撃せず、唐への

「朝貢道」にあたる登州に入寇したことは、入寇に際して契丹や奚などの妨害を受けないことを考慮したうえで、唐との関係断絶も辞さないという武芸の強い意思の表明であった。しかしなおも武芸の怨みはおさまらず、東都洛陽に刺客をひそかに送って門芸を皇城の南門である端門前を東西に流れる洛河にかかる天津橋の南で暗殺しようとした。しかし失敗して刺客は捕らえられて殺害された。

新羅の渤海攻撃

玄宗は翌七三三年正月、唐に亡命した門芸を幽州に派遣して渤海を討つことを命じた。さらに唐に宿衛中であった新羅王子の金思蘭《キムサラン》を帰国させ、渤海の南境を攻撃させた。しかし新羅軍は大雪と峻険な地形に阻まれて多数の死者を出した。この紛争は、渤海と新羅のあいだに大きな確執を残すことになった。『新唐書』巻二二〇・新羅伝には、新羅の東には長人の住んでいる国あり、その国の人は、背の高さが三丈(約五メートル)もあり、鋸のような牙と鉤のような爪をもち、黒い毛が体中を覆っている。食べ物を火にかけて食べず、鳥や獣を食べる。あるいは人を捕まえて食べる。さらにその国は、山が数十里にわたって連なり、峡谷は鉄の扉で閉じている。関門と称し、新羅はつねに弩士数千を駐屯させて守っているとある。この挿話は、八世紀中頃には新羅人が東方の長人を恐れ、鉄の関門で遮断していたことを伝えているとみられるが、新羅が渤海に敗北したことを契機に、両国は鋭く対立して没交渉となり、その結果、恐怖心が増幅されて渤海人を毛深い異形の長人と考えるようになったことを物語っているのであろう。

この黒水靺鞨との抗争は、唐はもとより新羅との対立・抗争を生み、渤海にとって建国以来最大の危機であった。しかし「旧国」は十分な防衛力を持ち合わせていなかった。そのため大武芸は周囲を山地に囲まれ、より防衛力の高い顕《ヒョン》州《ジュ》へと遷都した。賈耽の『道里記』は、天宝年間(七四二〜七五五年)に顕州が王都であったとする。この顕州は吉林省延辺朝鮮族自治州和竜市に残る西古城とする見解もあるが、海蘭江《かいらんこう》をはさんで西古城の対岸にある河南屯古城の可能性を指摘しておきたい。大武芸は七三三年閏三月に、突厥《とっけつ》と契丹と連合して遼西の渝関都山《ゆかんとさん》（河北省青竜満族自治県都山）を攻めて唐軍を破った。唐軍の幽州道副総管の郭英傑《かくえいけつ》と呉克勤《ごこくきん》が戦死し、烏知義《うちぎ》と羅守忠《らしゅちゅう》が逃走するなど唐は敗北を喫したのであった。

ところが七三五年末ないし七三六年初め頃、突然、武芸は大茂慶《テムギョン》を唐に派遣して謝罪し、唐との関係改善をはかった。この背景には、七三四年四月に、唐の張守珪《ちょうしゅけい》が契丹軍を破り、さらに唐に対抗できる唯一の勢力で、渤海がその支援を期待していた突厥の毗伽《ビルゲ》《ひか》可汗が、同年十月に毒殺されたことと関係があろう。十二月には張守珪が再度契丹軍を撃ち破り、七三五年七月に、突厥が唐と契丹の連合軍に大敗を喫するなど、突厥は国家として末期的状況に陥っていた（七四四年滅亡）ために、武芸は突厥を頼みとして戦うよりも、唐に帰順するほうが得策と判断したのではないかとみられる。

6　律令国家「渤海」

大欽茂の即位と領域拡大

七三七年、その名のとおり武断的であった大武芸《テムイエ》（諡号は武王《ムワン》）が亡くなり、代わって武芸の次子の欽茂《フムム》《きんも》（諡号は文王《ムンワン》）が第三代王（在位七三七〜七九三）となった。欽茂は長命で、その治世は七九三年までの五七年もの長きにおよんだ。その間、欽茂は積極的に外交を進め、靺鞨《マルガル》《まっかつ》諸族の服属を進めて領域の拡大をはかった。

『新唐書』巻二一九・黒水靺鞨伝によれば、払捏《ふつでつ》・鉄利・越喜・虞婁《ぐろう》などの靺鞨諸部が唐へ朝貢した回数を記したあとに、いずれも渤海《パレ》に服属したと述べている。これらの靺鞨の居住地を特定することは難しいが、払涅は中国黒竜江省密山県付近を中心に、鉄利靺鞨は黒竜江省東部の撓力河《ナオリー》以東の日本海沿岸に居住していたとみられる。越喜靺鞨は黒竜江省富錦付近に、虞婁靺鞨は同省依蘭《いらん》付近に住んでいたとされる。その服属した時期は、払捏と鉄利靺鞨部は七五〇年代半ば頃と推測されるが、虞婁靺鞨は、遅れて大欽茂の末期である八世紀末から九世紀初頭と思われる。さらに黒水や越喜靺鞨は、大欽茂の治世中には服属させることには成功しなかったようである。服属した払捏の地は、東平府《トンピョンブ》の管轄下におかれ、五州に分割された。鉄利の故地は、鉄利府《チョルリブ》のもとに六州が設置された。

渤海と新羅《シルラ》の国境は、すでに述べたように、浿江《ペガン》とされる現在の大同江《テドンガン》付近であった。新羅は七三五年に、唐から渤海の登州入寇に対する報復行動を支援したとして、この浿江以南を割譲され、以来、新羅は支配領域を北方へ拡張するようになる。七三六年には、平壌《ピョンヤン》州・牛頭《ウドゥ》州（江原道《カンウォンド》春川《チュンチョン》）を検察し、その後、孝成《ヒョソン》王代（在位七三七〜七四二）をへた景徳《キョンドク》王代（七四二〜七六五年）にはいって、さらに北辺経営は本格化した。七四八年には、北辺の検察と大谷城《テゴクソン》以下の一四郡県の設置をおこなっている。大谷城は、黄海《ファンヘ》北道《ブクト》平山《ピョンサン》郡平山に比定され、軍事・北辺経営の拠点としておかれた。この大谷以北の一四郡県は、渤海との国境に隣接する地域に点在しており、渤海にとっては南境の脅威となっていたと思われる。

七五二年、渤海は輔国大将軍の慕施蒙《モシモン》を日本へ派遣した。七三九年以来一三年ぶりの使者の派遣で、慕施蒙が佐渡島に着いたのは九月二十四日であった。この来日に先立つ半年前の七五二年四月九日に、東大寺盧舎那仏《るしゃなぶつ》の開眼供養会が盛大に挙行された。東アジアに出現した巨大な鋳造仏は、周辺諸国にとっても関心事であった。慕施蒙の派遣の第一の目的はこの仏を礼拝することであったと思われるが、前述したように七四八年に新羅が大谷城以下の一四郡県の設置にみられるような意欲的な北辺経営を推進したことは、国境を接する渤海を刺激したことは想像に難くない。このように新羅との緊張感が高まるにつれて渤海は、新羅の後背に位置する日本との関係を緊密にする必要に迫られたのであった。

唐礼の書写と上京の建設

大欽茂は、七三八年六月に、唐に使者を派遣して『唐礼』や『三国志』『晋書』『十六国春秋』などの書写をおこなっ

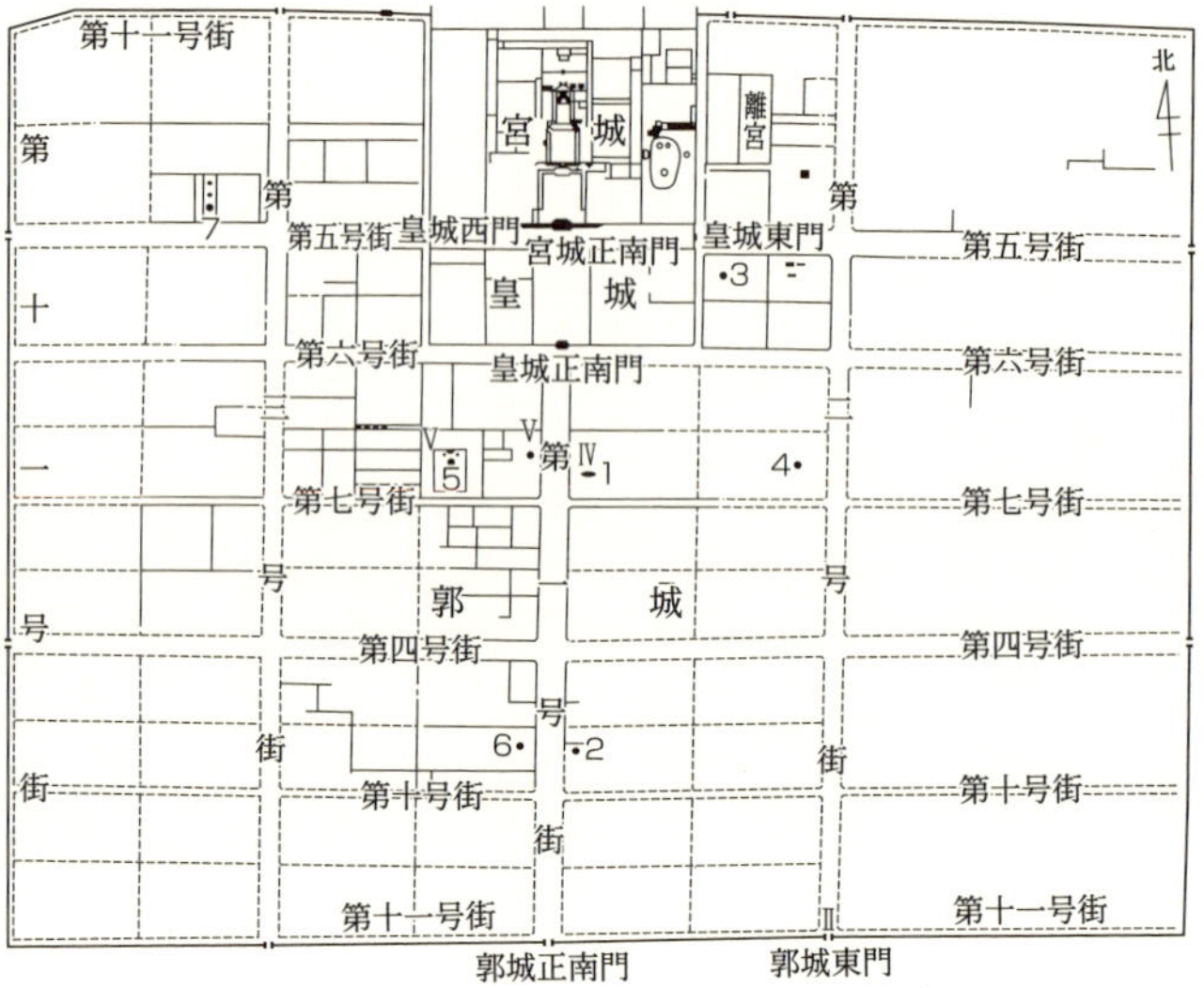

図13　上京
出典：『渤海上京城考古』2012年を一部改変。

た。礼が法に独自な新しい秩序と規範意識を与えるもので、王権の支配を上から強制する体制において必須の前提であったことからすれば、この唐礼の書写と相前後して唐の律令法も導入したものと思われる。のちに渤海を滅ぼした遼（契丹《きったん》）が、渤海人をおさめるのには「漢法」に拠ったとしていることからも、渤海が律令国家へと生まれ変わったことがわかる。

律令国家渤海の新たな政治的拠点が上京《サンギョン》である。『新唐書』渤海伝によれば、欽茂は天宝末年（七五五・七五六年）に顕州から上京に遷都した。そこは旧国から隔たること三〇〇里で、忽汗河《ホラナ》《こっかんが》の東であるとする。その遺跡は黒竜江省寧安市渤海鎮に比定され、八世紀後半に一時、東京《トンギョン》（吉林省琿春《こんしゅん》市八連城）に遷ったときを除いて、渤海が滅亡する九二六年まで存続した。この王都は唐の長安城をモデルにして建設され、その構造は東西に広い長方形を呈し、宮城・皇城・外城の三重の城壁から成っている。皇城の城壁は石築で周長四・九キロ、宮城の城壁は周長二・五キロで、内部に五つの宮殿が南北に配置されている。外城の城壁は土石混築で、内部は条坊で区画され、その周囲は約一六・三キロにおよぶ。上京の地は元来、牡《ぼ》丹江《たんこう》岸の靺鞨人の居住地で、大欽茂の領域の拡大を進める拠点として設けられ、五京のうち最北の王都である。

安禄山・史思明の乱と渤海

七五五年十一月、唐で安禄山の乱が起こった。禄山は平盧《へいろ》・范陽《はんよう》（治所は幽州、北京）・河東（治所は山西省太原）の三節度使を兼務し、唐領内への侵入を繰り返す契丹や奚《けい》の征討に功を立てていた。しかし玄宗のもとで宰相として権勢をふるっていた楊国忠《ようこくちゅう》を排除することを口実に挙兵し、洛陽・長安をあいついで占拠した。そのため玄宗は四川に逃れて、粛宗に譲位した。

この間、平盧留後事（節度使の代行）の職にあった徐帰道《じょきどう》は、張元澗《ちょうげんかん》を渤海に派遣して援軍を求めた。しかし渤海は徐帰道が禄山と内通していることを疑って援軍を派遣しなかった。その後、七五八年には、安東都護の王玄志《おうげんし》が王進義《おうしんぎ》を渤海に派遣して、粛宗と玄宗の復権を計画していることを伝え、粛宗の勅書をもたらした。だが欽茂はただちに王進義の言うことが信じられず、確認のための遣唐使を派遣した。ちょうど渤海にきていた日本の小野田守《おののたもり》に楊承慶《ヤンスンギョン》を同行させて、同年十二月にこの勅書を日本に回覧して安禄山の乱を伝えたが、日本も渤海と同様に唐を軍事支援することはなかった。さらに七五九年には、賀正使の楊方慶《ヤンバンギョン》を安史の乱の最中、唐から帰国できずにいた日本の遣唐大使藤原清河を迎える使節の高元度《コウォンド》をともなって入唐させた。楊方慶らは、唐国内の動向視察と情報収集などの役割を担っていたものと思われる。

七六二年、唐の第一一代皇帝代宗（在位七六二〜七七九）は大欽茂に「渤海《バレ》国王《ググァン》」号と「検校太尉」の官職を与えた。このことは安禄山が七五七年に子の安慶緒《あんけいしょ》に殺されたが、乱は禄山の盟友である史思明《ししめい》とその子史朝義《しちょうぎ》に引き継がれ、また七四四年に滅亡した突厥《とっけつ》に代わって興ったウイグル（回紇）の第三代ブグ・カガン（牟羽、登里可汗）が、史朝義の要請に従って南下の様相を示したため、唐は渤海の支援を期待しての措置とみられる。しかしブグ・カガンは、部下の僕固懐恩《ぼくこかいおん》の説得に従って反対に史朝義を攻めたため、洛陽にいた史朝義は范陽に逃げ帰った。七六三年正月、史朝義は李懐仙《りかいせん》に殺され、足かけ九年におよんだ大乱は終結した。

この安史の乱により唐のアジア諸国に対する影響力は低下し、周辺諸国・諸民族の独自の活動を助長することになった。渤海ではこの「国王」昇格を機に、顕州に比定される河南屯古城と海蘭江をはさんだ対岸に上京をモデルに中京《チュンギョン》(西古城)を建設した。唐の東都洛陽に倣って副都制を採用したものであろう。しかも中京を建設した和竜の地は、第二代王の大武芸のときに王都顕州がおかれ、欽茂自身も即位した由緒ある地でもあった。西古城の東二キロの竜頭山古墳群には、欽茂の皇后であった孝懿《ヒョイ》《こうい》皇后《ファンフ》の墓(M12墓)や欽茂の四女の貞孝公主《チョンヒョゴンジュ》墓、さらには第九代王の大明忠《テミョンチュン》の皇后である順穆《スンモク》《じゅんぼく》皇后《ファンフ》の墓(M3墓)などが営まれていることも、和竜が渤海王室にとって特別な地であったことを物語る。さらに欽茂もこの地に埋葬された(M10墓)可能性がある。(7)

七六七年から七七五年までの大暦《だいれき》年間に、渤海は毎年あるいは隔年、ときには一年に二度も三度も遣唐使を派遣したことを『新唐書』渤海伝などの史書が伝える。大暦年間には二五回、建中年間(七八〇～七八三年)から貞元《ていげん》年間(七八五～八〇五年)には一一回の遣唐使が派遣されていることが確認される。そうしたなか、七七三年に、渤海の質子(人質)が皇帝の服である袞竜《こんりょう》を盗む事件が起こった。それは「中華の文物を慕う」(『冊府元亀』巻四一・帝王部)あまりであったというが、渤海国王となった欽茂が袞竜の服を着て、渤海国内はもとより支配をおよぼした周辺靺鞨諸部族に対して、自らが唐の皇帝と比肩しうる王であることを誇示しようとしたのかもしれない。

渤海は安史の乱のなりゆきを静観していたが、乱が終息すると、七七五年に「押新羅渤海両蕃使」という新羅と渤海を監督する職務を担っていた淄青《しせい》平盧節度使の李正己《りせいき》のいる青州(山東省青州)に使者を派遣して、渤海馬の交易をおこなうなど交易活動に意欲をみせている。円仁《えんにん》の『入唐求法巡礼行記』開成四(八三九)年八月十三日条に、山東半島の青山浦(成山島付近)で日本の遣唐使船と渤海の交易船が同泊していることが記されており、八世紀後半以降、渤海と唐との活発な交易活動をうかがわせる。

一方、欽茂は貞元年間に上京から東京《トンギョン》へ遷都した。遷都の理由は詳《つまび》らかではないが、大欽茂の死後、七九四年に第五代渤海王に大華璵《テファヨ》《かよ》が即位すると（在位?〜七九四）上京に還都していることから、わずか約一〇年程の王都であったと思われる。この東京は濊貊《わいばく》の故地で、かつて柵城府《チェクソンブ》と呼ばれた地に造営されて竜原府《ヨンウォンブ》に属した。今日、吉林省琿春市の八連城（半拉城《はんらじょう》）に比定して異論はなく、その構造は上京の宮城や中京（西古城）同様に方形で、内城と外城が土塁で画されている。外城は、北壁七〇九・二メートル、東壁七四三・四メートル、西壁七三四・四メートル、南壁六九八・四メートルである。内城は外城の中央北部に位置し、第一宮殿と第二宮殿、それを繋ぐ廊道、さらに東西に廊棟が配置されていることが明らかになっている。八連城すなわち東京は、上京や西古城と時期を隔てることなく建設されたと考えられている。

安史の乱が終息した八世紀後半以降、渤海は日本へ朝聘にことよせてたびたび使節を派遣している。これらの使節は、東京である八連城から竜原府の管轄下にあった塩州《ヨムジュ》の治所のクラスキノ城を経て日本海を渡る「日本道」（『新唐書』渤海伝）を通って日本へ向かった。[8] 七七二年六月に日本へ着いた壱万福《イルマンボク》一行は、三二五人という多数の使節であり、なかに交易商人ともいうべき人びとが同行していた可能性がある。その後、七九六年に、渤海は訪日の間隔の裁定を日本へ要求した。日本は、七九八年に「六年一貢」を提示したが、渤海は納得せず、日本は使節の訪日の間隔の制限を完全に撤廃した。渤海は九世紀初頭以降、連年のように遣使し、八二六年三月には、右大臣藤原緒嗣《ふじわらのおつぐ》が、渤海使は「実に是商旅にして、隣客とするに足らず。彼の商旅をもって客となすは国の損なり」（『類聚国史』巻一九四・殊俗・渤海下・天長三年三月朔条）と非難するほどであった。さらに太政官は、渤海使との私的な交易を禁止したが、「心、遠物を愛で、争いて以て貿易す」（『類聚三代格』巻一八）る人びとの前に効果はなかった。渤海使がもたらす貂《てん》・虎・熊などの毛皮や人蔘《インサム》・蜜などの渤海の特産品はもとより、唐で入手した南海産の玳瑁《たいまい》や中国西南部の高原産の麝香《じゃこう》など、珍品の購入に躍起となったのである。一方、渤海は綿・絁《あしぎぬ》・糸などの日本の繊維加工品のほかに、黄金・水銀などの鉱物をはじめ水精念珠・檳《びん》榔樹《ろうじゅ》の扇などの工芸品や海石榴油《つばき》・金漆《こしあぶら》（塗料）などを入手している。

混乱する王位

大欽茂は七九三年三月四日に没した。長期にわたって在位した王の死は、その後の王権に混乱をもたらした。その経緯について『資治通鑑《しじつがん》』によれば、七九四年十二月から翌年二月までのわずか数カ月のあいだに、元義《ウォニ》・華璵(諡号は成《ソン》王《ワン》)・嵩璘《スンニン》《すうりん》(諡号は康王《カンワン》)の三人の王の交替があいついだことが知られる。欽茂の死後、まず「族弟の元義」が即位した。欽茂の子の宏臨《クエンニム》が「早死」したことに起因する王位継承であったが、「族弟」は「一族中で己より年若い男子」、あるいは「祖父、曾祖、曾祖の父である高祖」から分かれた系統の者には「族」の語を冠する用例があることから、元義は大欽茂の王系とは異なる王族か、もしくは初代王の大祚栄《テジョヨン》《だいそえい》の兄弟の曾孫か、大祚栄の父の兄弟の玄孫かもしれない。

一九四九年に敦化《とんか》の六頂山古墳群から「貞恵公主墓誌」が出土した。また一九八〇年十月には竜頭山古墳群から「貞孝公主墓誌」が出土した。貞恵公主《チョンヘゴンジュ》は欽茂の次女であり、貞孝公主は四女である。この二つの墓誌はともに「禁羽儀東宮之姉」との記載が認められる。すなわち貞恵公主の亡くなった渤海の宝暦四(七七七)年四月十四日には東宮が存在していたうえ、貞孝公主の没した渤海の大興五十六(七九二)年六月九日にも東宮がいたことを示す。このことは欽茂の生前に東宮、つまり皇太子が決定されており、この東宮が途中で廃太子、あるいは死亡することなどにより交代していなければ、宏臨を指すと思われる。しかし宏臨の死によって、東宮が不在となった。そこで大欽茂の死後、元義を擁立したものの、「性格が猜虐である」として国人に殺害されたのであった。そこで元義を殺害した国人は、宏臨の子で欽茂の直系の孫にあたる華璵を擁立して第五代王とした。ただしこの華璵に関する史料は稀少で、華璵が唐から冊封《チェクポン》された形跡は認められない。それは在位が極めて短期間であったため、唐に認知されなかったからかもしれない。しかし年号を「中興《チュンフン》」としていることや、華璵が即位すると東京から上京に還都していることは、新王大華璵にかける国人の期待が大きかったことを示す。こうして欽茂の嫡孫に王位が復したのであった。

その後、第六代王となった嵩璘が、七九五年に日本の桓武天皇に送った王啓によれば、華璵が突然に亡くなったと伝えている。華璵には跡を継ぐべき適当な子どももいなかったのであろう。「義に感じた」国人たちは、欽茂の孫で華璵の弟とみられる嵩璘を擁立して第七代の王位に即けたのであった。嵩璘は、七九五年二月、唐から渤海郡王・忽汗州都督に冊立された。しかしそれは祖父王の大欽茂と同等の「渤海国王」ではなかった。嵩璘が「渤海国王」に冊封されるのは、三年後の七九八年三月のことであることから彼もまた若年にして王位に即いたことが想像される。しかし治世五年にして第八代王の言義《オニ》(諡号は僖王《ヒワン》)に替わった。その言義も八一七年初め頃に没して、弟の明忠《ミヨンチユン》(諡号は簡王《カンワン》)が王位を継いだが、それもわずか一年余りで没するなど王権の混乱が続いたのであった。

▼補説12▲ 東亜考古学会の上京(東京城)の調査

一九三一年九月、中国奉天近郊の柳条湖で起こった南満洲鉄道線路爆破事件を口実に、関東軍が満洲地域における軍事行動を開始した。この事件を契機に、一九三二年三月に、満洲国が建国されると、日本において満洲に対する関心が高まり、東アジア諸地方の考古学調査を目的とする東亜考古学会は、中国吉林省にある渤海国の都城址東京城、すなわち上京の発掘調査を計画した。

外務省記録によれば、一九三三年四月、東京帝国大学の原田淑人《よしと》は、渤海国は純粋な満洲民族の建国による国家で、その歴史も不明な点が多い。そこで三年間にわたり渤海の都城址である東京城の調査を計画したのであった。日本政府も東京城調査は、満洲国の歴史を明らかにするうえで極めて有意義であると判断して、助成金一万六〇〇〇円を支出して、東亜考古学会の調査を支援した。

初年度の調査は、調査団代表である原田淑人をはじめ、東京帝国大学の東洋史教授で、かつて満鉄調査部で渤海史料を収集した池内宏や、同文学部副手の駒井和愛《かずちか》、東亜考古学会幹事の島村孝三郎、東方文化学院京都研究所研究員の水野清一、同所員の羽舘易《はねだておさむ》、京都帝国大学院生の外山《とやま》軍治らの七名によって、一九三三年六月五日から二十五日までおこなわれた。この調査には、奉天の満洲国立図書館副館長で渤海史研究の泰斗金毓黻《きんいくふつ》や、京城帝国大学教授の鳥山喜一らも加わった。

調査は軍隊と警察隊の保護を受けながら進められた。当時、満洲では抗日ゲリラの活動が激化しており、東京城周辺も例外ではなく、調査員は軍隊の護衛なしに城外に一歩も出ることはできなかった。外城の土塁の踏査、南大廟の石灯籠の実測、寺址や宮殿址、住居址などの調査・発掘をした。また東京城北方の渤海の王陵と思われる三霊屯古墳も視察した。この発掘の成果は、同年秋、東京上野の帝室博物館で開催された渤海国首都出土遺品展覧会で公開された。新たに興った満洲国と日本の友好・一体化を渤海時代の昔に遡って歴史的に広く喧伝することになった。

翌一九三四年五月二十日から六月十九日まで第二年度の調査がおこなわれた。調査は宮殿址が主であった。第四宮殿址後方に二基の宮殿址を発見し、往時のままの床壁、敷居、暖房装置（オンドル）などの遺構を確認したが、第五宮殿址から「和同開珎」一枚が出土した。この和同開珎は日満の友好を歴史的に物語る貴重な遺物として、一九四〇年十月、紀元二千六百年記念行幸の一環として東京帝国大学に来校した昭和天皇の天覧に供したのであった。

7　後期王朝の誕生　大仁秀の登場

王系の交代

八一八年五月、大仁秀《テインス》（諡号は宣王《ソンワン》、在位八一八〜八三〇）が第一〇代の渤海《パレ》国王となった。この大仁秀は『新唐書』渤海伝に、「従父仁秀立ち、建興と改年し、その四世祖の野勃は祚栄の弟なり」とあることから、これまでの初代王の大祚《テジョ》《だいそ》栄《ヨン》《えい》の王系から祚栄の弟の大野勃《テヤバル》系に移ったはじめての王である。この王系交替が、どのような理由によるのかは史書は何も伝えないが、大祚栄に大野勃という弟がいたことは、右の『新唐書』渤海伝以外に確認できない。また明忠《ミョンチュン》の在位が短いことや、仁秀が建てた元号も「建興《コヌン》」と意味深長であることからも、仁秀が明忠から王位を簒奪し、新たな王朝を創始したのではないかと憶測する。すなわち仁秀は、始祖王大祚栄の王系譜に弟の野勃を結びつけることによって、自らの即位の正当性を主張したのではないか。いうなれば仁秀は、渤海後期王朝の創始者ということができよう。

王都上京《サンギョン》の北に、周囲を瓦葺《かわらぶ》きの塀で区画した三陵屯墓地がある。墓地内の一号墓は、一九三三～三四年に東亜考古学会(9)によって調査され、切石積みの大型石室と墓上に塔が建てられていたことが判明した。また一九九一～九二年の調査で東側には、女性や子どもの人骨と官人などの人物壁画が描かれた二号墓が確認された。一号墓はその規模が大きいことから大仁秀の王陵、二号墓はその王妃の墓との指摘もある。三陵屯墓地は新たな王朝を開いた大仁秀によって営まれた陵園とみることもできよう。

渤海の王位は、大仁秀から彝震《イジン》《いしん》、そして弟の虔晃《コヌアン》《けんこう》(第一二代王、在位八五七～八七一)、玄錫《ヒョンソク》《げんしゃく》(第一三代王、在位八七一～八九五)へと継承された。

ところで日本の宮内庁書陵部には、咸和十一(八四一)年閏九月二十五日付の渤海国中台省《チュンデソン》から日本国太政官に宛てた牒が所蔵されている。平安時代末の写しではあるものの、現存する最古の外交文書である。その末尾二行の位置(官位姓名)に、

呉袟(秩)大夫政堂春部□(卿カ)上中郎将上桂(柱)将 □(聞カ)理県擬□(開)国男賀守
謙中台親公大内相兼殿中安豊□開国□(公)□(大カ)虔日(晃)光

とある。この牒は第一一代王の大彝震の在位中(八三〇～八五七年)に書かれたものであることから、末尾の「虔日光」は彝震の弟の虔晃のことを指していることは疑いない。そしてこの虔晃は、「中台親公」「大内相」「殿中」「安豊□」「開国□(公)」などの官職と爵号を帯びている。「中台」は唐の中書省に該当し、詔勅の起草をおもな任務とする渤海の三省の一つ中台省に関係深い官職名と思われるが、虔晃が彝震の王弟であることから中台省の長官職に、特別に尊称を付して

「中台親公」と呼称したものであろう。さらに「大内相《テネサン》」は唐の尚書省に相当する政堂省《チョンダンソン》の長官職で、国政を統括する最高官職である。また殿中令《チョンジュンニョン》は唐の宮内官である殿中省にあたる殿中寺《チョンジュンシ》の長官職であることから、国政の実権をほぼその掌中に握っていたことになる。しかし虔晃の位署には、「副王」あるいは「太子」「東宮」などは書かれていないことから、虔晃は少なくとも八四一年には東宮ではなく宰相の地位にあったといえよう。虔晃はこのときより一六年後に王位に即くのであるが、それには大内相や中台親公などの要職を歴任した宰相としての実績が大きく影響したのであろう。

府州県制の整備と靺鞨の社会

大仁秀は、唐の元和《げんわ》年間末(八一八〜八二〇年)に、南は新羅《シルラ》との国境を確定し、また北部の靺鞨《マルガル》《まつかつ》諸部を討って領域の拡大をはかった。そして九世紀半ばまでには、旧高句麗《コグリョ》人や靺鞨諸族を含んだ多民族国家として五京一五府六二州の地方支配体制を整えたのである。ただし黒水靺鞨《フクスマルガル》には府州制が施行された形跡は認められず、渤海は黒水靺鞨を直接支配することなく朝貢を誓わせた程度ではなかったかと思われる。

ところで渤海の社会について、『日本後紀』の延暦十五(七九六)年四月戊子(二十七日)条の逸文には、

> 和銅六(七一三)年、唐の冊を受けて其の国を立つ。延袤《えんぼう》(土地の広さ)二千里にして、州県館駅無し。処々に村里有り。皆靺鞨部落なり。その百姓は、靺鞨が多く、土人少し。皆土人をもって村長と為す。大村を都督と曰い、次を刺史と曰う。その下の百姓を皆首領と曰う。

と、「州県館駅」がないとある。しかし七三九年十二月に、唐から渤海経由で帰国した遣唐使平群広成《へぐりのひろなり》を送る途中、日本海で漂没した渤海大使胥要徳《ソヨドク》《しょようとく》は、「若忽《ヤッコル》州都督」であったことから、州制は第三代王大欽茂《テフムム》の治世の初期、あるいは第二代大武芸《テムイエ》の末年には、すでに設けられていたとみられる。ただし、この若忽州は、『新唐書』渤海伝が掲げる「六二州」のなかにはみえないことから、第一〇代王の大仁秀《テインス》の頃までに整理・統合されたのかもしれない。また七五八年

九月に、来日した楊承慶《ヤンスンギョン》は「木底州刺史《モクチョチャサ》」であった。さらに翌七五九年十月に来日した高南申《コナムガブ》は、「玄菟《ヒョンド》《げんと》州刺史」であった。前者の木底州は、遼寧省新賓県木奇鎮付近に、また玄菟州は同省撫順市付近に想定されている。この二州は、安東都護府に属していたが、渤海が安史の乱に乗じて占領して州をおき、それぞれ刺史を任じたとみられることから八世紀半ばには、州は漸次設置されていったとみられる。また県も、八四八年十二月に能登に来着した王文矩《ワンムング》《おうぶんく》が永寧《ヨンニョン》県丞であったことから、九世紀には整備されていたことは疑いない。

さらにこの史料には村の様子が記されている。各地に点在する靺鞨人部落のうち大村には都督・刺史をおくなど、中国的な地方官僚組織化が渤海建国初期から進められていたかのようにみえる。しかしそれは「その下」の小村ともいうべき村落に存在している首領《スリョン》と呼ばれる靺鞨人の在地首長たちを階層的に組織したもので、渤海誕生以前の靺鞨人の社会を解体・再編成したものではなかったと思われる。また土人と呼ばれる者たちが村長となっているが、この土人は高句麗人とする見解が大勢である。このことは初期の渤海の支配領域が、旧高句麗領を大きく越えて拡大していないことを物語っているといえよう(10)。

渤海の土地は、特定の地域を除いて寒冷のため水稲耕作には適さなかった。粟や麦、稷《しょく》などの穀類も同様で、その収穫量も必ずしも多くなかった。一方、「貂鼠《ちょうきゅう》」と呼ばれる貂《てん》の毛皮をはじめ、虎皮・熊皮などの毛皮、さらには「海豹」つまりアザラシの皮などの皮革品は、唐や日本への主な朝貢品でもあり、人びとの垂涎の的でもあった。また東北アジアで産出する赤玉と呼ばれた瑪瑙《めのう》も、古くから特産品であった。その他、乾文魚・鯔魚《しぎょ》(ぼら)・鯨鯢魚睛《げいげいぎょせい》などの魚類、人蔘《インサム》や白附子《びゃくぶし》、松子などの生薬、鷹、鶻《こつ》(はやぶさ)・狗・豹などの禽獣類、これらは狩猟・漁撈・採集などによって獲得した一次産品であった。渤海は寒冷地のため農業生産力は低いが、代わって狩猟・漁撈などによって得た毛皮などを主な賦課物として、都督・刺史の監督のもと、各地の在地首長である首領たちを介して「村」から収奪していたのであろう。

「海東の盛国」渤海

唐の第一五代皇帝の穆宗《ぼくそう》（在位八二〇～八二四）の時代に、大仁秀は王子を唐に派遣して臣従した。そして唐の第一七代皇帝の文宗（在位八二六～八四〇）が、渤海の第一一代王大彝震に、「渤海は晏寧《あんねい》〔穏やかで安定〕にして遠く華風を慕う」（『文《ぶん》苑英華《えんえいが》』巻四七一「渤海王大彝震に与うる書」）というように、渤海は中華である唐に対する強い憧憬の念をもっていた。また晩唐期の詩人温庭筠《おんていいん》の「渤海王子の本国に帰るを送る」（『全唐詩』巻五八三）にも「彊理《きょうり》〔渤海〕は海を重ぬと雖も、車書〔車と文字〕、本より一家たり」と詠んだように、唐と渤海は極めて親密な関係にあった。

さらに第一三代王大玄錫《テヒョンソク》《だいげんしゃく》（在位八七一～八九五）の時代には、学生を唐の上都長安の太学《テハク》にしばしば派遣して、「古今の制度」（『新唐書』渤海伝）を習得させている。こうした進取に富んだ外交政策の結果、この頃までに、渤海は「左右神策軍、左右三軍、一百二十司」（『旧唐書』文宗本紀）を設けて、軍制や国家機構の充実をはかった。

唐は渤海を「海東の盛国」と称えた。「海東《ヘドン》」について、『新唐書』東夷伝百済は、百済《ペクチェ》の義慈《ウイジャ》王（在位六四一～六六〇）を指して「海東の曾子」（海東の親孝行者）といい、あるいは「海東三国」として新羅、百済、高句麗を指している。唐代には、「海東」は唐からみて渤海湾の東に位置する朝鮮半島を指していたと理解してよいであろう。とすると唐が渤海を「海東の盛国」と称えたことは、大祚栄を「渤海郡王」に冊封《チェクポン》して以来、一貫して安東都護府の管轄下にある高句麗の継承国とみなしていたことを物語っているのではないだろうか。

渤海の南西に接する契丹《きったん》や奚《けい》は、渤海にとってつねに脅威であった。そのため渤海は契丹に接する扶餘府《ブヨブ》（吉林省農安県農安古城か）に、つねに勁兵（強い兵士）を駐屯させて契丹に備えた。一九五六年、北京徳勝門で発見された「張建章墓誌」によれば、第一一代王の大彝震は、八三三年、契丹と奚の鎮圧にあたっていた幽州盧竜節度使のもとに、司賓卿《サビンギョン》の賀守謙《ハスギョム》を派遣している。この賀守謙は、先に掲げた渤海国中台省牒の位署書にみえる人物である。唐もこの遣使に対して『渤海国記』の著者で、幽州盧竜節度使幕下にあった張建章を同年秋に渤海に派遣している。こうした使節の往来は、当時頻発していた契丹や奚の侵寇や略奪を、渤海と唐両国が共同して対処しようとしたものと思われる。

一方、渤海と新羅の関係は総じて没交渉であったことはすでに述べたが、七九〇年には新羅が一吉飡《イルギルチャン》《いっきつさん》(新羅官位の第七位)の伯魚《ペゴ》を渤海に派遣し、また八一二年にも級飡《クプチャン》《きゅうさん》(第八位)の崇正《スンジョン》を派遣している。新羅がなぜこの時期に渤海に外交使節を派遣したか、史書は何も伝えていない。しかし『三国史記《サムグクサギ》』巻三七・地理志に、新羅の泉井《チョンジョン》郡より渤海の柵城府《チェクソンブ》(竜原府《ヨンウォンブ》)とのあいだに交通路が開かれていたことが記されていることから、ときにおいて新羅と渤海を隔てる関門が開かれて往来があったのかもしれない。ところが新羅は八二六年七月、漢城《ハンソン》以北の諸州・諸郡から一万人を動員して浿江《ペガン》沿いに三百里の長城を築いている。この築城は、大仁秀が元和年間(八一八～八二〇年)に新羅との国境を定めたことに対する対抗措置として浿江付近の防衛ラインを固めたのであろう。このように渤海と新羅は対立することが多かった。八九七年には渤海の賀正使であった王子大封裔《テボンエ》《だいふうえい》が、唐の朝賀の席で新羅使の上席に着けるように要求して席次を争った。結局、唐の第一二代皇帝昭宗(在位八八八～九〇四)は許さず、旧慣通り渤海は新羅の次席となったのである。また九〇六年に、渤海の宰相烏炤度《オソド》《うしょうど》が朝貢したおり、賓貢科《ひんこうか》(外国人のための科挙)を受けた息子の光賛《クァンチャン》の成績を新羅の崔彦撝《チェオヌィ》《さいげんき》の上にするように要求している。渤海の大国意識が国際舞台で露呈した事件であった。

▼補説13▲ 宮内庁書陵部所蔵「渤海国中台省牒」と北京首都博物館所蔵「張建章墓誌」

八四一(承和八)年十二月に来日した渤海使賀福延《ハボギョン》のもたらした外交文書「渤海国中台省牒」の写しが、宮内庁書陵部所蔵の『壬生家文書』古往来消息雑雑に収録されている。これはすでに述べたように「中台省牒《チュンデソンチョブ》」の実物ではなく、平安後期の写しであるが、古代の外交文書の体裁を今日に伝える唯一の文書である。

「渤海国中台省が日本国の太政官に牒を上つる」で始まり、「貴国に入覲する使政堂省左允の賀福延と従う一百五人を差す」と記して、大使である「使頭」の賀福延以下、嗣〔副カ〕使、判官・録事・訳語・史生・天文生、そして六五人の大首領など、使節の人数と職名、姓名が列記され、そのあとに「中台省牒」の本文が続く。そして末尾二行には、この文書の差出し責任者の官職と姓名が書かれている。すでに述べたように、位署と呼ばれるこの部分の一行目最下段の「賀守」と、最終行の冒頭の「謙」は、本来一人の人名であったと思われる。それは現在、北京の首都博物館が所蔵している「張建章墓誌」によって裏づけられる。

この墓誌は一九五六年に北京城北壁西側の徳勝門で発見され、唐の太和年間(八二七〜八三五年)に成立した『渤海国記』の著者である張建章のものであった。張建章は渤海国王の大彝震が司賓卿の賀守謙を遣わして朝貢してきたため、幽州盧竜節度使の返礼使として渤海に派遣されることになった。張建章は八三三年(癸丑の年)の秋に出発して海を渡って、翌年の秋の末に都のある忽汗《ホラン》州に到着した。この墓誌の文中の「司賓卿」つまり唐の鴻臚寺に相当し外交関係を掌る官庁である司賓寺《サビンシ》の長官の賀守謙が、「中台省牒」にみえる賀守謙と同名であることに気づく。

「渤海国中台省牒」が書かれた咸和十一(八四一)年は、大彝震の治世下で、墓誌にみえる賀守謙が幽州(北京)に派遣されたときと同じ王代である。つまり墓誌の賀守謙と「渤海国中台省牒」の賀守謙とは同時代人である。ただ墓誌の賀守謙の官職が司賓卿で、「中台省牒」の賀守謙は政堂《チョンダン》春部卿《チュンブギョン》で、両者には官職に相違がみられる。しかし幽州に派遣された太和六年と当牒が書かれた咸和十一年とは九年ほどの差であるので、その間に官職の変更があったとしても不思議ではない。むしろ司賓寺という外交官庁の長官としての経験が、中台省の牒の署名者の一人となる要素となったと考えれば、墓誌と当牒の賀守謙は同一人物としてよい。ただし当牒は平安時代末に書写するとき、「賀守謙」を一人の人物とは知らず「謙」の一文字を改行してしまったのである。

異なる国が所蔵する史料に、同一人物の名が千百余年の時を隔てて奇しくも確認されたのである。

8　渤海の滅亡と東丹国

ウイグル・唐の滅亡と契丹の台頭

八四〇年、モンゴル高原に覇を誇ったウイグルが滅亡した。政権をめぐる内部抗争が起こり、渠長《きょちょう》（将軍）のキュリュグ・バガ（句録莫賀）に攻撃されて、第一二代のアルプ・キュリュグ・ビルゲ・カガン（彰信可汗《しょうしんかがん》）は自殺した。新可汗を擁立しようとしたキュリュグ・バガは、西北のエニセイ川上流のキルギス（黠戛斯《かつかつし》）に援軍を求めたが、キルギスは一〇万の兵を送って、回鶻城《かいこつじょう》（オルドゥ・バリク＝宮殿の町）を焼き払った。そのためウイグルの遺民は四散し、以後、モンゴル高原には強力な勢力の台頭はみられなくなった。また唐においては、八七五年、山東・河南を中心に王仙芝《おうせんし》、黄巣《こうそう》が蜂起し、いわゆる唐王朝崩壊の導火線ともなった黄巣の大乱が起こった。以後、唐王朝の衰退は著しく、九〇七年、宣武節度使（治所は汴《べん》州、河南省開封）であった朱全忠《しゅぜんちゅう》が唐の第二〇代皇帝哀帝《あいてい》（在位九〇四～九〇七）から受禅して後梁《こうりょう》を建て、ここに七世紀以来アジアに君臨した唐帝国は滅んだ。これを契機に華北・中原に後晋《こうしん》・後唐《こうとう》・後漢《こうかん》・後周《こうしゅう》などの五王朝が、また淮河以南には呉越国・南唐など一〇前後の国が興亡した。いわゆる五代十国の時代である。

こうしたウイグルの滅亡や唐の衰退が続くなか、契丹《きったん》は家畜の増産に努め、また九世紀末には、北方の室韋《しつい》や奚《けい》、唐の幽・薊州《けいしゅう》（天津市北部）にたびたび侵寇して、奚人や漢人を捕らえて俘虜として役使し、農業をはじめ多くの生産活動に彼らを従事させて国力の充実をはかった。こうした経済発展を基礎に、契丹八部の一つ迭剌《てつら》部の首領であった耶律阿保機《やりつあぼき》（在位九一六～九二六）が頭角をあらわして、八部大人（君長）に選出された。八部大人は、三年ごとに代わることになっていたが、阿保機は代わることなく、九〇七年正月に、群臣から「天皇帝」（テングリ・ハン）の尊号を奉られた。さらに九一六年には、中国的な尊号である「大聖大明天皇帝」を奉られ、また年号も中国的な「神冊」を建てた。これらは阿保機が対内的には全契丹の統一君主であることと、対外的には中原王朝の皇帝として華北の領有をめざしていることを内外に宣言するものであった。

阿保機は、周到な渤海《パレ》包囲網を準備した。まず九〇七年に、後梁と結び前晋（のちの後唐）や河北への侵寇を有利にした。そこで九一一年には、阿保機自ら出兵して契丹に抵抗していた奚を平定した。こうした契丹の攻勢に、周辺諸国は契丹との外交関係の樹立を進めた。九一五年には、高麗《コリョ》と新羅《シルラ》が契丹に入貢し、以後、高麗は三年に一度入貢することになった。また九二五年には、日本も契丹に入貢したことが『遼史』にみえている。ただ日本側の史料には、その事実はみえないので、中央政府の使者ではなく地方勢力の使者、あるいは商人であったのかもしれない。一方、契丹は九二二年に、高麗に使者を派遣して、渤海を背後から牽制している。また渤海の支配下に入ることを拒みつづけた経験をもつ黒水《フクス》靺鞨《マルガル》も、八八六年には新羅との関係を求めるなど反渤海の姿勢をとった。

渤海では、九〇七年以来、第一五代王大諲譔《テインソン》《だいいんせん》がおさめていた。諲譔は発展著しい契丹へ、九一八年二月に朝貢をしている。一方、阿保機は同年十二月に遼陽故城（遼寧省遼陽市）に行幸し、翌九一九年二月には、修復を終えた遼陽故城に、略奪した渤海民を移住させている。契丹の支配が渤海内部にまでおよびつつあった。渤海は九二四年五月、遼州刺史《しし》の張秀実を殺害して報復したが、渤海支配者たちのあいだで外交政策をめぐって対立が深まり、九二五年には渤海の将軍申徳《シンドク》ら五〇〇人をはじめ、軍人や政府の高官らがあいついで高麗に亡命している。

渤海の滅亡と東丹国の成立

阿保機は九二四年六月から翌年九月まで、北モンゴルのタタール（阻卜《そぼく》）や西方のタングート（党項）・吐谷渾《とよくこん》を攻め、契丹の領域は北はオルホン川流域から西南はオルドスにまで広がった。凱旋した阿保機は、九二五年十二月、「惟うに渤海の世讎（先祖代々の仇）いまだそそがず」「乃ち兵を挙げ、親から大諲譔を征む」（『遼史』巻二・天賛四年十二月乙亥〈十六日〉条〉と渤海征討軍を起こした。阿保機が深く渤海に恨みをいだいていたことをうかがわせるが、それは前の西方遠征直前に遼州刺史の張秀実が殺害されたことを指すのであろうか。

阿保機の行動は迅速で、皇太子の倍《ばい》（突欲《とつよく》）と尭骨《ぎょうこつ》（のちの太宗）の二人の息子をともなって閏十二月二十九日、渤海の扶《ブ》餘《ヨ》府を囲み、わずか五日間で攻略した。阿保機は城内の住民を徴発しようとしたが、倍は今こそ破竹の勢いで渤海の王都忽汗城《ホランソン》（上京《サンギョン》）を攻めるべきと進言した。阿保機は倍と尭骨を先鋒として忽汗城に迫り包囲した。

九二六年正月十四日、大諲譔は怖じ気づいて和を請い、阿保機は軍勢を王城の南門前にとどめ投降を見守った。素服を着て羊を連れ、僚属三百余人をともなって城を出た諲譔を、阿保機は鄭重に扱うとともに、渤海の諸郡県に降伏を勧告した。その後、王城内の武器の捜索にはいった契丹の兵一三人が城兵に殺されるという不測の事件が起こったため、十七日、阿保機は諲譔を攻めて王城を奪取した。諲譔は入城してきた阿保機の馬前に謝し、阿保機は戦勝を天地の神々に告げた。ここに二二八年続いた渤海は滅びたのであった。

二月にはいると、渤海の地方行政の拠点である安辺《アンビョン》、鄚頡《マッキル》《ばくけつ》、南海《ナメ》、定理《チョンニ》《ていり》府などが降伏した。そこで阿保機は祭壇を設けて青牛と白馬を奉って天地の神々を祀り、再び忽汗城に入城して府庫の品々を臣下に与えた。さらに国名を「東丹国」(11)とし、忽汗城を「天福城《てんぷくじょう》」に改めて皇太子倍をその王とした。倍は「人皇王」とも称されたが、父、阿保機が「天皇帝」、その妻淳欽述律《じゅんきんじゅつりつ》皇后（月理朶《げつりだ》・ユリド）を「地皇后」と称したのに準じたのであった。そして倍の実弟の迭剌《てつら》を渤海以来の官庁である中台省の左大相に任じて兄を補佐させ、あわせて渤海の老相（名は不明）を右大相に、渤海の司徒であった大素賢《テソヒョン》を左次相に、また六院部の出身で見識豊かな耶律羽之《やりつうし》を右次相に任じて倍を補佐させた。

阿保機は、渤海の地は海に面し、長くとどまるところではないとして倍にその経営を託した。倍は歌をつくって献じてそれに応えた。そこで阿保機は上京（内蒙古自治区巴林《バイリン》左旗《サキ》林東）へ凱旋することになったが、阿保機はその途中の七月二十七日、扶餘府で急逝したのであった。一方、大諲譔は上京に送られた。彼らは王城の西に築かれた祖州城に住むことになり、謰譔には「烏魯古《うろこ》」、妻には「阿里只《ありだ》」という名が付けられた。それは太祖阿保機と淳欽述律皇后の乗馬の名にちなんだものであった。

東丹国と渤海遺民の抵抗

大諲譔の降伏後、渤海旧領内では反乱があいついだ。三月には安辺、鄚頡、定理の各府が反乱を起こした。ただちに阿保機の弟の安端によって平定され、反乱を起こした首謀者が献上された。さらに五月には南海と定理の二府が再び反乱を起こし、七月には鉄州《チョルジュ》刺史の衛鈞《ウィギュンえいきん》が反したが、いずれも大元帥の尭骨によって平定された。渤海遺民は、あいついで高麗に流入した。

阿保機が亡くなり後嗣を決めるために倍や、転戦していた尭骨も上京に戻った。母の淳欽述律皇后と確執のあった倍は、弟の尭骨を帝位に推挙し、天福城に帰ることになった。しかし内心尭骨の即位に不満をいだいていた倍は、唐へ逃れようとしたが、邏卒《らそつ》(見回りの兵)にとめられ、東丹国に戻ることになった。九二八年十二月、耶律羽之は倍に南京と改名した遼陽(東平郡)へ渤海の遺民を移し、遼陽城を天福城とするように上奏した。そこは遼河流域の肥沃な土地であり、営州への交通の要衝でもあったことから、倍の監視をしつつ東丹国の経営をめざしたと思われる。しかし人皇王倍は、九二九年、遼陽の西の医巫閭山《いふりょざん》(遼寧省北鎮市の西北)に隠棲したものの、翌九三〇年十一月には、後唐の明宗のもとに亡命して、「東丹」の姓と「慕華」の名を賜った。

このように渤海を滅ぼした契丹は、東北・北アジアを制圧し、中国進出の環境が整いつつあった。阿保機のあとは、尭骨(徳光《とくこう》、図欲《とよく》、諡号は太宗、在位九二六〜九四七)が帝位を継ぎ、たびたび後唐に侵入した。九三六年に、後唐の明宗の女婿の石敬瑭《せきけいとう》が太宗の支援を受け、後唐を滅ぼして後晋を建てた。太宗はその代償として九三八年に、幽州・薊州《けいしゅう》などの燕雲十六州を譲り受けた。しかし倍は後唐の滅亡に際して、後唐最後の王となった李従珂《りじゅうか》の手の者によって殺害された。三十八歳であった。

太宗はその後も出兵を繰り返して後晋を滅ぼし、九四七年に国号を「大遼」と改め、中国本土を支配するはじめての北方民族の王朝となった。しかし渤海の故地の支配には積極的ではなかった。東北アジアにおける新たな王朝の登場は、こののち、金(女真族)まで待たねばならなかった。

酒寄　雅志

注

(1) 国学《クッカク》では『論語』『孝経』が必修、『周易』『尚書』『毛詩』『礼記』『春秋左氏伝』『文選』が選択科目とされており、算学も教授されていた。国学に入学するのは、官位第一二等の大舎以下、無位の者と規定されており、卒業時には第一〇等の大《テ》奈麻《ナマ》もしくは第一一等の奈麻の官位を与えられた。また、七八八年には、国学の学生を対象として、科挙《クァゴ》に類似した試験制度である読書《トクソ》三品科《サムプムグァ》が整備され、習得した書物によって上中下の三段階に評価されて官吏に登用された。国学は、官職に就くために必ず入学しなければならないものではなく、骨品制《コルプムジェ》に基づく新羅社会において、最高の官位・官職を独占していた真骨《チンゴル》身分は国学で学ぶ必要はなかった。五・四頭品身分の者を主たる対象として、中級実務官吏の養成を目的としていたのである(木村誠「統一新羅の官僚制」『古代朝鮮の国家と社会』吉川弘文館、二〇〇四年)。

(2) 新羅の渤海に対する警戒心を示す史料として、『新唐書』新羅伝の長人記事がある。記事には「人の類にして長三丈、鋸牙鉤爪、黒毛もて身を覆う。火食せず禽獣を噬う。或いは人を博え以て食らう」などと異様なイメージが語られ、関門を設けて「弩士数千を屯し之を守る」とある。この記事の成立には、七四三年に唐から新羅に使者として派遣された魏曜《ぎよう》がかかわっており、長人は、渤海領域民に対する新羅人の認識が反映されているとみられ、七二〇年代から七五〇年代まで続く両国の国際的な緊張関係の所産であった(李成市「八世紀新羅・渤海関係の一視角」同『古代東アジアの民族と国家』岩波書店、一九九八年)。なお、一四五頁参照。

(3) 毛伐城は、慶州から蔚山《ウルサン》に向かって約二〇キロの地点、ちょうど現在の慶尚北道と南道の境界に、街道を塞ぐように造られた。全長一二キロにもおよぶ石築の長城で、門址には統一新羅時代の瓦片が散布しており、建物があったものとみられる。

長城の東の延長戦上には山城があり、現地名をとって新垈里城《シンテリソン》《しんたいり》あるいは付近の烽火台の名から大岾城《テジェソン》と呼ばれる。山城は全長一・八キロの石城で、長城よりも早く七世紀後半に築造されたとみられる。この山城の城壁からは、築城を分担した郡県の名を記した銘文石が一〇個発見されている。

（4）雁鴨池（月池《ウォルチ》とも）は一九七五〜七六年に発掘調査され、大韓民国ではじめて木簡が出土した。木簡以外にもさまざまな文字資料が発見されている。五〇点以上確認されている銘文土器には、「四斗五刀」「十石入瓮」などの容積が記されるほか、「龍王辛」「辛審龍王」などと記されたものは、東宮官司の龍王典《ヨンワンジョン》がおこなった祭祀で使用されたと考えられる。瓦に捺された「習部」「習府」「漢」「漢只」は王京六部《ワンギョンユクブ》の習比《スッピ》部・漢只《ハンジ》《かんし》部を意味し、六部が瓦を供給していたことを意味する。宴席で使用したとみられる、「自唱自飲」などと一四面に書かれた木製酒令具も出土している（西谷正ほか訳『雁鴨池　発掘報告書』学生社、一九九三年）。

（5）六頂山古墳群は、渤海初期の都「旧国」に比定される吉林省敦化市の南郊五キロにある六頂山主峰（六〇三メートル）の南尾根の二つの斜面にそれぞれ墓区がある。西側斜面のI墓区からは、一九四九年に第三代王大欽茂《テフムム》の次女貞恵公主《チョンヘゴンジュ》の墓が発見され、墓誌と石獅子が出土した。その後、数次の調査を経て二〇〇四年から〇五年の調査によって西側の一墓区で一〇五基、東側の二墓区では一三〇基が確認された（吉林省文物考古研究所・敦化市文物管理所編『六頂山渤海墓葬――二〇〇四〜二〇〇九年清理発掘報告』文物出版社、二〇一二年）。その墓群の造営は八世紀から九世紀前半とみられ、古墳の形態や出土遺物から貴族墓が多く、王族墓は貞恵公主墓だけとする。そのうえで渤海は粟末《ソンマル》靺鞨を主体として在地の靺鞨や高句麗遺民を吸収して創建されたとする。

（6）狄仁傑が武則天におこなった安東に対する提案は、玄宗の宰相となった姚崇《ようすう》によって継承されたものと思われる。七一三年十月、同州刺史（現陝西《せんせい》）であった姚崇は宰相に抜擢されると、受諾の条件として一〇カ条の献言をしている。その一つに、「辺境での戦いを慎むこと」をあげている。姚崇は張柬之《ちょうかんし》らとともに狄仁傑が武則天に優れた人物の一人として推薦されていることを想起するならば（氣賀澤保規『則天武后』白帝社、一九九五年）、姚崇は狄仁傑の政策を十分に承知していて安東の支配の方法を玄宗に献言したのではないか。

（7）吉林省和竜市の竜頭山古墳群からは、一九八〇年に第三代王大欽茂の四女貞孝公主墓が発掘され、墓誌と石室内に人物像が描かれていることが確認された。さらに二〇〇四・〇五年には、吉林省文物考古研究所と延辺朝鮮族自治州文物管理委員会弁公室によって渤海時代の古墳一四基が発掘された。なかでもM12墓からは、第三代王の大欽茂の夫人である孝懿皇后の墓誌が出土した。またM3墓からは、「渤海国順穆皇后」「簡王皇后泰氏也」「建興十二(八三〇)年七月十五日、遇安□陵、礼也」など縦九行、計一四一字が刻まれた第九代王大明忠の夫人順穆皇后の墓誌も出土した。さらにM13・M14墓からは、三葉の羽のような飾りのついた金製の冠が出土した(「吉林省和竜市竜海渤海王室墓葬発掘簡報」『考古』二〇〇九年第六期)。この冠飾には高句麗の鳥頂冠を継承するものであるとの意見もある。

(8) クラスキノ城は、ピョートル大帝湾(Залив Петра Великого　ザリーフ・ペトラー・ヴィリーコガ)の西端のエキスペディツィ湾(Бухта Экспедиции)の最深部の浜辺に位置する。その規模は南北約三八〇メートル、東西三〇〇メートルのやや不整形な台形で、周囲に石塁がめぐり、城内の北西地区では寺院跡や瓦窯が発掘調査の結果確認され、八世紀前半から九世紀に築造されたものとみられている。クラスキノ城のあるエキスペディツィ湾は、遠浅であり大型船が湾奥深く侵入することは困難で、沖止めした大型船とのあいだを、小舟が往来して積み荷の上げ下しをしたと思われるが、この小舟はクラスキノ城の東を流れるチュカノフカ川(ヤンチヘ川)を利用し、二〇〇三年に検出された東門外の石敷きの道路状遺構を経て城の内外へ運ばれたのではないかと思われる。なおクラスキノ城は、竜原府管下の塩州の州治に比定されている。

(9) 東亜考古学会は、一九二七年三月に東アジア諸地方の考古学的調査を目的として、北京大学国学門の馬衡《ばこう》(一八八一~一九五五)、東京帝国大学の原田淑人(一八八五~一九七四)、京都帝国大学の濱田耕作(一八八一~一九三八)らによって設立された。同会は日本政府の東方文化事業の一環として、資金援助を受けることになった。この東方文化事業は、一九〇〇年に起こった義和団の乱(北清事変)の賠償金を基金に、二七年六月に設けられた外務省文化事業部の管理下、さまざまな中国関係の文化活動を後援してきた。東亜考古学会もその一団体として、侯爵細川護立《もりたつ》(一八八三~一九七〇)を会長に、東京帝国大学と京都帝国大学の考古学者を中心に、関東州皮子窩《ひしか》の石器時代の遺跡の発掘や同州牧羊城の調査など、中国における考古学調査をあいついでおこなった(酒寄雅志「東亜考古学会の東京城調査」菊池俊彦編『北東アジアの歴史と文化』北海道大学出版局、二〇一〇年)。

(10) いわゆるこの「渤海沿革記事」にみえる「土人」「首領」の実態について、さまざまな見解がある。そのおもなものをあげると、中国の金毓黻《きんいくふつ》がはじめて「首領」に言及し「庶民の長」とした(『渤海国志長編』金氏千華山館、一九三四年)。その後、北朝鮮の朴時亨《パクシヒョン》は「土人」を高句麗人としたうえで、「百姓」は庶民、「首領」は都督・刺史のもとにある階層とした(「渤海史研究のために」『歴史科学』一号、一九六二年、朴鐘鳴《パクチョンミョン》訳『古代朝鮮の基本問題』学生社、一九七四年)。さらに鈴木靖民は、「百姓」は部落の構成員(庶民)であり、百姓が都督・刺史を「首領」と呼び、靺鞨諸族の「部落」と呼ばれる大小地域に割拠する在地首長であるとしたうえで、彼らは旧来の在地支配権をほぼそのまま承認されて、その部落成員たる「百姓」を統属し、かつ彼らを官僚や外交使節にも荷担させたと説明する(「渤海の首領に関する予備的考察」『朝鮮歴史論集』上巻、龍渓書舎、一九七九年)。また大隅晃弘は「百姓」は姓を有する在地首長で靺鞨人が多く、「土人」は高句麗人、在地の靺鞨部落を統率している「百姓」を「首領」とする(「渤海の首領制——渤海国家と東アジア世界」『新潟史学』一七号、一九八四年)。

(11) 倍に委ねられた「東丹国」は、契丹の東の国との意味を込められた国名といわれる。しかし遼の興宗の弟の「耶律宗教墓誌銘」(重熙二十二〈一〇五三〉年)の「(墓主の)母を蕭氏と曰う。故の渤海聖王の孫娘、遅女娘子なり」との記載に注目した吉本智慧子は、この漢字表記の「渤海聖王」に対応する契丹小字は“dan gur-n ju qan”で、「渤海」にあたる“dan gur-n”は「丹国」あるいは「檀国」、さらに「聖王」である“ju qan”を大諲譔に比定すると解釈して、渤海を「丹国」と呼んだことに由来すると述べている。渤海をなぜ「丹」「檀」と呼んだのかは判然としないが、「東丹国」は「東の契丹国」ではなく「東の渤海国」という意とする(「契丹文 dan gur 本義考——あわせて「東丹国」の国号を論ず」『立命館文學』六〇九号、立命館大学人文学会編、二〇〇八年)。

第四章　高麗前期

1　後三国の鼎立と高麗の建国

豪族の成長と後三国時代

『三国史記《サムグクサギ》』(一一四五年成立)が語るところでは、九世紀末、真聖《チンソン》女王(在位八八七〜八九七)の治世において、新羅《シルラ》の統治能力は顕著な衰えをみせる。地方では自立的な勢力が成長し、王朝政府に対する収税拒否や反乱といった事件が多発するようになった。こうした動向を主導した各地の有力者層のことを、学界ではもっぱら「豪族」と呼び習わしているが、『三国史記』や『高麗史《コリョサ》』(一四五一年成立)、『高麗史節要《コリョサジョリョ》』(一四五二年成立)といった後世の史書において、彼らはしばしば「将軍」「城主」「帥」といった呼称を帯びて登場する。これらは、地域権力を代表する個人に対して付されたものだが、そうした表記は、彼らが軍事的な拠点を形成し、独自の武力を擁する存在だったことをうかがわせる。

豪族の出身母体として、かつては、新羅時代の在地有力者である村主《チョンジュ》層に結びつけて理解するのが一般的だった。しかしこれは、必ずしも個別の具体例にそくして導き出された見解ではない。むしろ豪族の事例研究においては、地方に土着化した新羅王京人やその子孫、新羅政府が辺境防備のために設置した軍鎮の関係者、富裕農民、九世紀に活発化した新羅人の海上活動の流れを汲む海上勢力、地方で蜂起した武装集団など、さまざまな出自や、成長背景が指摘されている。やがてこのなかから、とくに有力な二つの勢力が登場し、支配圏を拡大して独自の王朝を形成するにいたる。

その一人は甄萱《キョヌォン》である。尚州《サンジュ》(現在の慶尚北道尚州《キョンサンブクトサンジュ》)の農民の家に生まれ、(1) 西南沿海部の守備隊の軍人だった彼は、徒党を集めて朝鮮半島西南部の旧百済《ペクチェ》地域において勢力を拡大し、八九二年にはこの地方の中心邑の一つである武珍州《ムジンジュ》(現在の光州《クァンジュ》)を手中におさめ、自立した権力を形成した。

この初期段階において、彼はまだ表向き、「新羅西面都統指揮兵馬制置・持節都督全武公等州軍事……」などと新羅の地方官を自称していたが、九〇〇年には完山《ワンサン》(現在の全羅北道全州《チョルラブクトチョンジュ》)に定都し、自らの王朝として後百済《フベクチェ》を創建した。そして引き続き、周辺地域に軍事進出をはかり、九二七年には新羅を急襲して景哀王《キョンエ》(在位九二四〜九二七)を捕らえて自尽させるなど、勢威をふるった。

もう一人は弓裔《クンイェ》である。新羅王室の血を引くと伝えられる彼は、もとは善宗《ソンジョン》と名乗る僧侶だったが、竹州《チュクチュ》(現在の京畿道安城《キョンギドアンソン》)の箕萱《キフォン》、北原《ブグォン》(現在の江原道原州《カンウォンドウォンジュ》)の梁吉《ヤンギル》(良吉)といった地域有力者のもとを渡り歩き、朝鮮半島中部地域において軍事活動を展開した。そして、ほどなく自立し、九〇一年には高句麗《コグリョ》の復興を標榜しつつ王と称するにいたった(後高句麗《フゴグリョ》)。弓裔は当初松嶽《ソンアク》(現在の黄海北道開城《ファンヘブクトケソン》)に定都したが、のちにこれを鉄圓《チョルォン》(現在の江原道鉄原《チョルォン》)に遷した。そして九〇四年に国号を摩震《マジン》と定め、九一一年にはさらに泰封《テボン》と改称した。

この国号からもうかがわれるように、弓裔政権についてひときわ目を引くのは、独自色に富んだ名称体系をもつ国制である。中枢官庁として広評省《クァンピョンソン》、内奉省《ネボンソン》、元鳳省《ウォンボンソン》、徇軍部《スングンブ》《じゅんぐんぶ》などを設置し(表1)、正匡《チョングァン》、元輔《ウォンボ》、大相《テサン》、元尹《ウォニュン》などの「品職」を設け、さらには武泰《ムテ》、聖冊《ソンチェク》、水徳万歳《スドンマンセ》といった独自の年号を定めた。

とくに年号の制定は、中国とその文化的影響を受けた周辺地域においては重要な意味をもつ。天の星々の運行に基づいて人びとの生活を律する暦と、そこで年数の表示に使用する年号の制定は、おおもとである中国の観念では、本来天から地上世界(天下)の統治者として認められた天子である皇帝が、独占的に行使しうる特権である。それゆえ、「正朔

(暦)を奉じる」ことは、制定者への臣従を意味する隠喩ともなる。言い換えると、独自年号の使用は、当事者の自覚はともかく、中国皇帝の権威に対して自立した立場を示したことになるのである。

一方、新羅は当時なお伝統的な権威を一定に認められてはいたが、実質的には国都金城《クムソン》(現在の慶尚北道慶州《キョンジュ》)に余喘《よぜん》を保つだけの地方政権に転落した。かくして朝鮮半島の地には再び三国鼎立の形勢が生まれた。これを後三国時代という。

表1 『三国史記』弓裔伝にみえる泰封の官制

官府名	高麗時代の相当官庁ないし職務	官府名	高麗時代の相当官庁ないし職務
広評省		内廂壇	将作監
兵部		水壇	水部
大龍部		元鳳省	翰林院
寿春部	礼部	飛龍省	大僕寺
奉賓部	礼賓省	物蔵省	少府監
義刑台	刑部	史台	訳語の養成
納貨府	大府寺	植貨府	菓樹の栽植
調位府	三司	障繕府	城隍の修理
内奉省	都省	珠淘省	器物の造成
禁書省	秘書省	*徇軍部	

*は推定により別途追加。

こうしたなか、松嶽(松岳)地方の豪族である王建《ワンゴン》は、父王《ワン》隆《ニュン》(龍建《ヨンゴン》)とともに弓裔に服属して麾下の武将となり、各地を転戦して功績をあげ、衆望を集めていた。十二世紀の文献だが、金寛毅《キムグァニ》の『編年通録《ピョンニョントンノク》』におさめるその祖先伝承では、山神、中国の貴人(唐の粛宗《しゅくそう》皇帝)、西海の龍神の血統を引くことが主張されている。後二者に関連しては、王建の祖先がもともと大陸との海上貿易にかかわる勢力だったことの表れとみる説もある。

やがて弓裔は、弥勒仏と自称して神権的な専制政治をおこなうようになり、猜疑心から妻と二人の息子をも殺害するという暴力性を発揮して、人心を失うにいたった。すると九一八年、王建は、洪儒《ホンユ》(弘述《ホンスル》)、裴玄慶《ペヒョンギョン》(白玉三《ペゴクサム》)、申崇謙《シンスンギョム》(能山《ヌンサン》)、卜智謙《ポクチギョム》(卜沙貴《ポクサグイ》)といった諸将の推戴を受けるかたちで、弓裔を追放して自ら君主の座につき、国号を高麗、年号を天授《チョンス》と定めた。これが高麗の初代太祖《テジョ》（在位九一八～九四三）である。太祖は翌年には自らの根拠地である松嶽に都を遷した。これを開京《ケギョン》という。

高麗による統一と初期の王権

建国後、太祖は南北二方向に向けて経略を進めていった。

当時、新羅の北辺とその境外、すなわち朝鮮半島北部の旧高句麗地域には、もともと渤海《パレ》の羈縻《きび》下にいた黒水靺鞨に繋がるとみられるツングース系の女真人が居住していた。当時、彼らはまだ政治的な統合体を形成せず、小集団ごとに独自の動きをみせていたが、これに対して高麗は、要地に城塞を築き、女真勢力を撃退、あるいは吸収しながら支配圏を拡大していった。高麗は女真を文化水準の劣る夷狄《いてき》とみなしたが、高麗の影響下にはいった女真人のなかには、後百済との戦闘に「黒水・達姑・鉄勒等諸蕃の勁騎」として動員された者もいる。

北方経営の中核拠点として、太祖は、自らが国号を継承した高句麗の旧都平壌《ピョンヤン》（現在の平壌）に西京《ソギョン》を造営し、責任者として王族の王式廉《ワンシンニョム》を遣わした。副都の位置付けを与えられた西京では、開京に準じて官衙《かんが》が整備され、南方から住民を移して人口を充実させるなどの措置がとられた。

南方の旧新羅地域では、太祖は各地の豪族に対して「重幣卑辞」（直接には、辞を低くして手厚く贈物をすることを意味する）と称する融和政策をとった。これにより、溟州《ミョンジュ》（現在の江原道江陵《カンヌン》）の大豪族である順式《スンシク》をはじめとする各地の豪族を糾合していき、後百済に仕える有力豪族だった味谷《メゴク》（現在の忠清北道報恩《チュンチョンブクトボウン》）の龔直《コンジク》《きょうちょく》も、高麗に投降した。

同様な融和政策は新羅に対してもとられた。高句麗の復讐を唱えて新羅からきた者をことごとく殺害したとされる弓裔や、新羅王都を蹂躙《じゅうりん》した後百済とは対照的に、高麗は新羅とのあいだに友好関係を結び、後百済が新羅に侵攻した際には、高麗が救援軍を派遣することもあった。そして九三五年、新羅は、最後の君主である敬順王《キョンスン》金傅《キムプ》（在位九二七～九三五)が正式に高麗に帰順し、その長きにわたる歴史に幕をおろした。

一方、高麗と後百済とのあいだでは、一進一退の攻防が繰り広げられた。主戦場は現在の忠清道西部と慶尚道北部、および朝鮮半島中西部の沿海であり、九二七年の公山《コンサン》(現在の大邱《テグ》付近)の戦いでは、太祖が申崇謙などの有力武将を失い、身一つで脱出するほどの大敗を喫した。

しかしこのあと、後百済では王室に内紛が起こり、甄萱は長子の神剣《シンゴム》によって追放され、高麗に亡命するにいたる。太祖はこの機会をとらえ、九三六年、一利川《イルリチョン》(現在の慶尚北道亀尾《クミ》)の戦いで後百済に対して決定的な勝利をおさめ、ついにこれを滅ぼした。こうして後三国の分裂は、高麗による再統合というかたちで終幕したのである。

だが、建国当初の高麗の朝廷では、太祖の創業を助けた有力官人が大きな存在感を示す一方、王権は必ずしも安定していなかった。太祖の没後、二代にわたる王位継承において、特定の有力官人が後見役となって新王を支える体制がとられたこと、そして一部の有力官人が王位の操作を目論んだとして粛清されたことなどは、そうした不安定な政情を物語る。

すなわち、第二代恵宗《ヘジョン》(在位九四三〜九四五)が即位する際には、建国の功労者の一人である朴述熙《パクスリ》が、太祖の遺志に基づくというかたちでこれを擁立した。一方、太祖と恵宗の外戚である王規《ワンギュ》は、恵宗に対して王弟の尭《ヨ》と昭《ソ》を讒言《ざんげん》し、それが失敗すると自分の娘が生んだ王子を王位に就けようとして恵宗の殺害を試み、恵宗の没後は謀略によって朴述熙を死に追いやったとされる。王規に関するこうした逸話は、反対勢力によるフレーム・アップである疑いもあるが、彼がそれだけ宮中に大きな影響力をもっていたことは確かだろう。しかし、兄の跡を継いで第三代定宗《チョンジョン》(在位九四五〜九四九)となった尭は、西京の責任者である王式廉と手を結び、その軍事力を後ろ盾にして王規を排除した。

地方統治についても、中央政府の権力はいまだ浸透していなかった。太祖は、西京のほか、一部の軍事的要地に都督《トドク》府《ブ》・都護府《トホブ》や鎮《チン》をおき軍とその責任者を駐屯させ、種々の統治業務のため地方に使者を派遣することもあったが、部分的ないし臨時的な措置にとどまった。九四〇年には府《プ》・州《チュ》・郡《クン》・県《ヒョン》など邑《ウプ》《ゆう》(地方単位)の名号を定めたが、制度化された常設の地方官はいまだ存在せず、基本的には各邑の実質的支配者である豪族に統治行為の多くを委ねる状態だった。

当時各邑の豪族が在地統治のために組織した機構を、学界では在地官班《クァンバン》と呼んでいる。各地に残る当時の高僧の塔碑(墓塔に付属して建てられた事績碑)には、しばしば彼らが立碑の関係者として刻名されている。それらをみると、その職名に「沙喰」「堂大等」「侍郎」「村主」など、新羅時代の中央・地方の職位に由来する称号が用いられていることが目を引くと同時に、邑ごとにさまざまな組織形態をとっていた様子がうかがわれる。

高麗は、後三国を統合する過程で、こうした豪族たちを積極的に自らの政治秩序に取り込んでいった。その代表的な手段として、大匡《テグァン》、佐丞《チャスン》、元甫《ウォンポ》、元尹といった官階が授与された。高麗初期の中央官制は、おおむね泰封の制度を継承していたが、官階もまた、前述した泰封の「品職」を受け継ぎ、これを発展させた、独特な政治的身分標識だった。官階は非豪族系の官人や女真人などにも広く与えられたが、これによって豪族たちは、高麗国家の公的序列のなかに位置づけられたのである。そして豪族のある者は中央官界に進出していった。このように、彼らを含めて官人社会の裾野が大きく広げられた点は、骨品貴族が閉鎖的な支配者集団を形成していた新羅時代との大きな違いである。

こうした豪族の存在感を重視して、かつて初期の高麗は、豪族連合政権と評されることもあった。そこでは、広評省や徇軍部を、それぞれ豪族の利害を代表する衆議機関および軍事機構とみなし、また二九名の王妃を数える太祖の通婚関係を、全国の豪族とのあいだに緊密な連携関係を構築するための政略と位置づけ、高麗王権を豪族集団から強く掣《せい》肘《ちゅう》される存在として描いた。

しかし現在までに、こうした見解に対しては疑問符がつけられている。すなわち、前記の中央機構を豪族の利害の代弁装置として説明するのは、じつのところ十分な根拠を欠く。また太祖の通婚対象は、地域的な偏差が大きく、全国的な豪族の勢力の大小を考慮した結果とはいいがたい面がある。少なくとも、すべての婚姻について、豪族を対象とし、あるいはその体系的な糾合策の一環とみなすのは無理がある。さらには、王権側が豪族を積極的に統制した事例に基づき、王権の優位性も指摘されている。

　ただ、すべてがそうではないにせよ、有力な豪族や、これに出自する官人を対象として王室が通婚を実施し、あるいは溟州の順式など一部の有力豪族に対して賜姓(王室の姓を与える)などの優遇措置をとったことは事実である。何より、太祖は後三国の統合を進める過程で、臣従する限りにおいては各地の豪族の権益を保障し、それによって彼らの支持を獲得したのである。その方針は、その後の初期の統治体制にも反映されている。初期高麗の政権が、ごく単純な意味で豪族の集団的利害を代表する、その寄合い所帯だったとはいえないにせよ、豪族たちの高度な自律性のもとに成り立つ地域社会の存在を前提とし、そこに基盤をおく政権だったことは間違いない。

集権化の始まり

　定宗の同母弟である昭が即位して第四代光宗《クァンジョン》(在位九四九〜九七五)になると、王権の強化と、これを支える官僚集団の整備が、新たにめざされるようになる。同王の治世については、讒言と粛清の嵐が吹き荒れ、深刻な社会不安が醸成されたという批判も史書に伝えられているが、これは、同王が強権的な政治運営をおこなって既得権勢力を抑え込み、抵抗者を排除したことに起因するものといえる。例えば、平山《ピョンサン》(現在の黄海北道平山)の豪族に出自する朴守卿《パクスギョン》は、建国の功労者にして太祖の外戚として、当代を代表する有力者だったが、三人の息子たちが光宗によって一挙に下獄されたことが原因となり、憂死するにいたったという。

　こうしたなかで、光宗は、国家の社会経済的基盤の充実をはかった。まず即位直後の九四九年には、式会《シックェ》と信康《シンガン》に命じて、各地の州県から上納される歳貢の額を定めさせた。この時期にもまだ常設の地方官はおかれていなかったが、このとき今有《クミュ》・租蔵《チョジャン》などの使者が、収税業務等のため臨時的に地方に派遣されるようになったとみられる。

また九五五年には、全国的な量田（土地測量）を実施して、農地を把握し、あわせて墾耕を奨励した。続いて九五六年には、奴婢《ノビ》《ぬひ》に対する点検を実施し、不当に奴婢とされていると認定した人びとを解放した。当時の支配層にとって、奴婢と農地はもっとも基本的な経済基盤だったが、これに対して国家の監視と介入がおよぶようになってきたのである。

一方、官僚制度について、光宗は、中国の後周《こうしゅう》から使節団の一員としてやってきた双冀《サンギ》《そうき》を自国にとどめて登用し、その提案に基づくかたちで、九五八年、試験による官僚登用法として中国式の科挙《クァゴ》を導入した。続いて九六〇年には、百官の公服を定め、中央官人の身分とその序列の視覚的な差別化をはかった。またこの頃、官僚の位階として中国式の文《ムン》《ぶん》散階《サンゲ》《さんかい》が導入され、一部で、それまでの官階と併用されるようになった。これもまた、官僚の身分を他と差別化するための措置といえる。

さらに光宗は、中国皇帝を頂点とする国際秩序に対して、独自の姿勢を示した点でも注目される。彼は、一時的ながら光徳《クァンドク》という独自の年号を定めたほか、(2) 開京を皇都と改称したが、同時代の金石文（「高達院元宗大師慧真塔碑」〈九七五年〉など）において、「皇帝」と称されている事例がみられる。

光宗の子である第五代景宗《キョンジョン》（在位九七五～九八一）の治世は、前代の急進性に比べて小康期といえるが、同王の従兄弟にあたる第六代成宗《ソンジョン》（在位九八一～九九七）が即位すると、新羅官人の家に生まれた崔承老《チェスンノ》を補佐役にすえて、いっそう本格的な国制改革が進められる。

まず中央官制の改編である。九八二年に百官の名称が改められ、内議省を内史門下《ネサムナ》、広評省を御事都省《オサドソン》《ぎょじとしょう》に、それぞれ変更した。これは建国当初の国王諮問機関である内議省を宰相府に、衆議機関である広評省を王命執行機関として、位置付けを変更する措置であり、王権の強化を意味する。

翌九八三年には、唐の三省（中書省、門下省、尚書省）・六部（吏部、兵部、戸部、刑部、礼部、工部）の体制に倣い、政府の中枢官庁を三省《サムソン》（内史省《ネサソン》、門下省《ムナソン》、御事都省）・六曹《ユクチョ》（御事選《オサソン》・兵《ビョン》・民《ミン》・刑《ヒョン》・礼《イエ》・工官《コングァン》）に改編した（内史門下と内史省・門下省との関係については後述）。九九一年には宋の枢密院に倣って中枢院《チュンチュウォン》を新設した。九九五年には御事都省を中国王朝と同じく尚書省《サンソソン》に改め、これにともない、御事六官《オサユクァン》も尚書六部《サンソユクブ》に改められた。

地方制度では九八三年に画期的な変化が起こる。すなわち、全国十二カ所の牧《モク》にはじめて常設の地方官（守令《スリョン》）を設置するとともに、邑ごとに多様性があった在地官班を全国一律の邑司《ウプサ》《ゆうし》に改め、その構成員として戸長《ホジャン》・副戸長《ブホジャン》以下の邑吏《ウムニ》《ゆうり》の組織が整えられたのである。これらは地方統治における中央集権化の前進を意味する。

そのほか、諸州府での義倉《ウィチャン》（緊急用備蓄庫）の設置、牧民官（民政官）の心得の頒布（ともに九八六年）、民生調査を目的とした諸道への安慰使《アヌィサ》派遣（九九一年）、両京（開京と西京）・十二牧での常平倉《サンピョンチャン》（物価調整機関）の設置（九九二年）なども、地方社会に中央権力が浸透することに繋がる措置である。

さらに九九五年には中国式の州県制を導入したとみられる。すなわち、もともと府・州・郡・県などと名称区分されていた邑を一律に県とし、複数の邑（県）で構成される上位の大区画として新たに州を設定し、各州に地方官を派遣するという大改革であった。

礼教政策においても中国化が進められ、圜丘壇《ウォングダン》《えんきゅうだん》（祭天儀礼施設）における祈穀祭と雩祀《ウサ》《うし》（雨乞い）、籍田《チョクチョン》・太廟《テミョ》《たいびょう》（宗廟《チョンミョ》《そうびょう》）・社《サ》《しゃ》稷《ジク》《しょく》といった中国式の儀礼制度があいついで整備された。逆に、非中国的で固有色の強い祭礼である八関会《パルグァンエ》（後述）などは廃止された。一方では、王言を詔から教に改めるという、中国王朝との上下関係に配慮した措置もとられた。中国の制度に基づく官庁組織を構築しながら、官衙の名称を異にするケースも（御事都省、中枢院など）、同様な配慮とみられる。そして儒教の振興を表明し、十二牧に経学博士《キョンハクバクサ》を設置し、儒教に基づく人材抜擢を唱えるとともに、孝子、順孫、義夫、節婦といった儒教の徳目に基づく個人表彰をおこなった。

以上のように、成宗代の国制整備は、大規模かつ体系的であると同時に、急進的な内容を含んでいた。そのため、州県制は王の没後、ほどなく撤回され、八関会なども のちに復活する。しかし、中国の制度を参酌・利用することで中央集権的な体制をめざす企図は、その後の高麗王朝の展開方向を規定するものとなった。

国際情勢への対応(1)――中国と日本

高麗は建国後、活発に外交活動を繰り広げた。

中国では九〇七年に唐が滅亡し、五代十国の分裂期にはいる。太祖はまず華北の五代政権のうち、後梁《こうりょう》(九〇七〜九二三年)と通交したが、九二三年には後唐《こうとう》(九二三〜九三六年)から冊封を受けた。これにともない、独自の年号を放棄し、中国王朝を中心とする国際秩序に参入した。その後も、太祖と恵宗は後晋《こうしん》(九三六〜九四六年)から冊封を受け、定宗のときには後漢《こうかん》(九四七〜九五〇年)の年号を用いた。再び独自の年号を制定した光宗も、まず後周(九五一〜九六〇年)から冊封を受け、ついで宋(北宋、九六〇〜一一二七年)が建国されるとさっそく遣使し、九六三年にその冊封を受けた。

この冊封関係は、高麗の君主が大陸王朝の皇帝に対して臣と称して朝貢し、「王」としての地位を承認される、地位の上下をともなった外交関係であり、その後も歴代の大陸王朝とのあいだで同様な関係が結ばれた。この状況を、冊封を受ける側の立場からは事大(大国に事《つか》える)といい、冊封をおこなう側の立場からは字小(小国を字《いつく》しむ)と表現する。ただしこれは儀礼的・形式的なレヴェルにとどまるのが普通であり、十三〜十四世紀における元(モンゴル帝国)との関係を除けば、冊封宗主国が高麗の国内統治にまで介入してくることは、基本的になかった。

しかし独自年号の使用・不使用などにもみられるように、高麗が自らの制度形式を選択するうえでは、一定の制約ともなった。ただ、中国との上下関係を国内的にもより厳格に遵守した朝鮮時代と比べた場合、高麗前期の国制には、君主を中国と同様な天子・皇帝に比擬する内容が多く、光宗代のようにそれが正面切って顕示されることもあった。このことは高麗の国家姿勢の特色として注目される。

なお十世紀の高麗は、浙江地方の呉越、福建地方の閩《びん》、金陵(現在の江蘇省南京)に国都をおく南唐といった中国南部の地方政権とも通交した。すでに唐末より開発と貿易によって経済発展が進んだ中国東南沿海部と朝鮮半島とのあいだでは、商船が往来しており、その流れに乗って経済・文化(仏教など)の相互交流がみられた。

一方、日本に対しては、高麗に先んじて後百済が九二二年と九二九年の二度にわたって接触を試みたが、いずれも失敗に終わった。続いて高麗も、後三国の統一をはたした直後、九三七年から九四〇年のあいだに少なくとも二回、もしくは三回にわたって遣使し、通交関係の樹立を試みたとみられる。しかし大陸からもたらされる貿易品に対して強い欲求をもつ一方で、外交的な接触を極度に警戒していた平安京の貴族たちは、これに応じようとしなかった。こうして高麗初期、十世紀を通じて、両国のあいだに政治的な交流はほとんど成立せず、記録のうえでは、地方・民間レヴェルでの交易や、漂流民の送還がおこなわれた形跡がかすかにうかがわれる程度である。

そうしたところ、一〇一九年、高麗東北境外の女真人の海賊が朝鮮半島東岸を南下し、対馬・壱岐を経由して博多湾岸を襲撃、大勢の住民を拉致するという事件が起こる。この事件は、日本史上「刀伊《とい》の入寇」として知られるが、これは、このとき女真の捕虜となっていて日本側に収容された高麗人が、襲撃者の正体を「刀伊」と告げたことによる。この語は、夷狄を意味する되(トエ)という朝鮮語を漢字音写したものである。その後、高麗東北辺の沿岸警備を担当する鎮溟船兵都《チンミョンソンビョンド》部署《ブソ》(現在の江原道元山《ウォンサン》に設置)の水軍が女真海賊の帰路を迎撃した際、一部の日本人捕虜が救出され、高麗政府の手で本国に送還された。

この「好意的」[3]措置を受けても、高麗に対する日本の為政者の外交姿勢に大きな変化は生じなかった。しかし警戒感は幾分やわらいだようであり、高麗側の記録においては、漂流民の相互送還の事例が増え、やがて十一世紀後半には比較的活発な貿易活動がみられるようになる。

国際情勢への対応(2)――契丹

高麗が建国された当時、中国北方の草原地帯では、内モンゴル東部のシラムレン川流域に展開する遊牧民である契丹《きったん》が、耶律阿保機《やりつあぼき》(在位九一六～九二六)のもとで統合されて急速に国家成長を遂げ(のちに遼という国号を建てる)、九二六年には渤海をほろぼすにいたった。その結果、高麗には世子である大光顕《テグァンヒョン》をはじめとする渤海の遺民が、集団をなして波状的に亡命、流入してくるようになる。

契丹は九二二年以来、高麗とも通交していたが、渤海滅亡後の九四二年にいたり、太祖は契丹との関係を拒絶し、その使者を島流しに処し、進物としてもたらされたラクダを放置して餓死させるなど、強い敵愾心を示すにいたった。

その後しばらく、契丹は中国方面の経略に力をそそぎ、また国内で政治混乱が続いたこともあって、高麗に対して圧力をかけてくることはなかった。しかし半世紀が過ぎると、南方では五代十国の統合をはたした宋とのあいだで対立を深める一方、東方では女真人の活動舞台となった渤海の旧領に対する経営が進んでくる。すると、九九三年、蕭恒徳《しょうこうとく》(高麗側の記録では字により蕭遜寧と記されている)に率いられた契丹軍が、ついに鴨緑江《アムノッカン》を越えて侵入し、契丹への臣属と、宋との断交を求めてきた。

当時高麗は成宗朝だった。このとき契丹は、高麗西北地方の割譲まで要求してきたが、彼らの真意が高麗臣属のかたちを得ることにあることを見抜いた徐熙《ソヒ》は、交渉によって契丹軍を撤収させることに成功した。そして高麗はこれによって、かえって、まだ経営が進んでいなかった清川江《チョンチョンガン》以北、鴨緑江以南の朝鮮半島西北辺地域に本格的に進出し、興《フン》化鎮《ファジン》、亀州《クジュ》、郭州《クァクチュ》、通州《トンジュ》といった要地に城塞を構築して、これを確保した。ただその代償として、契丹への朝貢を開始し、九九六年からはその冊封を受けることになった。しかし、その後も高麗は宋との通交を絶たなかった。

成宗の没後、景宗の子が即位して第七代穆宗《モクチョン》《ぼくそう》(在位九九七～一〇〇九)になると、高麗では王位をめぐる内紛が起こる。一〇〇九年に勃発した、いわゆる金致陽《キムチヤン》の乱である。金致陽は、穆宗に重用され、人事行政を一手に握って権勢をふるった人物だが、王母である千秋《チョンチュ》太后皇甫《ファンボ》氏(太祖の孫娘だが、父方祖母の姓を称している)と私通し、あいだに子をもうけたとされる。そしてその子に王位を継がせようとして千秋太后とはかり、王位後継者と目されていた太祖の孫の大良院《テリャン》君詢《スン》を追い落として出家させ、さらにその殺害をはかったという。これを察知した西北面都巡検使《ソブンミョンドスンゴムサ》の康兆《カンジョ》は、機先を制して金致陽を攻殺し、また病床にあった穆宗をも廃位したうえで殺害する。かくして大良院君が即位して、第八代顕宗《ヒョンジョン》(在位一〇〇九〜三一)となった。

しかしこの政変は、高麗の臣属になお不満をいだいていた契丹に対し、軍事侵攻のきっかけを与える結果となった。翌年、契丹の聖宗《せいそう》(在位九八二〜一〇三一)は、顕宗の即位経緯に関する疑義や、宋・女真との通交を口実として、四〇万と号する大軍を自ら率い、西北境より高麗に侵攻した。迎撃のために出陣した康兆は敗北して捕らえられ、顕宗は南方の羅州《ナジュ》まで避難をよぎなくされた。そのため、国都開京は一時的に契丹軍によって占領され、宮殿が焼け落ちるなどの大きな被害を出した。後世に編まれた史書において、顕宗以前の高麗初期に関する記録が極めて粗略になっている原因の一つとして、このとき大量の政府記録物が失われたであろうことも指摘されている。

その後、楊規《ヤンギュ》らの率いる高麗軍が後方を脅かしたこともあり、契丹軍は早期に撤収したが、契丹の侵攻はさらに四次にわたって繰り返された。一〇一四年には蕭敵烈《しょうてきれつ》が侵攻し、翌年にも耶律世良《やりつせいりょう》が来侵、一七年には蕭合卓《しょうごうたく》が侵攻し、翌年には蕭排押《しょうはいおう》が侵攻した。しかし高麗側も激しく抵抗して、いずれも撃退に成功した。とりわけ一〇一八年に始まる第五次侵攻では、姜邯賛《カンガムチャン》・姜民瞻《カンミンチョム》の率いる高麗軍が迎え撃ち、興化鎮(現在の平安北道《ピョンアンプクト》枇峴《ピヒョン》)での緒戦において契丹軍に大打撃を与え、翌年の亀州(現在の平安北道亀城《クソン》)の戦いではこれを壊滅に追い込む大勝利をおさめた。

しかし、かつて契丹を共通の敵とし、高麗側が共闘を呼びかけることもあった宋は、すでに一〇〇四年に契丹と澶淵《せんえん》の盟を結んで軍事対決路線を放棄していた。結局、高麗もまた、契丹との講和修交という現実的な解決策に舵を切り、高麗の抵抗に手を焼いた契丹もこれを受け入れた。こうして一〇二二年より、高麗は再び契丹の冊封を受けることになり、三〇年代以降は逆に宋との外交関係を停止するにいたる。

これ以降、契丹との関係はひとまず安定し、全般的には平和裡に推移した。北方境界地帯においては、ときに城塞などの軍事施設の構築が相互に相手方を刺激し、また契丹が鴨緑江東岸の管理権を主張したり（実際に重要渡河点である現在の義州《ウィジュ》は契丹側が保州・抱州として確保していた）、榷場《かくじょう》（交易場）の設置を進めたりして、これに高麗側が反発するなど、時折対立が発生した。とくに一〇三一年には、契丹が鴨緑江に建設した城橋の撤去や、抑留していた高麗使の送還に応じないことを理由に、高麗側が賀正使の派遣や契丹の新年号の使用を拒否するといった強硬姿勢にでることもあった。しかしこれらは小規模な摩擦にとどまり、契丹が高麗に対して形式的な事大外交以上の要求をしてくることもなかった。高麗側も、一〇二九年に遼陽の渤海人勢力が契丹に反旗を翻して興遼国を建てた際には、彼らからの共闘の呼びかけに応じなかった。

以上のように、紀元一〇〇〇年前後の緊迫した国際情勢は、高麗にとって大きな災厄であり、試練であった。しかし高麗の集権的な国家体制は、かかる危機的状況のなかで、かえって一段と強化され、確立されていくのである。

2　支配体制の確立と王朝の発展

政府機構の整備

十世紀半ばの光宗《クァンジョン》代に先鞭がつけられ、十世紀末の成宗《ソンジョン》代に大幅な進展をみせた、中国式官制の導入を軸とした国制整備の動きは、第八代顕宗《ヒョンジョン》、第九代徳宗《トクチョン》（在位一〇三一～三四）、第一〇代靖宗《チョンジョン》（在位一〇三四～四六）の治世を通じて調整されつつ、第一一代文宗《ムンジョン》（在位一〇四六～八三）の治世、十一世紀後半にいたって基本的な完成をみたとされる。

高麗《コリョ》盛時の官僚制度は、中国唐・宋王朝の制度をモデルとして、これに独自性を交えて編制、運用された。

まず中央政府において君主を輔弼《ほひつ》し、官僚組織を統轄する中核機構として、宰相府である中書門下《チュンソムナ》（当初の内史門下《ネサムナ》を一〇六一年に改称）と、機密顧問と王命の出納にあたる枢密院《チュミルオン》（当初の中枢院《チュンチュウォン》を一〇九五年に改称）があり、両者をあわせて両《ヤン》府《ブ》と称する。枢密院の高官（枢密《チュミル》）もまた宰相であり、中書門下の宰臣《チェシン》とあわせて宰枢《チェチュ》と総称し、彼らが政府の最高合同会議（合坐《ハプチャ》）を構成した。

中書門下については、『高麗史《コリョサ》』などの史書に「中書門下省」（内史門下省）という名称が登場することから、かつては、中国王朝では別個の機関である中書省（君命起草を担当）と門下省（君命審議を担当）とが、高麗では単一の機関に合併されたものとみて、その独自性を主張してきた。しかしその後、中書門下は、両省そのものとは区別される宰相合議体であり、唐中期以降の制度を継受したものであることが指摘された。すなわち、本来両省の長官である中書令《チュンソリョン》と門下侍中《ムナシジュン》が狭義の宰相に相当するが、最高位の中書令は名誉職の扱いを受けるので、実質的には門下侍中一人が宰相となる。しかしこれでは合議機能をはたさないので、両省の次官である中書侍郎《チュンソシラン》と門下侍郎《ムナシラン》が同中書門下平章事《トンジュンソムナピョンジャンサ》の肩書を帯び、さらに六部長官（尚書《サンソ》）クラスの三品官が参知政事《チャムジジョンサ》、政堂文学《チョンダンムナク》、知門下省事《チムナソンサ》といった肩書を帯びて宰相となり、合議にあたるというものである。以上については、史料の制約もあって帰納的論証が必ずしも十分ではなく、現段階では学界で定説化するにいたっていないが、本書ではひとまず以上の理解を前提に記述している。

枢密については、判枢密院事《パンチュミルオンサ》、枢密院使《チュミルオンサ》、知枢密院事《チチュミルオンサ》、同知枢密院事《トンジチュミルオンサ》、枢密院副使《チュミルオンブサ》、簽書枢密院事《チョムソチュミルオンサ》、枢密院直学士《チュミルオンジッカクサ》などから構成される（通例、僕射《ポギャ》《ぼくや》以下の官により兼帯される）。そしてその下に、知奏事《チジュサ》、左《チャ》・右承宣《ウスンソン》、左《チャ》・右副承宣《ウブスンソン》（承宣は時期により承旨《スンジ》ともいう）からなる承宣房《スンソンバン》が所属し、君命の出納にあたった。

十一世紀前半、対契丹《きったん》戦のなかで北方防衛の統帥部として都兵馬使《トビョンマサ》が設置された。これはその後常設化され、軍事関係の要務を処理して広範な権限を有した。その上層部は両府の宰相を中心に構成されたので、これを高麗の最高機関と説明する向きもあるが、あくまで一部の宰相が関与するにとどまり、重要とはいえ、限られた範囲の用務を処理したものであり、宰相会議そのものとは異なる。しかしこのあと、十三世紀後半までには、事実上、これが宰相会議と一体化し、高麗後期の最高合議機関である都評議使司《トピョンイササ》へと発展していく。

行政執行の統括機関としては尚書省《サンソソン》がある。上部機構を尚書都省《サンソドソン》というが、長官の尚書令《サンソリョン》は王族などに与えられる名誉職であり、左《チャ》・右《ウ》僕射《ボギャ》《ぼくや》が実際のトップだった。唐制において僕射は宰相とみなされたが、高麗では参知政事以下の宰臣や枢密の職を兼帯しなければ宰相とはみなされなかった。下部機構として尚書六部がおかれ、文官の人事(吏部《イブ》)、民政・財務(戸部《ホブ》)、儀礼・教育・外交(礼部《イェブ》)、武官の人事・軍政・駅伝(兵部《ビョンブ》)、刑獄(刑部《ヒョンブ》)、土木営繕(工部《コンブ》)などの重要政務を分掌した。

財務に関しては三司《サムサ》もおかれた。三司は、唐末において、旧来の財務主管官庁である戸部の属司である戸部曹に加え、新設の財務官である度支使《たくしし》および塩鉄使とを、戸部に代わる財政主管体制として位置づけたものである。五代の後唐のときにこれら三部門の統括官として三司使が設置され、この体制が宋に引き継がれた。

高麗は以上の制度を継受したが、中国とは違って戸部、度支部、塩鉄部の三部門に分かれておらず、また尚書六部の戸部と併置された点が特色である。高麗の三司はおもに銭穀の会計、官僚の禄俸、税貢の収納を司った。これらは中国の三司の場合、前二者が度支部、後者が戸部の任務である。宋では三司のなかでも塩鉄部が塩・茶・鉄の専売事業や鋳銭事業を司り、重視された。しかし経済環境の異なる高麗では、これらの専売制がなく、鋳銭事業も活発ではなかったので、これに相当する三司の用務は確認されない。一方、高麗の尚書六部の戸部では戸口管理、給田、量田、税役の配定を司った。

監察機構としては御史台《オサデ》があり、御史大夫《オサデブ》を長とする台官《テグァン》たちが、政治の論評と官僚機構に対する監察を担当した。これに加えて、郎舎《ナンサ》と総称される左《チャ》・右散騎常侍《ウサンギサンシ》(左《チャ》・右常侍《ウサンシ》)、直門下《チンムナ》、左《チャ》・右諫議大夫《ウガニデブ》などの中書省・門下省系列の中級官僚たちが諫言を担当した。彼らは諫官《カングァン》と呼ばれ、台官とあわせて台諫《テガン》と総称された。台諫は、署経《ソギョン》といって、官僚の叙任やその他の政策案に対する承認権をもち、君主権力をチェックする機能を発揮した。
翰林院《ハルリムオン》は、君主の秘書として文章の作成などを担当する、いわゆる文翰官《ムナングァン》である。宮中の学問講義を担当する宝文閣《ポムンガク》も、あわせてこうした任務を担当する。唐制では、君命起草の担当官として、本来中書省に中書舎人が存在するが、その代行者として知制誥《ちせいこう》を設け、他官がこれを兼任した。高麗でも知制誥をおき、翰林院・宝文閣の学士《ハクサ》がこれにあたる場合を内知制誥、その他の官があたる場合を外知制誥といった。

これらの台諫と文翰官は、職務の性質上、学識に加えて清廉さが問われるポストであり、官僚のキャリアにおいてエリート・コースとみなされた。以上はおもだった上級官庁だが、このほか七寺三監と総称される中級官衙《かんが》や、その他の下級官衙群があり、個別に細分化された職務を担当していた。

高麗前期の官人社会

官僚は文臣（文官）と武臣（武官）とに大別された。朝会での配列（班次）が東西に分けられるため、それぞれ東班《トンバン》、西班《ソバン》といい、あるいは文班《ムンバン》、武班《ムバン》とも呼ぶ。それらの序列を標示する位階として、前述のごとく光宗のときには建国以来の官階に加え、中国式の文散階《ムンサンゲ》が一部で併用されたが、成宗代になると、これが正・従九品からなる文散階に一本化される。その名称体系は唐制とほぼ一致するが、中国では文官に文散階、武官に武散階を与えるところ、高麗では文武の違いを問わず、文散階を官僚共通の位階として適用したことに大きな特色がある。

一方で、中国式の武散階《ムサンゲ》も同時期に導入されたが、こちらは高齢の兵士、邑吏、当時は異類として扱われた耽羅《タムナ》人（済州島《チェジュド》住民）や女真人、工匠や楽人といった非官人層に授与される位階として運用された。そして従来の官階は、女真人を含む官人・非官人の幅広い階層に授与されて郷職《ヒャンジク》《きょうしょく》と呼ばれるようになり、中国由来の制度とは異なる固有の色彩を打ち出した第三の位階として存続していった（表2）。

表2　文散階・武散階・郷職

文散階(文宗改定)	対応品階	武散階(成宗所定)	郷職
開府儀同三司	従一品	驃騎大将軍	(三重大匡)
特進	正二品	輔国大将軍	(重大匡)
金紫光禄大夫	従二品	鎮国大将軍	大匡
銀青光禄大夫	正三品	冠軍大将軍	正匡
光禄大夫	従三品	雲麾大将軍	大丞
正議大夫／通議大夫	正四品上／下	中武将軍／将武将軍	佐丞
大中大夫／中大夫	従四品上／下	宣威将軍／明威将軍	大相
中散大夫／朝議大夫	正五品上／下	定遠将軍／寧遠将軍	元甫
朝請大夫／朝散大夫	従五品上／下	遊騎将軍／遊撃将軍	正甫
朝議郎／承議郎	正六品上／下	耀武校尉／耀武副尉	元尹
奉議郎／通直郎	従六品上／下	振威校尉／振威副尉	佐尹
朝請郎／宣徳郎	正七品上／下	致果校尉／致果副尉	正朝
宣議郎／朝散郎	従七品上／下	翊麾校尉／翊麾副尉	正位
給事郎／徴事郎	正八品上／下	宣折校尉／宣折副尉	甫尹
承奉郎／承務郎	従八品上／下	禦侮校尉／禦侮副尉	軍尹
儒林郎／登仕郎	正九品上／下	仁勇校尉／仁勇副尉	中尹
文林郎／将仕郎	従九品上／下	陪戎校尉／陪戎副尉	

出典：『高麗史』巻77・百官志。

文臣と武臣は両班《ヤンバン》《りょうはん》と総称され、それが官僚の汎称となったが、国政の主役は、二品以上の最重要職を独占し、政府中枢の意思決定から発令までの重要過程に参画する文臣だった。これによって文治主義が栄え、科挙及第者がエリートとして重んじられた。一方、武班は最高位でも三品にとどまるなど、一段低い地位にとどまった。中央軍としては、鷹揚軍《ウンヤングン》、龍虎軍《ヨンホグン》の二軍と、左右衛《チャウウィ》、興威衛《フンウィウィ》、千牛衛《チョヌウィ》、神虎衛《シノウィ》、金吾衛《クモウィ》、監門衛《カンムヌイ》の六衛《ユグィ》が組織された。また上将軍《サンジャングン》、大将軍《テジャングン》《ようようぐん》などの高級武官による会議として重房《チュンバン》が設けられた。しかし戦時編制の大部隊の司令官には文官が任命されるなど、高度な軍事指揮権は文班官僚によって握られていた。一〇一四年には将軍金訓《チャングンキムン》らが差別待遇を不満としてクーデタを起こしたが、ほどなく鎮圧される。こうした不満は、その後、表面的には沈潜し、十二世紀前半までは露呈しなかったが、文臣階層内部における格差・矛盾の蓄積ともかさなりながら、十二世紀後半に大きな政治変動をもたらす火種となる。

エリート文官への登龍門である科挙には、法律、易学、地理、天文などの実用知識・技能を試験する雑業もあり、文官資格試験となった狭義の科挙といえば、製述業《チェスロプ》と明経業《ミョンギョンオプ》を指す。製述業は詩・賦などの作文能力を問うもので、明経業は儒教経典に対する知識を問うものだったが、前者の比重が大きかった。また官僚の推薦により有為の人材を登用する薦挙の制度もあった。

五品以上の官僚については、国家の慶事など所定の機会ごとに一定範囲の親族(子、孫、婿、弟、甥)のうち一名に限って官僚の資格を与える蔭叙《ウムソ》《いんじょ》(門蔭《ムヌム》《もんいん》)の制度があった。後述のように、このことは上級官僚層の貴族的な体質を示すものとして理解されている。このほか、文臣の場合、官僚のもとで行政の末端業務を担当する胥吏《ソリ》《しょり》職から一定の勤務年数をへて昇任する方法があった。

武臣については、十二世紀初めに試験による採用法(武科《ムグァ》)が導入されたが、一時的な措置にとどまり、もっぱら軍人からの昇任か、蔭叙によって任用された。

武臣の指揮下で軍隊を構成する軍人について、『高麗史』などの史書では唐の府兵制に倣ったと説明しており、そうであるならば地方農民を輪番で勤務させる兵農一致制がとられていたことになる。これに対して学界では、一般農民に対する課役ではなく、軍務を世襲的に担当する軍班《クンバン》氏族が存在したとする説が長らく通説的な位置を占めてきた。しかし近年では、両者を折衷して、上層軍人（京軍）は軍班氏族であり、下層軍人（外軍＝精勇軍・保勝軍などの地方番上兵）は府兵制によったとする見解がある。

地方軍には、精勇軍《チョンヨングン》、保勝軍《ボスングン》、一品軍《イルプムグン》、二品軍《イプムグン》、三品軍《サムプムグン》などの兵種が存在した。定宗《チョンジョン》代の九四七年に、契丹に備えて三十万名に達する光軍《クアングン》を編成したとされるが、実際には、当時地方を自律的に統治した豪族の指揮下に編成された力役軍であり、これが十一世紀初めの顕宗代には一品軍、二品軍、三品軍に代わったとみられる。地方の精勇軍・保勝軍と中央軍の同名の兵種との関係については、両者を同一視する説、別個とみる説が併存している。前者の説は中央軍における府兵制の一部存在を認定する説の前提となっているが、いまのところ当否を確定しがたい。

文武官僚・胥吏・軍人といった公権力の担当者に対しては、国家による経済的給付がおこなわれた。その一つに土地支給がある。すでに太祖代の九四〇年には役分田《ヨクブンジョン》が支給されたが、そこには、「官階を論ずることなく」、人の「性行の善悪」と「功労の大小」に基づいて支給するという属人主義的な性格がみられた。

これを引き継いだ田柴科《チョンシグァ》も、景宗代の九七六年にはじめて制定された段階では、支給対象を、紫衫《しさん》以上、文班・丹衫《たんさん》以上、文班・緋衫《ひさん》以上、文班・緑衫《りょくさん》以上、雑業・丹衫以上、雑業・緋衫以上、雑業・緑衫以上、武班・丹衫以上などと、文臣・武臣等の別と、それぞれの内部において服色で区分される階級とに対応したユニットを分けたが、各ユニット内で五～十八品に分けられた給付額（朝鮮独自の土地面積単位である結《キョル》・負《ブ》で表示される）は、官品の高低にかかわらず、人品をもって査定するものとした。しかし穆宗代の九九八年に文武両班・軍人の田柴科を改定した際、こうした属人的な要素を払拭し、職位に応じて第一科から第十八科まで給付額が客観的に規定される制度に変わった。そして徳宗代の一〇三四年の改定をへて、文宗代の七六年に、ひとまずの完成をみた。

田柴科で設定される土地には、田地（耕作地）と柴地（燃料採取地）の別がある。このうち田地については、従来、土地そのものを支給するのではなく、農民の耕作地から収穫物の一部を租として徴収する権利、すなわち収租権の付与であり、租率は五〇％にも達するとの見方が通説だった。その後、これが見直され、受給者側で用意した土地に対して免税権を認定するものであり、その土地を耕作するために農民が募集され、彼らは田柴被給者と収穫物を折半したとの見解があらわれた。しかしその後、この説に対しても批判が加えられ、近年では収租権支給説が復活している。その租率は高麗後期の収租権支給地と同じく一〇％（後述）であり、五〇％とは、土地所有者が佃客（小作人）から受け取る小作料の率だというのである。この問題は、当時の農業技術と、これに応じた土地権利のあり方をどのように理解するかという点にかかわっており、これについては後述する。

田柴科は、武散階や郷職の保持者、また閑人《ハニン》（実職に就いていない同正職《トンジョンジク》などの散職保持者と推定される）などに対しても設定されたが、官僚に対しては、さらに、国都の左倉《チャチャン》に集積されたコメ、ムギ、アワなどの穀物を職位に応じて支給する禄俸《ノクポン》の制度も整えられた。このうち中心となる支給品目はコメだったが、穀物だけではなく、絹織物などの布に換算して支給される場合もあった。なお個別の権力構成員に対して支給されるものとは別に、官庁に対しては公廨田《コンヘジョン》《こうかいでん》が設定され、その財源とされた。

地方制度

前述のごとく、十世紀末の成宗代において、一部の邑《ウプ》《ゆう》に常設の地方官の派遣が始まり、また各邑の行政機構として、全国一律的な邑吏《ウムニ》の組織（邑司《ウプサ》）が設置された。これにより、地方有力者としての豪族層は、国家権力の末端担当者として、より強固に組み込まれていくことになった。成宗朝では、一時的に中国式の州県制が導入されたが、その後もとに戻され、顕宗代の一〇一八年の改定をへて、高麗の地方制度の典型が整っていった。一〇一八年の改定では、四都護・八牧・五十六知州郡事・二十八鎮将・二十県令の配置がおこなわれたとされ、全国の邑のうち一一六カ所が守令《スリョン》の配置される邑（主邑《チュウプ》）になったことになる。この数字については、十一世紀中葉の状況を反映するという見解もあるが、いずれにせよ重要な点は、この主邑数に対して三倍余りの邑が、なおも守令をおかない属邑《ソグプ》だったことである。

属邑は主邑の守令によって管轄されたが、その範囲は単純に地理的な遠近で決まったわけではない。十二世紀半ばの状況を示すとみられる『高麗史』地理志の記載により、南西部の代表的な主邑である羅州《ナジュ》の事例をみると（図14）、羅州牧の守令が管轄する属邑は、その多くが同じ栄山江《ヨンサンガン》流域の全南《チョンナム》平野一帯に位置するものの、潭陽《タミャン》郡や原栗《ウォルリュル》県のように、別の主邑が羅州とのあいだに存在しているケースや、谷城《コクソン》郡や楽安《ナガン》郡のように、羅州とのあいだに山地帯をはさんで比較的遠距離に隔絶するケースもある。

従来、主邑—属邑の関係は、新羅《シルラ》末期・高麗初期において各邑の豪族間に形成されていた上下関係を反映し、中央政府に対する在地社会の自律性を象徴するものと理解されてきた。しかし現在では、主邑—属邑の組合せが国家によりコントロールされている面がみられるなどのことから、そのような単純な見方は否定されている。

じつのところ、守令は、管轄下の邑に対して直接的なかたちで統治をおこなったわけではない。各邑の行政実務の前面に立ったのは、守令の官衙とは別個の組織としての邑司（図15）だった。そこには、戸長をトップとする邑吏たちが所属し、在地指導層として高度な自律性のもとに組織を運営していた。その各職には邑の丁数に応じて定員が設定されたが、トップの戸長が二名から最大で八名も存在し、かかる集団運営体制をとった点を特色とする。そして、守令は外から邑司を監督し、邑司からの連絡を必要に応じて中央政府に取り次ぎ、あるいは、中央政府からの指示を邑司に転達して実施させたのである。

後述のごとく、全国の主邑化がほぼ完了した朝鮮時代には、邑吏は守令の下僚としての性格が強くなり、官途から排除されたばかりか、新勢力（士族《サジョク》）の登場によって在地エリートとしての地位も失うことになる。これに比べると、属邑が多かった高麗時代の邑吏層は、地域を代表する有力者として威望も高く、科挙などを通じて官僚を輩出する母体ともなっていた。

地方統治における守令の欠を補った制度として、事審官《サシムグァン》がある。これは王朝草創期から設けられ、当初は地方出身の功臣（代表例は元新羅敬順王《キョンスン》の金傅《キムブ》）に出身地域の権力機構に対する監督権を認め、在地支配権を容認するに等しい意味をもった。しかし、やがて中央政府の官僚機構が整備されるにつれ、邑吏との血縁関係の禁止といったかたちで在地への

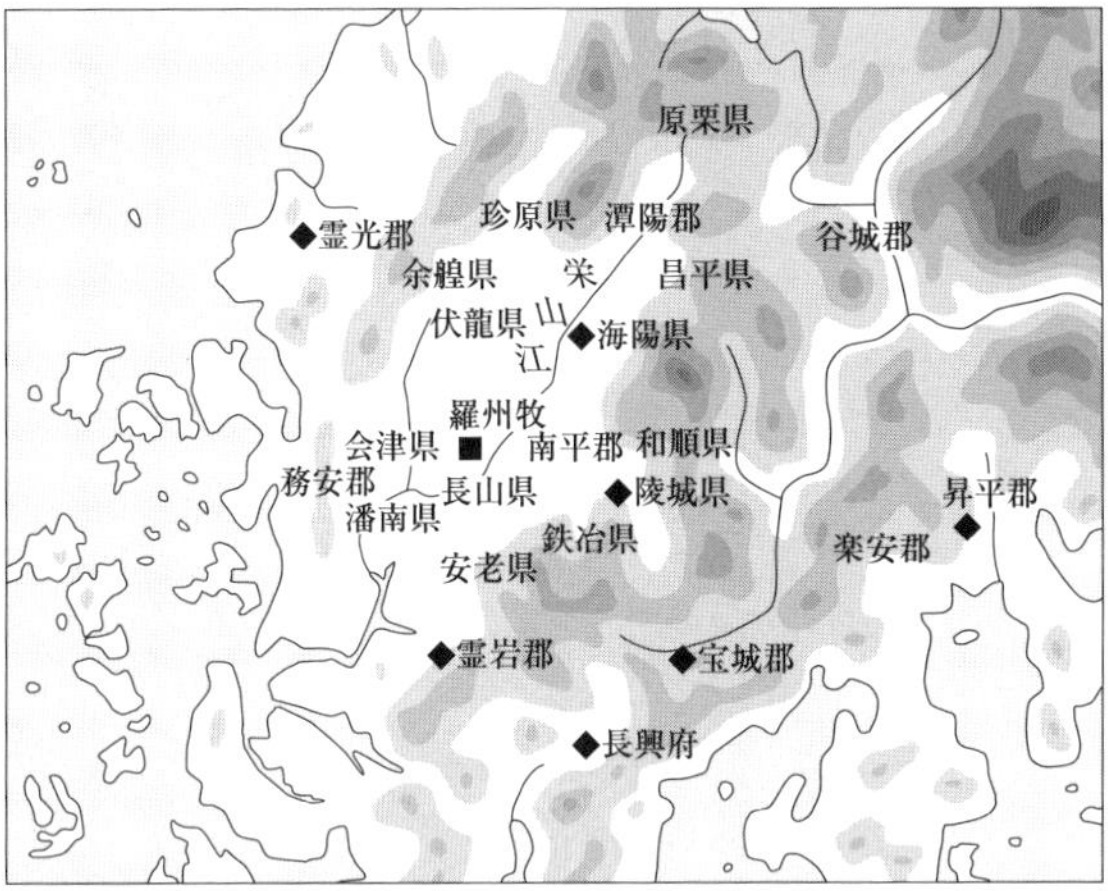

図14　羅州牧とその属邑

◆は羅州牧の領下にある主邑。網掛けは山地帯を表す。

戸長—副戸長—司戸—戸正—副戸正—史

　　　　　　　司兵—兵正—副兵正—兵史

　　　　　　　司倉—倉正—副倉正—倉史

　　　　　　　【諸壇】公須正—公須副正—公須史

　　　　　　　　　　　食禄正—食禄副正—食禄史

　　　　　　　　　　　客舎正—客舎副正—客舎史

　　　　　　　　　　　薬店正—薬店副正—薬店史

　　　　　　　　　　　司獄正—司獄副正—司獄史

図15　983年所定，邑司の組織

出典：『高麗史』巻75　選挙志・銓注・郷職。

影響力の肥大化を規制しつつ、官僚が本人または一定範囲の姻族の本貫邑の邑吏に対して能否の評定などを通じて牽制、監督する制度となった。

また邑吏の子弟を国都に居住させ、地域の事柄について諮問に応じさせる其人《キイン》の制度がおこなわれたが、これは邑吏層に対する一種の人質としての意味合いをもつものでもあった。

府・州・郡・県の下位には、これに付属する別個の行政単位として雑所《チャブソ》が存在した。雑所には、紙、金属、磁器、水産物などの特定物品を製造ないし調達して貢納する所《ソ》(邑内の特殊村落との説もある)、陸上交通の中継拠点である駅《ヨク》、河川の渡し場である津《チン》、河港である江《カン》、税穀の集積・積出港である倉《チャン》(漕倉《チョチャン》)、王室の荘園である荘《チャン》、国王御料地である処《チョ》、屯田・公廨田・学田(教育機関附属地)など国家附属地の耕作に動員されたとみられる郷《ヒャン》・部曲《プゴク》などの種別があった。

国家や王室に対して特定の役務を請け負う雑所の住民は、科挙受験が制限されるなど、居住地と役務に緊縛された存在であり、一般の府・州・郡・県民よりも政治的・社会的に低劣な地位におかれていた。ただし面積や人口の多寡によって一般の邑と区別されたわけではなく、在地有力者である吏によって住民行政が実施されるという点で両者には同質性があった。そのため、国家の政策によって、ある邑が雑所になったり、逆にある雑所が邑になったりすることもしばしばだった。その理由は、多くの場合、例えば、ある部曲民が国家に功績を立てたことで、その部曲が県に「昇格」し、逆に、ある郡の住民が国家に反逆したことで、その郡が部曲に「降格」されるといったものだった。

ここから、邑と雑所の別には階層的な序列が存在したことがわかる。こうした序列性は、府・州・郡・県という邑の称号の違いにも存在する。このような主邑と属邑、そして雑所からなる複雑かつ重層的な編制は、高麗の地方制度の大きな特色である。

なお国都である開京《ケギョン》を別格として、地方には三カ所の副都がおかれた。まず既述のように、建国直後に平壌《ピョンヤン》が西京《ソギョン》とされたほか、一〇六七年より楊州《ヤンジュ》(現在のソウル)が南京《ナムギョン》となり、新羅の旧都である慶州《キョンジュ》が九八七年以降に東京《トンギョン》となった

（一時的に慶州に戻された時期もある）。これらの副都には守令として留守《ユス》《りゅうしゅ》が派遣された。

主邑の守令は、地域ごとにいくつかのグループに分けられ、その代表となる守令を界首官《ケスグァン》といい、三京、都護府《トホブ》（安《アン》西《ソ》大都護府海州《ヘジュ》、安辺《アンビョン》大都護府登州《トゥンジュ》、安北《アンブク》大都護府寧州《ヨンジュ》など）、州牧《チュモク》（広州《クァンジュ》牧、忠州《チュンジュ》牧、清州《チョンジュ》牧、晋州《チンジュ》牧、尚州《サンジュ》牧、羅州牧、全州《チョンジュ》牧、黄州《ファンジュ》牧）がこれに相当した。

界首官はそのエリアを代表して、上表陳賀、郷貢の選上（科挙の地方一次試験）、外獄囚の推検などの業務をおこなった。ただし、その下にある（「領」と表現する）各守令も、統治業務にあたっては中央政府と直接連絡を取り合っており、界首官とその「領」下の守令とのあいだに指揮系統上の直接的な上下関係が存在したわけではない。

つぎに邑以上の広域区画について説明する（図16）。

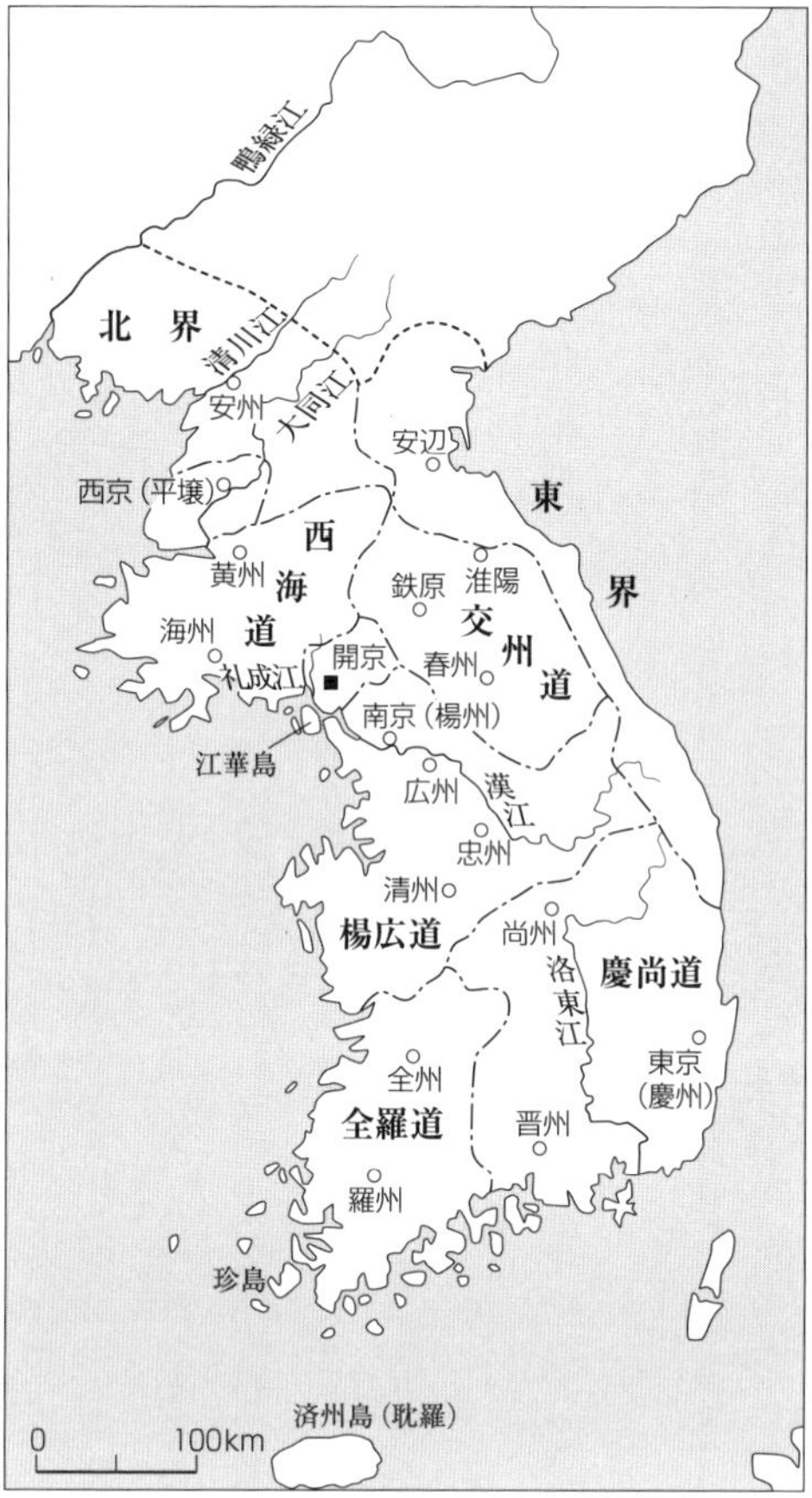

図16　高麗末期の五道両界

王都である開京とその周辺には、中央直隷地として京畿《キョンギ》が設定された。まず九九五年に開城《ケソン》府が設置され、六つの赤県、七つの畿県を管轄することになったが、これは当時施行された唐風の州県制におけるものである。それが解消されると、一〇一八年には開城府を廃止し、開城県令がその他三県、長湍《チャンダン》《ちょうたん》県令がその他七県を管轄してこれらを京畿とし、尚書都省に直隷させた。その後一〇六二年に開城府を復活させ、その知事が京畿十二県を管轄することになった。

辺境防衛が課題となる北方地域は、北界（西北面）と東界（東北面）に二分され、双方をあわせて両界といった。東界に関しては、東北境外の女真の海上活動に備え、太白《テベク》山脈以東の日本海岸エリアを現在の慶尚北道《キョンサンプクト》の北部までカヴァーした点が特色である。これらは、それぞれ兵馬使《ピョンマサ》が統轄し、そのもとに主として軍事的な州や鎮がおかれ、その長である防禦使《パンオサ》や鎮使《チンサ》・鎮将の指揮下に州鎮軍《チュジングン》と呼ばれる駐屯軍が展開した。そして最北辺の境界地帯には、一〇三〇年代に長城が建設された。

一般の邑が所在する南道では、十二世紀初めに五つの道を設定して按察使《アンチャルサ》（または按廉使《アニョムサ》）を派遣するようになった。五道の名称は時期により変動するが、慶尚道、全羅道《チョルラド》、楊広道《ヤングァンド》、春州道《チュンジュド》、西海道《ソヘド》などであった。按察使は道内の守令の監察、民情の探索、刑獄、徴税、また場合により軍務などに従事した。これは一見、朝鮮時代の道の長官である観《クァン》察使《チャルサ》にも似るが、按察使の場合は守令の直接的な上司だったわけではない。朝鮮朝の観察使は従二品の高官であり、他の守令より低位ということはなかった。一方、高麗の按察使には、五、六品相当の中堅官僚が差遣され、より高位の守令が存在した。

なお東南部地域では、按察使の派遣が始まる以前、東南海船兵都部署《トンナメソンビョンドブソ》がおかれて南部沿海の防衛と対日交渉の窓口機能を担い、あわせて管内の行政監察や刑獄も担当していた。

こうした各地の行政拠点を結ぶ連絡ルートの中継拠点として、多数の駅が設置された。その駅道は、巨視的には、開京を起点としてX字形に幹線路が延びるものとなる。すなわち、西京をへて鴨緑江《アムノッカン》下流域へと西北方に延びるルート、咸興《ハムン》平野方面へと東北方へ延びるルート、全羅道方面へと南西部に延びるルート、漢江《ハンガン》上流域から小白《ソベク》山脈を越え、洛東江《ナットンガン》にそって南下する南東部へのルートである。

財政

統治機構と、これを担う人間集団を支えた経済的基盤は、財貨と労働力という二つの側面に大別できる。具体的には田税(田租)、貢物(各種物納)、徭役(力役)のほか、王室・官衙・権力担当者に対して個別に配当された土地権益、公的機関や支配層各人に所属する奴婢《ノビ》たちの奉仕などをあげることができる。

このうち田税は、一般農民の耕作地(民田)から徴収されるものである。その税率については、収穫物の四分の一とみるか、十分の一とみるか、説が分かれており、このことは当時の農業技術水準に対する評価ともかかわるが、近年では四分の一の税率は公廨田・屯田などの国家附属地において適用されたものとする見方が優勢である。

毎年各地で徴税された大量のコメ、ムギ、アワなどの穀物は、国都まで運搬して上納する必要があるが、山がちな朝鮮半島の地形に対応して、遠隔地からの大量輸送には海や河川を通じた水上交通が利用された。これを漕運《チョウン》という。その業務は、初期には各地の豪族によって担われ、九九二年にはその経費として輸送距離にあわせて輸京価が設定された。その後、地方制度の整備にともない、集積・積出港の機能を集約的に担う雑所として漕倉《チョチャン》が設定され、倉民が輸送を担当した。

漕倉は全国十三カ所に設定された(図17)。うち十一カ所は海路を利用するものであり、西海道の一カ所(安瀾倉《アルラン》)を除けば、穀倉地帯である南部地域の税穀を集積・輸送するため、中部以南の西岸(河陽倉《ハヤン》、永豊倉《ヨンプン》、鎮城倉《チンソン》、安興倉《アヌン》、芙蓉倉《プヨン》、海陵倉《ヘルン》、長興倉《チャンフン》)と南岸(海龍倉《ヘリョン》、通陽倉《トンヤン》、石頭倉《ソクトゥ》)におかれた。残る二カ所は漢江上流域におかれ(興元倉《フンウォン》、徳興倉《トックン》)、ここに中部内陸部の税穀を集約した。これらの漕運穀は、納期にあわせて輸送され、最終的に開京西南郊の礼成江《イェソンガン》河口に位置する西江《ソガン》、または開京東南郊で沙川《サチョン》が臨津江《イムジンガン》に合流する付近にある東江《トンガン》に陸揚げされ、左倉《チャチャン》（禄俸穀倉庫）と右倉《ウチャン》（国王御用穀倉庫）に代表される京倉《キョンチャン》（王京の国庫）に搬入された。

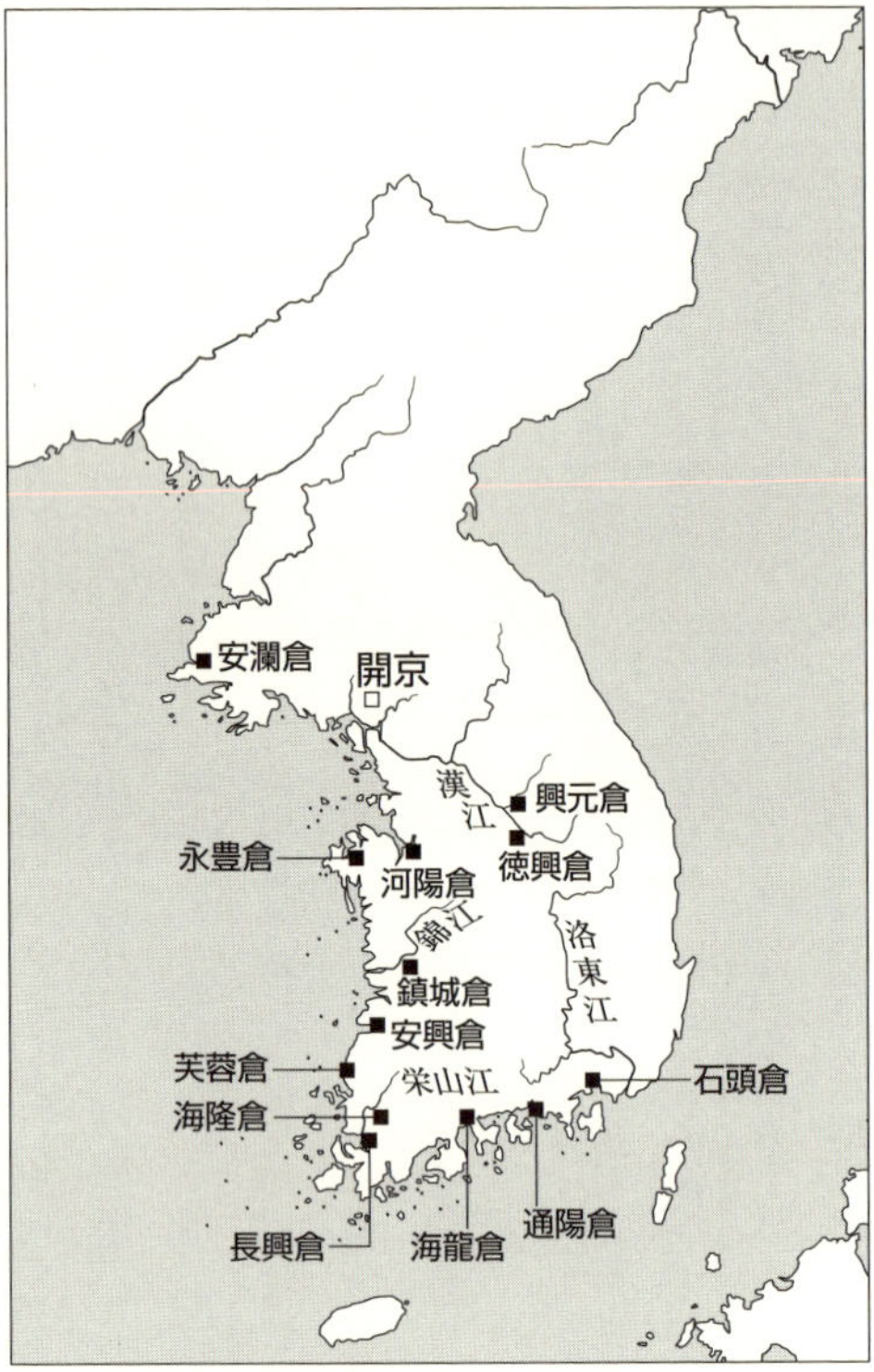

図17　高麗の十三漕倉

国家が必要とする現物を徴収する貢物については、まず一般の郡県民から布が徴収され、これは調、調布、貢布などとも呼ばれる。また所制度のもとで調達・生産される物品が貢物としておさめられたが、さらに、調布や所の産品に該当しない、魚脯《ぎょほ》（魚肉のほじし）などの海産物や、牛皮・牛角・人蔘・油蜜等の農畜産物など、さまざまな物品が、郡県の民に課された。これらの貢物は、一年に一回、所定の品目・数量が徴収される常貢と、必要に応じて臨時徴収される別貢とに分かれていた。

徭役については、国家レヴェルの力役と、郡県レヴェルでの力役に大別されるが、業務内容のうえでは、宮殿・寺院・官衙の造営、陵墓・城郭・船舶・堤防の建造・修築といった土木工事への動員(工役)、貢物を用意するための貢役、各地で徴収された税穀や貢物を漕倉など所定の集積地まで輸送する輸役などが、代表的であった。

徭役は、人丁(十六歳以上六十歳未満の男性)の多寡に応じて九等級に区分された編戸(戸等制)に基づいて必要人数が徴発された。特定の個人役務(身役)をもたない郡県や雑所の一般の農民がおもにその徴発対象となった。国家に対して個人として特定の役務を請け負う文武官僚、上級軍人、胥吏、邑吏は免除され、丁女(成人女性)、単丁(人丁が一人しかいない戸)、重病人・身体障害者、孝子・順孫・義夫・節婦として国家の表彰を受けた者なども、恩典として免役の対象になった。奴婢や楊《ヤン》水尺《スチョク》(禾尺《ファチョク》。定住地をもたない狩猟・屠殺・柳細工従事者)などの賤人層や、僧侶も原則的に免役された。

▼補説14▲ 王都の姿

開京は、開城のシンボルともいうべき松嶽山《ソンアクサン》の南麓に広がる都市だった。この地は、そもそも高麗王室発祥の地であり、その開創伝説にも風水地理説に基づく松嶽山の地徳が謳われている。定都後に五部の坊里が設定され、十一世紀初めには契丹の侵攻を受けて羅城が築造されて城郭都市となった。

現在の朝鮮民主主義人民共和国に位置するその都市構造については、いまだ考古学的なデータが不十分であり、おおよその輪郭がつかめているにとどまる。二十一世紀にはいり、一時的な南北融和ムードのなかで王宮址の合同調査がおこなわれるようにもなったが、揺れ動く南北情勢に翻弄されて安定した進捗をみていない。

現在までに判明した範囲でいえば、図18に示されるように、中国の長安・北京や日本の平城京や平安京のように、東西南北に格子状に道路が走る方形プランの都とは大きくかけ離れた姿をしている。城壁は尾根筋など自然地形にそって展開するため、不定形なラインをなす。中核となる皇城《ファンソン》や宮城《クンソン》は、松嶽山を背後に負う西北部に偏った位置にある。主要道路

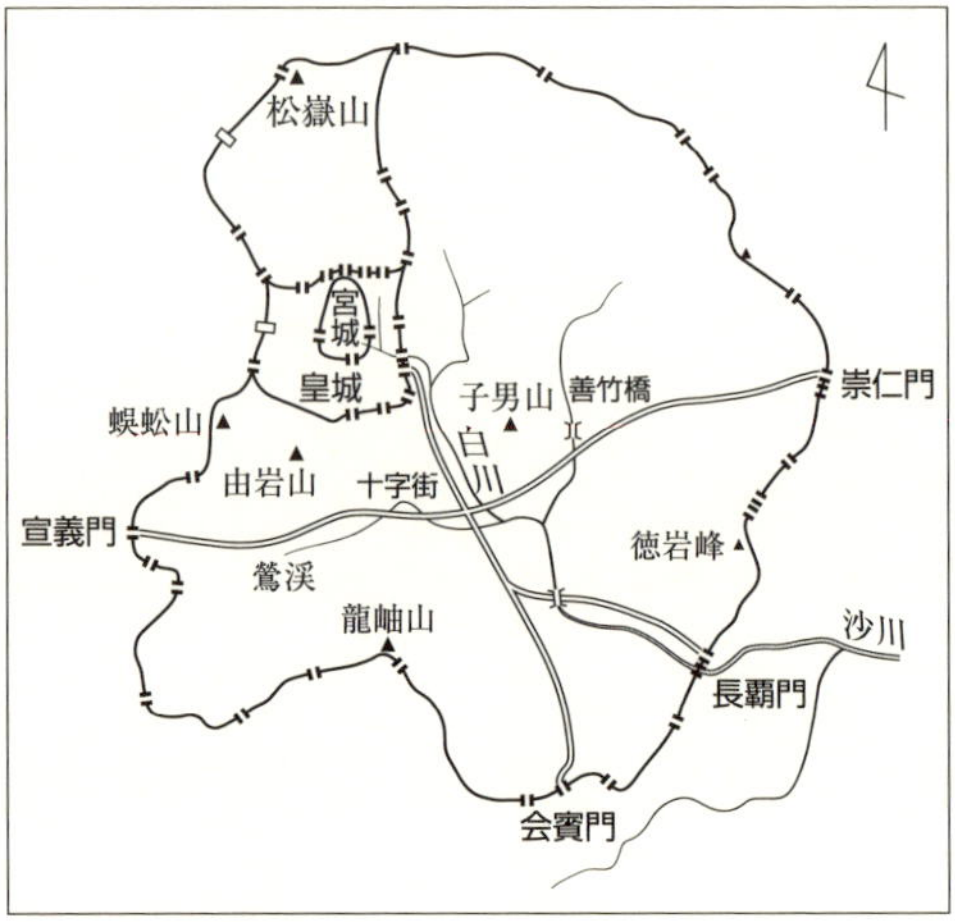

図18　開京概念図
原図：金昌賢『高麗開京の構造とその理念』新書苑，2002年。

として、西の宣義門《ソニムン》から東の崇仁門《スンインムン》に抜ける道路と、南方の会《フェ》賓門《ビンムン》・長覇門《チャンペムン》からはいる道路が合流し、皇城の東側に向かって北上する道路があり、それらが都城の中央で十字に交差するが、必ずしも直線的なものではない。この十字の交差点を十字街《シプチャガ》といい、そこから皇城にいたるまでの道路沿いに経済センターとして京市《キョンシ》が設置された。京市は王都社会の心臓部として、さまざまな政治事件の舞台にもなった。こうした不定形・非対称的な都市プランは、朝鮮時代の王都漢城《ハンソン》(現在のソウル)や、地方の邑城にも通じる部分である。

宮城内の宮殿についてみる前に、比較対象として朝鮮前期の正宮、景福宮《キョンボックン》についてふれておこう。景福宮では、中心軸にそって南から北へ、重要儀礼の場である勤政殿《クンジョンジョン》、日常の政務を執りおこなう思政殿《サジョンジョン》、王のプライベート空間である康寧殿《カンニョンジョン》が三段階に配置された、中国式のプランとなっている。

開京の宮殿についても、図19に示されるように、会慶殿《フェギョンジョン》とその背後の宮殿群が、一見、同じようなプランに基づくかにみえる。たしかに会慶殿自体は、宋使の迎接儀礼を執りおこなうなど、中心性を備えた場ではあったが、背後の宮殿のうち、長和殿《チャンファジョン》は宝物庫であり、元徳殿《ウォンドクチョン》は緊急の軍令をくだしたり、重要な刑獄を少数の臣僚と議論したりする際に使い、日常的には使用しなかったという。

一方、これらの宮殿群の西方にあった宮殿のうち、乾徳殿《コンドクチョン》では、冊封宗主国である契丹の使節に対する迎接儀礼がおこなわれ、重光殿《チュングァンジョン》では、王の即位式が挙行されている。宣政殿《ソンジョンジョン》では、日常的な重要政務が執りおこなわれたようだが、王の即位式がおこなわれた例もある。こうした即位式や外国使の迎接などは、景福宮式に発想するならば、会慶殿で一元的に挙行されてもよさそうなものである。

　このように、高麗における宮殿機能は、複線的、または多元的にもみえ、高麗独自の運用法と、その論理があったと思われる。そのことは、松嶽が豪族としての王建一族の拠点だった時期から、一時的に弓裔《クンイェ》の王都がおかれ、その後、高麗が定都し、都市建設が進められていく過程のなかで、各宮殿やそのもととなる施設が段階的にどのように成立してきたかにもかかわるだろう。また、初期の高麗が国制を継受した泰封《テボン》の王都鉄圓《チョルォン》の王宮プランも、なんらかの関連性を有する可能性がある。

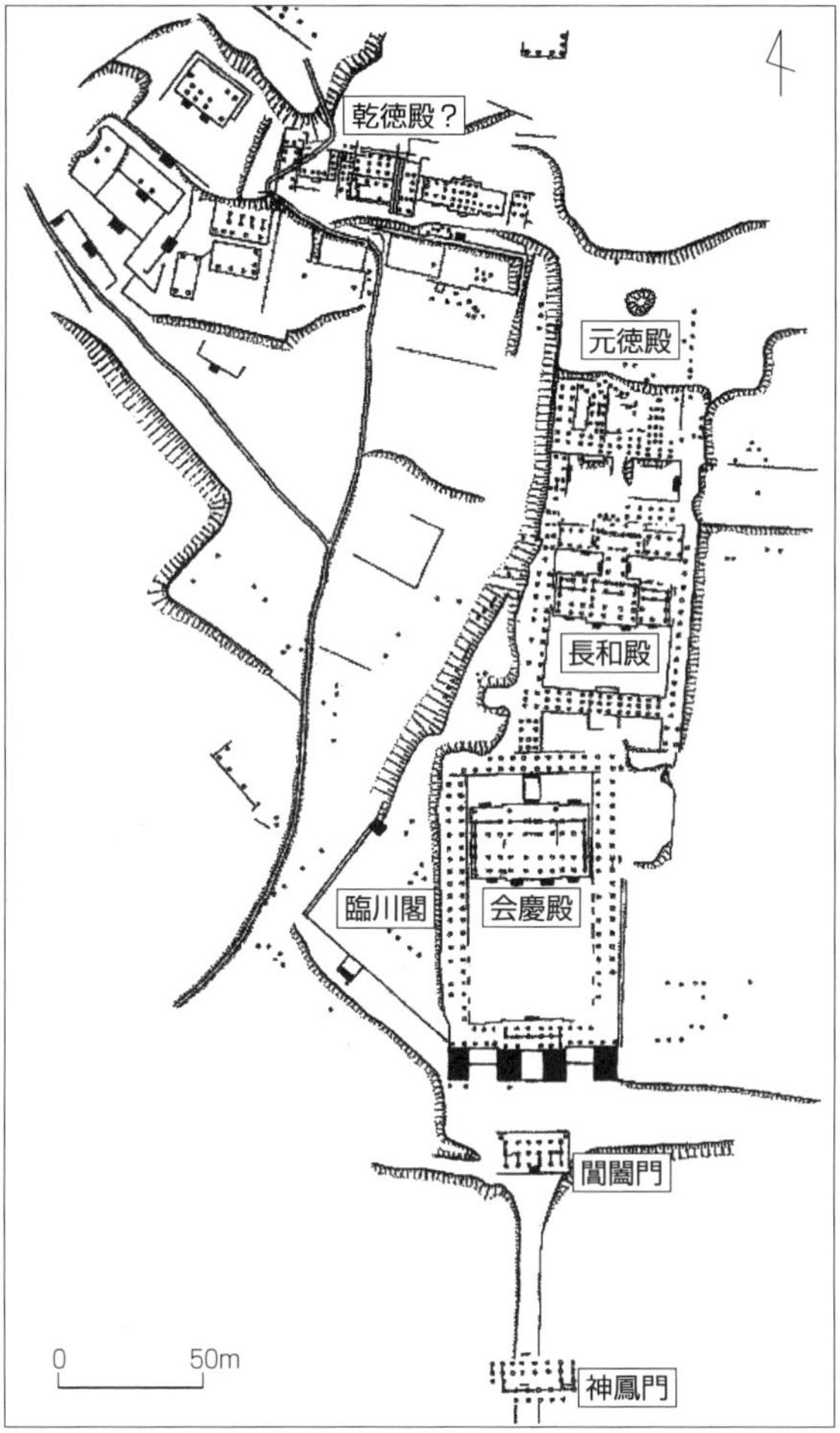

図19　開京の王宮
原図：『朝鮮遺跡遺物図鑑』10巻，朝鮮遺跡遺物図鑑編纂委員会，1991年。

これらのことは、文献史料から明らかにすることはできない。考古学調査が待たれるゆえんだが、前述のごとく開京王宮址の調査は、南北情勢の不安定さゆえに予断を許さない。鉄原《チョルォン》の泰封王宮址もまた、軍事境界線のただなかにあり、満足に学術調査がかなわない状況である。

3　対外交流の活況

宋との交流

宋とのあいだでは、契丹《きったん》との本格的修交にともない、一〇三〇年代からは使臣の往来がとだえた。九世紀前半の東アジア海域では新羅《シルラ》海商の活躍がめだったが、九世紀後半以降、これと協業関係にあった漢人海商がしだいに貿易の主要な担い手として前面に浮上してきた。そして、その流れを受け、宋の建国後は宋商が朝鮮半島にも活発に往来するようになった。この動きは、宋との断交中にも、とだえることなく続いた。宋では、商船の海外渡航に関して、指定港に設置された貿易管理局(市舶司《しはくし》)への事前届出制をとっており、高麗《コリョ》との外交途絶後は高麗への渡航を禁止していた。しかし実際には有効に統制できなかったのである。

やがて十一世紀後半、宋において新法改革で名高い神宗《しんそう》(在位一〇六七〜八五)が即位すると、対外政策においても積極的姿勢がとられるようになる。高麗側でも、文宗《ムンジョン》が宋との復交を望むようになっていた。すると、高麗に往来していた福建出身の海商黄慎《こうしん》の仲介により、両国の外交が復活した。一〇七一年、高麗は約四〇年振りに宋に遣使し、七八年には宋使が高麗を訪れ、以後、北宋が滅亡して南宋が成立した直後まで、相互に使者の往来が続いた。

宋との外交関係の復活は、当然ながら契丹を刺激する可能性があったが、結果的に契丹は、その事実を知りながらも黙認したとみられる。高麗も、宋を上国として尊崇する姿勢を示したものの、王が宋より正式に冊封を受けることはなかった。契丹の冊封宗主国としての立場は守られ、高麗と宋の国交は、必ずしも契丹に対して正面切って対抗姿勢を示すものとならなかった。

むしろ高麗にとって、対宋外交は、貿易や文物将来のための便法としての意味合いが強かったようである。前述のように、外交途絶中にも宋商が高麗に頻繁に往来していたが、政府が主体となり、朝貢とこれに対する回賜というかたちをとっておこなわれる貿易は、朝貢する側にとっては、規模と利潤の大きさなどの点で、民間貿易とは次元の異なる成果が期待された。

また高麗にとって、宋の朝廷との直接交渉によってはじめて入手が可能になる高級文物は、当時高麗の為政者たちがめざした体制整備や文化振興のために必要とされ、これも民間貿易では代替できない価値をもっていた。例えば、宋版『大蔵経』や、『文苑英華』『太平御覧』『冊府元亀』等の類書(百科事典)に代表される大部な書籍、多種多様な薬材、宮廷音楽とその楽器、絵画などがあり、そこには医師や画工といった特殊技能をもつ人材そのものの招聘も含まれる。宋の動向をリアルタイムで実地に見聞することで、制度・政策についても、新たな知見を得たことであろう。

宋において、高麗は契丹や西夏《せいか》に並ぶ重要な外交対象となり、そのため、宋使が高麗王に詔書を伝達する際には、特別な配慮もなされた。本来、君主と臣下が相対する際、君主が南面、臣下が北面する。そこで、臣下が勅使に相対する場合も、勅使が手にする詔書を君主に見立て、同様な面位を設定する。しかし高麗王に関しては、臣下中の例外として、西面の位置に着く特権が認められた(なお、契丹使とのあいだでも同様な面位がとられた)。

ただ宋に対する高麗の姿勢は、あくまでも実用主義的だった。こののち、一一二六〜二七年の靖康《せいこう》の変において、女真の建てた金が北宋を滅ぼすと、中国南部に樹立された南宋政権は、高麗に対して繰り返し遣使し、金に対抗するための連携を求めた。しかし高麗はこれに応じなかった。一一三〇年代を過ぎると、両国のあいだで使節の往来はほとんどみられなくなり、再び海商が往来するだけの関係となる。

高麗は宋より絹織物、磁器などの工芸品や、書籍、薬材、香料、茶などを輸入したが、とくに薬材や香料については、東南アジア・インド洋方面とのいわゆる南海貿易を通じて中国に持ち込まれた物産を含む。クジャクやオウム、砂糖なども、そうした南方物産の一つである。高麗からは、金・銀、チョウセンニンジン、生布（アサ布）、細苧（カラムシの布）、獣皮（トラなど）、松子（マツの実）、扇、花紋席、青磁、紙、筆、墨などが宋に輸出された。

高麗と宋を結ぶ航路（図20）は、高麗側のターミナルが開京《ケギョン》西郊を南流する礼成江《イエソンガン》河口にある碧瀾渡《ビョンナンド》《へきらんと》であり、そこから黄海を横断して山東半島にいたる北方航路と、朝鮮半島南西沿海を経由して東シナ海を斜めに横断し、江南地方にいたる南方航路とに大別される。このうち北方航路では、当初は北岸の登州（現在の山東省蓬萊《ほうらい》）が窓口港となったが、地理的に契丹に近いため、十一世紀前半に閉鎖され、高麗との北方航路も、両国の断交にともない公式には閉ざされる。復交後の十一世紀末には、南岸の密州板橋鎮《ばんきょうちん》（現在の山東省膠州《こうしゅう》）が新たな窓口港として浮上するが、ほどなく北宋自体が滅亡する。

一方、南方航路では、唐末以来、中国東南沿海部が経済のセンターとして浮上するなか、明州（現在の浙江省寧波《ニンポー》）が高麗・日本向けの指定貿易港として発展し、宋はここに市舶司を設置していた。前記のように北方航路が政治情勢に応じて盛衰があったのに対し、南宋期を含め一貫して貿易幹線航路として機能したのは南方航路だった。

朝鮮前近代史上、高麗前期は海を通じた国際交流がもっとも活発な時代だったとされ、とりわけ、高麗と宋のあいだで展開された貿易については、高麗商人の活躍も指摘されてきた。しかし近年の研究では、当時の朝中間（日中間も同様）における貿易活動の主軸は、都綱《とこう》、綱首《こうしゅ》などと称される漢人海商だったとみられている。そのため、高麗や宋の使節も、中国船を使船としてチャーターし、漢人海商とその船員を運航スタッフとして雇い上げるのが一般的だったと考えられる。高麗ではこうした海商たちが滞在する商館として、都城内に清州《チョンジュ》館、忠州《チュンジュ》館、四店《サジョム》館、利賓《イビン》館を設けていた。

貿易の幹線である南方航路では、宋商たちの大型尖底帆船（ジャンク船）が活躍した。これらは高麗国内で建造・使用される相対的に小型の平底船とは異なり、外洋航海の性能に優れていた。ただし漢人海商が主導したということは、必ずしも高麗商人の存在を全否定するものではない。また、あくまで船長クラスに関する話であり、その組下の商人や船員に高麗人が含まれた可能性を排除するものでもない。

少なくとも朝鮮半島の沿海を航行する際、ランドマークや海洋環境に関して高麗人のもつノウハウが活かされたとみ

図20　高麗・宋間の航路

られる。また朝鮮半島西岸に多数分布する大小の島々は、船舶が寄港して水などの物資の補給をうけたり、緊急避難や風待ち・潮待ちをおこなったりするための中継地を提供した。その一つである「黒山」（現在の大黒山島《テフクサンド》）には、官衙《かんが》、山城、寺院、烽燧《ほうすい》台などからなる港湾遺跡が今も残されている。

また技術的な制約が大きい前近代において、航海安全の信仰は船乗りたちにとって極めて重要な要素だった。中国では舟山列島の普陀山《ふださん》（梅岑山《ばいしんざん》）の霊感観音信仰や、福建で生まれた媽祖《まそ》信仰、東海龍王信仰などが有名だったが、朝鮮半島沿岸航路上の「群山島」（現在の古群山《コグンサン》群島）、「蛤窟」（現在の江華島《カンファド》甲串《カプコッ》に比定）にも龍神廟があり、宋船の船員たちの心を支えていた。

高麗と宋のあいだで外交使節を運ぶ使船の航路は、十一世紀初めまでは北方航路が利用されたが、十一世紀後半の復交後はもっぱら南方航路が利用され、基本的に明州を窓口港とし、宋都開封とのあいだの移動は大運河を通じておこなわれた。その理由として、まず政治的には、漂着・拿捕などにより契丹と接触する危険性を低減するという目的が考えられる。つぎに経済・文化的には、発展著しい江南にアクセスすることによる商取引・文物入手上の利点があげられる。ただ宋は北方航路の再開を試みたこともあったし、高麗側にも高級絹をはじめとする北部中国の産品に対する需要があった。また前述のごとく経済・文化交流に関しては宋朝廷との直接交渉そのものに大きな意味があったとみられるので、如上の政治・経済的な理由が航路変更理由のすべてとはいえない。これらに加え、技術的な問題として、航路の安定性と信頼性をあげることができるだろう。すなわち、一度とだえて政府レヴェルでは状況が不確かになった北方航路をあえて復活させるより、断交中も貿易ルートとして機能を維持してきた南方航路の船舶・人材をチャーターし、そのノウハウを活用するほうが、簡便かつ安全な航海が期待されたとみられるのである。その結果、南方航路を往来する宋使船のために、高麗は「群山島」、「馬島」（泰安《テアン》の安興《アヌン》半島）、「紫燕島」（仁川《インチョン》沖の永宗島《ヨンジョンド》）に、客館（それぞれ群山亭《クンサンジョン》、安興《アヌン》亭《ジョン》、慶源亭《キョンウォンジョン》という）を設置し、中間迎接をおこなった。

日本との交流

日本とのあいだでは、十一世紀後半になると、記録のうえで活発な貿易がみられるようになる。これはもっぱら、日本側から商船が高麗に往来したものである。その発源地は、対馬や壱岐、外港として国際貿易港博多を擁する大宰府など、北部九州とその島嶼にあったが、なかには九州南部の薩摩も登場する。日本側で貿易を担ったのは、国衙《こくが》の行政実務に従事する在庁官人などの在地有力者や、その周辺の関係者を中心とするようだが、漢人系の商人も存在した。十一世紀後半の九州では、従来の鴻臚館《こうろかん》に代わって博多が対外貿易の拠点となり、ここを中心に漢人系の商人が進出・居留して、博多唐房という一種のチャイナ・タウンを形成するにいたった。こうした九州在住の漢人系商人の一部が、高麗貿易にも進出していたとみられる。

高麗側の記録によると、日本からの通交者たちは、高麗に対し物品を献上するという朝貢形式の交易をおこなったようだ。対馬に向かい合い、洛東江《ナットンガン》河口部に船着場を擁する金州《クムジュ》(現在の慶尚南道《キョンサンナムド》金海《キメ》)がその窓口港とされ、ここに客館などの迎接施設も設置された。現地での対応業務は、当初は東南海《トンナメ》船兵都部署《ソンビョンドブソ》、のちには金州の守令である防禦使《パンオサ》が担当した。

これに対し、中央政府間の交渉は依然として不活発だったが、文宗代の末期、一〇七八〜七九年には、高麗の外交担当官衙である礼賓省《イエビンソン》が、「日本」商人王則貞《おうそくてい》を介して大宰府にあてて公文(牒)を送り、王の病気治療のために医師の派遣を要請するというできごとがあった。王則貞は、大宰府をはじめとする北部九州の官衙機構にも食い込んで居留する漢人系一族の関係者とみられる。しかし大宰府から通報を受けた平安京の朝廷では、当初は前むきな姿勢を示しながら、やがて治療に失敗した場合の体面を懸念するようになり、最終的には拒絶に決した。そしてその口実として、高麗への返書では、逆に相手方の公文の非礼を論難した。

高麗・日本間で交わされた貿易品の内容は、体系的には判明しない。断片的な史料から、日本からは水銀、硫黄、真珠、法螺《ほら》、柑橘や、刀剣・螺鈿《らでん》細工などの工芸品がもたらされたことがうかがわれる。代価として日本に何が輸出されたかは、輸入品以上に判然としないが、実例としては、前記の医師招請事件に際して日本側への進物とされた麝香《じゃこう》、絹織物などを想定することができる。

十二世紀にはいると、日本との通交記録は大きく減少する。これが実態をどこまで反映するか、そしてその原因をめぐり、論者の見解は分かれている。実態の反映とみる古典的学説が提示する、その理由としては、(1)それまで航海の技術的限界から近場の高麗貿易にあまんじてきた日本商人が、この頃から中国貿易へ転進していったという説、(2)高麗の国内政治混乱の影響という説、(3)高麗の経済水準の低さのためという説、などがある。

このうち(1)については、十二世紀における日本商人の中国貿易進出という図式自体が現在では否定されている。当時においても日中貿易の主軸は依然として漢人海商が担っており、中国の文献に登場する「日本」商人も、実体は彼らだったこと(日本から来航したことをもって「日本」の商船と記録された)が指摘されている。(2)については、宋商の来航状況にさしたる変化がみえないため、日本商人だけが高麗の国内政治情勢の影響を受けたとはみなしがたい。(3)については、日本側が高麗貿易に期待したのは中国産品の間接輸入であり、日本商人が中国に直航するようになれば高麗貿易は不要になるとの想定が前提になっている。しかし前述のとおり、日本商人の中国貿易進出という図式は、現在では否定されている。また高麗貿易に対する日本側の需要についても、詳細は必ずしもよくわかっていない。

一方、記録のありようと実態とは異なるとみる説も、十分に説得的な論拠を提示できないでいる。十二世紀にはいってからも、日本からの物品献上を示唆する記録や、対馬守藤原親光が平氏勢力の攻撃を受けて高麗に亡命したという所伝が日本側に残されていたりすることなどは、たしかに通交の継続をうかがわせるが、貿易の盛衰を評価する材料とはならない。

ただこの頃、対馬海峡をはさむ日本・高麗双方の沿岸部で海賊の活動が確認され、商船が襲撃を受けるなど、海上貿易をめぐる社会環境は不安定化しつつあったとみられる。このことは、やがて十三世紀にはいり、最初の倭寇《わこう》事件（初期倭寇）が起こる前提として注目される。

女真・耽羅との交流

高麗前期、その北方境外の朝鮮半島東北部、およびマンチュリア地域では、女真人が小単位で活動しており、全体の政治統合はなされていなかった。高麗近隣の女真人としては、「三十姓部落」と総称される集団などが知られている。女真人は高麗に対し、ときに馬や獣皮などを朝貢のかたちをとって交易したり、ときに武力をもって辺境地帯での侵奪を繰り返したりした。これに関する記録は、『高麗史《コリョサ》』や『高麗史節要《コリョサジョリョ》』などの歴史記録において、十一世紀を通じて極めて多数にのぼる。

高麗は、自らの東北方に住む者たちを「東女真」ないし「東蕃《とうばん》」と呼び、西北方に住む者たちを「西女真」ないし「西蕃《せいばん》」などと呼んだ。十一世紀初めに高麗の東岸地域を襲い、日本にまで到達した「刀伊《とい》」は、このうち「東女真」の海賊である。

前述のごとく高麗は、女真人を自分たちより劣る夷狄《いてき》とみなし、境界地帯を軍事施設で固めて警戒しつつ、交易の利や、郷職・武散階などの爵号を与えるなどして懐柔した。彼らに与えられた爵号のなかには、帰徳将軍《クィドクチャングン》や奉国将軍《ポングクチャングン》など、高麗の恩徳やこれに対する奉仕を象徴する熟語を冠した「○○将軍」の数々があるが、これらは女真人に対してのみ運用されている。そして、女真人の侵奪行為に対しては軍事力で威圧するなどして対処した。こうして女真のなかには、高麗に帰順してその羈縻《きび》州となる集団もでてきた。高麗は、自分たちの影響下にある女真を「化内」、そうではない者を「化外」として区分した。

女真のなかには契丹と通交する者もいるため、高麗の女真糾合策は「上国」である契丹と競合することがあり、女真人が契丹から受け取った「職牒」を回収したうえで高麗の爵号を授与するなど、契丹に対して対抗的に展開される一面もあった。十一世紀前半には高麗の使節にともなわれて宋に朝貢した女真の酋長もいる。これは、小勢力だった初期の新羅が高句麗《コグリョ》や百済に導かれて中国に朝貢したことを彷彿とさせるが、女真と高麗の関係を宋側に印象づける演出となったかもしれない。その記憶は、後年、宋が契丹に対抗するため女真との連携に関心を示した際、当初高麗に仲介を求めた背景になったとも考えられる(4)。

　南に目を転じると、朝鮮半島の南方に浮かぶ済州島《チェジュド》は、当初は耽羅《タムナ》《たんら》国として異域の存在とみなされ、星主《ソンジュ》、王子《ワンジャ》、徒《ト》上《サン》という独特な称号をもつ首長が存在した。彼らは高麗に通交して物品を献上し、その見返りに下賜品や武散階を受けるなどしていた。しかし、一一〇五年に高麗はここに耽羅郡を設置し、十二世紀半ばからは守令を派遣するようになった。こうして済州島は、本土の王朝の直接統治下に組み込まれていったが、それでも独自の首長勢力は高麗時代を通じて存続した。

　なお、十一世紀前半には、三度にわたって「大食」（アラビア）商人が来訪したとの記録が残されている。一時的な現象にとどまるが、唐代までに中国南部の海港に進出していた西アジアにルーツをもつ商人の活動が、朝鮮半島にまでおよんだとみられる。

▼補説15▲　高麗の天下観

　かつて、朝鮮の歴代王朝の対外姿勢については、中国王朝に対する「事大」(5)が強調され、これを内面的な実態にまで短絡させ、「事大主義」と評する向きが強かった。しかしその後、各王朝にさまざまなかたちで自尊の姿勢が存在することが指摘されるようになり、高麗についても、八関会《パルグァヌエ》における外国人朝賀儀礼の存在が注目された。そこでは、宋商、女真人、耽羅人、および日本からの通交者（漢人系の海商を含むと考えられる）といった異域の人びとが、衆人環視のもと、高麗の君主に対して貢ぎ物を捧げ、慶賀を述べるという、朝貢儀礼に類した演出がなされ、高麗王を中心とする秩序世界が表現された。

ここで注目されるのは、後述のように八関会が、中国由来の儀礼とは異なる、高麗の固有性を打ち出した王権儀礼だという点である。これにより、国王の権威を宣揚しつつも、中国王朝が設定する国際秩序と正面からぶつかることを回避しているとの見方もある。

ただ、一方で高麗は、中国のそれと同名の官制を採用している。これは本来、冊封宗主国である大陸の皇帝の権威に対して僭越な行為（僭擬）にあたる。用語法においても、君主の一人称を朕《ちん》、君主に対する二人称を陛下、君主に対する言上を奏、君主の命を聖旨・詔などと称したが、これも皇帝にかかわる用語であり、王としての格式にそくするならば、それぞれ予、殿下、啓、教などとすべきである。これはたんなる誤用ではなく、実際、当時の高麗の君主は、ときに「皇帝」「天子」「聖上陛下」「神聖帝王」などと呼ばれており、間接的にも後嗣を「皇太子」、后妃を「皇后」、国都を「帝京」などと記す場合がある。

こうした僭擬の一つとして、圜丘《ウォング》祀天礼もおこなわれていた。中国の皇帝は、地上の唯一の統治者としての天命を受けることで、天子として君臨する。圜丘でおこなわれる祭天儀礼は、天と天子の繋がりを誇示する皇帝の専権事項であり、独自年号の制定も、そのような天の権威との結びつきを象徴する特権行為である。

しかし、こうした高麗の僭擬は、大陸の皇帝が天子であることをただちに否定するものではなかったらしい。十三世紀の文人李承休《イスンヒュ》は、その歴史叙事詩『帝王韻紀《チェワンウンギ》』において、朝鮮の君主が統治する世界を、「遼東に別天地があり、星々は中国と区別される」と表現している。つまり遼河以東の世界には、中国のそれとは区別される別個の天と天下があり、高麗の君主はその天子だというわけである。高麗では、このような自国の君主の立場を「海東天子」と表現した。学界では、かかる高麗の世界観を「多元的天下観」と呼び、当時の支配層に広く共有された意識だったとみている。

内に向かっては天子・皇帝、外の中国に向かってはそれより一ランク低い王として振る舞うことは、ベトナムの王朝などでもみられた現象である。しかし高麗の場合、じつは国内的にも純然たる天子・皇帝として振る舞ってはいないところが特徴である。祭天儀礼の内容を含め、さまざまな面で全面的な僭擬を避ける状況がみられ、独自年号の使用も一時的であった。君主のことを正面切って皇帝と称しているのは、じつのところ確認できる範囲ではごく少数例である。

このように、どこまでが皇帝で、どこまでが王なのか、曖昧模糊としたグレーゾーンの広がりこそが、むしろ高麗の特徴であり、厳しい国際環境のなかで高麗が自己の存在を定立していくうえでの機微というべきだろう。また宋・契丹・金などの「上国」が、高麗のこのような姿を知りながら、特段それを咎めなかったという事実も、当時の多極化した東部ユーラシア情勢を象徴するものとして注目される。かかる状況は、やがてモンゴル帝国の覇権拡大とともに大きく変わっていく。

4　文治政治の爛熟と動揺

門閥官僚の成長

高麗《コリョ》が全盛期を迎える過程では、王室と複雑な姻戚関係を結んだ門閥官僚の家門が成長し、代々にわたって高位高官を輩出するようになった。その代表的な存在として、まず安山金氏《アンサンキム》の金殷傅《キムンブ》は、三人の娘を顕宗《ヒョンジョン》に嫁がせ、そのあいだに生まれた三人の子が、それぞれ、第九代徳宗《トクチョン》、第一〇代靖宗《チョンジョン》、第一一代文宗《ムンジョン》となった。

慶源李氏《キョンウォンイ》の李子淵《イジャヨン》もまた（図21）、三人の娘を文宗に嫁がせ、そのあいだに生まれた三人の子が、それぞれ、第一二代順宗《スンジョン》（在位一〇八三）、第一三代宣宗《ソンジョン》（在位一〇八三～九四）、第一五代粛宗《スクチョン》（在位一〇九五～一一〇五）となった。

さらに順宗には、李子淵の子である李顥《イホ》《こう》の娘が嫁いだ。宣宗にはやはり子淵の子である李碩《イソク》・李頲《イジョン》《てい》の娘がそれぞれ嫁ぎ、あいだに第一四代献宗《ホンジョン》（在位一〇九四～九五）が生まれた。粛宗の子である第一六代睿宗《イエジョン》《えいそう》（在位一一〇五～一一二二）には、李顗の子である李資謙《イジャギョム》の娘が嫁ぎ、あいだに生まれた第一七代仁宗《インジョン》(在位一一二二～四六)には、同じく李資謙の二人の娘(王からみれば母方の叔母)が嫁いだ。

門閥官僚の一門は、慶州金氏《キョンジュキム》、坡平尹氏《パピョンユン》、海州崔氏《ヘジュチェ》、平山朴氏《ピョンサンパク》、江陵《カンヌン》金氏、光陽《クァンヤン》金氏といった有力家門同士でも婚姻を進め、栄華を極めた。そして彼らを中心として、高麗の文治政治は、十二世紀半ばにかけて、学問・芸術の隆盛を背景に、その爛熟期を迎える。

こうした門閥家門のことを、学界ではしばしば貴族と呼び、高麗貴族制社会論が唱えられている。貴族とは、社会の最高支配階層として諸特権を生得的に享受する存在と定義できるが、前述の蔭叙《ウムソ》《いんじょ》は、これを支える制度的な装置とみな

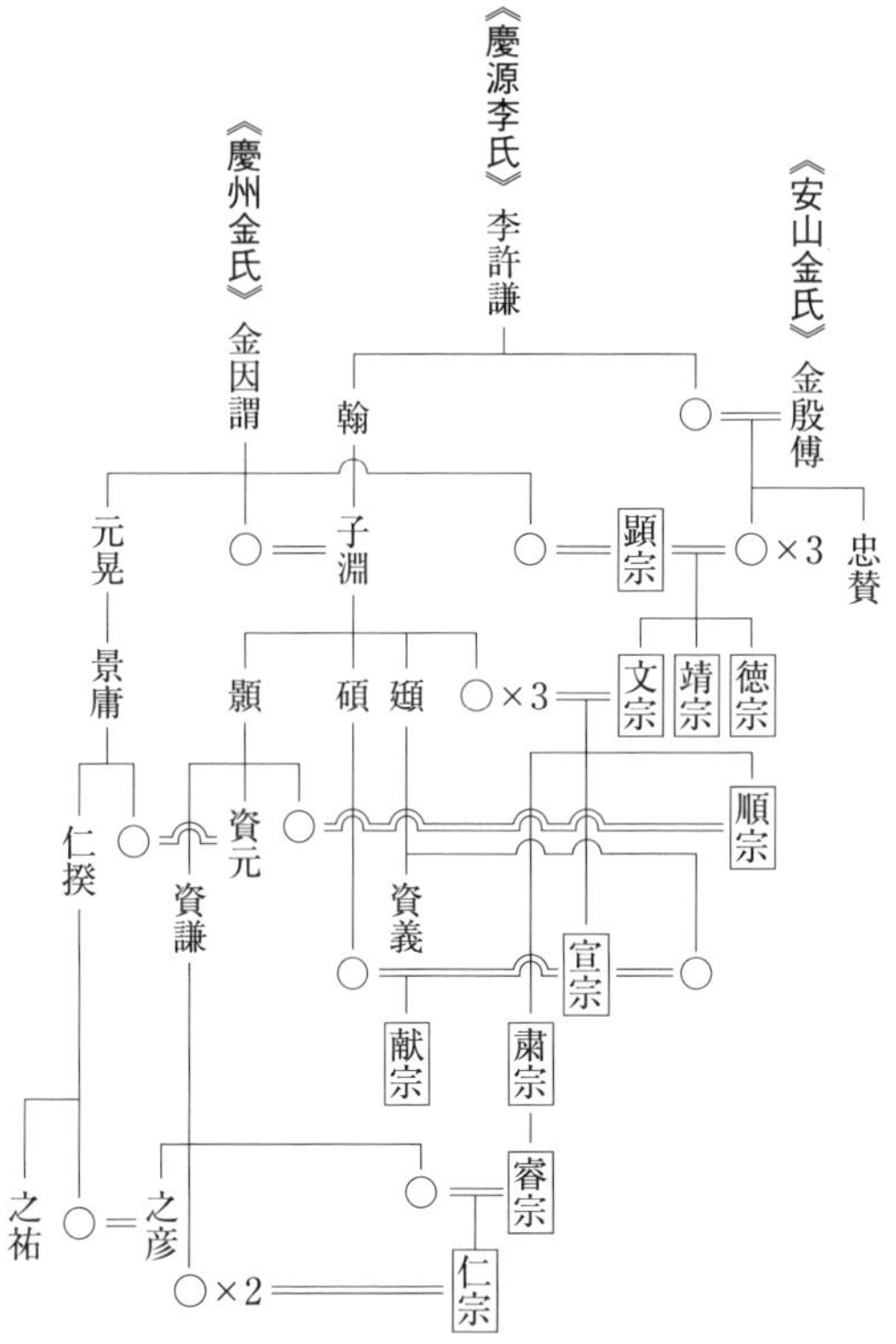

＊その他，海州崔氏，光陽金氏，坡平尹氏，江陵金氏，平山朴氏とも密接な関係にある。
＊○は女性，○×3とあるのは女性3人の意味。
＊□内は高麗王。

図21　李子淵一族と高麗王室の通婚関係

された。
ただし高麗の蔭叙は、特定の契機ごとに、高級官僚の親族のなかの一人に官僚身分を与えるものであり、門閥のすべての子弟に自動的にチャンスを与える仕組だったわけではない。また蔭叙により与えられる職位も、通常は、最下級の、それも実務に従事しない同正職《トンジョンジク》(6)などであった。すなわち蔭叙は、出仕の最初のきっかけを提供するだけであり、それ自体が高位職への昇進を確約するものでは必ずしもない。

彼らが政治的地位を上昇させるうえでは、むろん往々にして家柄やこれに起因する縁故が効果を発揮するにせよ、それが無条件に栄達を保証するわけではなく、個人としての資質も問われることになる。その資質とは、儒教をはじめとする中国古典に裏づけられた文臣としての学識と文才であり、科挙《クァゴ》の製述業や明経業に合格することがその端的な証明となる。そこで結局、門閥の子弟たちも、多くが科挙の受験勉強に励むことになる。はじめは蔭叙によって出仕した場合でも、あとからあらためて科挙を受験することがしばしばだった。そして科挙は、官僚子弟ではない良人《ヤンイン》にも、すべてに無条件ではなかったにせよ、一定に開放されていたので、これも門閥の立場を排他的に保証する装置ではない。

ただ、学問・文章の修練を実践すること自体、前近代社会においては、就学機会や先達への師事、書籍・文房具の所有、農業など生業活動からの時間的解放といった要件を満たす必要があるため、家門の経済的・社会的・文化的な背景がものをいう世界である。結局、これらのことは、既存の上流階層ほど有利に働くため、実質的には官僚身分を家系で継承していく傾向を強める役割をはたす。後述する国学の教育制度も、科挙の合格や官僚としての立身をそのまま保証するものではないが、官僚の子弟に対し、親の身分に応じたかたちで教育機会を提供する仕組になっている。加えて出仕後も、軍人や雑類《チャムニュ》(官衙の雑役従事者)の子孫など、出身階層によっては昇任制限(限品《ハンプン》)が適用され、高位職への進出は狭き門となっていた。

このように、高麗の門閥官僚は貴族「的」な性格を強く帯びていたが、必ずしも制度として固定された閉鎖的集団をなすのではなく、官僚身分の再生産構造がその動態のなかで生み出した、「事実上《デ・ファクト》」のトレンドとでもいうべきものだった。

国際情勢の変化

多くの王朝の歴史において、最盛期とはしばしば変化の始まりでもある。十一世紀も終わりに近づいた高麗社会にも、早くも変化の兆しがあらわれる。

十一世紀末以降のマンチュリアでは、完顔部の盈歌《えいか》、烏雅束《うがそく》といった首長のもとで女真諸部族の統合が進み、高麗の北辺に居住する女真にもその影響がおよんできた。一一〇二年、烏雅束は高麗東北境外の女真を吸収すべく、同地域に軍を進めた。時の高麗の粛宗は、これを警戒して林幹《イムガン》を派遣し、防備を命じた。しかし林幹は功にはやって境外に出兵して女真軍に敗れ、逆に定州《チョンジュ》(現咸鏡南道定平《ハムギョンナムドチョンピョン》)一帯の高麗の関城が女真側によって攻撃され、多数の死傷者を出す結果となった。

この事態を受けて、女真への報復戦を決意した粛宗は、尹瓘《ユングァン》《いんかん》の建議を受けて軍事力の強化をめざし、新たに別武班《ピョルムバン》という軍団を創設した。これは、文武散官・吏胥から商賈・僕隷・州府郡県民まで幅広い階層を対象とした。そこでは馬の保有者を神騎軍《シンギグン》、馬を保有しない者を神歩軍《シンボグン》、跳蕩軍《トタングン》、梗弓軍《キョングングン》、精弩軍《チョンノグン》、発火軍《パルファグン》などの兵種に分け、科挙応試者ではない二十歳以上の男子を神歩軍に所属させ、武官と諸鎮府の軍人が四時訓練した。また僧侶を組織して降魔軍《カンマグン》も編成した。

その後、粛宗は目標をはたすことなく死去したが、遺志を受け継いだ睿宗は、一一〇七年、ついに尹瓘を元帥、呉延《オヨン》寵《チョン》を副元帥に任命して、二〇万と号する大軍(実際は一七万だったという)を東北境外へ派遣した。いわゆる尹瓘九城の役である。遠征軍は、あらかじめ多数の女真有力者たちを謀殺したうえで、関城より出撃して咸興《ハムン》平野に北上し、一帯に英州《ヨンジュ》、雄州《ウンジュ》、福州《ポクチュ》、吉州《キルジュ》、咸州《ハムジュ》、崇寧鎮《スンニョンジン》、通泰鎮《トンテジン》、真陽鎮《チニャンジン》、公嶮鎮《コンホムジン》の九城を築いて確保した。そして南部の民を移住させ、公嶮に立碑して境界とした。

この占領地域については、現在の咸鏡南・北道の沿岸部一帯から豆満江《トゥマンガン》以北におよぶ広大なエリアを想定する説や、もう少し狭く、咸鏡南道の沿岸部一帯に比定する説などもあるが、現時点では、現地に残る城塞遺構を具体的に踏まえた前記の咸興平野説がもっとも穏当かと思われる。詳しくは今後の考古学調査に待たねばならないが、西北境の鴨緑江《アムノッカン》下流域に設置された城塞の分布状況を参考にするならば、戦時下に九カ所の城塞で確保できるエリアとしては、咸興平野ほどの範囲が妥当と考えられる。より広範囲にわたるエリアを想定する説は、高麗末期から朝鮮時代における咸鏡道地域に対する領有権の主張に端を発する部分があり、注意して史料批判をおこなう必要がある。

かくして粛宗・睿宗の宿願を実現した尹瓘らに対しては、手厚い報奨措置がとられた。しかし、すぐに女真側の反撃が始まり、高麗は九城の地の返還を要求される。女真の攻勢に耐え切れなくなった高麗は、一一〇九年、これと和議を結び、占領地の返還と撤兵をよぎなくされ、尹瓘は占領失敗の責めを負うことになる。

その後、部族統合をはたした女真では、烏雅束の跡を継いだ弟の阿骨打《アクダ》のもとで契丹《きったん》との全面戦争に突入し、一一一五年、阿骨打は帝位に就き(在位一一一五～二三)、国号を金と定めた。金は、一一二二年に契丹王朝を崩壊に追い込み(逃走した契丹の天祚《てんそ》帝は二五年に捕虜となる)、二四年には西夏《せいか》をも臣属させた。すると金は、一一二五年、ついに高麗に対しても臣属を要求してきた。これは結果的に形式上の君臣関係を設定するにとどまったが、長年女真を夷狄《いてき》とみなしてきた高麗の支配層にとっては、深刻な意思決定を迫られるものだった。しかし彼我の国力差を考慮した当時の仁宗政権は、一一二六年、金に対して臣と称して朝貢を開始し、のちに正式にその冊封を受けるにいたった。

国内の動揺

続いて内憂について述べる。

まず一〇九五年には李資義《イジャイ》の乱が起こった。李資義は前述した李子淵の孫にあたるが、宣宗の跡を継いだ献宗がまだ幼く、病弱だったため、宣宗妃であった妹の子漢山《ハンサン》侯昀《ユン》《いん》（献宗の異母兄弟にあたる）を擁して、武力を背景に王位継承問題に影響力をおよぼそうとした。しかし王族の実力者である雞林《ケリム》公熙《ヒ》（のちの粛宗）によって阻まれ、逆に殺害されたのである。

一一二六年には李資謙の乱が勃発した。李資謙もまた李子淵の孫であり、睿宗と仁宗に自分の娘を嫁がせ、王室の外戚として高位の要職を歴任した、当代切っての門閥官僚である。彼は、外孫にあたる仁宗を擁立すると、睿宗の弟である帯方《テバン》公俌《ポ》《ほ》や韓安仁《ハナニン》・文公仁《ムンゴンイン》（初名は公美《コンミ》）などの対抗勢力を追放して権力を掌握した。そして、表文において臣と称さず、宋に対して「知軍国重事」と称して独自に朝貢をおこなうなど、最高権力者として破格の特権を享受した。一説には王位に対する野心もあったとされる。

そのため、これを憎んだ仁宗と、金粲《キムチャン》《さん》・智禄延《チノギョン》といった側近たちは、李資謙と、女真との戦いで功績をあげた当時のもう一人の実力者、拓俊京《チョクチュンギョン》とをあわせて除去することを目論み、まずその近親者たちを宮中で殺害した。しかし、事変を知った李資謙と拓俊京は、兵を動員して宮城に迫り、放火してこれを灰燼に帰せしめ、そのなかで王の身柄を確保し、クーデタを首謀した側近たちを排除した。ところが、ほどなく、王側の離間策によって拓俊京が王側についたため、李資謙は捕らえられて流刑に処せられ、翌年には拓俊京もまた弾劾を受けて排除された。

こうして内外の政情不安が醸成されてくると、風水・図讖《としん》思想の立場から開京《ケギョン》の地徳の衰亡を説き、西京《ソギョン》への遷都による国運の打開を主張する妙清《ミョチョン》の一派が仁宗の周囲に浮上してきた。妙清は西京出身の僧侶で、「陰陽の秘術」をもって人びとの心を引きつけた。彼が唱える西京遷都論は、政府内にも白寿翰《ペクスハン》、鄭知常《チョンジサン》、文公仁、林景清《イムギョンチョン》といった賛同者を得て、彼らによって妙清は王の国政顧問に推薦された。そこで妙清は、西京林原《イムオン》駅の地が新都の適地であるとし、ここに遷都すれば、天下を併合し、上国である金も貢ぎ物を捧げて高麗に降服し、三十六国がみな高麗の臣下になるだろう、と主張した。当初は半信半疑だった王も、これを受けて遷都の準備を進め、一一二九年には新宮が完成した。さらに妙清らは、仁宗に対し、「称帝建元」（皇帝と称して独自の元号を建てる）して金に対抗することを建言した。

しかし、これに対し、金富軾《キムブシク》《きんふしょく》、李之氐《イジジョ》《りしてい》、任元敱《イムオンゲ》《にんげんがい》（のちに元厚《ウォヌ》と改名）をはじめとする多くの宰相・諫官たちは、現実路線の対外政策や、儒教的な正統思想に基づくなどして、妙清らの主張を荒唐無稽として批判した。そのため、最終的にその運動は挫折に追い込まれてしまう。すると一一三五年、妙清は西京分司の官人趙匡《チョグァン》《ちょうきょう》らと謀議し、西京を拠点に反乱を起こし、西北面《ソブンミョン》の諸城を占領した。そして国号を大為《テウィ》と定め、天開《チョンゲ》と建元、その軍を天遣忠義《チョンギョンチュンイ》と名づけ、西京人による政権を打ち立てた。

仁宗は、鄭知常、白寿翰ら、開京にいた妙清の与党を排除したうえで、金富軾を元帥とする討伐軍を派遣した。開京政府軍が諸城を帰順させせつつ西京に迫ると、趙匡らは妙清らを斬首していったん降服したが、王側に徹底弾圧の意志があることを知り、籠城戦を再開した。金富軾は力攻めを避け、城を厳重に包囲して一年間にわたる兵糧攻めを展開し、ようやくこれを陥落させた。

以上のような支配層内部の混乱は、門閥官僚政治の行詰りを予兆するものであったといえよう。

5　高麗盛時の社会と文化

社会構成

高麗《コリョ》時代の社会は良賤の身分制に基づいて編成された。

良人《ヤンイン》のうち、文武両班《ヤンバン》《りょうはん》を代表とする権力構成員が支配階層をなすが、権力機構の末端に位置する邑吏《ウムニ》《ゆうり》や軍人などを中間階層として別個にとらえる見方もある。一方、被支配階層の多くを占めるのは農民だったが、これより低い地位におかれている工匠や商人も、賤事良人（賤業に従事する良人）と理解される。雑所《チャプソ》民については、かつては賤人《チョニン》とされていたが、法制上の位置付けはあくまで良人とみるのが現在の通説であり、賤役良人（賤役に従事する良人）と規定されている。

良人住民は丁戸《チョンホ》と白丁《ペクチョン》とに区分された。前者は特定の職役を負担し、その代価として国家から私田（後述）の支給を受ける層、後者は特定の職役をおわない層であり、経済的には前者が富戸層をなすとされる。具体的には、丁戸には邑吏・軍人といった権力の末端構成員が該当し、白丁には一般農民が該当するとされる。

賤人の中心は奴婢《ノビ》《ぬひ》である。奴婢は当時の支配層にとって土地とともにもっとも基本となる財産だったが、可墾地がより多く残されていた当時においては、労働力として奴婢の価値は相対的に高かったといえる。奴婢には、官衙《かんが》に所属して雑役に従事する公奴婢《コンノビ》と、個人や寺院によって所有される私奴婢《サノビ》とに分かれる。後者についてはさらに、主人と同居して使役される率居奴婢《ソルゴノビ》《そっきょぬひ》と、独立世帯を構成して主人の所有地を耕作して収穫物をおさめる外居奴婢《ウェゴノビ》とに分かれる。

奴婢は所有主の財産であり、相続・贈与・売買の対象となった。その身分は固く固定されており、両親のうち片方が奴婢であれば、その所生児も奴婢となった。そして母親が婢であれば、その所生児の所有権は母親の所有主に帰することになっていた。

このほか、才人《チェイン》（演芸者）や楊水尺《ヤンスチョク》（禾尺《ファチョク》。狩猟・屠殺・柳細工従事者）のように、定住地をもたない生業形態をとる人びとも賤視された。

高麗時代の人びとは、その属性として、特定の邑《ウプ》やその内部区画である村《チョン》、または雑所を本貫《ポングァン》（本籍地）として定めることになっていた。また現在朝鮮で普遍化している中国風の姓氏の使用は、古代王朝の支配層から始まったが、当初は一部に限られていた。しかし高麗において、本貫制の導入とあわせ、在地の上層部をおもな対象として、村落ごとに金《キム》・崔《チェ》・朴《パク》といった姓氏が定められた。こうした本貫と姓氏をはじめとする住民データは、地方で戸籍に登録され、中央の戸部に報告された。

前記のようにして使用が拡大した姓氏は、父系血縁を通じて継承されたが、このことは、のちに、全州《チョンジュ》李《イ》氏や安東《アンドン》権《クォン》氏といった具合に、本貫と姓氏が一対に結びついた血縁意識の形成をもたらした。そしてこれは、朝鮮中期以降に、現在の朝鮮で「伝統」とみなされる、父系血縁原理に基づく親族組織(門中《ムンジュン》)を生み出すことになる。ただし高麗時代の親族関係は、少なくとも支配層において父系血縁に一定の重みをおきつつも、基本的には個人からみて母や妻などの女系血縁を通じても広がる双系的(両側的)な親族関係だった。そのことは、服喪対象となる親族の範囲や、蔭叙《ウムソ》《いんじょ》の対象範囲、財産の相続対象者の範囲などに反映されている。

こうしたなかで、女性の社会的地位も相対的に高かった。財産相続について、朝鮮後期では男子均分相続から嫡長子優先相続へと変化し、いずれも女性を排除した相続がおこなわれた。しかし高麗時代には、特別な遺言などがなければ、通常、子女均分相続がおこなわれた。また婚姻については、場合により良身分・賤身分の妾を設けることもあったが、一夫一婦制を基本とした。

ただし君主は一夫一婦制の例外であり、数多くの后妃をおく多妻婚をおこない、しかも生前に単独の正妃を定めなかった。[7] また、姪や叔母などの近親者を含む族内婚がさかんにおこなわれた。このことは、儒教道徳のもとで、これをタブーとした朝鮮時代とは対照的である。また、初期には中国のように君主の諱を避ける習慣もなかった(注(2)参照)。

前述のように、十一世紀末から十二世紀前半にかけて、内憂外患の大きな政治事件があいついだ頃、社会の奥深いところでは、国家の住民支配と経済基盤に深刻な影響をおよぼす変化が進行していた。すなわち、地方住民がその付籍地から流亡するという流民現象である。このことは、戸籍データに基づく税や徭役の徴発に支障をもたらすため、事態の深刻化を受け、高麗政府は一一〇六年より一部の属邑《ソグプ》に監務《カンム》という地方官を段階的に派遣するなどして、住民の流出防止に努めた。住民流亡の原因を、政府側では地方官などの過剰な収奪に帰していたが、根本には、農業生産のありようを含む村落社会の構造変化があったとみるべきだろう。結局、流民現象はやまず、やがてこうした社会変動は、主邑、属邑、雑所、本貫・姓氏制度などからなる従来の地方統治の枠組に、根本的な変更を迫っていくことになる。

経済生活

高麗は農業を生業の中心とする社会だった。コメ、ムギ、アワをはじめ、マメ、ヒエ、ソバ、ゴマなどが栽培され、このうちコメが主穀として扱われた。ただし朝鮮初期(十五世紀初め)の段階においても、水田耕作の中心地である南部地域ですら、なお水田より旱田(畑)の比率が高かったことから類推すると、高麗時代においては、水田に対する旱田の比率は相当に高かったとみられる。したがって、旱田で栽培されるコメ以外の穀類の重要性は、決して軽視できない。

高麗時代の農業において、休閑法と連作法のどちらが一般的だったかについては論争があるが、現在のところ、条件のよい平田(平野部の農地)を中心に、すでに前期の段階から連作法が広まっていたとみられている。ただし地力維持の技術的限界から、十分には安定せず、陳田(休耕地、耕作放棄地)が大量に発生しやすい状況だったとみられる。しかしこれが、後期にかけて安定していき、さらに、条件の悪い山田(山地の農地)にも普及していくとみられる。

こうした生産の土台のうえに成り立つ土地制度の枠組は、当時の経済を理解するうえで関鍵となるテーマとみなされてきたが、とりわけ長年論争のテーマとなってきたのが、公田《コンジョン》・私田《サジョン》という土地を大別する類型概念である。

高麗時代の公田については、レヴェルの異なる四つの類型がある。第一に、国王の御料地を指す。第二に、官庁など公的機関の収入源となるその附属地(公廨田《コンヘジョン》《こうかいでん》など)を指す。第三に、政府の一般収税地、すなわち一般農民の耕作地である民田を指す。すでに述べた支配層に配当される土地権益のうち、王室に対するものが第一類型の公田、官衙に対するものが第二類型の公田にあたる。このほか、第四の類型として、すべての土地は王権のもとにあるという王土思想に基づき、国内のあらゆる土地を公田と呼ぶものがある。これは十四世紀末の田制改革(第五章で後述)のなかで、朱子学を信奉する改革派官僚たちが唱えた理念であり、もとより土地国有制を意味するわけではない。

これに対して私田は、たんなる私有地を意味するのではなく、王権に奉仕する権力担当者に公的に配当された土地権益である。文武官僚・軍人などの田柴科《チョンシグァ》がその代表だが、そのほかに王族の宮院田《クンウォンジョン》があり、直接の権力担当者ではないが、護国の精神的支柱として国家の庇護を受ける寺院の田地(寺院田《サウォンジョン》)も、私田に含まれる。

このように、公田・私田の別は、土地に対する耕作の権利状況には直接かかわらない概念であり、土地からの収益権がどこに帰属するか、配当されるかに基づく位置付けである。国王、および政府とこれを構成する官庁組織に帰属するものは公田、個別の支配層に配当されたものが私田となる。

問題は、そうした上位の権利関係のもとでの耕作者の権利であり、農民レヴェルの私的土地所有がどのような状態にあったかに重大な関心が寄せられてきた。このことは、発展段階論的な歴史観のもと、近代資本主義社会にいたる歴史の階梯における朝鮮経済の到達レヴェルを占う指標ともみなされたからである。

そこで、戦前に唱えられた朝鮮土地国有制論は、資本主義社会の基本条件たる私的所有権の未発達を意味するものとして、朝鮮停滞史論を支える論拠の一つとなった。そして、第二次世界大戦後には、停滞史論が批判されるなか、早期における私的土地所有の発展が主張されたのである。しかしこうした議論は、前記の公田・私田の概念を公有・私有の別に結びつける誤解から導かれた部分も大きい。

後述するように、十二世紀以降、高麗後期の私田経営では、農民の耕作地から収穫物の標準収穫高の一〇分の一を定額の租として徴収するのが一般的であり、民田の税額もこれと同じだった。当時の私田は実質的に収租権を分配するものとなっており、民田の農民と私田の農民は、ともに自己耕作地を保有する、その経営主体だったことになる。

問題は、そのような状況がもともと高麗前期の姿だったかどうかである。高麗前期の田柴科でも収租がおこなわれたとする説は、農民の土地所有をめぐる権利状況がすでに後期と同じだったとみる立場である。その収租率は、かつては五〇%とされたが、近年では、後期と同じ一〇%であり、五〇%とは当該農地の所有者(私田受給者とイコールとは限らない)に対して小作人が払う小作料であるとの見方が広まっている。これは民田の税率が高麗前期から後期まで変化なく一〇%だったとする新説とも関係する。

一方、高麗前期の田柴科を、支配層の自己保有地に対する免税権の付与とみる説は、前述した当時の農業技術状況に対する評価、すなわち、地力維持の限界から大量の陳田が発生する不安定な段階にあったという点に立脚している。そこでは、個々の農民は経営主体として不安定な状態におかれ、いまだ共同体の支えが必要だったとみる。私田では、そうした農民から耕作者(小作人)を募集して収穫物を折半したが、農民にとっては自己経営の不足を補う意味をもったという。やがて、十二世紀頃までに農業技術が向上し、個別農民の農地経営が安定すると、私田では小作人の確保に支障をきたすようになった。そのため、耕作農民を土地に定着させ、民田の税率と同水準の定額租を徴収する収取方式に切り換えざるをえなくなったとみるのである。これは、農民側からみれば、耕作地に対する権利が向上したことを意味する。

商業については、都城内に京市《キョンシ》(大市《テシ》)が設けられ、市廛《シジョン》《してん》・市街《シガ》・市肆《シサ》《しし》など、多様な名称でも呼ばれた。これは、西門の宣義門《ソニムン》から東門の崇仁門《スンインムン》まで城内を東西に横断する道路と、東南門の長覇門《チャンペムン》から北上する道路が交差する十字街《シプチャガ》を南の起点とし、そこからさらに北上してから西方に折れ、王府の東門である広化門《クァンファムン》へいたる道路にそって位置していた。京市では道路の両サイドに長廊が設置され、そこでの商業を監督する官衙として京市署《キョンシソ》、通行・治安を監督する官衙として街衢所《カグソ》《がいくしょ》がおかれていた。

京市の商業には、国都居住者はもちろん、地方から上京してきた人びと、さらには中国商人が従事していた。そこでは綾・羅のような絹織物をはじめとする高級工芸品から、穀物、蔬菜・果物、食肉、薪・草などの燃料にいたる生活財まで、多様な物品が取引され、なかには貢物として課された絹織物等の物品を京市で代価を支払って調達することもあったようだ。商品の陳列・販売には前記の長廊が利用されたとみられ、常設の個別店舗はなかったらしい。

当時の交換手段としては、コメや布(カラムシ製の紵布《ちょふ》やアサ製の麻布)が現物貨幣として幅広く使用された。十世紀末の穆宗《モクチョン》代には「乾元重宝《コヌォンジュンボ》」、十一世紀末の粛宗《スクチョン》代には「海東通宝《ヘドントンボ》」などの金属貨幣も鋳造されたが、広く流通するにはいたらなかった。一一〇一年には規格化された銀鋌《ぎんてい》の一種として銀瓶《ウンビョン》が鋳造され、高額決済に使用されたが、銅が混入されるなど品質が一定せず、私鋳も横行して安定しなかった。

詳しい状況は不明だが、地方においても、陸上交通・海上交通の双方を通じて商業活動がおこなわれたようだ。邑の治所付近や駅・船着場などの物流拠点に市が立ったとみられ、副都である西京《ソギョン》には開京《ケギョン》のそれを模した「市肆」が設置されていたらしい。このような物流経済に注目して、十二世紀初めには、政府が一時的に「関津商税」の徴収を試みたこともある。

工業については、国家の必要とする各種の高級工芸品が、中央官衙の掌冶署《チャンヤソ》、都染署《トヨムソ》などに所属する各分野の工匠によって製作された。また雑所のうちの所において、絹、紙、瓦、墨、陶磁器などが製作され、上納された。所の生産品の一部は、地方の需要にまわされた可能性もあるが、麻布や紵布をはじめとする民需の多くは、農民の家内生産によって賄われたと考えられる。また仏教寺院においても、自家需要としての布や瓦の製造のため、その技術者をかかえていたようだ。

学問と教育

高麗の支配層は、その素養として中国古典に基づく文化・文芸を重んじた。君主を頂点とする集権的な国家をめざしたことから、儒教が尊重され、とりわけ、科挙《クァゴ》や政治・外交の場で官僚に問われる規範・学識として重視された。その徳治主義的な政治理念が広まり、とくに睿宗《イェジョン》代・仁宗《インジョン》代の宮廷では、儒教経典の講論が活発におこなわれ、『礼記』『尚書』『詩経』『易経』『論語』などが取り上げられた。靖宗《チョンジョン》代の一〇四五年には『礼記正義』と『毛詩正義』（唐・孔穎《くよう》達《だつ》のそれとみられるが、高麗独自の著作との見方もある）が秘書省から刊行されたが、のちには金仁存《キミンジョン》の『論語新義《ノノシニ》』、李仁《イイン》実《シル》の『春秋講義《チュンチュカンイ》』、尹瓘《ユングァン》の子である尹彦頤《ユノニ》の『易解《ヨッケ》』のように、独自の著作もあらわれるようになった。

儒学の新しい展開として注目されるのは、『礼記』のなかの一篇である「大学」と「中庸」や、『易経』など、北宋に始まる新儒教、いわゆる道学（性理学、宋学）が重視する経書に対する関心である。具体的には、崔冲《チェチュン》の九斎学堂の各斎（寄宿舎）の名称（楽聖、大中、誠明、敬業、造道、率性、進徳、大和、待聘）に「大学」と「中庸」に由来する概念が使用され、また「中庸」や『易経』がしばしば君主への進講テーマとなっている。前記の金仁存が記した「清讌閣記」では、十二世紀初めの高麗宮廷の学風を、「三綱五常の教」と「性命道徳の理」に象徴させているが、後者は道学が重視する概念である。このことは、当時の高麗の儒学もまた、同時代の宋の影響を受け、経典訓詁の域を脱し、思弁的・実践的な儒教哲学を希求し、深化させていったことを示唆する。このことは、十三世紀後半に、道学の集大成たる朱子学が受容される土壌の一端として評価されている。

教育機関には、中央の官立最高学府として国子監《ククチャガム》（国学《クッカク》）があり、国子学《ククチャハク》、太学《テハク》、四門学《サムナク》、律学《ユラク》、書学《ソハク》、算学《チャナク》の京師《キョンサ》六《ユッ》学《カク》で構成された。前三者は、七品以上の官僚子弟が親の官品の高低別に分かれて儒学を学ぶもので、後三者はおもに八品以上の官僚子弟と庶人が職能系の学問をおさめた。一一〇七年には国学に七つの専門学科の斎（寄宿舎）を開設したが（七斎《チルジェ》）、『易経』を扱う麗択斎《ヨテクチェ》、『尚書』を扱う待聘斎《テビンジェ》、『毛詩』を扱う経徳斎《キョンドクチェ》、『周礼』を扱う求仁斎《クインジェ》、『戴礼』（前漢・戴《たい》聖《せい》の『小戴礼記』のことか）を扱う服膺斎《ボグンジェ》、『春秋』を扱う養正斎《ヤンジョンジェ》、武学を扱う講芸斎《カンイエジェ》という内容だった（武学は一一三三年に廃止）。同じく仁宗代の一一二七年には、地方学校として諸州に郷学《ヒャンハク》が整備された。

ただ以上のような公的教育システムは、政府の努力にもかかわらず、ともすれば形骸化しがちで、官学以上の充実ぶりをみせていたのは、むしろ私立学校だったといわれる。私学十二徒《サハクシビド》と呼ばれる一二の学校がそれであり、海東孔子と呼ばれた崔冲の文憲公徒《ムノンゴンド》（九斎学堂）、鄭培傑《チョンベゴル》の弘文公徒《ホンムンゴンド》、盧旦《ノダン》の匡憲公徒《クァンホンゴンド》、金尚賓《キムサンビン》の南山徒《ナムサンド》、金無滞《キムムチェ》の西園徒《ソウォンド》、殷鼎《ウンジョン》の文忠公徒《ムンチュンゴンド》、金義珍《キミジン》の良慎公徒《ヤンシンゴンド》、黄瑩《ファンヨン》《こうえい》の貞敬公徒《ジョンギョンゴンド》、柳監《ユガム》の忠平公徒《チュンピョンゴンド》、文正《ムンジョン》の貞憲公徒《チョンホンゴンド》、徐碩《ソソク》の徐侍郎徒《ソシランド》、設立者不詳の亀山徒《クサンド》などからなる。

高麗の科挙は、こうした教育体制を基盤として実施された。そこでは二段階選抜方式がとられた。まず一次試験では、地方において、界首官《ケスグァン》の責任のもとで実施される界首官試《ケスグァンシ》を通過した者が、国子監での確認試験（国子監更試《ククチャガムギョンサ》）をへて、郷貢進士《ヒャンゴンジンサ》として二次試験に進む。中央では、国子監に所属する学館（国子学、太学、四門学）の学生、所定の手続きをへて資格を得た私立学校や地方学校の学生、および一部の郷貢進士が、国子監で実施される国子監試に臨み、その合格者が国学の進士《チンサ》（国子進士、太学進士、四門進士）として二次試験に進む。

二次試験である礼部試《イェブシ》（東堂試《トンダンシ》）では、礼部の貢院において第一場から第三場までの三段階に分けて試験をおこなった。各場で問われる内容は、その具体的な出題形式や順序が時代により異なるが、大きくは経学知識（帖経、経義）、韻文作成（詩賦）、散文の論述（論策）に分かれる。北宋道学への関心が生じた睿宗朝に経学重視が志向されたこともあったが、全般的には詩賦が重視される傾向が強かった。なお礼部試に加えて、国王による親臨試験である覆試が実施されることもあった。

宮廷には、前述の宝文閣《ポムンガク》のほか、清讌閣《チョンヨンガク》《せいえんかく》、臨川閣《イムチョンガク》などの図書館が設けられ、膨大な漢籍が所蔵されていたという。そのような環境のなかで中国古典文芸の素養を育んだ高麗文人のなかには、金富佾《キムブイル》《きんふいつ》、朴寅亮《パギルリャン》、金覲《キムグン》《きんきん》、金悌《キムジェ》のように、使者として派遣されたことをきっかけに、宋で文名を知られるようになった者もいた。このうち朴寅亮と金覲の詩文は、宋において『小華集』として刊行までされたという。

このほか、学問においては、高麗人自身による歴史書の編纂も注目される。

十一世紀初め、契丹《きったん》の侵攻により国初の歴史が散逸する危機に瀕した際には、黄周亮《ファンジュリャン》が諸記録を収集し、太祖《テジョ》から穆《モク》宗《チョン》にいたる七代の事跡を編纂した。その後、王代ごとの年代記である『実録』の編纂も進められ、『睿宗実録《イェジョンシルロク》』の段階では宋制に倣って実録編修官が設置された。また、十二世紀以前の段階で『編年通載《ピョンニョントンジェ》』なる史書が存在したが、睿宗は洪灌《ホングァン》に命じて、三韓以来の事績を集成して、その続編を編纂させた。さらに毅宗《ウィジョン》代には金寛毅《キムグァニ》が『編年通録《ピョンニョントンノク》』を編纂している。

これらの史書は、一部がわずかな逸文を残す以外、いずれも現在までに失われてしまい、朝鮮における現存最古の体系的な歴史書としては、金富軾《キムブシク》が一一四五年に撰進した『三国史記《サムグクサギ》』が残されている。これは編纂方針として新羅《シルラ》中心主義、儒教中心主義などの特徴をもつが、古代史研究の基本史料として貴重である。

仏教とその他の信仰

一方、高麗一代を通じて、社会の幅広い階層の精神生活のなかで、とりわけ大きな位置を占めたのは、仏教だった。

仏教は鎮護国家の宗教と観念されて、手厚く庇護され、僧侶の登庸試験として僧科《スングァ》が実施された。合格者には国家から、禅宗《ソンジョン》のトップを大禅師《テソンサ》、教宗《キョジョン》のトップを僧統《スントン》とする位階(僧階《スンゲ》)が与えられた。また国家・王室による仏教崇拝の象徴として、高僧が国師《クサ》・王師《ワンサ》に任じられた。

こうしたなかで、燃灯会《ヨンドゥンフェ》や八関会《パルグァヌェ》、仁王道場《イヌァンドジャン》をはじめとする各種の仏教儀礼、飯僧(僧侶に食事を供すること)、仏典の収集・刊行などの事業が、国をあげて推進された。仏寺の造営も盛んであり、開京には法王寺《ポブァンサ》、王輪寺《ワンニュンサ》、興国寺《フングクサ》など十カ所の大刹のほか、多数の寺院が建立された。こうした寺院には、その地徳によって国家の安泰を補完するという風水思想の意図も込められていた。

十一世紀初めの顕宗《ヒョンジョン》代には、契丹の脅威を受けるなかで、十世紀末に将来された宋版『大蔵経』をもとに、独自の『大蔵経《テジャンギョン》』(『高麗大蔵経』)の雕板《ちょうはん》が始まり、六十年以上の歳月をかけて一〇八七年頃に完成した。その後、文宗《ムンジョン》の子である大覚国師《テガククサ》義天《ウィチョン》は、宋・契丹・日本まで捜書の手を伸ばし、漢文による仏典註釈書(章疏)の集成である『教蔵《キョジャン》』(『続蔵《ソクチャン》経《ギョン》』とも呼ばれる)を刊行している。

義天のこうした活動の舞台となったのは開京郊外の興王寺《フンワンサ》だったが、この寺院には各版の『大蔵経』と『教蔵』が収蔵され、附属の教院において学僧たちが教理の研究にあたった。いわば高麗は、東部ユーラシアにおける仏典の一大集積拠点にして研究センターとなったのである。このことは周辺国でも注目されており、とくに日本では、『教蔵』が刊行されると、仁和寺、東大寺など名立たる大伽藍の関係者が、漢人海商の手を通じて、すかさずこれを輸入した。契丹と直接の交流がなかった日本は、これによって契丹仏教の成果に接することができた。このことは、院政期における日本仏教の新展開に一役かっているという。

教理面では、光宗《クアンジョン》が仏教界の再編を試み、華厳宗《ファオムジョン》により教宗をまとめ、法眼宗《ポバンジョン》により禅宗をまとめようとした。このうち華厳宗に関しては均如《キュニョ》を帰法寺《クィボプサ》にすえ、また中国留学経験者である恵居《ヘゴ》《えきょ》に禅宗を指導させようとした。そして教禅両宗を統合する理論として天台宗《チョンテジョン》が注目されたが、その本格的な導入は前述の義天によってはたされる。義天は兄である宣宗《ソンジョン》の不許可に逆らい、宋の商船で密出国し、約一年間の宋での留学をへて高麗に戻ると、国清寺《ククチョンサ》を拠点に海東天《ヘドンチョン》台《テ》を開創した。

支配層の正統理念として儒教（とくに朱子学）が絶対視された朝鮮時代になると、仏教は儒学者たちから異端として排斥される傾向が強まる。しかし一般に高麗時代の知識人は、儒教と仏教が互いに相容れないものとはみておらず、前者は為政者の素養、後者は安心立命の道として併存していた。

以上のような文運の高まりにおいて、とくに重要な意味をもったのが、宋との活発な交流である。宋朝廷との直接交渉を通じて各種の類書や『大蔵経』などが入手されたことは前述したが、それ以外にも、高麗の使節は、宋において大量の書籍を購入した。その結果、のちには高麗側の蔵書の充実ぶりが、逆に宋側の注目を引くほどであった。宋を代表する文人官僚として名高い蘇軾《そしょく》は、こうした動きに対して警戒感を示し、宋の国内情報が高麗を経由して契丹にもれる恐れがあるとして、高麗使節による図書購入の禁止を要請した。その蘇軾の文集も、高麗使節によって同時代に購入されていった書籍の一つである。宋との交流を通じた高級文化の将来は、ほかにも医術と薬材、さらに後述するように絵画や音楽などにもおよぶ。

また宋に直接渡航せずとも、活発に往来する宋商を介して学術・文化の情報を得ることも、一定の範囲で可能だった。義天もまた宋商を介して杭州の浄源《じょうげん》をはじめとする中国の僧侶と文通することで、教理の研究を進めた。

一方、高麗時代には、マジカルな風水地理説・図讖《としん》思想や、山川神・城隍神《じょうこうしん》などに対する信仰も活発であり、上下を問わず人びとの心をとらえて離さなかった。前述した妙清のケースのように、風水・図讖に立脚した遷都論が深刻な内紛を引き起こしたこともあった。十一世紀末の粛宗代にも、風水に基づく南京《ナムギョン》遷都論が展開されている。

国家的行事である八関会では、仏教的要素が後景に退き、王室祖先や天霊・山川神などに対する信仰に基づく固有色の強い祭礼となった。当時の人びとにも、新羅や高句麗《コグリョ》の伝統を継承するものとして認識されていたようである。八関会は、成宗《ソンジョン》代に華化（中国化）政策が強力に推し進められた際、一度その存在が否定されたが、契丹の侵略によって高揚した民族的な自意識を背景に復活すると、その固有性に対する意識がいっそう強化されたものとみられる。その結果、前述のごとく、外国人による朝賀儀礼を組み込んだ、高麗王権の中心性を発揚する場ともなった。

もともと中国の城郭都市の守神に由来する城隍神（城は市壁、隍は都市を囲む堀を意味する）に関しては、高麗でも邑単位で存在したようだ。時期的な変遷過程ははっきりしないところもあるが、山神や、神格化された歴史上の人物などと習合するケースが確認され、またシャーマニズムとの関係が指摘される。この信仰については、朝鮮半島の土着的信仰の一形態が、城隍の名を借りて称されたものとみる説と、中国の城隍信仰が伝来したのちに、朝鮮の地で独自の変容を遂げたものとみる説とがある。

芸術

高麗前期の絵画は、十一世紀の仏教詩集『御製《オジェ》秘蔵詮《ビジャンジョン》』の挿図（版画）を除き、伝世品が皆無に等しく、具体的な作風を語るのが難しい。記録には、宮廷絵画に関する所伝が若干残されているので、これをみると、太祖と現役国王の直系四代祖を祀った王宮内の景霊殿《キョンニョンジョン》には、各国王の真影が奉安されていたという。宋との交流が深まると、宋から画工を招聘することがおこなわれ、高麗からも画工を派遣して宋都開封にある大相国寺の壁画を模写させるなど、絵画芸術の摂取が試みられた。

十一世紀末から十二世紀初めにかけては、宋においても風流天子として知られる徽宗《きそう》(在位一一〇〇～二五)の治世であり、使節が往来する際に同皇帝から下賜された書画が高麗の宮中にも所蔵されていた。こうしたなかで、高麗の画工である李寧《イニョン》は、使節とともに宋に赴き、宋人に教授するほどの才能を発揮し、彼の描いた「礼成江図《イエソンガンド》」は徽宗からも絶賛されたと伝えられる。

宮廷音楽には唐楽《タンアク》と俗楽《ソガク》の別があった。前者は中国風の音楽だが、後者は古代に遡る伝統を有するものと認識され、伽耶琴《カヤグム》や「俚語《りご》」を用いるなど、高麗固有の色彩を打ち出した音楽だったと考えられる。十二世紀初めの睿宗代には、宮廷儀礼のための「雅楽」として、宋の大晟楽《たいせいがく》が大々的に導入された。

工芸においては高麗青磁《コリョチョンジャ》が名高い。十世紀頃、中国南部の青磁製作技術が、海上交流を通じて朝鮮半島の地に伝わり、現在の康津《カンジン》(全羅南道《チョルラナムド》)や扶安《ブアン》(全羅北道《チョルラプクト》)などをおもな生産地として発展を遂げた。そして十二世紀までには翡翠《ひすい》色を発する釉薬《ゆうやく》、象嵌《ぞうがん》による紋様など、独自の技術を発展させ、その品質は宋人も称賛するところとなった。これらは雑所のうち、磁器所で生産されたものである。

また金属工芸としては、青銅製品が多数伝世し、または考古学資料として発見されている。それらは、食器類や銅鏡、また仏像、梵鐘《ぼんしょう》、香炉、金鼓などの仏具を代表とする。とくに梵鐘については、新羅時代のそれを継承して、龍をかたどった鈕(吊り輪)、上部についた円筒形の音管、上部四カ所に四角形に区切られた郭内に九個ずつ配された乳頭(突起)、飛天像の装飾という特徴をもつが、十二世紀までにはここに高麗独自の要素が加わって、鐘口が広がり、鐘肩には蓮弁風の紋様をあしらい、飛天以外にもさまざまな菩薩像などを描くようになる。これらの高麗鐘のなかには、現在日本に伝存するものも多い。また比較的近年確認された文化財として、高麗時代に開京の寺院に奉安され、王朝滅亡後には太祖の陵域に埋められていた太祖王建《ワンゴン》の銅像もある。そこにみられる天子・皇帝や仏に比擬した造形表現は、高麗の王権思想の一端を示すものとして注目される。

そのほか、石造物が多数伝存しており、仏像、仏塔、浮屠《ふと》(舎利塔)、灯籠、幢竿《とうかん》支柱といった仏教関係の遺物や、亀《き》趺《ふ》(亀型の台石)や螭首《ちしゅ》(碑石上部に付されるみずち紋様の装飾)を備えた塔碑(浮屠に付された僧侶の事績碑)や、支配階層の墓誌銘などが知られている。

▼補説16▲　高麗船

朝鮮時代以降に比べ、残された文献記録の量と種類が豊富とはいえない高麗時代については、人びとの日常生活と、これを支える物質文化の知見を得ることが大変難しい。これを補うものとして、考古学の成果が期待されるが、残念ながら現状では高麗時代に焦点をあてた歴史考古学が十分に発展しているとはいえない。この部分はかえって古代史研究よりも条件が悪い。しかしこうしたなかで、十四世紀の中国ジャンク船である新安沈船の調査で名をあげた韓国の水中考古学がめざましい成果をあげつつある。

まず注目されるのは、沿岸海上交通の幹線だった西海岸において発見された高麗船の数々である。これらのなかには、船体がほとんど失われるか、形状をとどめない状態になっているケースもあるが、莞島《ワンド》船(全羅南道莞島)、達里島《タルリド》船(同・木浦《モッポ》)、安佐島《アンジャド》船(同・新安《シンアン》)、十二東波島《シビドンパド》船(全羅北道群山《クンサン》)などは、船体の重要部分が具体的に観察された事例である。それらの調査を通じて、この水域で活動した高麗船に共通するいくつかの特徴が浮かび上がってきた。

船板には、おもに厚みのあるアカマツが使用されていた。底部では、その板材が平底をなすように並べ敷かれ、筏《いかだ》状に組まれた。船首部も波を切るような鋭角をなさず、幅のある面に成型される。そして、歪みに対する強度を高めるため、中国ジャンク船では隔壁、インド洋のダウ船などでは肋材《ろくざい》を入れるところ、高麗船では左右の舷側板を繋いで複数の棒材（後代の朝鮮船では加龍木と呼ぶ）を横渡ししている。こうした特徴は、近代以降に調査された在来船とも共通しており、後代の朝鮮船の基本構造が、すでに高麗時代には成立していたことがわかる。

つぎに注目されるのは、高麗当時から航海の難所として知られた泰安《テアン》半島沿岸水域（安興梁《アヌンリャン》）の沈船遺構において発見された木簡・竹札である。これらは船舶の積荷に荷札として付されたものであり、輸送物資、発送地、送付先などを具体的に知ることができる。そのため、当時の海上物流の実態に迫るうえで第一級の史料といえる。

これによって確認される輸送物資を例示すると、「砂器」（青磁）、「布」といった工芸品のほか、食品が多数を占めており、「白米」（精白米）、「正租」（籾米）、「中米」（中搗米）、「太」（ダイズ）、「豆」（マメ）、「粟」（アワ）、「木麦」（ソバ）、「皮麦」（オオムギ）、「末醬」（味噌玉）、「麴」、「小蝦」（小エビ）、「沙魚」（サメ）、「乾蛟」（乾イガイ）、「魚油」、「生鮑醢」（アワビの塩辛）、「蟹醢」（カニの塩辛）、「古道醢」（サバの塩辛）、「卵醢」（魚卵の塩辛）、「精蜜」（上質蜂蜜）、「真」（ゴマ油）などがある。確認された発出地は南西部の郡県である。送付先の多くは個人名になっているが、「右三番別抄」のように軍事組織が記された例もある。

これらのなかには、蜂蜜やゴマ油の輸送に青磁を容器として使った例もある。十二東波島船では、複数の陶磁器がかさねられた状態で、棒材とロープ、植物製のクッション材によって梱包されたまま発見されており、積載法を具体的なレヴェルで知る手がかりを提供している。

以上のような実例をさらに集積することにより、当時の生産と物流について具体的な知見が増えるものと期待される。

森平　雅彦

注

(1) なお、甄萱の父である阿慈介《アジャゲ》(阿字蓋)は、のちに尚州の豪族(将軍)となったという。

(2) ほかにも峻豊《チュンプン》という年号を使用したが、宋の建隆年号を太祖とその父の諱を避けて表記したものとする説もある。ただし当時の高麗では避諱の習慣が定着途上だったとみられるので、これも確実ではない。

(3) このような措置がとられた背景としては、つぎに述べるように、当時高麗が契丹の侵攻にさらされていたことも関係するとみられる。

(4) 高麗はこの仲介要請を拒絶したが、後年、いわゆる海上の盟(宋と金の軍事同盟)が成立する。

(5) 事大とは、大国の皇帝に対して臣下としての立場で国交を結ぶ外交の形式をいう(一七八頁参照)。

(6) 実職の定員外に名目的に予備役官僚を待機させておく制度であり、受職者側からみれば、官僚としての身分が保証される意味をもつ。

(7) 中国式の宗廟制度を導入したことにより、没後に各王の廟室に配される后妃は一名のみとされたため、この人物が当該王の正妃とみなされることになった。

第五章　高麗後期

1　武臣政権とモンゴルの侵略

武臣執権期の幕開け

一一七〇年、開京《ケギョン》郊外を行幸中の第一八代毅宗《ウィジョン》(在位一一四六〜七〇)が宿泊していた普賢院《ボヒョヌォン》において、李義方《イイバン》、鄭仲夫《チョンジュンブ》、李高《イゴ》などの武臣を首謀者とする軍事クーデタが勃発した。いわゆる庚寅の乱である。李義方らは国王の身柄を押さえるとともに、開京に兵を送って宮廷を掌握したが、その過程で数多くの文臣が殺害された。そして彼らは、毅宗を廃して巨済島《コジェド》に追放し、王弟である明宗《ミョンジョン》(在位一一七〇〜九七)を擁立、政権の中枢に浮上した。

この事件は、文治主義がなお栄華を誇るなか、側近で周囲を固めていた毅宗に対する王室構成員や旧来の官僚層の反発が渦巻く朝廷内の複雑な勢力関係を背景として、国王とその側近文臣・宦官などによる奢侈・遊興生活の弊害(あくまで後代の評価である)を直接にこうむっていた近侍の武臣たちが起こしたものだった。彼らが決起した際の、「凡そ文冠を戴く者、胥吏《しょり》と雖も殺し、種を遺す無かれ」という過激なスローガンとはうらはらに、実際に文官が全面排除されたわけではない。

ただそのクーデタには、本来王の安全を守護するはずの巡検軍《スンゴムグン》が動員され、また開京の京市《キョンシ》でおこなわれた決起の呼びかけに対し、多くの士卒が同調したと伝えられる。差別的待遇にあまんじてきた武臣・軍人たちの広範な不満を背後に負っていたことは間違いない。そしてこの行動の結果、上は宰相から下は地方官まで、それまで文臣によって占められていたポストに武臣が多く任用されるようになり、彼らの政治的権利が大きく拡大するきっかけがつくられた。

彼らは、一一七三年にも再びクーデタを起こし、反対勢力を排除したばかりか、反対勢力が復辟をはかった毅宗までを殺害し、その地位をいっそう強固なものとした(癸巳《きし》の乱)。かくして、その後一世紀にわたる武臣執権期が幕を開けたのである。

初期段階における執権武臣の権力装置としては、上将軍《サンジャングン》・大将軍《テジャングン》など高級武官の会議である重房《チュンバン》が重要な役割をはたしたとみられ、この時期、その権限は大幅に強化され、両府《ヤンブ》の宰相の合坐《ハプチャ》などと並んで政策決定の場の一つとなった。しかし政局は安定せず、有力武臣間の奪権抗争が繰り返された。

最初に主導権を握った李義方は、早くに李高を排除し、娘を太子妃にして王室に接近したが、やがて鄭仲夫の子の鄭《チョン》《てい》筠《ギュン》《きん》によって殺害され、鄭仲夫が実権を握った。その鄭仲夫も、青年将軍である慶大升《キョンデスン》によって殺害された。慶大升自身は、本来、武臣の執権に批判的な立場から決起したのだが、鄭仲夫勢力を倒したのち、政府の要職からは距離をおきつつも、国政を実質的にコントロールするようになった。その慶大升が早くに病没すると、毅宗殺害の実行者としての責めを恐れて一時身を引いていた李義旼《イイミン》が復権し、権力を握るにいたった。しかし一一九六年、彼は崔忠献《チェチュンホン》・忠粋《チュンス》兄弟によって打倒された。

崔氏政権の誕生

その後、崔忠献が弟忠粋との対立を制すると、彼のもとで執権武臣の権力は一段と組織化され、武臣政権と呼びうるだけの内実を備え、相対的な安定期を迎える。この崔氏政権では、執権者のポストも崔怡《チェイ》《さいい》(初名は瑀《ウ》)、崔沆《チェハン》《さいこう》、崔竩《チェイ》《さいぎ》と、父子間で代を越えて継承された。

崔忠献は、政権を支える軍事基盤として、慶大升が創設した私兵集団である都房《トバン》の制度を採用し、これを大幅に拡充した。また、吏部《イブ》と兵部《ビョンブ》を掌握することで、人事行政をコントロールするとともに、文臣を近づけてその能力を政権運営に活用し、権力基盤の拡充と安定をはかることに成功した。加えて注目されるのは、一二〇九年に王朝政府の機関として教定都監《キョジョンドガム》を新設し、自らその長官(別監《ピョルガム》)に就任したことである。教定都監は、本来崔忠献に対するクーデタ謀議の疑いを受けて臨時に設置された戒厳司令部だった。しかし、そのまま常設化され、王朝政府における執権武臣の権力発動機関となって庶政を執行した。このことは、武臣政権が、権力機構として一定の独自性を獲得すると同時に、王朝政府内における正統な位置付けを確保したことを意味する。

崔怡は、崔忠献の跡を継ぐ際、崔俊文《チェジュンムン》をはじめとする四名の父の側近と、彼らが押し立てようとした弟の珦《ヒャン》《きょう》を排除して、自らの求心力を高める一方、門客のなかの儒者を書房《ソバン》という宿衛に組織した。また、新たな治安部隊として、左右二隊の夜別抄《ヤビョルチョ》が組織された。これはやがて、おりからの対モンゴル戦争の過程で、モンゴルの捕虜となりながら脱出してきた軍人を組織した神義軍《シニグン》とあわせた三別抄《サムビョルチョ》へと発展し、形骸化した旧来の国軍に代わって、抗戦の先頭に立つことになる。三別抄は、本来公的な軍隊だったとみられるが、事実上、武臣政権を支える軍隊としての性格を強く帯びるようになった。

さらに崔怡は、官僚人事の掌握方法をいっそう緻密化し、私邸に政房《チョンバン》を設置し、文士を政色承宣《チョンセクスンソン》、政色尚書《チョンセクサンソ》などの役職にあて、人事行政の実務を担当させた。この政房は、武臣政権が崩壊したのちも王宮に接収され、政治運営に大きな役割をはたし、その制度的な痕跡は朝鮮初期まで残っていく。

崔氏政権は、この後モンゴル帝国への抗戦を貫いたすえ、一二五八年に柳璥《ユギョン》、金俊《キムジュン》(初名は仁俊《インジュン》)らのクーデタによって瓦解した。武臣政権そのものは金俊に引き継がれたが、モンゴル(元)との講和がなり、これを主導した国王が存在感を回復するなかで、必ずしもかつてのような勢威を発揮できなかった。その金俊も、やがて国王と結んだ部下の林衍《イミョン》に取って代わられ、さらに林衍の子の林惟茂《イミュム》が跡を継いだが、武臣政権は一二七〇年、高麗王室を後押しする元が軍事的・外交的圧力を強めるなか、クーデタによって終焉を迎える。

ところで、武臣政権においては、都房や政房といった私的機構が一定の役割をはたしたとはいえ、既存の王朝政府から独立した権力体となったわけではない。武臣政権が王朝政府に代わって広範な統治業務を遂行するだけの人的組織を独自に備えていたのではなく、基本的には、既存の官僚機構に支えられ、これをマネージメントすることによって成り立っていた。教定都監や三別抄なども、かたちとしては王朝権力機構の一環として存在していた。

また崔氏政権は、明宗を廃して第二〇代神宗《シンジョン》(在位一一九七〜一二〇四)を擁立し、第二一代熙宗《ヒジョン》(在位一二〇四〜一一)を廃して第二二代康宗《カンジョン》(在位一二一一〜一三)を擁立するなど、しばしば国王の廃立をおこなった。しかし伝統的な王権そのものは否定しておらず、武臣の仕路の拡大という以上には、政策面でめだった新機軸を打ち出したともいえない。ただし、既存の王朝秩序における正統性の確保は、高麗武臣政権としばしば対比される日本の中世武家政権についてもいえることであり(朝廷による征夷大将軍の叙任など)、このことをもって、武臣政権の画期性を過小評価するのは、必ずしも適当ではなかろう。

少なくとも、軍事クーデタをともなった武臣の政治進出は、文臣優位の伝統を揺るがし、実力本位の風潮を生んで、良賤の身分秩序をも揺り動かすにいたった。李義旼は父が商人、母が寺婢であり、崔竩の母も私婢であった。金俊は父が私奴で、自らも当初は奴隷身分だった。本来、こうした出自の者は、政治的な栄達の道をとざされた存在だったが、それが最高権力者の地位にまでのぼりつめたのである。

武臣政権は既存の官僚機構をコントロールして政治を動かしたが、その要諦となるのが、人事の掌握と、都房・三別抄などによる軍事力の裏付だった。このうち人事を柱とする政権運営は、鄭仲夫や李義旼などの初期の執権武臣においても、兵部（武臣の人事を担当）の掌握といったかたちで観察される。それは、高麗前期以来、官僚登用制度の構造的性格によって膨大に蓄積されてきた、実職になかなかありつけない下級官人層や、政治的上昇に限界のある武臣その他に、これまでにはない地位向上の機会をちらつかせることで、武臣政権への求心力を生み出したのである。

武臣権力者が協力者として多数かかえていた門客たちは、そうした執権者との私的な親近関係を自らの政治的チャンスに繋げようという人びとでもあった。『東国李相国集』を残した李奎報《イギュボ》をはじめ、当時の名立たる文士のなかには、武臣執権者の斡旋によって官職に抜擢されたり、政房で活躍したりした者も多かった。その一人である兪千遇《ユチョヌ》などは、崔怡に対して深く恩義を感じ、崔氏政権崩壊後に史官に任じられながら、恩人を悪しざまに書きたくないとして史草（歴史記録の原稿）の提出を拒んだほどであった。

民衆反乱の時代

伝統的な秩序に対する武臣たちの挑戦は、一方では大きな反発を招いた。また、彼らが引き起こした身分秩序の動揺のうねりが、今度は、彼ら自身に対して押し寄せることにもなった。庚寅の乱が勃発して以降の約三〇年間は、大小さまざまな反乱に彩られた時期でもある。

庚寅の乱から程ない一一七三年には、東北面《トンブンミョン》兵馬使《ビョンマサ》の金甫当《キムボダン》が、李義方・鄭仲夫らの打倒をめざして挙兵し、毅宗の復辟を試みた。この事件は、執権武臣側のすばやい対応によってすみやかに鎮圧され、かえって毅宗を死に追い込み、癸巳の乱を誘発する結果に終わったが、翌年には西京留守《ソギョンユス》の趙位寵《チョウイチョン》が決起した。趙位寵の活動は、西北地方一帯で広範な支持を得て、首謀者が敗死したのちも、一一七九年まで継続された。また一一七四年には、開京の諸寺の僧が二〇〇〇名余りの規模で集結し、李義方らと衝突してもいる。これらは、もっぱら既存の支配階層に先導された動きであり、活動の中心は北方にあった。

これに対して南方では、南賊《ナムジョク》と総称される大小さまざまな反乱が勃発した。これらの多くは、一般民衆や奴婢《ノビ》《ぬひ》・雑所《チャプソ》民《ミン》などの下層民によって主導されていた。その背景には、彼らの社会・経済的な上昇欲求や、地方官や邑吏《ウムニ》《ゆうり》など地方の権力担当者に対する不満があった。

まず一一七六年、公州《コンジュ》(現在の忠清南道《チュンチョンナムド》公州)の鳴鶴所《ミョンハクソ》(雑所〈第四章参照〉のうちの所の一つ)において、亡伊《マンイ》・亡所伊《マンソイ》が反乱を起こした。反乱は一年半にわたって続き、政府は一時的に同所を県に昇格させるなどの懐柔策をとらざるをえないほどであった。また一一八二年には、地方軍人の竹同《チュクトン》が全州《チョンジュ》(現在の全羅北道《チョルラブクト》全州)で官奴らを糾合して反乱を起こし、地方官や邑吏を追放した。同様な動きは他の邑でも起こった。これに対して政府は、武力制圧に加えて、地方官や邑吏を処分するといった懐柔策もとりまぜつつ、個別に鎮定していく方策をとった。

一一九〇年代にはいると、南賊が再び活発化したが、このたびはその活動が広範囲にわたり、反乱集団が相互に連携するなど、従来とは異なる様相を示した。一一九三年には慶尚道《キョンサンド》に反乱が広がり、なかでも雲門《ウンムン》(現在の慶尚北道清道《チョンド》)の金沙弥《キムサミ》と、草田《チョジョン》(現在の慶尚南道蔚山《ウルサン》か)の孝心《ヒョシム》が、大きな勢力をふるった。一一九八年には開京において私奴万積《マンジョク》らの反乱計画が発覚し、首謀者たちが捕らえられた。このとき万積は、だれもが出自に関係なく栄達できると唱えたといい、当時の下克上的な雰囲気をよくあらわしている。一一九九年には溟州《ミョンジュ》(現在の江原道《カンウォンド》江陵《カンヌン》)と慶州《キョンジュ》(現在の慶尚北道慶州)で起こった反乱勢力が、相互に活動範囲を広げ、ついには合流するにいたった。一二〇〇年には晋州《チンジュ》(現在の慶尚南道晋州)の公私の奴隷が蜂起して邑吏を襲い、密城《ミルソン》(現在の慶尚南道密陽《ミリャン》)でも官奴が官の銀器を奪って雲門の反乱勢力に合流した。一二〇二年には慶州の人びとが新羅《シルラ》の復興を叫んで蜂起し、雲門・草田・蔚珍《ウルジン》(現在の江原道蔚珍)の反乱集団を糾合して大きな勢力をふるった。

以上のように熾烈を極めた民衆反乱も、崔忠献の執政下で押さえ込まれ、ひとまずは終息に向かった。しかしその後も、モンゴルの侵略が始まるとともに再び散発するのであり、問題の根深さがうかがわれる。

モンゴル帝国の侵略

　崔氏政権が安定期を迎えつつあった頃、モンゴル高原ではチンギス＝カン（在位一二〇六〜二七）のもとでモンゴル帝国が発足し、その爆発的な勢力拡張が開始された。一二一一年にチンギス＝カンが金に対して攻撃を開始すると、一五年には金の官人だった蒲鮮万奴《ほせんばんど》が遼東で自立して東真（東夏、大真と記す史料もある）を建国し、その翌年にはモンゴルに追われた契丹《きったん》人の集団が高麗に逃入して、一時は開京を脅かした。当時は崔氏政権のもとで第二三代高宗《コジョン》（在位一二一三〜五九）が襲位したばかりだったが、高麗の北方情勢はにわかに不穏さを増してきたのである。

　こうしたなか、一二一八年に契丹集団を追ってカチンとジャライルに率いられたモンゴル軍と、これに協力する完顔《かんがん》子淵《しえん》の率いる東真軍が高麗にはいってくると、高麗は趙冲《チョジュン》、金就礪《キムチュリョ》を司令官とする軍を派遣して、これと共同戦線を張り、翌年、江東《カンドン》城（現在の平壌《ピョンヤン》市江東）にたてこもる契丹集団を平定した。これをきっかけに、両国はモンゴルでいう「兄弟の盟」（アンダ）を結び、通交を開始した。

　ほどなくチンギス＝カンは中央アジアのホラズム遠征に向かったが、高麗に対しては、モンゴル高原の留守を預かる末弟のテムゲ＝オッチギンを中心に、ときにはその他の有力者までもが加わって使者や書状を送り、貢物の要求を繰り返した。高麗側では、その負担と、使者の高圧的な態度に不満を高めていった。そうしたなか、一二二五年にモンゴルの使者著古与が国境付近で何者かによって殺害されると、両国の通交はいったん途絶する。

　やがてモンゴルの第二代皇帝として太宗オゴデイ＝カーン（在位一二二九〜四一）が即位すると、一二三一年、サルタク＝コルチの率いる軍勢が、使者殺害の問罪を口実として高麗に侵攻してきた。これは、オゴデイ政権の発足とともに企画された対金侵攻戦と連動する動きでもあったが、モンゴル軍が開京に迫ると、高麗はいったん和議を結び、モンゴルの達魯花赤《ダルガチ》（監督官）の駐留を受け入れた。しかし翌年には開京や北方の諸城に配置されたダルガチを殺害し、再び抗戦に転じた。サルタク＝コルチは再び高麗に来侵したものの、処仁《チョイン》城（現在の京畿《キョンギ》道《ド》龍仁《ヨンイン》）の戦闘で受けた傷がもとで死亡し、モンゴル軍はひとまず撤収した。

　モンゴルの本格的な侵略が開始されたのを受け、一二三二年、高麗は執権武臣崔怡の主導下で他の反対を押し切り、江華島《カンファド》への遷都を強行した。この臨時国都を江都《カンド》ともいう。開京の西南海上に位置する江華島は、本土に近接しているものの、朝鮮半島中西沿岸部における世界有数の潮汐が生み出す強潮流と、広大な干潟の泥濘とに守られた天険であり、モンゴル軍の鋭鋒をかわすには好都合だった。必要な物資は水運によって搬入することが可能であり、これによって支配層の豪奢な暮しは維持された。一方、地方では住民を山城や海島にたてこもらせて（入保）、抗戦の構えをとった。

　その後、モンゴル軍の侵攻は、二八年間にわたって断続的に続いた。初期のモンゴル帝国では、新皇帝が即位すると、国家事業として大規模な征服戦争を企画するのが常であり、高麗に対する侵略も、巨視的にはその一環をなす。

　一二三五年から三九年にかけてはタングト＝バートルが来侵したが、同時期にモンゴルはバトゥによる西方遠征と、南宋攻撃とを推進している。つぎに、一二四七〜四八年には阿毋侃（エブゲン？）が来侵したが、これは定宗《ていそう》グユク＝カン（在位一二四六〜四八）の即位を受けて実行されたもので、並行して西方遠征も企画されていた。そして一二五三〜五四年にはモンゴル王族のイェグウ、一二五四〜五九年にはジャライルタイが侵攻してきたが、これらは憲宗《けんそう》モンケ＝カーン（在位一二五一〜五九）の即位とともに開始されたフレグの西アジア遠征、クビライの雲南遠征、さらには同帝末年の南宋遠征とも連動している。

　こうしたモンゴルからの攻撃に対し、高麗では、外交交渉によって事態の打開をはかる一方、中央の三別抄や、地方ごとに上下の諸階層を取り込んで編成された別抄部隊を中心に、抗戦を続けた。しかしモンゴル軍の活動範囲は南部地域にまでおよび、このなかで多くの住民が命を落とし、あるいは捕虜となって連行されていった。誇張されている可能性もあるが、一二五四年の被害状況として、死亡者を除いた捕虜だけで二〇万六八〇〇人余りという莫大な数字が記録されている。島嶼に逃げ込んだ人びとも、水や食糧の不足に苦しめられることがしばしばだった。

こうしたなかから、モンゴル側に協力する高麗人もあらわれてくる。その中心は、侵攻の矢面に立たされる北辺の人びとだった。その代表格である洪福源《ホンボグォン》は、西京の郎将だったが、早くにモンゴルに投降した。そして、同様に投降・避難した高麗人たちの統率を任されて遼陽・瀋陽地域に地盤を築き、故国に対する侵略の先兵となって活動した。

一二五八年には趙暉《チョフィ》《ちょうき》が、東北辺の元山《ウォンサン》湾の島嶼で住民に過酷な籠城戦を強いた東北面兵馬使を殺害してモンゴルに投じた。その結果、和州《ファジュ》（現在の咸鏡南道《ハムギョンナムド》金野《クミヤ》）一帯の東北辺境地域がモンゴル側に編入され、双城総管府となった。

また王族である永寧《ヨンニョン》公綧《スン》《しゅん》は、高麗がモンゴルと一時的に和議を結んだ一二四一年に禿魯花《トルガク》（質子）として派遣されたが、その後再び戦端が開かれたため、モンゴル側の人間として生きる道を選び、洪福源と同様に高麗侵攻の先兵となった。

物的な被害も深刻であり、符仁寺《ブインサ》（現在の大邱《テグ》）におかれていた初雕《しょちょう》『高麗《コリョ》大蔵経《デジャンギョン》』の版木や、慶州の皇龍寺《ファンニョンサ》九層塔をはじめとする貴重な文化財が、モンゴルの兵火によって失われた。

▼補説17▲　高麗武臣政権論と日本の武家政権論

高麗の武臣政権は、ほぼ同時期に誕生した日本の中世武家政権と比較されることがある。その際に注意したいのは、戦前の日本におけるこの種の議論は、朝鮮史を発展性がないものとみなす、いわゆる停滞史論と結びつく場合があることである。これは、発展段階論的な歴史観のもとで、日本の中世武家社会を、西欧の中世封建領主制社会になぞらえることで、これらをともに古代社会（西欧ではローマ帝国、日本では平安時代までの貴族社会）を止揚する発展と位置づけ、その後の近世絶対主義から近代国家への発展（日本では江戸時代から明治時代への展開が相当するとされる）を準備するものとしてとらえることによる。

ここで、高麗武臣政権と日本の中世武家政権とを同質の歴史現象とみる場合、高麗のそれが十三世紀後半で終焉を迎え、王政に回帰したことは、古代から中世への発展が頓挫したものとみなされる。その結果、朝鮮史においては、その後の近代への発展も停滞したと位置づけられることになるのである。

こうした見方は、西欧の歴史モデルを普遍的な発展法則とみなし、これを他地域の歴史解釈に強引、または機械的にあてはめるものである。戦後の研究では、高麗の武臣権力者に関する実態分析が進み、日本の武士とは歴史的性格に違いがあるものと認識されるようになり、朝鮮史研究の側から両者の対比を意識することはほとんどなくなったように思われる。すなわち、日本の武士は地方の開発領主として既存の権力体制の枠外から生まれた存在だったのに対し、高麗の武臣権力者はあくまで王朝政府の官僚であり、地方に強固な地盤をおくものではなかったというわけである。

ところが、近年までに、日本の武士論、武家政権論自体が大きく変化してきた。すなわち、武家政権の立役者となる源氏や平氏は、地方の開発領主ではなく、既存の貴族社会の末端構成員であり、律令国家時代に形成された軍事・警察体制の崩壊を受け、当該機能を担当する軍事貴族として成長してきた存在だというのである。また、既存の朝廷のなかに地歩を築いたため、武家政権としての未熟性がいわれがちだった平氏政権に、新たな分析のメスが加えられるようになった。

このように、高麗武臣政権と日本の中世武家政権とを区別する一つの前提が崩れたため、前者の特質を理解するうえで、後者との比較には新たな可能性が生まれたといえる。王朝政府の官僚として既存の王朝機構をコントロールするかたちで権力を形成していったという点で、まず平氏政権との比較は有効であろう。征夷大将軍の幕府も、本義としては朝廷にまつろわぬ者の討伐を目的とする治安維持司令部であり、朝廷からオーソライズされた存在である。これもまた、戒厳司令部に始まり王朝の機構としてのかたちをとって定着した崔氏政権以降の教定都監と比較しうる部分があるだろう。

社会的背景などに多くの違いがあることはもちろんだが、「国家の武力担当者による権力掌握のありよう」という広い観点に立って、その共通性と差異性を相対的にとらえなおすことで、それぞれの特質を浮彫りにする研究が期待される。

2　モンゴルの覇権と高麗の対応

クビライ政権との講和

打開策がみえないなかでモンゴルとの戦争が長期化し、住民被害が積み重なってくると、江華島《カンファド》の政府内では、しだいに現実的な解決策として講和論が台頭してきた。崔氏政権では一二五七年に崔沆《チェハン》が死去し、その庶子でまだ若い崔竩《チェイ》が父の地位を継承したが、有力武臣の金俊《キムジュン》（金仁俊《キミンジュン》）や、有力文臣である柳璥《ユギョン》らとの関係が悪化し、求心力が低下していった。その結果、一二五八年に金俊、柳璥らのクーデタによって崔氏政権は倒された。これを受けて、高宗《コジョン》をいただく高麗政府は、抗戦の責任を崔氏に押しつけるかたちでモンゴルとの和議を開始し、かねてモンゴル側が要求してきた太子の親朝を実行した。

おりしもモンゴルでは、憲宗《けんそう》モンケが急死し、弟のクビライ（世祖。在位一二六〇～九四）とアリク＝ブケとのあいだに帝位継承紛争が持ち上がった。モンゴル宮廷に向かった太子倎《チョン》《てん》は、結果的にクビライのもとに投じ、一二六〇年にクビライ政権（一二七一年より大元〈以下では元と略称〉という国号を建てる）が発足するのと前後して、父高宗死去の報を受けて本国に戻り、クビライから冊封を受けて即位した。これが第二四代元宗《ウォンジョン》（在位一二六〇～七四）である。

こうして高麗は、ついにモンゴルに臣属した。これ以降、一三五六年に恭愍《コンミン》王が元からの離脱政策を開始するまで、両国の関係は極めて密接であり、そのことは朝鮮半島社会の歴史展開にさまざまな影響をおよぼした。そこで行論の便宜上、この一二六〇～一三五六年の時期を、かりに事元期と呼ぶことにする。これは直接には「元に臣属した時期」という意味になるが、他の時代の大陸王朝との事大関係とは異なり、その上下関係はたんなる形式にとどまらず、相当レヴェルの実質性をともなって社会の大きな規定要因になったとの理解に基づき、時代を象徴させるものである。

この事元期にはいったばかりの段階では、依然として、金俊の率いる武臣政権が、反モンゴル姿勢を完全には崩していなかった。一二六四年には元宗が高麗の君主としてはじめてモンゴル宮廷に赴いたものの、元側が要求する江華島から開京《ケギョン》への還都は履行されていなかった。当初、帝位継承紛争をかかえていたクビライは、高麗に対して融和姿勢をとり、高圧的な要求・干渉を控えていた。しかし一二六四年にアリク＝ブケ勢力を圧倒して政権が安定してくると、やがて前記の国王親朝以外の服属国の定例義務、すなわち禿魯花《トルガク》（質子）の提出、戸籍の提出、軍事協力、物資の供出、ダルガチ（監督官）の設置、站赤《ジャムチ》（駅伝）の敷設などの不履行を責めるようになった。

こうしたなかで元宗は、一二六八年、金俊の部下である林衍《イミョン》と手を結んで金俊を除去したが、今度は、新たに執権者となった林衍と対立し、六九年、林衍によって廃位されてしまう。しかしこの事件は、高麗の二心を疑いつつ、その政局を注視していた元に、介入の口実を与える結果となった。元側の外交的圧力によって元宗は復位し、さらに、王室支援の名目で元軍が進駐してさらなる圧迫を加えるなか、一二七〇年、病死した林衍を継いで執権武臣となっていた林惟《イミュ》茂《ム》は、洪文系《ホンムンゲ》（のちに奎《キュ》と改名）・宋松礼《ソンソンネ》らのクーデタによって殺害される。こうして、一世紀にわたって続いた武臣執権期は終りを告げ、対元関係を背景として王権が復活を遂げる。

なおこのとき、西北面兵馬使の営吏であった崔坦《チェダン》らが元に内附したことをきっかけに、慈悲嶺《チャビリョン》（黄海北道《ファンヘブクト》中西部）以北の高麗西北地域が東寧府（のちに東寧府路）として元側に編入され、その状態が一二九〇年まで続いている。

三別抄の抵抗と日本侵略

その後、高麗政府は、国王を中心に対元関係の再構築を進めていくが、その前提となる二つの懸案事項があった。

その第一は三別抄《サムビョルチョ》の抵抗である。林惟茂の殺害後、高麗政府は開京への還都を決定し、武臣政権を支えてきた三別抄には解散が命じられた。しかし三別抄はこれに反発し、江華島を脱出して半島南西端の珍島《チンド》に逃れ、裴仲孫《ペジュンソン》を中心に傍系王族の承化《スンファ》侯温《オン》を王に押し立てて、元と開京政府に対して対決姿勢を示したのである。

　三別抄は、一時は南部沿海地域に勢力を広げ、一部の地方ではこれに呼応する動きも起こった。また、結局不首尾に終わったが、三別抄は日本に対して、モンゴルに対抗するための共闘の呼びかけまでおこなった。しかし程なく、開京政府と元の連合軍によって追い込まれ、一二七一年には珍島が陥落し、裴仲孫や承化侯温は敗死した。その後も金通《キムトン》精《ジョン》に率いられた残存勢力が済州島《チェジュド》に移って抵抗を続けたが、一二七三年にいたって元・高麗政府軍による渡海作戦が決行され、完全に鎮圧された。

　これ以降、済州島は一二九四年まで元の直轄下におかれた。元から長官として達魯花赤《ダルガチ》が派遣され、その統治機構としてはじめは招討司がおかれたが、のちに都達魯花赤総管府、さらに安撫司と変遷した[1]。また元軍と高麗軍からなる守備隊が駐留した。程なく、元の帝室御用牧場も設置されたが、これは島の施政権が高麗に返還されたのちも残り、元から送り込まれた牧子(牧胡、哈赤)が十四世紀後半まで牧畜活動を続けた。

　懸案の第二は元の日本侵攻である。高麗と日本とのあいだでは、この間も貿易が続いており(後述)、十三世紀の前半から半ばにかけては、朝鮮南岸を襲撃した日本海賊(初期倭寇《わこう》)の禁圧をめぐり、大宰府とのあいだで折衝もおこなわれていた。こうしたなかで、元は対南宋戦をにらみつつ、日本に対する「招諭」(内実は朝貢要求)を開始したのである。

　このとき高麗は対日交渉の先導役を命じられたが、当初はこれを忌避し、派遣されてきた元使黒的を、対日窓口港として利用されてきた金海《キメ》ではなく、その西方の巨済島《コジェド》に案内した。そして使者に対し、宰相李蔵用《イジャンヨン》が日本への航海の困難、交渉の危険と無意味を説いて引延しをはかる一方、金海におかれていた対日応接用の客館を撤去するなどして、対日関係の隠蔽工作をおこなった。

　しかし、このことがクビライの怒りをかい、高麗は一二六七年に使者潘阜《パンブ》を日本に派遣して元の国書を伝達することになる。このとき高麗は、自分たちが元の意向に逆らい遅延・妨害工作までおこなってきたことを日本側に暴露したが、使者が大宰府の関係者にあてて送った書状では、日本をモンゴルより格上に持上げまでして、日本側の意を迎えんとし、善処を要請した。数年後に日本の朝廷が高麗側に宛てて起草した外交文書案をみる限り[2]、日本は高麗の「善意」をそれなりに了解していたとみられるが、しかし要請自体を受け入れることはなかった。その後、一二六九年と七一年にも元の使臣が高麗を経由して日本に赴いたが、交渉はいずれも不調に終わった。

この頃、前述のごとく元の支援を受けて武臣政権を倒した高麗政府は、王朝廃絶の危機を乗り越えるため、元の要求に対して本格的に対応せざるをえない状況になっていた。そのため、未履行だった服属国の義務も、戸籍の提出を除いて、いずれも履行した。日本侵攻への協力は、まさにその一部である軍事協力と物資の供出に応じるかたちになり、兵員・兵器・船員・船舶・食糧の準備が元側の監督・督促を受けつつ進められた。

高麗には、一二七一年から忻都《ヒンド》《きんと》を司令長官とする元の屯田軍が駐留し、三別抄との戦いにも従事しつつ、日本侵攻に備えていた。そしてついに一二七四年、忻都や洪茶丘《ホンダグ》[3]が率いる元軍一万五〇〇〇名と、金方慶《キムバンギョン》の率いる高麗軍五〇〇〇名余り、合計約二万名は、朝鮮半島南岸の合浦《ハッポ》(現在の慶尚南《キョンサンナム》道昌原《ドチャンウォン》)より進発し、第一次日本侵攻(甲戌の役、日本史上の文永の役)が実行される。

これが失敗に終わると、程なく再攻計画が指示され、高麗は再び大量の船舶・兵器・食糧と兵員・船員の負担を負うことになったが、その過程で高麗は、より積極的な協力姿勢をみせるようになる。これは、日本側が元との交渉に応じる気配がみえず、再戦の不可避が予想されるなか、元の直接的な主導・監督のもとで戦争準備と作戦遂行を受け身で請け負うことによる負担増を回避し、自らの利害のために状況を能動的にコントロールできる環境をつくりだす努力の一環だったとみられる。

その結果、当時の第二五代忠烈王《チョンニョル》(在位一二七四〜九八、一二九八〜一三〇八)は、朝鮮半島進発部隊(東路軍)の司令長官(征東行省丞相)に任命された。このことにより、また後述のように同王は同時期に婚姻を通じてモンゴル王侯としての地位を獲得したこともあり、元の武将たちの上位に立って彼らを指揮する立場となった。さらに、実戦に参加する高麗側の指揮官たちも、元から武官職を授与されることで、元側の指揮官たちとの上下関係を改善して戦いに臨んだ。こうして一二八一年、元軍四万名と高麗軍一万名からなる東路軍と、中国南部より進発した江南軍一〇万名により、第二次日本侵攻（辛巳の役、日本史上の弘安の役）が実施されたが、このときも金方慶が高麗の実戦部隊を指揮した。

周知のとおり、この第二次侵攻もまた失敗に終わり、悪天候の影響もあって再び多大な人的・物的被害を出す結果に終わった。しかしクビライの在世中は日本再攻の方針は変わらず、その後も一二八二～八四年、一二八五～八六年、一二九二～九四年に再攻計画が持ち上がり、そのつど高麗は戦争準備の負担を負った。

日本侵攻計画は、一二九四年にクビライの死をもって最終的に終息する。しかし日本は元にとって敵性勢力として残りつづけたため、その後も高麗は元帝国の東方辺境における対日警戒の担い手としての役割を担いつづけた。これに応じて、朝鮮半島南岸の前線でその任にあたる軍府として合浦、全羅道《チョルラド》、済州島に鎮辺万戸府が設けられ（済州島のものは耽羅軍民万戸府という）、そのほかにも蔚州《ウルチュ》（現在の蔚山《ウルサン》）、東萊《トンネ》（現在の釜山《プサン》）、加徳島《カドクト》、巨済島、竹林《チュンニム》（現在の慶尚南道統営《トンヨン》か）、角山《カクサン》（現在の慶尚南道泗川《サチョン》）、内礼梁《ネレリャン》（現在の全羅南道《チョルラナムド》麗水《ヨス》）などの要地に警戒拠点が設置された。

当時、日本の軍事的脅威が実際どれほどのもので、それを高麗や元の為政者がどこまで本気に受け止めていたかは評価しがたい部分がある。言い換えると、史料上で強調される日本の「脅威」をそのまま鵜呑みにはできない。しかし少なくとも、このことは、高麗がその対応実績を自らの「功績」「貢献」として元にアピールすることで、自身の利害を貫徹するための取引材料として利用された。

例えば、国王交替時には、日本の脅威が存在するなかで警備責任者たる国王が不在であることの危険性を強調して、次期国王のすみやかな襲封が要請された。また、第二八代忠恵王《チュンヘ》（在位一三三〇～三二、一三三九～四四）が元によって逮捕された際には（後述）、元のために尽力してきた高麗が不当に抑圧されれば、日本はそれをみて元への帰服を躊躇《ちゅうちょ》するだろうとして、処分の撤回を要請するなどした。

モンゴル皇室との通婚

こうした犠牲をはらい、元の政策に協調することで、高麗は対元関係を好転させることに成功した。高麗の「帰附」を受けた当初、クビライは旧来通りの王朝体制を存続させることを約束した。そして高麗王の地位はカーン（皇帝）によって「冊封」され、伝統的な中国皇帝との宗属関係の形式が再現された。

しかし高麗は、これにとどまらず、元の国家体制の内部に踏み込んで地歩を固めていった。一二七一年、元宗は、元側のかねてからの要求に応じて、世子[4]諶《シム》《じん》（のちの忠烈王）を、禿魯花《トルガク》としてカーンのケシク（親衛隊兼家政組織）に送り込んだ。そして一二七四年には、クビライの娘クトゥルク＝ケルミシュ（斉国大長公主）の世子への降嫁を実現させた。

モンゴル公主の降嫁は、そもそも林衍による国王廃立事件によって対元関係が悪化した際、王朝廃絶の危機を回避するための一手として高麗王室側から持ちかけた話だった。このときは元側も、対南宋戦が本格化した状況下で高麗と衝突することの不利益と、南宋や日本に対する経略に高麗の物的・人的資源を動員する際の利点とを考慮し、高麗を存続させるのが得策と判断した模様で、これを了承した。そして、高麗国内の反モンゴル勢力の一掃、対日出兵への協力といったかたちで両国関係が安定をみた段階で、ようやく降嫁が実施されたのである。

その後、高麗の王子が禿魯花としてカーンのケシクにはいり、モンゴルの公主を娶って帝室の駙馬《グレゲン》（娘婿）となり、本国の王位に就くことは、一種の慣例となった[5]（図22）。すなわち、忠烈王とクトゥルク＝ケルミシュ公主のあいだに生まれた第二六代忠宣《チュンソン》王（在位一二九八、一三〇八〜一三）は、晋王《しんおう》カマラ（成宗《せいそう》テムルの兄）の公主ブッダシュリー（薊《けい》国大長公主）を娶った。つぎの第二七代忠粛《チュンスク》王（在位一三一三〜三〇、一三三二〜三九）の母は、忠宣王の別のモンゴル人王妃（懿妃《いひ》イエスジン）だったが、王自身は営王《えいおう》エセン＝テムル（世祖の子雲南王フゲチの子）の娘イリンチンバラ（濮《ぼく》国長公主）を娶り、同公主の没後には魏王アムガ（武宗《ぶそう》カイシャン・仁宗《じんそう》アユルバルワダの異母兄）の二人の娘、キムトン（曹国長公主）とバヤン＝クトゥグ（慶華公主）をあいついで娶った。同王の子である第二八代忠恵王（母は高麗人洪《ホン》氏）は、鎮西武靖王《ちんぜいぶせいおう》チョーペル（世祖の子西平王《せいへいおう》アウルクチの孫）の娘イリンチンバル（徳寧公主）を娶り、あいだに第二九代忠穆《チュンモク》《ちゅうぼく》王（在位一三四四〜四八）を生んだ。忠穆王とその異母弟である第三〇代忠定《チュンジョン》王（在位一三四九〜五一。母は高麗人尹《ユン》氏）は、いずれも夭逝して未婚におわったが、その跡を継いだ忠恵王の同母弟、第三一代恭愍《コンミン》王（在位一三五一〜七四）は、魏王ボロト＝テムル（魏王アムガの子）の娘ブッダシュリー（魯国大長公主）を娶った。このほか、忠宣王の甥で、同王から元の瀋王位（後述）を継承した暠《コ》《こう》も、梁王《りょうおう》ソンシャン（晋王カマラの子）の娘ノルン公主を娶った。

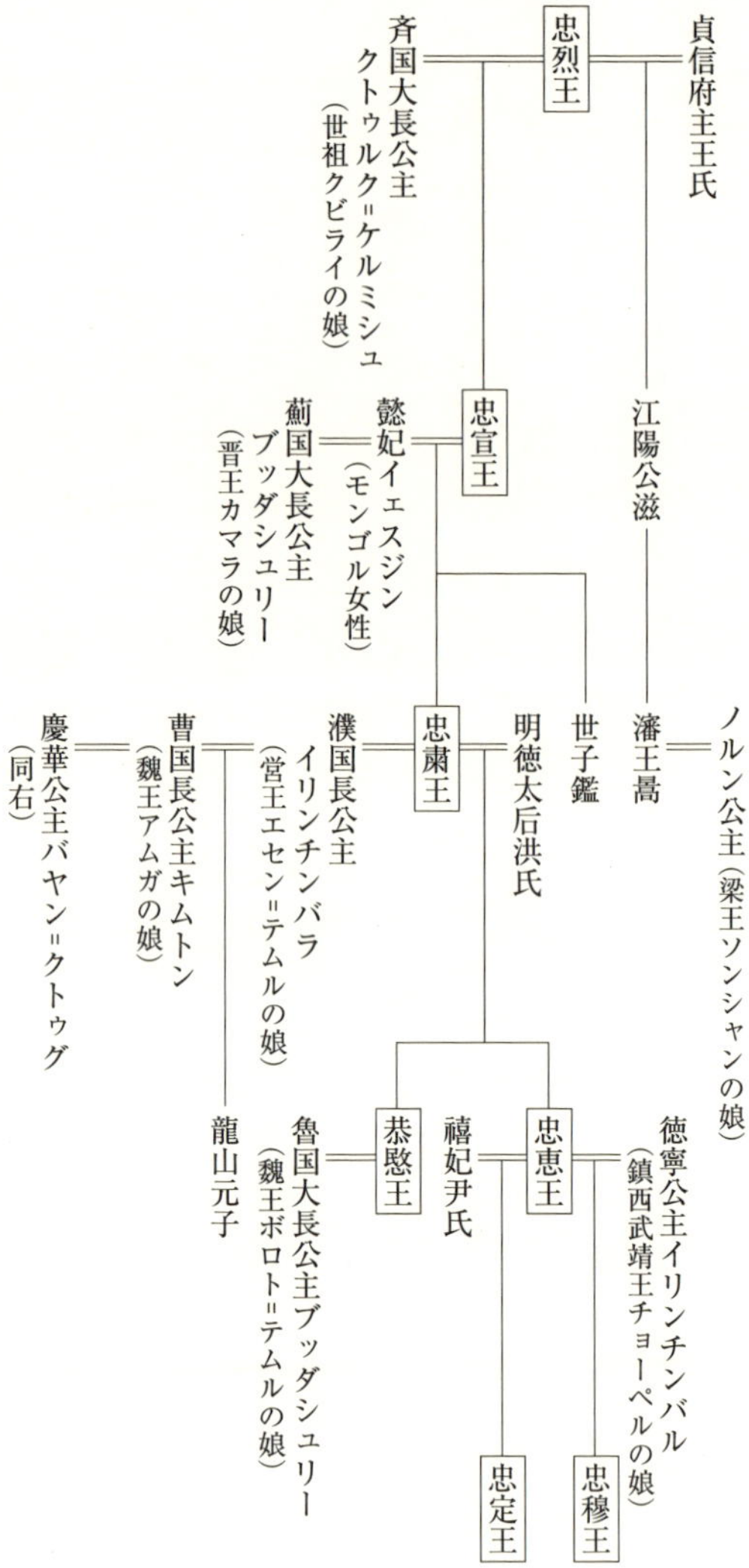

＊□内は高麗王。

図22　高麗王室とモンゴル皇室の婚姻関係

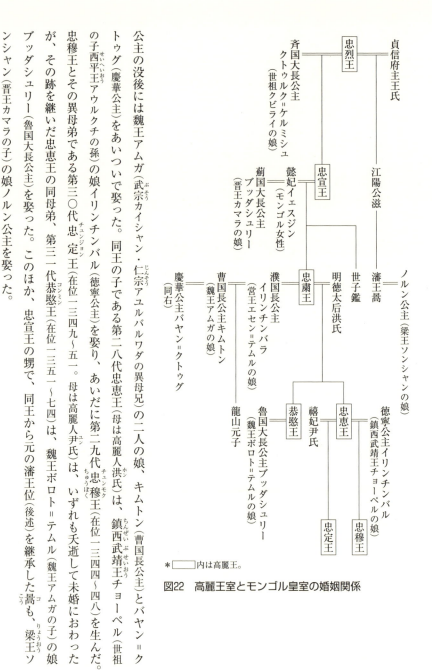

こうした高麗王家のモンゴル帝室との通婚にはいくつかの特徴がみられる。ウンギラト王家・オイラート王家といったモンゴル系の有力駙馬家の場合、同時に女性を代々帝室に嫁がせているが、高麗王家の場合は公主を娶るだけの一方通行の関係である。これはチュルク系のオングート王家やウイグル王家など、東部ユーラシアにおける非モンゴル系駙馬家の通婚とも共通する傾向である。

また現役皇帝の公主を娶ったケースは忠烈王に限られる一方、その後クビライ後孫の王家とのみ通婚している点は、オングート王家やウイグル王家とも異なる特徴である。なかでも、元の辺境鎮守を担当した「出鎮」王家(晋王はモンゴル高原、営王・梁王は雲南、鎮西武靖王はチベットを担当)との通婚が基軸をなす点は、前述のごとく、高麗王自身が帝国東辺の鎮守の担い手に位置づけられていたことにも関連して興味深い。

モンゴル支配層としての高麗王家

モンゴルの駙馬は、分権的な遊牧首長たちの連合体としての性格をもつモンゴル帝国の最上層部を構成する王侯貴族であり、諸王(男性皇族)とともに諸王・駙馬と併称され、双方あわせて諸王とも総称された。忠烈王が公主を迎えた当初、高麗王の立場は駙馬としての立場と分離されたままだったが、第二次日本侵攻を目前に控えた一二八一年に駙馬高麗国王という称号が正式に認められたことで、高麗王の格式はモンゴル駙馬としてのそれと一体化していった。

こうして高麗王は、モンゴル王侯の一員となったが、こうしたモンゴル王侯の政治単位を漢字語で投下といい、帝室の血縁者についてはとくに位下といった。高麗王に関しても、高麗王位下という称謂が使用されている。そして高麗国王は、駙馬としての身分に応じた待遇を受けるようになり、モンゴル宮廷の饗宴(トイ)では、居並ぶ諸王・駙馬のなかでしばしば第四位、第六位といった高い席次が与えられている。そしてモンゴル王侯と同様に定例の歳賜を受け取ったとみられるほか、帝室の筆頭姻族であるウンギラト王家の当主や、同じく有力駙馬家であるオングート王家の当主とともに、多額の銀を下賜されている。あくまで高麗人側の発言だが、高麗王家の地位はウンギラト王家につぐと記した史料もある（李斉賢《イジェヒョン》『益斎乱藁』巻八・陳情表）。

元朝治下の北部中国（旧金領）と南部中国（旧南宋領）には、各モンゴル王侯のために投下領という所領が設定されていた。これは対外戦争の戦利品として占領地の住民を分配する習慣に由来し、モンゴル帝国の初期には、一定地域の住民支配権をまるまる与えていた。しかし中央集権的な統治システムを一定に導入した元では、現地の行政は中央政府が任命する官員が担当し、投下領主側の関与は、ダルガチ（長官）を任命してこれを監督させるにとどめ、北部中国では五戸絲《ごこし》料《りょう》、南部中国では戸鈔《こしょう》を政府の官員が徴収し、これを歳末に投下領主側に頒布するという間接的な支配のかたちをとる建前になっていた（実際には地域ごとに多様な実態があったとみられる）。

高麗王家についても、忠宣王が武宗カイシャン（在位一三〇七～一一）の擁立に功績があった（後述）として一三〇八年に瀋陽王に封じられた（のちに瀋王に進封）のを契機に、元朝治下の瀋陽地方に投下領が設定された可能性がある。またモンゴル王侯は、その特権として工匠、猟戸、站戸《たんこ》（駅戸）など各種の役務に従事する直属民を帝国内の各処に分置していた。高麗王家に関しても、大都（現在の北京）、上都（現在の内モンゴル自治区正藍旗《せいらんき》）という二つの帝都に往来する際に利用する自身の掃里《サウリ》（宿駅）を遼東地方に保有し、そこに伊里干《イルゲン》（「人間」を意味するが、ここではとくに投下の私属民を指す）を配置していた。

禿魯花としてモンゴル宮廷に送られた高麗の王子たちが参加したケシクも、モンゴル帝国の国家統合において重要な意味をもつ。ケシクは服属集団の子弟を徴集して編成された皇帝直属の親衛隊であり、皇帝の身辺を警護しつつ、その日常生活に奉仕する家政機関であり、またその統治を支える政務・軍務の要員でもあった。その構成員は、モンゴル貴族の子弟を中核としており、人質としての意味をもちつつも、皇帝との主従関係のもとで彼らを帝国支配層の一員として薫陶、訓練する場としての意味合いがもたされていた。

そこで、彼らの忠勤は皇帝に対する勲功であり、その地位は皇帝じきじきの恩寵を受ける名誉ある特権であるとされ、そのためケシクは栄達の捷径ともみなされた。皇帝側からみると、政府の官員や軍指揮官などの人材バンクとしての意味があった。そこに高麗の王子が参加することは、皇帝やその周辺に仕えるモンゴル貴族層に接近し、自らの政治的立場の強化をはかる機会となった。実際、個々の高麗王族は、ケシクの場を利用して自国や自身に有利な政治状況を生み出そうとしていた。

先にもふれたとおり、忠烈王のときに設立されて同王が長官を務めた征東行省は、もともと日本侵攻のための司令部として一時的に設置されたものだった。しかし一二八七年に再設置されてからは、高麗の地を管轄する元の最高統治機関として常置されるようになった。こうして、中国とその周辺地域におかれた他の行省とともに、高麗は形式上、元の一地方単位として位置づけられることになった。

しかしその長官(丞相)は、歴代高麗王が兼務した。他の行省には平章政事、右丞、左丞などの高級幹部(執政)もおかれたが、征東行省の高官は、忠烈王代末に高齢の王をサポートするとの名目で元側から執政が増派されたことがある以外、基本的に丞相ただ一人だった。そして左右司(民政・財務)、理問所(司法)、都鎮撫司(軍事・警察)、儒学提挙司(学問・教育)などの実務部門の僚属の推薦(保挙)権を高麗王がもつなど、事実上、高麗側による自律的な運営が大幅に認められていた。そこで、征東行省の存在は、前述した行省高官が増派された例外的事例を除けば、必ずしも王国の独自性をそこなうものではなかった。

やがて、高麗国の君主にして征東行省の長官でもある高麗王は、「国王丞相」と通称されるようになる。征東行省が高麗の内政にどこまで関与したかについては、はっきりしない面もあるが、高麗王は、元とは一定に区別される王国の首長として独自の位置を保ちつつ(外部化)、元内部の有力者としての基盤を確保したのである(内部化)。

国内体制の変容

かくして対元関係は一定の安定をみたが、元の国家体制に参入することは、高麗国内の体制・秩序に大きな変化をもたらした。

もともと高麗の国制には君主を天子・皇帝に比擬する内容が多かったわけだが、元側から詰責を受けるかたちで、これを一諸侯としての名分にあわせて大幅に改変したことは、とくに重要である。これにより官制が一新された。例えば一二七五年には、中書門下《チュンソムナ》が尚書都省《サンソドソン》を吸収して僉議府《チョミブ》（のちに都僉議司《トチョミサ》、都僉議使司《トチョミササ》）となり、中書省・門下省の郎舎《ナンサ》たちも、その官員となった。また枢密院《チュミルオン》は密直司《ミルジクサ》、御史台《オサデ》は監察司《カムチャルサ》などと改編された。朕《ちん》・宣旨・奏・赦・太子といった皇帝の格式にかかわる用語も、それぞれ孤・王旨・呈・宥・世子などと改められ、また高麗王中心の秩序世界を表現していた八関会《パルグァヌエ》も形式が変更された。君主の廟号も、元朝皇帝から授けられる忠烈・忠粛などの諡《おくりな》によるものとなり、「〇宗」の号を独自に定める伝統は元宗を最後にとだえた。

ただ、一方では、元朝式に「皇帝福蔭裏」（皇帝の威福のもとに）と始まる当時の国王文書において、王言を意味するものとして「詔」の字がなおも使用されたり、皇帝の権威を侵すとの疑いがもたれた儀典が存続を認められたり、高麗側が僭擬《せんぎ》を懸念して自主規制した慣例を元側が継続可と判断するなど、高麗王に関する僭擬が改まらなかったり、これに対する是非の判断が両国のあいだで揺れ動く場面もあり、実態は一筋縄ではいかない。

官制改革は、一二七五年の段階では上級官庁にとどまっており、このあと段階的に修整が加えられる。とくに忠宣王による一二九八年と一三〇八年の改革は大規模なものだった。このうち一二九八年の改革は、王の専断行為として元によって覆されてしまうが、一三〇八年の改革では、もともと三品以上（卿）、五品以上（大夫）、七品以上（士）で区分されていた官品の階層構造が、元の官制と調整するために一品ずつ繰り上がり、それぞれ二品以上、四品以上、六品以上となった。この構造はのちの朝鮮朝の官制に継承されている。

また高麗前期の都兵馬使《トビョンマサ》は、前述のごとく、本来一部の宰相が軍事関係の要務を処理するものだったが、十三世紀後半までには実質的に宰相会議と一体化する様相をみせていた。すると、一二七六年には、これを改編して都評議使司《トピョンイササ》が誕生し、名実ともに宰相合議機関となった。この組織は、のちに朝鮮朝の議政府《ウィジョンブ》へと繋がる。

事元期の権力機構の特徴は、高麗前期以来の在来官制にはなかった新たな組織にもみられる。征東行省や万戸府など、元の官制の一環をなすものとして創設された官庁・軍事機構については前述したが、国王の身辺にはモンゴル式の近侍組織も組織された。それらは、忽赤《コルチ》(弓箭士)、鷹坊《ようぼう》(シバウチ＝鷹匠)、必闍赤《ビチェーチ》(書記)、八剌赤《バラガチ》(門衛)、波吾赤《バウルチ》(食事係)など、モンゴルのケシクの職種(怯薛《ケシク》執事)と同名のものであり、まさしく高麗王のケシクにほかならない。こうした組織は、王がモンゴル駙馬となったことで、保有が可能になったものである。

これらは、モンゴルにおける本来の機能にとどまらない、独自の政治的役割をはたした。とくに必闍赤は、少なくとも忠烈王代の初期において「別庁宰相」とも呼ばれ、既存の官僚機構に代わってスピーディーに政務を処決するための国王の秘書・顧問団として重要な位置を占めた。事元期の高麗では、「王政復古」後も、武臣政権の要であった人事行政組織、政房《チョンバン》を解体せず、これを宮中に接収した。必闍赤、ないしこれを務めた人物は、この政房の運営とも密接な結びつきをみせている。また忽赤や鷹坊などは、国王の私的な武力装置としての役割をはたし、政敵・反対勢力に対する弾圧にも動員された。同様に、元の制度に基づいて組織された治安部隊として、巡軍万戸府《スングンマノブ》が存在する(当初は巡馬所《スンマソ》といった)。国都の治安維持や国事犯の取締りにあたったが、実際のところ、国王直属の武力装置として、その専政に利用された。この巡軍万戸府は、のちに朝鮮朝の義禁府《ウィグムブ》へと繋がっていく。

このように、人事行政と軍事・警察の担当機構を最高権力者が掌握して強権的・専制的な政治運営をおこなうのは、先述のごとく、もともとは武臣政権の手法である。つまり、事元期の高麗王権は、国政運営方式を高麗前期の旧状に復したというより、武臣政権期のそれを、かたちを変えて踏襲した面があるのである。そしてそれは、ケシクや巡軍といったモンゴル由来の機構の導入を通じてもおこなわれた。言い換えると、元との関係は、どこまで意図的だったかは不明だが、高麗王権が武臣政権のシステムを「合法的」に継承する道を開いたのである。その意味において、モンゴルの影響は、高麗の社会にとってまったく異質なものが強引に接ぎ木されたというものではなく、それ以前から続く高麗の政治潮流と一種の同調・共振現象をみせたといえる。

高麗の内外では、前記の官制改革など、一部の例外を除けば、講和以来のクビライの決定(世祖旧制)を遵守して、旧来通り高麗独自の体制を保障することが基本方針とされた。しかし時代がくだるにつれ、元の制度を高麗でも貫徹させ、相互の一体化をはかろうとする動きも、たびたび起こった。なかでも、征東行省を元側の手で運営し、高麗を直接統治しようという動き(立省問題)、あるいは経済と身分秩序の根幹をなす奴婢《ノビ》制度について、両親のいずれかが奴婢であれば所生児も奴婢になるという厳格な慣習を緩和しようという改変論議が、それぞれ複数回にわたって発生したが、いずれも支配層の利害に直結するため、大きな波紋を生んだ。

結局、高麗側の反発により、これらの試図はいずれも失敗に終わったが、刑法においても、元朝法の援用と高麗法の遵守のどちらを優先すべきか、立場の対立がみられた。その影響は事元期が終わったのちにもおよんでいる。近年韓国で原本の一部が見つかった元末の法典『至正条格』などは、つぎの朝鮮時代の初期まで、国内行政に利用されつづけている。

王朝の版図も動揺していた。前述のように、済州島や西北地域が一時的に直轄され、また東北方の双城総管府地域などは、事元期を通じて高麗の管轄外におかれた。領民も高麗国外にさかんに流出していった。こうした流出民は、講和後のものについては原則として高麗本国に送還するのが建前だったが、元側の現地地方官や有力者が囲い込み、あるいは高麗側からさらなる流出が発生するなどして、なかなかおさまらなかった。

その一方で、逆に元側から高麗に流入してくる人びともいた。そのなかには、モンゴル諸王の領民がおり、また養子縁組を口実に連れ出されて不法に売買された中国の子女などもいたようだ。政治レヴェルにおいても、前述のごとく済州島には施政権が高麗に返還されたのちもモンゴル帝室の御用牧場の牧民が活動しており、あるいは政争に敗れた元の王侯貴族や官人が大青島《テチョンド》をはじめとする高麗の島嶼に流配されることがあった。

十四世紀初めには、中央アジア方面で活動した反元派のモンゴル諸王の一人と思われる八驢迷思が元に投降してきたが、時の仁宗アユルバルワダ政権は、彼とその部民を高麗国内に居住させようとした。これは結局実施されなかったが、その理由は、生活習慣の異なる遊牧民が高麗に居住すると、現地住民とトラブルを起こす懸念があるというものだった。高麗国内に居住地を与えること自体は、とくに問題視されなかったわけである。つまり、事元期において高麗の版図は、少なくとも事実として排他的に占有される状態にはなっておらず、そもそも、そうあるべきだという前提自体、揺らいでいた可能性がある。

不安定な政局

制度の変更ではないにせよ、高麗の内政に対する元の干渉はしばしば繰り返された。とりわけ、王位継承への介入が顕著であり、これによって、当時の多くの国王が、いったん退位したのちに復位するという「重祚」をよぎなくされている。

一二九〇年代の後半、老齢の忠烈王から世子(忠宣王)への権力移譲が進められたが、その過程で忠宣王が父王の側近を大量に粛清したことから、政情不安が発生した。一二九八年、忠宣王は父から禅譲を受けるかたちをとって元の承認のもとで即位するが、その直後、王妃である薊国大長公主ブッダシュリーが、王の寵妃である趙《チョ》氏を嫉視して元に誣告《ぶこく》するという事件が起こる。すると元側は、事件処理の過程で、当時実施された官制改革を含む忠宣王の専断や強権的な政治手法を批判し、同王を再教育するという名目でケシクに召喚し、忠烈王を復位させた。

すると、両王それぞれの支持勢力が暗闘を開始する。忠烈王側は傍系王族の瑞興侯琠《ソフンチョン》を忠宣王に代わる王位後継者に押し立て、元に禿魯花として派遣し、彼に対する忠宣王妃ブッダシュリー公主の改嫁まで要請した。

当時の皇帝は成宗テムル(在位一二九四〜一三〇七)だったが、彼が病臥したその末年には、元朝宮廷でも帝位継承をめぐる対立が発生し、高麗の内部対立もこれに結びついた。すなわち現国王である忠烈王側は、元朝宮廷の実権を握る皇后ブルカンと、のちに彼女が擁立をはかった安西王《あんせいおう》アーナンダに近づき、対する忠宣王側は、ブルカンらと対峙する右丞相ハラガスンと、成宗の甥にあたる二人の皇子カイシャン、アユルバルワダ兄弟に近かった。

一三〇七年に成宗が没すると、元ではアユルバルワダとハラガスンがクーデタを決行してブルカンらを粛清し、モンゴル高原にいたカイシャンが即位して武宗(在位一三〇七〜一一)となる。忠宣王はこの政変において、アユルバルワダらに協力してクーデタに参画し、武宗擁立を助ける功績を立てたとされる。そして王は、新政権を後ろ盾にして高麗でも反対勢力を一掃し、奪権をはたした。

忠宣王は一三一三年に息子の忠粛王に譲位したが、武宗を継いだ仁宗アユルバルワダ(在位一三一一〜二〇)とその母后ダギの寵愛を背景に、上王として実権を握りつづけ、これに対する忠粛王側の反発を抑え込んでいた。しかし一三二〇年に仁宗が没し、子の英宗《えいそう》シディバラ(在位一三二〇〜二三)が即位すると、元では前代の執権勢力に対する一部粛清がおこなわれた。忠宣王がこれに巻き込まれてチベットに流されると、高麗本国では、忠粛王がこの機会をとらえて父王勢力の排除に乗り出す。

当時、忠粛王の従兄弟にあたる暠は、忠宣王の寵愛を受け、忠宣王が武宗推戴の功績により元から受封した瀋王位を継承し、元朝宮廷において英宗のケシクとして仕えていた。そして、彼とその従臣・与党は、高麗本国の王位を狙い、英宗と近しい立場を利用して忠粛王を譖訴《ざんそ》した。そのため忠粛王は、不敬罪の嫌疑で元に召喚され、王印を没収されたうえ抑留されてしまう。そして国王不在の本国では、忠粛王派と瀋王派が高麗王位をめぐって対立し、前者によって排除された忠宣王サイドの人びとの一部が後者に合流した。しかし英宗が突然暗殺されて泰定帝《たいていてい》イェスン＝テムル（在位一三二三〜二八）が即位したのを機に、忠宣王は釈放され、忠粛王も名誉回復され、瀋王暠の高麗王位獲得運動はいったん退けられる。

泰定帝が死去すると、その皇太子アリギバと武宗の次男トク＝テムルとのあいだに帝位をめぐる内戦が勃発し、後者が勝利して文宗（在位一三二八〜二九、一三二九〜三二）となる。さらに文宗は、兄コシラ（明宗《めいそう》、在位一三二九）にいったん位を譲りながら、すぐにこれを謀殺して位に返り咲く。忠粛王がこのあいつぐ政争（天暦の内乱）の過程で文宗政権との関係構築に不調をきたす一方、世子である忠恵王は、当時禿魯花として元朝宮廷のケシクにおり、文宗を支える権臣エル＝テムルと良好な関係にあった。すると、高麗の廷臣のなかから、忠恵王への譲位を働きかける声が起こり、忠粛王もこれを受け入れる。

しかしその後、忠粛王は、信任する臣僚たちが忠恵王によって排除されることを危惧し、自ら入元して文宗政権との関係改善をはかる。一方、忠恵王には、高麗の大青島《テチョンド》に流されていた明宗の遺児トゴン＝テムル（のちの順帝《じゅんてい》、恵宗《けいそう》）の擁立謀議に関与したとの嫌疑が降りかかり、文宗政権における立場を悪化させていた。その結果、忠粛王が復位し、忠恵王は退位させられて、再び元のケシクに召喚される。

一三三九年に忠粛王が死去すると、再び瀋王暠が高麗王位をうかがい、本国に戻っていた忠恵王と対立する。忠恵王は開京において、瀋王派の中心人物である曹頔《チョジョク》《そうてき》と市街戦を繰り広げ、これに勝利する。しかし王は、当時の元の権臣バヤンと折合いが悪く、彼によって復位を妨害された。だが、程なくバヤンが失脚し、忠恵王の復位が認められる。

忠恵王は数年後、暴政という理由で元によって逮捕されたうえ、掲陽《けいよう》（現在の広東省掲陽）に流される途中で不審死を遂げるという悲劇的な最期を迎える。そして後継の忠穆王が夭逝すると、高麗の廷臣は、その異母弟である忠定王を推す勢力と、忠恵王の弟である恭愍王を推す勢力とに分かれる。結局、元の恵宗トゴン＝テムル（在位一三三三〜七〇）の高麗人皇后奇《キ》氏の一族など、時の元朝宮廷と結びつきの深い勢力がついた前者に軍配があがるが、即位後、裴佺《ペジョン》《はいせん》・尹思遇《ユンサウ》など一部の側近が権勢を強めた忠定王政権は、彼らとの関係を悪化させてしまう。そのため、いったんは王位継承競争から脱落した恭愍王が再浮上し、即位するにいたった。

以上のように、頻発する王位継承紛争は、高麗に対する元の一方的な干渉・統制という単純な図式では説明できない。高麗王室が元の政界と繋がりを深めた結果、現役の国王や引退した国王、世子、さらには傍系の王族が、個々の立場において、頻発する元の政争のなかに身をおき、それによって立場を浮沈させたこと、またこれに並行ないし先行して、高麗内部からも、元側に働きかけて自国の政権交替をめざす動きがさかんに生じていたことなどに、構造的な原因があるのである。

君臣関係の変容と側近政治

元の権力が高麗国内に実質的なレヴェルでおよんだことは、高麗の君臣関係に深刻な影響をおよぼした。両国の関係が深まるにつれ、元のケシクになったり、元の科挙(一三一三年制定)を受験したり、その他さまざまな契機を通じてカーンの直臣となる高麗人も増えた。最初は元に出仕し、あとから高麗政府の官僚となるような高麗人もいた。両国の支配層のあいだでは、婚姻や、親類・縁者が貢女や宦官として元に送られることで(後述)、個別的なコネクションも生じた。

このことは、そのときどきの高麗政府にとってただちに不利益となるわけではなく、高麗が元に対してなんらかの働きかけをする際にパイプとして機能しうる面もあった。しかし高麗の官人が、元とのコネクションを個人利益の追求に利用した場合、元の権力を後ろ盾にした彼らの行動は、ときとして高麗王の尊厳と権益を大きくそこなうことがあった。例えば、忠定王代に版図判書《パンドパンソ》(戸部《ホブ》の後継機関の長官)の要職にあった崔源《チェウォン》は、王に対して不敬な言動があったとして取調べを受けたが、下獄されるのを拒んだうえ、取調べにあたった政丞（首相）の孫守卿《ソンスギョン》に対し、「政丞、曾《なん》ぞ皇帝の怯薛《ケシク》、固より罵辱すべからず、亦た鞫問すべからざるを知らざるか。罵辱せば、自ずから邦憲あり」とうそぶき、制止を振り切って元に出奔してしまった。「王国に仕える王の臣」と「天子の朝に仕える天子の臣」という二つの立場の軽重を云々する当時の「崔安道《チェアンド》墓誌銘」の文言が示唆するように、いまや高麗国内においても、高麗王の権威は大きく揺らぎ、その君臣関係は、絶対的なものではなくなっていたのである。

ただ見方を変えると、このことは、高麗の臣僚にとって、仕路をはじめとする処世の選択肢が増えたことも意味する。前記の崔源や、一二九九年に忠宣王の復辟をはかって忠烈王政権から排撃された印侯《イヌ》や金忻《キムン》《きんきん》が元に赴き、そこにとどまった例のように、高麗において、時の政権から弾圧された者が、元に逃れることで身の安全を確保し、ほとぼりが冷めるのを待つということも、しばしばみられた現象である。

一方、国王側においては、信任する少数の側近により要職を固め、政治をリードしようとする傾向が強まり、前記の政房や、ケシク・巡軍などのモンゴル由来の組織も活用して、流動的な政局を乗り切ろうとするようになった。当該の国王が禿魯花・ケシクとして元に滞在する際に随従した臣僚たちは、なかでも支持勢力の中核を担うことが多かった。忠宣王における崔誠之《チェソンジ》《さいせいし》と権漢功《クォナンゴン》、忠粛王における尹碩《ユンソク》、忠恵王における裴佺などは、各王の側近政治の担い手として代表的な人物例である。

その結果、当時の政権運営は少数専制的な傾向を強めることとなった。しかしこのことは、各国王が官僚機構や官人社会全体のなかで存立基盤を固めることをかえって妨げ、王位をめぐる分派闘争の温床となり、王権の求心力低下にいっそう拍車をかけるという悪循環を招いた。

大陸との人的交流

ユーラシア・スケールの帝国である元とのあいだで交流が深まるにつれ、その多民族・多文化の社会に高麗人たちもふれることになった。

王妃となったモンゴル公主には、ゲルン＝コウ（怯怜口）と呼ばれる従臣が付き従っており、彼らは高麗政府の官僚に登用された。例えば忠烈王妃クトゥルク＝ケルミシュ公主のゲルン＝コウ出身官僚のうち、印侯（前述）は本名を忽剌歹《クラダイ》というモンゴル人、張舜龍《チャンスニョン》は本名を三哥《サンガ》という回回人、盧英《ノヨン》は本名を式篤児《シクドル》という河西（旧西夏領）の人、おそらくは西夏の支配民族だったチベット系のタングート人だった。このうち回回は、中央アジアや西アジアにルーツをもつムスリムとみられる。高麗の高官となった閔甫《ミンボ》《びんほ》もまた回回であり、高麗国内に進出したムスリム商人も存在したとみられる。朝鮮初期、十五世紀の史料に登場し、やがて同化されて消滅していったとみられる「回回」は、こうした人びとの系譜を引くものと考えられる。

そのほか、忠粛王に仕えた王三錫《ワンサムソク》は、商船に乗って元の国都にやってきた「南蛮」人（東南アジアないし南アジアの出身であろう）であり、梁載《ヤンジェ》は「燕南」（現在の河北省南部）の人であるという。また崔老星《チェノソン》は本名を党黒厮《とうこくし》という「色目富商」だった。「色目」人は、元においてモンゴル人、漢人（北部中国の人）、南人（南部中国の人）、高麗人以外の「各種の人びと」を指す語であり、これだけでは何人であるかを特定できないが、基本的にはユーラシア西方にルーツをもつ人物だったとみて大過なかろう。

前述のごとく、征東行省の官員は原則として長官（丞相）である高麗王の推薦に基づいて選任されたが、高麗人のみで固められていたわけではなく、一部に漢人や女真人、そしてモンゴル人とおぼしき人士も登用されていた。

官員以外にも、大陸からは仏僧の来訪がみられた。中国南部からやってきた僧侶がめだつが、それ以外にもインド僧の指空や、複数のチベット僧が来訪したことは、モンゴルによるユーラシア統合の反映といえる。とりわけチベット仏教は、モンゴル皇室から尊崇を受け、その高僧が帝国仏教界の最高権威たる帝師に位置づけられていたことに関係して、高麗においてもチベット仏僧の来訪時には、政府高官が都城外に出迎し、あるいは国王が受戒するなど、特別待遇が与えられた。全羅南道の順天《スンチョン》にある朝鮮禅の名刹松広寺《ソングァンサ》には、チベット文で記された法旨《ほうし》という文書が伝わっている。その内容は、元の帝師が寺院や僧侶に対して財産等の保護特権を認める際に発給した特許状であり、元の仏教界の秩序が高麗にもおよぶものとされていたことを示す。なおチベット僧といっても、必ずしもチベット人とは限らず、高麗人のチベット仏教僧が来訪したこともある。

大陸へと出ていく高麗人も多かった。その足跡は、記録に確認される限りでも、南・北中国はもちろん、モンゴル高原から中央アジアのアルタイ方面、さらにはチベットや雲南地方にもおよんでいる。

まず前述のごとく、王室の子弟が禿魯花として元に送られた。そうした王子が国王となってからも、外交交渉や儀礼への参加など、さまざまな理由で元に入朝する機会は多かった。そして抑留、元朝宮廷での勤仕といったかたちで、長期にわたって滞在することもあった。とりわけ忠宣王は、生涯の大半を元で過ごした人物であり、最初の即位が失敗に終わって元に召喚されたのちは、復位時に一時帰国するにとどまった。

こうした王や王族に随従する高麗の臣僚もまた同様に、さかんに元に訪問し、場合により長期滞在した。父が禿魯花として入元した者のうち、韓謝奇《ハンサギ》の子である韓永《ハニョン》などは、父の跡を継いで元のケシクとなり、その後元の官僚として人生を送った。婚姻などを通じて元の人士に縁故ができた高麗人の子弟のなかには、忠烈王の寵臣廉承益《ヨムスンイク》の孫にあたる廉《ヨム》悌臣《ジェシン》のように、そのつてによって元で成長した者もいる。

これらの政治的経路を通じる以外にも、戦争捕虜や避難民として元にはいった高麗人が、元国内には大量に居留していた。このうち初期にモンゴルに寝返った永寧《ヨンニョン》公綧《スン》や洪福源《ホンボグォン》の子孫は、遼陽・瀋陽地域の有力家門となり、現地の統治にかかわりつづけた。

高麗政府は、元の要求を受けて、宦官や童女を元に送る事業を繰り返し実施した。後者は貢女《コンニョ》と呼ばれる。この習慣はモンゴル部族内でもおこなわれ、そこでは栄誉とされていたらしい。しかし少なくとも高麗では深刻な社会的ストレスとなった。高麗の家庭では、貢女の徴発を避けるため、娘を隠して処罰されたり、幼い娘を早々に嫁がせたりする者があらわれたが、甚だしくは貢女に選ばれた家族が離別に苦しみ、自殺者を出すなどのトラブルが発生したという。

元に送られた貢女は、後宮に入れられたり、一部は他の支配層に与えられてその妻になったりしたが、このなかから、やがて恵宗トゴン＝テムル妃となった奇皇后が登場し、元で大きな権勢をふるうにいたった。高麗人宦官も元朝宮廷において隠然たる勢力を形成した。元末明初の人である権衡《けんこう》の『庚申外史』では、元の衰亡を描くなかで、こうした高麗人后妃とその取巻きの跋扈《ばっこ》に批判的な目を向けている。ここには誇張やフレーム・アップの面もあると考えられるが、モンゴルの宮中において、高麗人勢力が一定の存在感・影響力を示したことを反映するのであろう。実際そのことが、モンゴル貴族の共同体としてのモンゴル帝国の凝集力を弛緩させ、元朝皇帝の求心力を低下させる要因の一つになった可能性も、あながち否定できない。

▼補説18▲「モンゴル時代」と高麗社会

大韓民国の学界において、事元期は一般に元干渉期と呼ばれる。異民族から支配を受けた時代として、これまで、日本統治期につぐ朝鮮史上の暗黒時代とみなされてきたといってよい。長期間にわたる戦争と、その後の日本遠征の負担、その他の元からのさまざまな物品要求や、王位継承紛争に代表される政治介入が、高麗社会に多くのストレスを与えたことは確かだろう。

ただ、モンゴル帝国史研究の成果が示すように、モンゴル皇帝を頂点とする秩序を受け入れる限りにおいて、帝国の内部を構成するさまざまな政治集団に、比較的高い自律性が認められ、モンゴルによる大統合のもとユーラシア規模で展開した経済活動・文化活動が、その社会に新たな活力を与えたことも事実である。

朝鮮史における「モンゴル時代」にも、そうした両面の要素がある。本文中でも言及したように、政治・文化などさまざまな面で、この時代にモンゴルとの関係のもとで朝鮮半島社会に生起した変化は、続く高麗末から朝鮮時代にかけての社会の推移にさまざまな影響をおよぼし、これを規定する歴史的前提となっている。

すでに述べたように、事元期の高麗は、とくに政治レヴェルにおいて、モンゴル帝国と融合・一体化した面を有するが、一方で、これとは区別される独自の王国としての枠組を引き続き固守した二面性を有する。ただモンゴル帝国自体が、比較的高度な自律性と自立性をもつさまざまなレヴェルの分権的政治集団のゆるやかな複合体として成り立つ政権である。そこで、モンゴル帝国における高麗の位相については、それがどこまで特殊な存在で、どこまで一般的な存在なのか、さらなる議論が求められる。その際にはユーラシア西方のモンゴル政権の状況まで見渡す視野が必要となろう。ただ、モンゴル帝国の下部構造をなす分権集団の内情が詳細に判明する事例はじつのところさほど多くはなく、むしろ高麗は相対的に多くの情報が得られる稀少な部類である。その意味で、高麗・元関係の理解は、朝鮮史の範疇を超えて、モンゴル帝国の国家構造の究明にかかわる意義をも帯びてくる。

われわれが歴史地図で当時の元と高麗を図示する際、双方を区別して表示するか、高麗を元のなかに含めて表示する、という二つの立場がありえよう。これはどちらが正答かという問題ではなく、基準の取り方の問題である。表現目的に応じて自由に選択すればよいが、ダブル・スタンダードにならぬよう注意する必要がある。前者の立場をとる場合、現在元として一括りに表示している範囲のなかに、もし高麗に類した自律性や独自性を有する分権集団が検出されれば、これも元とは区別して表示しなければならない。逆に、そうした分権集団を含めて、これらを元として一括りに図示するのであれば、同じ基準でもって高麗も元のなかに含める必要がある。

高麗・元関係は、一国史的な視野でもって朝鮮史を排他的な歴史叙述の単位として自明視しがちなわれわれの思考を問い直す、一つの実験場でもある。

3　高麗末期の試練と葛藤

恭愍王の元離脱政策

恭愍王《コンミン》の即位背景にもかかわったとみられる恵宗《けいそう》トゴン＝テムルの皇后奇氏《キ》は、もともと高麗の中堅官僚にすぎなかった奇子敖《キジャオ／きしごう》の娘であり、元に対して高麗が送った貢女《コンニョ》の一人だったとみられる。彼女が元の皇后となり、その所生アユルシリダラ（のちの昭宗《しょうそう》）が皇太子となったことで、皇后の兄弟である奇轍《キチョル／きてつ》とその一族は、いまや元朝帝室の外戚として、王にも匹敵しようという権勢を手に入れた。この時期に元朝帝室と姻戚関係を結んだ者として、ほかにも娘をアユルシリダラに納妃した盧頙《ノチエク／ろさく》、権謙《クォンギョム》などもいた。こうして、元の影響にともなう高麗国内での王権の動揺は、ピークに達した。

恭愍王は即位後、李衍宗《イヨンジョン／りえんそう》の建言を受け入れて、自ら胡服・弁髪をやめるなど（元が高麗に対して強要していたわけではない）、モンゴルに対して独自の姿勢をとるようになっていた。こうした志向にもかかわってか、王の即位当初には、長年にわたって禿魯花《トルガク》・ケシクとして元に滞在した王の従臣である趙日新《チョイルシン》が、奇轍をはじめとする元の「権幸」勢力の武力排除を目論んで決起した。しかしこのときは、元との決裂を恐れた王によって、日新のほうが誅殺された。一三五四年にも、横暴な元の勅使（御香使）を取り締まった鄭之祥《チョンジサン》が、逆に処罰されるということがあった。

しかし一三五六年にいたり、恭愍王はついに奇氏一党と盧頙・権謙ら、国内の元朝外戚勢力の粛清・排除に乗り出し、事実上、元の羈縻《きび》下から離脱をはかるにいたった。このとき王は、元が高麗に干渉する際に拠点となることが多くなっていた征東行省の理問所（司法局）を廃止するとともに、元の年号（当時は至正）の使用を停止し、また元から万戸以下の軍官職に任命されていた者たちの牌（身分証）を没収した。忠烈《チュンニョル》王代以降に変更された官制も、おおむね高麗前期の名称に復旧された。そして、西北面兵馬使《ソブンミョンビョンマサ》印璫《インダン》《いんとう》らが鴨緑江《アムノッカン》以西の元の站赤《ジャムチ》を攻撃し、さらに東北面兵馬使《トンブンミョンビョンマサ》柳仁雨《ユイヌ》らが東北境外に進出し、元の直轄下におかれていた双城総管府地域を一世紀振りに奪回した。

こうした恭愍王の政治行動は、従来反元政策と位置づけられてきた。当時元では、河南に起こった白蓮教徒を中心とする民衆反乱である紅巾軍の活動が、長江流域にまで拡大していた。高麗は元の要請により、一三五四年にはその鎮圧のため柳濯《ユタク》《りゅうたく》・廉悌臣《ヨムジェシン》らの率いる二〇〇〇名の援軍を派遣しており、元の中国統治の動揺を目のあたりにしてもいた。そのため、王の政策転換については、元の衰亡を見て取った先見性を評価したくなるかもしれない。

ただしこれは、元明交替という結果論から遡及して歴史を評価するものである。動揺の兆しがみえたとはいえ、当時の高麗が、紅巾軍によって自国に対する元の介入能力が失われると判断できたか（したか）どうかは自明ではない。少なくとも、結果的に紅巾軍本体は鎮圧されたし、そもそもユーラシア・スケールの帝国である元にとって、いかに重要とはいえ、中国は勢力圏の一部である。ここを明に明け渡したのちも、彼らはモンゴル高原で大勢力を誇っていた。むしろ王にとって喫緊《きっきん》の課題は、元そのものの否定というより、元の外戚勢力が跋扈《ばっこ》する国内の状況を打破して、王権を再定立することにあり、その必要手段として奇皇后勢力が力をもつトゴン＝テムル政権との距離を調整する必要があったということかもしれない。

このののち、帝国周縁部のモンゴル諸勢力がトゴン＝テムル政権のもとに力を結集する動きをみせず、元は自壊のプロセスをたどるが、恭愍王の元朝離脱政策も、こうした元朝帝室の求心力喪失現象の一環として、広い視点から位置づけることが可能だろう。ただ、元の制度そのものをいったん否定する施策をとった点は、この事件をたんなるモンゴル支配層の内部抗争としてみるだけでは不十分であることも示している。

あいつぐ外憂

こうして新たな政治局面を迎えた高麗だったが、国際情勢は風雲急を告げていた。

南方では、すでに一三五〇年以来、いわゆる倭寇《わこう》（前期倭寇）の侵奪活動が活発化していた。倭寇は、南部沿岸地域、とりわけ税穀が集積される漕運《チョウン》の拠点地域を中心に襲撃を繰り返し、穀物をはじめとする財貨を奪った。このため、高麗の財政を支える漕運は運用に支障をきたし、官僚への禄俸支給が滞るなど、高麗の財政は打撃をこうむった。倭寇の活動水域はその後しだいに北上していき、開京《ケギョン》近郊が襲撃を受けるまでになった。当初、高麗側では、沿岸部に築かれた軍事拠点にたてこもって警戒にあたる受動的な対応方式に終始したため、海上を船舶で随時移動していく倭寇の動きそのものを食い止めることはできなかった。

北方からは、一三五九年に紅巾軍の一団が高麗に攻め込んできた。これは、元の上都攻略を試みたグループが、元側の反撃を受けて遼東地方へと転進した結果、発生した事変である。このときは、安祐《アヌ》、李芳実《イバンシル》、金得培《キムドゥクペ》らの率いる高麗軍が、これを西北地域で撃退した。しかし紅巾軍は、一三六一年にも潘誠《はんせい》、沙劉《さりゅう》、関先生、朱元帥らが、十万と号する大軍を率いて再度侵入した。このときは開京が一時占領され、恭愍王は東南部の福州《ポクチュ》（現在の慶尚北道安東《キョンサンプクトアンドン》）に避難をよぎなくされたが、翌年、鄭世雲《チョンセウン》を中心とする高麗軍が開京を奪還し、紅巾軍を撃退した。

この年には、かつて高麗が双城総管府を奪還した際に駆逐した総管趙小生《チョソセン》と千戸卓都卿《タクトギョン》が、元の遼陽行省丞相納哈出《ナガチュ》を誘引し、高麗東北境外において軍事活動を展開した。またその後、三善・三介の率いる女真集団が、同じエリアで高麗の辺境を侵してもいる。これらの東北辺境の危機は、同地域の出身で、一三五六年の双城総管府奪還以来、高麗の武将として活躍していた李成桂《イソンゲ》によって鎮圧された。

一方、恭愍王は、一三五六年の「元離脱」後も、元との関係を完全に断ち切ったわけではなかった。奇氏一族の討滅について元側から問責を受けた際には、彼らのほうが王に対する反逆を企てたと弁明して、自らを正当化するとともに、鴨緑江外の元の站赤《ジャムチ》を攻撃した責任を、主将だった印瑞にかぶせ、処刑してもいる。

しかし元側の不信感は強く、親族を殺害された怨みをもつ奇皇后の主導のもと、元に暮していた忠宣王《チュンソン》の庶子である徳興君《トックン》塔思帖木児《タシュ＝テムル》を新たな高麗王として擁立した。そして一三六四年、同じく元に在住する高麗人である崔濡《チェユ さいじゅ》が同君を押し立て、元軍一万を率いて来襲した。高麗側では崔瑩《チェヨン さいえい》が中心となってこれを迎え撃ち、撃退に成功した。このあと、元朝宮廷ではボロト＝テムル（前述した恭愍王妃の父とは別人）が実権を握り、奇皇后が事実上失脚したこともあって、高麗に対する元の姿勢は変化し、恭愍王は王位を再承認された。

紅巾軍が決起したのち、元の統制力が衰えた中国南部では、いくつかの地域権力が誕生していた。なかでも江浙の張《ちょう》士誠《しせい》や方国珍《ほうこくちん》は、元と距離をおくようになった高麗に対し、さかんに使者を派遣し、高麗は彼らと友好的な通交関係をもった。こうした中国南部の地方政権は、やがて、紅巾軍のなかから頭角をあらわして呉《ご》王を称していた朱元璋《しゅげんしょう》によって統合されていく。そして一三六八年、朱元璋は北伐軍を派遣して大都を陥落させ、明を建国し、その初代皇帝となった（洪武帝《こうぶてい》、在位一三六八〜九八）。

洪武帝は翌年、さっそく高麗に遣使し、建国を通告してきた。これを受けて恭愍王は、その冊封を受けることを決意し、モンゴル高原に退いた元（北元）との関係を絶った。そこで王は、一三七〇年に、池龍寿《チヨンス》、李成桂を派遣して遼陽・瀋陽地域の北元勢力を攻略させた。

改革の試みと挫折

前記のように多難な国際情勢のもとにあって、恭愍王は国政改革に乗り出した。

前述のごとく王は、一三五六年に官制を高麗前期の旧制に戻し、征東行省をはじめとする元に由来する官職・組織を廃止した。しかし紅巾軍の侵攻を受けた一三六一年には、名目的ではあったが征東行省を再設置し、翌年には官制も事元期のそれに戻した。対外的な脅威が打ち続き、元における新高麗王擁立の動きもみえるなかで、元との関係改善を模索するための手段だったと思われる。

国内的にも恭愍王の求心力は十分ではなく、紅巾軍を撃退したばかりの一三六三年には、開京郊外の興王寺《フンワンサ》で王の暗殺未遂事件が起こった。その首謀者として処刑されたのは、治安部隊を率いて王を守護する立場であるはずの巡軍提調《スングンジェジョ》の金鏞《キミョン》《きんよう》だった。

こうした危機的状況のなかで、王は、国政全般にわたる弊害の改革を掲げて、一三六五年、辛旽《シンドン》を、首相である領都僉議使司事、ならびに国政監察の総責任者である判監察司事に抜擢して、政治改革を推進させることにした。辛旽は、もともと霊山《ヨンサン》県の玉泉寺《オクチョンサ》の奴だったが、出家して遍照《ピョンジョ》と名乗り、一年中粗末な服を着て都で活動し、とりわけ寡婦たちから人気を博していたという。そして推薦を受けて宮中に出入りするようになり、王の信任を受けてその師傅となり、しだいに国政の諮問を受けるようになっていたのだった。

その彼を、突然官僚の頂点に大抜擢する異例の人事を断行した王の現状認識は、つぎのようなものだった。すなわち、宰相の多くは意にかなわず、世臣大族は身内・縁故でつるむばかり。草野新進の者たちは言行を飾るばかりで、地位を得たあとは結局大族に接近する。儒生たちに気概のある者は少なく、科挙《クァゴ》の師匠(座主《チャジュ》)[6]や同期合格者(同年)との付合いに意をくだくばかりだという。王は、既存の官人層に対する、こうした強烈な不満・不信感をもとに、国政を抜本的に刷新するには、しがらみのない「離世独立」の人材によって宿弊を打破する必要がある、と結論づけたのである。

十二世紀頃からめだってきた権勢家による土地集積、大土地支配の傾向は、事元期にさらなる拡大をみせ、田土や良民・奴婢《ノビ》に対する占奪行為が政治問題化し、国家財政を圧迫していた。一三六六年、辛旽は田民弁正都監《チョンミンビョンジョンドガム》を設置して、権勢家のもとで不正に占奪された土地の返還や奴婢の解放と、隠匿された逃役人戸の摘発を断行した。また彼は五道都《オドド》事審官《サシムグァン》になろうとしたが、全国の地方行政全般に対する監察権を得ようとしたものとみられる。しかし辛旽への権力集中は、彼と近しい人物が政権の中枢に抜擢されていく一方、反対者を強引に排除する動きをともなっていたため、その求心力には限界もあった。結局、こうした政治手法が周囲の反発をかい、辛旽は一三七一年に失脚してしまう。

ただ辛旽執権期の直前、成均館《ソンギュングァン》(旧国子監《ククチャガム》)と科挙の内容が朱子学を中心とする体制に改まり、これを受けて一三六七年には李穡《イセク》《りしょく》を中心とする経術の士を成均館の教官に任命した。李穡は元の国学(国子監)に学び、朱子学の学識が問われる元の科挙に合格し、恭愍王の元離脱政策が始まる直前まで元で任官していた、当時の高麗切っての朱子学者だった。そして鄭夢周《チョンモンジュ》、金九容《キムグヨン》、朴尚衷《パクサンチュン》、朴宜中《パギジュン》、李崇仁《イスンイン》、鄭道伝《チョンドジョン》といったスタッフが彼を支えた。これにより、十三世紀末に元からもたらされた朱子学は、いっそうの広まりをみせる。やがてこのなかから、朱子学を理念として、旧勢力を批判し、集権的な国家体制と王道政治を主張する官僚群が成長してくるのである。

また辛旽執権期、外交では、明への朝貢を開始するとともに、倭寇問題が懸案となる日本に対しては、室町幕府や対馬と交渉をおこなうなど、新たな展開がみられた。一三六九年には官制を改革した。これは大きくは、多くの官衙において高麗前期風の名称体系に戻す措置となったが、個別には従来にない新たな官名も設けられている。

禑王代の旋回

辛旽が失脚したのち、恭愍王は政治に対する意欲を失ったかのごとく、一三七二年の官制改革では、再び事元期風の官名が数多く復活した。そしてモンゴルのケシクの一職である鷹坊《ようぼう》を一時的に復設したり、新たに子弟衛《チャジェウィ》を組織して、美少年たちを側近に集めたりした。しかし王は、子弟衛のスタッフにみずからの諸妃と通じさせて嗣子を得ようとしたことが災いして、一三七四年、口封じを恐れたその当事者洪倫《ホンニュン》らによって殺害されてしまった。

そのため、江寧《カンニョン》府院大君禑《ウ》《ぐ》(幼名は牟尼奴《ムニノ》)が急遽即位した。すなわち第三二代禑王《ウワン》(在位一三七四〜八八)である。彼とその跡を継いだ子の昌《チャン》は、高麗史上、文宗《ムンジョン》・忠烈王などのような格式に応じた正式な称号をもたない例外的な君主であり、本書では便宜的に諱により禑王、昌王《チャンワン》と称している。これは、彼らが退位後、高麗の正統な国王とみなされなかったためである。

同時代において、禑王は恭愍王の宮人韓《ハン》氏の所生として即位したが、本当の母はもともと辛旽の婢であったという。伝えられるところでは、恭愍王が辛旽宅に行幸した際に彼女に生ませたとも、あるいはそもそも辛旽の子であるともいう。後述のように、禑王・昌王政権は朝鮮朝の創始者である李成桂によって打倒されるため、その治世の評価は李成桂の正統性にもかかわってくる。そのため、後世に語られる禑王の出自疑惑の信憑性は、にわかに判断しがたい部分もある。

ともあれ、『高麗史』など朝鮮時代の史書は、禑王を辛旽の子「辛禑」とみなし、正統な高麗王として認めていない。とりわけ朝鮮初期に編まれた正史である『高麗史』では、各王の年代記である世家のなかに禑王の世家をおかず、実質的にこれに相当する記事を辛禑の伝記として、叛逆伝におさめている。

禑王はわずか十歳で即位したため、その擁立に尽力した李仁任《イイニム》が後見役として執政した。そのもとで高麗は、北元との通交を再開し、並行して明との関係も維持する両面外交を展開した。

一方、倭寇の活動はいよいよ激しさを増していたが、高麗側もしだいに迎撃態勢を整えていった。恭愍王代には南部の各道に都巡問使《トスンムンサ》が派遣されて軍務を統括したが、禑王代にはこれが戦闘部隊の最高指揮官である元帥《ウォンス》をかねるようになった。そして専門集団として組織化された水軍と、崔茂宣《チェムソン》が火㷁都監《ファトンドガム》において開発した火薬兵器により、海上で倭寇を積極的に迎撃するようになった。こうして一三七六年に崔瑩が鴻山《ホンサン》(現在の忠清南道扶余《チュンチョンナムドブヨ》)の戦いで、八〇年には崔茂宣が鎮浦《チンポ》(錦江《クムガン》河口部)の戦いで、同年、李成桂、辺安烈《ピョナニョル》が荒山《ファンサン》(現在の全羅南道南原《チョルラナムドナムォン》)の戦いで、八三年には鄭地《チョンジ》が観音浦《クァヌムポ》(南海島《ナメド》沿岸)の戦いで、倭寇に対してそれぞれ大きな勝利をおさめた。

恭愍王代以来、こうした外部勢力との戦いのなかで多くの武将が活躍したが、なかでも名声を博したのが、宰相の子孫である崔瑩と、双城総管府の土豪の子である李成桂だった。彼らは戦功によって頭角をあらわし、やがて政府のなかで重きをなすようになった。そして一三八八年、崔瑩と李成桂は、李仁任とその腹心であった林堅味《イムギョンミ》、廉興邦《ヨムンバン》などの執権勢力を排除し、新たに崔瑩が門下侍中として政府首班の地位に就いた。

王朝交替への道のり

ところが、崔瑩の執権直後、明が鉄嶺《チョルリョン》（現在の江原道《カンウォンド》淮陽《フェヤン》《わいよう》と高山《コサン》の境）以北の高麗東北辺の地に衛（明における軍府機構）を設置し、そこを直轄する意向であることが伝わってくる。これに対して、禑王と崔瑩は、明の東北経営の拠点である遼東城（定遼衛。現在の遼寧省遼陽）の攻略を企画し、周囲の反対意見を押し切った。しかし、遠征軍の前線指揮を任された李成桂と曹敏修《チョミンス》は、長雨による増水のため鴨緑江下流の威化島《ウィファド》で足止めをくい、かかる状況下での明への軍事行動を不利と判断して回軍し、開京を制圧して崔瑩を排除し、禑王を廃して親明路線を表明した。この政変を威化島の回軍という。

李成桂側では、新たな王を他の宗室から選出するつもりだったが、曹敏修と李穡の密議により、禑王の子の昌王（在位一三八八〜八九）が立てられた。しかし新政権発足後に李成桂グループの主導する田制改革論議が始まると、これに反対した曹敏修は批判を受けて失脚し、李穡が政府首班となり、李成桂は都摠中外諸軍事《トジョンジュンウェジェグンサ》となった。

この頃までに、李成桂の周囲には、鄭道伝、趙浚《チョジュン》、南誾《ナムン》《なんぎん》をはじめとする変革志向の勢力が結集していた。彼らがめざした前記の田制改革は、権勢家による土地権益の集積、大土地支配を批判し、崩壊した田柴科《チョンシグァ》や禄科田《ノックァジョン》（十三世紀後半制定）に代わる、権力構成員への新たな土地権益の分配を求めるものだった。そのため、それまでに権力構成員に配分された私田《サジョン》（収租地）をいったんすべて回収し、再配分を実施しようとするもので、既存の支配層の既得権益を大きく揺り動かす改革だった。このあと、対明外交での不手際の責任をとるというかたちで李穡も辞職に追い込まれた。

一三八九年、いわゆる金佇《キムジョ》《きんちょ》事件が起こる。崔瑩の甥である金佇は、李成桂の暗殺と禑王の復辟を画策したが、密告によって捕らえられ、その自白によるとして辺安烈、李琳《イリム》、禹玄宝《ウヒョンボ》、禹仁烈《ウイルリョル》らが連座して流配された。辺安烈らもまた、田制改革に反対した有力官人であり、彼らの排除は、李成桂グループによるフレーム・アップだったとみられる。

この事件をきっかけとして、昌王は廃位された。李成桂は、興国寺において沈徳符《シムドクプ》、池湧奇《チヨンギ》、鄭夢周、偰長寿《ソルジャンス》《せっちょうじゅ》、成石《ソンソン》璘《ニン》、趙浚、朴葳《パグィ》《ぼくい》、鄭道伝と会合し、最終的に、神宗七代孫の定昌君《チョンチャン》瑶《ヨ》の擁立が決定された。すなわち第三四代恭譲王《コンヤン》（在位一三八九〜九二）である。

恭譲王は李成桂の姻戚でもあり、李成桂の権勢はさらに強まるかにみえたが、王は李穡や辺安烈を復権させた。これに対して李成桂派の呉《オ》思忠《サチュン》・趙璞《チョバク》《ちょうはく》は、すかさず禑王・昌王推戴の罪を唱えて李穡を弾劾し、これを罷免に追い込んだ。また諫官の建言に基づくかたちで禑王と昌王が処刑された。

一三九〇年には尹彝《ユニ》《いんい》、李初《イチョ》なる人物が、恭譲王と李成桂の明侵犯計画を明側に誣告《ぶこく》するという事件が起こり、李穡、禹玄宝など、関係を疑われた李成桂の対抗グループの人びとがつぎつぎに逮捕された。尹・李の訴えは、ほどなく明側で誣告として処理され、高麗国内の連座者も多くが放免された。しかしその嫌疑を受けて逃亡していた金宗衍《キムジョンヨン》が李成桂暗殺を企て、これに門下《ムナ》侍中《シジュン》沈徳符がかかわっているとの噂が広まると、沈徳符は潔白を証明するとして、自ら獄につき、代わって李成桂が政府首班の座に就いた。

一三九一年、新たな最高軍令機関として三軍《サムグン》都総制府《ドジョンジェブ》が設立され、李成桂を長官として、裴克廉《ペグンニョム》《はいこくれん》、趙浚、鄭道伝が副官に就任した。これにより、李成桂グループは兵権を掌握したことになる。また同年には、田制改革の総決算として科《クァ》田法《ジョンボプ》が制定され、国家権力の構成員に対する新たな土地権益の分配が実施された。こうして李成桂グループが新体制を固めるなか、鄭道伝が中心となって、政敵である李穡と禹玄宝に対する弾劾が開始され、そのため両名は流配に追い込まれる。

しかし、李成桂派の政治力も盤石ではなく、この直後、李成桂を降格し、鄭道伝を平壌《ピョンヤン》府尹《プユン》（平壌の長官）に左遷する人事がおこなわれた。そして、鄭夢周が王に上言して、李成桂派による政敵への弾劾行為を牽制すると、今度は鄭道伝が、その出自の卑しさを理由として失職に追い込まれた。鄭道伝は、外祖父の妻が僧侶と婢のあいだに生まれた子で、妻の崔《チェ》氏は妾の娘だったという。

一三九二年、李成桂が落馬して負傷すると、反対勢力はこの機会をとらえ、李成桂派の趙浚、尹《ユン》紹宗《ソジョン》、南誾、趙璞、南在《ナムジェ》を弾劾して流配に追い込み、すでに失職中の鄭道伝を拘禁した。しかし危機感を強めた李成桂の五男李《イ》芳遠《バンウォン》(のちの朝鮮第三代太宗《テジョン》)は、鄭夢周に刺客を送り、開京城内の善竹橋《ソンジュッキョ》において、これを殺害した。李成桂は息子の挙を耳にした際、これに怒りを示したというが、台諫や王に働きかけ、鄭夢周を謀反人と位置づけて自分たちを正当化し、李穡、禹玄宝らを追放した。

かくして李成桂は、群臣の推戴を受け、恭譲王から禅譲を受けるかたちで王位に就いた。すなわち朝鮮朝の太祖《テジョ》であり、高麗は足かけ四七五年で滅亡にいたったのである。

▼補説19▲ 前期倭寇論

高麗末期の十四世紀後半に猛威をふるった前期倭寇の実体について、古くは単純に、対馬、壱岐、松浦など九州の北部沿岸・島嶼の住民が海賊となって朝鮮半島を襲ったものと理解されてきた。ところが、一九八〇年代以降、これに対して日本史研究者から新説が出され、倭寇は高麗の下層民(禾尺《ファチョク》、才人《チェイン》などの被差別民や漂泊民)を主体とする、あるいは高麗人・倭人の連合体である、あるいは済州島《チェジュド》の人びとが含まれる、といった議論が展開された。これらについては、その後、史料解釈と状況理解の問題点が指摘され、現在そのままでは受け入れられなくなっている。

しかし、ここで留意すべきは、この議論が一国史的な歴史像を刷新しようという意欲から始まったことである。そもそも前近代、とくに十四世紀後半の東アジアのように、沿岸部や海上世界に国家権力の統制がおよびにくい段階において、辺境の民は、自らの生業活動として、しばしば中央権力が設定する国家の範囲を軽々と超えて活動する。こうした「境界」に生きる人びとはマージナル・マンとも概念化されているが、「境界」という観念自体、中央からの視点であり、当事者の目線に立てば、自身を中心とする生活圏が複数の政治圏にまたがっているにすぎない。そこでは、文化的な融合はもちろん、混血など生物的な融合も発生する。ここに、近現代における択一的な民族・国籍・国土の帰属意識を持ち込んで、倭寇は日本人か高麗人かという排他的な一括りの判定を迫ること自体、その歴史的性格の理解を妨げるものとなり得る。

その民族的性格はともかく、倭寇が主として日本列島地域から朝鮮半島地域へと押し寄せる動きとして発生したことは認められ、その管轄者については、南北朝時代の九州における征西府、菊池氏、少弐《しょうに》氏など南朝方の代表的勢力にあてる見解が出されてきた。とくに近年は、倭寇を九州における南朝方の軍事行動の一環として位置づける視点（朝鮮半島における軍糧調達活動）が提起され、注目される。しかしこうした権力が、倭寇集団を有効に統制できた形跡はない。特定の権力に全面的に依存、所属するような存在ではなく、強い自律性をもった海上武装集団とみるのが妥当だろう。

高麗側の史料にみえる倭寇が、じつに堂々たる陣容をなし、高麗正規軍を向こうにまわして国家を危機に陥らせたかにみえる状況も、倭寇をたんなる辺境の海賊以上の存在に思わせる要素である。ただ、こうした倭寇の規模に関する記述が、主として地方や軍団からあがる戦果報告や被害報告に基づくものである以上、ともに誇張を含む可能性があることは、注意する必要がある。

いずれにせよ、優先したいのは、実体論より実態論である。倭寇と称される集団が何者であれ、いつ、どこで、何をしたのか、事実関係の克明な把握がさらに促進されねばならない。その際に注意したいのは、当時の倭寇の活動が日朝間に限られた事象ではなく、中国沿海部にも広がる現象であり、朝鮮半島に出現した倭寇もそのなかに位置づける必要があること。そして、前期倭寇は朝鮮初期にも連続していくため、その流れのなかに高麗時代の倭寇を位置づける必要があることである。こうした実態に対する理解が深まることで、実体についてもあらためて着実な議論が可能になるだろう。

4　高麗後期の社会と文化

支配層の様相

武臣政権期にも前期以来の文臣集団は存続したが、執権武臣が政治の主導権を握る状況のもと、文臣たちはこれに協力し、すりよることで、保身と栄達をはかることになった。とくに崔《チェ》氏政権においては、当時を代表する文人である李《イ》奎報《ギュボ》をはじめ、科挙《クァゴ》に合格したような文臣が数多く執権武臣に接近し、取り立てられた。彼らのなかには文字通り執権武臣の側近となった者もいるが、政房のスタッフに抜擢されることにいたっては、栄誉であるとの世評を受けるまでになった。

一方、執権武臣側の文臣観はどのようなものだったのか。崔怡《チェイ》《さいい》の例をみると、いわゆる「能文能吏」、すなわち文章能力(文)と事務処理能力(吏)の双方を重んじる立場だったという。そこでは、「文」「吏」ともに優れた者が第一、「文」に優れていても「吏」に欠ける者は第二、「文」「吏」ともに欠ける者は第三とされた。要するに、実用本位の姿勢がとられたのである。

事元期にはいると、文臣の力が回復するものの、日本遠征などの軍事懸案も打ち続くなか、韓希愈《ハニユ》のごとく武将としてのキャリアを通じて立身する者もなお存在した。しかしそれ以上に、この時期について注目されるのは、従来の文武両班《ヤンバン》の枠におさまらない、新しいタイプの官僚の浮上である。元との密接な関係と、前述した側近政治の傾向がその背景となる。

その第一は、元との意思疎通に不可欠なモンゴル語や漢語の通訳官である。趙仁規《チョインギュ》、鄭仁卿《チョンインギョン》、柳清臣《ユチョンシン》(初名は庇《ピ》)などがその代表である。なかでも趙仁規は、元から断事官(ジャルグチ)(7)の職を授かり、忠宣王《チュンソン》の外戚にもなり、その一族はいちやく、当代を代表する権勢家となった。第二は、すでに述べた、元の公主の従者として高麗入りした印侯《イヌ》、張舜《チャンス》龍《ニョン》などの外来者である。第三は、宮廷内で王の身辺の雑務に奉仕する内僚や宦官、鷹坊などケシクの出身者である。忠《チョン》烈《ニョル》王に仕えた鷹坊の尹秀《ユンス》・朴義《パギ》、宦官の崔世延《チェセヨン》、忠粛《チュンスク》王に仕えた内僚である崔安道《チェアンド》などが有名である。第四は、奴隷や雑所《チャプソ》民など、本来政治的上昇に身分的な制約がある人びとである。忠宣王の嬖臣《へいしん》朴景亮《パッキョンニャン》や、忠恵《チュンへ》王の嬖臣裴佺《ペジョン》などは、奴隷身分から宰相の地位にまでのぼった。彼らのなかには、部曲の吏族に出自する訳官の柳清臣や、奴隷出身だった内僚の崔安道など、同時に第一、第三の類型に属する人物もいる。

そもそも内僚や宦官も、官人としての昇任に制限(限品)が加えられた存在だった。しかし王は、しばしば周囲の反対を押し切って、こうした人びとに対する限度を超えた任官を強行した。このことは、対元関係と王の側近政治という新たな条件が高麗の政治を規定するなか、武臣執権期以来の身分秩序の動揺が、なおも続いていたことを意味する。

ところで、以上の人びとに対しては、とくに官歴の初期段階で武官職を与えるケースが多くみられる。これは、その官僚としての身分を保証するための措置と考えられ、彼らが純粋な意味で武人だったことを意味するわけではない(実際に軍事的な能力を発揮する場合もある)。こうした武官職の運用は、文人に対してもおこなわれている。

かつて、こうした新しいタイプの権勢家は、元や国王との親近さから通常のルートを通らずに立身した存在で、親元的な傾向をもち、事元期において代々にわたり政権上層部を占めた勢力と規定され、権門《クォンムン》世族《セジョク》と名づけられた。そして、彼らは権勢を背景に、違法な土地や奴婢《ノビ》の集積を進め、社会に大きな弊害をもたらしたとされた。

さらに、彼らに批判を加えた官人に注目し、地方の中小地主層に出自して儒教を学び、反元的傾向をもつ科挙出身官僚ととらえ、新興士大夫《シヌンサデブ》などと呼び、当時の政局を権門世族と新興士大夫の二項対立の構図で描いた。これは、後者の系譜を引く人士が、のちに王朝変革の立役者になっていくという見通しのもと、当時の政争を、社会・経済・文化的な背景まで関連し合う、異なる階層間の葛藤として把握するものだった。

しかし、その後の研究により、当時の執権層においては伝統的な官僚家門（世族《セジョク》）に出自する人びとが多数を占め、経済的基盤のうえでも政治勢力間に明確な違いが存在するわけではないこと、また、彼らの政治行動を親元か反元かで二分できないことが指摘された。(8) 当時の執権層の性格を、国王との近さ、君主の信任に基づく側近集団と規定する説は、従来説に対する以上の批判から対案として提示されたものでもある。さらにその後、当時の政治勢力間の対立を、元との一体化をめざすか、高麗の独自性の維持を志向するかという、政策路線の違いによるものとして整理する見解もあらわれている。

筆者のみるところ、高麗の政界を大きく巻き込んで現実に発生した権力闘争を、階層や政策集団間の対立といった特定の観点に全面的に結びつけることには、そもそも無理がある。政治対立には、特定の政策や階層的利害を実現する「手段」としてのみならず、むしろそれ以上に、権力獲得そのものが「目的」化した奪権抗争という面がある。各時期の党派的集団の内部構成や、政策や出自に一定の特徴が看取される場合があるのも事実だが、つねに例外が含まれる。当時の政局は、こうした、個人や集団の多様な次元におけるさまざまな利害や思惑を巻き込みつつ、共通目標として権力掌握をめざして展開されたのであろう。

土地政策と地方社会

高麗後期の農業は一定の生産力の向上をみせたと考えられるが、これを支えたのは、一つには施肥法の進展、および堤堰（堰止型の溜池）、溝渠・防潮堤などの水利施設だった。これにより低湿地の開発が一定に進み、こうした土地に適したコメの新品種として東南アジア原産のインディカ米が導入されたとみられる。(9) 事元期には華北農業の水準を反映した『農桑輯要』がもたらされ、高麗でも独自に刊行される。ただ朝鮮半島の自然環境下で育まれた独自の技術体系を整理した農書はまだ出現していない。

支配層に分給された権益地である私田では、十二世紀以降において、標準収穫量の一〇%にあたる穀物を定額の租として徴収する方式がとられていた。これは民田での収税方式と軌を一にするものだった。これが高麗前期以来のものだったか、新たな変化の結果だったかについて、見方が分かれることは前章で述べたとおりである。とくに後者の立場では、十二世紀以降の収租方式の導入を、法制上の規定ではなく、私田の耕作農民を確保する必要から慣行的に発生した現象だったとみる。

モンゴルの侵略の痛手もあり、十三世紀後半までに高麗前期の代表的な私田である田柴科《チョンシグァ》の機能は失われていく。そこで、官僚の生計維持のため、一二七一年には百官に対して禄科田《ノックァジョン》を割り当てたが、これは王都周辺の京畿《キョンギ》内で実施された。

十二世紀以降、権勢家による大土地支配が進み、農荘《ノンジャン》が形成されたが、その際には他人の土地や土地権益に対する奪占行為をともなうことがあり、社会問題となっていた。このとき多くの場合、権勢家たちは、国王から土地を賜る賜給《サグプ》田《チョン》(賜田《サジョン》)のかたちをとって土地の集積を進めた。そこでは、耕作者(佃客《チョンゲク》)に対し前記の形式により収租がおこなわれた。これは一面では、戦乱などにより荒廃した農地の開発奨励という意味をもっていた。

事元期には、こうした私田の集積がいっそう進み、国家財政に悪影響をおよぼすにいたり、是正・改革をめぐる議論が政府のなかで繰り返された。しかし、賜給田の濫発は、政治的基盤が不安定な王権により、支持勢力を糾合するための優遇策としておこなわれた面があり、なかなか抜本的改善にはいたらなかった。そもそも、このことが政治問題化することと自体、政変にともなう執権層の入替りを契機とする場合が多く、排撃対象である旧執権層の悪行を批判する文脈のなかで言及される面がある。それゆえ、新政権の担い手である批判者自身も、結局は同じような土地集積を進めることになる。こうした点からすると、批判のなかで強調される土地兼併の弊害も、どこまで実情を客観的に語っているのか、疑わしい部分もある。

高麗の私田は、最終的に一三八八年に威化島《ウィファド》の回軍によって政権中枢に浮上した李成桂《イソンゲ》勢力の主導により、全国で実施された己巳量田《キサヤンジョン》（一三八九年）と、これに続く田制改革とによって白紙化され、官僚層に対しては新たな土地権益分給制度として科田法が導入される。これは、京畿内に設定されたという点で、禄科田の系譜を引く制度であったが、王土思想のもと、国家の管理下で十分の一収租権を配当するものであることが明文に公定された点で画期をなすものだった。

十二世紀以来、農民の流亡に対する対応策として、高麗後期の政府は、もはや本貫地における把握には固執せず、現住地において付籍し、徴税を実施する現実的な方策をとった。当時の史料にみえる貢戸《コンホ》とは、こうした国税を負担する一般農民を指すとされるが、一般農民が貢納の役務（貢役）を担当したことにともなう名称であるとの説もある。

こうしたなか、十二世紀初めの監務《カンム》派遣（第四章二一八頁参照）以来の流れを受けて、属邑《ソグプ》への守令《スリョン》の配置が進み、属邑の数がいっそう減少した。また雑所《チャブソ》についても、あるものは邑《ウプ》に昇格し、あるものは邑に吸収されるなどして解体が進む。地方行政の担い手である邑吏《ウムニ》《ゆうり》の組織にも変化が生じた。従来は戸長《ホジャン》をトップとする体制がとられていたが、これとは別に記官《キグァン》・詔文《チョムン》記官《ギグァン》などと呼ばれる書記官が登場し、守令の僚属としての性格を強めつつ、地方行政における存在感を増していった。加えて将校《チャンギョ》の組織が分枝し、こうして生まれた三班《サムバン》体制が朝鮮時代にも継承されていく。

雑所の解体にともない、その一角をなす漕倉《チョチャン》もしだいに消滅していったとみられる。そのいくつかは漕運の拠点港としての役割は維持したようだが、税穀の輸送業務は郡県単位で実施されるようになったらしい。十四世紀後半、漕運は倭寇の襲撃を受けて深刻な打撃を受け、実施できない年も続いた。こうした事態を打開すべく、恭譲《コンヤン》王代には王康《ワンガン》の指揮下で漕運拠点港に防御施設を備えた漕転城《チョジョンソン》が構築され、水軍が輸送を担当することにより、安全の確保がめざされた。

国際貿易

商業経済については、事元期における大陸との貿易が注目される。元代になると、現在の北京が、季節移動をおこなうモンゴル皇帝の冬の都、大都として発展し、(10)経済の中心である江南から税穀を海上輸送するシステムである海運が構築され、その外港として直沽《ちょくこ》(現在の天津)が成立した。また従来の大運河と、これに接続する新運河とによって、内水面を通じても中国南部と結びつけられた。

元と高麗の政治統合にともない、相互の公的な物流が活発になった。遼東地方の食糧不足を救援すべく、高麗から遼東半島の北岸まで穀物が海上輸送され、同じルートを遼東の穀物が高麗へと送られることもあった。元の海運を担当する海道運糧万戸府の関係者が、高麗に饑饉救援米や軍糧を運んだこともある。一二九三年から十年間程、朝鮮半島西岸一帯において、済州島《チェジュド》から鴨緑江《アムノッカン》河口まで水上の站赤《ジャムチ》(水站)が設置されたのも、大陸沿岸における公的物流との接続を意識したものだったと考えられる。

事元期には高麗と中国華北とを結ぶ航路も復活した。これを利用して、大都・直沽方面とのあいだを商人が往来し、また高麗の使者が交易を目的として山東に渡航したこともあった。海道運糧万戸府の関係者のなかには、大都への税穀輸送をすませたのち、その労賃(船脚銭)を元手に高麗に回航して貿易をおこなった者もいた。

一方、高麗前期以来、貿易の主軸だった中国南部との貿易については、宋代よりも関係の記録が乏しくなる。元は、南シナ海・インド洋方面との南海貿易を中心に貿易振興策を推進しており、政治的には非友好的な日本とのあいだでも活発な貿易活動がみられたので、これは意外な状況である。このことについては、陸路を通じた交易の隆盛の反作用とする説もある。たしかに、高麗が元に政治統合されることで陸上交通の利便性は増し、これを利用する商人がいたことも確かだろう。しかし、輸送効率が圧倒的に高い船舶による貿易、それも中国南部という遠隔地とを結び南海貿易でもたらされた産品の入手に一定のウェイトをおく貿易を、遼東・華北を経由する陸路が簡単に代替できたとは考えにくい。

そもそも高麗前期に関して宋商の来訪が数多く記録されたのは、純然たる交易の記録というより、彼らが高麗王権に対して物品献上をおこなった、その政治性が重視されたことによる部分がある。しかし、元の傘下に統合された高麗王権が、自らの中心性や聖性を誇示するような関係を商人とのあいだでなおも大々的に結び、それを公的記録に残しえたであろうか。おそらく、商人来航記録の少なさは、こうした高麗王権と商人との関係性の変化に関わる部分があり、必ずしも実勢を反映しないだろう。中国南部との貿易の痕跡は、高麗王による商船の派遣、忠烈王妃クトゥルク＝ケルミシュ公主による江南への松子（マツの実）、人蔘（チョウセンニンジン）の輸出といった直接的な証拠のほか、間接的な在証もある。すなわち、両国の仏教関係者は、しばしば高麗―江南間を船舶で往来したが、これは商船に便乗したと思われる。また倭寇の影響で漕運に支障が生じていた一三五八年、高麗政府は、一時的に漢人海商張仁甫《ちょうじんほ》らにその業務を委託した。朝鮮半島の南岸・西南沿岸部を通過するその航路は、東シナ海を経由して江南と朝鮮半島を結ぶ高麗前期以来の航路ともかさなる。そこでの航海のノウハウをもつ漢人海商の存在は、それ以前におけるこの航路を利用した貿易の実績を示唆する。

さらに、明の建国時、これに抵抗する浙江・舟山列島の海上勢力（蘭秀山《らんしゅうざん》賊）が鎮圧されたが、その残党が東シナ海を越えて済州島に到来し、さらには半島本土の南西沿岸部に潜伏し、そこで商業活動をおこなっていた。このことは、中国南部の海民と朝鮮半島南西沿岸部社会の深いコネクションをうかがわせるが、前時代より彼らがこの海域を活動の舞台としていたことが背景にあるのだろう。しかもこのとき、彼らは交易活動において、当時はまだ朝鮮で満足に生産されず中国の産品だったはずの綿布や、南海貿易を通じた輸入品である蘇木（スオウの木。赤い染料や生薬となる）を取り扱っていたというから、その時点でなおも両地域間を結ぶ貿易を実践していた可能性もある。

以上の状況からみて、事元期における中国南部との海上交易は、決して軽視してよい水準ではなかったと思われる。ただし元の海上貿易の重心は基本的に南海貿易にあったので、支線的な位置にある高麗貿易の活況を無前提に高く評価するのも問題である。

こうした高麗の貿易においては、高額取引に銀瓶が使用されたが、元の紙幣（交鈔《こうしょう》）が高麗にも流入していた。ただ国内で流通した形跡はなく、基本的には元との国際的な決算で使用されたものとみられる。

元の商業慣行にオルトクというものがある。これは元の王侯貴族が銀に代表される資本をムスリム商人やウイグル商人などに提供し、見返りとして利潤を得るものである。忠粛王や忠恵王の側近には商人出身の官僚が目につくが、彼らのなかには、王から絹などの資本提供を受けて貿易に従事した者もおり、まさにオルトクを彷彿とさせる。

一方、日本とのあいだでは、十三世紀前半の段階で日本からの「進奉」という名目で交易が続けられていた。この「進奉」が、日本からの物品献上という朝貢に類したかたちをとった高麗前期の対日貿易と同質のものだったかどうかは、大きな問題である。こうしたなかで、大宰府を管轄する鎌倉幕府の御家人武藤氏(少弐《しように》氏)が、初期倭寇に対する高麗側の禁圧要求に積極的に対応し、経済関係の強化をはかったこともある。しかし、元・高麗軍による二度の軍事侵攻にともない、表面上は平和的な通交関係がとだえてしまう。日中間では戦役後も活発な貿易が再現されたし、高麗もまた日本の漂流民を保護・送還するなど、必ずしも敵対的な姿勢をみせていなかったから、これはある意味で不審な部分でもある。

前述のように、高麗は、モンゴルの敵対勢力としての日本に対して帝国東方の辺境を鎮守する担い手としての立場を、元にむけて示していた。そのため、史料からうかがわれる対日関係の冷込みや緊迫は、高麗政府のポーズである部分があるかもしれない。その真相は、一三五〇年に突如として大規模に発生する前期倭寇の原因を考えるうえでも、重要な意味があるだろう。

学問と宗教

高麗後期、儒学は武臣執権期には沈滞ムードに陥ったとされるが、事元期にはいると、教育面を中心に再建がはかられるようになる。南宋の朱熹《しゅき》によって大成された朱子学が朝鮮半島に本格的に伝来したのは、まさにこのときだった。

このことは、こののち朝鮮が「儒教社会」と評される社会を形成していくうえで、画期となる事件だった。その最初の担い手としては、安珦《アニャン》《あんきょう》や白頤正《ベギジョン》などが知られている。その後、その学脈は、十四世紀初めに元で中国文人と交流した李《イ》斉賢《ジェヒョン》や、李穀《イゴク》・李穡《イセク》父子などに受け継がれた。

ここで注意されるのは、彼らが中国の先端的な学問を摂取する契機がどのようなものだったかである。そこには、元との政治関係がかかわっている。すなわち、安珦は、一二七〇年代後半から八〇年代のうちに、王室から派遣される禿魯花《トルガク》に随従する官僚子弟の禿魯花として元に送られた経験をもち、その際に当時華北における朱子学の中心地だった大都において、朱子学に接した可能性が高い。白頤正もまた、一二九八年に忠宣王が元のケシクに召還された際、その後十年近くにわたってこれに随従し、その際、程子《ていし》（程顥《ていこう》、程頤《ていい》）や朱子の書を収集したという。李斉賢もまた、忠粛王に位を譲った上王忠宣王の従臣として元に長期滞在したが、このとき忠宣王は、ケシクに勤務するというかたちで元にとどまっていたと考えられる。

このように初期の段階では、禿魯花・ケシクという制度によって、またはそのかたちのもとで元に長期滞在した経験が、高麗の人士に対し、朱子学に接し、あるいはこれを深める契機を、主として提供していたと考えられる。

その後、元からの学問摂取の機会は拡大される。とりわけ、一三一三年から元で科挙が創設され、これに高麗人がさかんに応試したことの意味は大きい。元の科挙では朱子学が解答準拠とされたので、これに臨む者は、必然的に朱子学を学ばねばならなかった。当時の高麗が国をあげて元で書籍の蒐集に取り組み、その責任者である権溥《クォンプ》が朱子の『四書集註』の国内刊行を建言したことなどは、こうした需要に応える意味があっただろう。前述の李穀・李穡父子は、この元の科挙に合格した人物である。

元の科挙に合格した者は、中国において現地の文人と交流する機会をもった。李穡などは、父が元の官僚となったことにともなう特権として、若き日に元の国子監で学んだ経験をもつ。また人的交流の活発化にともない、征東行省の儒学提挙官などのかたちで中国の文人が直接高麗に来訪することもあった。貿易を通じて、商品として中国の書籍も輸入されたが、そのなかには朱子学にかかわる経書も含まれていたとみられる。こうして高麗人たちは、本国にいながらにして朱子学を学ぶ環境を獲得していったのである。

やがて十四世紀後半になると、高麗の科挙や公教育にも、朱子学が本格的に組み込まれるようになる。恭愍《コンミン》王代の成均館については前述したが、そのもとで朱子学の理念を信奉する官僚たちが成長してくる。彼らが志向する政治改革には、部分的修正から抜本的変革まで、さまざまな違い、温度差があり、決して一括りには論じられないが、最終的には、そのなかでも急進的な部類に属する鄭道伝《チョンドジョン》らのグループが、王朝革命を実現することになる。

武臣執権期には、沈滞した儒学に代わるかのように、むしろ仏教界の禅宗が、実践的な修養をめざす結社運動を起こした。とくに知訥《チヌル》《ちとつ》が修禅社《スソンサ》(松広寺《ソングァンサ》)を開き、了世《ヨセ》が白蓮社《ペンニョンサ》を開いたことは有名である。

また、モンゴルの兵禍によって十一世紀の初雕《しょちょう》『高麗大蔵経《コリョデジャンギョン》』の版木が失われると、当時の崔氏政権は、攘兵祈願を込めてその再雕に着手し、八万枚を超える雕板を完成させた。現在も慶尚南道《キョンサンナムト》陜川《ハプチョン》の海印寺《ヘインサ》に版木が保管されている、この再雕『高麗大蔵経』(俗に『八万大蔵経《パルマンデジャンギョン》』という)は、世界的な文化遺産として知られる。これが仏教学において重要である理由は、信頼度の高いテキストを実現している点にある。高麗前期までに高麗が周辺諸国との交流を通じて、宋版・契丹版・自国版の『大蔵経』をそろえ、各国の経典註釈書(章疏)を『教蔵』として集成し、教理に関する研究が進んだことが基盤となり、経典テキストの高精度な校訂がはたされたのである。

十三~十四世紀には、元との密接な関係のなかで仏教界の交流も盛んだった。元朝帝室が崇拝するチベット仏教が高麗にはいって王室と関係を結んだり、逆に高麗僧が元に招聘されたりすることもあったが、普愚《ボウ》や恵勤《ヘグン》《えきん》によって臨済禅が導入されたことは、朝鮮仏教に新たな展開をもたらした。

歴史叙述においては、あいつぐ内憂外患のなかで、自国の伝統に対する意識が強まった。李奎報《イギュボ》は、朝鮮固有の伝承に対する認識を深めて、高句麗《コグリョ》の始祖伝説にまつわる「東明王篇《トンミョンワンピョン》」を著した。僧侶の一然《イリョン》が編纂した『三国遺事《サムグンニュサ》』は、仏教関係の話題を中心としつつ、『三国史記《サムグクサギ》』にみられない記録を伝える古代史研究の基本史料として重要だが、ここには、現在朝鮮民族の始祖神として知られる檀君《タングン》《だんくん》に関する伝承があらわれる。そして中国と朝鮮の帝王の系譜を謳い上げた李承休《イスンヒュ》の歴史叙事詩『帝王韻紀《チェワンウンギ》』では、檀君を「東国」(朝鮮)の始祖として明確に位置づけ、その歴史伝統の固有性を唱えた。

その後もさまざまな史書がつくられたが、歴代国王の『実録』や、閔漬《ミンジ》《びんし》の『本朝編年綱目《ポンジョピョンニョンガンモク》』、鄭可臣《チョンガシン》による原著を李仁復《インボク》と李穡が増修したとみられる『金鏡録《クムギョンノク》』、また李斉賢の『史略《サリャク》』などは、朝鮮初期に高麗の正史として『高麗史《コリョサ》』(一四五一年成立)と『高麗史節要《コリョサジョリョ》』(一四五二年成立)が編纂される際、その基礎資料となった。

そのほか、高麗後期には、説話文学の作品が生み出され、李仁老《イインノ》の『破閑集《パガンジプ》』、崔滋《チェジャ》の『補閑集《ポガンジプ》』、李斉賢の『櫟翁稗説《ヨゴンペソル》《れきおうはいせつ》』などが知られている。

技術と芸術

技術においても、重要な展開があった。

まず出版において注目されるのは、金属活字の使用である。李奎報の文集『東国李相国集《トングクイサングクチプ》』に、十三世紀前半に崔允《チェユン》儀《ニ》の『詳定古今礼《サンジョンコグムネ》』を金属活字で印刷したと記されていることは、世界でもっとも古い金属活字の使用例として知られる。実物例としては、一三七七年に清州《チョンジュ》(現在の忠清北道清州《チュンチョンブクトチョンジュ》)の興徳寺《フンドクサ》で刊行された『直指心体要節《チクジシムチェヨジョル》』が、現存する世界最古の金属活字本とされている。

農業では、前述のごとく、十四世紀後半に元代の北部中国の技術水準を示す『農桑輯要』が刊行された。また元に使者として赴いた文益漸《ムンニクチョム》が綿花の種子を持ち帰り、朝鮮における綿花栽培の道が開かれたことが注目される。こののち、朝鮮前期にかけて綿花栽培は各地に広がり、綿布は従来の麻布・苧布《ちょふ》と並ぶ日用衣料素材として普及し、対日貿易において重要な輸出品となる。

軍事においては、火器の開発、導入が注目される。宋代に開発された火薬と、これに基づく軍事技術は、元代にも引き続き発展し、対日戦役に「てつはう」として導入されたことは有名である。高麗がこれをただちに導入することはなかったが、一三七七年、倭寇対策の必要から火熥都監《ファトンドガム》が設置された。そして、崔茂宣《チェムソン》により元から導入された火薬技術をもって火器が製造され、倭寇との戦いに投入され、実戦で大きな効果をあげた。

暦法においては、元の郭守敬《かくしゅけい》が西アジアの天文技術を利用して制定した授時暦《じゅじれき》が高麗にも導入された。忠宣王の側近として名高い崔誠之《チェソンジ》は、同王から賜った内帑金《ないどきん》を使って元の専門家からその原理を学んだ。授時暦は、明代にも大統暦《だいとうれき》として継承されたこともあって、朝鮮朝でも一六五三年に清の時憲暦《じけんれき》が導入されるまで使用されつづけた。

このほか、医学では、一二三六年に現存最古の朝鮮医学書『郷薬救急方《ヒャンヤククグッパン》』が刊行されている。

芸術面では、「楊柳観音図《ヤンニュグァヌムド》」をはじめとする仏画の優品が現存する。とりわけ、日本の鏡神社（佐賀県唐津市）に伝存する作品は、金祐文《キムムン》などの宮廷画家によって一三一〇年に描かれた、縦四メートル超、横二・五メートル超の巨幅である。また安珦や廉悌臣《ヨムジェシン》などの肖像画があり、当時の高麗支配層の面持ちをいきいきと伝えてくれる。このほか、恭愍王の「御筆」とされる「天山大猟図《チョンサンデリョプト》」もある。

書芸においては、元を代表する文人である趙孟頫《ちょうもうふ》の書体、松雪体が流行し、李嵒《イアム》《りがん》が名筆として高い評価を得た。

仏教関係を中心に石造物・金属工芸品の製作も引き続き盛んだったが、事元期には仏像や仏塔に元やチベット仏教の影響もあらわれる。その代表は、もともと開京《ケギョン》郊外にあった敬天寺《キョンチョンサ》の十層石塔（現在は韓国・国立中央博物館所蔵）である。これは一三四八年に、奴婢《ノビ》出身でありながら忠粛王の側近として立身した姜融《カンユン》と、元に仕える高麗人宦官である高龍鳳《コヨンボン》（高龍普《コヨンボ》）が施主となり、元の皇帝・皇后・皇太子の長寿を祈願しつつ建立されたものである。

陶芸においては、元に対する献上品として金画を施した青磁《チョンジャ》が製作され、元の陶磁の影響を受けた作品もみられたが、やがて翡翠青磁から素朴な風合いの粉青沙器《ブンチョンサギ》へと移行し、朝鮮初期に継承された。

森平　雅彦

注

（1）招討司の段階では長官として招討使のみがおかれ、達魯花赤はおかれなかったとの説もある。

（2）『本朝文集』巻六七所収の「贈高麗国牒」。ただしこの文書は実際には発行されなかった。

（3）十三世紀前半の交戦期に高麗からモンゴルに寝返った洪福源《ホンボグォン》の子。高麗側の史料では故国を苦しめる裏切り者として描かれるが、元側の史料では有能な武将として記される。

（4）この頃まで高麗王の後嗣は太子と呼ばれてきたが、元に対する僭称を避けて世子と呼ばれるようになる。

（5）後出する忠粛《チュンスク》王の場合、父忠宣王からの禅譲が急だったためか、即位後にモンゴル公主と婚姻している。

（6）高麗では、科挙合格者が試験責任者（知貢挙）とのあいだに師弟関係（座主《チャジュ》―門生《ムンセン》関係）を結ぶ習慣があった。

（7）モンゴルにおける行政・司法の裁定官。ここでは、高麗王のもとにモンゴル駙馬としての資格に基づく宮府（オルド）として設定された高麗王府の幹部職にあたる。

（8）そもそも当時、元を否定する立場が明確に示された事例があるかということ自体、疑わしい。

（9）インディカ米は中国南部で先行して広まり、同時代の日本にも大唐米・占城米として導入された。

（10）元の夏の都は上都であり、現在中国内蒙古自治区の正藍旗に遺構が残されている。

第六章　朝鮮初期

1　朝鮮の建国

新興儒臣と李成桂

一三五六年、高麗《コリョ》の恭愍王《コンミン》は中国大陸での元（モンゴル）の衰退に乗じて反元運動を開始した。さらに一三六五年からは、無名の僧辛旽《シンドン》を起用して内政改革にも着手した。ちょうどその頃、李穡《イセク》、鄭夢周《チョンモンジュ》、鄭道伝《チョンドジョン》、趙浚《チョジュン》、李崇仁《イスンイン》、権近《クォングン》といった新進官僚が政界に進出してきた。彼らに共通するのは、安珦《アニャン》《あんきょう》、白頤正《ペギジョン》らにより十四世紀以降高麗にもたらされた儒教の新しい学問である朱子学《チュジャハク》（性理学《ソンニハク》）を学んで科挙《クァゴ》に合格した点である。このようないわゆる新興儒臣《ユシン》が一つの政治集団を形成して既成勢力である保守派の権臣と対立するようになるのが、恭愍王代（一三五一～七四年）以降の高麗政治史の大きな特徴である。

新興儒臣は恭愍王の内政改革を支持した。謀反を計画した嫌疑で辛旽が失脚し、一三七一年に処刑されたのちも、彼らは引き続きその勢力を拡大した。しかし一三七四年に恭愍王が宦官《ファングァン》に暗殺され、代わって禑王《ウ》《ぐ》が即位すると、改革に反対する保守派の権臣が実権を握り、新興儒臣の多くは政界から排除された。こうして彼らが改革を実現する場は失われたが、この間にも彼らの一部は台諫《テガン》(1)の職にあって政治に対する言論活動を活発におこなったことが知られる。また彼らのなかでもとくに改革を強く主張した急進派の鄭道伝や趙浚らにとっては、この時期はその後の改革に繫がる思想形成のための雌伏期間となった。

ところで十四世紀後半の高麗は、北方からは女真《ヨジン》人や紅巾《ホンゴン》軍(2)、南方からは倭寇《ウェグ》《わこう》(前期倭寇)といった外敵のあいつぐ侵入に悩まされていた。これら外部からの軍事的脅威は高麗国内の武人勢力に活躍の場を与え、彼らが政治的に成長する機会となった。そうした高麗末期の武人の一人が、のちに朝鮮《チョソン》を建国する李成桂《イソンゲ》である。彼は一三三五年に朝鮮半島東北部の和州《ファジュ》(のちの永興《ヨンフン》。咸鏡南道《ハムギョンナムド》金野《クミャ》郡)で生まれた。朝鮮建国後の十五世紀半ばに成立した建国叙事詩集『龍飛御天《ヨンビオチョン》歌《ガ》』や官撰年代記『太祖実録《テジョシルロク》』などによれば、彼の一族は朝鮮半島西南部の全州《チョンジュ》(全羅北道《チョルラプクト》全州市)出身であり、高祖父の代に東北面《トンブンミョン》(咸鏡南北道一帯)方面に移住したという。このような通説に対し、彼らの拠点である東北面が当時女真人の集住地域であり、李成桂の配下にも多数の女真人がいたことから、李氏一族を女真系とみる見解もある。その当否はともかく、重要なのは十四世紀後半頃までに彼の一族が女真人をも含み込んだ東北面屈指の豪族勢力に成長していた点である。

李氏一族の拠点であった東北面は一二五八年以来元の直轄地とされ、その出先機関である双城総管府《サンソンチョングァンブ》の支配下にあった。李成桂の父である李子春《イジャチュン》はこの双城総管府に仕えていたが、一三五五年に高麗に内応し、翌五六年に恭愍王が旧領奪回を企図して双城総管府を攻撃した際に戦功を立てたと伝わる。この事件を契機として李子春・成桂父子は高麗政府に登用された。一三六一年に李子春が亡くなると、李成桂はその後継者として麾下の兵力を率いて外部からの軍事的脅威に対抗し多くの戦功を立てた。当初は北方の女真勢力の征討が中心であったが、一三五一年に元で発生した紅巾の乱(3)の反乱勢力の一部が六一年と翌六二年の二度にわたり高麗に侵入してきた際にはこれを撃退し、さらに七〇年代以降は、当時朝鮮半島の内陸深くまで侵入して略奪をかさねていた倭寇を各地で撃破した。このように戦功を積むことで李成桂は政界を駆け登り、一三八八年には守門下《スムナ》侍中《シジュン》に任命された。これは、やはり倭寇撃退の功績で最高位の門下侍《ムナシ》中《ジュン》にまで登り詰めた武人の崔瑩《チェヨン》《さいえい》につぐ地位であった。

ちょうどその年の二月、明が高麗に鉄嶺《チョルリョン》(江原道淮陽《フェヤン》《わいよう》郡と高山《コサン》郡の境)以北の直轄領化を通告してきた。鉄嶺以北とは、一三五六年に恭愍王が武力で元から奪還した、かつての元の双城総管府支配地を指す。親元派の崔瑩が主導権を握っていた当時の高麗政府は、この通告を拒否する一方で明の遼東城(遼寧省遼陽市)攻撃を計画し、曹敏修《チョミンス》《そうびんしゅう》と李成桂に遠征軍の指揮を命じた。李成桂は、(1)小国が大国に逆らうものである、(2)夏季の出兵である、(3)国をあげて遠征すると倭寇にその虚を突かれる恐れがある、(4)暑くて雨の多い時期ゆえに膠《にかわ》がとけて弓が使えず、また軍中に疫病が発生する恐れがある、などの理由からこの遠征に反対したが、禑王や崔瑩には聞き入れられなかった。遠征軍は四月に平壌《ピョンヤン》(平壌市)を出撃し、五月に明との国境をなす鴨緑江《アムノッカン》《おうりょくこう》を渡った。しかし中洲の威化島《ウィファド》に達したところで李成桂は曹敏修を説得して軍を反転させ(威化島回軍)、六月には王都開京《ケギョン》(黄海《ファンヘ》北道《プクト》開城《ケソン》市)を陥落させた。崔瑩は応戦したが敗れて流刑に処せられ、禑王も江華島《カンファド》(仁川《インチョン》市江華郡)に追放され、子の昌《チャン》王が即位した。

李成桂の即位

この軍事クーデタにより事実上政権を掌握した李成桂は、親明の姿勢を明確にするとともに新興儒臣が進めようとする内政改革を支持した。新興儒臣は親明派であり、また彼らのほうでも李成桂の政権掌握を自らがめざす理想の国家建設の大きな機会ととらえた。こうして李成桂と新興儒臣とが結びつくことになった。新興儒臣による内政改革の最大のものは、鄭道伝、趙浚らの急進派が進めた田制(土地制度)改革である。それは威化島回軍直後から開始され、一三九一年五月制定の科田法《クァジョンポプ》として結実した。科田法は権臣勢力が独占していた私田《サジョン》の支配権をいったん国家が回収したうえで官僚にその官位ないし職位に応じて収租権(租を徴収する権利)として再分配するもので(詳細は二九六頁補説20「科田法制定の意義」参照)、同法の施行により保守派の権臣はその経済基盤を奪われ、没落が決定的となった。

この時期、高麗では政変があいついで起こった。まず一三八九年十一月には流配地にあった禑王による李成桂暗殺計画が発覚し、これに連座するかたちで辺安烈《ピョナルリョル》をはじめ多数の権臣が処刑された（金佇《キムジョ》《きんちょ》の獄）。この政変により昌王も王位を追われ、代わって恭譲王《コンヤン》が即位した。つぎに翌九〇年五月、尹彝《ユニ》《いんい》と李初《イチョ》をひそかに明に派遣して高麗への出兵を要請したとの嫌疑から李穡以下多くの臣下が逮捕・投獄された（彝《イ》・初《チョ》の獄）。これら二つの政変はいずれも新興儒臣急進派が田制改革反対派を除去するために仕組んだものとみなされる。また同年十一月には再び李成桂暗殺計画が発覚し、沈《シム》徳符《ドクプ》、池湧奇《チヨンギ》らの武将がこれに関与したとして処刑されるとともに地方軍の指揮官であった全国各地の元帥が罷免された。その後まもない翌九一年一月に李成桂が三軍都総制使《サムグンドチョンジェサ》に任命されたことからすれば、この政変は李成桂の軍事権掌握のために仕組まれたものとみてよい。

こうしたなか、科田法制定以後になると新興儒臣急進派と李成桂配下の武将たちを中心にして李成桂を王位に推戴する動きが顕著となった。新興儒臣のなかでも穏健派に属する者たちは、改革は支持しても李成桂の即位には反対したため、両者のあいだで対立が深まったが、一三九二年四月、穏健派の領袖であった鄭夢周が李成桂の五男李芳遠《イバンウォン》（のちの太《テ》宗《ジョン》）の命を受けた趙英珪《チョヨンギュ》らにより開京の善竹橋《ソンジュッキョ》で暗殺され、さらに穏健派の多くが流刑に処せられたことで、李成桂の即位に対する抵抗勢力は瓦解した。そして同年七月、李成桂は恭譲王から王位を譲られ、百官の推戴を受けて開京の寿《ス》昌宮《チャングン》で即位した（廟号太祖《テジョ》、在位一三九二～九八）。

太祖は即位の翌日、王位推戴の主体となった臣下たちの拠点でもあった最高合議機関の都評議使司《トピョンイササ》の名義で明に趙胖《チョバン》《ちょうはん》を派遣し、ついで八月には太祖自身が「権知高麗国事《クォンジゴリョグクサ》」（かりに高麗国のことをおさめる者）の肩書で明に趙琳《チョリム》を派遣した。これらの使節はいずれも太祖即位の事情を報告して国王交替の承認と外交関係の継続を明の洪武帝《こうぶてい》に求めるものであった。このうち趙琳は同年十一月に帰国し、国号改定の帝命を伝えた。そこで「朝鮮」と「和寧《ファニョン》」（太祖の出身地永興の別称）を候補として明に打診する使節を送ったところ、同年閏十二月、美称であり来歴もある「朝鮮」を国号にせよとの帝命がもたらされた。これにより翌一三九三年二月、「朝鮮」が正式な国号に採択された。

このように明は太祖の即位と国号の改定こそ認めたものの太祖を朝鮮国王《チョソンググァン》に冊封《チェクポン》《さくほう》することはなく、太祖は以後も対外的には「権知国事」を名乗らざるをえなかった。それは洪武帝が高麗に対して不信と疑惑の念をいだいていたこと、また元（モンゴル）勢力の一掃で高麗の政治的重要性が低下したことによる。明の皇帝が誥命《コミョン》《こうめい》（辞令）と印章を下賜して李氏の統治者を朝鮮国王に正式に冊封したのは、第三代太宗即位後の一四〇一年のことである。

国号の制定と並んで太祖が即位後最初に着手したことの一つが遷都であった。高麗の王都として旧勢力の拠点となっていた開京を離れ、新しい場所に王都を建設することが計画されたのである。しかし遷都は順調には進まなかった。即位の翌月である一三九二年八月に開京の南東に位置する漢陽《ハニャン》（ソウル市中心部）を新都とすることが決定し、高麗時代に造営されていた離宮の修復作業などが始まったが、風水地理《プンスジリ》の観点からさらにそのはるか南の鶏龍山《ケリョンサン》（忠清南道《チュンチョンナムド》鶏龍市）や、漢陽のやや南西に位置する母岳《ムアク》《ぶがく》（ソウル市西大門区《ソデムン》新村《シンチョン》一帯）などが新都候補地としてあいついで浮上し、議論は二転三転した。ようやく一三九四年八月になって漢陽を新都とすることが最終的に決定された。風水地理上の吉地であることに加え、その南を流れる漢江《ハンガン》の水運が重視された結果であった。太祖は十月に遷都を断行し、翌九五年六月には名称を漢城《ハンソン》と改めた。さらにその翌年である九六年までに王都の周囲を囲む城壁の建設工事もひとまず完了した。

王子の乱

高麗から朝鮮への王朝交替は、武人である李成桂の武力と新興儒臣とが結びつくことによって実現した。太祖の即位に功績を立てた新興儒臣急進派は朝鮮建国後、太祖子飼いの武将らとともに開国功臣《ケグクコンシン》の称号を授与され、政治運営の主導権を握った。その代表的な人物が鄭道伝、趙浚、権近などである。彼らは、文武高官による最高合議機関として高麗末期以来存続してきた都評議使司を拠点に、それまで国家により手厚く保護されてきた仏教を排斥する一方、自らが信奉する朱子学の理念に基づいた統治をめざした。なかでも鄭道伝は彼らの頂点に立ち、政権を主導した。彼は一三九四年三月に自身が考える新王朝の統治プランを一書にまとめ、『朝鮮経国典《チョソンギョングクチョン》』と題して政府に提出した。ところがこうした新興儒臣勢力の活動は王室や太祖子飼いの武将たちとのあいだに軋轢《あつれき》を生じ、王位継承をめぐる王子間の争いへと発展することとなった。

太祖には二人の妻があった。彼がまだ東北面の豪族にすぎなかった時期に結婚し即位直前の一三九一年に亡くなった韓《ハン》氏（節妃《チョルビ》、のち神懿王后《シニワンフ》と追号）と、彼が高麗政府に仕えるようになったのちに結婚し即位後も存命であった康《カン》氏（顕妃《ヒョンビ》、のち神徳王后《シンドクワンフ》と追号）である。太祖は韓氏とのあいだに六人、康氏とのあいだに二人の王子をもうけたが、即位後まもない一三九二年八月、太祖はそれら八人の王子のうち寵愛する康氏が生んだ末子の芳碩《パンソク》を王世子《ワンセジャ》に立て、鄭道伝にその教育を委ねた。一方、韓氏の生んだ王子のなかでもっとも才気と野心にあふれていた五男の芳遠は、父の即位に多大な功績をあげたにもかかわらず、開国功臣の列に加えられることもなく政治の中枢から遠ざけられていた。

一三九八年八月、鄭道伝、南誾《ナムン》、沈孝生《シミョセン》らは太祖が病に伏したのに乗じて韓氏の生んだ王子たちを王宮内に召集し一気に殺害する計略を立てた。しかし芳遠が事前にこれを察知して先に挙兵し、鄭道伝らの首謀者やその関係者を誅殺するとともに康氏の生んだ王子である異腹弟の芳蕃《パンボン》、芳碩を追放したうえで殺害した（第一次王子《ワンジャ》の乱）。王朝の公式記録である『太祖実録』はこのように伝えるが、鄭道伝らの陰謀については芳遠側による捏造の可能性も否定できない。乱後、群臣は芳遠を新たに王世子とすることを求めたが、彼はそうした嫌疑のかかることを恐れてかこれを固辞したため、太祖は韓氏の生んだ次男の芳果《パングァ》を王世子に立てた。芳果は翌九月に即位し（廟号定宗《チョンジョン》、在位一三九八〜一四〇〇）、退位した太祖は上王《サンワン》と称した。定宗は鄭道伝一派の除去に功績を立てた臣下に定社功臣《チョンサゴンシン》の称号を授与し、また人心を一新するために一三九九年三月には漢城から旧都開城へ王都を戻した。

ところで定宗には嗣子がなく、つぎの王位は定宗の同腹弟で当時存命であった芳毅《パンイ》、芳幹《パンガン》、芳遠の三人のうちのだれかが継ぐことが想定された。そしてこのことが再度の王位継承争いを誘発することになった。三人の同腹弟のうち芳遠は建国事業や第一次王子の乱での功績により群臣の信頼を得ていたが、ひそかに王位を狙っていた兄の芳幹はこれをおもしろく思わず、一四〇〇年一月、朴苞《パクポ》《ぼくほう》にそそのかされて芳遠を討つべく開城で挙兵した。しかし芳遠はこのときも事前に情報を得て王宮を守護し、芳幹の軍勢と交戦してこれを破った。芳幹は兎山《トサン》（黄海北道兎山郡）に追放され、朴苞も流刑に処せられたのち誅殺された（第二次王子の乱）。芳遠は同年二月に王世子に冊立され、十一月に定宗から王位を譲られて寿昌宮で即位した（廟号太宗、在位一四〇〇～一八）。退位した定宗は上王、太祖は太上王《テサンワン》と称した。太宗は翌〇一年二月、この政変で功績を立てた臣下に佐命功臣《チャミョンゴンシン》の称号を授けた。

太祖は骨肉の争いがあいついで起こったことに大きな衝撃を受けた。彼はもともと仏教を篤く信仰していたが、太宗即位後はさらに深く仏門に帰依した。一四〇一年閏三月には芳蕃、芳碩の母である神徳王后康氏の仏事を漢城で挙行し、同年十一月からは芳蕃、芳碩らの菩提を弔う寺院造営のために逍遥山《ソヨサン》（京畿道東豆川市《キョンギドトンドゥチョン》）に滞在した。さらに翌〇二年十一月には先祖の墓参と称して逍遥山から咸州《ハムジュ》（咸鏡南道咸興市《ハムン》）に赴いた。あたかもそれと呼応するかのように安辺《アンビョン》（咸鏡南道安辺郡）の地方官であった趙思義《チョサイ》が親族である太祖妃神徳王后康氏の仇討ちと称して挙兵したが（趙思義の乱）、この乱を背後で主導したのは太祖であったとされる。乱は一カ月ほどで終息し、それまで再三にわたる太宗の帰京要請に応じなかった太祖も、十二月初旬にはようやく開城に帰還した。

太宗の王権強化

太宗は二度にわたる王子の乱を勝ち抜き、権力を手中におさめた。定宗治世下にあっても政治の実権は王世子の太宗が握っていた。そうしたなかで彼がまずめざしたのは王権の強化であった。それは一四〇〇年四月に断行された私兵廃止に始まる。朝鮮建国直後、中央の軍事機構として義興三軍府《ウィフンサムグンブ》が新設されたが、その一方で建国当初の不安定な政情を考慮して王族や功臣には私兵の所有が認められていた。また地方の兵士と軍馬は、広域行政単位である道《ト》ごとに節制使《チョルチェサ》の管轄下におかれていた。しかしこうした王族や功臣の私兵が二度にわたる王子の乱を引き起こし、また節制使への地方兵力分属も弊害が多かった。そこで太宗は、節制使の廃止と義興三軍府による一元的な軍事統轄をはかったのである。

私兵廃止と同時に都評議使司の議政府《ウィジョンブ》への改組も実施された。都評議使司は、政務全般を統轄する門下府《ムナブ》、財務会計などを管掌する三司《サムサ》、軍機や宿営などの軍事業務と王命出納を管掌する中枢院《チュンチュウォン》という三つの中央官府の高官による合議機関であった。しかし私兵廃止により中枢院は廃止されてその軍事業務は義興三軍府に移管され、しかも義興三軍府の高官は合議の席に参加しないこととされたため、都評議使司の改組が必要となったのである。私兵廃止は軍事権の国王への集中を意味するが、都評議使司の議政府への改組は、それに対応して軍部を政府から分離する措置であった。廃止された中枢院のもう一つの重要な職務であった王命出納は、このとき新設された承政院《スンジョンウォン》が担当した。

ついで太宗は即位後の一四〇一年七月、門下府を廃止して議政府に統合し(国王への諫言《かんげん》をおこなう門下府の郎舎《ナンサ》は司諫《サガ》院《ヌォン》として独立)、あわせて三司を司平府《サピョンブ》、義興三軍府を承枢府《スンチュブ》と改称した。さらに一四〇五年正月には司平府を行政官府である六曹《ユクチョ》(吏曹《イジョ》、戸曹《ホジョ》、礼曹《イエジョ》、兵曹《ピョンジョ》、刑曹《ヒョンジョ》、工曹《コンジョ》の総称)中の戸曹に、承枢府を兵曹にそれぞれ統合するとともに、議政府の政務を六曹に分担させることで議政府の権限を弱め、逆に六曹の機能を強化する方針を打ち出した。そして一四一四年四月、行政案件を六曹から議政府を介さずに国王へ直接報告し、また国王から六曹へも直接指示を出す、いわゆる六《ユク》曹直啓制《チョジッケジェ》を施行した。これら一連の措置により、朝鮮建国当初以来絶大な力を有していた新興儒臣を中核とする開国功臣勢力は後退し、代わって国王の政治への発言力が強まった。

太宗の王権強化策は、このような制度改革にとどまらなかった。彼は対抗勢力となる可能性をはらんだ王族や外戚もことごとく排除した。まず王族については、一四〇一年二月に彼らの官職任用を原則的に禁じることでその政治参与の道を閉ざし、一一年十二月には太祖の異母弟の子孫を太祖「正派」の子孫ではない「庶孫」であるとして王位継承資格者の範囲から除外した。つぎに外戚については、太宗の正妃であった元敬王后《ウォンギョンワンフ》閔《ミン》氏の四人の弟（閔無咎《ミンムグ》、無疾《ムジル》、無恤《ムヒュル》、無《ム》悔《フェ》）に対し、太宗の権力掌握に功績があったにもかかわらず、その勢力拡大を恐れて不忠の罪を着せ、閔無咎、無疾を一四一〇年三月に、閔無恤、無悔を一六年一月にそれぞれ賜死《ササ》とした。

太宗代は新王朝の支配体制の大枠がほぼ定まり、その後五〇〇年にわたる支配の基盤が形成された時期として重要である。彼は王権強化をめざしつつ、内政にも力をそそいだ。例えば一四〇一年八月、民の直訴を受けつける施設として王宮外の門楼に申聞鼓《シンムンゴ》を設置し、翌〇二年一月には教書《キョソ》をくだして広くその利用を求めた。その一方で、人民支配の強化をめざして同年八月には十六歳以上の成年男子に対してその者の姓名・職・役負担などを記した号牌《ホペ》の所持を義務づけた。一四〇四年十月には開城から漢城へ王都を戻すことを決め、一年後の翌〇五年十月に遷都を断行した。以後、王朝が滅亡するまで五〇〇年以上にわたり、漢城は政治・経済の中枢をなす朝鮮最大の都市として機能することになる。

太宗はまた太祖や定宗とは異なり仏教排斥にも積極的で、一四〇六年三月には寺院統制のために全国の寺院数を二四二寺に削減するとともに各寺院の保有する田地や奴婢《ノビ》、所属僧侶の定員などを細かく定めた。また成功こそしなかったが、国家による貨幣発行権の掌握をめざして楮貨《チョファ》《ちょか》（紙幣）の発行と流通促進を試みた。このほか文化事業として一四〇三年二月に鋳字所《チュジャソ》を設置して銅活字を鋳造し、これを用いた書籍刊行を開始した点も特筆される。また外政では、前述のように即位後半年余りをへた一四〇一年六月に明の建文帝《けんぶんてい》から正式に朝鮮国王に冊封され、ついで〇三年四月には永楽《えいらく》帝《てい》からも冊封を受けることで、王朝建国以来ぎくしゃくしてきた対明関係をひとまず安定させることに成功した。

▼補説20▲　科田法制定の意義

本文中でも述べたように、科田法は高麗末期に新興儒臣によって進められた田制改革の帰結として高麗滅亡直前の一三九一年五月に制定された両班《ヤンバン》官僚に対する土地（農地）分給制度である。科田法により、現職か否かを問わずすべての職帖《チクチョプ》《しょくじょう》（辞令）所持者に対して官位ないし職位の高下に応じて一八等級に区分された科田が京畿に限り支給された。ただし土地分給といっても土地そのものが支給されたわけではない。科田の実体は耕作を前提として農民の所有が認定された民田であり、科田法により両班官僚に分給されたのは、本来は国家に納入されるべき租を国家に代わって徴収する権利、すなわち収租権であった。

　このような科田法は朝鮮初期の土地制度の根幹をなしたとみなされ、早くから研究者の注目を集めてきた。これまで多くの研究成果が蓄積されているが、高麗末期の田制改革と科田法制定の目的や意義を、高麗後期に拡大した有力者による土地兼併という状況を改革することで国家財政を再建し、軍需・禄俸《ノッポン》財源の確保をめざした点に求める研究が多い。また科田法は収租権に立脚した高麗前期の土地制度（具体的には田柴科《チョンシグァ》を指す）と大差ない制度である、あるいは高麗前期の土地制度への回帰をめざしながらも所有権的土地支配の成長により現実にはそれは十分に達成されえなかった、とする理解が一般的である。

　たしかに科田法制定の意義を軍需・禄俸財源の確保という財政政策的次元からとらえることは不可能ではないが、それは科田法の本質ではない。また高麗前期の土地制度と科田法を同一のものとみる理解やそれに基づく科田法評価も、科田法制定の土地制度史上の意義を的確に把握したものとはいいがたい。では科田法制定の土地制度史上の意義とは何か。それは、科田法の制定によって収租権が私田に対する田主の普遍的かつ唯一の権利としてはじめて法的に公認されたということである。

　本文中で後述するように（三一二頁）、前近代の朝鮮では全国の土地を公田《コンジョン》と私田に区分していた。高麗時代以降の公田は収益が国家に帰属する土地であり、具体的には公有地と民田を指す。一方私田とはそうした公田の一部を特定の個人や私的機関に特権として支給したものであった。田柴科に代表される高麗前期の私田の場合、支給されたのは収租権であったとするのが通説的理解である。だがこうした通説はじつのところ高麗前期の私田制度それ自体の研究から得られたものではなく、高麗末期に制定された科田法からの類推にすぎない。すなわち高麗末期の田制改革で新興儒臣らが模範とすべき土地制度として高麗前期の私田制度に言及した点と、科田法がまさしく収租権分給制度であった点から導き出されたものである。高麗後期の私田が事実上の収租地となっていたことはほぼ確実だが、前期のそれが収租地であった明確な証拠はない。

その一方で、高麗前期の私田支給とは私田支給対象者が代々支配してきた土地の租を国家が一定の範囲内で免除することを意味したとし、高麗前期から後期にかけて私田の性格は変化し、収租権はその過程で自然発生的に生じたものであると主張する研究もある。その当否は措くとしても、収租権的土地支配を所有権的土地支配とともに土地支配に対する所与の権利とみなし、後者の成長と前者の衰退という構図で土地制度史を描く通説的理解には、いささか無理があるといわざるをえない。公田・私田をあわせた全国の土地が収租権という統一的な基準によって国家機関や特定の個人に配分されたことが文献上に確認できるのは、高麗末期の田制改革とその帰結である科田法が最初である。改革の過程で高麗前期の私田制度が参照されたのは、土地兼併にみられる高麗後期の私田の弊害を強調するためであったとみなすべきであろう。

前述のように、科田法は朝鮮初期の土地制度史の根幹をなしたものとされる。また朝鮮初期の土地制度はしばしば科田法体制とも称される。しかし科田法自体はあくまで私田制度であり、さらにいえば官僚への私田分給について定めたものであった。そのような科田法が朝鮮初期の土地制度史を考える際に重要であるのは、その制定が国家収租地の増加をもたらし、国家財政の基盤確保に貢献したからであり、また私田の田主の権利が収租権として確立することで公田を含めた全国の土地を収租権という単一の土地支配権をもって管理する体制が法的に確立したからにほかならない。

2　中央集権国家の建設

世宗の即位と集賢殿の設置

一四一八年六月、太宗《テジョン》は王世子《ワンセジャ》であった長男禔《チェ》《てい》を、その自由奔放な性格を問題視して廃位し、三男の忠寧大君《チュンニョンデグン》祹《ト》《とう》を新たに王世子に冊立した。そして同年八月、その祹が太宗から王位を譲られて即位した（廟号世宗《セジョン》、在位一四一八〜五〇）。以後、太宗は上王《サンワン》、定宗《チョンジョン》は太上王《テサンワン》と称した。世宗は朝鮮《チョソン》建国後に生まれた最初の国王であり、武より文を重んじ、学問に秀でていたことで知られる。彼は、太宗が築いた新王朝の基盤の上に儒教《ユギョ》的な王道政治の実現をめざした。ただし即位後四年間は上王となった父である太宗が存命であり、軍事権をはじめ政治の実権は太宗が握っていた。世宗の親政が始まるのは太宗没後の一四二二年五月からである。

世宗の治績としてまず指摘すべきは、集賢殿《チッピョンジョン》の機能強化と集賢殿学士《ハクサ》の登用である。集賢殿とは王宮内に設けられた研究機関で、その淵源は中国漢代に求められる。朝鮮では高麗《コリョ》時代の十二世紀初めからその名を確認でき、以後も組織自体は継続して存在していたようだが、具体的な活動の痕跡は確認できない。朝鮮建国後も有名無実化したまま存続していたが、世宗は一四二〇年三月、正宮である景福宮《キョンボックン》内にあらためて集賢殿を設置し、官制を整備してその機能強化をはかった。そして鄭麟趾《チョンインジ》、申叔舟《シンスクチュ》、成三問《ソンサムムン》など、若く優秀な文臣をその官員として登用し、長期の休暇を与えて学問・政治研究に従事させたが（賜暇読書《サガドクソ》）、彼らを集賢殿学士といった。当初専任学士の定員は一〇人であったが、その後何度か増員され、一四三五年には三二人となった。しかし翌三六年に二〇人に削られ、この数で定着した。

集賢殿学士は経筵《キョンヨン》《けいえん》官として国王の学問研究を補助するとともにしだいにその職域を広げ、各種書籍の編纂や公文書の起草、中国古制や儒教経典・歴史の研究、史官の業務なども担当するようになった。このうち中国古制や儒教経典・歴史の研究は、儒教理念を政治に適用するという面で世宗がめざす儒教的王道政治の実現に大きく貢献した。このことからもわかるように、集賢殿学士は世宗を支える政策ブレーンとしての機能をはたしたのであり、この点が重要である。しかしその一方で、彼らは世宗の政治補佐官としての地位に満足せず、時代がくだるにつれて自身の政治的見解を主張するようになり、その結果、一四三〇年代末頃になると集賢殿は司憲府《サホンブ》、司諫院《サガヌォン》と並ぶ言論機関の性格を強くもつにいたった。

世宗の治績の第二は、各種学問研究の奨励である。集賢殿学士が各種書籍の編纂事業に従事し、また中国古制や儒教経典・歴史に関する研究を進めたことはいま述べたとおりだが、儒教による民衆教化の書である『三綱行実図《サムガンヘンシルド》』(一四三四年、偰循《ソルスン》《せつじゅん》ら撰)や政治の亀鑑書である『治平要覧《チピョンヨラム》』(一四四五年、鄭麟趾ら撰)などが代表的な成果である。世宗代にはまた農学や医薬学など自然科学分野の研究も進み、朝鮮独自の農業技術を集成した『農事直説《ノンサジクソル》』(一四二九年、鄭招《チョンチョ》、卞孝文《ピョンヒョムン》ら撰)や国産薬材の解説書である『郷薬集成方《ヒャンヤクチプソンバン》』(一四三三年、兪孝通《ユヒョトン》、盧重礼《ノジュンネ》、朴允徳《パギュンドク》撰)、医学書の『医方類聚《ウィバンニュチュイ》』(一四四五年、金守温《キムスオン》ほか撰)などが編纂・刊行されたほか、測雨器や渾天儀《ホンチョニ》(天球儀)、日晷《イルグ》《にっき》(日時計)、自撃漏《チャギョンヌ》(水時計)など各種の科学器機も開発された。測雨器は世界初の雨量計とされるが、世宗は全国にこれを配置し定期的な雨量観測をおこなわせた。また渾天儀以下の科学器機は、いずれも官奴から抜擢された技術者の蔣英実《チャンヨンシル》がその開発に大きく寄与したとされる。

ハングルの制定・公布と北方開拓

世宗の治績のなかで最大の成果は、今日ハングルと呼ばれている民族独自の文字の制定・公布である。ハングルは表音文字であり、母音と子音をあらわす字母を音節ごとに一文字に組み合わせて表記するものであった。ただしその制定に関する記録は少なく、制定過程の詳細は十分に明らかになっていない。『世宗実録《セジョンシルロク》』によれば、一四四三年十二月に世宗がこの文字を「親制」して「訓民正音《フンミンジョンウム》」と命名したこと、その直後からこの文字は漢字に対して「卑俗な文字」

であるという意味で「諺文《オンムン》」と表記され、臣下のなかに使用反対を唱える者が多かったこと、三年後の一四四六年九月にこの文字の解説書である『訓民正音』が成立したこと（ハングルの公布を意味）などが知られるのみである。そのためこの文字を世宗と集賢殿学士との協業の産物とみるか世宗の独創とみるかについては、研究者の見解が一致していない。ちなみにハングル制定以前の朝鮮では、朝鮮語を表記するために「郷札《ヒャンチャル》」「吏読《イドゥ》《りとう》」といった漢字による音訓借用表記が用いられた。しかしこれらでは朝鮮語を発音通り正確に書き写すことが不可能であるばかりでなく、漢字の習得自体が庶民には容易ではなかった。ハングルの制定・公布は、朝鮮の人びとが平易な意志表示手段をはじめて手に入れたことを意味する。またハングルは他の民族の文字に比べると成立の時期こそ遅かったが、自然発生的なものではなく最初から人為的に考案された文字であり、しかも当時の中国音韻学の成果を取り込んだ合理的かつ科学的な文字であるという点で他に例をみないものであった。

とはいえその使用をめぐっては、前述のように制定当初から反対論も少なくなかった。中国との事大関係への配慮、漢字以外の文字をもつことを蛮夷の仕業とみなす華夷意識からの拒否感、漢字文化や学問衰退への危惧などがそのおもな理由であった。しかし世宗はこうした反対論を退け、率先してその普及に努めた。諺解書《オネソ》といわれる漢文書籍のハングル訳書や、ハングルを使用した各種の書籍もあいついで刊行された。具体的には、建国叙事詩集の『龍飛御天歌《ヨンビオチョンガ》』（一四四七年）や朝鮮独自の韻書である『東国正韻《トングクチョンウン》』（一四四八年）のほか、王室内での盛んな仏教信仰を背景にした『釈譜詳節《ソクポサンジョル》』（一四四七年）や『月印千江之曲《ウォリンチョンガンジゴク》』（一四四七〜四八年頃）のような仏教関係書籍などをあげることができる。

ところで世宗の治績はこうした文化事業だけにとどまらない。世宗は北方開拓も意欲的に進め、支配地域の拡大をめざした。朝鮮建国当初、朝鮮半島北部辺境の鴨緑江《アムノッカン》《おうりょくこう》上流左岸地域と豆満江《トゥマンガン》《とまんこう》下流右岸地域は女真《ヨジン》人の多住地域となっており、王朝の支配は十分におよんではいなかった。このうち後者については、高麗末期に東北面《トンブンミョン》出身の李成桂《イソンゲ》がいったん支配下においたものの、朝鮮建国後、あいつぐ女真人の侵入のため太宗代（一四〇〇〜一八年）になって後退をよぎなくされていた。そこで世宗は一四三三年から金宗瑞《キムジョンソ》らを派遣してこの地域の女真征討を進め、慶源《キョンウォン》、鍾城《チョンソン》、会寧《フェリョン》、慶興《キョンフン》、穏城《オンソン》、富寧《プリョン》の六鎮《ユクチン》（咸鏡北道《ハムギョンブクト》セビョル郡、会寧市、恩徳郡、羅先市、穏城郡、富寧郡、清津市）をおいた。一方前者については太宗代にほぼ領域化を達成していたが、やはり女真人の侵入が繰り返されたため、世宗は一四三三年から崔閏徳《チェユンドク》、三六年以降は李蔵《イチョン》《りてん》を派遣して女真を征討した。またその過程で、一四四三年までに閭延《ヨヨン》《りょえん》、慈城《チャソン》、茂昌《ムチャン》、虞芮《ウイェ》《ぐぜい》の四郡（慈江道中《チャガンドチュン》江《ガン》郡、慈城郡、両江道《ヤンガンド》金亨稷《キムヒョンジク》郡北部）を設置した。しかしこれら四郡はその維持が難しく、世宗の死後、一四五五年から五九年にかけて順次廃止された（廃四郡《ペサグン》）。

このようにして、鴨緑江と豆満江を北境とする現在の朝鮮の領域は世宗代にほぼ確定することになった。世宗は六鎮・四郡地域にその隣接地域や朝鮮半島南部から大量の移民を送り込み、開墾に従事させた。この両地域への移民総数は世宗代だけで一万一〇〇〇戸を越えるが、世宗の死後もこうした徙民《しみん》政策は継承され、おもに朝鮮半島南部居住者が北方へ送られ、彼らにより北方開拓は大きく進展した。

世祖の王位簒奪

一四五〇年二月、世宗の死を受けて長男である珦《ヒャン》《きょう》が新しい国王に即位した（廟号文宗《ムンジョン》、在位一四五〇～五二）。世宗はその晩年、病を得たために文宗は一四四二年から父王の摂政を務めていた。しかしその文宗も原因不明の病にかかり、即位後わずか二年余りの一四五二年五月に満三十八歳で他界した。つぎに即位したのは文宗の長男である弘暐《ホンウィ》《こうい》であったが（廟号端宗《タンジョン》、在位一四五二～五五）、父である文宗があまりに早く亡くなったため、即位した際にはまだ満十一歳にすぎなかった。

世宗の死後、このように二代にわたり幼弱な国王が続くなか、政府内では集賢殿学士出身官僚がしだいに要職を占め、発言力を強めた。そして端宗即位後には、文宗から国王輔弼の遺命を受けた集賢殿学士出身官僚が実権を握り、彼らによって構成される議政府《ウィジョンブ》が政治の中枢機構として機能することになった。議政府の権限伸張は、すでに世宗在位中の一四三六年四月、それまでの六曹直啓制《ユクチョジッケジェ》が議政府署事制《ウィジョンブソサジェ》に突如転換されたことからもうかがえる。前述のように六曹直啓制は国王の行政への発言力強化を企図して太宗代の一四一四年四月から実施されたが、これを廃止して国王・六曹間の命令・報告は必ず議政府を介することとし、議政府の行政への関与を強めたのである。端宗の即位教書でも、こうした議政府署事制の維持が再確認された。

事態は王権の弱体化と臣権の伸張という方向に動いていた。これに危機感をいだいたのが、世宗の次男(文宗の弟、端宗の叔父)である首陽大君瑈《スヤンデグンユ》であった。彼は一四五三年十月、政権を握る集賢殿学士出身官僚を除くべく、権擥《クォルラム》、韓明《ハンミョン》澮《フェ》らとともに実力行使にでた。謀反を企てたとの理由から当時左議政《チャイジョン》(領議政《ヨンイジョン》、右議政《ウイジョン》とともに議政府の最高官職の一つ)の職にあった金宗瑞をその自宅で殺害したのち、領議政の皇甫仁《ファンボイン》や右議政の鄭笨《チョンブン》《ていほん》らをはじめとする多数の重臣を殺したり捕らえたりした。また皇甫仁らに与したとして実弟である安平大君瑢《アンピョンデグンヨン》とその子友直《ウジク》も江華島《カンファド》(仁川《インチョン》市江華郡)に追放し、ついでその西に隣接した喬桐島《キョドンド》(同)に移配したのち瑢は賜死《ササ》に処し、友直も珍島《チンド》(全羅南道《チョルラナムド》珍島郡)に移配後絞殺した(癸酉靖難《ケユジョンナン》《きゆうせいなん》)。

その一方で、瑈は自ら領議政に就任するとともに吏曹と兵曹の判事《パンサ》をも兼職して文武臣の人事を掌握し、さらに中外《チュンウェ》兵馬都統使《ピョンマドトンサ》となって軍事権も統括した。そして二年後の一四五五年閏六月には端宗に退位を迫り、自ら国王として即位した(廟号世祖《セジョ》、在位一四五五〜六八)。

しかしこうした世祖の王位簒奪に反発する臣下も少なくなかった。世祖即位の翌年である一四五六年六月には端宗復位計画が露見し、これに荷担した集賢殿学士出身の李塏《イゲ》《りがい》、成三問、朴彭年《パクペンニョン》《はくほうねん》、河緯地《ハウィジ》と武人の兪応孚《ユウンブ》《ゆおうふ》が処刑され、柳誠源《ユソンウォン》が自尽した。これらの者たちは端宗への忠義を讃えられてのちに「死六臣《サユクシン》」(4)と呼ばれたが、このときにはほかに七〇人以上の者が連座して処罰された。またこの陰謀に集賢殿関係者が多く関係したとの理由から集賢殿は閉鎖され、また彼らの活動の場でもあった経筵も廃止された。上王となっていた端宗も魯山君《ノサングン》《ろざんくん》に降格のうえ寧越《ヨンウォル》（江原道寧越郡《カンウォンド》）に追放となった。しかし端宗復位をめざす動きはそれでもおさまらず、翌五七年七月、今度は世祖の実弟である錦城大君瑜《クムソンデグンユ》《ゆ》による端宗復位計画が発覚し、瑜は賜死に処された。このとき魯山君も庶人に降格され、同年十月に賜死された。[5]

端宗から王位を簒奪した世祖への出仕を拒み、官を辞して下野した者も少なくなかった。なかでも金時習《キムシスプ》、南孝温《ナムヒョオン》、元昊《ウォノ》《げんこう》、李孟専《イメンジョン》、趙旅《チョリョ》、成聃寿《ソンダムス》《せいたんじゅ》の六人はのちに「生六臣《センユクシン》」と称され、前述の「死六臣」とともに忠臣の鏡として称揚された。このほか、世祖への反発は地方でもみられた。すなわち世祖による政変直後の一四五三年十月、咸吉道都節制使《ハムギルドドジョルチェサ》の李澄玉《イジンオク》は、金宗瑞らが殺害され、自身もその一党として罷免されたことを知るや、後任の朴好問《パッコムン》を殺害し、鍾城で「大金皇帝」を称して反乱を起こした。彼は女真人にも呼応を呼びかけたが、まもなく捕縛され処刑された（李澄玉の乱）。

内政改革と『経国大典』の編纂

世祖は即位後、鄭麟趾、申叔舟など一部の集賢殿学士出身者を側近として重用し、内政改革を進めた。まず弱体化した王権の再強化を企図して、即位直後の一四五五年八月に六曹直啓制を復活し、六六年五月に抜英試《パリョンシ》、八月に登俊試《トウンジュンシ》といった人材登用のための新しい試験制度を設けた。また同じくこの年の八月には、当時深刻化していた科田《クァジョン》不足の問題を解消すべく、官僚層への収租地分給制度として長く存続してきた科田法《クァジョンポプ》を廃止し、現職官僚のみに土地の収租権を支給する職田法《チクジョンポプ》を実施した。一方軍事面では、一四五七年三月に中央軍を五衛《オウィ》に改編し、六六年一月にその総司令部である五衛都摠府《オウィドジョンブ》を新設したほか、地方軍の指揮・命令体系を整備して鎮管《チングァン》体制の確立に力をそそいだ。

しかし中央集権化を急激に推し進めた結果、地方での反発を招き、一四六七年五月には北部の咸吉道で道内出身の地方官であった李施愛《イシエ》の挙兵という事態を招いた。在地勢力である留郷所《ユヒャンソ》が咸吉道内各地で呼応したため反乱は大規模化し、政府は鎮圧に手を焼いたが、同年八月に李施愛が捕縛・誅殺されることでようやく終息した（李施愛の乱）。この反乱を受けて全国の留郷所はすべて廃止された。

世祖はまた、即位後まもない時期から法典編纂事業にも着手した。法典編纂はすでにこれ以前にも幾度か試みられたことがあった。李成桂実権掌握後に出された王命を整理して一三九七年に趙浚《チョジュン》が撰進した『経済六典《キョンジェユクチョン》』(元六典《ウォンニュクチョン》)や、同書以後の王命を整理して河崙《ハリュン》《かろん》らが一四一二年に完成させた『続六典《ソンニュクチョン》』、さらに同書以後の王命を整理して李稷《イジク》《りしょく》らが二六年に撰進した『続六典』(新続六典《シンソンニュクチョン》)などがそうである。世祖の法典編纂事業もこうした動きの延長線上にあるものだが、たんなるその継続作業としてではなく、朝鮮建国後このときにいたるまでの王命をあらためて集成・整理し、統治の根本となる永久不変の法典を完成させようとするものであった点が注目される。こうして編纂されたのが『経国大典《キョングクテジョン》』である。

『経国大典』の編纂事業は崔恒《チェハン》らによって進められた。中国由来の伝統的な六分主義にのっとって吏典、戸典、礼典、兵典、刑典、工典の六典から構成されたこの法典は、一四六〇年七月に「戸典」、翌六一年七月に「刑典」が成立し、六六年までに残る四巻も出揃ったものの、結局世祖の存命中には完成にいたらなかった。つぎの睿宗《イェジョン》《えいそう》(在位一四六八〜六九)が即位した翌年の一四六九年九月にようやくいちおうの完成をみたが、この年十一月に睿宗が亡くなったため、公布は成宗《ソンジョン》(在位一四六九〜九四)即位後の翌七〇年一月にずれ込んだ。さらにその後も数度にわたり改訂と校正が繰り返され、最終的に完成したのは一四八四年十二月で、翌八五年一月から施行された。

官僚組織と科挙

『経国大典』の成立と施行は王朝の支配体制確立を意味する。一言で表現すれば、それは国王を頂点とする中央集権的な官僚国家ということになる。すべての権限が専制君主である国王に集中される一方、実際の政務・軍務は、国王の手足となって働いた臣下としての官僚たちによって担われた。国王の統治は彼らの補佐のうえに実現したのである。しかも朝鮮の場合、その建国過程にも規定されて、王権に比して臣権が相対的に強い傾向にあった。その結果、建国当初から王権と臣権とのあいだで政治の主導権をめぐってしばしば軋轢《あつれき》が生じていたことは既述のとおりである。

朝鮮時代の官僚組織は東班《トンバン》（文班《ムンバン》、文臣）と西班《ソバン》（武班《ムバン》、武臣）からなり、この二つをあわせて両班《ヤンバン》と称した。朝鮮時代の支配体制を指して、しばしば「両班支配体制」「両班官僚国家」といった表現が用いられるが、それは文武の官僚である両班が国家統治の中核をなしたことに基づく。もっとも、「両班」の語は朝鮮での造語ではなく、高麗初期に宋から輸入された外来語である。しかもそれは本来、朝会《チョフェ》という朝廷の公式行事において文武の官僚が王宮の正殿に一堂に会して国王に謁見する際の彼らの席次・序列のことであった。正殿上に南面する国王に対し、官僚はその面前、正殿の前庭に手前から官位の高い順に班次（序列）に従って北面して整列した。このとき文臣は東側、武臣は西側にそれぞれ分かれて整列したので、前者を東班、後者を西班といい、両者をあわせて両班といった。しかし高麗では、このような原義から離れてもっぱら文武の官僚の総称として用いられ、そうした独自の用法が朝鮮にも継承された。

両班官僚には正一品から従九品まで一八等級の官位が設定されていた。そのなかでも正三品上階に相当する通政大夫《トンジョンデブ》（東班）と折衝将軍《チョルチュンジャングン》（西班）以上の官位保持者はとくに堂上官《タンサングァン》と呼ばれ、文字通りの高級官僚として、国王とともに政治を論じ、議決権、軍事権、人事権、監察権、外交権などあらゆる分野にわたって特権を独占した。その一方で武臣の官位は右にみた正三品上階の折衝将軍止りであり、従二品以上の官位は設けられなかった。武臣がそれ以上の官位に昇格する際には文臣の官位が与えられた。これは、朝鮮が文治主義に立脚した文臣優位体制をとっていたことの現れである。文臣と武臣とのあいだにはこのほかにもさまざまな制度的格差が設けられており、政治はもとより軍事も文臣が主導した。武臣は現場の指揮官としての職務がその主要な仕事であり、軍事機構であっても長官級の司令官は文臣によって担われたのである。

両班官僚はおもに科挙《クァゴ》によって選抜された。高麗時代に中国の制度を導入して始められた科挙は、当初は文臣のみが選抜対象であったが、朝鮮時代になると文臣のみならず武臣や当時雑職《チャプチク》と呼ばれた専門技術官に対しても科挙の制度が整備された。文臣を選抜するものを文科《ムングァ》、武臣を選抜するものを武科《ムグァ》という。また専門技術官選抜のために設けられた訳科《ヨックァ》（中国語・モンゴル語・女真語・日本語通訳）、律科《ユルグァ》（法律）、医科《ウイグァ》（医薬）、陰陽科《ウミヤングァ》（天文・風水地理《プンスジリ》）は雑科《チャプクァ》と総称された。

このうち文臣を選抜する文科は、予備試験である司馬試《サマシ》合格者や最高学府である成均館《ソンギュングァン》の学生、現職の下級官僚などを対象とする中級官僚選抜試験であった。定例の式年《シンニョン》文科の場合、まず各道で初試《チョシ》（郷試《ヒャンシ》）を実施し、その合格者に対して王都漢城《ハンソン》で覆試《ボクシ》（会試《フェシ》）をおこなった。覆試合格者は三三人で、彼らは国王も臨席する殿試《チョンシ》に臨み、そこで成績順に甲科三人、乙科七人、丙科二三名に序列化され、とくに首席合格者は壮元《チャンウォン》といった。

このような文科（大科《テグァ》）のほかにその予備試験に相当する司馬試（小科《ソグァ》）も設けられていた。これは漢城所在の四学《サハク》（中学《チュンハク》、東学《トンハク》、西学《ソハク》、南学《ナマク》）や地方所在の郷校《ヒャンギョ》といった官学、あるいは書堂《ソダン》と呼ばれた私塾などの学生を対象とするもので、受験科目により生員科《センウォングァ》（明経科《ミョンギョングァ》）と進士科《チンサグァ》（製述科《チェスルグァ》）の別があった。生員科では経書の知識や理解度、進士科では詩、賦、策、表といった漢文の作文力が試された。応試者はこれらのいずれか一つまたは両方の受験が可能で、式年試の場合、初試と覆試をへて各科一〇〇名が選抜された。彼らは生員・進士の称号を授与され、成均館の入学資格や大科の受験資格が与えられたほか、下級官僚への任官も認められた。

朝鮮時代の科挙は、建国まもない一三九三年の初回実施以後一八九四年の廃止まで、三年に一度の定例試験である式《シン》年試《ニョンシ》に加え、国家の慶事などに際して増広試《チュングァンシ》や別試《ピョルシ》の名目で臨時の科挙も頻繁におこなわれた。広く人材を登用するという趣旨から、法制上は良賤制における良身分保持者に広く門戸が開かれていたが、時代がくだるにつれて応試者は経済力があり学習環境に恵まれた在地の士族《サジョク》層（支配階層）や現職官僚の子弟にほぼ固定されていった。郷吏《ヒャンニ》のように文科や司馬試への応試にさまざまな制限が加えられた階層もあった。他方、科挙をへずに官僚となる道も存在した。高官の子弟には門蔭《ムヌム》《もんいん》により親の官職に応じて一定の官職が授与された。また所定の期間軍役に服することで官職を得ることも可能であった。

中央の統治・軍事機構

このような官僚組織に対応して、統治・軍事にかかわる諸機構（官府）もまた東班と西班とに区分されていた。まず東班に属する中央の統治機構の中心的存在は議政府と六曹《ユクチョ》である。議政府は高麗末期以来の都評議使司《トピョンイササ》を一四〇〇年に改組したもので、領議政、左議政、右議政（すべて正一品）の三宰相職を擁する国政の最高合議機関として、統治機構全体の頂点に立ち、政務全般を統轄した。一方、六曹とは行政官府である吏曹《イジョ》、戸曹《ホジョ》、礼曹《イエジョ》、兵曹《ピョンジョ》、刑曹《ヒョンジョ》、工曹《コンジョ》の総称で、隋以降の中国歴代王朝で六部と称した官府に相当する。吏曹は文臣人事、戸曹は戸籍・土地制度・財政、礼曹は儀礼・外交・学校・科挙、兵曹は武臣人事と軍事行政、刑曹は刑罰・訴訟・奴婢《ノビ》、工曹は土工・営繕・工匠などを分掌した。各曹の下にはさらに細分化された業務に従事する複数の官府が所属した。王権と臣権との対抗関係に左右されて、六曹直啓制下では議政府の権限は比較的弱かったが、一五一六年にそれが最終的に廃止されるとその最高官府としての地位は揺るぎないものとなった。

議政府、六曹以外では承政院《スンジョンウォン》、司憲府《サホンブ》、司諫院《サガヌォン》、弘文館《ホンムングァン》も注目される。承政院は国王の秘書室的な存在で、朝鮮建国当初存在した中枢院《チュンチュウォン》から王命出納機能のみを継受して一四〇〇年に設置された。秘書官である六人の承旨《スンジ》（都承旨《トスンジ》、左《チャ》承旨《スンジ》、右承旨《ウスンジ》、左副承旨《チャブスンジ》、右副承旨《ウブスンジ》、同副承旨《トンブスンジ》。すべて正三品）が王命を出納し、国王と各官府とのあいだを取り次いだ。司憲府は官吏の不正糾弾と風紀矯正を管掌し、司諫院は国王に対する諫言《かんげん》・論駁を担当した。ともに言論により王権の専横を抑制する機能を有しており、司憲府の官員（台官《テグァン》）と司諫院の官員（諫官《カングァン》）をあわせて台諫《テガン》と称した。弘文館は世祖により廃止された集賢殿の後身にあたり、一四七八年に新設され、礼曹に所属して経籍の蒐集・研究や国王の補佐などを担当した。集賢殿がそうであったように言論機関としての性格もあわせもっており、司憲府、司諫院とともに三司《サムサ》と総称された。

その他の主要な官府として、義禁府《ウィグムブ》（王命を受けて国事犯等を尋問）や漢城府《ハンソンブ》（王都の行政・治安・司法）、さらには礼曹所属の芸文館《イェムングァン》（王命文書作成）、春秋館《チュンチュグァン》（国王の日々の行動記録・史書編纂）、成均館（最高学府）、承文院《スンムヌォン》（外交文書作成）、校書館《キョソグァン》（書籍刊行）などをあげることができる。

つぎに西班に属する中央の軍事機関としては、五衛都摠府と中枢府《チュンチュブ》が重要である。五衛都摠府は王都および王宮護衛部隊である五衛（義興衛《ウィフンウィ》、龍驤衛《ヨンヤンウィ》《りゅうじゅう》、虎賁衛《ホブンウィ》《こふん》、忠佐衛《チュンジャウィ》、忠武衛《チュンムウィ》）の総司令部である。一方、中枢府はかつて軍機や宿営などの軍事業務と王命出納を管掌していた中枢院の後身である。中枢院は一四〇〇年四月の私兵廃止とともにいったん消滅したが、一三二年三月に復設され、六六年一月に中枢府と改称した。官制上では西班の軍事官府に位置づけられているが、実際には特定の職掌はなく、実職にない高官の礼遇機関として機能した。

地方の統治・軍事機構

地方の統治・軍事機構のうち東班に属する統治機構の根幹をなしたのは道《ト》と邑《ウプ》《ゆう》である。まず道は広域の行政区画であり、王都漢城の周辺地域である京畿《キョンギ》と慶尚道《キョンサンド》、全羅道《チョルラド》、忠清道《チュンチョンド》、江原道、黄海道《ファンヘド》、平安道《ピョンアンド》、咸鏡道《ハムギョンド》の八道《パルド》が存在した。このうち咸鏡道に相当する地域は朝鮮建国当初には東北面《トンブンミョン》と呼ばれ、その北半分は高麗時代まで王朝の支配がおよばなかったが、朝鮮時代になって徐々に開拓が進められた結果、一四一三年十月にはじめて道制が施行され、永吉道《ヨンギルド》と称した。開拓の進展とともに一四一六年九月に咸吉道、六九年までに咸鏡道と改称されたようだが、七〇年二月には永安道《ヨンアンド》に改められた。その後、史書には永安道と咸鏡道の双方があらわれるが一五〇九年以降は咸鏡道で定着した。

このような道の下部行政区画に相当するのが邑である。朝鮮時代のもっとも基本的な地方行政単位であり、時期的な変動はあるものの朝鮮時代を通じて全国に三三〇～三四〇程がおかれた。ただし邑というのは総称であり、各邑は実際には府《プ》、大都護府《テドホブ》、牧《モク》、都護府《トホブ》、郡《クン》、県《ヒョン》のいずれかを称した[6]。邑に付されたこのようなさまざまな称号は、歴史的な経緯や政治的重要度などに基づく邑の格を示すものである。ただしそれは必ずしも固定的ではなく、王妃の故郷や謀反人の出身地などの理由から褒賞や懲罰として昇格・降格がしばしばおこなわれた。この点は朝鮮時代の邑の一つの特徴であるといえる。

道や邑の統治は中央から派遣された地方官が担当した。道の長官として派遣された地方官を観察使《クァンチャルサ》といった。任期は三六〇日で、その間、観察使は執務所である監営《カミョン》で政務に従事するとともに、定期的に道内を巡回して管下の地方官を監督し、勤務状況を評定した。一方、邑にはその称号に応じて官位と職名の異なる地方官が派遣されたが[7]、それらは

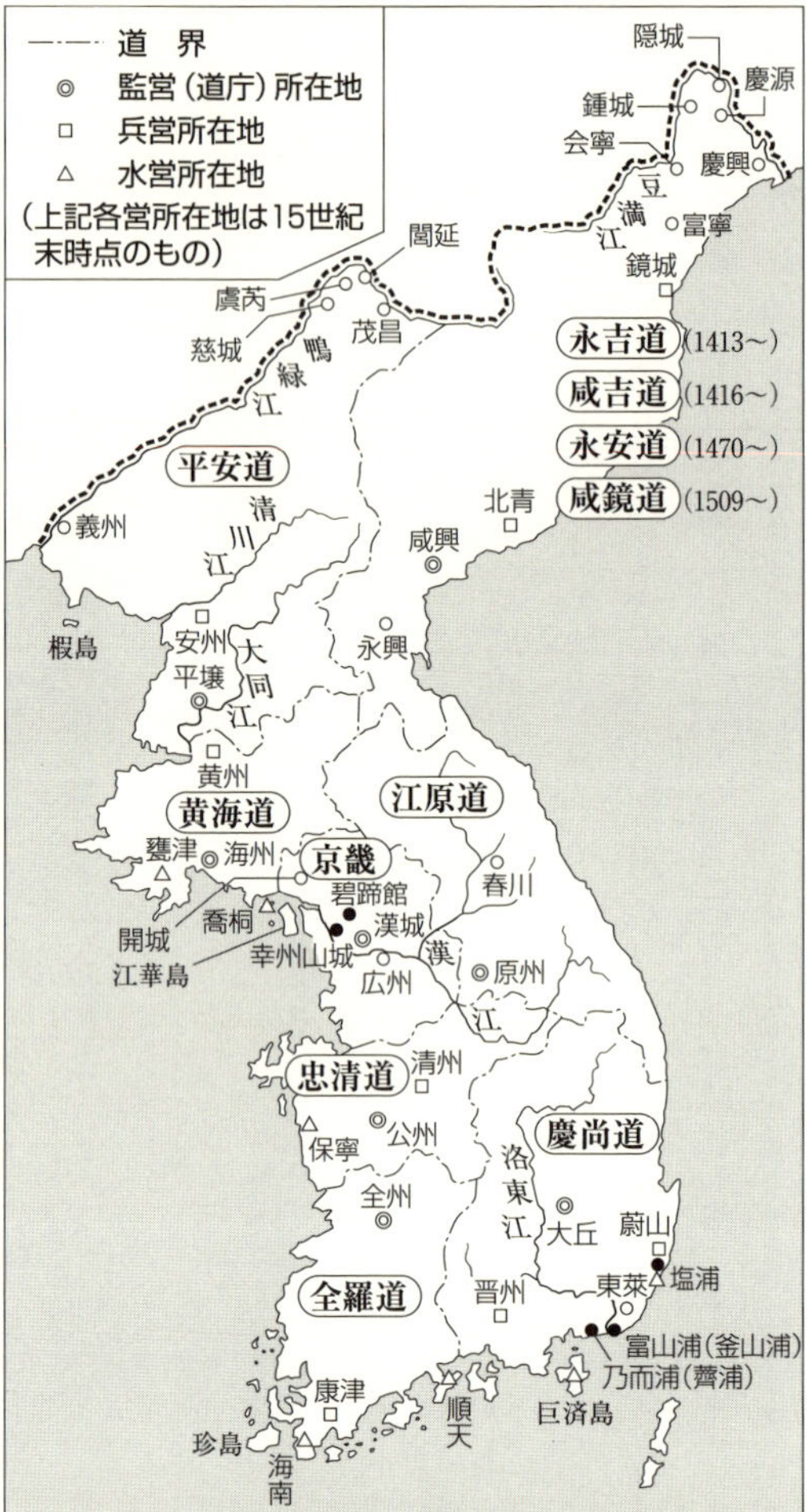

図23　朝鮮王朝前半期要図

邑の大半を占める郡と県に派遣された地方官の職名（郡守《クンス》と県令《ヒョルリョン》）にちなんで守令《スリョン》と総称された。守令の任期は一八〇〇日間（堂上官および家族を同伴しない場合は九〇〇日）であった。しかし任期途中での交替が一般的であり、守令が任地の事情に精通することはほぼ不可能であった。赴任時に家族と私的な知人を同伴することは認められたが、任地でそうした者たちが守令の公務に参与することも固く禁じられていた。

邑内の行政実務は守令の監督のもと在地勢力である郷吏に委ねられた。彼らは中央の六曹に倣った六房《ユクパン》（吏房《イバン》、戸房《ホバン》、礼房《イェバン》、兵房《ピョンバン》、刑房《ヒョンバン》、工房《コンバン》）を拠点にして邑内の各種職掌を分担した。また各邑内には、朝鮮初期に留郷品官《ユヒャンプムグァン》ないし閑良《ハルリャン》とも呼ばれた在地の支配階層である士族《サジョク》による自治組織として座首《チャス》と別監《ピョルガム》からなる留郷所《ユヒャンソ》が設けられており、守令の地方統治を補佐するとともに郷吏の糾察にあたった。このように邑を単位とする地方行政は中央から派遣された守令と行政実務を担当する郷吏、それに留郷所に集う在地士族といった三者の相互関係のなかで運営されたが、こうした地方社会の様相についてはのちほどあらためて述べることとしたい。

つぎに地方の軍事機構としては営《ヨン》と鎮《チン》をあげることができる。各道に一カ所以上設けられた陸軍と水軍の司令部が兵営《ピョンヨン》と水営《スヨン》である。鎮はこれら兵営、水営の下部単位として編成・配置された軍事機構であり、軍事上の要地に設置された巨鎮《コジン》とその下部機構である諸鎮《チェジン》との区別があった。兵営と水営は、これら巨鎮、諸鎮に対して主鎮《チュジン》とも呼ばれた。兵営には兵馬節度使《ピョンマジョルトサ》、水営には水軍節度使《スグンジョルトサ》が中央から派遣されて管下の鎮を統轄したが、それらの職の少なくともそれぞれ一つは当該道の観察使の兼任とされた。一方鎮の場合、兵営管下の巨鎮、諸鎮では道内の行政機構である邑をそのまま鎮として編制し、各邑をおさめる守令が鎮の指揮官（巨鎮は兵馬僉節制使《ピョンマチョムジョルチェサ》《へいばせんせっせいし》、諸鎮は兵馬同僉節制使《ピョンマドンチョムジョルチェサ》・兵馬節制都尉《ピョンマジョルチェドウィ》）の任務も同時にかねたのに対し、水営管下の水軍鎮《スグンジン》では基本的に守令とは別個に専任の武臣が指揮官（巨鎮は水軍僉節制《スグンチョムジョルチェ》使《サ》、諸鎮は水軍万戸《スグンマノ》）として派遣された。

3　初期の経済と社会

土地制度と農民・農業

朝鮮《チョソン》時代の主要産業は農業であった。それゆえ土地（農地）がもっとも基本的な生産手段として重視され、全国の土地は大きく公田《コンジョン》と私田《サジョン》のいずれかに区分されて管理された。朝鮮半島の公田・私田制度は唐のそれに由来すると考えられ、すでに九世紀末には公田が存在したことが確認できる。このときの公田は唐と同様、公有地のみを指していたとみてよいが、高麗《コリョ》時代になると公有地だけでなく民の耕作地である民田《ミンジョン》をも公田と称し、そうした公田中から国家が特定の個人や私的機関に特権として支給した土地を私田と呼ぶようになった。そしてこの公田・私田概念が朝鮮時代にも受け継がれた。

後述するように民田は国家が田税《チョンセ》を課税し徴収する土地であったので、朝鮮初期の公田とは、公有地も含めてその収益が国家に帰属する農地ということになる。これに対して私田とは、その収益が被給者である田主《チョンジュ》に帰属する土地と規定できる。朝鮮初期には、科田法《クァジョンポプ》に基づいて官僚に支給された科田《クァジョン》がもっとも代表的な私田であった。ただし支給といっても、土地そのものが田主（私田の被給者）に与えられたわけではない。科田法による科田支給とは、その科田の収租権（租を徴収する権利）の支給を意味した（科田法については二九六頁補説20「科田法制定の意義」を参照）。

すでに明らかなように、公有地としての公田を除けば、朝鮮初期の公田・私田の実体は民の耕作地である民田であった。民田では、耕作を前提に耕作者の耕作権やその累代の相続が認められた。さらに一四二四年からは私的な売買も全面的に許可された。全国の土地はすべて王の土地とみなす「王土思想」のもと、耕作が放棄されれば国家に没収されたが、耕作されている限りは事実上の私有が実現していた土地であった。民田の所有者は、自作農として耕作にも従事する農民だけでなく、直接には耕作に従事しない地主としての王族、官僚、士族、郷吏《ヒャンニ》など広範囲におよんだ。朝鮮初期に大多数を占めたのはこのうちの自作農としての農民であった。当時の自作農はおおむね一～二結《キョル》（結は朝鮮独自の面積表示単位。詳細は三二四頁補説21「結負制とその変遷」参照）程度の民田を所有し自作する者たちであった。だが他方では、地主による小作経営もおこなわれた。小作農が収穫の半額を地主に納入する形態が一般的であり、これを並作半収《ピョンジャクパンス》と称した。

国家は定期的に全国の農地を測量して量案《ヤンアン》（土地台帳）に登記した。これを量田《ヤンジョン》という。量田は国家による土地管理のための基礎的な作業であり、『経国大典《キョングクテジョン》』には二〇年ごとの実施が規定されていた。実際、十五世紀末までは穀倉地帯である中部以南地域で二〇～三〇年ごとの量田が実施された。量田によって国家が把握していた全国の農地面積は、朝鮮建国当初には六〇万～八〇万結程であったものが十五世紀初めには約一二〇万結まで増加し、十五世紀半ばには一六〇万結を超えたが、その後は十六世紀末まで一五〇万結を維持した。

高麗時代には施肥技術の低さもあって水田・畑地ともに連年の耕作が不可能な農地が少なからず存在した。しかし高麗末期から朝鮮初期にかけて、施肥技術の改良に加え、堤堰《チェオン》《ていえん》（溜め池）の整備・補修や十五世紀後半以降の洑《ポ》《ふく》（川防《チョンバン》とも。河川に堰を設けて取水するもの）の実用化など水利施設の改善がはかられた結果、多くの農地が連年耕作可能となり、農業生産力の向上に寄与した。一四二九年に完成した『農事直説《ノンサジクソル》』は、水田での直播法《チクパボプ》（種籾を直接水田に播種する農法）や二毛作など、朝鮮半島南部地域で当時おこなわれていた先進的な農業技術を全国に普及させるために調査・集成したものである。また高麗末期の十四世紀後半に文益漸《ムニクチョム》によって元（モンゴル）から種子がもたらされた綿花の栽培がしだいに普及し、民間での綿布使用が広まるのもこの時期からである。

田税制度

朝鮮初期から中期にかけて国家的収取（税・役）体制の根幹をなしたのは、田税・貢納《コンナプ》（貢物《コンムル》・進上《チンサン》）と賦役《プヨク》であった。このうちまず田税とは土地(農地)に賦課される地税であり、田租《チョンジョ》とも表記された。官僚へ支給される禄俸《ノッポン》や各官府の運営経費として使用されたほか、軍糧や救荒用の穀物としても備蓄された。田税の課税対象地は公田としての民田であり、水田では米、畑地では大豆をはじめとする雑穀類が徴収された。しかし山間部などでは中央への輸送の便宜を考慮して麻布・綿布などで代替される場合も少なくなく、さらに初期には蜜、油、蠟などの現物が賦課されることもしばしばみられた。これら穀物以外のものが田税として賦課・徴収される場合には田税布貨・田税条貢物などと称された。

田税の課税額は当初、米・大豆ともに土地一結当り三〇斗(一石《ソク》《せき》=一五斗《トゥ》。ゆえに三〇斗は二石。一斗=約六リットルなので二石は約一八〇リットル)とされた。この時期の一結は年間三〇〇斗(二〇石)の収穫を得ることのできる面積であったので、田税の課税額は収穫の一〇分の一に相当することになる。ただしこれはあくまで豊年の際の課税額であり、実際には収穫期に中央から各地に官僚を派遣して作柄を調査させ、その報告に基づいてその年の課税額を決定した。これを損《ソン》実踏験法《シルタッポムポプ》という。具体的には、豊年時の課税額を一結三〇斗とし、ある年の作柄が豊年時の九割(一割の損)ならば課税額を一割減免し、八割(二割の損)ならば二割減免する、というやり方で毎年の作柄に応じて段階的に課税額を減免し、二割以下(八割の損)の場合は全額を免除した。

しかし損実踏験法では作柄調査のために地方へ赴く官僚の接待が農民の重い負担となっただけでなく、恣意的な調査など不正の余地も少なくなかった。そのため政府では一四二七年頃から課税方式の改革が本格的に議論され始め、二〇年近くの検討期間をへて四四年から新しい課税方式である貢法《コンポプ》に順次移行した。あらかじめ田分《チョンブン》(土地等級)と年分《ニョンブン》(作柄等級)とを定めて年分ごとの課税額を決めておき、その年の年分が確定するとそれに応じた課税額を徴収した。作柄のもっともよい上上年には一結当り二〇斗を課税したが、年分に応じて順次減額し、作柄のもっとも悪い下下年の課税額は四斗とされた。下下年以下の凶作時には全額免除された。

貢法の施行により課税額は大幅に減額されたようにみえるが、実際には国家が把握する農地面積が拡大したこともあり、貢法施行後の税収はむしろ増加した。課税額の変更は、従来は上・中・下の三等級だった田分を六等級に細分化するに際して量田の方式が変更され、それにともない土地一結の想定生産量も従来の三〇〇斗から四〇〇斗に改められたこと、また税率も二〇分の一に変更されたことによる。しかし貢法でも毎年の年分確定のための作柄調査は必須であり、調査に従事する守令《スリョン》などの不正・怠慢の弊害が新たに生じた。また同一地域内でも田地の立地条件によって作柄にばらつきがみられることから、一つの年分をどの範囲に適用すべきかという問題がその後も政府内でしばしば議論された。

ところで田税を課税する公田としての民田は、朝鮮建国当初にはその田税の納入先かつ使用者である中央官府などの政府機関別に区分されていた。換言すれば、各政府機関に田税の徴税権が分配されていたことになる。それぞれの土地は徴税権をもつ政府機関名を付して「〇〇位田《ウィジョン》」と呼ばれたので、この体制は各司位田制《カクサウィジョンジェ》として把握されている。しかしそれは、(1)各位田の地目変更手続きが複雑である、(2)各政府機関とその位田所在邑《ウプ》《ゆう》との結びつきが強く、双方実務者の結託による各種不正行為の温床となる、(3)税収の増減に応じて臨機応変な財源移動が難しい、など多くの問題点を内包していた。そのため、田税の課税方式が損実踏験法から貢法へ移行した翌年の一四四五年、地方官府関連の位田を除く中央諸官府の位田と軍資田《クンジャジョン》とを国用田《クグョンジョン》に一本化する措置がとられた。これにより、従来国家機関別に固定されていた田税の柔軟な運用がある程度可能になった。

貢納制度

朝鮮初期には、政府・王室諸機関で使用する多種多様な物資を現物のかたちで地方官に割り当てて徴収する仕組が整備された。正式な税目としては貢物と進上に分けられるが、両者を一括りにして貢納として把握するのが一般的である。貢物・進上をあわせた貢納の税物は農産物のほか果実、水産物、鉱産物、鳥獣家畜、薬材、各種工芸品など多種多様な品目からなり、その用途も諸官府の日常業務や宮中・王室での消費、国家や王室の各種祭祀など多岐にわたっていた。

貢物・進上のうちまず貢物は地方の各邑を賦課対象とした。すなわちある邑に対し、その邑から特定のある官府に納入されるある品目が貢物として分定された。貢物分定に際してはその邑の産物や農地面積、戸口数などが参酌されることになっていたが、明確な基準は定められておらず、貢物の品目と額は貢物分定作業のたびに審議のうえ決定された。貢物分定作業により全国の邑に対してそのそれぞれから諸官府に納入される貢物の品目と額が一つ一つ定められると、それらは貢案《コンアン》(歳入予定台帳)に記載されたが、量田の実施と連動して実施されるべき貢案の改訂が実際には頻繁になされなかったため、いったん確定した貢物の品目と額数は長期にわたり固定化される傾向にあった。貢案記載の品目・額数だけで政府・王室の諸経費を賄い切れない場合には、臨時に貢物の追加徴収がおこなわれた。貢案に記載された通常の貢物を常貢《サンゴン》といったのに対し、こうして臨時に追加徴収される貢物は別貢《ピョルゴン》と呼ばれた。

前述のように貢物の賦課対象は地方の各邑であったが、貢物を分定された各邑が貢物を調達する方法については明確な規定は存在せず、各邑の官府が自ら調達するか、邑内の民戸を使役して調達した。各邑の貢物調達としては、後者が一般的であり、とくに徭役《ヨヨク》(後述)により民戸から徴発した人丁を使役することで各種の物資を調達する場合が多かった。

つぎに進上とは本来、各道の長官職である観察使や兵営・水営の指揮官である兵馬節度使《ピョンマジョルトサ》、水軍節度使《スグンジョルトサ》などが国王や王妃・王世子《ワンセジャ》をはじめとする王族、あるいは宗廟《チョンミョ》などに礼物《イエムル》を献上することである。貢物の納入先の多くが中央官府であったのに対し、進上は礼物というその性格上、ほとんどの物資が王室機関に納入された。進上には、(1)物膳《ムルソン》進上、(2)方物《パンムル》進上、(3)祭享《チェヒャン》《さいきょう》進上、(4)薬材進上、(5)鷹子《ウンジャ》進上などの区分があったが、(1)は飲食物を献上するもの、(2)は国家の祝日・節日あるいは国王の行幸や講武《カンム》(軍事訓練視察)時に工芸品や飲食物などを献上するもの、(3)は各種国家祭祀の供え物を献上するもの、(4)は王室で使用する各種薬材を内医院《ネイウォン》に封進するもの、(5)は司僕寺《サボクシ》で飼育する鷹や隼を当時それらの産地として知られていた平安道《ピョンアンド》、咸鏡道《ハムギョンド》などから献上させたものである。なおこれら(1)~(5)のほか別例進上《ピョレジンサン》という臨時の進上もしばしばおこなわれた。

進上の原義は観察使らが国王や王室・宗廟などに対する礼物であっても、それらの物資の調達に従事したのは多くの場合民戸であった。しかも進上の大半は前述のように毎年所定の時期に定例的になされるものであり、民戸にとっては毎年同様の負担が課せられたため、事実上、進上も公的な課税にほかならなかった。進上として納入される物資は、観《クアン》察使《チャルサ》や兵馬・水軍節度使らが彼らの権限において管下の各邑(もしくは各営鎮《ヨンジン》など)に分定した。分定に際しては貢物の場合と同じくその邑の産物や田地面積、戸口数などがいちおうの基準とされたが、そのための明確な規定は存在せず、各邑内でそれらをどのように調達するかもとくに規定されていなかった。とはいえやはり貢物同様、当該邑(もしくは営鎮など)の官府で調達するものと民戸を使役して調達するものとがあった。このうち進上に特有な前者の例として、水《ス》営《ヨン》およびその管下の鎮が設定した漁梁《オリヤン》・漁箭《オジョン》などの漁場施設を用い、営鎮所属の水軍兵士を使役して水産物を採集・捕獲した事例をあげることができる。

賦役制度

賦役とは田税や貢納のように物資を収取するのではなく、労働力を徴発するものである。朝鮮時代の賦役には、徴発対象の違いにより身役《シニョク》と徭役の区分があった。まず身役は国家が個別に指定した特定の個人を徴発するもので、役を課せられる者の法的身分が良なら良役《ヤンヨク》、賤なら賤役《チョニョク》である。しかし賤人《チョニン》すなわち公私奴婢《ノビ》が負担する賤役は、たとえそれが国家機関に所有される公奴婢の場合であってもあくまで所有主のための労役の域をでず、国家的な労役である良役とは性格が異なる。

良役は、壮丁(十六歳以上六十歳未満の成年男子)を賦課対象とした。そのもっとも一般的なものが軍役《クニョク》である。軍役には多くの種類があるが、それぞれ立役と非番の期間が定められていた。とくに数の多かった正兵《チョンビョン》(陸軍の歩兵・騎兵)の場合、地方の営・鎮に服務する留防正兵《ユバンジョンビョン》では四つの班が一カ月ごとに輪番で立役し、地方から漢城《ハンソン》に上京して服務する番上正兵《ポンサンジョンビョン》では八つの班が二カ月ごとに輪番で立役した。居住地から任地までの旅費や立役に必要な諸経費が立役者の自弁とされたことに加え、農民の場合には立役期間が農繁期にかさなると営農にも支障をきたしたため、一回の立役期間がさほど長くない場合でも、立役者にとって軍役は重い負担に違いなかった。そこで一部の兵種では復戸《ボッコ》《ふっこ》と呼ばれる徭役減免措置がとられたほか、すべての壮丁を立役させるのではなく、一部の壮丁に対しては立役者を支援するための負担を課した。実際に立役する者を正丁《チョンジョン》ないし正軍《チョングン》というのに対し、こちらは奉足《ポンジョク》と称された。奉足は正丁に対して労働力を提供したり綿布を納付したりした。

朝鮮建国当初には戸を単位として正丁戸と奉足戸が設定され、兵種や正丁戸の保有する農地の面積に応じて正丁戸一戸に対し一戸から数戸の奉足戸が割り当てられた。しかしこの方式では戸内の壮丁数が考慮されず、一つの正丁戸内のすべての壮丁が正丁として立役する場合も生じた。そのため、のちには一つの戸から正丁として立役させる者は一名のみとし、戸内に同居する他の壮丁は当該正丁の奉足とするよう改められた。その後『経国大典』では、戸内の正丁以外の壮丁を当該正丁の奉足とすることを認めたうえで、正丁への奉足の割当を「保《ポ》」という単位でおこなうことが規定された。奉足二名で一保とし、正丁一名に対し兵種に応じて所定の数の保が割り当てられたのである。正兵の場合、正丁一名につき一保（奉足二名）が支給された。

良役にはこうした軍役のほかにも多種多様なものが存在した。中央および地方官府で行政実務を担当した胥吏《ソリ》《しょり》や郷吏、陸上交通の施設である駅《ヨク》の業務に従事した駅吏《ヨンニ》なども、世襲で賦課される良役の一種である。また朝鮮建国当初において特定の物資生産や採集に従事する特殊な身役が多数存在した。これら軍役以外の良役においても軍役同様復戸や奉足など立役者の負担軽減措置がおこなわれたことはいうまでもない。しかしこのように多数の人びとが良役負担を課せられた一方で、現職の官僚やその出身母体である士族層、あるいは郷校《ヒャンギョ》や書院《ソウォン》の学生など、良役免除の特権を付与された人びとも少なからず存在した。

つぎに徭役は、身役のように特定の個人を個別に使役するのではなく、民戸を賦課対象として戸内の不特定の人丁を徴発する戸役である。身役同様壮丁を徴発し、独立した戸を構えて生計を営む者であれば賤人であっても賦課対象とされた。また労役の内容により所耕《ソギョン》の役と雑役《チャビョク》とに区分されていた。所耕の役とは、「所耕田《ソギョンジョン》」すなわち各民戸が保有し耕作する民田の面積に応じて当該戸内から徴発すべき壮丁の人数が規定されたものである。田税として徴収された穀物・布物などを収穫地・生産地から所定の収税地まで輸送する労役、貢物・進上品の生産やその輸送にかかわる労役のほか、邑城などの造成・修築、朝鮮から明に派遣される使臣や朝鮮を訪れる明の勅使《チクサ》の携行物資の輸送など、国家にとって重要な意味をもつ各種の労役がこれに該当する。一方雑役とは必要に応じて守令が徴発する地方官府関連の比較的小規模な労役であった。

所耕の役は各民戸の所耕田の面積に応じて立役する壮丁数を決定するものだが、朝鮮建国当初にはこうした計田法《ケジョンポプ》ではなく、各戸の壮丁数を基準にして立役者数を定める計丁法《ケジョンポプ》や、計丁法と計田法の折衷方式などがおこなわれた。しかし一四三一年に計田法が正式に採用されるとこれがしだいに定着し、その結果、所耕の役と雑役との区分が生じた。その後、一四七一年には民戸の所耕田八結ごとに一名の割合で立役させ（八結輪回分定《パルギョリュヌェブンジョン》）、立役期間は毎年六日間とする役民式が定められ、これをもって徭役の立役方式は確立した。しかし毎年六日間という立役期間に関する規定は実際にはほとんど遵守されず、しかも所耕の役以外の雑役は役民式の適用範囲外であったため、守令による任意の徴発が頻繁におこなわれた。王族など特権的身分の者や特定の身役負担者、あるいは国家からなんらかの褒賞を受けた者や自然災害の被災者などを対象にして所耕の役以外の雑役を免除する措置である復戸がおこなわれたが、徭役もまた立役者にとって重い負担であった。

身分制度

洋の東西を問わず、前近代の社会は基本的に身分制社会であった。ここでいう身分とは、社会内部に存在する制度的・慣習的な階層序列のことである。人びとは生得的になんらかの身分に属し、それに規定されて生きることをよぎなくされた。換言すれば、社会のなかでの位置は身分によって決定されたわけである。朝鮮時代の場合、国家が定めた法的な身分制度として良賤制《ヤンチョンジェ》が施行され、人びとは良・賤いずれかの身分に世襲的に属するものとされた。

良賤制における良とは、理念的には、国家に対して軍役に代表される良役負担を義務づけられる一方、科挙《クァゴ》の受験資格を有し、合格すれば官僚として政治に参加する権利を付与される身分のことである。良身分に属する者を良人《ヤンイン》といったが、彼らの実際のあり方は多様であり、良身分の内部は複数の社会的身分に分かれていた。

地域や時期によって必ずしも一様とはいえないが、良身分の頂点に位置したのは士族《サジョク》と自称した人びとであった。士族とは「士大夫《サデブ》（官僚および官僚となるべき知識人階層）の族」という意味であり、一族中から官僚を輩出し、朱子学《チュジャハク》的な学識・教養を背景に地域社会に君臨した支配階層を指す。地主として経済的にも他に優越する地位を築いただけでなく、前述のように良役免除の特権も付与された。

そのもとをたどれば、高麗時代に中央官僚を経験したのち帰郷した者の子孫、あるいは長く地方社会の有力者として存在した者や高麗末期に中小地主として成長した勢力で高麗末期に倭寇《ウェグ》撃退などの軍功によって名目だけの官職である添設職《チョムソルジク》を受けた者の子孫など、朝鮮初期に留郷品官《ユヒャンプムグァン》ないし閑良《ハルリャン》とも呼ばれた人びとの系譜を引く場合が多い。法制上、良人であればだれでも科挙の受験資格が認められていたが、時代がくだるにつれて応試者は経済力があり学習環境に恵まれた士族や現職官僚の子弟に限られるようになった。その結果、官僚を指す「両班《ヤンバン》」がしだいに士族に対する他称ないし尊称としても用いられるようになった。

ところで朝鮮政府が官学として採用した朱子学は正統論を重視するところに一つの特徴があり、嫡庶の別に対しても厳格な姿勢をとった。その結果、士族の子弟のなかでも庶子《ソジャ》とその子孫である庶孽《ソオル》《しょげつ》は、嫡系に比べて政治的・社会的に差別された。彼らは文臣としての仕官がかなわず、もっぱら科挙の雑科に応試し、通訳官や天文官などの専門技術をもった中級官僚となった。こうして漢城に居住して代々専門技術官僚を輩出する家系が形成されたが、これを中人《チュンイン》という。

地方社会で士族の下に位置した社会的身分として、郷吏をあげることができる。郷吏は良役として邑の末端行政実務を世襲する人びとであった。彼らは士族と同じく高麗以来の地方豪族の系譜を引く存在で、高麗時代には長吏《チャンニ》とも呼ばれた。地方社会では隠然たる勢力を誇っていたが、朝鮮時代になると中央集権化を進める政府によって科挙受験の制限など彼らを抑圧する政策がとられ、その地位もしだいに低下していった。

良身分の大多数を占めたのは常漢《サンハン》と称される人びとで、その大半は一般の農民であった。朝鮮初期の場合、既述のとおり農民の多くはわずかな土地を所有する自作農だったが、良役負担のほか、田税や貢納・徭役など重い負担を課せられた。常漢にはこのほか商人や工匠も含まれており、さらに巫覡《ムギョク》《ふげき》(宗教的職能者)、広大《クァンデ》(芸能者)、白丁《ペクチョン》(家畜処理・皮革業従事者)など、その生業ゆえに賤視された者たちも法制上は良身分に属した。

以上のような良人とは異なり、賤身分に属する賤人には良役負担の義務もなければ、科挙を通じて官僚となり政治へ参加する権利も与えられてはいなかった。その実体は奴婢である。奴婢は労働力を提供する財産として他者に所有され、売買・譲渡・相続の対象ともされる存在であった。所有主が中央官府など公的機関である場合には公賤《コンチョン》(公奴婢《コンノビ》・官奴《クァンノ》婢《ビ》)といい、士族その他私人が所有主である場合には私賤《サチョン》(私奴婢《サノビ》)といった。

公賤には身貢奴婢《シンゴンノビ》と立役奴婢《イビョクノビ》の二種が存在した。身貢奴婢は、所定の時期に所定額の綿布を身貢として所属機関に納入することが義務づけられていた。多くの場合、彼らは独立世帯をなす農民で、日常の生活実態は常漢とさほど変わらなかった。一方立役奴婢には、代々中央官府・宮殿などに住み着いて世襲的に所属機関の雑務に従事する者と、地方に居住していて交替で上番して勤務する者とがあった。後者は独立世帯を形成する農民であり、その生活実態はやはり常漢と大差なかった。私賤の大半は士族が所有したが、奴婢が奴婢を所有する場合もあった。私賤は率居奴婢《ソルゴノビ》と外居奴婢《ウェゴノビ》の二種に区分できる。率居奴婢は上典《サンジョン》(所有主)と同居して家内労働に従事したが、上典の意志により所有者家族の各戸間を移動させられたり他所に売却されたりすることもしばしばみられた。外居奴婢は上典の私有地などで独立世帯をなし、土地の管理や耕作に従事した。彼らもまたその生活実態は常漢と大差なかった。

このように一口に奴婢といっても、その所有主に対する義務や生活形態は多様であった。法的には賤身分であっても、彼らが良人から厳しい差別を受けたり賤視されたりしたとは必ずしもいえない。むしろ奴婢のうちとくに私賤は、士族などの支配階層が生活を維持していくうえで欠かせない存在であった。各種の家内労働はいうにおよばず、私有地の農業経営も彼らの労働力に少なからず依存していたからである。十五世紀後半には全人口に占める私賤の割合が八〜九割に達していたとする記録もある。むろんある程度の誇張も含まれているとみるべきではあるが、少なくとも当時の朝鮮社会では私賤の数が人口の相当部分を占めていたことは疑いない事実である。

王都漢城と地方社会の様相

朝鮮建国後新たに王都に定められた漢城は、十五世紀初めの時点ですでに一〇万程の人口を擁する朝鮮最大の都市であった。周囲を城壁で囲まれたその中心部には、景福宮《キョンボックン》をはじめとする王宮や歴代国王の位牌を祀る宗廟、土地と五穀の神を祀る社稷壇《サジクタン》など王権を象徴する諸施設が整備された。また景福宮の正門である光化門《クァンファムン》から南に伸びる大路の両側には議政府《ウィジョンブ》や六曹《ユクチョ》などの中央官府が整然と軒を連ね、その東側の北寄りの区域を中心に文武官僚の邸宅も多数築かれた。こうした漢城中心部の景観は、この都市が王朝の政治的中心地であることを如実に示すものである。

だがそれにとどまらず、漢城は全国各地から物資の集中する大規模な消費都市でもあった。田税として全国各地で徴収された穀物や貢物・進上などの各種物資が漢城に集まった。それらは納入先である政府・王室諸機関で消費されるだけでなく、それらの機関が必要とする物資調達のために市中にも放出された。田税穀などは禄俸として官僚にも支給されたが、官僚はそれを財源として生活必需品を市中から買い入れた。このような政府・王室諸機関や官僚の需要を満たすために整備されたのが、城内を東西に走る雲従街《ウンジョンガ》を中心に常設店舗を構えていた市廛《シジョン》《してん》である。市廛はいわば商人組合であり、国家に対して店舗借用料としての公廊税《コンナンセ》の納入や明への朝貢品《チョゴンプム》調達などの義務を負うことを条件に、特定商品の独占販売権を認められていた。漢城の建設とともに設置され、高級品から日用品・食料品にいたるまで多様な商品を取り扱った。取扱商品ごとに組織されていたが、そのなかでも中国製の絹織物などを販売した六つの市廛は中期の十七世紀前半頃には六矣廛《ユギジョン》《ろくいてん》と呼ばれるようになり、優遇措置がとられた。

漢城が朝鮮に唯一存在する特殊な行政単位であったとすれば、府《プ》、牧《モク》、郡《クン》、県《ヒョン》などの邑は全国に普遍的に存在した地方社会の基本単位であった。邑の中心部には中央から派遣された守令の執務所と宿舎、邑の行政実務を担当した郷吏の執務所と私邸、公務出張者のための宿泊施設であると同時に明の皇帝を象徴する闕牌《クォルペ》と国王を象徴する殿牌《チョンペ》の安置所でもあった客舎《ケクサ》、在地士族が組織する留郷所《ユヒャンソ》の建物などが設けられた。こうした中心部を漢城同様、防御のために城壁で取り囲んだ邑も少なくなかった。この城壁を邑城《ウプソン》という。邑城の外部に相当する地域には孔子廟《コンジャミョ》を併設した郷校《ヒャンギョ》や在地士族が運営する教育機関の書院《ソウォン》などがおかれ、在地士族の私有地や邸宅なども邑の郊外に位置するのが一般的であった。

邑を統治したのは既述のとおり中央から派遣されてくる守令であった。しかし任期途中での交替が一般的であった守令が任地の事情に精通することはほぼ不可能であり、守令による地方統治には、邑内の行政実務を担当する郷吏の存在がなくてはならなかった。ただその一方で、地方民と日常的に接する立場にあり、地方社会で一定の勢力を保持していた郷吏は、守令による地方統治の阻害要因としての側面もあわせもっていた。そこで政府は、郷吏の活動を監視し、その不正行為を糾察するために、留郷品官ないし閑良とも当時呼ばれていた在地士族が邑ごとに設置していた自治組織である留郷所の存在を容認した。

留郷所は在地士族から選任された座首《チャス》・別監《ビョルガム》によって構成され、守令の地方統治を補佐し、郷吏の糾察にあたった。しかしその反面、守令の地方統治が自らの利害と対立する際には守令と敵対することもあった。つまり留郷所は政府の進める中央集権化政策への対抗勢力としての性格も有していたわけである。そのため政府は一四〇六年にその廃止を命じたものの、二八年になって郷吏糾察のみを担当させる組織として留郷所を復活させた。さらに一四三五年には地方出身の中央官僚を通じた留郷所統制策として漢城に京在所《キョンジェソ》を設置したが、世祖《セジョ》代(一四五六〜六八年)末期にいたり、咸吉道《ハムギルド》で勃発した李施愛《イシエ》による反乱に当該地域の留郷所が呼応したことを受け、留郷所は再び廃止された。しかし円滑な地方統治を実現するためには在地士族の援助はやはり欠かせず、結局一四八八年になって留郷所の存在を正式に認めた。十六世紀末以降になると、留郷所は郷庁《ヒャンチョン》と呼ばれるようになった。

▼補説21▲　結負制とその変遷

前近代の朝鮮半島では、土地の面積を表示する際に把《パ》、束《ソク》、負《プ》、結《キョル》という単位を用いることが多かった。人間の手で一握りの穀物を租税として負担すべき土地の面積を一把としたことに起源するとされ、一〇把＝一束、一〇束＝一負、一〇〇負＝一結となる。漢字で表記されるが中国での使用例は確認できず、朝鮮半島独自のものであるといってよい。通常結負制《キョルブジェ》と称されるこのような面積表示方式は、古代の三国《サムグク》時代に始まり、一九一八年まで使用された。しかし時代によってその具体的な内容には相当な違いがみられる。

まず第一期にあたる三国時代から高麗中期(十二世紀後半)頃までの時期には、結・負を中国の土地面積表示単位である頃・畝とそれぞれ同義のものとして使用していたとされる。この時期の結・負は絶対面積を表示する単位であった。しかしその実際の広さについては研究者のあいだで見解が大きく分かれており、もっとも広く見積もった場合には一結＝約六ヘクタール、逆にもっとも狭く見積もった場合には一結＝約一・五ヘクタールであったとされる。

　つぎに高麗中期から朝鮮初期の一四四四年までが第二期に相当する。この時期以降、結・負は絶対面積の表示単位ではなくなり、肥沃度によって区分された土地の等級に対応した相対的な面積表示単位となった。第二期については、土地の等級は肥沃度が高い順に上田・中田・下田の三等級であり、それら土地の面積を測量するために等級ごとに異なる物差し（量田尺《ヤンジョンチョク》）を使用した（随等異尺《スドゥンイチョク》）。当時の量田尺は成人男子の親指を除いた四指の幅を基準とするもので、上田は二〇指、中田は二五指、下田は三〇指の幅をそれぞれ一尺と定め、二一尺平方の広さを一負とした。一結の絶対面積は、上田が約〇・七ヘクタール、中田が約一・一ヘクタール、下田が約一・五ヘクタールとなる。肥沃度はその土地の生産力を左右するものであり、当然等級が高いほど生産力も高くなる。第二期以降の結負制は、土地の肥沃度（等級）が異なっていても同じ一結であれば同じ生産力を示すようにしたものであり、土地に課税する側にとって都合のよい面積表示単位であったということができる。本文中にも述べたように、第二期の場合、一結の想定生産量は三〇〇斗（約一八〇〇リットル）であった。

　一四四四年以降一六三四年までが第三期である。貢法《コンポプ》施行にともない、この時期には肥沃度による土地の等級が従来の三等級から六等級（一等田〜六等田）に細分された。また量田尺も指尺《チチョク》から周尺《チュチョク》に変更された。周尺とは中国古代の周代に用いられた物差しという意味で、朝鮮初期には一尺＝約二〇・六センチであった。量田尺一尺の長さは一等田尺では周尺で四尺七寸六分、六等田尺では九尺五寸五分とされ、それらの量田尺で測量された一結の実面積は、一等田が約一ヘクタール、六等田が約四ヘクタールとなる。一等田は第二期の上田よりもやや広く、六等田は下田よりも大幅に面積が拡大したことがわかる。一結の想定生産量も三〇〇斗から四〇〇斗（約二四〇〇リットル）に変更された。

　ついで一六三四年から一九一八年までが第四期となる。この時期も、肥沃度による土地の等級は第三期同様六等級であるが、量田の方法が第三期までとは異なる。すなわち土地の等級ごとに異なる量田尺を使用せず、まず周尺で土地の実面積を測量し、その後その土地の等級に応じて結、負、束、把を算出した。結果的には第三期とほぼ同じ内容だが、基準尺である周尺の長さがやや長くなったため、一結の実面積は第三期に比べて全体として一割ほど拡大した。

このように、結負制は時期によりその内容が変化したが、第二期以降は土地の生産力を示す相対的な面積表示単位として、もっぱら量田や課税などの際に国家権力により使用された。それに対し、おもに民間で使用された土地面積表示単位として、斗落《マジギ》と日耕《イルギョン》がある。前者は種子一斗（約六リットル）を播種する土地の広さを一斗落とするもので、同様に一石の種子を播種する広さの場合には一石落《ソムジギ》と表記した。地域や時期によってその実面積は必ずしも一定しないが、一斗落＝五〇〇～一〇〇〇平方メートル程度であった。一方後者は主として畑地を対象とし、牛が一日に耕作できる広さを一日耕とした。こちらも地域や時期によって差異がみられるが、おおむね一日耕＝二六〇〇～四〇〇〇平方メートル程であった。

▼補説22▲　戸籍制度

朝鮮半島で本格的な戸籍《ホジョク》制度が施行されたのは高麗時代からである。その正確な時期は不明だが、遅くとも十一世紀末までには戸籍の作成が始まっていたと考えられる。当初は徴兵と労働力確保のために地方官によって毎年作成された。またこれとは別に、文武の官僚や地方有力者でもあった長吏《チャンニ》層などは三年に一度の頻度で定期的に戸籍を二部作成し、一部は官におさめ、もう一部は自宅に保管したとされる。やがてこの両者は三年に一度戸籍を作成する方式に一本化されたとみられる。

朝鮮はこうした高麗の戸籍制度を継承した。建国の翌年である一三九三年を嚆矢《こうし》として、高麗同様、三年に一度戸口調査を実施して戸籍を作成した。この三年に一度の戸籍作成年を式年《シンニョン》といい、具体的には干支《カンジ》が子《チャ》、卯《ミョ》、午《オ》、酉《ユ》の年がこれに該当する。一三九三年は癸酉《ケユ》年であり、戸籍作成の式年にあたっていた。高麗最後の戸籍作成が一三九〇年（庚午《キョンオ》）であったから、王朝の交替にもかかわらず、戸籍作成は式年通り営々とおこなわれたことになる。そしてそれは十九世紀末までとだえることなく続けられた。

今日、朝鮮時代に作成されたこのような戸籍は朝鮮旧式戸籍と呼ばれている（これに対し、この朝鮮旧式戸籍を廃して一八九六年から一九〇九年まで毎年作成された戸籍を朝鮮新式戸籍と呼ぶ)。朝鮮旧式戸籍は、本籍地主義をとる現在の日本の戸籍などとは異なり、戸籍作成時点でその地に居住する者だけに申告義務がある現住地主義が採用され、非血縁者も含め、生活をともにする戸の成員全員の情報が記載された。具体的には、まず戸主《ホジュ》について職役《チギョク》(官職および身役《シニョク》)、姓名、年齢、本貫《ポングァン》(父系で繋がる氏族の始祖の根拠地)、四祖《サジョ》(父、祖父、曾祖父、外祖父)の職役・姓名が記載され、つぎに戸主の妻の姓、年齢、本貫、四祖の職役と姓名、同居子女の職役・名・年齢、所有する率居奴婢《ソルゴノビ》(逃亡した者も含む)や同居する雇工《コゴン》(雇用された農業労働者)の名と年齢が順に記された。

朝鮮旧式戸籍の作成手順はおおむね以下のとおりであった。まず各戸の戸主が申告書である戸口単子《ホグダンジャ》を二部準備し、官(王都である漢城の住民であれば漢城府《ハンソンブ》、地方住民であればそれぞれ居住する邑の官府)に提出した。戸籍作成に従事する戸籍吏はこれを三年前に作成され保管されている戸籍大帳《ホジョクテジャン》(台帳)と照合し、記載内容に錯誤がないことを確認したうえで一部を戸主に還付し、もう一部を新しい資料として戸籍大帳の作成作業に着手した。戸籍大帳は戸口単子の記載内容を整理して一書にまとめた台帳だが、戸の情報を戸籍大帳に記載するにあたっては、各戸を家の並びに応じて里《イ》(邑内の最小の行政単位。漢城の場合は契《ケ》・洞《トン》)ごとに五戸ずつ統《トン》という括りにまとめ(五家作統《オガジャクトン》という)、「某面某里第〇統第〇戸」(面《ミョン》は里の上位の行政単位。漢城であれば部《ブ》)というように通し番号が付された。戸籍大帳は草稿を二度作成して内容の検討と校正をおこなったのち、清書本を四部つくった。清書本は一部を当該の邑に保管し、他の三部をその邑が所属する道《ト》の監営《カミョン》と、戸籍事務を統轄する戸曹《ホジョ》、戸籍保管事務を担当した漢城府にそれぞれ納付した。

以上の説明からもわかるように、朝鮮旧式戸籍には戸口単子と戸籍大帳の二種があった。このうち戸口単子は、前述のように二部作成して官に提出し、三年前の戸籍大帳と照合ののち一部は戸主に還付された。また戸主は申請すれば戸籍謄本の交付を受けることもできた。これを准戸口《チュノグ》という。還付された戸口単子や准戸口は、人びとが土地売買などの法的行為をおこなう際の身分証明書的な役割をはたし、また奴婢の所有証明書としても機能した。戸籍に逃亡した奴婢の名まで記されたのはそのためである。戸籍は国家権力が邑を単位として住民情報を把握し統治の基礎資料とするために作成したものであったが、一方でそれは住民にとっても重要な意味をもつ公文書であった。

朝鮮旧式戸籍は邑を単位とする住民情報の宝庫である。しかも三年に一度の頻度で定期的に作成されたために、同一邑の戸籍大帳が複数式年分まとまって残っていれば、それらを通じて邑住民の家族構成や人口動態、身分変動などの動向を知ることができる。その意味で戸籍大帳は朝鮮時代の社会史研究にとって重要な史料でもある。今日、四〇〇冊程の戸籍大帳が韓国のほか日本やアメリカなどに現存することが確認されている。決して多い数とはいえないが、『大丘府戸籍大帳』や『丹城県戸籍大帳』などを中心にその内容分析に基づく研究が活発に進められている。

▼補説23▲ 身分制論争

研究者によって細部には微妙な違いがみられるものの、朝鮮時代にはおおよそ両班《ヤンバン》、中人《チュンイン》、常民《サンミン》、賤人《チョニン》の四つの身分が存在したとする見方がある。四身分のうち最上位に位置する両班は文武の官僚を輩出する支配身分を指す。つぎの中人は科挙《クァゴ》の雑科《チャプクァ》を通じて通訳官、医官、天文官など中下級の専門技術官僚となる身分のことだが、それに加え、中央・地方官府で実務に従事した胥吏《ソリ》《しょり》・郷吏《ヒャンニ》層をも中人の範疇に含める場合もある。常民はまた常人《サンイン》・良人《ヤンイン》などと表記されることもあるが、いずれの場合も農民を中心とした一般の庶民層で、人口の大部分はこの身分に属したとされる。最下位の賤人に含まれるのは、公的機関や特定の個人に所有されて各種の労役に従事する奴婢《ノビ》(公奴婢《コンノビ》と私奴婢《サノビ》)と生業が賤視された広大《クァンデ》、巫覡《ムギョク》《ふげき》、娼妓《チャンギ》、白丁《ペクチョン》などであった。

このようないわゆる四身分説は、一九六一年に韓国で公刊された概説書ではじめて唱えられたものではないかと考えられる。その後に韓国で出された多くの概説書・研究書がこれを踏襲したため、四身分説は朝鮮時代の身分制に関する通説としての地位を長らく維持してきた。しかしながら四身分説には大きな問題がある。それは、四身分説が主張する両班、中人、常民、賤民の四つの身分の存在が必ずしも朝鮮時代の文献の記述に裏づけられたものではないということである。

たしかに両班、中人、常民、賤人という表記自体は当時の文献上にも確認できる。しかし四身分説では、それらが朝鮮時代の身分を示すものなのかどうか、あるいは朝鮮時代の社会がそれら四つの身分から構成されていたのかどうかといった点についての実証が十分には踏まえられていない。

韓国では一九七〇年代初頭から八〇年代にかけて、四身分説の当否をめぐる論争が研究者のあいだで繰り広げられた。その発端となったのは一九七一年に発表された韓永愚《ハンヨンウ》の論文である。韓は四身分説に疑問を呈し、⑴朝鮮初期には良と賤の二つの身分しか存在しなかった、⑵良人には官僚として出仕する権利と税・役負担の義務が付与された、⑶両班とは良人中で官職を得た官僚に対する呼称であり、朝鮮後期にみられるような、官僚となる資格を有する身分を意味するものではなかった、とする新説を提唱した。この説では、良身分に対する賤身分は⑵にあるような権利と義務を付与されない人びと、すなわち奴婢のみであるとされた。朝鮮初期の身分制に関するこうした理解は、一般に良賤制説《ヤンチョンジェ》と呼ばれる。

韓のこの主張に対しては、その発表当初からさまざまな反論が出された。良賤制自体の存在を否定するもの、良賤制の存在はひとまず認めるとしても、それが朝鮮初期の身分制の特質を代弁するものとはいえないとするもの、ないしは良賤制はあくまで法制上のものにすぎず、現実には特段の意味をもたないとするものなどがその代表的な例である。このように韓の良賤制説は韓国の学界に大きな波紋を呼んだが、それは、この新説がたんに四身分の存在を否定しただけでなく、身分制の背後にある朝鮮初期の社会の性格について新しい見方を提示するものでもあったからである。すなわち朝鮮初期の社会を閉鎖的で厳格な身分制社会とみる四身分説に対し、良賤制説では比較的開放的な社会であったと理解した。

韓による良賤制説の提唱は、従来必ずしも実証を踏まえたうえで論じられてきたわけではなかった朝鮮時代の身分制について、その研究の重要性を研究者に喚起したという点で意義あるものであった。一九八〇年代にはいると良賤制説に賛同する研究者も少しずつ増え、朝鮮初期の身分制を正面から考察した研究もなされるようになった。その過程で朝鮮時代の支配身分をめぐって両班や士族《サジョク》とは具体的にどのような人びとであったのかという問題も論じられた。論争自体は明確な決着をみたとはいえないまま一九九〇年代以降はしだいに下火となったが、その間に身分制に関する研究は着実に進展し、四身分説をそのままのかたちで主張する研究者はほぼみられなくなった。現在のところ、四身分説に代わるような通説が確立したとはいいがたいが、法的な身分制としての良賤制を前提としながら、良身分・良人の内部に多様な社会的身分の存在を認める点、生業が賤視の対象となる賤民と良賤制での賤身分・賤人とを区別する点などはおおむね受け入れられているのではないかと思われる。

4　初期の対外関係

対明外交の推移

既述のとおり、太祖《テジョ》は一三九二年七月に即位するとすぐさま都評議使司《トピョンイササ》の名義で明に遣使し、ついで八月には自ら「権知高麗国事《クォンジゴリョグクサ》」と称して使者を明に送り、国王交替の承認と外交関係の継続を洪武帝《こうぶてい》に要請した。そして同年十一月には洪武帝の指示に従い「朝鮮《チョソン》」と「和寧《ファニョン》」の二案を新王朝の国号候補に定め、これを明に打診して同年閏十二月に洪武帝より「朝鮮」を国号とせよとの帝命を得た。これにより翌九三年二月に「朝鮮」を正式な国号に採用した。太祖は同年三月に国号改定を謝する使者を明に派遣し、高麗恭愍王《コリョコンミン》代に冊封《チェクポン》の証として明から下賜されていた印章を返納した。

このように、洪武帝は太祖の即位と国号改定まではすんなり認めたが、太祖を朝鮮国王に冊封する誥命《コミョン》《こうめい》（辞令）と新たな印章を朝鮮に送ることはしなかった。高麗末期に発生したいくつかの政治事件により、洪武帝は高麗に対し不信感と疑惑の念をいだいていたからである。しかも元（モンゴル）の勢力が一掃されたことにより、すでにこのとき高麗の国際政治上の重要性は低下していた。洪武帝にとって朝鮮半島における王朝交替は敏感に対応すべき事柄ではなかったのである。太祖に宛てた明の礼部からの書翰に「声教自由《ソンギョジャユ》」（統治・教化に明は干渉せず朝鮮の自主に委ねる）とあったのも、洪武帝の朝鮮に対する無関心の現れといえなくもない。

太祖の在位中には、誥命と印章の下賜どころか、むしろ明とのあいだで解決すべき問題があいついで発生した。その一つが遼東の朝貢路閉塞問題である。すなわち太祖即位の翌年である一三九三年七月以降、明に派遣された朝鮮の使者が遼東にはいれず帰国をよぎなくされる事態が生じた。明によるこの措置は、おもに明と朝鮮との国境地帯に対する防衛強化の意図からなされたものであった。この事態に対して朝鮮では、明へ忠誠を示すために国境地帯に居住していて朝鮮側に越境してきた女真《ヨジン》人の大量送還を数度にわたり実施した。しかし同年七月から翌九四年二月にかけて朝鮮辺境住民による海賊行為が頻発したため、明は朝鮮を譴責する使者をあいついで送り、遼東閉塞も厳格化した。

ところがその二カ月後の一三九四年四月に朝鮮を訪れた明の使者は、同年二月に発生した海賊行為の犯人引渡しを要求する一方、朝鮮の王子の入朝を求めた。そしてこれは状況に変化の兆しがみえ始めたことを意味した。同年六月、朝鮮は明の求めに応じて貢馬を送り、また趙胖《チョバン》《ちょうはん》、南在《ナムジェ》とともに太祖の五男である芳遠《パンウォン》（のちの太宗《テジョン》）を明に派遣した。彼らは無事遼東を通過し、これをもって事実上遼東の朝貢路は開通した。同年八月にはそれを謝する使者として李茂《イム》が派遣され、その後は定例の使節もすべて復活した。

とはいえ、これで明との関係が全面的に好転したわけではなかった。前述の芳遠一行が明から帰国した際、洪武帝宛ての太祖の表箋《ピョジョン》《ひょうせん》（外交文書の一種）に誤りが多いことを理由に朝貢時における表箋を以後免除するとの帝命が伝えられた。さらに翌一三九五年十月に明に派遣された柳珣《ユグ》が、持参した表箋中に軽薄侮蔑の文言があるとして明に拘留された。その自供に基づいて、明は表箋の作成責任者である鄭道伝《チョンドジョン》の召喚を朝鮮に求めてきたため、朝鮮はこの問題をめぐって明との交渉をかさね、一三九六年六月には表箋作成者として権近《クォングン》、鄭擢《チョンタク》、盧仁度《ノインド》を明に送った。このとき権近は、洪武帝から命題を与えられて明への忠誠を示す多数の漢詩をつくったことで知られる。ただしこの問題自体はその後もしばらくくすぶりつづけた。

明との冊封関係の成立と展開

一三九八年閏五月、明では朝鮮に対し一貫して冷淡な態度をとりつづけてきた洪武帝が死去した。一方朝鮮でも同年八月、対明強硬派でもあった鄭道伝が芳遠一派に殺害された。こうした情勢変化を受け、定宗《チョンジョン》は一四〇〇年九月に禹仁烈《ウイルリョル》、李文和《イムヌァ》を明に派遣し、洪武帝を継いだ建文帝《けんぶんてい》に対し誥命と印章の下賜を求めた。建文帝はこれを許可したが、同年十一月の太宗即位を知ると、すでに朝鮮への途上にあった勅使一行から誥命・印章を回収した。そこで朝鮮は翌〇一年二月、明へ戻る勅使一行に李稷《イジク》、尹坤《ユンゴン》《いんこん》を同行させて太宗に対する誥命・印章下賜を要請し、同年四月に建文帝の許可を得た。こうして同年六月に朝鮮を訪れた勅使《チクサ》により誥命・印章がもたらされ、太宗は晴れて朝鮮国王《チョソングヮン》に冊封されたのである。

このとき建文帝が太宗を朝鮮国王に冊封した背景には、北平（北京市）で挙兵した燕王《えんおう》（建文帝の叔父）が帝都南京（江蘇省南京市）に切迫するという明国内の政治的混乱があった。しかし建文帝は一四〇二年六月、燕王が南京を陥落させた際に行方不明となり、代わって燕王が新たに皇帝として即位した（永楽帝《えいらくてい》）。そして翌〇三年四月、彼は太宗に対して自身の名義であらためて誥命と印章を賜給した。以後朝鮮の歴代国王は、一六二三年に即位した第一六代の仁祖《インジョ》にいたるまで、明皇帝から誥命と印章を送られて朝鮮国王に冊封されることが慣例化した。

明皇帝による朝鮮国王の冊封は、中国を中心とした当時の東アジア国際秩序である華夷秩序に基づいた政治的行為であった。華夷の華とは中華のことであり、天命を受けた皇帝（天子）が直接統治する文明の地としての中国を指す。これに対して夷とは、中華の周辺に位置する、文明のおよばない野蛮な国々や民族を意味した。しかしそのような夷であっても、皇帝の徳を慕って臣下の礼をとり、その証として皇帝のもとに使者を派遣して貢ぎ物を献上すれば（朝貢《チョゴン》）、文明の恩恵に浴することができるとされた。皇帝は朝貢してきた夷に対して返礼品を下賜する（回賜《フェサ》）とともに、その首長に誥命と印章を与えて王に任じ、その地の正当な支配者であることを認定した。これが冊封である。冊封により、中国の皇帝と周辺諸国の首長とのあいだには前者を君主、後者を臣下とする上下関係が形成された（冊封関係）。しかし上下関係とはいってもそれは多分に名目的ないし理念的なもので、実際に皇帝が周辺諸国の内政に干渉することはほとんどなかった。冊封は皇帝にとっても周辺諸国の首長にとっても統治者としての権威の正当性を示す根拠として機能し、そのような冊封によって形成された二国間関係は地域に安定をもたらすものとして重視された。

明・朝鮮間の冊封関係は、建文帝および永楽帝による太宗の朝鮮国王冊封以後、一六三七年に清によってそれが強制的に廃棄させられるまで二三〇年以上続いた。前述のように冊封関係は名目的・理念的な関係であり、それゆえ朝鮮は明への臣従を目に見えるかたちで示す必要があった。その一つが明の「正朔《チョンサク》《せいさく》を奉じる」ことである。皇帝が定めた暦（正朔）を受け取り、それに従って政治をおこなう、というその原義通りに、朝鮮は独自の年号を立てずに明皇帝が定めた年号を公式に採用するとともに、毎年明から暦（大統暦《テトンニョク》）を支給されてそれを使用した。明に対する臣従の姿勢はまた礼のかたちでも示された。「事大之礼」である。「事大《サデ》」とは「大国に事《つか》える」という意味であり、その大国とはいうまでもなく中国としての明を指す。冊封関係とはまさに事大関係であった。そのような「事大之礼」をもっともよく示すのは、「朕《チム》」「陛下《ペハ》」「奏《チュ》」「勅《チク》」などの皇帝にかかわる語の使用を避け、それより一段低い「予《ヨ》」「殿下《チョナ》」「啓《ケ》」「教《キョ》」といった表記を用いたことである。

こうした冊封関係のもと、明と朝鮮とのあいだには頻繁な使節の往来がなされた。明から朝鮮へは国王の代替りごとに派遣される冊封使のほか、必要に応じてさまざまな名目の勅使が派遣された。一方朝鮮から明に対しては賀正使《ハジョンサ》（正《チョン》朝使《ジョサ》ともいう。新年を祝賀）、聖節使《ソンジョルサ》（皇帝の誕生日を祝賀）、千秋使《チョンチュサ》（皇太子の誕生日を祝賀）の年三回（一五三一年から賀正使は冬至使《トンジサ》に置き換えられる）の定期的な使節に加え、謝恩使《サウンサ》、陳聞使《チンムンサ》、進賀使《チナサ》、奏請使《チュチョンサ》など、そのときどきの状況によって多様な臨時使節が頻繁に派遣された。

これら明への使節は、正使《チョンサ》・副使《ブサ》・書状官《ソジャングァン》に通事《トンサ》（通訳）・軍官《クングァン》・医官《ウィグァン》を含めた正官《チョングァン》と、馬夫・奴子といった従者とで構成された。このうち正官は当初八〜九人であったものがしだいに増加して四〇人程までに達した。従者は三〇人程であった。正使・副使には正二品以上の文臣が任命されるのが一般的であり、書状官には主として六品の文臣で司憲府《サホンブ》の監察《カムチャル》の職にある者が任命された。彼らは使節としての任務のほか、明の文人との文化交流にも携わった。帰国後は国王へ報告書を提出し、明の情報を朝鮮に伝える役割もはたした。

明と朝鮮とのあいだでは貿易もさかんにおこなわれた。そもそも朝鮮国王による明皇帝への朝貢と明皇帝から朝鮮国王への回賜という外交儀礼にともなう物品交換も、実質的には貿易（公貿易《コンムヨク》）であった。朝貢品として朝鮮から明へ贈られたのは、銅、銀などの貴金属や薬用人蔘《インサム》、紙、筆、馬匹などであり、これに対する明からの回賜品としては絹織物、磁器、薬材、書籍、文具類などをあげることができる。遣明使節を介した明との貿易としては、こうした朝貢・回賜の公貿易とともに私貿易《サムヨク》もあった。また朝鮮を訪れた明の勅使が朝鮮側に下賜品を贈り、朝鮮側では勅使の求めに応じて進献品をすることもおこなわれたが、これも公貿易である。明・朝鮮間にはこのほか密貿易も存在したと考えられるが、朝鮮初期については、その実態はよくわかっていない。以上は使節の往来にともなう貿易であるが、それ以外に明から朝鮮に対して一方的に必要に応じた特定品目の貿易を求められることや、歳貢と称して馬匹や金銀、さらには明の後宮に入れるための未婚女性や宦官《ファングァン》の進献《チノン》を命じられることもあり、朝鮮側はその調達に苦慮した。

倭寇対策

建国初期の朝鮮にとって明との関係はもっとも重要な外交課題であったが、海を隔てて東南方に位置する日本との関係もまた決して軽視することはできなかった。その最大の理由は倭寇《ウェグ》《わこう》の存在である。十四世紀半ば以降急速に活発化したいわゆる前期倭寇はもっぱら朝鮮半島を襲撃対象とし、高麗末期以来、甚大な被害をもたらしていた。彼らは朝鮮半島各地を襲い、おもに食糧としての米や労働力としての人間を略奪した。なかには大規模な騎馬軍団を組織したり内陸深くまで侵攻したりするものもあった。こうした倭寇の動きに対して朝鮮側では、すでに高麗末期から、武力による撃退策はもちろん、日本の室町幕府や九州探題、あるいは西日本の有力者に使節を送って禁圧を要請するなどの対策を講じたが、倭寇の掠奪行為を完全に抑え込むことはできなかった。

こうしたなかで建国した朝鮮では、高麗の倭寇対策を継承する一方、新たに倭寇に対する懐柔策にも乗り出した。その一つが降倭《カンウェ》（朝鮮に投降した倭寇）の厚遇である。降倭に朝鮮国内への定住を認め、田地、家財、奴婢《ノビ》を支給したり朝鮮人女性を妻として娶らせたりした。さらに降倭の頭目に辞令を発給して朝鮮の武官職を与え、こうして受職《スジク》した降倭を朝鮮の臣下として遇した。これにより彼らは年一回の朝鮮国王への謁見と、それにともなう貿易が許された。のちには、被虜人《ピロイン》（倭寇が連れ去った朝鮮人）や漂着者の送還などに功績のあった日本国居住者も受職の対象者とされ、受職は一種の貿易権としての性格を帯びるようにもなった。懐柔策のもう一つは平和的通交の奨励である。貿易や漁撈目的の来航者に対して朝鮮半島南部沿岸海域での自由な活動を許可したほか、被虜人送還や倭寇情報伝達のための使節に対しては渡航費や滞在費も朝鮮側が負担した。

朝鮮はこうした懐柔策を推進する一方で、当時倭寇の根拠地とみなされていた対馬に対する遠征も一度だけ実施している。一四一九年五月、数千人規模の倭寇が約一〇年ぶりに朝鮮半島西岸に来襲した事件を契機に、同年六月、世宗《セジョン》が当時上王《サンワン》を称していた太宗の命令により兵船二二七隻、兵員一万七〇〇〇人余りを対馬に派遣したのがそれである。朝鮮軍は十数日間の戦闘のすえ、対馬島主宗貞盛による停戦修好の要求を容れ、暴風期にはいるのを避けて七月初めには撤収した（己亥《キヘ》東征《ドンジョン》／応永の外寇）。

ところで、十四世紀半ばから十五世紀にかけて朝鮮半島を襲った前期倭寇の構成員は、対馬、壱岐、松浦など西北九州の島嶼や沿海地域の住民だけでなく、済州島《チェジュド》や朝鮮半島南部沿海地域の住民も多数これに加わっていたとされる。朝鮮人の海賊が「倭服」を身につけたり「倭語」を話したりしたという事例も文献上に散見されることから、当時の

「倭」とは国家としての日本のことではなく、「倭服」や「倭語」は当時朝鮮と日本との境界領域で活動する人びとの共通の出立ち、共通の言語であったとして、倭寇の本質を国籍や民族を超えたレヴェルでの人間集団であるところに求める見解もある。ただ倭寇が実体としてそのような存在であったことは事実としても、朝鮮側の認識としては、それはあくまで対馬をはじめとする西北九州に拠点をもつ海賊集団であった。そうであるからこそ、室町幕府、九州探題や西日本の有力者に禁圧を求めたり対馬にまで遠征を試みたりしたのである。

平和的通交関係の成立

前述のような朝鮮側による懐柔策が奏功し、倭寇はしだいに鎮静化していった。しかし平和的通交者の増加は、他方で朝鮮の経済上・治安上の負担を増大させることにもなったため、朝鮮ではしだいに彼らの渡航を制限するようになっていった。まず一四〇七年頃までに商倭《サンウェ》（日本人商人、主として対馬人）の興利船《フンニソン》（貿易船）停泊地を朝鮮半島南東岸の富山浦《プサンポ》（釜山《プサン》浦とも表記。釜山市東区凡一洞《ポミルドン》）、乃而浦《ネイポ》《だいじほ》（薺浦《チェポ》《せいほ》とも表記。慶尚南道《キョンサンナムド》昌原《チャンウォン》市鎮海《チネ》区薺徳《チェドク》洞）の二港に制限し、まもなく興利船だけでなく使送船《サソンソン》（使節船）もこの二港のみを停泊地に指定した。一四二六年一月には対馬からの要請でこれに塩浦《ヨムポ》（蔚山《ウルサン》市中《チュン》区塩浦洞）が加えられ、興利船の停泊地は最終的に三カ所となった。これらを三浦《サムポ》《さんぽ》と総称する。三浦には対馬から渡航してきた人びとが定住して居留地を形成し、朝鮮では当初これを禁じたが、一四三六年三月に六〇人（対馬側は六〇戸＝二〇六人と拡大解釈）を上限として公認し、彼らのことを恒居倭《ハンゴウェ》と呼んだ。しかし朝鮮側のたびかさなる退去要請にもかかわらず恒居倭の数はその後も増えつづけ、十五世紀末には三浦あわせて三〇〇〇人にも達した。

日本人通交者に対する統制策としてつぎにあげるべきは、授図書《スドソジェ》制の実施である。これは日本からの通交者にその名を刻んだ図書《トソ》《としょ》（印章）を与え、朝鮮に送る使節にその図書を捺した書状を持参させるようにしたものである。この制度は、自分の派遣した使節であることを証明するための手段として一四一八年に通交者側からの要請で始まったが、勢力家の名を騙る偽使の来航を防ぐ効果があり、また通交者の統制策として朝鮮側にとっても有益な制度であった。図書を支給された受図書人《スドソイン》の数はその後増加していった。

世宗代(一四一八～五〇年)になると、さらに多様な統制策が実施された。まず一四一九年の冬以降、九州方面からの渡航者を対象に九州探題の書契《ソゲ》(書状)持参が求められ、さらに翌二〇年閏一月以降、対馬島内からの渡航者も島主宗貞盛の書契が必要となった。つぎに一四二六年五月以前のある時期からは受図書人を除く朝鮮へのすべての渡航者に対して対馬宗氏が発給する文引《ムニン》(渡航証明書)の持参が義務づけられた。これは対馬島主宗貞盛からの申し出による。西日本各地から朝鮮へ渡航する際、当時の航海技術水準では途中で対馬への寄港が不可避であったため、宗貞盛はそれを利用して朝鮮通交の権益を掌握し、島内支配を固めようとしたのである。そうした宗氏側の思惑が朝鮮側の通交者統制の意図とも一致した結果が対馬島主文引制《テマドジュムニンジェ》の実施であった。一四三五年九月以降、文引持参は受図書人にも適用された。

こうした一連の通交者統制策の総仕上げとなるのが、一四四三年に朝鮮政府と対馬島主宗氏とのあいだで締結された癸亥《ケヘ》約条《ヤクチョ》である。注目されるのは、この約定が日本から朝鮮へ渡航する船隻数をはじめて制限したものであった点である。当時、宗氏が朝鮮へ派遣した使送船は年間二〇〇隻を超えており、朝鮮側の大きな負担となっていたが、癸亥約条ではこれを大幅に削減し、年間派遣可能な船舶数の上限を五〇隻と規定した(島主歳遣船定約《トジュセギョンソンジョンヤク》)。その後、歳遣船《セギョンソン》の量的制限は宗氏だけでなく対馬島内の有力者や日本各地からの通交者に対しても適用された(年間一～二隻が一般的)。癸亥約条ではこのほか、朝鮮から宗氏に対して毎年支給される穀物(歳賜米豆《セサミドゥ》)の額を年間二〇〇石に制限することも定められた。また癸亥約条締結に先立つ一四四一年十一月には、当時孤草島《コジョド》と呼ばれていた巨文島《コムンド》近海への対馬島民出漁を朝鮮側が公認した孤草島釣魚禁約《コジョドジョオグミヤク》《こそうとうちょうぎょきんやく》が対馬とのあいだで結ばれている。

このような統制策にもかかわらず、日本からは多様な通交者が朝鮮を訪れた。とくに一四六〇年代後半から七〇年代前半にかけては「朝鮮遣使ブーム」とも称すべき通交者の大量来航もみられた。このような日本からの諸使節の頻繁な朝鮮通交は、もっぱら貿易のためであった。当時の日朝間の貿易には官貿易《クァンムヨク》・公貿易《コンムヨク》・私貿易《サムヨク》の三種があった。官貿易は日本からの諸使節が朝鮮国王に献上する進上《チンサン》とそれに対する朝鮮国王の回賜という形態をとっておこなわれるもので、形式的には朝貢であったが、回賜として使節が受け取る品目は質・量の面で進上を上回っており、諸使節は大きな利益を得た。公貿易は朝鮮政府が必需品を直接買い上げるもの、私貿易は朝鮮政府官僚の立会いのもと朝鮮側の商人と取引するものであった。

日本から朝鮮への輸出品としては、蘇木・朱紅などの染料、甘草・犀角《さいかく》などの薬材、樟脳《しょうのう》・竜脳・沈香《じんこう》など香料、胡椒、水牛角(弓の材料)といった品物をまずあげることができる。これらはすべて東南アジア産である。日本産品としては、火薬の原料である硫黄や銅・錫・鉛などの貴金属類、刀剣・屏風などの美術工芸品があった。一方、朝鮮から日本への輸入品は、麻や木綿で織られた衣料のほか、虎や豹の毛皮、薬用人蔘、松の実などであった。この時期、『大蔵経《テジャンギョン》』刊本もいくつか日本にもたらされたが、これは貿易品ではなく、日本側の求めに応じて朝鮮側が支給した贈与品であった。

日本国王使と通信使

朝鮮政府は日本各地からの使節をその派遣主体に応じて等級分けし、待遇面などで格差を設けていた。すなわち、(1)日本国王使《イルボンググァンサ》、(2)巨酋使《コチュサ》、(3)対馬島主特送《テマドジュトゥクソン》、九州節度使使《クジュジョルトササ》、(4)諸酋使《チェチュサ》、対馬島人、受職人《スジギン》がそれである。このうち巨酋使は斯波《しば》、畠山、細川、山名、京極氏や大内、少弐《しょうに》氏など特定の有力守護大名が派遣する使節であり、対馬島主特送は海賊情報の伝達や漂流者送還など朝鮮側にとって重要な案件のために宗氏が歳遣船五〇隻の枠外で特別に派遣する使節であった。九州節度使使は九州探題の使節、諸酋使は中小領主層や商人などによる使節を指す。

日本からの各種使節のなかで朝鮮側が最上位に位置づけたのが、日本国王使であった。足利義満が一四〇一年に明の建文帝から「日本国王」に冊封されて以後、室町幕府で外交権を握った将軍ないし最高権力者は対外的にこの称号を用いたため、その派遣する使節を朝鮮側では日本国王使と呼んだ。寺社造営のための募縁《モヨン》（浄財を得るという意味の仏教用語）や『大蔵経』刊本の入手などが遣使の主要な目的であり、一四〇四年の派遣を嚆矢《こうし》として記録上は六〇回余りの使節が確認できる。しかしその大半はおもに対馬島主宗氏が派遣した偽使であった。日本国王使は朝鮮側の待遇がもっともよく、要求も聞き入れられやすかったため、名義を騙ったのである。

日本国王使の派遣に対応して、朝鮮からも国王を派遣主体とする通信使《トンシンサ》が日本に送られた。日本国王使と通信使の相互派遣は、朝鮮政府と室町幕府とのあいだに正式な外交関係が結ばれたことを意味する。朝鮮ではこうした日本との対等な外交関係を「交隣《キョリン》」と称した。しかし通信使は一四二八年から四三年までのあいだに三回派遣されたにすぎなかった。それは一つには、倭寇の鎮静化や日本国内の政情不安などからわざわざ海難の危険を冒してまで日本に使節を派遣する必要性を朝鮮側が感じなかったからである。だがそれと同時に、偽使派遣の事実が露見するのを恐れた対馬島主宗氏が朝鮮側の通信使派遣に対してさまざまな妨害工作をおこなったことも、その理由の一つとして指摘しておかねばならない。

通信使として日本を訪れた朝鮮の官人が旅行中のできごとや日本での見聞を書き記した紀行文や帰国後に国王に提出した報告書などは、日本の地理、風俗、政治、文化などに関する豊富な情報を朝鮮にもたらした。一四二〇年に日本を訪れた宋希璟《ソンヒギョン》《そうきけい》による『老松堂日本行録《ノソンダンイルボンネンノク》』（成立年未詳）や、四三年に日本に派遣された申叔舟《シンスクジュ》が帰国後に成宗《ソンジョン》の命により作成した『海東諸国紀《ヘドンジェグッキ》』（一四七一年）などがその代表的なものである。このうちとくに後者は、日本と琉球の歴史、地理、統治者、言語などについて詳細な情報を記載していることで知られ、日本に関する情報源として朝鮮政府で長く活用された。

琉球、東南アジア諸国、女真との関係

十四世紀末から十五世紀にかけて、日本以外の周辺諸国のなかでは琉球《ユグ》使節を称する通交者も比較的頻繁に朝鮮を訪れた。文献上に琉球使節の朝鮮来航がはじめてあらわれるのは高麗末期の一三八九年八月のことであり、このときは中山王の察度が派遣した使節が倭寇の被虜人送還とともに硫黄、蘇木、胡椒などの東南アジア産品を献上したことがわかる。朝鮮建国後も、中山王の察度や思紹の遣使をはじめ多くの琉球使節が朝鮮に来航した。しかし尚巴志《しょうはし》による琉球統一(一四二九年)以後には、対馬や博多の商人が琉球使節を騙ったいわゆる偽使が大半を占めるようになり、そうしたなか一五〇〇年を最後に琉球国王自身が派遣する使節の朝鮮渡航はとだえた。偽の琉球使節も一五二四年には終焉を迎えた。十六世紀以降には琉球の正式な使節が朝鮮に来航することはなくなったが、琉球と朝鮮の遣明使節が北京で接触し、双方の国王の親書である国書の交換(一六三〇年代まで)や送還される漂流者の受渡しなどをおこなった。

十四世紀末から十五世紀初めにかけてのごく限られた時期には、東南アジアの暹羅《ソムナ》《シャム》(暹羅斛とも表記。タイ。当時はアユタヤ朝)と爪哇《チョワ》(インドネシアのジャワ)が派遣した使節も何度か朝鮮に来航している。さらに一四七〇年代末から八〇年代にかけて、久辺国主の李獲という人物が使者を朝鮮に派遣したことが記録に残されているが、琉球の南方にあるとされるこの国は、薩摩の商人が『大蔵経』入手のために創作した架空の存在であり、その使者も偽使であったと考えられる。

ここで北方に眼を転じると、既述のとおり当時の朝鮮半島北部辺境地帯は女真の多住地域となっていた。このうち李《イ》成桂《ソンゲ》一派の拠点でもあった豆満江《トゥマンガン》《とまんこう》下流一帯に居住していた女真人のなかには朝鮮建国当初から投降する者が多く、朝鮮では来朝してきた女真人の首長に官職を与えるなど懐柔策をとった。しかし世宗即位後の一四三〇年代からは、豆満江下流と鴨緑江《アムノッカン》《おうりょくこう》上流地域の女真人に対して積極的な征討をおこない、四郡《サグン》・六鎮《ユクチン》の設置や徙民《サミン》による開拓を進めた。ただしその一方で懐柔政策もいっそう強化され、また鏡城《キョンソン》と慶源《キョンウォン》には貿易所がおかれ、女真人側からは馬や毛皮、朝鮮側からは食糧、衣類、牛、農具などが交換された。

六反田　豊

注

(1) 台諫とは、後述するように官吏の不正糾弾と風紀矯正を管掌する台官と、国王に対する諫言《かんげん》・論駁を担当する諫官の総称である。高麗末期には司憲府が前者、門下府の郎舎が後者に相当する。

(2) 紅巾の乱(注3)の反乱勢力のこと。

(3) 一三五一年から六六年にかけて元末の中国で起こった農民反乱。モンゴル人の中国支配を打倒して漢人の王朝である明の建国の契機となった。乱参加者が紅色の頭巾をかぶっていたことからこの名がある。

(4) 死六臣が忠臣として顕彰されるようになるのは成宗代(一四六九～九四年)以後である。十七世紀末になると粛宗(在位一六七四～一七二〇)により死六臣は名誉回復され、彼らの墓所と伝えられる古塚(李塏、成三問、朴彭年、兪応孚のものとされる墓)が修築されてその地に愍節《びんせつ》書院《ミンジョルソウォン》(ソウル市銅雀《トンジャク》区)が建立された。その後、一九七〇年代になって韓国政府によりこの場所が死六臣公園として整備された際、新たに河緯地、柳誠源の虚墓《ホミョ》(埋葬遺体のない名目だけの墓)も造営されることになったが、史書の記述の不整合もあり、やはり端宗復位計画に荷担したとして処刑された金文起《キムムンギ》を兪応孚と入れ替えることを求める運動が一部に起こった。結局この件は国家機関である国史編纂委員会で審議され、兪応孚の墓は存置する一方で金文起の虚墓を新たに造営することで決着した。

(5) 端宗は死後長らくのあいだ、朝鮮の正式な国王として認められず、廟号を贈られて位牌を宗廟に祀られることもなかった。ようやく一六九八年になって粛宗《スクチョン》により名誉回復され、端宗の廟号を贈られた。

(6) 『経国大典』に記載された十五世紀末時点での全国の邑の総数は三二九で、その内訳は府が四、大都護府が四、牧が三一、都護府が三三、郡が八二、県が一七五(県令《ヒョルリョン》派遣が三四、県監《ヒョンガム》派遣が一四一)であった。

(7) 府には府尹《プユン》(従二品)、牧には牧使《モクサ》(正三品)、大都護府には大都護府使《テドホプサ》(正三品)、都護府には都護府使《トホプサ》(従三品)、郡には郡守(従四品)、県には県令(従五品)もしくは県監(従六品)が派遣された。

第七章　朝鮮中期

1　士林派政権の成立と党争

士林派の政界進出

一四六八年九月、病身の世祖《セジョ》から禅譲されて次男の晄《クァン》が即位したが（廟号睿宗《イェジョン》、在位一四六八～六九、世祖はその翌日死去）、翌六九年十一月、在位一年余りで死去した。嗣子はいたがまだ幼かったため、当時王室の最年長者であった世祖妃貞熹王后《チョンヒワンフ》（慈聖大妃《チャソンデビ》）尹《ユン》氏の命により、早世した世祖の長男暲《チャン》《しょう》（懿敬世子《ウィギョンセジャ》、のち徳宗《トクチョン》と追尊）の次男である乽山君《チャルサングン》娎《キョル》《けつ》が満十二歳でつぎの国王となった（廟号成宗《ソンジョン》、在位一四六九～九四）。

睿宗在位中と成宗即位後七年間は貞熹王后を摂政とする垂簾聴政《スリョムチョンジョン》がおこなわれた。あわせてその期間中、韓明澮《ハンミョンフェ》、申叔舟《シンスクチュ》、具致寛《クチグァン》といった世祖代（一四五五～六八年）以来の重臣が交替で承政院《スンジョンウォン》に詰め、国王を補佐して政務の処理に従事した。承政院の宰相という意味で彼らは院相《ウォンサン》と呼ばれた。この院相制度はもともと世祖が病弱な王世子《ワンセジャ》（睿宗）を気遣って定めたものであったが、それが成宗即位後もそのまま継承されたのである。

なお成宗即位直後の一四七〇年一月には、王位を脅かす恐れがあるとして、李施愛《イシエ》の乱で戦功を立てて領議政《ヨンイジョン》にまで出世した王族の亀城君浚《クソングンチュン》（世宗《セジョン》の四男である臨瀛《イミョン》《りんえい》大君《デグン》璆《ク》《きゅう》の次男）が謀反の罪を着せられ、寧海《ヨンヘ》（慶尚北道《キョンサンブクト》寧海郡）に流配される事件が起こっている。そしてこの事件以後、王族を官職に任用することがいっさい禁止された。

成宗は満二十歳の誕生日を約半年後に控えた一四七六年一月に親政を開始した。同年五月には世祖代の重臣の介入をきらって院相制度も廃止した。その一方で中国古代の伝説上の聖王である堯、舜の政治を理想とし、王道政治の実現に尽力した。王宮書庫の書籍管理や儒教《ユギョ》経典の研究および国王の諮問に応えるための機関として一四七八年三月に弘文館《ホンムングァン》を設置したのは、その一例である。弘文館の設置は、一四五六年に閉鎖され六〇年に廃止された集賢殿《チッピョンジョン》の事実上の復活を意味する。集賢殿の書庫であった蔵書閣《チャンソガク》は集賢殿の廃止後、芸文館《イェムングァン》に移管されていた。世祖治世下の一四六三年十一月にはこれを弘文館と命名して兼任の官職が配置されたが、成宗はその弘文館に専任の官職を設けて中央官府としての体裁を整えたのである。

成宗による王道政治実現のための方策として特筆されるべきは、新たな人材の登用である。それは院相制度の廃止とともに、政府内で絶大な存在感を示していた世祖代の重臣勢力を牽制するという意味でも重要であった。成宗が大挙登用したのは金宗直《キムジョンジク》の門人を中心とする儒者官僚である。金宗直は、高麗《コリョ》から朝鮮《チョソン》への王朝交替の際に高麗への節義をとおして下野した吉再《キルチェ》の学統・学風を受け継ぎ、嶺南《ヨンナム》(慶尚道)地方を拠点に学問研究と後身の指導に従事したが、世祖治世下の一四五九年に文科に及第すると官僚として要職を歴任した。その門人には鄭汝昌《チョンヨチャン》、金宏弼《キムグェンピル》、南孝温《ナミョオン》、金馹孫《キミルソン》《きんじっそん》らがあった。彼らの多くは在地士族を出身母体とし、文科及第後、主として三司《サムサ》と総称される司憲府《サホンブ》、司諫院《サガヌォン》、弘文館などの言論機関の官員に任用され、中央政界で勢力を伸ばした。

ところで十五世紀末以降に編まれた朝鮮の史書には「士林《サリム》」の語が頻出する。学徳のある知識人官僚としての「士」の集団という意味である。後述するように朝鮮では十五世紀末から十六世紀前半にかけて大きな粛清事件があいついで生じたが、これを「士禍《サファ》」と称し、それにより被害を受けた官僚集団を「士林」と表記した。そのほとんどが成宗代以降に登用された新進官僚とかさなるため、現在では彼らを士林派《サリムパ》と呼ぶのが慣例となっている。これに対し、「士禍」

をしかけた側の権臣勢力、具体的には靖難功臣《チョンナンゴンシン》（癸酉靖難《ケユジョンナン》の際の功臣）を中心とする世祖代の功臣勢力やその系譜を引く保守派官僚のことを勲旧派《フングパ》と称する。

この時期の政治史は、これら両者の対抗関係として把握されるのが通説である。実際にも士林派とされる人びとは道義や正統性を重視する立場から世祖の王位簒奪に批判的な態度をとり、勲旧派をしばしば小人《ソイン》と呼んで非難した。学問の傾向も対照的であり、勲旧派が詞章《サジャン》中心の実用的な学問を重んじたのに対し、士林派のそれは人間や宇宙の本質を問う思弁的・哲学的性格の強いものであった。ただし社会経済的側面に注目すると士林派と勲旧派には共通する部分もみられることから、両者が対立関係にあったことに疑義を呈する研究もある。

戊午士禍と甲子士禍

一四九四年十二月に成宗が亡くなると、その長男である王世子の㦕《ユン》《りゅう》が跡を継いだ（廟号はなく、燕山君《ヨンサングン》と呼ばれる。[1] 在位一四九四〜一五〇六）。彼は即位当初こそ父王の方針を継承して比較的安定した政治運営をおこなったが、もともと政治や学問への関心が薄く、ほどなくしてもっぱら奢侈と淫楽にふけるようになった。そのようななか、当時進行中であった『成宗実録《ソンジョンシルロク》』の編纂事業に関連して勲旧派による士林派の粛清事件が起こった。

一四九八年七月、実録編纂の責任者であった勲旧派の李克墩《イグットン》が、成宗代に史官の任にあった士林派の金馹孫が提出した史草《サチョ》（実録編纂のために史官が作成した草稿）中に金宗直の手になる「弔義帝文」（項羽《こうう》に殺害された楚の義帝を悼む文章）と自分に対する上疏文があるのに気づいた。そこで李克墩は、このうちの前者について暗に世祖の癸酉靖難を批判するものであるとし、同じく勲旧派の柳子光《ユジャグァン》とともに、これに関与した士林派の弾劾を燕山君に働きかけた。

三司を拠点に自身の不品行を咎める上疏を繰り返す士林派を疎ましく感じていた燕山君は、「弔義帝文」を史草に載せたのは金宗直の指示であるという金馹孫の自供を得たことで関係者を厳罰に処した。すでに故人となっていた金宗直が剖棺斬屍《プグァンチャムシ》《ほうかんざんし》（墓を暴いて屍体を斬首）、金馹孫、権五福《クォノボク》、権景裕《クォンギョンユ》が凌遅処斬《ヌンジチョチャム》（死刑のうえ、屍体の首、胴体、四肢を切断）、李穆《イモク》《りぼく》、許磐《ホバン》《きょばん》が斬首とされた。このほか姜謙《カンギョム》《きょうけん》が奴《ノ》に落とされて辺境に流され、また表沿沫《ピョヨンマル》《ひょうえんまつ》、洪瀚《ホンハン》《こうかん》、鄭汝昌など多くの士林派官僚が流配されたり罷免・左遷されたりした（戊午士禍《ムオサファ》または戊午史禍《ムオサファ》）。

戊午士禍ののち燕山君の奢侈はいっそう激しくなり、国家財政を圧迫した。そこで彼は財源確保のため、貢物《コンムル》の増徴に加え、功臣に下賜した土地や奴婢《ノビ》の返還を計画した。ところがこれに反発した勲旧派は、逆に燕山君の浪費を抑制し宮中での生活に規制を加えようとした。こうして王室および戚臣勢力と勲旧派官僚とのあいだに対立が生じた。

孝寧大君補《ヒョリョンデグンボ》（太宗《テジョン》次男）の三男である宝城君合《ポソングンハプ》《こう》の娘を娶って王室の戚臣となっていた任士洪《イムサホン》は、この対立に乗じて権力掌握を目論み、燕山君に対し、成宗治世下の一四七九年六月に起きた生母尹氏の廃妃および八二年八月の賜死《ササ》事件（尹氏廃妃賜死事件）の顚末を告げた。それまで伏せられていた生母の死の真相を知った燕山君は激怒し、一五〇四年三月、尹氏廃妃の張本人として成宗の側室であった貴人の厳《オム》氏と鄭《チョン》氏を自身の手で撲殺した。そして尹氏の名誉を回復するとともに、尹氏廃妃を決議した会議の参加者やこの事件への関与者を調査し報告するよう命じた。

さらにそれと並行して、関係者の捕縛、尋問、処罰が順次おこなわれた。勲旧派の李世佐《イセジャ》、李克均《イグッキュン》、尹弼商《ユンピルサン》《いんひっしょう》、成俊《ソンジュン》らが賜死または絞首とされたのに加え、朴漢柱《パッカンジュ》、李胄《イジュ》《りちゅう》、李摠《イチョン》《りそう》、金宏弼、康伯珍《カンベクチン》、李守恭《イスゴン》、姜謙、成重淹《ソンジュンオム》《せいじゅうえん》、崔溥《チェブ》《さいふ》、李黿《イウォン》《りげん》など、戊午士禍で流配された士林派やそれに連なる人びとのなかにもこのとき死刑に処された者が少なくなかった。さらにすでに故人となっていた李坡《イパ》《りは》、鄭昌孫《チョンチャンソン》、沈澮《シムエ》、韓明澮、魚世謙《オセギョム》、韓致亨《ハンチヒョン》、鄭汝昌、南孝温なども剖棺斬屍とされた。これらのほか流配されたり罷免・左遷されたりした者や連座した親族まで含めると、戊午士禍をはるかに上回る数の者が処罰の対象となった（甲子士禍《カプチャサファ》）。

甲子士禍は国王および王室戚臣勢力と勲旧派を中心とする官僚層との対立により発生したものであったが、いまもみたように勲旧派とともに多数の士林派も処罰されて政界を追われたため、士禍の一つに数えられている。たしかにこのとき士林派が受けた痛手は大きかったが、この事件により勲旧派も士林派に劣らぬ大きな打撃を受け、多くの官僚が政界から駆逐されて下野することとなった。このことは、彼らとその子孫の学問の傾向や現実認識などにも大きな変化をもたらし、一部には士林派へと転換した例もみられた。

中宗反正と己卯士禍

甲子士禍後、国王を牽制する勲旧派官僚の力が一気に弱まったこともあり、燕山君の暴政はいよいよ激しさを増した。甲子士禍関係者の処罰が続いていた一五〇四年七月、燕山君は王宮に近接しているとの理由から成均館《ソンギュングアン》の移転を計画し、孔子の神位と儒生《ユセン》を太平館《テピョングアン》(明からの使節の客館)に移した。そして八月には妓女《キニョ》を入れて宴会を催し、十一月には花火遊びに興じるなど、その跡地を遊技場として利用した。十二月にはかつて世祖が重建した円覚寺《ウォンガクサ》を廃し、翌〇五年二月にその跡地に掌楽院《チャンアグォン》(国家儀礼や宴会などで奏楽を担当する中央官府)を移して遊興の場とした。また一五〇六年四月には司諫院、七月には経筵《キョンヨン》と弘文館を廃止して自身に対する批判的な言論を封じた。採青使《チェチョンサ》や採紅使《チェホンサ》などと称する使節を各地に派遣して未婚の美女を集めたほか、王宮内で大量の鷹と犬を飼育したり全国から駿馬を取り寄せたりするなどの奇行もめだったとされる。

そうしたなか、燕山君とその背後にあった任士洪に対する不満が政府内に蓄積されていった。朴元宗《パグォンジョン》、成希顔《ソンヒアン》、柳《ユ》順汀《スンジュン》らはひそかに燕山君の除去を計画して賛同者を集め、一五〇六年九月、手の者に任士洪とその一派を殺害させたのち、成宗継妃の貞顕王后《チョンヒョンワンフ》(慈順大妃《チャスンデビ》)尹氏からの命を得て燕山君を廃位し、成宗の次男であり燕山君の異母弟にあたる晋《チン》城大君懌《ソンデグンヨク》《えき》を国王に擁立(廟号中宗《チュンジョン》、在位一五〇六〜四四)した(中宗反正《チュンジョンバンジョン》)。[2] この政変に功績のあった朴元宗ら一〇七人は中宗から靖国功臣《チョングッコンシン》の称号を与えられたが、その一方で廃位後喬桐島《キョドンド》(仁川《インチョン》市江華《カンファ》郡)に流配された燕山君は同年十一月、その地で病没した。

中宗は、燕山君の暴政により混乱した政治秩序を立て直すとともに、靖国功臣を含む勲旧派を牽制しつつ朱子学《チュジャハク》理念に立脚した王道政治を実現することをめざした。そしてそのために士林派官僚を大量に登用した。その中心となったのが趙光祖《チョグァンジョ》である。趙光祖は父の赴任にともない平安道寧辺《ピョンアンドヨンビョン》（平安北道寧辺郡）の魚川《オチョン》駅に赴いた際、戊午士禍のために熙川《ヒチョン》（慈江道《チャガンド》熙川市）に流配されていた金宏弼と知り合い、その門人となったといわれる。すでに中宗即位直後から秀才としてその名が知られた存在であった。一五一〇年に司馬試《サマシ》に壮元で及第して進士《チンサ》となり、成均館で学んだのち造紙署《チョジソ》（王室・政府で使用する紙類の製造を管掌）の司紙《サジ》（従六品）として出仕したが、一五年八月に文科に及第すると成均館や司諫院、弘文館などを中心に要職を歴任し、経筵官も兼任した。

彼は中宗の厚い信任のもと、自身が標榜する道学政治を実現するためにさまざまな政策を断行した。詞章中心の学問を批判し、『朱子家礼《チュジャガレ》』『三綱行実図《サムガンヘンシルド》』といった朱子学関連書籍の出版・頒布を通じて朱子学の教義を広め、『小学《ソハク》』を通じた朱子学教育の振興にも尽力した。その一方で、儒教以外の祭祀を淫祀として国家による挙行禁止を主張し、一五一八年九月には道教の祭祀を管掌する昭格署《ソガクソ》を廃止した。また地方社会の支配秩序確立をめざして、儒教道徳の実践と相互扶助のための規約として中国でつくられた「呂氏郷約《ヨシヒャンヤク》」を全国で実施することを推進した。賢良科《ヒョルリャングァ》を新設した点も特筆される。賢良科は推薦によって優秀な人材を登用する制度である。一五一九年四月に実施され、候補者一二〇人を景福宮《キョンボックン》の勤政殿《クンジョンジョン》に集め、そのなかから金湜《キムシク》《きんしょく》、安処謙《アンチョギョム》、朴薫《パックン》をはじめとする計二八人を選抜した。

このような趙光祖による諸政策は理想主義的かつ急進的であり、妥協を許さない厳格なものであった。しかも賢良科は趙光祖一派の政権独占へと繋がる恐れもあった。そのため高官や功臣などのなかにはこれに反発する者も少なくなかった。趙光祖らは一五一九年十月以降、靖国功臣一〇七人のうち不当に功臣号を授与され土地や奴婢を下賜された者が七六人もいるとし、該当者の功臣資格を剝奪することを中宗に求めた。これに危機感をいだいた勲旧派の沈貞《シムジョン》、洪景舟《ホンギョンジュ》らと、士林派の一員ながらも趙光祖一派とは一線を画していた南袞《ナムゴン》《なんこん》らは、この時期中宗もまた趙光祖の政治姿勢に不満をいだくようになっていたのに乗じ、趙光祖一派を批判する上疏を繰り返した。

同年十一月、中宗はついに勲旧派の讒言《ざんげん》を聞き入れ、趙光祖一派を捕らえ、朋党《ボンダン》を組んで国政を混乱させたとして厳罰に処した。趙光祖は綾城《ヌンソン》（全羅南道《チョルラナムド》和順《ファスン》郡綾州《ヌンジュ》面）に流配ののち賜死、金浄《キムジョン》、奇遵《キジュン》、韓忠《ハンチュン》、金湜もそれぞれ流配されたが、その後金湜を除く三人は死刑となり、金湜は自決した。金絿《キムグ》《きんきゅう》、朴世熹《パクセヒ》《ぼくせいき》ら数十人も流配され、金安国《キマングク》、金正国《キムジョングク》、金世弼《キムセピル》《きんせいひつ》らは罷免された（己卯士禍《キミョサファ》《きぼう》）。

金安老の専権と乙巳士禍

中宗の最初の妻である慎氏《シン》（端敬王后《タンギョンワンフ》）は一五〇六年九月、父の慎守勤《シンスグン》が中宗反正に際して任士洪一派として誅殺されたため、中宗即位後七日目に王宮を追われた。翌〇七年六月、尹汝弼《ユニョピル》《いんじょひつ》の娘が継妃となったが（章敬王后尹氏《チャンギョンワンフユン》）、一五年二月に王子（峼《ホ》《こう》、のちの仁宗《インジョン》）を出産するとすぐに亡くなった。中宗は側室の淑儀朴氏《スギバク》とのあいだにも王子（福城君嵋《ボクソングンミ》《び》）をもうけていたため、後継の王妃の人選をめぐって政府内に論争が生じたが、結局一五一七年七月に尹之任《ユンジイム》の娘が継妃に冊立された（文定王后尹氏《ムンジョンワンフユン》）。

章敬王后が産んだ峼は一五二〇年四月に王世子となった。一五二七年三月、宮中でその王世子を呪詛した痕跡が発見されると当時敬嬪《キョンビン》に昇格していた朴氏が嫌疑をかけられ、同年四月、子の福城君とともに尚州《サンジュ》（慶尚北道尚州市）に流配された（灼鼠《チャクソ》《しゃくそ》の変）(3)。ところがこの事件は、実際には孝恵公主《ヒョヘゴンジュ》（中宗の長女）の駙馬《プマ》（王女の夫）であった金禧《キミ》が父である金安《キムアル》老《ロ》の指示で起こしたものであった。金安老は一五二四年十一月、王室戚族の地位を利用して権力を濫用したとして南袞、李沆《イハン》《りこう》らに弾劾され、当時は豊徳《プンドク》（黄海北道開豊郡《ファンヘプクトケプン》）に流配の身であった。彼は、南袞没後に政治の実権を握った沈貞らを排除しようとこの事件を企てたのである。

その後、金安老は金謹思《キムグンサ》、権輗《クォネ》《ごんげい》らをけしかけて、自身の政界復帰を阻んだ沈貞を弾劾させた。沈貞は江西《カンソ》（平安南道江《ピョンアンナムド》西郡)に流配され、一五三一年十一月に賜死に処された。一方、同年六月に政界復帰を遂げた金安老は左議政《チャイジョン》にまで出世し権勢をふるったが、一五三七年十月、文定王后を廃位しようとしたことが発覚して流配ののち賜死に処された。

ところで中宗の第一継妃であった章敬王后は、前述のように王子の皓を出産するとまもなく亡くなったが、皓は文定王后に育てられ、一五二〇年四月に王世子に冊立された。そしてその文定王后も一五三四年五月に王子(慶原大君峘《キョンウォンデグンファン》《かん》)を出産した。二人の継妃はともに坡平《パピョン》尹氏の出身で、しかも貞熹王后尹氏(世祖妃)の父である尹璠《ユンボン》《いんはん》を共通の祖先とする遠縁の間柄であった。しかし章敬王后の兄である尹任《ユニム》と文定王后の弟である尹元衡《ユヌォニョン》《いんげんこう》は相互に対立し、金安老の失脚後には激しい権力闘争を展開した。当時、尹任は大尹《テユン》、尹元衡は小尹《ソユン》と呼ばれていた。

中宗は一五四四年十一月に死去し、代わって王世子の皓が即位した(廟号仁宗、在位一五四四〜四五)。これによって尹任と彼を支持する勢力(大尹派)が権力を握ったが、それも束の間、仁宗は即位後一年も満たない一五四五年七月に急逝し、つぎの国王として慶原大君峘が即位したため(廟号明宗《ミョンジョン》、在位一五四五〜六七)、形勢は一気に逆転した。このとき明宗は満十一歳と幼かったので、生母の文定王后(聖烈大王大妃《ソンニョルデワンデビ》)が垂簾聴政をおこなった。これに乗じて尹元衡は、彼を支持する鄭順朋《チョンスンボン》、林百齢《イムベンニョン》、許磁《ホジャ》らの勢力(小尹派)と計略をめぐらし、大尹派に対する誣告《ぶこく》を繰り返した。尹任に対しては、鳳城君岏《ポンソングンワン》《がん》(中宗側室熙嬪洪《ヒビンホン》氏の子、明宗の異母兄)をつぎの国王に立てようと画策していると誣告したのに加え、明宗即位の際に桂林君瑠《ケリムグンユ》《りゅう》(成宗三男桂城君《ケソングン》の養子、尹任の父である尹汝弼の外孫)の擁立を企てたとの風聞を流した。また大尹派の中核をなす柳灌《ユグァン》《りゅうかん》、柳仁淑《ユインスク》や桂林君も反逆の陰謀に加担したと誣告した。

結局、同年八月に尹任、柳灌、柳仁淑が賜死とされたのをはじめ十数人が処刑され、大尹派に連なる多くの士林派官僚も流配された。また桂林君は同年十月に絞殺され、鳳城君は一五四七年閏九月に迫られて自尽した(乙巳士禍《ウルササファ》《いっししか》)。以後、尹元衡は乙巳士禍をまぬがれた士林派に対してさらなる弾圧を加え、明宗の外戚として権勢をふるったが、一五六五年四月に文定王后が亡くなると弾劾されて失脚し、同年十一月に隠居先の江陰《カンウム》(黄海北道金川《クムチョン》郡)で自尽した。

書院と郷約

以上みてきたように、十五世紀末から十六世紀前半にかけて発生した大規模な士禍は全部で四度におよぶ。それらは王権の確立をめざす国王と戚臣勢力をも含めた政界内部の権力闘争とが複雑に絡み合って引き起こされたものであり、必ずしも勲旧派による士林派の弾圧とのみ単純化して理解することはできない。しかしいずれの場合も、士林派が大きな打撃を受けたことだけはまぎれもない事実である。史書が「士禍」と表現するゆえんである。

士禍が起こるたびに士林派は政界から追われた。しかしまもなく復活し、しだいに政界のなかで自らの地歩を固めていった。それが可能であったのは、士林派の出身母体である在地士族が彼らの居住地一帯に経済的基盤としての農荘《ノンジャン》(大規模私有地)をもち、また書院《ソウォン》と郷約《ヒャンヤク》を通じて強固な社会的基盤を築いていたからである。

書院とは、儒教の先賢を奉祀する祀廟《サミョ》と子弟教育のための塾とをかねた一種の私学である。十六世紀半ば頃から在地士族《サジョク》によって彼らの居住地域にさかんに設立されるようになった。もともと地方には邑《ウプ》《ゆう》ごとに官学である郷校《ヒャンギョ》が設置されていたが、十五世紀半ば以降、郷校では教授《キョス》、訓導《フンド》(教官)と校生《キョセン》(学生)の質的低下により教育機能の形骸化が進んでいた。書院はこうした郷校に代わって在地士族子弟の教育機関として大きな役割をはたすようになっていった。在地士族子弟が科挙《クァゴ》をへて中央政界へ進出するための足場となったことはいうまでもないが、それとともに、書院で培われた師弟関係や同門関係などの人的紐帯《ちゅうたい》が、士禍により政界を追われた士林派結束のための拠り所ともなった。後述するように士林派官僚が複数の朋党に分かれて争うようになると、同じ朋党に属する書院同士は相互に連携し、党争の拠点としても機能した。

通説では、朝鮮での書院の嚆矢《こうし》は中宗末期の一五四三年に豊基《プンギ》(慶尚北道栄豊郡《キョンサンブクトヨンプン》)に設けられた白雲洞書院《ペグンドンソウォン》とされる。しかし実際には、白雲洞書院に先立ち、十五世紀末までに複数の書院が設立されていたことが文献上に確認される。したがって白雲洞書院を朝鮮最古の書院とすることはできない。ただしこの書院は朝鮮最初の賜額《サエク》書院《ソウォン》ではあった。そしてこの点こそが重要である。賜額書院とは、国王から親筆の扁額を下賜された書院のことである。

そもそも白雲洞書院は、一五四二年に豊基郡守の周世鵬《チュセボン》《しゅうせいほう》が郡民教化のために同郡出身の高麗時代の名儒安珦《アニャン》《あんきょう》を奉祀する祠廟を建立し、翌五三年に儒生教育のための塾をこれに併設したところに始まる。この時点では、白雲洞書院はそれ以前に設立されていた他の書院と大差ない存在であった。ところが一五五〇年二月、ちょうどこのとき豊基郡守であった李滉《イファン》《りこう》の建議により、「紹修書院《ソスソウォン》」という明宗親筆の扁額とともに土地、奴婢、書籍などがこの書院に下賜された。これによって白雲洞書院は紹修書院と改名したが、国王からの賜額は、この書院が国家によって公認されたことを意味した。このできごとは他の書院にも大きな影響を与え、以後各地の書院は先を争って賜額書院となることをめざすようになった。

ところで書院の設立主体であった在地士族は、邑ごとに親睦のための組織をつくっていた。その構成員を郷員《ヒャンウォン》といい、郷員の名簿を郷案《ヒャンアン》といった。郷案への姓名記載は、その地域で当該人物およびその一族が士族の一員として認められた証であった。そのため郷案記載に際しては、血統に瑕疵がないかどうか、対象者の両親と妻父の家柄が厳しく審査された。さらに郷案に姓名が記載されて晴れて郷員となったのちにも、彼らは厳しい規約に従わなければならなかった。郷員が遵守すべき規約を郷規《ヒャンギュ》（郷憲《ヒャンホン》、憲目《ホンモク》などともいう）といい、違反すると除名を含めた厳罰が科された。郷員は一堂に会して意思決定をおこなう場をもっていた。これを郷会《ヒャンフェ》という。郷員は郷会で組織の運営方針を定め、地域社会の諸事に関する輿論を集約した。留郷所《ユヒャンソ》（郷庁《ヒャンチョン》）の座首《チャス》、別監《ピョルガム》も郷会での審議をへて選出された。

なお各邑に設けられていた郷校は、前述のように十五世紀半ば以降教育機能の形骸化こそ進んだが、孔子を祀る釈《ソク》《せき》奠《チョン》《てん》や、中国、朝鮮の聖賢に対する祭祀《チェサ》の場として、さらには郷射礼《ヒャンサレ》、郷飲酒礼《ヒャンウムジュレ》、養老礼《ヤンノレ》などの各種儒教儀礼が挙行される場としては、その後も長く活用されつづけた。在地士族が儒教を媒介として邑を単位に結束するうえで、郷校もまた依然として重要な存在であった点に留意しておかねばならない。

さて、こうした各地の在地士族がそれぞれの居住する地域社会での普及に努めたのが郷約であった。十一世紀初めに中国北宋の呂大鈞《だいきん》、大臨《だいりん》兄弟が郷里の藍田《らんでん》（陝西《せんせい》省西安市）でおこなった「呂氏郷約」がその嚆矢とされる。朝鮮では、朱熹がこれを補訂した『増損《チュンソン》呂《ヨ》氏郷約《シヒャンヤク》』が中宗治世下の一五一七年に金安国により朝鮮語に翻訳・刊行された。士禍のため十分な成果はあげられなかったものの、趙光祖がその全国実施をめざしたことは既述のとおりである。郷案は道徳の実践と相互扶助のための規約であり、「徳業相勧」「過失相規」「礼俗相交」「患難相恤」をその重要骨子とする。十六世紀後半から十七世紀初頭にかけて各地の在地士族は『増損呂氏郷約』を模して多様な郷約を作成し実施した。郷約を通じて朱子学に基づいた倫理遵守を邑の住民全体に強制し、その教化をはかるとともに在地士族主導の地域社会支配秩序の確立を企図したのである。

東人と西人

一五六七年六月、明宗が病により没したのにともない、徳興君《トクングン》昭《チョ》《ちょう》（中宗側室昌嬪《チャンビン》安《アン》氏の子）の三男である河城君《ハソングン》鈞《キュン》《きん》が国王に即位し（廟号宣祖《ソンジョ》、在位一五六七～一六〇八）名を昖《ヨン》《えん》に改めた。傍系から新国王を迎えたのは明宗に後継者たるべき嫡子嫡孫がいなかったためだが、宣祖の即位によって明宗の外戚勢力は退潮をよぎなくされた。しかも宣祖は即位すると勲旧派を退けて士林派を大量に登用した。こうして政界での士林派の優位は決定的となり、彼らが政治の主導権を握った。士林派政権の成立である。

しかしそれから程なくして今度は士林派内部に争いが生じ、やがて士林派は二派に分裂することとなる。その発端となったのは、沈《シ》義謙《ミギョム》と金《キ》孝元《ミョウォン》の反目である。沈義謙は明宗妃である仁順王后《インスンワンフ》沈《シム》氏の弟である。つまり彼は王室の戚臣でもあったのだが、宣祖即位後も承政院《スンジョンウォン》右《ウ》承旨《スンジ》や司諫院《サガヌォン》大司諫《デサガン》などの要職を歴任し、人望も厚かった。一方の金孝元は李滉、曹植《チョシク》の門人で、当時の新進士林を代表する人物の一人であった。

一五七三年、金孝元が前任者の呉健《オゴン》により吏曹正郎《イジョジョンナン》(正五品)に推薦された。文臣人事を管掌する吏曹の諸職のなかでも実務担当の中堅官僚である正郎《チョンナン》と佐郎《チャラン》(正六品)は吏曹銓郎《イジョジョルラン》《せんろう》と総称され、慣例上大きな権限が付与されていた。そのためこの二つの職は重視され、任用に際しては権臣による情実人事を避ける意図から前任者による後任推薦(もしくは拒否)権が認められていた(一五七五年まで)。呉健が金孝元を推薦したのはそのためである。ところが当時吏曹参議《イジョチャミ》(正三品)の地位にあった沈義謙は、金孝元が明宗の外戚である尹元衡の門客であったことを理由にその吏曹正郎就任に強く異を唱えた。結局、同門士林の後援を得た金孝元は翌一五七四年七月に吏曹正郎となったが、一年後の一五七五年に同職を離任する際、後任として沈義謙の弟である沈忠謙《シムチュンギョム》が推挙されると、戚臣であるとしてこの人事に拒否権を発動した。

この一件により沈義謙と金孝元の対立は一気に深まり、士林派もこの二人のどちらを支持するかで大きく二派に分かれた。金孝元を支持したのは士林派のなかでも彼と同じく李滉、曹植を師とあおぐ金宇顒《キムオン》《きんうぎょう》、柳成龍《ユソンニョン》、李山海《イサネ》、鄭述《チョング》《ていきゅう》といった人びとであり、沈義謙の側についた士林派は李珥《イイ》《りじ》、成渾《ソンホン》《せいこん》、尹斗寿《ユンドゥス》ら、主として李珥の学派に連なる人びとであった。当時金孝元の自宅は漢城の東側に位置する乾川洞《コンチョンドン》(ソウル市中《チュン》区乙支路《ウルジロ》洞)にあったのに対し、沈義謙の自宅は西側の貞《チョン》洞《ドン》(同貞洞)にあったため、金孝元を支持した人びとを東人《トンイン》、沈義謙を支持した人びとを西人《ソイン》と呼んだ。そしてこの両派はやがて朋党を形成するようになった(東西分党《トンソブンダン》)。

士林派の分裂は、明宗代の戚臣・権臣政権下で任用された者と宣祖即位後に新たに登用された者という士林派内部における先輩《ソンベ》、後輩《フベ》間の対立構造が人事権の掌握をめぐる沈義謙と金孝元の反目を直接の契機として表面化したものであった。政界進出の背景と政治上の利害を相互に異にする集団間の対立であったために、士林派は分裂せざるをえなかったともいえるであろう。

李珥は両派の争いを調停しようと努力した。しかし状況は改善せず、一五八四年一月に彼が亡くなると両者和解の道はまったく絶たれてしまった。当初、政界で優位を占めていたのは東人であったが、一五八九年十月、全羅道《チョルラド》地方で鄭《チョン》汝立《ヨリプ》を首謀者とする謀反事件が発生すると、これに連座するかたちで西人による東人の大規模な粛清がおこなわれた。李潑《イバル》《りはつ》、李洁《イギル》《りきつ》、白惟譲《ベギュヤン》、柳徳粋《ユドクス》、柳夢井《ユモンジョン》らが拷問により死亡したのに加え、崔永慶《チェヨンギョン》も獄死し、鄭介清《チョンゲチョン》は流配先で亡くなった。さらに金宇顒、鄭彦信《チョンオンシン》《ていげんしん》らが流配されたほか多くの者が罷免されるなど、東人は大きな打撃を受けた（己丑獄事《キチュクオクサ》）。またこれ以後、全羅道地方は反逆の地とされ、この地方の出身者の登用が大幅に制限された。

ところがそれからまもなくして、今度は東人が巻返しにでた。一五九一年二月、西人の領袖であった鄭澈《チョンチョル》《ていてつ》が王世子冊立を建議したところ、東人の李山海らに陥れられ、鄭澈本人のほか、白惟咸《ベギュハム》、柳拱辰《ユゴンジン》《りゅうきょうしん》、李春英《イチュニョン》、尹斗寿ら多くの西人系官僚が流配された。これにより東人が再び実権を握り、以後そうした状況が三〇年余り続いた。またこのとき、鄭澈の処遇など西人への態度の違いから東人は二派に分かれた。穏健派を南人《ナミン》、強硬派を北人《プギン》という。南人の大多数は李滉の学統を引く人びとであったのに対し、北人はおもに曹植の学統に連なり、己丑獄事に際して厳罰に処された者やその流れを汲む人びとが中心であった。南人は禹性伝《ウソンジョン》《うせいでん》、柳成龍、北人は李潑、李山海が集団の中核的存在であったが、両派の名称は東人、西人同様、漢城内にあった禹性伝、李潑それぞれの自宅の位置に由来する。分裂当初は南人が政権の中枢を占めた。

党争と朱子学の隆盛

士林派がいまみたような東人、西人、南人、北人などの朋党に分かれて繰り広げた権力闘争のことを、一般に党争《タンジェン》と呼ぶ。党争は十六世紀末から十八世紀末にかけての朝鮮政治史を特徴づけるものであり、時代がくだるにつれてそれはしだいに熾烈さを増していくことになる。

では、そもそもなぜ十六世紀末以降、複数の朋党が形成されるようになるのか。その背景としてまず指摘できるのは、

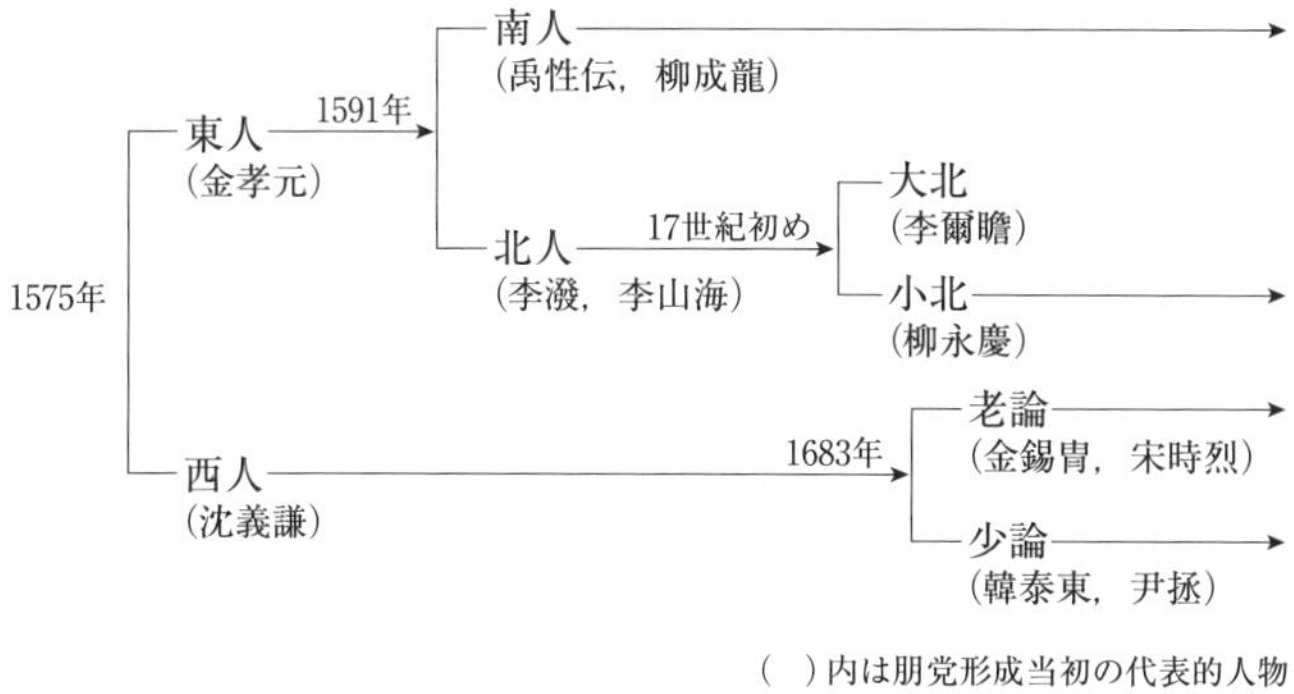

図24　党争と四色党派の形成

士林派の政権獲得にともなう公論政治《コンノンジョンチ》の実現と政治参与層の拡大という事実である。十五世紀末から十六世紀前半にかけて、あいつぐ士禍により政界を追われた人物の評価や再登用、あるいは勲旧派の専横批判などをめぐって全国の在地士族や儒生らのあいだで輿論が形づくられ、しだいにそれが公論《コンノン》として中央の政治にも影響をおよぼすようになった。十六世紀後半に士林派が政権を獲得すると、政治運営はそうした公論を反映したかたちでおこなわれるようになり、その結果として公論を通じて政治に参与する階層の拡大をもたらしたのである。朋党とは、そうした政治参与層の拡大により生み出された、政治上の立場と利害を同じくする者の集団であった。朋党が中央政界の官僚だけでなく、やがて在地士族をもその構成員とするようになるのは当然のなりゆきであった。

朋党形成の背景としてもう一つ重要なのは、十六世紀後半以降政界に朋党の存在を許容する雰囲気が醸成された点である。国王を頂点とする中央集権的統治体制をめざした朝鮮では、本来官僚が朋党をつくることは君臣間の秩序を毀損する行為として厳禁されていた。しかし士林派が政治的に成長してくると、君子が組織する真朋は奨励するが小人の党は排斥すべきとする欧陽脩《おうようしゅう》の「君子小人論」をはじめ、朋党の存在を条件つきで認める朱子学の理論が脚光をあびるようになり、朋党の存在は事実上公認された。

こうして形成された朋党が政治上の立場や利害を同じくする者の集まりであったことは既述のとおりである。ただし政治上の立場・利害だけが朋党の構成原理であったわけではない。すでに簡単にふれたように学派や学統といった学問上の系譜関係、さらには地縁関係、血縁関係のような人的紐帯もまた重要な朋党構成原理として作用したことを忘れるわけにはいかない。士族の一員であれば、中央官僚はもちろん在地士族であってもいずれかの朋党に属し、それが学問上の子弟関係や親子関係、同族関係などを通じて代々継承されていったのである。党争の長期化をもたらした大きな理由の一つはこの点にあった。

ここで、朋党の構成原理としても大きな位置を占めていた当時の学問の状況についてみておきたい。この場合の学問とはいうまでもなく朱子学（性理学《ソンニハク》）を指す。第六章で述べたとおり（二八八頁参照）、朱子学は高麗末期の十四世紀以降に朝鮮半島に伝来し、朝鮮時代には官学の地位を獲得した。しかし新王朝の制度整備が急務であった十五世紀半ば頃までの中央政界では、朱子学とはいってもおもに文書行政の運営に有益な詞章中心の実用的学問が主流をなしていた。鄭道《チョンド》伝《ジョン》や権近《クォングン》などが当時の代表的な朱子学者である。これに対して士林派やその主要な出身母体であった在地士族のあいだでは、人間存在の意味を問い、それに基づいて修養に努める思弁的・哲学的な傾向の強い学問が重視された。そこには、中央政界との関わりを絶ち、長く地域社会にあって学問研究と後進指導に専念してきたという彼らのおかれた状況が関係していることはいうまでもない。公論政治を標榜する士林派にとって、朱子学の道徳観や倫理観は公論正当化の根拠としても重要であった。

十六世紀後半に士林派が政権を獲得すると、当然ながら前者に代わって後者の学問が主流となった。それにともない朱子学の理論研究もいっそう活発化し、深められていった。その結果、朝鮮朱子学ともいうべき独自の体系化が成し遂げられたが、その中心人物が李滉と李珥であった。この二人は、その実名よりも号を付けた李退渓《イテゲ》《りたいけい》、李栗谷《イユルゴク》《りりっこく》という呼び名のほうがよく知られている。李滉は「東方の小朱子」、李珥は「東方の聖人」とも称され、朝鮮中期を代表する朱子学者である。しかし二人の学説には大きな違いがあった。

朱子学が説く理論の一つに理気説がある。宇宙の成立ちを理《イ》（気を動かす法則、原理）と気《キ》（物質の根源）という二つの概念を用いて説明するものである。ところが李滉と李珥の学説は、この理と気のどちらをより根源的なものとみなすかという点で異なっていた。李滉は李彦迪《イオンジョク》《りげんてき》の学説を継承して理を重視する主理説《チュリソル》を唱えたのに対し、李珥は徐敬徳《ソギョンドク》の学説を継承して気を重んじる主気説《チュギソル》を主張した。(4) これにともない当時の他の学者も主理派である嶺南(慶尚道)学派と主気派である畿湖《キホ》(京畿《キョンギ》と忠清道《チュンチョンド》)学派に分かれた。前者としては柳成龍、金誠一《キムソンイル》、鄭逑ら、後者としては金長生《キムジャンセン》、鄭曄《チョンヨプ》《ていよう》らの名前をあげることができる。

主理説と主気説はその後長く朝鮮朱子学の二大学説として併存することとなるが、こうした学問上の対立ないし学派の相違が東人、西人の構成原理とほぼかさなることは、あらためて指摘するまでもないであろう。以後の朋党形成(分裂)もやはり学問上の対立と結びついた場合が多い。党争が基本的に朱子学の理論闘争という形態をとったのはそのためであった。

仏教、書籍編纂、文学、芸術など

朱子学の隆盛とは裏腹に、仏教《ブルギョ》は朝鮮建国後もっぱら排斥の対象となり、全体的に衰退した。太宗治世下の一四〇六年三月に全国の寺院数を二四二寺まで削減し、寺院の財産と僧侶の定員を細かく規定する措置がとられたことは第六章で述べたが、こうした寺院統制策は太宗を継いだ世宗《セジョン》の治世下でもさらに進み、一四二四年四月までのあいだに従来七つあった宗派(曹渓宗《チョゲジョン》、天台宗《チョンデジョン》、華厳宗《ファオムジョン》《けごんしゅう》、慈恩宗《チャウンジョン》、中神宗《チュンシンジョン》、摠南宗《チョンナムジョン》、始興宗《シフンジョン》)が禅宗《ソンジョン》と教宗《キョジョン》の二宗に統合され、寺院数も各宗一八寺に制限された。このほか、すでに王朝建国直後から度牒《トチョプ》制(出家許可制)を施行して恣意的な出家を禁じる措置がとられるとともに、僧侶は都城修築などの労役にもしばしば駆り出された。下級の僧侶はしだいに賤視の対象となった。

このように寺院や宗派といった仏教関係組織や僧侶に対しては厳しい統制、排斥が加えられた一方で、国王のなかには太祖《テジョ》や世祖のように仏教を篤く信仰した者もあった。さらに王妃をはじめとする王室内の女性は基本的に仏教信者であった。一四四六年のハングル制定後に刊行されたハングル使用書籍中に多くの仏教関係書籍が含まれていたのはそうした状況の反映である。とくに世祖は一四六一年から七一年にかけて刊経都監《カンギョンドガム》という臨時の官府を設置し、『楞厳経諺解《ヌンオムギョンオネ》《りょうごんきょうげんかい》』(一四六二年)をはじめとする仏典のハングル訳書を多数刊行したことで知られる。さらに世祖は、荒廃していた漢城《ハンソン》内の興福寺《フンボクサ》(高麗時代創建)を一四六四年五月に円覚寺と改称して重建し、伽藍の整備に努めた。現在の塔洞《タプコル》公園(ソウル市鍾路《チョンノ》区鍾路一・二・三・四街洞所在)はその跡地であり、当時つくられた十層石塔が今も現地に残っている。

一四〇三年二月の鋳字所《チュジャソ》設置以降、銅活字印刷による書籍刊行が盛んになり、世宗代(一四一八〜五〇年)には集賢殿学士による各種書籍の編纂刊行が活発化したこともすでに第六章で述べた。こうした国家主導による書籍の編纂刊行事業は、その後も継続した。その中核をなしたのは歴史書の編纂と刊行であった。狭くは朝鮮建国の正当性を示すものとして、広くは政治の鏡として、歴史書が重視されたからである。

朝鮮建国以前の歴史を叙述した歴史書としては、新王朝建国直後に始まった高麗の正史編纂事業の産物である紀伝体の『高麗史《コリョサ》』(一四五一年)と編年体の『高麗史節要《コリョサジョリョ》』(一四五二年)、朝鮮の始祖とされる檀君《タングン》から高麗滅亡までの通史である『東国通鑑《トングクトンガム》』(一四八四年)などをあげることができる。一方、朝鮮自身の歴史については、太祖以下歴代国王の治績を編年体で叙述した『実録』(『李朝実録《イジョシルロク》』『朝鮮王朝実録《チョソンワンジョシルロク》』などと総称される)が編纂された。『実録』は王朝の公式記録であった。『太祖実録《テジョシルロク》』(一四一三年、五一年改訂)から『太宗実録《テジョンシルロク》』(一四三一年、四二年改訂)までは当初手写本一部のみがつくられたが、一四三九年に手写本三部が追加され、『世宗実録《セジョンシルロク》』(一四五四年)以後は清書本一部と活字印刷本三部がつくられた[5]。同一書が複数部作成されたのは戦乱や火災などによる亡失を防ぐためで、これらは春秋館《チュンチュグァン》(国王の日々の記録と歴史書編纂を管掌する中央官府)と地方各地に設けられた史庫《サゴ》に分けて保管された。

歴史書とともに国家がその編纂に力を入れたのが地理書である。王朝建国後最初にまとめられた全国規模の地理書として『新撰八道地理志《シンチャンパルドジリジ》《しんせんはちどうちりし》』(一四三二年)がある。現物は伝わらないが、その内容は『世宗実録』付録の「地理志」にほぼそのまま反映されている。全国地理志の決定版といいうるのが『東国輿地勝覧《トングクヨチスンナン》』（一四八一年）であり、各道、邑の地誌のみならず、沿革や歴史、さらにはそれらに関する漢詩文をも多数おさめる。その後同書は増補され、『新増東国輿地勝《シンジュンドングクヨチスン》覧《ナン》』として一五三一年に刊行された。なお同書への詩文の収録は、当時進められていた漢詩文集の『東文選《トンムンソン》《とうもんぜん》』（一四七八年）編纂と対応していた。『東文選』は徐居正《ソゴジョン》らが世宗の命を受けて編纂したもので、古代から十五世紀までの漢詩文が精選されて収録されている。一五一八年にはこの続編として申用漑《シニョンゲ》、金詮《キムジョン》《きんせん》、南袞らが中宗の命を受けて編纂した『続東《ソクトン》文選《ムンソン》』も完成している。

この時期の文学と芸術についてもここで簡単にふれておこう。まず文学では、漢詩文の分野で前出の『東文選』『続東文選』があり、説話文学の分野で徐居正の『筆苑雑記《ピルウォンジャブキ》』（一四八七年）、魚叔権《オスックォン》の『稗官雑記《ペグァンジャブキ》《はいかんざっき》』（十六世紀半ば）、成俔《ソンヒョン》《せいけん》の『慵斎叢話《ヨンジェチョンファ》』（一五二五年）、小説の分野で金時習《キムシスプ》の『金鰲新話《クモシンファ》《きんごうしんわ》』（十五世紀後半）をあげることができる。これらはいずれも純粋な漢文学である。これらに対して朝鮮独自の定型詩である時調《シジョ》は士族の教養として流行した。妓女の黄真伊《ファンジニ》や朴仁老《パギルロ》、申欽《シヌム》《しんきん》、尹善道《ユンソンド》などが優れた作家として知られる。やはり朝鮮独自の散文詩として歌辞《カサ》があり、「関東別曲《クァンドンビョルゴク》」（一五八〇年）の作者である鄭澈が著名である。

つぎに音楽では、やや時代は遡るが世宗代に朴堧《パギョン》《ぼくぜん》が宮廷音楽に使用する楽器の製造や楽譜の整理を進め、その後、成宗治世下の一四九三年には成俔らが王命により解説書かつ理論書である『楽学規範《アッカッキュボム》』を撰進した。士族など社会上層のあいだでは時調や歌辞などが節をつけて歌唱され、また伽耶琴《カヤグム》をはじめとする楽器も演奏された。庶民の歌謡としては各種の民謡のほか巫堂《ムーダン》の巫歌《ムガ》や僧侶の梵歌《ポムガ》などがあり、奏楽としては農民による農楽《ノンアク》が今日まで伝わる。絵画では、安《アン》堅《ギョン》、姜希顔《カンヒアン》、申師任堂《シンサイムダン》などの画家が創作活動に従事した。安堅は中央官府の一つである図画署《トファソ》（国家や王室の行事・儀礼などに関する絵図を作成する中央官府）の画員《ファウォン》で、「夢遊桃源図《モンユドウォンド》」の作者としても知られる。姜希顔は文人画家で、山水画や人物画に秀でていた。申師任堂は李珥の母で、山水画や植物、昆虫などを描いた。また書芸では、世宗三男の安《アン》平大君瑢《ピョンデグンヨン》《よう》と金紘、楊士彦《ヤンサオン》《ようしげん》、韓濩《ハノ》《かんご》の四人がとくに四大書家とされる。

当時建立された建築物の多くは兵乱や火災などで消失し、のちに再建されたものが少なくない。そのようななか、城門では漢城の崇礼門《スンネムン》(6)や開城《ケソン》（黄海北道開城市）の南大門《ナムデムン》、平壌《ピョンヤン》（平壌市）の大同門《テドンムン》など、寺院では神勒寺《シルルクサ》（京畿道驪州《ヨジュ》市所在）の祖師堂《チョサダン》、海印寺《ヘインサ》（慶尚南道《キョンサンナムド》陜川《ハプチョン》郡所在）の経版庫《キョンパンゴ》、松広寺《ソングァンサ》（全羅南道《チョルラナムド》順天《スンチョン》市所在）の国師殿《ククサジョン》などが創建当時の姿を今日まで残している。陶芸では、高麗までの青磁《チョンジャ》に代わり粉青沙器《プンチョンサギ》や白磁《ペクチャ》が中心となり、おもに広州《クァンジュ》（京畿道広州市）一帯や高霊《コリョン》（慶尚南道高霊郡）などに設けられた官窯で生産された。

2　社会と経済の変動

土地制度の変動

朝鮮《チョソン》は建国後一〇〇年近くの歳月をかけて統治のための諸制度を整備し、十五世紀末までに支配体制を確立させた。王朝の基本法典である『経国大典《キョングクテジョン》』が一四八四年に最終的に完成し、翌八五年一月から施行されたことからも、それはうかがい知れる。ところが社会・経済の側面に注目すると、すでに十五世紀後半頃からさまざまな方面で変動の兆しがみえ始めることも否定できない。十六世紀にはいるとそれらはしだいに本格化していく。

そうした社会・経済の変動として第一に指摘できるのは、収租権分給制度としての私田《サジョン》制度の崩壊と私的土地所有の進展である。ここでいう収租権分給制度としての私田制度とは、科田法《クァジョンポプ》のことである。科田法は、高麗《コリョ》末期に趙《チョ》浚《ジュン》、鄭道伝《チョンドジョン》などの新興儒臣が主導したいわゆる田制改革の結果として高麗滅亡直前の一三九一年五月に制定され、朝鮮建国後も官僚に土地の収租権を分給する制度として存続した。科田法では官位・官職保持者に対し、現職であるか否かを問わずその官位・官職の高下に応じて一八科（等級）に区分された所定面積の科田（ただしその収租権）が分給された。科田は受給者である田主《チョンジュ》が死亡すれば国家に回収されるべきものとされたが、実際にはその一部が守信田《スシンジョン》や恤養田《ヒュルヤンジョン》《じゅつようでん》(7)の名目で田主の死後も遺族の手元に残され事実上の世襲が認められた。それだけではなく、功臣田《コンシンジョン》、別賜田《ピョルサジョン》(8)など国王の恩典として支給された特殊な私田の場合は、そもそも当初から世襲が許可されていた。

科田をはじめとするこのような私田世襲化の公認は、朝鮮建国後、科田の支給対象者である官僚の増加ともあいまって科田不足という事態を生じさせることになった。科田不足は早くも十五世紀初頭から政府内で問題視されており、太《テ》宗《ジョン》、世宗《セジョン》代(一四〇〇〜五〇年)には、従来京畿《キョンギ》内に限定されていた科田を穀倉地帯である三南《サムナム》(忠清道《チュンチョンド》、全羅道《チョルラド》、慶尚道《キョンサンド》)地方に移転し、代わりに三南地方の公田の一部を京畿に移す措置がしばしば検討されたが、実施にはいたらなかった。

その後も科田不足の問題は抜本的な解決を得ないまま推移したが、世祖《セジョ》治世下の一四六六年八月になって科田は廃止され、新たに職田《チクチョン》の分給がおこなわれるようになった(職田法《チクチョンポプ》)。職田は現職者のみを分給対象者とした。つまり収租権分給者を現職者に限ることで、科田不足問題の解決をはかったのである。と同時に、この制度改革には世祖の王権強化策の一環として私田に対する国家の統制力を強化するという意図も込められていたと考えられる。成宗《ソンジョン》治世下の一四七八年七月から実施された職田租の官収官給制も、その延長線上に位置づけられる。これは職田での租の徴収とその田主(私田の被給者)への支給を国家が代行するものであった。その実施により私田に対する田主の権利は大幅に制限され、もはや田主にとって私田は国家による禄俸《ノッポン》支給と大差ないものとなった。そうしたなか一五五六年頃には職田の分給自体が廃止された。そしてこれをもって官僚への収租権分給制度としての私田制度は消滅した。

十六世紀後半になって収租権分給制度としての私田制度が消滅した背景として、官僚やその出身母体である在地士《サ》族《ジョク》による私的大土地所有の進展、換言すれば彼らの地主としての成長という事実をあげることができる。この時期、官僚や在地士族は地方に農荘《ノンジャン》とも呼ばれる広大な私有地を保有しており、すでに国家による収租権分給に依存する必要がなくなっていたのである。官僚、在地士族層による私的大土地所有の進展は、一方で農民の階層分化を促し、多くの農民が自作地を失って小作農へと転落した。官僚や在地士族の私有地では、こうした農民を使役し、収穫の半分を地主におさめる並作《ビョンジャク》半収制《バンスジェ》による地主・小作経営が一般化した。

貢納における防納の一般化

十五世紀後半頃から十六世紀にかけて生じた社会・経済の変動として第二にあげるべきは、貢納《コンナプ》における防納《バンナプ》の一般化である。防納とは、貢物《コンムル》・進上《チンサン》として中央官府や王室に納入される各種物資の調達と実際の納付を、本来それらを割り当てられた各邑《ウプ》《ゆう》に代わって請け負う行為をいう。防納従事者は、自身が請け負った物資の代価を当該邑の民戸から米や綿布のかたちで徴収して利益をあげた。貢納における防納はすでに朝鮮建国当初から記録に確認できる。しかしとくにそれが活発化するのは十五世紀後半以降のことであり、十六世紀になると一般化した。

それにはいくつかの理由がある。最初に指摘できるのは、貢物・進上の調達と納入を課せられた民戸の負担の重さである。貢納はその賦課対象品目が多岐にわたり、しかも地方官府で調達される一部のものを除けば、大多数の物資の調達と輸送は基本的に一般民戸に課せられた。民戸はおもに徭役《ヨヨク》を通じて多種多様な貢物・進上物資の調達と輸送に動員された。それ自体が過重な負担であったことはもちろんだが、これに加えて、民戸に対する明確な賦課基準が定められていなかったことから、民戸間で負担の不均等という問題も生じた。多くの場合、富裕な民戸は負担を逃れ、そのしわ寄せを受けて貧寒な民戸ほど重い負担にあえぐことになった。

だが民戸負担の重さの問題はこの点だけにとどまらない。貢物・進上の分定に際しては邑ごとにその地の産物の状況が考慮されることになっていたが、実際にはその邑で産出しない物資の調達が割り当てられることも頻繁にみられた。さらにかつてはたしかに産出していたとしても、時間の経過や環境の変化にともない資源が枯渇して調達できなくなる場合も少なからずあった。しかしいずれの場合であれ、いったん貢案《コンアン》(歳入予定台帳)に記載された品目と数量は長期間維持され、そうしたいわゆる不産貢物の調達が、それらを賦課された民戸の負担をいっそう重いものとした。

　貢納における防納出現の第二の理由は、貢納それ自体が制度として構造的な不備・矛盾をかかえていた点である。貢納では賦課対象品目が多岐にわたるだけでなく、納入先機関もまた多岐にわたり、納入元の各邑と納入先の各機関とが品目ごとに複雑な関係を築いていた。そのため納入手続きが極めて煩雑となり、それが納入実務に従事する担当官吏の不正を誘発する一因ともなった。そうした当時の代表的な不正として、点退《チョムテ》をあげることができる。これは、貢物・進上の収納時に各官府でその品質を点検し、基準に満たないものの納入を拒否して却下することである。不良品の納入を防ぐための手続きの一つであったが、各官府の胥吏《ソリ》《しょり》や公奴婢《コンノビ》らはこの仕組を悪用し、貢物・進上を持参した各邑の郷吏《ヒャンニ》などに賄賂を強要した。前述した賦課基準の曖昧さにともなう民戸間の負担の不均等という問題や、貢案の長期固定性に由来する不産貢物調達の問題なども、もとをただせば貢納における構造的な不備・矛盾の一つということができる。

　防納は、貢納がはらむこれらの問題点のゆえに必然的に出現した。防納はその当初から広く社会各層の人びとによりおこなわれたが、十五世紀前半には中央官僚や守令《スリョン》、それに僧侶、商人などによる防納が一般的であった。ところが十五世紀後半以降になると貢物の受入担当者でもある中央各官府の胥吏と公奴婢が防納を独占するようになり、以後十六世紀にかけて彼らは専業化の傾向を強めていった。

　防納従事者は王族や政府高官などの有力者と結託し、民戸から法外な額の代価を徴収して暴利を貪った。その結果、民戸はその負担に苦しむこととなった。むろん政府もこれを傍観していたわけではない。記録に確認できる最初の禁断措置は、一四〇九年三月のことである。しかしすでに慣例化していた防納を根絶することは難しく、また前述の不産貢物の調達問題など、貢納制それ自体が防納なしでは成り立たない側面を有していたこともあって、しだいに部分的な防納を認めざるをえなくなり、結局一四五五年から五九年までのあいだにそれは全面的な公認へと拡大した。

　だが防納の弊害はやはり看過できず、一四六八年十月には一転して再び禁令が出された。以後、後述する大同法《テドンポプ》の施行にいたるまでこの禁令が維持された。しかしそれにもかかわらず防納はいっそうの隆盛を極め、いまも述べたように中央各官府の胥吏や公奴婢などを中心に独占化と専業化が進んだ。このような状況のなかで、貢納はその直接負担者であった一般民戸にとって事実上米や綿布を納入する負担へと変貌した。

賦役の布納化

十五世紀後半から十六世紀にかけての社会・経済変動の第三は、賦役《プヨク》における代役《テヨク》と布納《ポナプ》化の進展である。賦役は労働力を徴発するものであったが、そのような賦役でも労働力の代わりに綿布を納入・徴収することが十五世紀後半から十六世紀にかけて一般化していった。それはとくに身役《シニョク》において顕著にみられ、しかもいくつかの側面で同時進行的に進んだところに特徴がある。

例えば身役立役者である正丁《チョンジョン》の助役《チョヨク》者として設定された奉足《ポンジョク》の負担は、すでに十五世紀前半には正丁への綿布納入とされていた。ただしこれはあくまで正丁、奉足間でのことであり、政府や担当の官吏が直接関知していたわけではない。したがって奉足が助役価として正丁におさめる綿布の額にも公的な規定は存在しなかった。しかしそれゆえにこそ正丁は多額の綿布を奉足から徴収したため、奉足の疲弊を招いた。そこで一四六九年三月にはじめて納付額が公定された。これは、奉足の正丁への綿布納入を政府が公式に認めたことを意味する。

また私奴婢《サノビ》が逃亡したり、良役《ヤンヨク》のうち軍役《クニョク》以外の労役で立役者の怠慢・忌避による欠役が生じたりした場合、役価と称して贖罪のための綿布徴収が朝鮮建国当初からおこなわれており、すでに十五世紀前半にはその額も公定されていた。一方軍役では、そのなかでもとりわけ負担の重かった水軍《スグン》を対象に、地方軍の指揮官が立役者から綿布などを収賄して役負担を免除する行為がやはり十五世紀前半から横行していた。こうした放軍収布《パングンスポ》は明確な違法行為であり、貧寒者に役負担が集中する弊害もあったため、政府はこれを厳しく取り締まった。しかし十五世紀後半以降には水軍以外の軍役にも急速に拡大していった。

　このほか、身役において立役者が自身に代わって綿布による代価の支給と引き替えに他の者を立役させる行為を代役といい、やはり朝鮮建国当初からみられた。これも違法行為として禁断の対象とされたが、政府はそれを抑えることはできず、一四五八年十一月に賤役《チョニョク》である選上奴《ソンサンノ》の代役が公認され、七〇年八月にその代役価が公定されたのを皮切りに、段階的に公認されていった。正兵《チョンビョン》や水軍でも一四九三年五月、本務以外の労役に使役する場合に限り代役を認めたが、十六世紀にはいるとそうした制限は有名無実化し、代役は常例化した。

　こうして身役は正丁や奉足にとっては綿布をおさめる人頭税的な性格のものとなり、国家はその収入を財源にして兵士や労働者を雇用する給価《クプカ》雇立制《コリプチェ》へとしだいに移行した。こうした現象は身役のみにとどまるものではなく、徭役においても十五世紀末以降、同様の変動が進行した。

貢納制度改革論議

　このように朝鮮では十五世紀後半頃から社会・経済の各方面でさまざまな変動がみられるようになり、十六世紀にはそれが本格化した。なかでも貢納における防納の一般化と賦役における布納化の進展は、それまで多様な形態で賦課されていた民戸の税役負担が米、綿布へと一元化していく過程としてとらえることが可能である。そしてその背景には、十五世紀以降農民の小経営がしだいに発展し、労働力よりも土地の生産物を徴収するほうが支配する側にとっても利益が大きくなったという事情があった。朝鮮建国以来整備されてきた収取の体制がここにいたって現実社会のありようと齟齬《そご》をきたすようになってきたのである。

　しかしその一方で、貢納における防納の一般化は利益追求をめざす防納従事者による法外な代価徴収という弊害を生じ、民戸をおおいに苦しめた。防納の代価は貢物の時価に比べて一〇倍から一〇〇倍にも達したとされる。そもそも防納は、負担の不均等や不産貢物、複雑な納入手続きなど、貢納制度自体に内在する構造的な不備・矛盾に由来するところが少なくなかった。初期に試みられた防納の禁断措置が徹底しえなかったのもそのためである。結局、防納の弊害を抜本的に解消するためには貢納制の制度改革が必要であった。

かりに防納の弊害がなかったとしても、貢納の制度的不備・矛盾は貢物・進上物資の調達に使役される民戸の負担を重いものとしていた。しかもいまも述べたように従来の収取体制と現実社会とのあいだにずれが生じている状況にあって、国家財政の相当な部分を占める貢納の改革はやはり焦眉の課題に違いなかった。こうして十六世紀にはいると、貢納の制度改革が重要な政策課題として政府内で論議されるようになった。

まず中宗反正《チュンジョンバンジョン》により趙光祖《チョグアンジョ》をはじめとする士林派《サリムパ》が政治を動かすようになると、当時用いられていた「壬戌貢案《イムスルゴンアン》」を対象に、貢物・進上の産・不産および足・不足の不均等を是正しようとする論議が一五一四年から始まった。「壬戌貢案」とは、王室供上品《コンサンプム》を加徴するために一五〇二年にそれ以前の貢案を改訂したもので、燕山君《ヨンサングン》治世下の乱脈財政の象徴でもあった。貢案改訂作業は必ずしも順調には進まなかったが、数度の試行錯誤をへて一六〇五年に「乙巳《ウルサ》《いっし》貢案《ゴンアン》」が新たに制定されることで一段落した。

「乙巳貢案」は大同法実施まで基本的な貢案とされた。しかしこのような貢案改訂論は「任土作貢《イムトジャッコン》」（その土地の産物に応じて貢納品を設定する）という貢納本来の原則を維持したまま、過重で不均等な民戸負担を解消することのみをめざしたものであり、あくまでも貢納の存続を前提とした改革論議であった。貢案改定は当時「貢案詳定《コンアンサンジョン》」とも表現されたが、十六世紀後半になると、このようなたんなる貢案改定にとどまらない貢納制度改革が「貢案詳定」の名のもとに論議されるようになった。

それは、各邑に分定された各種貢物の時価を米または綿布に換算して算出し、それを道ないし邑を単位に割り当て、当該道、邑内の土地面積に応じて一結《キョル》当りの賦課額を決定するというものであった。現物から米ないし綿布へと民戸の負担を変更し、徴収した米、綿布を財源にして道ないし邑の単位で所定の貢物を調達・上納することが企図されたわけで、これにより土地の保有額という客観的な指標に基づいて民戸の負担を均等化し、防納従事者による民戸からの法外な代価取立てを防止しようとしたのである。

　収米・収布法実施を前提とした貢案詳定論の代表的なものとして、李珥《イイ》（一五六九年）や金誠一《キムソンイル》（八三年）による主張をあげることができる。まず李珥は、海州《ヘジュ》（黄海南道《ファンヘナムド》海州市）で地税として徴収した米を財源に官で直接貢物を調達して上納しているのを目撃し、救民の良法と激賛した。そしてこれを全国に拡大すれば防納の弊害はすぐさま解消すると述べ、その前提として貢案詳定を提起した。一方金誠一は、当時黄海道の海州、白川《ペクチョン》（黄海南道白川郡）、載寧《チェリョン》（同載寧郡）でおこなわれていた「大同除役《テドンジェヨク》」の全国拡大を求めた。ここでの大同除役とは邑内に分定された各種貢物についてそれぞれ時価を算定し、それを土地に割り当てて負担させるもので、李珥が海州で目撃したものと同一方式の収米法であった。金誠一は貢案詳定を念頭にこうした大同除役の全国化を主張した。

　李珥や金誠一のこうした貢案詳定論からも明らかなように、十六世紀後半には黄海道内の一部の邑で収米・収布法が実施されていた。前述のように防納の一般化にともない民戸の負担も事実上現物から米や綿布に移行していた。そのようななかで防納の弊害を排除した民戸への課税方式が各地でおこなわれていたことがわかる。ただしそれは、国家の法制に基づくものではなく、あくまで守令が自身の裁量でおこなっていた慣行にすぎなかった。

　この時期の貢納制改革論議のなかには、防納従事者に対する取締りや規制強化など、防納行為自体への対応策に関するものもみられないわけではない。しかしそれらの対応策では防納の弊害を除去することはできなかった。防納行為に対する直接的な対応策が困難であるとすれば、防納従事者による代価徴収行為に官が直接関与するほかない。すなわちそれは、先にみた貢案詳定論同様、収米ないし収布法の実施である。防納はもともと貢物の代価として米や綿布を要求する行為であり、収米ないし収布はいわば防納の前提であったからである。こうしてこの時期の貢納制度改革論議は、当時の社会の現状にあわせて民戸から米または綿布を徴収する収米・収布法の実施という方向に収斂していった。

3　日本と清の侵攻

庚午三浦倭乱

対馬を中心とする日本からの渡航船は、朝鮮《チョソン》半島南東岸に設けられた停泊地である釜山浦《プサンポ》（釜山市東区凡一洞《トンボミル》）、乃而浦《ネイポ》《だいじほ》（薺浦《チェポ》《せいほ》とも表記。慶尚南道《キョンサンナムド》昌原《チャンウォン》市鎮海《チネ》区薺徳《チェドク》洞）、塩浦《ヨムポ》（蔚山《ウルサン》市中《チュン》区塩浦洞）のいわゆる三浦《サムポ》を拠点に十五世紀後半になっても活発な貿易活動を展開した。しかし一四九四年三月、公貿易《コンムヨク》、私貿易《サムヨク》のほかに従来認められてきた使節団員の私進《サジン》（私的な物貨取引）が、対価として日本側に支給される綿布の流出防止という理由から一転して禁止された。国内生産の発展にともない貿易額の増大欲求が高まっていた日本側に対し、朝鮮側ではそこまでの必要性を感じてはいなかった。私進の禁止は、日朝間に生じていたこのような一種の貿易摩擦を背景とするが、使節の側からみればそれは待遇悪化であり、不満をいだかせるとともに彼らによる密貿易の横行にも繋がった。また一四六〇年代から九〇年代にかけて、それまで鎮静化していた倭寇《ウェグ》《わこう》が朝鮮半島南部海域で再び活発化すると、三浦恒居倭《サムポハンゴウェ》の増加に手を焼いていた朝鮮政府は彼らに対する締付けを強化した。

これに反発した恒居倭は一五一〇年四月、対馬島主宗氏の支援を受けて三浦でいっせいに暴動を起こし、一時は釜山浦と薺浦の水軍鎮を陥落させるなどの勢いをみせたが、朝鮮側の反撃によりまもなく鎮圧された（庚午三浦倭乱《キョンオサムポウェラン》／三浦の乱）。朝鮮側はこれを期に癸亥《ケヘ》《きがい》約条《ヤクチョ》を破棄して対馬との通交を断絶した。そのため宗氏は朝鮮通交に関するすべての権益を失った。朝鮮との貿易の杜絶は宗氏にとって死活問題であったので、宗氏は通交関係の復活を求めて朝鮮側と交渉をかさね、ようやく一五一二年八月、壬申約条《イムシンヤクチョ》を結ぶにいたった。しかしこの新しい約条では、島主歳遣船《セギョンソン》数は二五隻、歳賜米豆《セサミドゥ》は一〇〇石と、それぞれ癸亥約条の半分しか認められなかったばかりか、三浦への居留は禁止され、停泊地も薺浦一カ所に限定されるなど、対馬側にとっては厳しい内容となった。

その後、十六世紀半ばになって朝鮮半島南部海域では倭寇による暴動があいついで発生した。まず一五四四年四月には倭船二〇隻余りが蛇梁島《サリャンド》《だりょうとう》（慶尚南道統営《トンヨン》郡）を攻め、朝鮮側と交戦ののち退却する事件が起こった（蛇梁倭変《サリャンウェビョン》）。このときも朝鮮側は対馬との通交を絶ったが、交渉の結果、島主歳遣船数は二五隻、[9]停泊地は釜山浦とする丁未約条《チョンミヤクチョ》が一五四七年二月に締結された。しかし一五五五年五月、今度は七〇隻以上の倭船が達梁《タルリャン》（全羅南道《チョルラナムド》海南《ヘナム》郡北平面《プクピョン》）に侵入して付近の諸邑《ウプ》《ゆう》を襲撃し、長興《チャンフン》（全羅南道長興郡）都護府使《トホブサ》が戦死する事件が発生した（乙卯倭変《ウルミョウェビョン》《いつぼう》）。事件後、貿易再開をめぐる交渉の過程で朝鮮側は宗氏に対して倭寇禁圧の強化を求め、宗氏もこれに応えて積極的な協力姿勢を示した結果、一五五七年に結ばれた丁巳約条《チョンサヤクチョ》《ていし》では島主歳遣船数が五隻増加され三〇隻とされた。

十六世紀の日朝関係は、十五世紀のそれと比較すると日本からの通交が大幅に制限されたところに大きな特徴がある。この時期にも、表面上は日本各地からさまざまな人びとが朝鮮に使節を派遣して貿易をおこなっていたようにみえるが、名義上はそうであっても、実際には対馬宗氏がそれらの使節の派遣主体であった。宗氏が偽の日本《イルボン》国王使《ググァンサ》を仕立てていたことは既述のとおりだが、宗氏はしだいに日本国王使以外にも多様な名義を騙って朝鮮に使節を派遣するようになり、貿易によって大きな利益をあげた。

日本の侵攻

日本では十六世紀末、豊臣秀吉が国内統一を達成し事実上の最高権力者となった。すでにそれに先立つ一五八五年九月に「唐《から》入り」（明征服）を表明していた秀吉は、八七年六月にその前段階として朝鮮の服属を求める交渉を対馬島主の宗義調《そうよししげ》、義智《よしとし》父子に命じた。秀吉は朝鮮国王の来日を強く要求したが、義調、義智は小西行長らとはかってこれを秀吉の「天下統一」を祝賀する通信使《トンシンサ》派遣要請にすり替えて交渉を進め、紆余曲折のすえ、一五九〇年七月に黄允吉《ファンユンギル》を正使、金誠一《キムソンイル》を副使とする通信使の来日にまでこぎつけた。ところが秀吉は彼らの来日を朝鮮の服属と誤解し、宣祖《ソンジョ》へ宛てた返書のなかで「征明嚮導」（明征服の案内）を求めた。この返書には朝鮮をあなどった表現も多く、通信使は書換えを強く要求したがかなわなかった。義智ら（義調は一五八八年没）はその後も朝鮮と交渉を続けた。翌一五九一年六月には義智自ら朝鮮に渡航し、「征明嚮導」に代えて「仮道入明」（明征討のために道を借りる）を朝鮮に求めたが、朝鮮側の受け入れるところとはならなかった。

通信使は一五九一年三月に帰国した。しかし宣祖への復命に際して黄允吉は秀吉の朝鮮侵攻を警告したのに対し、金誠一はその可能性はないと反論した。黄允吉は西人《ソイン》、金誠一は東人《トンイン》に属していたが、当時は東人が政権を握っており、金誠一を支持する者が多かった。そのため彼の主張が採用され、朝鮮政府は有事に備えた防衛策をとくには講じなかった。一方、秀吉は着々と明への出撃準備を進め、同年十月には前線基地として肥前の地に名護屋城（佐賀県鎮西町所在）を築城し、翌一五九二年一月に動員令を発した。

こうして一五九二年四月、秀吉の派遣した約一六万の軍勢による第一次侵攻（壬辰倭乱《イムジンウェラン》／文禄の役）が始まった。四月に釜山浦に上陸した第一軍は、釜山鎮城《プサンジンソン》（釜山市釜山鎮区所在）を守る鄭撥《チョンバル》《ていはつ》に「仮途入明」を要求したが無視され、そのまま釜山鎮城、東萊城《トンネソン》（釜山市東萊区所在）を陥落させて北上し、やや遅れて到着した第二軍と途中で合流後、五月には漢城《ハンソン》を占領した。日本軍はその後も北上を続け、六月に平壌《ピョンヤン》を陥落させ、さらに第二軍の一部はその後咸鏡道《ハムギョンド》地方にまで達した。日本軍来襲の急報に接した朝鮮政府は、態勢の整わないなか申砬《シルリプ》《しんりゅう》の指揮する征討軍を派遣したが、兵員、装備ともに不十分な急造部隊にすぎず、また戦略の誤りもあって、忠州《チュンジュ》（忠清北道《チュンチョンブクト》忠州市）の戦闘で日本軍に敗れた。各地の戦闘で日本軍の攻撃に正面から抗戦したのは前出の鄭撥や東萊城の宋象賢《ソンサンヒョン》（ともに戦死）などわずかな例のみで、戦わずして逃避する者のほうが多かった。日本軍が戦闘で使用した鉄砲（朝鮮では鳥銃《チョチョン》と呼んだ）も朝鮮にとっては大きな脅威であった。

日本軍が迫るなか、宣祖は四月末に漢城を放棄して王妃、重臣らとともに開城《ケソン》に避難した。日本軍による漢城占領二日前のことであった。宣祖一行が漢城を去ると、下層民が掌隷院《チャンネウォン》(奴婢《ノビ》を管掌する中央官府)などの官府に放火し、奴婢の名簿を焼却した。景福宮《キョンボックン》をはじめとする王宮の建物の多くもこのとき焼失した。かろうじて難を逃れた宣祖一行は日本軍の北上にともないさらに避難を続け、六月には平壌をへて義州《ウィジュ》(平安北道《ピョンアンプクト》義州郡)にいたり、冊封《チェクポン》宗主国である明に援軍を要請した。

朝鮮の官軍が各地で敗走をかさねるなか、南部海域では李舜臣《イスンシン》率いる水軍が特殊な軍船である亀船《クィソン》(10)や多島海の地形・海流を巧みに利用して日本水軍を撃破し、穀倉地帯である全羅道《チョルラド》地域への日本軍侵入を防ぐうえで大きく貢献した。また在地士族《サジョク》や名望家などに指揮された義兵の抵抗も活発化し、彼らの奇襲などにより日本軍の補給路は随所で寸断された。当時活躍した義兵将としては、郭再祐《クァクチェウ》、金沔《キムミョン》《きんべん》、鄭仁弘《チョンインホン》、権応銖《クォンウンス》(以上、慶尚道《キョンサンド》)、高敬命《コギョンミョン》(全羅道)、趙憲《チョホン》(忠清道《チュンチョンド》)、金千鎰《キムチョンニル》《きんせんいつ》、沈岱《シムデ》《しんたい》、洪季男《ホンゲナム》(以上、京畿《キョンギ》)、松雲大師惟政《ソンウンデサユジョン》(江原道《カンウォンド》)、李廷馣《イジョンアム》《りていあん》(黄海道《ファンヘド》)、曹好益《チョホイク》、楊徳禄《ヤンドンノク》、西山大師休静《ソサンデサヒュジョン》(以上、平安道《ピョンアンド》)、鄭文孚《チョンムンブ》《ていぶんぷ》(咸鏡道)などが知られる。

七月になると明から祖承訓《そしょうくん》率いる約五〇〇〇の援軍が朝鮮に到着し、平壌で日本軍と交戦したが敗れた。そこで明は、李如松《りじょしょう》を指揮官とする四万三〇〇〇の軍勢をあらためて派遣した。十月に義州に到着した李如松軍は翌一五九三年一月に平壌を攻めて日本軍を撃破し、さらに漢城に後退する日本軍を追撃したが、碧蹄館《ピョクチェグァン》(京畿道高陽《コヤン》市徳陽《トギャン》区碧蹄洞)で敗れ、平壌まで後退した。その後、明は朝鮮の反対を押し切って日本と講和交渉を進めた。日本は同年二月に幸州山城《ヘンジュサンソン》(京畿道高陽市幸州内《ヘンジュネ》洞所在)で権慄《クォルリュル》《ごんりつ》率いる朝鮮軍に敗北すると和議を受け入れ、三月に日明間に停戦協定が成立した。日本軍は同年四月に漢城からの撤収を開始し、途中、抵抗する朝鮮軍を晋州城《チンジュソン》(慶尚南道晋州市所在)で破ったのち、慶尚道沿海部一帯に倭城《ウェソン》(日本式の城郭に対する朝鮮側の呼称)を築いて守備隊を残し、本隊は順次日本へ戻った。

日明間ではその後も講和交渉が続けられ、一五九六年九月には、それまでの交渉を踏まえて秀吉を日本国王に冊封する明の使節が来日した。秀吉は当初これをおおいに喜んだが、冊封の本質や交渉中のごまかしなどを知ると激怒し、明使をこれと同行して来日していた朝鮮の通信使ともども追い返した。そして翌九七年一月、秀吉は一四万の軍を朝鮮に派遣し、ここに第二次侵攻(丁酉《チョンユ》《ていゆう》再乱《ジェラン》/慶長の役)が開始された。秀吉は朝鮮半島南部を確保したうえで北進を試みたが、同年八月の南原《ナムオン》(全羅北道《チョルラブクト》南原市)での戦闘では勝利したものの、九月には李舜臣の率いる水軍に鳴梁《ミョンニャン》(全羅南道海南郡と珍《チン》島《ド》のあいだの海峡一帯)で大敗し、また明の救援軍の反撃に遭って戦局は膠着状態となり、中部以北への進軍は不可能となった。そして一五九八年八月に秀吉が亡くなると日本は朝鮮からの撤兵を決め、十二月中に全軍が日本へ戻った。退却する日本軍は露梁《ノリャン》(慶尚南道南海《ナメ》島《ド》近海)でも李舜臣の水軍の攻撃を受けたが、この戦闘では李舜臣も戦死した。

日本の侵攻の影響

二度にわたる日本の朝鮮侵攻は、たんなる日本、朝鮮二国間の軍事衝突にとどまるものではなかった。戦場こそほぼ朝鮮半島内に限られていたものの、この戦争は日本、朝鮮、明という東アジア三国を巻き込んだ大規模な多国間戦争としての性格を有していた。しかも休戦期間を含めると七年近くにおよぶ長期の戦争でもあった。それゆえ自国が戦場となった朝鮮はもちろん、侵攻の主体であった日本、朝鮮の求めに応じて援軍を送った明にとっても、この戦争が残した影響は決して小さくなかった。

まず日本の侵攻を直接受けた朝鮮は、この戦争で甚大な人的・物的損害をこうむった。人的損害としては、膨大な戦死者や戦傷者を出しただけでなく、飢饉や疾病で亡くなった者もあった。また戦争の過程で捕虜となり、日本へ連行された人びとも少なくなかった。その数は五万人を超えるとされる。これらにより国家が把握する人口は、誇張も含んではいようが戦前の一〇分の一にまで激減したとする記録もある。日本へ連行されたいわゆる被虜人《ピロイン》のなかには、後述するように多くの陶工が含まれていた。そのため戦後の朝鮮では陶工不足により陶磁器生産に支障を生じた。

物的損害としては、まず農地・農村の荒廃をあげることができる。戦場となった地域では戦火を恐れて農民が逃亡し、耕作を放棄された農地は荒れるに任された。その結果、国家が把握する全国の耕作可能地も戦前の五分の一程にまで落ち込んだ。農村の荒廃も甚だしく、多数の困窮者を生み出した。休戦期間中の一五九六年七月には、こうした困窮者をも巻き込んで、鴻山《ホンサン》（忠清南道《チュンチョンナムド》扶餘《ブヨ》郡鴻山面）に住む王族庶孽《ソオル》《しょげつ》末裔の李夢鶴《イモンハク》が反乱を起こしている。

戦火や混乱に乗じた民の放火などにより、前述の奴婢名簿のほか、量案《ヤンアン》や戸籍《ホジョク》など政府が管理していた各種台帳類の多くもまた亡失した。農地の激減に加え、これら国家統治に必要な台帳類を失ったことは税役賦課の大きな障碍となり、国家財政は逼迫した。政府は財源確保や軍糧獲得のために富裕な民戸から穀物の寄付を募ったが、これを納粟《ナプソク》《のうぞく》という。寄付者に対しては、反対給付として官職を授与する空名帖《コンミョンチョプ》《くうめいちょう》、身役《シニョク》を免除する免役帖《ミョニョクチョプ》、奴婢の場合にはその身分を解放する免賤帖《ミョンチョンチョプ》などが支給されたが、その濫発は身分秩序の混乱を招く一要因ともなった。このほか、景福宮をはじめとする各種建築物の焼失は漢城だけにとどまらず、全国各地におよんだ。また日本軍の手によって陶磁器類や絵画類をはじめとする美術品や金属活字、書籍なども多数略奪された。

この戦争は朝鮮の人びとのあいだに日本に対する強い敵愾心と不信感を植えつけ、それは以後の日朝関係にも影を落とすことになった。一方冊封宗主国である明に対しては、当初は救援軍の横暴に苦しんだものの、戦後は「再造藩邦之恩」（国家の危機を救ってくれた恩義）が強調され、崇明、慕明意識が高揚した。明との関係で注目されるのは、救援軍が持ち込んだ関羽《かんう》信仰である。明軍将兵は軍神として関羽を篤く信仰したが、救援軍の帰国後も関羽信仰は残り、漢城および地方各地に関帝廟《ファンジェミョ》が多数設置され、国家の管理のもと祭祀儀礼がおこなわれた。現在ソウル市内にある東廟《トンミョ》（鍾路《チョンノ》区崇《スン》仁《イン》洞所在）は、朝鮮時代に設置された関帝廟の一つである。朝鮮に定着した関羽信仰はのちに新興宗教も生み出した。

つぎに日本にとっても、この戦争は大義名分のない軍事行動であり、多くの人命を失うとともに、その失敗が豊臣政権崩壊の一因ともなった。しかしその一方で、戦争に参加した諸大名は、戦争の期間中を通じて文化財の略奪や被虜人の連行をほしいままにした。朝鮮からの略奪文化財としては書籍と金属活字がとくに重要である。書籍には朱子学《チュジャハク》関係のものが多く、それらは中国から輸入された書籍ともども近世日本の儒学の確立に貢献した。また金属活字とその技術は十六世紀末から十七世紀初めにかけて慶長古活字版と呼ばれる一連の刊本類を生み出した。

前述のように五万人を超えるとされる被虜人のなかには多くの陶工が含まれていたが、それは当時武家の嗜みとしての茶の湯が流行し、朝鮮製陶磁器が珍重されていたからにほかならない。連行された陶工は各大名の領地で陶磁器生産に従事することになり、有田焼(佐賀県)の創始者である李参平《イサムピョンりさんぺい》をはじめとしてとくに西日本各地の陶磁器産業勃興に大きく貢献した。有田焼のほか萩焼(山口県)や薩摩焼(鹿児島県)などが著名である。このとき薩摩には被虜人を通じて養蜂技術も伝わった。被虜人のなかには姜沆《カンハンきょうこう》のような儒者官僚もいた。彼は京都伏見に幽閉されていたときに藤原惺窩《せいか》との親交を深め、彼に朱子学を伝授した。姜沆は一六〇〇年五月に朝鮮に帰国したが、三年におよぶ捕虜生活中の見聞を『看羊録《カニャンノク》』にまとめ宣祖に報告している。

このような例を除けば被虜人の大半は奴隷とされ、諸大名家やその家臣などに使役されたほか、戦争動員により不足する日本国内の労働力を補う役割を負わされた。また長崎のポルトガル商人などを通じて東南アジア方面へも売却され、なかには遠くヨーロッパにまで売り飛ばされた者もあった。

最後に明は、救援軍派遣というかたちでこの戦争にかかわり、日本との講和交渉の当事者でもあったが、二度にわたる大軍の朝鮮派遣は明の国力を確実に疲弊させた。またその隙に乗じて北方では女真《ジョシン》の勢力が増大し、やがて明に代わって中原を支配することになる。その意味で、秀吉の朝鮮侵攻は明清交替の遠因の一つでもあったといえる。

光海君の即位

日本の侵攻が終結した九年後の一六〇八年二月、宣祖は死去し、継妃仁穆王后《インモクワンフ》金氏《キム》の命により王世子《ワンセジャ》の琿《ホン》《こん》が即位した（廟号はなく、光海君《クァンヘグン》と呼ばれる。[11] 在位一六〇八〜二三）。光海君は宣祖の嫡子ではなく、側室である恭嬪《コンビン》金氏の次男であった。そのような彼が宣祖の後継者として王世子に冊立されたのは、日本の第一次侵攻が始まった翌月すなわち一五九二年五月のことであった。当時宣祖は避難先の平壌にあった。宣祖の正室である懿仁王后《イインワンフ》《いじん》朴氏《パク》には王子がなかったが、日本の侵攻により国内が混乱するなか、急遽王世子を立てる必要に迫られた宣祖は、庶子《ソジャ》かつ次男であっても有能な光海君を指名するほかなかったのである。

事態はそこまで切迫していた。同年六月、平壌からさらに北上して寧辺《ヨンビョン》（平安北道寧辺郡）に移動した宣祖は、王世子に冊立したばかりの光海君に国事権摂（国王に代わってかりに政務をとること）を命じ、国家を象徴する社稷《サジク》（土地と五穀の神）と宗廟《チョンミョ》の神位を托する一方、自身は鴨緑江《アムノッカン》《おうりょくこう》を越えて明に内付し、援軍を要請することを決めた。宣祖が実際に鴨緑江を渡ることはなかったが、このことからも当時の朝鮮政府がおかれていた状況の厳しさがうかがわれる。

王世子時代の光海君は、父の宣祖と協力して戦中には国難に対処し、戦後には復興に尽力した。しかし明は、次男であることを理由に光海君を正式な王世子と認めることに難色を示した。そうしたなか一六〇〇年六月に懿仁王后が亡くなり、〇二年七月に継妃に迎えた仁穆王后が〇六年三月に永昌大君《ヨンチャンデグン》㼁《ウィ》《ぎ》を産んだ。宣祖に嫡子ができたことで、政界では王世子である光海君と嫡子の永昌大君のどちらを宣祖の後継とすべきかをめぐって争いが起こった。戦前から戦中にかけて政権の座にあった南人《ナミン》は、戦争末期の対日講和推進や戦中の国力疲弊などを非難され、すでにこのとき政界を追われていた。当時政権を握っていたのは北人《プギン》であった。その北人が、光海君を支持する大北《テブク》と永昌大君を推す小北《ソブク》に分裂して争ったのである。光海君の即位はそのような状況のなかで実現した。光海君の即位により、当時領議政《ヨンイジョン》であった柳永慶《ユヨンギョン》をはじめ小北の主要人物は退けられ、大北の鄭仁弘、李爾瞻《イイチョム》《りじせん》らが実権を掌握した。

光海君は即位後も戦後復興を進めた。戦争で逼迫した国家財政を建て直すために、一六〇八年五月から大同法《テドンポプ》（後述）と呼ばれる新税制を京畿で試行し、さらに一二年から一三年にかけて、課税地把握を目的として穀倉地帯である三南《サムナム》（忠清道、全羅道、慶尚道）地方での量田《ヤンジョン》を計画した。昌徳宮《チャンドックン》の仁政殿《インジョンジョン》（一六一一年）や昌慶宮《チャンギョングン》の明政殿《ミョンジョンジョン》（一六年）など、戦火で焼失した王宮建築物の再建、修築にも力をそそいだ。

光海君はまた朱子学の振興にも努めた。一六一〇年七月には全国各地の儒生《ユセン》の求めに応じて士林派の金宏弼《キムグエンピル》、鄭汝《チョンヨ》昌《チャン》、趙光祖《チョグァンジョ》、李彦迪《イオンジョク》、李滉《イファン》を五賢として成均館《ソンギュングァン》の文廟《ムンミョ》（孔子廟《コンジャミョ》）に従祀し、[12]一七年三月には『三綱行実図《サムガンヘンシルド》』（一四三四年）を増補した『東国新続三綱行実図《トングクシンソクサムガンヘンシルド》』を刊行した。『三綱行実図』は儒教《ユギョ》の徳目である忠、孝、貞の実例を文章と挿絵で説明した民衆教化のための書籍であったが、このときの増補版では日本の朝鮮侵攻時の逸話・素材が多く収録されているところに特徴がある。同書にとどまらず、光海君代には『龍飛御天歌《ヨンビオチョンガ》』（一六一〇年再刊）、『新増東国輿地勝覧《シンジュンドングクヨジスンナン》』（一一年再刊）など既刊書籍の再刊があいついでおこなわれた。また朝鮮独自の医学書として著名な許浚《ホジュン》の『東医宝鑑《トンイボガム》』も、光海君治世下の一六一三年に初刊本が刊行された。

このように光海君は戦後復興や文化事業では一定の成果をあげたが、不安定な自身の権力基盤を固めるために大北政権の支持のもと反対勢力に対する粛清を大規模におこなったことでも知られる。まず前述の柳永慶の事例をあげることができる。光海君は即位直後の一六〇八年二月に鄭仁弘、李爾瞻らによる弾劾を受けて柳永慶を罷免し、三月に慶興《キョンフン》（咸鏡北道恩徳《ウンドク》郡）に流配したのち賜死《ササ》に処した。柳永慶は小北の領袖であり、宣祖が生前に永昌大君を託した「遺教七《ユギョチル》臣《シン》」の一人でもあった。つぎに同じく一六〇八年二月、不軌をはかったとして同母兄の臨海君《イメグン》珒《チン》《しん》を珍島（全羅南道珍島郡）に流配し、三月に喬桐島《キョドンド》（仁川《インチョン》市江華《カンファ》郡）に移配した。臨海君は気性の激しさを理由に宣祖の長男でありながら王世子に冊立されなかったが、明が光海君を王世子と認めようとしなかった理由は臨海君がいたからであり、光海君にとっては依然として自身の権力を脅かす存在であった。鄭仁弘、李爾瞻らは臨海君を処刑することを力説したが、翌〇九年五月、臨海君は刺客に殺害された。

光海君の王位を脅かすという意味で、宣祖が晩年にもうけた嫡子の永昌大君は臨海君にもまして大きな存在であった。それゆえ永昌大君とその縁故者もつぎなる粛清の対象となった。一六一三年四月、慶尚道と忠清道の境をなす鳥嶺《チョリョン》（慶尚北道《キョンサンブクト》聞慶《ムンギョン》市西北）で行商人を狙った強盗事件が発生し、その犯人として朴応犀《パグンソ》《ぼくおうさい》、徐甲羊《ソガビャン》、陳友英《チヌヨン》ら士族の庶子七人が逮捕され処刑された（七庶獄事《チルソオクサ》）。取調べの際、李爾瞻らは朴応犀から、明使節襲撃の混乱に乗じて永昌大君を国王に推戴することを計画し、資金集めをしていたとする自白を引き出した。また徐甲羊から、仁穆王后の実父であり永昌大君の外祖父にあたる金悌男《キムジェナム》がその黒幕であるとする自白を得た。これらの自白は李爾瞻らによる捏造であったとみられるが、光海君は同年六月に金悌男を賜死とし、七月には永昌大君を江華島《カンファド》（仁川市江華郡）に幽閉した。永昌大君はその翌一四年二月、李爾瞻の命を受けた江華都護府使《トホブサ》の鄭沆《チョンハン》《ていこう》により蒸殺（高温のオンドル部屋に監禁して殺害）された。このとき永昌大君はわずか満七歳であった。宣祖の死により大妃となっていた永昌大君の生母である仁穆王后も、謀反の疑いや光海君への呪詛の噂などを理由に慶運宮《キョンウングン》（のちの徳寿宮《トクスグン》）に幽閉され、一六一八年一月に大妃の尊号を剝奪された。

これらのほか、光海君は自身の甥にあたる綾昌君佺《ヌンチャングンチョン》《せん》（宣祖五男で光海君の異母弟である定遠君琈《チョンウォングンブ》《ぶ》〈のち元宗と追尊〉の三男）に対しても、一六一五年八月、彼を推戴する動きがあるとの通告を受けて喬桐島《キョドンド》に幽閉し、十一月に殺害した。

仁祖反正

光海君の治世期間は、朝鮮の北方で女真勢力が台頭する時期とかさなる。それゆえ対女真関係は、光海君と大北政権にとって外交上の重要案件であった。後述するように光海君は日本側の求めに応じて一六〇七年には日本との国交を回復し、〇九年には対馬宗氏とのあいだの貿易復活も認めた。七年近くにおよぶ戦乱により甚大な損害をこうむり、日本に対する強い敵愾心と不信感をいだくにいたった朝鮮が戦後一〇年もたたずに日本との関係改善に動いたのも、北方でといえる。

の女真勢力台頭と無関係ではない。女真の動向に十分に対処するためにも、対日本関係の安定化は必要な措置であった

一六一六年一月、建州女真出身のヌルハチが女真の諸部族を糾合して後金を建国した。後金は一六一八年四月に明を攻めて撫順《ぶじゅん》城（遼寧省撫順市所在）を奪い、七月にも再度明に侵攻して清河《せいか》城（遼寧省鉄嶺《てつれい》市所在）を陥落させるなど、明への侵攻を繰り返した。そこで明は後金に対抗すべく楊鎬《ようこう》を遼東経略に任命して翌一九年二月に瀋陽（遼寧省瀋陽市）より一〇万の討伐軍を出撃させたが、このとき朝鮮に対しても出兵を要請し、光海君はこれに応じて姜弘立《カンホンニプ》率いる一万三〇〇〇の部隊を派遣した。明と朝鮮の連合軍は三月に撫順東方のサルフ一帯で後金軍と会戦し、激戦のすえ、大敗を喫した。朝鮮軍も約八〇〇〇の戦死者を出し、姜弘立は降伏勧告を受け入れて後金に投降した。

姜弘立の後金への降伏については、彼が事前に授けられていた光海君の密旨に従った結果とする見方が長らく通説とされてきた。光海君は自身の王世子冊立に際して明が難色を示したことに不満をいだき、それが後金への降伏を指示する密旨を姜弘立に授けた理由ともされる。しかしこうした光海君密旨説に対しては早くから疑義も呈されており、近年ではこれを明確に否定する研究者もいる。

以後朝鮮は後金からの要求に応じて国書を交換し、同盟関係を結んだ。姜弘立などの一部の者を除く朝鮮軍の捕虜も翌一六二〇年七月には釈放された。サルフの戦い以降のこうした一連の動きについて、光海君は明との冊封関係は維持しながらも後金とも平和的な関係を築くという中立的な外交政策を採用することで明、後金の争いに巻き込まれるのを避けて朝鮮の安全をはかったとし、それを現実的・実利的対応として評価する見方が一般的である。しかしそうした理解についても、朝鮮に対する明の影響力を過大に強調したものとする批判がある。

それはともかく、こうした光海君の外交姿勢は、冊封宗主国である明に対する背信行為として、事大崇明を重視する西人による批判の対象となった。西人はさらに、光海君が仁穆大妃を廃位、幽閉した行為を倫理に悖《もと》るものとして非難

し、それら二つを名分に掲げて光海君廃位の挙にでた。一六二三年三月、綾陽君倧《ヌンヤングンチョン》《そう》(前出の定遠君琈の長男)を擁した西人の金瑬《キムニュ》《りゅう》、李貴《イグィ》、申景禛《シンギョンジン》《けいしん》、沈器遠《シムギウォン》、金自点《キムジャチョム》、李适《イグァル》《りかつ》、崔鳴吉《チェミョンギル》らは二〇〇〇余りの兵士を率いて昌徳宮に乱入し、国王の宝璽を手に入れると慶運宮に幽閉されていた仁穆大妃のもとに走った。宝璽を受け取った大妃は光海君を廃位する教書を発し、綾陽君に宝璽を授けて国王(廟号仁祖《インジョ》、在位一六二三〜四九)に任命した(仁祖反正《インジョバンジョン》)。廃位された光海君は捕らえられ、仁穆大妃の面前で自らの罪状を朗読させられたうえ江華島に流された。その後、済州島《チェジュド》に移配された光海君は一六四一年十月、同地で亡くなった。また政権中枢にあった李爾瞻、朴燁《パギョプ》《ぼくよう》らは即日処刑され、陜川《ハプチョン》(慶尚南道陜川郡)所在の鄭仁弘も四月に誅殺されるなど、大北は政権から一掃された。一方、仁穆大妃は復位し、反正に功績のあった者たちは仁祖から靖社功臣《チョンサゴンシン》の称号を与えられた。

ところが反正の首謀者の一人でもあった李适は、自身が靖社功臣一等ではなく二等とされたことに不満をいだき、反正の翌年である一六二四年一月に平安道で挙兵した。二月になって反乱軍が漢城に迫ると、仁祖は公州《コンジュ》(忠清南道公州市)に避難した。漢城に入城した反乱軍は宣祖一〇男の興安君瑅《フンアングンチェ》《てい》を国王に擁立し、さらに南下を試みたが、官軍との戦闘に敗れて李适は殺害され、反乱も終息した(李适の乱)。しかしその残党の一部は後金に逃れ、光海君廃位と仁祖即位の不当性を訴えた。

清(後金)の侵攻

通説では、仁祖と彼を擁立して政権の座に就いた西人はそれまでの中立的外交政策を転換して親明排金政策を表明したとされるが、最近では、西人政権が後金との交渉をまったく放棄していたわけではないとする研究もある。その点はともかく、当時朝鮮半島西北沿岸の椵島《カド》《かとう》(平安北道鉄山《チョルサン》郡)には明の武将である毛文龍《もうぶんりゅう》が駐屯していた。彼は後金の手に落ちた遼東地方の一部を一六二一年に奪還したがすぐに後金に奪い返されたため、この島に逃れていたのである。彼は椵島を拠点にして遼東回復のための軍事行動を続けたが、朝鮮は彼の求めに応じて経済的支援をよぎなくされていた。しかしこのことが後金の朝鮮に対する態度を硬化させ、両国関係は光海君末年以来、断絶状態となっていた。

こうした状況に加え、李适の乱の残党勢力の訴えを受けたことで、後金の太宗(ホンタイジ)は光海君の報復を名分として朝鮮への派兵を決めた。一六二七年一月、アミンらが率いる三万の後金軍は、サルフの戦いで後金にくだった姜弘立を先導に立てて鴨緑江を越え、朝鮮半島を南下した(丁卯胡乱《チョンミョホラン》)。仁祖は張晩《チャンマン》を体察使《チェチャルサ》に任じてこれを迎え撃ったが、後金軍の進撃を食い止めることができず、開城まで後退した。後金は椵島にも別働隊を派遣して毛文龍を攻め、毛文龍は椵島の東に位置する身弥島《シンミド》に逃れた。

後金軍が漢城に迫る勢いをみせるなか、仁祖は王世子の湹《ワン》《おう》(昭顕世子《ソヒョンセジャ》)を全州《チョンジュ》(全羅北道全州市)に送り、自らも江華島に避難した。しかし一月末から二月にかけて義兵の抵抗が各地で活発化し、官軍とともに後金軍の背後を脅かしたため、後金軍は平山《ピョンサン》(黄海北道《ファンヘブクト》平山郡)まで達したところで停止し、朝鮮に対して講和を提起した。危機感を募らせていた朝鮮もこれを受け入れたので、三月になって兄弟国の盟約を結ぶことで双方に和議が成立した。これにより後金軍は撤収したが、その途上、鉄山(平安北道鉄山郡)、義州、嘉山《カサン》(平安北道博川《パクチョン》郡)などでそれぞれ鄭鳳寿《チョンボンス》、李立《イリプ》、金礪器《キムニョギ》《きんれいき》に指揮された義兵部隊の攻撃を受け、大きな被害を出した。

後金軍の撤収後、朝鮮は後金との外交交渉を進め、国境地帯に貿易のための開市《ケシ》を設けることや朝鮮から後金への定期的な使節派遣と礼物送付などが取り決められた。朝鮮は必ずしも崇明一辺倒というわけではなく、明との冊封関係を維持しながら後金とも平和的な関係を築こうとしたが、後金はその後、遼西地方や内モンゴル方面にも軍を進めて支配領域を拡大し、急速にその勢力を強めていった。そうしたなかで一六三二年十一月に漢城を訪れた後金使節のバドゥリ一行は、金一〇〇両、銀一〇〇〇両、綿紬一〇〇〇〇匹など、従来の一〇倍近い額の礼物を一年に一度送るよう朝鮮に要求した。このほかにもこの時期後金は高圧的な姿勢を示したため、朝鮮側は強く反発し、翌三三年一月末から二月にかけての一時期、政府内では後金出兵が論議された。

一六三六年二月、後金使節のマフタおよびイングルダイ一行が漢城を訪れ、前年の十二月に亡くなった仁祖妃の仁《イル》烈《リョル》王后《ワンフ》韓《ハン》氏を弔慰する国書などとともに、ホンタイジに皇帝即位を進言するために王族の派遣を求める八人の大臣の書翰と後金の外藩となったモンゴル諸王による書簡をもたらした。しかし朝鮮側は礼に悖るとしてこれら仁祖宛書簡二通の受取りを拒否した。ホンタイジは帰国したイングルダイから自身の皇帝即位を遠回しに拒否する仁祖の国書を伝えられ、かつ仁祖が辺境防備を固める指示を出したことを知り、朝鮮侵攻を決意した。そして同年四月に正式に皇帝に即位し、国号を「大清」と改めた際、盛京《せいけい》（遼寧省瀋陽《しんよう》市）に居合わせた朝鮮使節の羅徳憲《ナドッコン》に、返書を寄こさねば出兵すると記した国書を持たせて朝鮮へ戻した。

このののち、朝鮮では対後金政策をめぐって国論を二分する論争となった。あくまで外交交渉を通じて事態の打開をはかるべきとする李貴、崔鳴吉、洪瑞鳳《ホンソボン》などの靖社功臣勢力に対し、趙絅《チョギョン》《ちょうけい》、鄭蘊《チョンオン》《ていうん》、金尚憲《キムサンホン》、兪棨《ユゲ》《ゆけい》といった少壮官僚らは主戦論を主張したが（斥和派《チョクファパ》）、しだいに斥和派が優勢となった。一方、朝鮮親征の意志を固めたホンタイジはこの年の十二月、自ら五万の大軍を率いてついに朝鮮への侵攻を開始した（丙子胡乱《ピョンジャホラン》）。清軍は鴨緑江を渡ってわずか五日ほどで漢城まで達した。仁祖はかろうじて王子、王妃たちを江華島に避難させることができたが、自身は清軍に道を塞がれたため昭顕世子、重臣らとともに漢城南方の南漢山城《ナマンサンソン》（京畿道広州《クァンジュ》市、河南《ハナム》市、城南《ソンナム》市一帯）に籠城した。南漢山城には一万二〇〇〇程の守備隊と五〇日分の食糧が蓄えられていたが、長期の籠城戦には到底堪えうるものではなかった。清軍に包囲された城内では、それでも講和か決戦かをめぐって激論が戦わされたが、江華島陥落の報に接した翌一六三七年一月、崔鳴吉の進言により仁祖は四五日ぶりに山城を出て、漢江《ハンガン》の渡船場である三田渡《サムジョンド》（ソウル市松坡《ソンパ》《しょうは》区蚕室《チャムシル》《さんしつ》洞）で清に降伏した。

三田渡には九層の受降壇が設置され、仁祖はその最上部に安座するホンタイジに対し、皇帝への臣従のしるしである三跪九叩頭《さんききゅうこうとう》（三度跪き、そのたびに三度頭を床にすりつけて拝礼する）の礼をおこなった。そして、明と断交して清に臣属すること、昭顕世子とその弟の鳳林《ポンニム》大君《デグン》淏《ホ》《こう》および金尚憲、崔鳴吉などの重臣多数を人質として盛京に送ること、さらには明征討の援助、使節の定期的派遣、多額の歳幣《セペ》貢納など、清が提示した講和条件を受諾した。このとき最後まで主戦論を唱えた斥和派の洪翼漢《ホンイッカン》、呉達済《オダルジェ》、尹集《ユンジプ》は盛京連行後に処刑されたが、彼らはのちに三学士《サマクサ》と総称され、その節義を称えられた。なおホンタイジは一六三九年十二月、この講和を記念し、仁祖に命じて自身の「徳」と仁祖の「過誤」、それに両者間の盟約の内容を満洲語、モンゴル語、中国語（漢文）で刻んだ高さ六メートル近い巨大な石碑「大清皇帝功徳碑」（一般に三田渡碑《サンジョンドビ》と呼ばれる）を三田渡に建立させた。

清（後金）の侵攻の影響

二度にわたる清（後金）の朝鮮侵攻は、日本の侵攻に比べれば期間、範囲という点でいずれもその規模は小さかった。とはいえ、清（後金）軍の侵入路にあたった平安道、黄海道、京畿地方では、戦火により多くの人命が失われ、清（後金）軍の略奪行為により農村も荒廃した。とりわけ丙子胡乱では、一説によれば数十万人ともいわれる多くの人びとが捕虜として連行され、朝鮮ではその返還交渉に苦慮することになる。

しかしこうした人的・物的損害にもましてこの戦争が朝鮮にとって重要な意味をもつのは、この戦争により朝鮮が明との冊封関係を強制的に断ち切られ、新たに清を冊封宗主国としていただかねばならなくなったことである。朝鮮の為政者・知識人は、長らく女真人を夷狄《いてき》として蔑視してきた。そのような女真人が建国した清に武力で屈服させられただけでなく、冊封宗主国として事大の礼をとらねばならないというのは、彼らにとってこのうえない屈辱であり、また大きな衝撃でもあった。

しかも追打ちをかけるかのように、中華文明の中心にあるべき明が李自成《りじせい》の反乱軍により一六四四年三月に事実上滅亡し、翌四月には呉三桂《ごさんけい》の手引で清軍が山海関（河北省秦皇島市山海関区。中国東北部と華北との境界）を越えて中原の地にはいってきた。清は同年十月に北京（北京市）に奠都《てんと》し、その後着実に中原支配を固めていく。こうした状況は朝鮮の知識人・為政者にさらなる衝撃を与え、崇明、慕明意識をいっそう高揚させるとともに、明が体現してきた中華文明の正当な継承者はもはや朝鮮を措いてほかにない、とする小中華《ソジュンファ》意識を彼らにいだかせるにいたった。その背後には清に対する文化的な優越意識があったことはいうまでもない。

十七世紀半ば以降における朝鮮国内での崇明、慕明意識ないし小中華意識の高まりを示す事例をいくつかあげておこう。まず崇禎紀元《スンジョンギウォン》の使用である。清の正朔を奉じるようになった朝鮮では、当然のことながら公式の場では清の年号を使用したが、その一方で私信や墓誌などでは、明滅亡後も明の最後の皇帝である崇禎帝《すうていてい》の年号である崇禎が広く使用されつづけた。例えば「崇禎紀元後四十五年」（崇禎元年〈一六二八年〉から数えて四五年目＝一六七二年）や「崇禎紀元後三戊申」（崇禎元年以後、三度目の戊申年＝一七八八年）などの表記がそれである。これを崇禎紀元といった。

つぎに粛宗《スクチョン》（在位一六七四～一七二〇）治世下での大報壇《テボダン》の設置と祭祀である。一七〇四年、粛宗は日本の侵攻時における明の「再造藩邦之恩」に報いるためにその当時の皇帝であった万暦帝《ばんれきてい》を祀る大報壇を昌徳宮内に設置し、清に悟られないようひそかに祭祀を挙行した。英祖《ヨンジョ》（在位一七二四～七六）治世下の一七四九年からは、万暦帝に加えて初代の洪武帝と崇禎帝も大報壇に合祀された。正祖《チョンジョ》（在位一七七六～一八〇〇）末年の『尊周彙編《チョンジュフィピョン》』（一八〇〇年）編纂も同様の事例の一つである。同書は崇明、慕明意識ないし小中華意識を顕彰するために正祖が李義駿《イイジュン》に命じて編纂させたもので、正祖代までの対清外交交渉とこれに関連する人物の事績を集成したものであった。

ところで二度にわたる清（後金）の朝鮮侵攻は、朝鮮の為政者・知識人に清に対する強烈な敵愾心と憎悪感情も植えつけた。十七世紀後半の朝鮮政府内部では、仇敵である清の武力討伐を主張する北伐論《ブクポルロン》が対清強硬派によってさかんに唱えられた。とくに盛京で長期の人質生活を経験した仁祖の次男である鳳林大君淏は清への反感が強く、一六四九年五月に仁祖の死によって自身が国王に即位すると（廟号孝宗《ヒョジョン》、在位一六四九～五九）、北伐論者である宋時烈《ソンシヨル》、金尚憲、宋浚吉《ソンジュンギル》らを重用する一方、親清派の金自点を斥け、実際に北伐をおこなうべく李浣《イワン》《りかん》、林慶業《イムギョンオプ》らの武将に命じて軍備増強や城郭修築などにも努めた。しかし清の中原支配が安定するのにともない北伐の機会は失われ、そのために整備された兵力は、むしろ南下してきたロシア軍を撃退するために清の要請に応じて一六五四年と五八年の二度にわたりおこなわれた黒龍江方面への遠征（羅禅《ナソン》征伐）に活用された。だが北伐論の理念はその後も長く朝鮮の為政者・知識人のあいだに受け継がれていった。

4　支配体制の再建

備辺司と五軍営

十六世紀末から十七世紀初めにかけて日本と清（後金）による侵攻をあいついで経験した朝鮮《チョソン》では、その過程で統治機構や軍事機構の改編がなされた。まず中央の統治機構では、十七世紀以降、議政府《ウィジョンブ》に代わって備辺司《ビビョンサ》が国政全般を統轄する最高政策決定機関としての地位を獲得するにいたった点が重要である。備辺司とは、その名称からもわかるように本来は文武の高官が国境地帯の防衛策を審議・決定するための場として臨時に設置された機関であった。創設は一五一〇年のことである。

従来朝鮮では、国防軍事関係の案件は国政の最高合議機関である議政府と軍事行政を管掌する兵曹《ピョンジョ》とのあいだで処理されるのが原則であった。ところが前述のように十五世紀末頃から南部海域では倭寇《ウェグ》《わこう》の活動が再び活発化した。さらに北方の辺境地帯でも同じ頃から女真《ヨジン》による国境侵犯が頻発するようになった。そこで政府は、こうした状況に対処すべく、辺境の事情に通じた従二品以上の高官を知辺事宰相《チビョンサジェサン》に任じて政策決定に参加させる措置をとった。知辺事宰相の文献上の初見は成宗《ソンジョン》治世下の一四八二年七月であり、これ以後頻繁に確認できることから、この措置は同年をそれほど遡らない時期に始まるとみられる。そして、この知辺事宰相こそが備辺司の直接の前身であった。

備辺司は、一五一〇年四月に発生した庚午《キョンゴ》三浦《サムポ》倭乱《ウェラン》への対応策を協議するために、この知辺事宰相の制度を拡充するかたちで創設された。議政府の三議政（領議政《ヨンイジョン》、左議政《チャイジョン》、右議政《ウイジョン》）をはじめとする文武高官がその職をかねた。当初は官制外の臨時機関であり、必要に応じて置廃を繰り返したが、一五二二年八月には議政府と兵曹をへずに審議内容を直接国王に報告できるよう権限が強化された。さらに一五五四年六月には備辺司での高官の会議が定例化され、翌五五年五月の乙卯《ウルミョ》《いっぽう》倭変《ウェビョン》を契機に備辺司自体も常設機関となった。

その後一五九二年四月に日本の侵攻が始まると、備辺司は戦争遂行のための中枢機関としてにわかにその重要性を増し、職掌も拡大した。戦後には権限縮小や廃止を求める論議もしばしばなされたが、戦後復興と軍事機構整備を円滑におこなうために存置された。そして一六二三年の仁祖反正《インジョバンジョン》以後、西人《ソイン》政権の拠り所としていっそうの機能強化がはかられたのに加え、清（後金）との戦争でも中枢的な機能をはたすことで、軍事だけでなく国政全般にわたる最高政策決定機関としての地位を確固たるものとした。

十七世紀以降の備辺司は、都提調《トジェジョ》、提調《チェジョ》、副提調《プジェジョ》、郎庁《ナンチョン》の四種の官員によって構成された。都提調から副提調までは正三品以上の堂上官《タンサングァン》を任用し、備辺司堂上と総称した。このうち都提調は備辺司の長官職に相当し、議政府の三議政（領議政、左議政、右議政）中から一人が兼任した。提調は正一品から従二品まで、副提調は正三品の文武高官がそれぞれ兼任した。一方、実務行政官である郎庁は従六品の文臣四人と武臣八人が任命された。提調には定数がなく、必要に応じて多数の高官が任命された結果、時期がくだるにつれてしだいに増加していった。

つぎに中央の軍事機構は、十六世紀末から十七世紀にかけて五衛制《オウィジェ》から五軍営制《オグニョンジェ》へと改編された。中央正規軍の根幹をなしていた既存の五衛《オウィ》は、日本の第一次侵攻により事実上崩壊した。そのため五衛に代わる中央の軍事機構の再編が戦中から大きな課題となった。こうして休戦期間中の一五九三年八月にまず新設されたのが訓錬都監《フルリョンドガム》《くんれんとかん》である。これは当時一般化していた給価雇立制《クプカコリプチェ》に立脚した傭兵の訓練組織であり、来援明軍の将軍であった駱尚志《らくしょうし》の助言により、明の戚継光《せきけいこう》が著した兵書の『紀效新書』を参考にしつつ、対倭寇戦で実績のある浙兵（浙江省地方の軍隊）の訓練法を導入して砲手《ポス》（銃）、射手《サス》（弓）、殺手《サルス》（槍と剣）の三手兵《サムスビョン》を養成することを目的とした。

五衛に代わる中央軍事機構の整備は日本との戦争終結後も引き続き進められ、十七世紀前半に御営庁《オヨンチョン》《ぎょえいちょう》、摠戎庁《チョンユンチョン》《そうじゅうちょう》、守禦庁《スオチョン》が順次設置され、十七世紀末に禁衛営《クムィヨン》も新設された。訓錬都監とあわせたこれらが五軍営ないし五営《オヨン》と総称された。このうち御営庁は、一六二三年三月の仁祖反正後、当時開城留守《ケソンユス》（開城の行政・治安などを管掌）の職にあった李貴《イグィ》が組織した御営軍を母体とする。翌二四年一月、李貴は開城留守から御営使《オヨンサ》に転じ、国王護衛軍としての御営軍を指揮した。その直後に李适《イグァル》《りかつ》の乱が起こると御営軍は兵力を増強され、仁祖の公州避難にも扈従《こじゅう》した。乱鎮圧後、御営軍は摠戎使《チョンユンサ》《そうじゅうし》の所属とされたが、後金侵攻後の一六二七年十一月頃から御営庁と称するようになり、翌二八年には名実ともに独立した軍事機構となった。さらに一六五二年には、前年に御営大将《オヨンデジャン》に任じられた李浣《イワン》《りかん》を中心に孝宗《ヒョジョン》による北伐《プクポル》計画推進の本営として機能し、さらなる兵力増強がはかられた。

摠戎庁は、李适の乱を契機として一六二四年七月、王都漢城《ハンソン》の周辺地域である京畿《キョンギ》防衛のために摠戎使の李曙《イソ》が摠戎軍を組織したのに始まり、翌二五年末までには摠戎庁として整備された。守禦庁も摠戎庁同様、京畿地方の防衛を担当する軍営である。守禦庁は、一六二四年から二六年にかけて漢城南方の南漢山城《ナマンサンソン》が修築されたのにともない、二六年に山城内に設置された。守禦庁設置後は、守禦庁がおもに南漢山城を含めた京畿南部、摠戎庁が京畿北部と漢城の防衛を担当した。禁衛営は、これら三軍営の設置から半世紀以上過ぎた粛宗《スクチョン》（在位一六七四〜一七二〇）治世下の一六八二年三月、兵曹判書《ピョンジョパンソ》の金錫冑《キムソクチュ》《きんしゃくちゅう》の建議により国王護衛と漢城防衛のための軍事機構として新設された。兵曹所属の精抄軍《チョンチョグン》《せいしょうぐん》と訓錬都監軍の一部とをあわせて一つの組織としたものであった。

これら五軍営はそれぞれが独立した官府であるという点で、五衛《オウィ》都摠府《ドチョンブ》に統轄される部隊組織にすぎなかった五衛とは性格が異なる。十七世紀以降には、五軍営のほかにも類似の軍営が複数新設された。一方、五衛や五衛都摠府は軍事機構としての機能こそ喪失したものの、その官職は名目だけの散職として以後も残った。なお、中央軍のみならず地方軍組織の再建もまた重要な課題であったが、その対策の一つとして、日本との休戦期間中、無役の良人《ヤンイン》と従来は軍役《クニョク》を賦課されなかった地方の公私賤人《コンサチョニン》とを徴発して束伍軍《ソゴグン》という新たな兵種が設けられた。これも戚継光の『紀效新書』に依拠したものであった。

量田の実施と屯田、宮房田

前述のように、二度にわたる日本の侵攻は朝鮮に甚大な人的・物的損害を与えた。農村の荒廃により、戦前には一五〇万結《キョル》程であった国家が把握する農地面積は、戦後の一六〇〇年八月時点では三〇万結余りにまで激減していた。こうした田税《チョンセ》課税対象地の大幅な減少に加え、国家統治に必要な各種台帳類が多数亡失したことで、政府は十分な税収を得ることができず、財政は危機に瀕した。国家財政の再建ないし改革は、戦後復興を進めるうえで焦眉の課題であった。

田税収入確保のためには課税対象地が把握されねばならず、よって全国規模の量田《ヤンジョン》をおこない、新しい量案《ヤンアン》を作成する必要があった。宣祖《ソンジョ》は一六〇〇年にこれを計画し、〇三年から〇四年にかけて全国八道を対象として量田を実施した（癸卯量田《ケミョヤンジョン》）。その結果、量田実施前の約一・五倍に相当する五〇万結余り（穀倉地帯である忠清道《チュンチョンド》、全羅道《チョルラド》、慶尚道《キョンサンド》の三南《サムナム》地方のみだと二九万結余り）の農地が国家によって把握された。これは財政再建を進めるうえで大きな助けとなったが、しかしその一方で、癸卯量田はあくまで戦後まもなく実施された応急的な量田事業であり、全体的に田品（肥沃度による土地等級）が低く設定されるなど、当時の農地の実態を必ずしも正確に反映していないところがあった。しかも戦前と比べれば量案に記載されてない隠漏結も依然として多かった。

こうしたことに加え、これ以後の農地開墾の進展や後述する大同法《テドンポプ》の施行地域拡大とも絡んで、仁祖反正後の一六二三年から量田の実施が再び政府内で論議されるようになった。そして一六三四年になって、仁祖は三南（忠清道、全羅道、慶尚道）地方のみを対象とした量田を実施した（甲戌量田《カプスルヤンジョン》）。このとき把握された三南地方の農地は八九万五〇〇〇結余り（うち当時実際に耕作されていた農地である時起結《シギギョル》は五四万結余り、残りは陳田《チンジョン》と呼ばれた耕作放棄地）であった。ちなみにこれより先、光海君《クァンヘグン》も一六一三年に三南地方を対象とした量田を計画したが、実施された形跡は確認できない。甲戌量田以後、次章で述べる庚子量田《キョンジャヤンジョン》（一七一八～二〇年、四一一頁参照）まで全国規模での量田は実施されなかったが、その代わり、孝宗治世下の一六五三年に京畿、顕宗《ヒョンジョン》（在位一六五九～七四）治世下の六三年に京畿、六五年に咸鏡道《ハムギョンド》、六九年に忠清道の公州以下二一邑と黄海道《ファンヘド》の黄州《ファンジュ》（黄海北道《ファンヘプクト》黄州郡）以下四邑といった具合に、地域を限定した量田が幾度か実施された。ただしこうした一連の量田事業によっても、国家が把握できた農地面積が戦前の水準に達するまでにはいかなかった。

政府はこのような量田により課税対象地の増加に努める一方、付加税の新設や王室・政府諸機関に対する特別な経済的保障措置もおこなった。まず付加税とは三手米《サムスミ》のことである。咸鏡道と平安道を除く全国六道を対象にして農地一結当り米二斗二升を田税とともに徴収したもので、一六〇二年から実施された。訓錬都監所属の三手兵（砲手、射手、殺手）養成のための財源とされたことがその名称の由来である。一六三四年には一斗が減額されて一斗二升となったが、さらに三六年の清の侵攻後、京畿に関しては全額が免除された。

つぎに王室・政府諸機関に対する特別な経済的保障措置としては、営衙門屯田《ヨンアムンドゥンジョン》と宮房田《クンバンジョン》をあげることができる。政府は訓錬都監をはじめとする各軍営の財源確保策として、それらの機関が流亡農民を召募して陳田の開墾を独自におこない、その収益を利用することを認めた（営門屯田《ヨンムンドゥンジョン》）。ところがのちになると、軍営だけでなく中央の諸官府も財源確保の名目でこぞって屯田《トゥンジョン》経営に乗り出すようになり（衙門屯田《アムンドゥンジョン》）、さらに地方の監営《カミョン》や兵営《ピョンヨン》、水営《スヨン》などもしだいに屯田を設けるようになった。しかし屯田の増加は国家収税地の相対的減少をもたらし、また屯田設置を口実とする農民からの農地略奪行為なども顕著となったため、仁祖の治世期間中にはしばしばその廃止や改革が論議され、一六四五年十一月には三七年以降の新設屯田をすべて廃止することとなったが徹底しなかった。顕宗即位後の一六七〇年にも訓錬都監、守禦庁、摠戎庁などの屯田廃止が論議されたものの、実施には移されなかった。

こうした営衙門屯田とは別に、政府は宮房《クンバン》（王室内の宮家《クンガ》ないしそれを維持するための財務機関）に対しても陳田、山林、海沢などの収益を利用する権利を特別に与えた。これを宮房田という。宮房田は十七世紀初めの時点では数百結程度にすぎなかったが、孝宗代には一宮家当り二〇〇～五〇〇結にまで急増し、顕宗代になると一宮家だけで一四〇〇結以上になったという。こうした宮房田の増加は、屯田同様の弊害を招くものであり、その解決が大きな課題となった。

大同法の実施

日本との休戦期間中である一五九四年秋、当時領議政であった柳成龍《ユソンニョン》は、農地一結当り米二斗を徴収し、それを財源に、従来貢物《コンムル》として賦課していた政府・王室諸機関の必要物資を漢城の市廛《シジョン》《してん》から調達する貢物作米《コンムルジャンミ》（貢物を米に換える）を実施した。しかしこれは戦時における財源確保のための応急策にすぎず、農民の負担軽減に直結しなかったばかりか、政府内に反対論者も多かったため、一五九九年には廃止され、以後は貢納《コンナプ》制度が復活した。もっとも防納《パンナプ》はすでに常態化し、民戸にとって貢納は事実上米布の負担と化していたので、そうした現実に対応しつつ重い防納代価の徴収にあえぐ民戸の負担を軽減し、均等化するための新しい収取の仕組を準備することは依然として政府の懸案であった。その新しい仕組として十七世紀にはいると登場してくるのが大同法である。

癸卯量田の実施にともない一六〇五年に新しい貢案が作成されたのを受け、〇八年に韓百謙《ハンベッキョム》と李元翼《イウォニク》があいついで貢物作米の施行を光海君に上疏した。李元翼の上疏によればその具体的内容は、⑴邑《ウプ》《ゆう》を単位に農地一結当り毎年春秋各八斗、計一六斗の米を徴収する、⑵新たに中央官府を設けてその税米を収納し管理する、⑶春秋八斗中の各一斗は当該邑に給付して守令《スリョン》の公私生計費などにあて、使臣の往来が頻繁な沿道諸邑に対してはその給付米を適宜加給する、⑷政府・王室諸機関の必要物資は防納従事者にこの税米を支給して貿納（買いつけて納入）させる、というものであった。

柳成龍の貢物作米と比べると、課税額が大幅に引き上げられている点が注目される。しかし作米された一六斗中には貢物だけでなく各種徭役《ヨヨク》も地税化されて含まれており、さらに地方官府の経費も包含されていた。この税米を収納し管理するための中央官府を新たに設けたこと、政府・王室諸機関への必要物資を漢城の市廛をとおしてではなく、防納従事者にこの税米を支給し、彼らを介して調達するようにした点でも柳成龍の貢物作米とは大きく異なっていた。とくに後者は、防納従事者の存在を政府が公認し、彼らに防納代価を官給することで、法外な代価徴収の弊害を除去しようとするものであった。なお、防納従事者のうちで政府が公認して貢納を請け負わせた者は、その後、貢人《コンイン》と呼ばれるようになる。

李元翼はこうした新法を、防納の弊害がとりわけ深刻な京畿で先行して実施することを要請し、光海君の裁可を得た。そしてこの新法による税米の収納と管理は、新設の宣恵庁《ソネチョン》が担当することとなった。李元翼によるこの新法は、宣恵庁にちなんで当初は宣恵法《ソネボプ》と称されたが、同時に大同法とも呼ばれ、のちには後者が一般化した。それにともない、この新法によって徴収される米は大同米《テドンミ》と呼ばれた。

大同法の最初の実施地域として京畿が選定されたのは、李元翼が指摘する、防納の弊害が他道に比して深刻であったという点のほかに、京畿住民には正規の税役以外にも国王の行幸や王陵造営に関する労役、使臣の接待と供応、柴炭や穀草の納付義務など重い負担が課せられていたこと、また漢城に近い地域ゆえに新法の実施過程を政府が観察するのに便利であったことなどによる。前述のように京畿では一六六三年に量田がおこなわれ、国家の把握する京畿の田地はそれまでの二倍以上に拡大した。そこで翌六四年、大同米の課税額は一結当り一二斗に引き下げられた。

京畿での大同法実施が住民に歓迎されたのを受け、政府内では他道での実施も論議されたが、既得権益の侵害を恐れる防納従事者や大同法の実施により負担増を強いられる在地の地主層などの強い反対のため、すぐには実現しなかった。ようやく一六二三年九月になって、仁祖は江原道《カンウォンド》、忠清道、全羅道での大同法実施を決めた（課税額は農地一結当り一六斗とされた）。しかし忠清道と全羅道では依然として地主層の反対が強く、一六二五年二月にはこれら二道での実施は中止された。

以後も政府内では貢納制度改革が論議され、そのなかでこれら二道での大同法復設を求める動きがみられた。とくに清の侵攻の終結後にそれはしだいに強まった。その結果、一六五一年七月にまず忠清道での大同法が復設された。課税額は当初一結当り一〇斗とされたが、七三年に一二斗に引き上げられた。この忠清道での復設大同法が効果をあげたため、それまで大同法実施に反対していた中央官僚のなかにも自説を修正する者が多数出現した。一六五六年に金堉《キミュク》《きんいく》が全羅道住民の要求を背景に全羅道での大同法復設を提起して以後は、全羅道での大同法復設論議も本格化した。金堉は翌五七年にも全羅道での大同法復設を孝宗に要請し、政府では大同法の実施可否について全羅道で民情調査をおこなったが、道内五三邑中の三四邑が大同法実施を希望し、六邑が中立、一三邑が反対という結果を受け、五八年二月、全羅道での復設が決定した。

ところが課税額を一結当り一三斗とすることについて沿海諸邑と山郡（山間部諸邑）とで輿論が割れた。沿海諸邑はこの内容での大同法復設を望んだが、山郡は否定的な態度を示した。同じ全羅道内でも沿海部と山間部とでは貢納負担に差があり、山間部に比べて相対的に負担の重かった沿海部の農民のほうが大同法の実施をより切実に希求したのである。こうして同年八月末までに沿海二七邑のみでの大同法復設が決定した。山郡二六邑についても、政府内では翌五九年秋から復設の方向で論議がなされたが、同年五月の孝宗死去により復設は翌年に先送りされ、さらに凶年や疫病の発生、大同法実施に反対する在地の豪強勢力や守令および一部中央官僚の妨害工作などのためその後も延期を繰り返した。結局一六六三年春にいったん復設されたが反対論も強く、六五年末には再度停止され、翌六六年になってようやく復設が確定した。

復設後の全羅道での大同米の課税額は、前述のように当初は一結当り一三斗であったが、六五年に沿海二七邑で引き下げられて一二斗となった。山郡二六邑でも六六年にこの地域での大同法が最終的に復設された際、沿海部にあわせて一二斗とされ、これをもって全羅道の大同米課税額は定着した。

その後も大同法の実施地域は拡大した。慶尚道では粛宗治世下の一六七七年に実施が決定し、七九年から徴税が開始された。課税額は当初一三斗であったが、八三年に一二斗に減額された。黄海道では他道とはやや徴収方法を異にする詳定法《サンジョンポプ》が一七〇八年から実施された。課税額は一二〜一七斗と邑によりばらつきがあったが、一七四七年以降は一五斗に統一された。このほか北部辺境地帯である平安道《ピョンアンド》と咸鏡道でも、宣恵庁の管轄ではなかったが、大同法と類似の貢物作米が施行された。前者では一六四六年から実施の収米法《スミポプ》、後者では六六年から実施の詳定法（黄海道の詳定法とは内容が異なる）がこれに該当する。

礼訟

孝宗は仁祖の次男であったが、長男で王世子《ワンセジャ》の溰《ワン》《おう》（昭顕世子《ソヒョンセジャ》）が病を得て亡くなったため一六四五年閏六月に王世子に冊立され、四年後の四九年五月、仁祖の死を受けて即位した。その孝宗が一六五九年五月に没すると、孝宗の子であった王世子の棩《ヨン》《えん》が即位したが（廟号顕宗《ヒョンジョン》）、その際、亡くなった孝宗の継母で仁祖の継妃である慈懿大妃《チャイデビ》（荘烈王后《チャンニョルワンフ》）趙《チョ》氏の服喪期間をめぐって政府内に論争が起こった。

慈懿大妃は、昭顕世子が死去したときには足かけ三年の喪に服した。これは嫡長子に対する礼であった。仁祖以来政権の座にあった西人の宋時烈《ソンシヨル》や宋浚吉《ソンジュンギル》《そうしゅんきつ》らは、これを前提にして、孝宗は仁祖の次男であるので満一年の服喪でよいとする朞年説《キニョンソル》《きねんせつ》を主張した。これに対し、在野の儒者ながら影響力をもっていた尹鑴《ユニュ》《いんけい》(13)や西人政権内にとどまっていた南人《ナミン》の許穆《ホモク》《きょぼく》らは、孝宗の王位継承は昭顕世子没後のことであり、孝宗は事実上嫡長子として即位したとの理由から朞年説を批判し、三年説を唱えた。論争のすえ、顕宗は両者のうち西人による朞年説を採用した（己亥礼訟《キヘイエソン》）。

この論争の直接的な原因は、国王が亡くなった際の継母の服喪期間について政府・王室の儀礼を集大成した『国朝五礼儀《ククチョオレイ》』（一四七四年）に明確な規定がなかったことにあった。朱子学《チュジャハク》の定める家族制度や礼制と矛盾しないようにするにはどのように対応すべきか、ということが重要な論点であったのはいうまでもない。だがそれと同時に、この論争は孝宗の王位継承をどのように評価するかということとも関連していた。なんとなれば、昭顕世子には子があったので、孝宗ではなくその子を仁祖の後継とすることも選択肢としてはありえたからである。にもかかわらず実際には昭顕世子の弟である孝宗が即位した。孝宗即位の正当性ともかかわる事案であったことが、この論争を加熱させ、顕宗の決定がでたあとも南人はこれを不当とする主張を続けた。

その後、慈懿大妃の服喪期間をめぐる論争は一六七四年二月に孝宗妃の仁宣王后《インソンワンフ》張《チャン》氏が死去したことで再燃し、同年七月、西人の宋時烈らは大功《テゴン》（九カ月間服喪）説《ソル》、尹鑴や南人らは朞年説をそれぞれ主張した。大功説は孝宗を仁祖の次男とみなす立場から、朞年説は嫡長子と同等とみなす立場からの主張であり、両者ともに己亥礼訟のときと同じ論理であった。ところが顕宗は、己亥礼訟のときとは異なり、今回は南人の朞年説を採用した（甲寅礼訟《カビンイエソン》）。短い服喪期間を顕宗が好まなかったためともいわれるが、宋時烈とのあいだで政治的軋轢《あつれき》を生じていた外戚の金佑明《キムミョン》、金錫冑らが、西人であるにもかかわらず南人の朞年説を支持したことが顕宗の決断にも大きく影響したとみられる。

大功説を唱えた西人は、結果的に顕宗の実母をないがしろにする邪論を説いたとして処罰の対象となり、同月、領議政であった金寿興《キムスフン》は春川《チュンチョン》（江原道春川市）に流配され、南人の許積《ホジョク》がその後任に任じられた。翌八月、顕宗が病没し、長男で王世子の焞《スン》《じゅん》が即位（廟号粛宗《スクチョン》）すると、すでに自主的に職を退いていた宋時烈も南人の激しい弾劾を受け、翌一六七五年一月には徳源《トグォン》（江原道元山《ウォンサン》市と文川《ムンチョン》市）に流配され、その後も配所を転々とした。西人の主要な人物が政権から駆逐される一方で、粛宗即位後に登用された尹鑴は同年五月に大司憲《テサホン》となった。また前述した許積の領議政就任に続き、六月には左議政と右議政にもそれぞれ南人の権大運《クォンデウン》と許穆が就任するなど、南人が政治の実権を握るようになった。

5　外交体制の再編

日本との国交回復

十六世紀末の日本の朝鮮《チョソン》侵攻により、日朝間の外交関係は断絶した。十五世紀初め以来朝鮮と密接な関係を築いてきた対馬の宗氏も、朝鮮通交に関する権益を失った。朝鮮との貿易に大きく依存していた宗氏にとって、その復活は最大の懸案であった。そこで宗義智《そうよしとし》は戦争終結後すぐから朝鮮との関係修復に動き出した。豊臣秀吉の死後、実権を握った徳川家康もこうした宗氏の活動を認め、国交回復交渉を義智に委ねた。一方、日本に対する敵愾心と不信感が蔓延するなか、朝鮮は国交回復に対して積極的な姿勢をみせなかったが、宗氏側の粘り強い交渉に加え、戦後の日本情勢を探索し、また北方での女真《ヨジン》台頭という事態に備えて対日本関係を安定化させておく必要から、最終的にこれに応じた。

こうして一六〇七年五月、日本からの要請に応えるかたちで回答兼刷還使《フェダプキョムスェファンサ》と称する朝鮮国王の使節が来日し、これをもって朝鮮と徳川幕府とのあいだに正式な外交関係が成立した。またこれを受けて対馬からの渡航船の停泊地であった釜山浦《プサンポ》には客館である倭館《ウェグァン》が設けられ(補説24「倭館」参照)、宗氏と朝鮮との外交交渉はそこでおこなわれることになった。朝鮮は宗氏の貿易再開交渉にも応じ、一六〇九年三月に双方のあいだで己酉約条《キユヤクチョ》が締結された。島主歳遣船《セギョンソン》数は二〇隻、歳賜米豆《セサミドゥ》は一〇〇石、対馬からの渡航船の停泊地は釜山浦のみ、と規定するこの約条により、朝鮮と宗氏とのあいだの貿易も復活した。

一六〇七年の使節以後も、朝鮮からは国王による将軍宛の国書を携えた使節が日本に派遣された。一六〇七年の使節同様、一七年と二四年に派遣された使節は回答兼刷還使と称したが、これは徳川将軍の国書への返書を伝達する（回答）とともに、日本の侵攻に際して朝鮮から連行された被虜人を探し出して連れ戻す（刷還）ことが使節派遣の名目の一つとされていたことによる。一六三四年派遣の使節からは、国交断絶前に使用されていた通信使《トンシンサ》を称した。以後、一八一一年の最後の使節まで、通信使名義での使節派遣は九回、これに回答兼刷還使として派遣された先の三回を加えると、二〇〇年余りのあいだに都合一二回の使節が日本を訪れたことになる。これら通信使の主要な目的は、新将軍の就任や将軍嗣子の誕生を祝賀することであり、一二回の使節はすべて日本側の要請により派遣された。

使節は正使《チョンサ》、副使《プサ》、従事官《チョンサグァン》各一人（以上を三使《サムサ》と総称）と製述官《チェスルグァン》一人、書記《ソギ》三人のほか、通事《トンサ》（通訳）、軍官《クングァン》、医員《イウォン》などからなり、それに従者や格軍《キョックン》（水手）なども含めると毎回四〇〇～五〇〇人という大規模なものであった。正使は正三品堂上官に吏曹参議《イジョチャミ》職を、副使は堂下官《タンハグァン》に弘文館《ホンムングァン》典翰《ジョナン》職（従三品）を、従事官は五六品官に弘文館《ホンムングァン》校理《ギョリ》職（正五品）をそれぞれ臨時に授けて任命した。製述官と書記には漢詩や朱子学《チュジャハク》に秀でた文臣が任じられた。それは徳川将軍に対する敬意の表明であると同時に、他方では朝鮮の文化的優位性を日本側に誇示するという側面も有していた(14)。通信使一行は江戸を往復する旅程にあって各地で日本の儒者や武士らとのあいだで漢詩文を贈答し、また朱子学に関する議論をかわしたが、製述官と書記はその中心をなした。三使や製述官などは日本での見聞をまとめて「東槎録《トンチャロク》《とうさろく》」とも総称される使行録も数多く残した。なかでも一七一九年に八代将軍吉宗の襲職を祝賀する通信使の製述官として来日した申維翰《シニュハン》の『海游《ヘユ》録《ロク》』はそれらのなかの白眉とされ、内容の多様さや叙述の詳しさなどで知られる。

このように朝鮮からの使節は、対馬までしかこなかった一八一一年の最後のものを除けば、ほぼ数十年に一度の頻度で江戸を訪れた。ところが日本からの使節はすべて釜山浦の倭館止りとなり、漢城《ハンソン》までの上京は許されなかった。これは朝鮮侵攻時の日本軍の進路がかつて日本からの使節の上京路であったことに鑑み、使節の上京により地理情報が日本側にもれるのを防ぐための措置であった。

前述のように、一六〇九年の己酉約条により朝鮮と対馬の宗氏とのあいだの貿易も復活した。徳川幕府は、宗氏が対朝鮮外交を担うことを条件に朝鮮との貿易を認めたので、宗氏はその利益を独占した。貿易は倭館でおこなわれたが、宗氏から朝鮮国王への封進《ポンジン》とそれに対する朝鮮国王の回賜《フェサ》からなる官貿易《クァンムヨク》、宗氏が持参した物資を朝鮮政府が買いつける公貿易《コンムヨク》、朝鮮側官吏の立会いのもとで朝鮮と対馬双方の商人が取引する私貿易《サムヨク》に分けられる。朝鮮は薬用人蔘《インサム》や中国産の生糸(白糸《しらいと》)、絹織物などを日本へ輸出し、蘇木や胡椒といった東南アジア産の香辛料や薬材、日本産の銀(丁銀《ちょうぎん》)、銅などを日本から輸入した。注目されるのは、日本から輸入した銀で朝鮮が清から購入した中国産の生糸と絹織物が日本まで輸出されたことで、これは長崎での日中貿易と並んで東アジアにおける銀と生糸、絹織物との重要な流通経路となっていた。

清との冊封関係の展開

一六三六年一月、朝鮮が清に降伏してその冊封《チェクポン》を受けるようになったのを受け、清と朝鮮とのあいだでは相互に使節の往来がなされた。清から朝鮮に対しては、明の場合と同様、国王の代替りごとに派遣される冊封使を中心にして、各種名目の勅使《チクサ》が必要に応じて派遣された。朝鮮から清へも、当初は明への場合と同様、複数の定期的な使節と多様な臨時の使節とが派遣された。前者としては正朝使《チョンジョサ》(新年を祝賀)、聖節使《ソンジョルサ》(皇帝の誕生日を祝賀)、冬至使《トンジサ》、年貢使《ヨンゴンサ》(歳幣《セベ》を献上)などがあったが、[15] 一六四四年の順治帝《じゅんちてい》の勅諭により定例の使節は年一回に統合されることになり、翌四五年からは毎年十～十一月に派遣されるようになった。これは冬至使と称されることが多かったが、年貢使もしくは歳幣使《セベサ》とも呼ばれた。後者としては謝恩使《サウンサ》、陳奏使《チンジュサ》(奏請使《チュチョンサ》)、進賀使《チナサ》、陳慰使《チヌィサ》、進香使《チニャンサ》、弁誣使《ピョンムサ》《べんぶし》、告訃使《コブサ》など、目的に応じてさまざまな名称が確認できる。

これら朝鮮から清へ派遣された各種の使節の目的地は、初期には盛京《せいけい》(瀋陽《しんよう》)であったが、一六四四年十月の清の北京奠都《てんと》後も、必ず同地を経由したのちに北京へ向かった。当時北京は燕京《えんけい》とも称したので、朝鮮から北京に赴くことを朝鮮では燕行《ヨネン》といい、朝鮮から清へ派遣される使節も燕行使《ヨネンサ》と総称する場合があった。これは、かつて朝鮮から明への使節を赴京使《プギョンサ》とも表現したのに対し、「京」字の使用を避けた結果でもあった。使節は帰国後、道中や北京での見聞を「燕行録《ヨネンノク》」と総称される使行録にまとめて国王に献上した。現在も多数の「燕行録」が残されており、それらは当時の朝鮮知識人の目を通じて清の政治、経済、社会などの状況を知ることのできる貴重な史料となっている。

清への使節は、正使、副使、書状官《ソジャングァン》各一人（以上を三使と総称）のほか通事（通訳）、軍官、医員などの正官《チョングァン》が三五人、それに馬夫、奴子といった従者などを含めると総勢二〇〇～三〇〇人程で構成された。明への使節に比べると規模が大きかったことがわかる。正使には王族が任命される場合が多かったが、文臣を任じる場合には正二品の者を従一品に臨時昇格させた。同様に、副使には正三品、書状官には正五品の文臣をそれぞれ従二品、正四品に臨時昇格させて任命した。一六三七年から一八九四年に派遣された最後の使節である進賀兼謝恩使まで、二五八年間に、定期、臨時双方の使節を合わせた派遣回数は四九四回となる。これは年平均二回派遣されたことになる。

朝鮮は清に対して毎年、莫大な歳幣を納付する義務を負わされた。金銀をはじめとする貴金属、紙、水牛角や皮革類、刀剣、苧布《ちょふ》（からむしでつくった布）や綿紬などの織物など、当初その品目は多様で数量も膨大であったが、朝鮮側の要請により種類、数量ともにしだいに減らされた。これら歳幣とは別に、朝鮮から清へ派遣された使節は朝貢品としてやはり苧布や綿紬などの織物類や紙、花茣蓙《ござ》などを献上し、回賜品として高級絹織物を中心とした品物を受け取った。

朝貢《チョゴン》と回賜という外交儀礼に基づくこのような公貿易のほか、朝鮮使節は北京へ向かう途中の柵門《チェンムン》（遼寧省丹東市鳳城市）や盛京、それに北京の宿所であった会同館《フェドングァン》での私貿易も許されていた。使節に随行した義州《ウィジュ》や開城《ケソン》などの商人および訳官が清側の商人とのあいだでおこなうもので、朝鮮側の輸出品は貴金属、薬用人蔘、紙、皮革など、清からの輸入品は高級絹織物や生糸、染料、書籍、各種日用雑貨などであった。これを後市貿易《フシムヨク》という。また使節による貿易のほか、開市《ケシ》といって国境地帯である鴨緑江《アムノッカン》《おうりょくこう》岸の中江《チュンガン》(平安北道《ピョンアンブクト》義州郡)と豆満江《トゥマンガン》《とまんこう》岸の会寧《フェリョン》(咸鏡北道《ハムギョンブクト》会寧市)、慶源《キョンウォン》(同セビョル郡)でも定期的に交易場が開設され、朝鮮側の農具、牛、穀物などと清側の馬匹や綿布などが交換された。

▼補説24▲　倭館

倭館とは、朝鮮時代に朝鮮半島内に設けられた日本からの通交者のための客館施設のことである。歴史上、もっとも古くから存在した倭館は、朝鮮建国後に漢城に設けられた東平館《トンピョングァン》であろう。朝鮮は、明からの使節のために太平館《テピョングァン》、女真人のために北平館《ブッピョングァン》、そして日本人のために東平館という名の客館を漢城においたが、このうちの東平館がのちに倭館と呼ばれるようになった。このほか日本からの通交者の停泊地とされた富山浦《プサンポ》(または釜山浦)と乃而浦《ネイポ》(または薺浦《チェポ》《せいほ》)にも当初から客館が設けられていたと考えられ、一四二六年に塩浦《ヨムポ》が停泊地に加えられると、そこにも倭館が追加された。その後、これら三浦《サムポ》の倭館は停泊地の減少に応じて減らされたが、幾度かの変動ののち、一五四七年以後は釜山浦のみとなった。そして一五九二年に日本の朝鮮侵攻が始まると、釜山浦の倭館は日本軍の築いた倭城《ウェソン》内に取り込まれて消滅し、漢城の東平館も戦火で失われたとされる。

日本との戦争が終結すると倭館も復設されたが、その所在地は釜山浦と海をはさんで向かい合う絶影島《チョリョンド》(釜山市影島《ヨンド》区)であった。しかしこの絶影島の倭館は日朝国交回復交渉のための仮の施設にすぎず、一六〇七年に回答兼刷還使が日本を訪れ、日朝間に正式な外交関係が成立すると、倭館はあらためて釜山浦に設置された。このときの倭館はその所在地にちなんで豆毛浦《トゥモポ》(釜山浦の一部をなす。釜山市東《トン》区水晶《スジョン》洞付近)倭館とも呼ばれる。己酉約条の交渉はこの豆毛浦倭館でおこなわれた。しかし豆毛浦倭館は敷地が狭隘で、環境もよくないとして、対馬側は一六四〇年から朝鮮政府に移転を要請した。その後二度の火災をへた一六七三年になって、朝鮮側はようやく豆毛浦の南西に位置する草梁項《チョリャンハン》(釜山市中《チュン》区南浦《ナムポ》洞を中心とする一帯)への倭館移転を決定し、七八年、同地に新しい倭館の施設が完成した。以後一八七六年の日朝修好条規締結までこの倭館は存続した。一方、漢城の倭館が復設されることはなかったが、それは本文中にも述べたように、十七世紀以降は日本からの通交者が漢城まで上京することが許されなかったためである。

さて、この新倭館は草梁倭館とも呼ばれるが、その敷地は一〇万坪にもおよぶ広大なものであった。そこに、現在の竜《ヨン》頭山《ドゥサン》公園をはさんで東館《トングァン》と西館《ソグァン》と称される二つの建物群が存在した。このうち後者は倭館本来の目的でもある客館であり、対馬から渡航する使節の宿所が整然と並んでいた。対馬からの使節は倭館に到着すると西館にはいった。そして西館内の施設で、接待のために派遣された朝鮮側の官僚参席のもと、接待各種の外交儀礼に臨んだ。これに対し日常的な外交や貿易の実務は東館でおこなわれた。

一方前者は、対馬からの長期滞在者の住居および関連施設からなる。館守屋、開市大庁、裁判屋(以上は東の三大庁と称された)、東向寺など外交や貿易に関する公的施設のほか、貿易を担当する代官の屋敷、貿易品を収納する土蔵、倭館に出入りする人びとや船の積荷などを検査する改所(浜番所)、監視役人の屋敷、商人の住居や倭館住民に生活必需品を売る店、さらには各種の神社など、多種多様な建物や施設からなっていた。東の三大庁は朝鮮側の経費で建てられたが、その他の建物の建設費は対馬側が負担した。

東館には四〇〇〜五〇〇人程の人びとが長期滞在していたと推測されるが、それらの住民の中心をなしたのは、対馬の役人と僧侶であった。なかでも倭館全体の統括者かつ責任者である館守、朝鮮との外交交渉を直接担当する裁判、外交交渉の際に書記官として外交文書の記録と保管を担当した東向寺僧の三役がとくに重要であった。通信使派遣をはじめとする朝鮮政府と徳川幕府とのあいだのさまざまな外交交渉はもちろん、対馬とのあいだの外交および貿易関係の交渉はすべて東館でおこなわれた。東館はいわば日本の在外公館としての機能をはたしていたことになる。一六〇七年の回答兼刷還使派遣以降、十九世紀末にいたるまで日朝間には二五〇年以上にわたり平和的な関係が築かれたが、それを陰で支えたのが、倭館で日々おこなわれた日朝間の外交交渉であったことに留意しなければならない。

なお、東館住民には長期滞在者が多いとはいえ、彼らは永住が認められているわけではなく、したがって妻子を帯同することも禁じられていた。要するに倭館は男性だけの日本人居留地であった。にもかかわらず勝手に館外に出ることも、外部から妓女《キニョ》などを出入りさせることも認められていなかった。それゆえにというべきか、闌出《らんしゅつ》(みだりに規定区域外に出て徘徊すること)や交奸《こうかん》(朝鮮人女性との密通)、密貿易、住民同士の喧嘩、朝鮮の胥吏《ソリ》《しょり》や商人との悶着などが頻発し、また飲酒や博打も横行し、朝鮮政府や館守はそれらの取締りや防止に苦慮した。

六反田　豊

注

(1) 本文中に後述するように、㦕は暴政を理由に一五〇六年九月に廃位され、降格されて燕山君に封じられた。そのため正規の国王として位牌が宗廟に祀られず、廟号も贈られなかった。死後に編纂された公式記録も「実録」ではなく『燕山君日《ヨンサングンイル》記《ギ》』と題された。

(2) 反正とは、現在の誤った政治を以前の正しい状態に戻すことをいう。朝鮮時代には、中宗反正のほかに一六二三年三月に起こった仁祖反正《インジョバンジョン》がある。なお朝鮮時代の本来の紀年法は新国王即位の翌年を元年とする踰年称元《ユニョンチンウォン》《ゆねんしょうげん》だが、反正を含め、前国王を廃して新国王が即位した場合には即位の年を元年とする即位称元が用いられた。

(3) 四肢と尾を切除し耳、目、口を焼きつぶした鼠の死体が東宮殿の庭の銀杏の木に吊るされていたため、この名で呼ばれる。

(4) 李滉と李珥は朱子学に関する膨大な著作を残した。代表的なものをあげれば、李滉には『朱子書節要《チュジャソソルヨ》』(一五五六年)、『易学啓蒙伝疑《ヨッカッケモンジョニ》』(同)、『聖学十図《ソンハクシプト》』(一五六八年)など、李珥には『東湖問答《トンホムンダプ》』(一五六九年)、『聖学輯要《ソンハクチビョ》』(一五七五年)、『撃蒙要訣《キョンモンヨギョル》』(一五七七年)などがある。

(5) 日本の侵攻後、五部作成されるようになり、十七世紀後半以降はすべて活字印刷された。

(6) 韓国の国宝第一号でもあるが、二〇〇八年に放火で焼失し、一三年に復元された。

(7) 守信田は、科田の受給者が亡くなったのち、その妻に対して科田の一部の収租権を与えた土地であり、恤養田は、科田の受給者およびその妻が亡くなったのち、子弟の養育を名目として科田の一部の収租権を当該子弟に与えた土地をいう。

(8) 功臣田は、国家への功績により功臣に録せられた臣下に対して恩典・賞与として収租権を分給した土地であり、別賜田は、国王から特定の臣下に対して特別な恩典として収租権を分給した土地をいう。

(9) 宗氏と朝鮮側との交渉の結果、島主歳遣船数は一五二三年に三〇隻にまで増加していたが、丁未約条で再び壬申約条と同額の二五隻に減らされた。

(10) 「亀甲船《コブクソン》」と表記される場合もあるが、朝鮮側での正式な名称は「亀船」である。船体上部を木製の壁と屋根で覆い、船首には竜頭をかたどった造形物を取りつけることで、船全体があたかも甲羅で覆われた亀の胴体のようにみえることからこの名がある。当時の大型主力艦である板屋船の戦闘を有利に展開するために、敵と遭遇すると真っ先に突撃し、敵の動きを攪乱する役割を担っていた。

(11) 燕山君同様、琿も暴政を理由に一六二三年三月に廃位された。光海君という君号は、もともと王世子に冊立される以前のものだが、廃位後、降格されて再び光海君と称した。

(12) このとき鄭仁弘は、師である曹植が従祀されなかったことに不満をいだき、李彦迪と李滉の従祀に反対したため、一時論争となった。

(13) 尹鑴の家門はもともと北人であったが、彼自身は特定の朋党に属さず、当初は宋時烈をはじめとする西人と親密な関係を築いていた。しかし己亥と甲寅の両礼訟では、本文中に述べたように西人の主張を批判して南人を支持した。そして粛宗の即位後、南人政権のもとで登用されると南人の代表的人物として活躍したが、一六八〇年、庚申換局《キョンシンファングク》で弾劾されて賜死に処された。

(14) これに対し徳川幕府の側では通信使の来日を「入貢」ととらえ、自らの「公儀の威光」を当該使節と日本国内に示す絶好の機会と考えていた。徳川幕府は通信使を一種の朝貢使とみなしていたわけである。このような認識が朝鮮側の通信使派遣の意図とはまったく異なり、通信使の実体とも大きく懸け離れていたことはいうまでもないが、少なくとも徳川幕府が自らを中心に据えた華夷的外交秩序を確認ないし誇示するために通信使を利用したことは否定できない。

(15) ただし必ずしもこの四使が個別に派遣されたわけではない。聖節使、冬至使、年貢使の三使はひとまとめにされることが一般的であった。

第八章　朝鮮後期

1　王朝中興への努力

時代の概観

顕宗《ヒョンジョン》の跡を継いで即位した一九代の粛宗《スクチョン》から二二代の正祖《チョンジョ》にいたる時代は、粛宗統治の前半期を除いて国際関係が比較的安定した状況で推移したこと、また、粛宗（在位一六七四〜一七二〇）、英祖《ヨンジョ》（在位一七二四〜七六）、正祖（在位一七七六〜一八〇〇）の三代にわたっていずれも国王の在位期間が長かったことによって、国家体制の再編が意欲的に進められたところに特徴がある。とくに王権を強化しようとする試みが一貫して追求されたが、その試みがたんに権力構造の再編にとどまらず、社会の変化とも連動していたことが重要である。

社会の変動のなかでも注目されるのは、国王のもとで、臣民のあいだに存在した身分や階層による格差や差別、さらに地域的な不均質が弱まり、すべての臣民が均質的な存在へと変化し始めたことであり、支配政策のあり方も、こうした変動に規定されながら、同時にその変動を促進する役割をはたした。

この時期の社会変動を根底において規定していたのは、農業生産の発展と小農経営の一般化、農業剰余の拡大による商品流通の従来とは質的に異なる発展と、そこで得られる利益の配分をめぐる国家と社会各階層間の複雑な動きであった。そして社会の動揺が深まるなかで、政治から疎外されていた民衆たちが、さまざまな形で自分たちの声をあげ始めたことも注目される。しかし他方で、社会の流動化に抗して、階層的・血縁的結合を強化しようとする動きも試みられ、政治的・社会的な変化は複雑な経緯をたどった。国家の財政政策の変化や、身分制の動揺といわれる事態、さらに思想や文化の新しい動きも、こうした社会変動との関連で理解することが必要である。

本章で取り上げる時代、とくに英祖と正祖の在位時代は、のちに王朝の中興時代とみなされて高く評価されてきたが、他方で、十九世紀のいわゆる勢道政治《セドジョンチ》の時代が生まれる条件がこの時期に育まれたことも見逃してはならない。

粛宗の統治と換局

顕宗代の礼訟《イェソン》を契機に西人《ソイン》が政権の中枢を占めることになったが、そのもとでも許積《ホジョク》など一部の南人《ナミン》は政権にとどまりつづけた。しかし顕宗の末年に再度生じた礼訟では南人の主張が受け入れられて、仁祖反正《インジョバンジョン》以来続いてきた西人主導の政権が崩壊し、南人が政権中枢に進出することになった。その直後に王位に就いた粛宗は、それまでの党派連立的な政権運営の方式ではなく、一つの党派に政権を独占させる一方で、頻繁に政権を交代させることにより、王権を強化しようとする方式をとった。こうした政権交代を当時、「換局《ファングク》」と呼んだ。

粛宗の在位初期、中国は呉三桂《ごさんけい》を中心とする三藩の乱の渦中にあり、清の統治にとって最大の脅威となっていた。中国の情勢に対して朝鮮《チョソン》政府は多大の関心を寄せ、さまざまなルートからの情報収集をおこなったが、清の統治が不安定な状況のなかで朝鮮の朝廷では再度北伐論が提起され、一万名を超える武科《ムグァ》合格者を選ぶなど(万科《マングァ》と呼ばれた)、軍備の拡張がはかられた。南人が従来から主張してきた王権の強化と関連した政策であったが、こうした動きに対して清も神経を尖らせていた。

この時期、清に派遣された朝鮮の使節の文書に対して、清がその文面をとらえて「問罪《ムンジェ》」する事件が繰り返し起きた。

問罪とは、基本的に「礼」にのっとるものとされていた清と朝鮮の事大関係において、朝鮮の側に礼に背く行為があった場合に、清の皇帝が朝鮮国王の罪を問うことを指す。問罪の理由とされたのは、いずれも文書に誤った文字が使用されているとか、不適切な表現が用いられているというものであった。この時期に問罪の発動がしばしばおこなわれた真の理由は、朝鮮が反清運動を支援しているのではないかと、清が疑っていたところにあった。しかしそれを正面から問題とするのではなく、まったく別の問題を取り上げて罪を問おうとしたのであり、それは朝鮮に対する警告でもあった。

粛宗六（一六八〇）年、南人の中心人物であった許積の子、許堅《ホギョン》が謀反を企てているとの告発が西人勢力によっておこなわれ、南人政権は崩壊することになった。この政変を庚申換局《キョンシンファングク》という。政権の中枢に返り咲いた西人勢力ではあったが、その内部で対立が深まり、南人に対して強硬な姿勢をとるとともに、民生安定を重視しようとする勢力と、南人に対して穏健に処するとともに、積極的な富国強兵を主張する勢力とに分裂した。前者を老論《ノロン》、後者を少論《ソロン》と呼ぶが、ここに南人、北人と合わせて、いわゆる四色党派《サセクタンパ》がそろうことになった。

西人政権のなかでは、宋時烈《ソンシヨル》を中心とした老論が中枢を占めたが、南人の拠点となっていた訓錬別隊《フルリョンビョルデ》（顕宗代に創設）に代わって禁衛営《クムイヨン》が設置され、これによって朝鮮時代後期の中央軍事組織である五軍営《オグニョン》体制が完成されるにいたった。しかし粛宗十五（一六八九）年、老論政権が国王の側室であった禧嬪《ヒビン》《きひん》・張《チャン》氏が生んだ王子（のちの景宗《キョンジョン》）を世子《セジャ》（つぎの王位予定者）とすることに反対して粛宗の怒りをかい、張氏が南人系の家門出身であったために南人が政権を握ることになった（己巳換局《キサファングク》）。政権から追われた宋時烈などは処刑されたが、これ以後、政権の交代にともなって反対派を粛清することが常態化し、党争《タンジェン》は凄惨な様相を呈することになった。

南人政権のもとでは、再度軍備の充実が重視され、江華島《カンファド》に城を築くなど、首都の防衛が強化された。しかし南人政権は長く続かず、粛宗二十（一六九四）年、西人が張氏の王妃冊封《チェクポン》にともなって王妃の地位から追われた閔《ミン》《びん》氏（仁顕王后《イニョンワンフ》）の復位を企てているとして西人へのさらなる攻撃を試みたことが粛宗の怒りをかい、少論を中心とする政権が誕生した

(甲戌換局《カプスルファングク》)。こののち、南人の勢力は著しく衰え、老論と少論のあいだで政争が展開されるが、両者が交互に政権を担当する状況が粛宗の末年まで続くことになった。

なお十七世紀後半は、小氷期と呼ばれるほどに気候の寒冷化が進み、それにともなって自然災害や伝染病の流行などが頻発して、一時的に人口が百万を超える規模で減少する事態が発生した。こうした困難のなかで、民衆のあいだにも不満が蓄積され、政府を批判したり、新しい王朝の誕生を願うなど、従来とは異なる動きが顕在化してくる(第3節参照)。

少論政権のもとで、一六九七年には中人《チュンイン》・庶孽《ソオル》《しょげつ》のなかの一部の者を守令《スリョン》に登用することを認める措置がとられたが、これは政権の基盤を強化しようとする西人勢力の意図によるものであった。また一七〇八年に大同法《テドンボブ》を黄海道《ファンヘド》にまで拡大したり、一八年から二〇年にかけて農業生産の中心地であった三南《サムナム》地域(忠清《チュンチョン》・全羅《チョルラ》・慶尚《キョンサン》の三道)で量田《ヤンジョン》が実施されるなど、民政面での重要な政策が実施された。

また、国際関係の面においても、清が台湾島を拠点に抵抗を続けた鄭《てい》氏の勢力を一掃して(一六八三年)、統一を成し遂げたこともあって、清とのあいだで国境交渉がおこなわれ、一七一二年に両国の国境が画定された。そして国境の白《ペク》頭山《トゥサン》に「定界碑《チョンゲビ》」が建てられたが、東の国境とされた土們江《トムンガン》がどの川を指すのかについて、両国のあいだで見解の相違があり、以後の国境紛争の原因にもなった。明清交替にともなって紆余曲折をかさねてきた中国との関係も、こうして安定期にはいることになったが、そのもとで、朝鮮政府は壬辰倭乱《イムジンウェラン》の際に援軍を派遣した明の神宗・万暦帝《ばんれきてい》を祀った大《テ》報壇《ボダン》を昌徳宮《チャンドックン》のなかに設置したり、明の援軍将兵の子孫で朝鮮に住みついた人たち(皇朝遺民《ファンジョユミン》と呼ばれた)を軍人に登用するなど、清への抵抗を示す政策がとられたことにも、注意しなければならない。

粛宗の跡を継いで即位した景宗(在位一七二〇〜二四)は、その母である張氏が死刑に処されたこともあって、その正統性に弱点をかかえていた。そして景宗に子がなく、しかも病弱であったために、景宗の弟である延礽君《ヨニングン》《えんじょうくん》(のちの英祖)を王世弟《ワンセジェ》(王の弟でありながら次期の王位継承者とされた者)とし、代理聴政《テリチョンジョン》を認めるべきか否かをめぐって、老論と少論のあいだで激しい対立が生じた。この対立は少論が制するところとなり、さらに老論勢力による景宗毒殺の陰謀が密告され、多くの老論政治家が処刑された。こうして少論が政権を握ることになったが、景宗がわずか在位四年で死去すると、英祖が王位に就くことになった。老論の支持を受けていた英祖が、少論政権のもとで即位したわけである。政局の波乱は必至であった。

英祖の統治と蕩平政治

少論と老論の激しい対立のなかで即位した英祖は、即位するとすぐに失脚していた老論の一部大臣を復権させたが、王世弟時期から対立していた少論に対する報復措置については自重の策をとり、党派対立が激化することを防ぐために、「蕩平《タンピョン とうへい》」の理念を掲げて統治にあたる姿勢を鮮明にした。「蕩平」とは本来、党派をなくすことを意味する言葉であるが、党派をなくすことが不可能な状況のもとで、各党派から公平に人材を登用することをめざしたのである。しかしこうした英祖の意図に真っ向から対立する大事件が起きた。英祖四(一七二八)年に起きた戊申《ムシン》の乱がそれである。

この乱は、南人の李麟佐《イインジャ》や少論の急進派の朴弼顕《パクピリョン》らが中心になって起こされたもので、英祖の退位と老論の一掃を目的に、少論と南人勢力が挙兵した事件である。この乱には、地方の士族《サジョク》層や商人、流民など、広範な社会階層の者が加わっており、一時、忠清道の中心地である清州《チョンジュ》を占領する勢いであった。しかし当初計画されていた中央政界からの呼応が得られず、結局、少論の兵曹判書《ピョンジョパンソ》・呉命恒《オミョンハン》を司令官とする政府軍によって鎮圧されてしまった。

この乱の背後に少論勢力が控えていたことは明白であったが、それにもかかわらず英祖は蕩平の理念を放棄せず、以後、政権は蕩平に積極的な勢力を中心に、老論と少論の穏健派によって運営されることになった。こうして初期の困難な状況を乗り切った英祖は、その政権基盤が安定するにともなって、つぎつぎと積極的な政策の実施に踏み切った。そのなかでももっとも大きな改革とされるのが一七五〇年に実施された均役法《キュニョクポプ》による軍役《クニョク》制度の改革であったが（次節参照）、政治的に大きな意味をもったのは、文官の人事権を握っていた吏曹の郎官《イジョナングァン》（正五品の正郎《チョンナン》と正六品の佐郎《チャラン》、銓郎《チョルラン》とも呼ばれた）の権限を縮小する措置と、史官《サグァン》の候補者を前任の史官が推薦する翰林回薦法《ハルリムフェチョンポプ》の廃止であった。

吏曹の郎官は官僚の監察などを任務とする三司《サムサ》（司憲府《サホンブ》、司諫院《サガヌォン》、弘文館《ホンムングァン》）の人事権を握っていただけでなく、その後任を自ら推薦する慣例であったので、その品階《プムゲ》は低かったものの、大きな権限を有していた。そして党争のなかで銓郎が全国の公論の代弁者として振る舞ったので、党争の弊を改めようとした英祖は、銓郎の権限を取り上げ、人事権を吏曹の判書《パンソ》（長官）に移したのである。また史官もその品階こそ低かったものの、政治運営を監視し記録することを任務としていたので、高位官僚にとっては無視できない存在であった。これらの措置は、吏曹判書の任命権をもつ宰相と国王の権限を強めるもので、政府の政策決定においても、高位の官僚によって構成される備辺司《ピビョンサ》の役割が強化されることになった。

吏曹郎官や史官の権限縮小は、十六世紀の士林派《サリムパ》政権の確立以来の慣行を廃止するもので、中級官僚である堂下官、およびその背後に存在した地方の儒生《ユセン》たちの政治参与、すなわち公論政治の慣行を弱めることにもなった。十九世紀にはいって外戚によるいわゆる「勢道政治」がおこなわれるようになるが、それを可能にした一つの要因も、この改革にあった。

英祖は各種編纂事業にも意欲的に取り組んだが、そのなかでも『経国大典《キョングクテジョン》』以来の法令を集成した『続大典《ソクテジョン》』、古代以来の文物制度の変遷を整理、集大成した『東国文献備考《トングンムンノンビゴ》』、全国の地誌をまとめた『輿地図書《ヨジドソ》』などの編纂と刊行は、大きな意味をもつものであった。

五二年におよぶ英祖の統治期間の後半、もっとも大きな政治的事件となったのが、世子である荘献世子《チャンホンセジャ》をめぐる対立である。世子は一七四九年から代理聴政をおこなっていたが、世子の外戚である洪鳳漢《ホンボンハン》を中心とした勢力が大きな権力をもつようになると、それに反発する勢力とのあいだで対立が深まった。英祖が新しい王妃を迎えると、その外戚勢力と権力から疎外されていた反洪鳳漢勢力が連合して世子を攻撃するようになり、英祖は結局、世子を米びつに閉じ込めて死にいたらせるという、衝撃的な結末となった。

この事件ののち、世子の死を当然視する勢力（僻派《ビョクパ》）と世子を擁護する勢力（時派《シパ》）とのあいだで政治的対立が深まり、やがてこの対立は、荘献世子の子である王世孫《ワンセソン》（のちの正祖）の即位をめぐる対立となっていく。英祖と同様に、正祖も激しい政治的対立のなかで王位に就くことになった。

正祖の統治と王権強化の本格化

父・荘献世子の死や、自らの即位過程で党派対立の弊害を体験していた正祖は、初期には即位に功のあった洪国栄《ホングギョン》を重用したが、まもなくこれを失脚させ、以後、自らが党派を問わず優秀な人材を抜擢する積極的な蕩平を推進した。英祖の蕩平策が蕩平に同調する穏健な人物を登用する緩論蕩平《ワルロンタンピョン》であったのに対して、正祖の蕩平策は自身の意図にかなう人物を登用するもので、峻論蕩平《チュルロンタンピョン》と呼ばれた。それを象徴するのが南人の蔡済恭《チェジェゴン》《さいさいきょう》を領議政《ヨンイジョン》に登用したことであるが、そのほかにも奎章閣《キュジャンガク》（1）という国王直属の機関を設けて、王政推進の補佐としての役割を担わせた。奎章閣には朴斉家《パクチェガ》のような両班庶子《ヤンバンソジャ》も登用され、国王の諮問に応えた。また下級官僚のなかで優秀な者を再教育するために、「抄啓文臣《チョゲムンシン》」という制度を設け、試験をへて昇進できるようにしたが、正祖統治の前半期に重用された丁若鏞《チョンヤギョン》も、この制度を通じて抜擢されたのである。

正祖は非業の死を遂げた荘献世子の墓を水原《スウォン》に移すとともに、水原北部に華城《ファソン》を建設したが、いずれも王権強化の意図と関連したものであった。またそれまで科挙《クァゴ》の文科《ムングァ》試験の受験資格を認められていなかった両班庶子に対しても受験資格を認める「庶類疎通節目《ソリュソトンジョルモク》」を定めた。これに先立ち、すでに粛宗の時代に両班庶子や中人を地方官に任命することができる措置がとられていたが、こうした政策をさらに進める措置であった。

正祖による王権強化の動きのなかで重要な意味をもったのが、壮勇営《チャンヨンヨン》の新設と、その権限強化である。壮勇営は当初、国王の警護を目的として設けられたのであるが、しだいにその権限が強化され、王宮だけでなく、首都・漢城《ハンソン》の治安も担当するとともに、他の五営を統率する権限までもつようになったのである。

正祖代の政策としてとくに注目されるのが、一七九一年に施行された「辛亥通共《シネトンゴン》」と呼ばれるものである。その具体的な内容は第3節で述べるが、非特権的な商人の活動を奨励するもので、蔡済恭の努力によって実現された。また正祖は農業の振興にも意をそそぎ、全国から農書を献上させるとともに、農政改革の具体策を建言させることも推進した。

このように意欲的な政策を推し進めた正祖にとって、予期することのできない困難な事態が生じた。天主教《チョンジュギョ》(カトリック)流入の問題がそれであった。後述するように、正祖の代に一部両班知識人のなかから天主教に入信する者があらわれ、祖先祭祀を拒否して位牌《ウィペ》を焼くという衝撃的な事件が起きた(珍山《チンサン》事件)。しかも天主教に入信した者が南人家門出身者であったために、南人を積極的に起用してきた正祖にとって大きな打撃となった。

英祖と正祖の統治時代は、意欲的な改革がおこなわれ、文化事業の振興も活発であったので、後世、朝鮮王朝中興の時代として高く評価されるようになる。とくに、十九世紀後半、高宗《コジョン》(在位一八六三〜一九〇七)は自らの統治の範を正祖に求め、その王権強化路線の踏襲に努力した。(2) たしかにこの二人の国王は有能であり、国政に対しても強い意欲をもっていたのは間違いないところである。しかしその改革方向が時代の流れに適したものであったのかについては、疑問とせざるをえない。党争の激化に対して、人材の公平な登用を進めるべく蕩平策を進めた意義は十分に認められるが、同時に政治参与の範囲を狭めることで党争の弊害を防ごうとした点は、時代の流れに逆行するものであったといわざるをえない。とくに自らも優れた学者であった正祖は、臣下に対して師の立場で臨んだが、これは従来の君臣関係のあり方から大きく逸脱したものであり、自己の考えにかなう人材のみを重用する結果となった。

財政面でみると、英祖の代には均役法の実施にともなう軍布《クンポ》収入の減少により、財源不足の問題が生じたが、緊縮財政の徹底により財政状況は良好なものであった。しかし正祖の代には、水原へのたびかさなる行幸だけでなく、ソウルでの行幸も頻繁におこなわれたことによって財政支出は増加したにもかかわらず、税収増大のための努力はおろそかにされた。王権を強化しようとする正祖の意図が反映されたものであったが、この財政的困難は十九世紀の国政運営を規定する大きな要因となっていく。

総じて、英祖、正祖のように有能な国王が統治した時期には王権強化の路線はさほど大きな問題点を露呈しなかったが、正祖の跡を継いだ純祖《スンジョ》(在位一八〇〇～三四)が幼い年齢で王位に就くと、その問題点がたちまちあらわれてきた。外戚を中心とした少数の家門による勢道政治が始まるのである。

2 税役収取体制の改革

大同法の定着

国家の税役収取体制の面において、朝鮮《チョソン》後期に生じたもっとも大きな変化は、貢納制《コンナプチェ》の廃止と、その代替措置としての大同法《テドンポプ》の実施である。前章でふれたように、大同法は貢納制による負担を土地に課して、その収入で各種物品を調達することを目的としたものであり、光海君《クァンヘグン》の時代に始められた。しかし大土地を所有する地主層の抵抗もあって、その実施は容易なことではなかったが、粛宗《スクチョン》の時代に北部の平安道《ピョンアンド》、咸鏡道《ハムギョンド》を除いて、全国的に実施されるようになった。

大同法が実施されるようになったもっとも大きな要因は、貢納制の弊害が深刻であったためであるが、この時期に貢納制に代えて大同法を実施することができたのは、農業生産力の発展と、それにともなう小農経営の一般化が進展したからである。工業と異なって季節の変動の影響が大きい農業では、生産力が低い段階では長期の農閑期が発生せざるをえない。貢納制というものは、この農閑期を利用して得られる各種特産物を収取するもので、それなりの合理性をもつものであった。しかし農業技術が発展して、多毛作化や集約化が進むと農閑期が短縮され、労働力を土地に集中することが可能になるのである。十七世紀から十八世紀にかけて大同法が漸次的に実施され、貢納の負担を土地に転嫁することが可能であった基本的要因も、ここにあったと考えられる。このように国家の税役収取体制の変化も、それを生み出した農業の変化と関連させて理解することが必要である。

大同法は、貢納負担を地税化したものであったが、こうした趨勢は貢納の場合に限られたものではなかった。以下にみるように、十八世紀以後、各種の対国家負担が土地に賦課されていくようになるのであるが、こうした趨勢を生み出したもっとも大きな要因も、やはり農業生産の発展にあったと考えられる。

量田の実施と土地把握の整備

大同法に象徴されるように、土地に対する課税が大きな比重を占めることになると、土地の状況を正確に把握することが以前にもまして重要な意味を有するようになる。しかし国家の土地把握は、壬辰倭乱《イムジンウェラン》の結果、多くの地域で土地税賦課の基準となる量案《ヤンアン》が失われたために、大きな打撃を受けていた。こうした状況を打開すべく、一六三四年には農業生産の中心地であった三南《サムナム》地域を対象に量田《ヤンジョン》が実施されたが、なお戦前の状況にまで回復することができないでいた。

粛宗《スクチョン》統治の末期にあたる一七一八年から二〇年にかけて、再び三南地域を対象に量田が実施されたが（このときの量田を庚子量田《キョンジャヤンジョン》と呼ぶ）、これは朝鮮時代最後の大規模な量田であり、三南地域ではこのときに作成された量案（庚子量案《キョンジャヤンアン》）が、日本によって実施される土地調査事業の時期まで使用された。

この庚子量田以外にも、粛宗から正祖《チョンジョ》の代にかけて、各地で量田が実施された。一七〇八年には咸鏡道の一六邑《ゆう》《ウプ》で、また一七三七年には京畿《キョンギ》六邑と黄海道《ファンヘド》二邑で量田が実施されたのをはじめとして、邑を単位とした量田がしばしばおこなわれた。これらの量田の結果、国家の土地把握は戦前の水準を回復しただけでなく、個々の土地の所有者と結負数《キョルブ》（結負については第六章補説21「結負制とその変遷」参照）が明確になり、土地制度は大きく改善された。

しかし十七世紀に大きな問題となっていた宮房田《クンバンジョン》や屯田《トゥンジョン》（各種政府機関が特殊な権限を有する土地）については、抜本的な解決がなされなかった。これらの土地は、王室や政府機関の収入にあてる土地として設定されたものであったが、宮《クン》房《バン》や政府機関の有する権利が所有権であるのか、あるいは収租権（国家に代わって土地税を徴収する権利）であるのかが不明確な場合が多くみられたのである。この問題に対しては粛宗二十一（一六九五）年に乙《ウ》亥定式《レジョンシク》と呼ばれる法令が発布されて、宮房田と屯田を無土《ムト》の土地と有土《ユト》の土地の二種類に区分し、前者が民有地であることが認められた。しかし他方で、有土の土地のなかに民有地が含まれていることも認められたものの、民有地と宮房や政府機関の所有地の区分については明確にされなかった。庚子量田においてもこれらの土地の所有権が明確にされなかったので、以後も国有か民有かをめぐる紛争が継続され、その解決は植民地期の土地調査事業にまで持ち越されることになった。

地税制度の変化

『経国大典《キョングクテジョン》』の規定では、農地に賦課される田税《チョンセ》はその年の豊凶により、一結《キョル》当り四〜二〇斗《トゥ》を徴収することと定められていた。しかしこの規定がどのように適用されていたのかは明確でなく、十六世紀になるとほとんどの土地で、一結四斗または六斗が田税として徴収されていた。そして一七四六年に刊行された『続大典《ソクテジョン》』では、田税の額が一結四斗と規定された。このように田税は後期になって大幅に減額されたのであるが、それと反比例して、田税以外の各種負担が土地に集中されるようになる。その代表的なものが大同法で、一結一二斗（黄海道は一六斗）が賦課され、田税よりもはるかに大きな負担であった。このほかにも、壬辰倭乱の際に臨時の土地税として賦課された三手米《サムスミ》（三手とは乱中に新設された軍事機関である訓錬都監《フルリョンドガム》の射手《サス》、砲手《ポス》、殺手《サルス》のことである）が戦後も引き続き徴収された（一結一斗二升または二斗二升）。

つぎに述べる軍役《クニョク》制度の改革と関連して、一七五〇年に制定された均役法《キュニョクポプ》では、それまでの軍役の一部を土地に賦課することが決められたが、これを結作《キョルジャク》と呼び、一結二斗、または銭五銭《チョン》が賦課された。このように本来の田税以外にも、多くの対国家負担が土地を対象に賦課されるようになるが、この傾向はさらに進んで、「都結《トギョル》」という制度までが登場することになる。

都結というのは、都(すべて)の負担を結に賦課するという意味であり、本来人間を対象に賦課されるものであった役《ヨク》(その代表的なものが軍役である)をも土地に賦課するものである。役はもともと身分に応じて賦課されるもので、両班《ヤンバン》や私奴婢《サノビ》は役を免除されていた。こうした役を土地を対象に賦課するということは、役が本来有していた身分表示としての意味を失っていくことでもあった。この点に関しては、軍役制度の変化や、身分制度の変化とあわせて理解することが必要である。

なお、庚子量田などの一連の量田の結果、国家によって把握された全国の土地の結数は一四五万結程であり、このうち約一〇〇万結が実際に農地として利用されている土地であった(朝鮮時代の量田では農地として利用されていない土地も「陳《チン》」の土地として量田の対象に含まれた。将来の開墾地と期待されたのである)。この結数は当時の実情をほぼ正確に反映したもので、国家が把握していない土地はごく少数であったと思われる。しかし全体の土地の五分の一から四分の一にあたる土地が免賦税地(大同米と田税を免除)あるいは免税地(田税のみを免除)として、国家の地税賦課の対象から除かれており、国家の財政運営を圧迫する大きな要因であった。

軍役制度の改革——均役法の施行

すでに述べたように、十六世紀以降、軍役義務の布納化が進み、大部分の軍役負担者は軍役に就く代わりに一人当り綿布二匹(これを軍布《クンポ》といった)をおさめ、政府はそれを財源として兵士を雇用するようになっていた。綿布二匹というのは米に換算すると一〇斗をはるかに上回る量に該当するもので、良人《ヤンイン》たちの大きな負担となっていた。そのために軍布負担を逃れようと、軍役負担者の名簿である軍籍《クンジョク》への登録を忌避したり、戸籍上の職役《チギョク》を「幼学《ユハク》」(科挙《クァゴ》の試験準備をおこなっている者に対する肩書で、本来は両班身分の者に対して与えられた)と偽るなど、さまざまな不正行為が跡を絶たなかった。そのために一部の良人身分の者に軍役の負担が集中して、重大な社会問題となっていたのである。

　軍役制度の改革についてはすでに粛宗代から論議が繰り返されていたが、政権の交代が頻繁におこなわれるなかで、その実施が実現しない状況が続いた。英祖《ヨンジョ》の代になって政権が安定するなかで、一七五〇年についに新しい軍役制度である「均役法」が実施されることになった。その内容は、従来二匹を負担していた軍布の負担を一匹に半減すること、減収分を補うために、結作という名目で土地税を賦課すること、宮房や官庁が有していた漁業・製塩施設や船舶への課税権を政府に回収すること、富裕な良人のなかで両班と偽って軍役負担を逃れていた者を選武軍官《ソンムグングァン》とし、彼らに試験を課し、合格した者は軍官《クングァン》に任命し、落第した者には一匹の選武軍官布《ソンムグングァンポ》を課す、などであった。また、それまで軍役の徴収が一元化されず、各種政府機関が独自におこなっていた軍布徴収を廃止し、軍役徴収を担当する機関として均役《キュニョク》庁《チョン》を新設して、ここで一括して徴収することとされた。

　均役法の制定は、たんに軍役制度の改革というにとどまらない意味を有していた。それは、朝鮮時代の身分が、国《ク》役《ギョク》体制と不可分の関係をもっていたからである。法的な身分としては良《ヤン》と賤《チョン》の区別が基本であり、この区別は法的に厳格に規定されていた。しかしそれ以外の区別は、国家に対してどのような義務(国役)を負担するかによって細かく区分されており、この区分が身分的な標章の役割をはたしていた。両班とは現役官僚と退職した官僚、および官僚となるべく科挙の試験準備をおこなっている者であり、それが彼らの職または役であった。軍役の義務を免除されていたのもそのためである。また奴婢《ノビ》身分の者は、上典《サンジョン》(奴婢の所有者)である両班の生活を支えることが役とみなされたから、やはり軍役を免除された。軍役を賦課された良人身分の者は、戸籍上で良人と登録されるのはごくまれで、多くはその負担する軍役の種類により、極めて多様な役負担者として登録されていた。

このように朝鮮時代の身分は、国役の負担と密接な関連をもっていたので、軍役制度の改革は、身分のあり方にも影響を与えることになった。本来軍役を免除されていた奴婢についていえば、すでに壬辰倭乱の際に軍事力の不足を補うために奴婢の一部を束伍軍《ソゴグン》という軍隊に編入する措置がとられていたが、これは国家の支配がおよばなかった奴婢を国家が直接把握することを意味した。また均役法が制定されたあとの一七七四年に公奴婢《コンノビ》の身貢額《シンゴン》について、奴は一匹に減額し、婢は免除する措置がとられ、良人の負担額と同じになった。これらの措置は、奴婢と良人のあいだの身分的差異を弱めるものであり、次節で述べる奴婢の減少という事態を生み出す要因となるものであった。さらに、結作によって軍役負担の一部を土地に課すようにしたことは、それまで軍役負担をまぬがれていた両班にも軍役の一部を負担させることを意味した。

均役法の制定と前後して、軍役を農家が個別に負担するのではなく、地域全体で負担する方式(これを里定法《イジョンポブ》と呼んだ)がしだいに普及していくが、この方式ではその地域に居住する両班も軍役を負担する場合があった。(3) 十八世紀後半以降、戸籍大帳《ホジョクデジャン》に「幼学」という肩書を有する者の数が急増していくが、こうした変化も、軍役を両班も負担することになったことと深く関連する現象であった。総じていえば、国役制度によって細分化されていた臣民のあいだの壁が、均役法をはじめとする国役体制の変化によって、しだいに崩れ始めることになったのである。

3 社会変動と身分制の動揺

農業生産の発展と小農経営の一般化

朝鮮《チョソン》後期になると稲作において田植え法が普及するなど、新たな発展がみられた。こうした技術発展に基づいて、集約的な農法が普及するなかで、奴婢《ノビ》を用いた両班《ヤンバン》たちの直営地の減少、地主—佃戸関係の一般化など、社会変動に直結するさまざまな変化が生じた。ここでその様相を具体的に紹介しておこう。

世宗《セジョン》代に編纂、刊行された『農事直説《ノンサジクソル》』では、主要な稲作法として「水耕法《スギョンポプ》」が紹介されていたが、これは田植えをおこなわない直播法《じかまき》であった。そして田植えをおこなう「苗種法《ミョジョンポプ》」(移秧法《イアンポプ》とも呼ばれた)は「農家の危事」とされていたのであるが、それは田植え期の水の確保が不安定なためであった。しかし十五世紀から十七世紀にかけて水利条件が改善されるにつれて田植え法がしだいに普及していった。一六五五年に刊行された『農家集成《ノンガジプソン》』(申洬《シンソク》編)で田植え法が詳しく紹介されていることが、こうした変化を示している。さらに粛宗《スクチョン》代に著された『山林経済《サルリムギョンジェ》』(洪万選《ホンマンソン》編、一七一五年)という農書では「乾秧法《コナンポプ》」というものが紹介されているが、これは苗代を灌水せず、畑の状態で苗を育てる技術であり、『農事直説』で紹介されていた「乾耕法《コンギョンポプ》」(乾田直播法)の技術を田植え法に応用したものであった。乾耕法や乾秧法は、梅雨が日本や中国江南地域に比べて二〇日近く遅れるために、田植え期の水の確保が困難であった朝鮮の気候条件に対応して、朝鮮で発展した独特の稲作法である。

他方で畑作においても、この時期に多毛作化の進展がみられた。厳しい寒さのために冬の作付が困難な北部地域を除いて、中部地域では二年に三度作付をおこなう二年三毛作が、また南部地域では一年二毛作が一般化したのである。日本の植民地期に朝鮮総督府の農事試験場に勤務していた高橋昇という人物は、全国をまわって作付方式の詳細な調査をおこなったが、そのなかで大豆が多毛作化を可能にしている核心的な作物であることを発見した。大豆こそ、畑作における最重要作物であった。

稲作における田植え法の普及や、畑作における多毛作化の進展は、農業の集約化をもたらした。十六世紀頃に広くみられた両班たちの農荘《ノンジャン》経営においては、奴婢を用いた大経営が広くおこなわれていた。十六世紀の史料には「作介《チャッケ》」という言葉がみられるが、これは両班が奴婢たちに農業をおこなわせ、その収穫のほとんどを自己の収入とする経営方式であった。そしてその代償として、奴婢たちは「私耕地《サギョンジ》」を与えられ、そこでの収穫物で生計を維持したのである。しかしこうした奴婢を用いた大経営は、奴婢を監督することが容易でなかったために、経済的には不合理なものであった。農業の集約化が求められると、こうした経営に代わって、奴婢も一般農民と同様に家族経営をおこない、両班に収穫物の半分をおさめる「並作制《ピョンジャクチェ》」が普及するようになる。つまり、集約的農業経営が一般化するなかで、良人《ヤンイン》農民と奴婢が小農経営の担い手として近似的な存在になっていったのである。

農業の発展において重要な役割をはたしたのが農書《ノンソ》の編纂と普及である。先にあげた『山林経済』をはじめとして、十八世紀には多くの農書が編纂された。そのなかでも『増補山林経済《チュンボサルリムギョンジェ》』(柳重臨《ユジュンニム》編、一七六六年)、『千一録《チョニルロク》』(禹夏永《ウハヨン》編、十九世紀初め)などが重要であるが、『山林経済』には原文にさまざまな補遺を書き加えた異本が多く残されており、その普及度をうかがうことができる。正祖《チョンジョ》が全国に農書を献じることを求めたのも、こうした農書の盛行に刺激されたものであった。

なお、この時期に発展した水利施設としては「堤堰《チェオン》」(ため池)と「洑《ポ》《ふく》」(川をせきとめて水位をあげ、それを水路を通じて灌漑する方法で、その堰を洑といった)が重要であるが、前者が主に政府によって建造・維持がおこなわれたのに対して、後者は両班たちが主導して建設されることが多かった。両班たちは、農業生産から離れていったのちも、洑の維持とその運用には積極的に関与を続けた。

商品・貨幣経済の進展

同じ時期の中国や日本と比較して、朝鮮後期の社会構造上の大きな特徴として、支配階層である両班層の多くが農村部に居住したことをあげることができる。もちろん、両班のなかには首都であるソウル(漢城《ハンソン》)とその周辺地域に居住する者もいたが、多くは郷村地域に居住し、各邑《ウプ》《ゆう》の中心地である地方官衙《かんが》の所在地(邑内《ウムネ》という)に住む者も少数であった。これは両班が形成される過程で生じた意図せざる結果であったということができるが、その事情はつぎのようなものである。

朝鮮時代の両班の大多数は、その淵源を高麗《コリョ》時代の吏族《イジョク》層に求めることができる。高麗時代の吏族は、その地域の有力者として、豪族的な性格を有していたが、高麗中期以降、しだいにその勢力を弱めていった。こうした趨勢は朝鮮時代にはいって決定的となり、吏族は郷吏《ヒャンニ》として地方の行政実務を担当する地位に転落したのである。両班とは、この吏族=郷吏層のなかから科挙《クァゴ》に合格して官僚となることで、出身階層から抜け出ていった人たちである。官僚となってソウルに居住することになった両班たちは、そのままソウルやその周辺地域に住みつづける者もいたが、引退後、地方に移り住む者も多かった。その際彼らは、出身地に戻ると郷吏集団に吸収されてしまい、両班としての社会的地位を認められなくなったので、母や妻の出身地を選んで代々の居住地とすることが多くみられたのである。その場合も、郷吏層の居住地である邑内は避けて、農村部に居を構えることが一般的であった。

両班層の多くが農村部に住むようになった歴史的経緯は以上のとおりであるが、当初は偶然の結果生じたこうした現象が、長期的には朝鮮社会の大きな特徴を生み出すことになった。この項で扱う商品・貨幣経済の進展という問題についても、朝鮮後期の社会がもっていた特色と関連して理解する必要がある。

交換には贈与、再分配、市場交換という三つの形態があるが、十六世紀までは、両班たちの経済生活において贈与と再分配の占める比重が大きかった。現役の官僚はいうにおよばず、官職に就いていない両班の場合も、自分が所有する土地で生産された物と、国家が収取した物品などを地方官を通じて手に入れる再分配が、重要な役割をはたしていたのである。

しかし十七世紀から十八世紀にかけて人口が増加し、さらに農業生産力が高まってくると、しだいに市場交換の比重が増してきた。とくに貢納制《コンナプチェ》が廃止され、政府で必要な各種物品を市場で購入するようになったことが、商品経済の活性化にとって大きな意味をもった。粛宗四(一六七八)年から鋳造され始めた常平通宝《サンピョントンボ》という銅銭がしだいに流通するようになるのも、商品経済の発展を反映したものである。朝鮮では壬辰倭乱《イムジンウェラン》に参戦した明の兵士たちが持ち込んだ銀がソウルを中心とした地域で使用されていたが、銀が高額貨幣であったために、その流通は限定的なものであった。銅銭の継続的な鋳造とその流通の拡大は、商品経済が浸透するうえで大きな意味をもった。

また地方においては、十六世紀に生まれ始めた場市《チャンシ》(定期市)が十七世紀以後、急速にその数を増やしていった(四二七頁の補説25「場市」参照)。農村部に居住した両班たちの日記をみても、彼らの経済生活において場市での取引が比重を増していった様子をうかがうことができる。

ソウルには朝鮮時代初期から市廛《シジョン》《してん》と呼ばれる商店が存在し、政府に対して税をおさめるとともに、政府で必要な物品の調達を担っていた。十七世紀から十八世紀にかけて市廛の商人たちは廛ごとに特定の商品に対する独占的取扱いの権利を認められ、市廛以外の商人が商取引をおこなうことを禁止するようになった。これを禁乱廛権《クムナンジョンクォン》という。市廛商人と並んで大きな力をもったのが貢人《コンイン》である。貢人は、大同法《テドンボプ》の実施にともない、大同米《テドンミ》を政府から委託されて政府が必要とする物品を購入する商人のことである。市廛商人と貢人は、当時の代表的な特権的商人層であった。しかし禁乱廛権の公認にみられるように、これら特権的商人に対抗する商人層が登場してくる。

新たに登場してくる商人層は私商《ササン》と呼ばれたが、彼らも宮房《クンバン》や官庁、権勢家門などの庇護を受けながら商業活動をおこなうことが一般的であり、政治権力から自由であったわけではない。代表的な私商としては、ソウルへの物資供給の窓口にあたる漢江《ハンガン》沿岸に拠点をおいた京江《キョンガン》商人をあげることができる。ソウルは政府が徴収した各種現物税の到着地であるだけでなく、ソウルに居住する有力両班家門が所有する土地(京畿《キョンギ》と忠清道《チュンチョンド》に集中していた)からおさめられた農産物の到着地でもあった。さらに二〇万を超える人口を有するソウルは、とびぬけて大きな消費市場を有してもいた。このように全国から送られてくる膨大な物資の取引を通じて成長してきたのが京江商人であり、彼らは大型の船舶を用いて、大きな利益をあげることができたのである。

活発な私商の活動に対して、市廛商人たちは禁乱廛権を行使することで対抗したが、一七九一年に政府は、市廛商人のなかでとくに規模の大きな六つの市廛(六矣廛《ユギジョン》《ろくいてん》という)を除き、禁乱廛権を廃止することを定めた。この措置を「辛亥《シネ》通共《トンゴン》」と呼ぶが、これによって市廛商人と国家との結びつきは解消されたものの、商業活動と政治権力との関係が解消されたわけではない。むしろ十九世紀にはいると、権勢家門や宮房、軍事機関などの商業行為への介入は強められていく。こうした事態は、発展してくる商品流通に対して、それを把握し、そこで得られる収益に課税するという政策を国家が有効にとりえなかったことを意味している。

以上のように、十八世紀になって商品・貨幣経済が浸透して、商業が活発になってくるなどの変化がめだってきたが、しかしその変化がもった意味はかなり限定的なものであった。その要因としては、第一に、支配階層である両班の多くが農村部に居住したために都市の発達がみられなかったことをあげることができる。二〇万を超える人口を有したソウルを除いて、一万を超える人口を有したのは平壌《ピョンヤン》、開城《ケソン》、大邱《テグ》、全州《チョンジュ》など、数箇所にすぎなかったが、こうした都市発達の低位性が、商業の発展を妨げたのである。第二に、物資の流通のなかで国家的物流(租税徴収とその再分配)の占める割合が大きかったために、商業と権力機関との結びつきが強くならざるをえなかったことである。このため商業資本の蓄積が困難であったが、十九世紀後半の開港以後、外国資本への対抗を著しく制約することにもなった。

第三に、外国貿易が不振であったことである。後期においても清、および日本との交易は継続されたが、その主要な形態は、日本産の銀と中国産の生糸・絹織物の交易を朝鮮が仲介するというものであった。しかし日本が銀の輸出を制限するようになって、この仲介貿易は大きな打撃を受け、日本との貿易が大きく減少してしまった。清との貿易では、銀に代わって朝鮮人蔘《インサム》を輸出し、絹織物や帽子(防寒用に朝鮮での需要が多かった)を輸入するようになったが、十八世紀後半になると自然産の人蔘(山蔘《サンサム》《さんしん》という)が不足するようになって、栽培された人蔘(家蔘《カサム》《かしん》という)が輸出されたが、家蔘は保存しうる期間が短かったために、大量に輸出することは困難であった(こうした状況は、十八世紀末になって家蔘を加工して紅蔘《ホンサム》《こうしん》とする技術が発明されることによって打開され、十九世紀になると紅蔘の輸出が増加していく)。このように、外国貿易が商業の発展を促進するということも大きく望めなかっただけでなく、政府は外国との貿易に一貫して消極的であった。

奴婢の減少とその消滅への道

先に述べたように、朝鮮時代の身分は良《ヤン》と賤《チョン》の区別を基本としたものであったが(良賤制《ヤンチョンジェ》)、後期になると班常《バンサン》の区別が強調されるようになる。班常とは両班と常民《サンミン》のことで、常民には良人身分の者だけでなく、奴婢身分の者も含まれた。つまり良人と奴婢の区別が相対的に弱まったのであるが、こうした傾向は、小農経営の一般化と両班直営地の減少により、奴婢の多くも独立して農業を営むようになったことで、いっそう進んだ。また国役賦課の面でも、束伍軍《ソゴグン》にみられるように奴婢でありながら軍役《クニョク》を担う者が登場して、この面でも良人と奴婢の差異が薄れてきたのである。

朝鮮時代の奴婢身分に関しては、「一賤則賤」と「従母法《チョンモボプ》」という二大原則が存在した。「一賤則賤」とは、父または母のどちらかが賤の身分の者であれば、子の身分を賤とするものであり、また「従母法」とは所有者が異なる奴《ノ》と婢《ビ》のあいだに生まれた子の所有権は母親である婢の所有者に帰するというものである。この二つの原則のなかで、とくに前者は、奴と良人身分の女性の結婚が多かったこともあって、奴婢の数が増えていく大きな原因となっていた。しかし奴婢の増大は、それだけ軍役を負担する者の減少を意味したので、国家の立場からすると望ましいことではなかった。また、壬辰倭乱などで国家財政が危機に陥った際に、「納粟免賤《ナプソンミョンチョン》《のうぞくめんせん》」といって、一定額の穀物を国家におさめる代償に奴婢身分から解放する措置もしばしばおこなわれた。

奴婢身分の減少において画期となったのは、「奴婢従母法《ノビジョンモボプ》」の定着である。これは「一賤則賤」の原則を改めて、子の身分は母の身分に従うことを決めたもので、従来は奴婢の所有権の帰属を決める原則であった従母法を身分決定の原則としたのである。この措置によって奴と良人女性のあいだに生まれた子は良人とされることになり、奴婢数の減少を生み出す大きな要因となった。この法令は顕宗《ヒョンジョン》十(一六六九)年にはじめて制定されたが、奴婢を所有する両班層の反対

表3　身分別戸数とその比率（慶尚道大丘の事例）

	両班戸		常民戸		奴婢戸		総数	
Ⅰ期（1690年）	290戸	9.2%	1,694戸	53.7%	1,172戸	37.1%	3,156戸	100%
Ⅱ期（1729-32年）	579	18.7	1,689	54.6	824	26.6	3,092	100
Ⅲ期（1783・86・89年）	1,055	37.5	1,616	57.5	140	5.0	2,811	100
Ⅳ期（1858年）	2,099	70.3	842	28.2	44	1.5	2,985	100

表4　身分別人口数とその比率（同上）

	両班		常民		奴婢		総数	
Ⅰ期（1690年）	1,027人	7.4%	6,894人	49.5%	5,992人	43.1%	13,913人	100%
Ⅱ期（1729-32年）	2,260	14.8	8,066	52.8	4,940	32.4	15,266	100
Ⅲ期（1783・86・89年）	3,928	31.9	6,415	52.2	1,957	15.9	12,300	100
Ⅳ期（1858年）	6,410	48.6	2,659	20.1	4,126	31.3	13,195	100

出典：宮嶋博史『両班』198，199頁。

が強く、以後数度にわたって改廃が繰り返され、英祖《ヨンジョ》七（一七三一）年になって最終的に定着した。

納粟や従母法による奴婢の解放は合法的なものであったが、主人のもとから逃亡する奴婢もあとを絶たなかった。逃亡した奴婢は、戸籍大帳《ホジョクテジャン》に「逃亡」と記されたが、その年齢が百歳を超える者も珍しくなかった。逃亡した奴婢が死亡した場合でも、その子女に対する所有権が消滅しないためにこのように記載したのであるが、実際にはこうした逃亡奴婢を捕らえることは困難であった。

こうして十八世紀にはいると奴婢戸、奴婢人口がしだいに減少していく。その様相は**表3**のとおりであるが、この表では十九世紀になっても奴婢人口が一定の割合を占めているようになっている。しかしこの数は、実在した奴婢数ではなく、つぎに述べる両班化現象と関連して、奴婢を所有していないにもかかわらず、架空の奴婢を登録することが広くみられたことを反映したものである。

両班階層における変化と両班化の始まり

他方、奴婢と対極的な社会的地位にあった両班階層にも大きな変化が起きていた。まず、両班の勢力が強かった慶尚道《キョンサンド》や全羅道《チョルラド》では、その地位の低下がみられた。両道では南人《ナミン》の勢力が強かったが、戊申《ムシン》の乱を契機に両道出身者が科挙に合格することが著しく困難となっただけでなく、たとえ合格しても政府の高い地位にのぼることは不可能となった。こうして中央政界への進出の道が大幅に狭められた両班たちの地方社会における地位も、新たな挑戦者に脅かされるようになる。新たな挑戦者とは、富の蓄積などを通じて上昇してきた「饒戸富民《ヨホブミン》《じょうこふみん》」といわれる勢力であった。彼らは在地両班の名簿であった「郷案《ヒャンアン》」に自分たちの名前を登録することを求めたが、これを拒否する旧勢力とのあいだでの紛争が多くの地域で生じたのである。こうした紛争を「郷戦《ヒャンジョン》」といったが、地域によっては旧勢力が郷案から脱退するような事例もみられた。

全国の邑に設置されていた郷校《ヒャンギョ》に入学する階層にも変化が顕著であった。郷校は科挙の受験勉強をおこなう機関として国家により設けられたものであったが、両班たちの子弟は十六世紀以降多く設立され始めた書院《ソウォン》に所属して、郷校には通わなくなりつつあった。書院は儒教《ユギョ》の先賢を祀るとともに、教育機関としての機能をもっただけでなく、党派の拠点として、在地両班たちの結集の場ともなっていた。在地の有力な両班子弟が郷校を忌避するなかで、両班以外の家庭の子弟が郷校に進出し始めたのである。これに対抗して、両班子弟で郷校に通う学生は、郷校に併置されていた寄宿舎のうち、自分たちは東斎《トンジェ》に居住し、良民や郷吏身分の学生を西斎《ソジェ》に居住させるなどの措置をとることもあった。

「饒戸富民」層が上昇することができた一つの要因は、中央政界を牛耳る老論《ノロン》派が南人の勢力を弱めるために、これら挑戦者と連携したことであった。在地両班の地方におけるリーダーシップが弱まるなかで、地方社会における守令《スリョン》の力が強化されることになるが、そうした傾向は十九世紀にはいっていっそう強まっていく。

両班たちの支配に挑戦したのは、饒戸富民層だけではなかった。周辺的エリートとしての性格をもった両班の庶子《ソジャ》たちと、中人《チュンイン》層がその主体である。両班庶子は両班の家に生まれながらも、嫡子でないために科挙・文科《ムングァ》の受験を認められなかったが、彼らが文科の受験資格公認を政府に求める運動(庶類許通《ソリュホトン》という)が繰り返された。その結果、庶子に対する差別がしだいに緩和され、正祖《チョンジョ》の代に文科受験が法的にも公認されるようになる。

中人とは、ソウルに居住しながら政府の専門技術職(天文、法律、外国語通訳など)に従事した階層と、地方において行政実務を担当した郷吏層からなる。技術職中人は、前期においては両班と区別される一つの階層として存在していたのではなかったが、後期になって世襲的に技術職に就く家門が形成されるにつれて、独自の存在として認識されるようになった。彼らは文科の受験資格を有しており、実際に文科に及第する者も存在したが、高い地位にのぼることは不可能であった。

地方に居住した郷吏は、本来は高麗時代の地方豪族にその淵源を有する存在であったが、朝鮮時代にはいって、その地位が低下して、守令と在地両班のもとで行政実務を担当するようになったのである。しかし彼らは両班階層の出身母体でもあり、血縁的に両班と区別される存在ではなかった。郷吏の社会的地位は、両班と良人の中間に位置するとされたが、実際にはむしろ良人よりも低くみられることが多かった。しかし経済的には両班を凌ぐ力をもっている者も存在したのであるが、彼らのなかから儒教を学び、科挙の受験をめざす人たちが登場してくる(4)(こうした人たちを郷孫儒業者《ヒャンソニュオプチャ》といった)。

両班庶子や技術職中人、郷吏などは、もともと両班と非常に近い存在であったが、彼らを両班と区別して、科挙の受験資格などの面で差別したのは、科挙をめぐる過当競争を防ぐという意味があったものと思われる。合格者数が極めて制限されていた文科の試験では、両班のなかでも苛烈な競争が繰り広げられていたのである。

このように慶尚道や全羅道では在地両班勢力の衰退がみられたのであるが、これとは逆に、北部の平安道《ピョンアンド》や咸鏡道《ハムギョンド》では、十七、十八世紀になって両班層が本格的に形成されてくる。この両道では朝鮮時代になっても両班階層の存在は微々たるものであったが、そのもっとも大きな原因は、両道出身者で科挙に合格する者が極めて限られていたからである。朝鮮前期において、両道に黄海道《ファンヘド》を含めた北部三道出身者が全体の科挙(文科)合格者に占める比率は五%以下であったと推定されるが、十七世紀以後、北部出身者の科挙進出が顕著になってくる。とくに平安道出身者の進出はめざましく、十八、十九世紀にはソウル出身者につぐ比重を占めるまでになるのである。

　こうして科挙合格者が輩出されるにつれて、儒教的な文化もこの地域にしだいに浸透し始める。それは書院の建設などとしてあらわれたが、とくに咸鏡道の場合、中央の老論派が自己の勢力基盤にしようと、両班勢力の育成を積極的に推進した。咸鏡道の両班たちの大部分は、老論の理論的指導者であった宋時烈《ソンシヨル》の学統を受け継ぐ者であった。

民衆運動の新たな様相と政治文化

　この時期の新しい動きとして、民衆が政治に対して積極的に発言するとともに、さまざまな形の闘争を始めたことをあげることができる。そしてこうした民衆の動きが、党争など、中央政界の対立と連動する現象がみられるようになることも注目される。

　民衆が政治に対して積極的に発言するようになる契機となったのは、壬辰倭乱における国家機構の解体であったが、奴婢身分の者が身分解放を求めて奴婢の名簿を焼却する動きなどがその先駆的表れであった。一六二九年に起きた李《イ》忠景《チュンギョン》などの明火賊《ミョンファジョク》事件では、「改国大典《ケグクテジョン》」(朝鮮王朝の基本法典である「経国大典」をもじったものである)という名のもとに一五カ条にわたる国政改革要求が掲げられたが、そのなかでは賤民の解放、幼学など閑遊な両班への軍役賦課、宮房や権勢家の農荘の没収、刑罰制度の緩和などが要求された。

　民衆運動を思想的に支えたのは、戊申《ムシン》の乱以前においては弥勒《ミルク》信仰やさまざまな民間信仰であった。粛宗十四(一六八八)年に起きた呂還《ヨファン》などの挙事事件は、弥勒信仰と民衆運動の結びつきを典型的に示すものである。この事件は江原《カンウォン》道《ド》・通川《トンチョン》出身の僧侶・呂還と風水師の黄絵《ファンフェ》、巫女《ムーダン》の元香《ウォニャン》、戒化《ケファ》、郷吏の鄭元泰《チョンウォンテ》などが中心となって起こしたもので、彼らは仏陀の世が終わり弥勒の世が到来するといって京畿や黄海道一帯の多くの民衆を集め、ソウルを攻撃する計画を立てていたが、未遂に終わり、発覚して捕らえられたのである。

民衆運動が中央政界の変動と結びつく動きは、少論《ソロン》が政権を掌握した甲戌換局《カプスルファングク》（一六九四年）前後から顕在化してくる。少論は訳官などの中人や商人、両班庶子などの勢力と結託して換局を狙っていたが、さらに奴婢の勢力との結びつきも模索していた。そして換局によって少論政権が成立して以後、少論に協力していた中人などの勢力が、自分たちの要求が無視されたことに不満をいだき、党争に関与するようになるのである。当時は天変地異が続き、連年の深刻な飢饉で多くの人命が失われていたが、こうした社会不安のなかで、盗賊が横行し、変乱をはかる者もあいついだ。こうした変乱を国王に告げる（これを上変《サンビョン》といった）なかで、変乱と党派の結びつきを暴露するような事態が繰り返されたのである。

民衆の動きと政争の関係を端的に示すのが、戊申の乱である。戊申の乱を主導した少論と南人勢力は、地方の両班や商人だけでなく、流民など広範な勢力を結集していたのである。そしてこの乱を前後して、民衆のあいだには易姓革命を暗示した予言書である「鄭鑑録《チョンガムノク》」（鄭という姓をもつ真人《チニン》があらわれて、新しい王朝を開くことを予言した書物）が普及し始め、十九世紀にはさらに深く民衆世界に浸透していく。

このような民衆運動の活発化を促した要因の一つは、統治理念であった儒教が重視する民本主義と、それに立脚した政治文化であった。朝鮮王朝は建国当初から儒教を国家理念として掲げたが、民本主義、すなわち民衆のための政治が強調された。したがって民衆が政治に不満をいだき、行動に訴えた場合でも、その責任は統治者にあるとされたが、建国初期から設けられた申聞鼓《シンムンゴ》の制度は、こうした立場を象徴するものであった。しかし民本主義の理念がどこまで実際の政治のなかで実現されたのかは別の問題であり、申聞鼓の制度も当初からさまざまな制約があっただけでなく、燕山《ヨンサン》君《グン》の時代には廃止されてしまっていた。

十七世紀後半以降民衆運動が活発になってくるなかで、民本主義の理念が再度強調されるようになる。一七七一年には申聞鼓の制度が復活され、また上言《サンオン》（国王が行幸した際の直訴）や撃錚《キョクチェン》《げきじょう》（国王の居所の近くでドラなどを鳴らして訴えること）という形態の訴えが頻繁におこなわれるようになる。とくに正祖はこうした民衆の訴えを重視したが、そのためもあって、正祖の代には四〇〇〇回を越える上言、撃錚が記録されている。

▼補説25▲ 場市

場市《チャンシ》とは伝統的な定期市のことで、場ともいわれる。高麗時代には各地方の政府機関所在地で定期市が開かれていたことが記録されているが、朝鮮時代になるといったん、その姿を消してしまった。政府の禁圧政策によるものであった。しかし市場での交換に対する要求は根強いものがあり、十五世紀後半になると全羅道で場門《チャンムン》と呼ばれる市場があらわれ始めた。政府では市場の存在が農業の妨げになるとして市場を認めない意見が強かったが、他方で、市場が農民生活に利益になるだけでなく、とくに凶作の際の物資調達に有益であるとして、市場の開設を認めるべきとする意見もあった。

十六世紀になると全国各地で場市が設けられるようになり、政府での議論でも場市の存在を容認する意見がしだいに多数を占めるようになっていった。そして十七世紀にはいると場市の数を大邑では二カ所、小邑では一カ所に制限すべしとする意見が提起されるにいたっており、それだけ場市が一般化したことを物語っている。

こうした場市の拡大は、農業生産力の増大、大同法の実施、銅銭流通の拡大など、さまざまな要因によって実現されたものであったが、場市の数が増えただけでなく、その開設回数も増加していった。当初、月に二度、あるいは三度開かれていたものが、五日ごとに開かれるようになっていったのである。またその開市の日にちも、最初は互いに無関係に設けられていたが、しだいに隣接する場市のあいだで異なる日に市が開かれるようになり、十八世紀後半になると、全国大部分の地域でその日のうちに徒歩で往復することのできる場市網が形成され、いつでも場市に出かけることが可能になった。

表5は一七七〇年における場市の地域的分布とその密度を示したものである。南部三道(忠清、全羅、慶尚)と京畿・黄海道では市場圏の半径がいずれも一〇キロ以内となっており、また人口密度と場市の数が正の相関関係を示している。表

表５　18世紀後半の場市の分布状況

道	場市数	場市圏平均面積（平方キロ）	場市圏半径（キロ）	１平方キロ当り人口密度
京畿	101	118	6.7	55.3
忠清	157	107	6.4	60.5
全羅	216	91	5.9	65.7
慶尚	276	111	6.6	56.5
黄海	82	211	9.0	33.6
平安	134	327	11.2	30.1
江原	68	397	12.4	15.3
咸鏡	28	1921	27.2	9.8
総計	1062	208	9.0	

出典：李憲昶『韓国経済通史』127頁。

表６　18世紀末場市の開催頻度と開市日分布

道	５日市						全場市数
	1･6日開市	2･7日開市	3･8日開市	4･9日開市	5･10日開市	小計	
京畿	19	21	19	26	16	101	101
忠清	32	28	33	29	27	149	157
全羅	40	32	37	30	35	174	216
慶尚	45	46	49	55	46	241	276
黄海	17	21	14	19	9	80	82
江原	13	13	17	12	11	66	68
平安	23	27	24	33	24	131	134
咸鏡	6	6	6	3	5	26	28
計	195	194	199	207	173	968	1062

注：全場市数は５日市とそれ以外の場市を合わせた数字である。
出典：金大吉『朝鮮後期場市研究』142頁。

6は同じ年の場市の開市日分布を示したもので、大多数の場市が五日ごとに開かれていたこと、また、開市の日にちが調節されていたことを示している。

場市が全国的に分布するなかで、一部の場市は地方の中心的場市（大場《テジャン》）としての機能を担当するようになる。京畿・広《クァン》州《ジュ》の松《ソン》坡場《パジャン》、忠清道・恩津《ウンジン》の江景場《カンギョンジャン》、慶尚道・昌原《チャンウォン》の馬山《マサン》浦場《ポジャン》、咸鏡道・徳源《トグォン》の元山場《ウォンサンジャン》などが、とくに有名であった。

場市は集落の街路にそって露天商が集まったものである。そして飲食を提供するとともに宿泊の場を提供する役割を担った酒幕《チュマク》が必ず敷設されている。場市の参加者でもっとも多数を占めるのは、そこで売買行為をおこなうために集まってくる周辺の住民たちで、彼らの必要に応じて自然発生的に生まれたのが、場市の本来の姿である。そして場市への参加者が多くなるにつれて、その地域では手に入れることのできない商品を扱う行商人がやってくるようになる。また場市が発展すると官庁で必要な物資を手に入れるための委託商人が発生し、常設の店舗を構える者もみられるようになる。参加者が増えると、さまざまな紛争も生じがちであるから、場市を管理する者が必要となるが、彼らはまた地方行政機関が場市に課する税の徴収をも担当した。場市に参加する人たちのための飲食店、すなわち酒幕もおのずと生じるが、酒幕は場市への参加者が多いほど利益があがるので、場市の発展に意をそそいだ。酒幕には人が多く集まるので、その前が一等地ということになる。

場市にやってくる行商人は褓負商と呼ばれる。着物や小間物、装身具などを風呂敷（褓《ポ》）で包んで行商する褓商《ポサン》と、陶器や乾魚などを載せたチゲ（背負子《しょいこ》）を背負って行商する負商《プサン》を合わせた名称である。彼らは強固な組合を組織しており、地域の市場交換で主導的な役割をはたした。また場市の規模が大きくなると、問屋の役割をはたす客主《ケクチュ》や、仲介業をおこなう居間《コガン》などの専門的商人も場市の構成員となっていった。

場市はもともと市場交換の必要から生じたものであるが、たんに市場交換の場としての機能をはたしただけでなく、多くの人が集う場としてさまざまな機能をもはたした。

場市の重要な機能の一つが情報交換の場としての意味である。そこは地域社会の情報だけでなく、外部からやってくる行商人などを通じて地域外の情報を得ることのできる場であった。この情報交換の場としての機能の延長として、場市は政府が地域住民に法令などを伝達し、知らせる場としても積極的に利用された。また逆に、場市が政府を批判し、攻撃する場として利用されることもあった。政府を批判する掛書《ケソ》《かいしょ》や壁書《ビョクソ》も、場市の開市日を狙って貼り出されることがしばしばであった。

場市はまた娯楽が提供される場でもあった。多くの人が集まる場市には、男寺党牌《ナムサダンペ》などと呼ばれる旅芸人がやってきて、興行をおこなったし、さまざまな遊戯(その多くは賭博をもかねた)の場が提供された。場市の開設に批判的な意見の多くは、場市のこうした一面を問題視したのである。

本文で述べたように都市の発達が不十分であった朝鮮では、農村部に広範に分布した場市が、都市的機能の一部をはたしたとみることができる。場市のような定期市は都市が発達すると衰退していくのが一般的であるが、朝鮮においては二十世紀にはいって近代的都市が本格的に成長するようになって以降も、場市は衰退することなく、むしろさらに発展する様相さえみられた。その要因としては、だれもが自由に物品を販売することができるという場市の参入障壁の低さとともに、場市がはたした社会的機能の大きさがあげられる。

4 思想と文化の新たな展開

朱子学内部の動き——湖洛論争

壬辰倭乱《イムジンウェラン》を乗り切った十七世紀の初頭、倭乱を防ぐことができなかった反省もあって、朱子学《チュジャハク》(性理学《ソンニハク》)を見直そうとする動きがあらわれた。李睟光《イスグァン》《りすいこう》、柳夢寅《ユモンイン》、許筠《ホギュン》《きょきん》などがその代表的人物であるが、李睟光は十八、十九世紀に登場する「実学《シラク》」の先駆者とみなされることもある。しかしこうした比較的自由な思想的雰囲気は、仁祖反正《インジョバンジョン》を契機に一転する。

朱子学による思想統制が強まり、朱子学に対する些細な批判も許容しないだけでなく、朱子学の正統をめぐって激しい対立が繰り返された。とくに粛宗《スクチョン》の代には、対立する党派を「斯文乱賊《サムルランジョク》《しぶんらんぞく》」と攻撃し、死に追いやることが繰り返されたので、思想的な硬直性が極に達した。したがって思想界の動向も朱子学を中心に展開されざるをえなかったが、そのなかで注目される動きとして、礼学《イェハク》の普及と、湖洛論争《ホランノンジェン》と呼ばれる思想対立をあげることができる。

礼学とは、儒教《ユギョ》において重視される礼に関する学問を指すが、礼には国家の儀式にかかわるものと、私的におこなわれる冠婚葬祭にかかわる礼の二種類がある。このうちで、私的な礼に関しては朱子がつくったとされる『朱子家礼《チュジャガレ》』(文公家礼《ムンゴンガレ》ともいわれる)にのっとっておこなうべきものとされていた。しかし『朱子家礼』の解釈が一致しないことや、朝鮮《チョソン》の実情に合わないことのために、権威あるテキストが求められていた。家礼をはじめて学問的に追求したのは金長生《キムジャンセン》で、彼は『朱子家礼』を基礎にしながら、それ以後の諸見解を紹介するとともに、自分の意見を追加した『家礼輯覧《カレジムナム》』を一五九九年に完成した。これを息子の金集《キムジプ》が校正をおこなったものが、宋時烈《ソンシヨル》などの努力で一六八五年に刊行されたのである。朝鮮における儒教の特徴として、儒教的な礼が社会に深く浸透したことをあげることができるが、『家礼輯覧』の刊行は、礼の普及に大きく寄与した。

他方、湖洛論争とは、主として老論《ノロン》内部で十六世紀から二十世紀初頭まで、長期にわたっておこなわれた朱子学の理論的論争である。この論争は「人物性同異論争《インムルソンドン イノンジェン》」とも呼ばれるが、人と物の性が同じであるのか、異なるのかをめぐって繰り広げられた。この論争がもっとも激しく戦わされたのは英祖《ヨンジョ》の統治期であるが、人と物の性は同じであると主張したのがソウル居住の老論系知識人であり、両者は異なると主張したのが忠清道《チュンチョンド》居住の知識人であったので、前者を洛論《ナンノン》《らくろん》(洛《ナク》とは首都であるソウルを指す)、後者を湖論《ホロン》(湖《ホ》とは忠清道の異称である湖西《ホソ》にちなむ呼称である)と呼んだ。

この論争は、十六世紀におこなわれた「理気論争《イギノンジェン》」を引き継ぐもので、朱子学の基本的概念である「性」や「理」の本質、人間と物の関係、さらには聖人と凡人の関係などをめぐって論争がおこなわれた。このなかで優勢であったのは、人と物の性の同一性を主張した洛論であり、湖論の主張が極めて硬直したものであったのに対して、柔軟な思想的立場であった。つぎにみる「実学」思想の一潮流であった「北学《プッカク》」思想が洛論系のなかからでてくるのも、清に対する柔軟な立場と無関係ではなかった。

新しい思想潮流の台頭――「実学」

朱子学が体制と密着しながら、党派争いの道具と化していった十八世紀に、現実を直視しながら社会の問題点の解決を模索しようとする思想家たちがあらわれた。これらの思想家たちは、のちになって「実学派《シラクパ》」と呼ばれるようになるが、その呼称については補説26「「実学」の評価をめぐって」（四四一頁）で論じることにして、ここではその思想の特徴を整理しておこう。

「実学派」の始祖とされるのは柳馨遠《ユヒョンウォン》《りゅうけいえん》である。彼は幼いときに父が謀反の疑いで処刑されたという経歴もあって、生涯を農村で過ごし、そこで政治や社会のさまざまな問題について、現状の批判と改革構想を述べた膨大な著作を残した。その代表作が『磻渓随録《パンゲスロク》』であるが、土地の分給制度を実施し、身分や職業にかかわりなくすべての民に土地を与えることで、民生の安定と軍備の充実をはかるべきことを主張した。また奴婢《ノビ》の身分が世襲されることに関しても強く批判した。

柳の影響を受けながら、「実学」思想を本格的に展開した思想家と評価されているのが李瀷《イイク》《りよく》である。彼も兄が政争の犠牲になったことで官界への進出を放棄し、ソウル近郊の安山《アンサン》で著述活動に専念した。代表的な著作は『星湖僿説《ソンホサソル》《せいこさいせつ》』であるが、彼もやはり農村経済の再建を重視し、すべての農民が一定の土地を所有することができるようにすべきことを主張した。また彼は、党争《タンジェン》の原因が朱子学の解釈における対立にあるのではなく、利害関係によるものであることを鋭く指摘したが、その解決方法としては、科挙《クァゴ》合格者の制限と「公論」の政治への関与の制限、王権と宰相権の強化などをあげている。こうした彼の主張は、英祖、正祖《チョンジョ》代の政治参与の制限、王権強化の動きと一致するものであったが、政治改革の方向性としてはむしろ時代に逆行するものであった。

李瀷の思想は多くの後輩に影響を与えたが、そのなかでもっとも重要な後継者が丁若鏞《チョンヤギョン》である。彼は正祖代に抄啓文臣《チョゲムンシン》に選抜され、正祖の寵愛を受けて、華城《ファソン》建設でも活躍したが、やがて天主教《チョンジュギョ》（カトリック）の思想に深く共鳴したため、一八〇一年の辛酉教獄《シニュギョオク》で逮捕され、全羅道康津《チョルラドカンジン》に流配された。この流配生活中に膨大な著作を残したが（著作の大部分はのちに『与猶堂全書《ヨユダンジョンソ》《よゆうどうぜんしょ》』として刊行された）、儒教の古典に関する研究から政治改革の問題、地理や医学など、多方面にわたって旺盛な関心を示している。彼の著作は生前は刊行されることがなかったが、十九世紀後半になって高宗《コジョン》の注目するところとなり、多くの人たちに読まれるようになった。

李瀷と丁若鏞の思想は、農村経済の改善を重視するなどの共通性をもっているほか、思想的には南人《ナミン》の系譜を引くものであった。南人のなかでもソウルの近郊に居住するグループを京畿南人《キョンギナミン》と呼ぶことがあるが、この京畿南人のなかから「実学派」の人物が多数登場した。彼らは政争に敗れるなかで、現実の問題点とその解決方法を模索したのである。

他方これとは別に、老論家系の出身者のなかからも、新しい思想潮流があらわれた。その先駆者は洪大容《ホンデヨン》で、彼は一七六五年に北京に赴き、そこで清の学者たちと交流するとともに、清の欽天監正《きんてんかんせい》（清の国立天文台の長官）であったドイツ人・劉松齢《りゅうしょうれい》（Hallestain）とも会って、西洋の学問についての知見を広めた。こうした経験をもとに、地球自転説を唱え、それを根拠に中国を世界の中心とする中華思想を批判した。その著作は『湛軒書《タモンソ》《たんけんしょ》』におさめられている。

洪大容と同様に、清に赴いた経験のある知識人のなかから、「北学」を主張するグループがあらわれた。北学とは、北の方向にあたる清から学ぶことを主張するもので、明清交替以後、朝鮮こそ中華の後継者であるとして、清を夷狄《いてき》視した小中華主義に対する痛烈な批判であった。朴斉家《パクチェガ》にその典型をみることができるが、彼は四度にわたって清を訪問して、清の技術から学ぶべきこと、通商の道を開くこと、両班《ヤンバン》でも官職に就かない者は農業や商業に従事すべきこと、などを主張した。名門両班家門の庶子《ソジャ》であった彼は、その才能を認められて奎章閣《キュジャンガク》の検書官《コムソグァン》に登用されたが、高い地位への出世の道は最初から閉ざされていた。彼の北学の主張は、執権層に対する激しい憤りに基づくものであった。『北学議《プッカギ》』がその主著である。

朴斉家の親しい友人であった李徳懋《イドンム》《りとくぼう》や柳得恭《ユドゥッコン》も両班庶子であり、彼らは現在の塔洞公園《タプコル》にあった円覚寺《ウォンガクサ》の近くに家があったので、白塔派《ペクタプパ》と呼ばれることもあるが、その中心人物が朴趾源《パクチウォン》であった。彼は老論名門の出身であったが、科挙の受験は放棄し、多様な人たちと交遊した。一七八〇年に清に赴いたが、そのときの紀行文である『熱河日記《ヨライルギ》』は破格の漢文で書かれており、当時の文壇に衝撃を与えた。『両班伝』では、当時の両班を痛烈に皮肉っているが、あるべき両班の姿と、その社会的役割への強い希求がその背後にあったことも見逃せない。彼の著作も、十九世紀末になって刊行された(『燕巌集《ヨナムジプ》』)。

北学を主張する人たちはまた、技術の重視や商業振興の主張などの面でも共通しているので、のちに「利用厚生学《イヨンフセンハク》派《パ》」と呼ばれるようになったが、それと対比して、農村経済の改善を強調した柳馨遠や李瀷などは、やはりのちに「経《キョン》世致用学派《セチヨンハクパ》」とも呼ばれる。丁若鏞は、李瀷の影響を強く受けたが、同時に北学派の人士とも親交があった。後世、彼を「実学」の集大成者と呼ぶことになるのも、そのためである。

自国の歴史や地理、言語に関する関心が高まったのも、この時期の思想・学問の大きな特徴である。歴史書としては安鼎福《アンジョンボク》の『東史綱目《トンサガンモク》』や李肯翊《イグンイク》の『燃藜室記述《ヨルリョシルギスル》《ねんれいしつきじゅつ》』などが有名であり、また柳得恭は『渤海考《パレゴ》』を著して、渤海を新羅《シルラ》と対等な地位にあったとする見解を提起している。

英祖代に編纂された『輿地図書《ヨジドソ》《よちとしょ》』は、全国の邑誌《ウプジ》《ゆうし》をまとめたものであったが、政府のこうした作業は、地理に対する関心を高め、多くの地理書や地図がつくられた。地理書としてもっとも有名なのが李重煥《イジュンファン》の『択里志《テンニジ》』(『八域志《パリョクチ》』ともいう)であるが、これは著者の長年にわたる踏査に基づいて著されたもので、各道の人心や風俗、産物などを紹介した総合的な人文地理の書である。北学派の一員であった申景濬《シンギョンジュン》《しんけいしゅん》の『道路考《トロゴ》』は全国の道路網と宿駅、距離などを整理したもので、この時期における道路の発達状況を示している。

李瀷の弟子であった鄭尚驥《チョンサンギ》は地図の作製に取り組み、一〇〇里を一尺とする一〇〇里尺という縮尺法を用いて『東国《トングク》地図《チド》』を著した。十九世紀の地図として著名な金正浩《キムジョンホ》の『大東輿地図《テドンヨジド》』でもこの縮尺法が用いられている。

言語関係の著作としては、申景濬の『韻解《ウネ》訓民正音《フンミンジョンウム》』(『訓民正音《フンミンジョンウム》韻解《ウネ》』ともいわれる)が訓民正音(ハングル)に関する研究書として、十九世紀に著された柳僖《ユヒ》の『諺文志《オンムンジ》』と並び称されるものである。また李義鳳《イイボン》の『古今釈林《コグムソンニム》』は、漢語と朝鮮語の古語や方言、モンゴル語、満洲語、日本語、ベトナム語、タイ語などの膨大な語彙をおさめている。

このように、十八世紀を中心に、新しい思想・学問潮流が登場するとともに、多方面にわたる書籍が著されたが、その限界についても留意しなければならない。その限界とは、「実学派」といわれる人物たちのほとんどが、ソウルおよびその周辺地域の居住者であったことである。ソウルの都市的雰囲気、清からの文化の流入の容易さなど、他の地域と比較したソウルの特色がこうした現象を生んだものと思われるが、全国的にみるとき、彼らの思想・学問は小さな存在にすぎず、大部分の地域では、彼らの存在自体がほとんど知られなかった。彼らの存在が注目されるようになるのは、十九世紀後半になってからである。

西学の流入と天主教徒の出現

周知のようにヨーロッパと東アジアとの本格的な出会いは、十六世紀に始まる。通商とカトリックの布教を目的に日本や中国に多くの西洋人がやってきたのである。しかしこの時期、西洋人が朝鮮にやってくることはなかった。朝鮮とヨーロッパとの出会いは、最初は中国をとおした間接的なもので、明や清に派遣された使節の一行が、中国における西洋の存在に注目したのである。西洋に関する知識は漢訳された書物を通じて得られたもので、先に紹介した洪大容のように、西洋人と直接接触する経験は極めてまれであった。

朝鮮においても西学《ソハク》(西洋の技術・学問)と西教《ソギョ》(カトリック)を分けて、前者は評価するものの、後者に対しては批判し拒否する、というのが一般的な態度であった。西学の影響は天文学や数学の面にあらわれ、洪大容や丁若鏞などはとくに西洋の技術と学問に強い関心を示した。しかし両班社会の一部に、西教、すなわちカトリックに関心をもつグループが登場して、大きな社会的・政治的問題を引き起こすことになる。

李瀷は西学に深い関心をもち、その学問を高く評価していただけでなく、カトリックに対しても全面的に否定する立場はとらなかった。彼はマテオ・リッチが著した『天主実義《チョンジュシリ》』も読み、天主教の天主が先秦儒教でいう「上帝《サンジェ》」と一致する概念であることを認める一方で、天堂・地獄説の主張は妄説であり、仏教と同じ誤りを犯していると批判した。そしてカトリックを一概に斥けるのではなく、社会を良くする教説としては意味があると考えたのである。

このように李瀷はカトリックに対して折衷的な態度で臨んだが、彼の弟子のなかからカトリックに関心をもつだけでなく、入信する者があらわれる。カトリックに関心を有する人たちは、秘密裏にカトリックを学ぶ集まりをもっていたが、そのメンバーの一員であった李承薫《イスンフン》が一七八四年に燕行使《ヨネンサ》の一員であった父に同行して北京に行き、そこで四〇日余りカトリックの教理を学んだのちに、グラモン神父から洗礼を受けるにいたった。宣教師の派遣を通じた受洗ではなかったという点で、カトリックの伝道史上でも稀有の例とされる。

李承薫の帰国後、彼の周囲でカトリックに入信する人があいついだ。丁若鏞とその三兄弟、権哲身《クォンチョルシン》・日身《イルシン》兄弟、李《イ》《り》檗《ビョク》《はく》などが代表的人物である。こうした動きに危機感を感じた安鼎福(彼もまた李瀷の弟子であった)は、カトリックを批判した『天学問答《チョナクムンダプ》』を著して、カトリックへの入信を防ごうとしたが、さほどの効果をあげることができなかった。そうしたなかで一七九一年に、信徒であった尹持忠《ユンジチュン》がカトリックの指示に従って祖先の位牌《ウィペ》を燃やしたことが発覚するという衝撃的な事件が起きた。これを珍山《チンサン》(尹の出身地で、現在の忠清南道錦山《チュンチョンナムドクムサン》。当時は全羅道に属した)事件という。この事件で尹持忠と権尚然《クォンサンヨン》が処刑され、カトリック教徒の存在が公然と知られるようになったが、正祖と宰相であった蔡済恭《チェジェゴン さいせいきょう》が事件の拡大を望まなかったこともあって、捕らえられた者は限られていた。

しかし蔡と正祖があいついで死亡し、純祖《スンジョ》が即位すると、ただちにカトリックに対する大々的な弾圧が始められた（辛酉教獄《シニュギョオク》。これについては次章参照）。しかし以後もカトリックに入信する者は跡を絶たず、中人《チュンイン》階層や一般庶民のなかにひそかに、しかし着実に浸透していった。

カトリックに入信した知識人たちは、いずれも李瀷の教えを受けた南人系列の人物であった。朱子学を信奉していた彼らがなぜ自ら進んでカトリックに入信したのだろうか。深刻な社会の矛盾に直面していた彼らが、カトリックの平等思想に共感したなど、いくつかの解釈が提起されているが、この問題はなお十分に明らかにされていない。朝鮮儒教において「天」を上帝と理解する伝統、さらに朝鮮儒教がもつ強い宗教性などと深くかかわる問題であると思われるが、いずれにせよ、東アジアの儒教のなかで朝鮮の儒教がもつ特色を理解するうえで、極めて重要な意味をもっていることは確かである。

文化の新局面と文化地盤の拡大

十八世紀は、文化の面でさまざまに新しい動きが生じた時期であった。それがもっとも顕著にあらわれたのが文学の面においてである。十八世紀にはいって、ソウルの知識人のあいだでは、「天機論《チョンギロン》」が流行した。これは自然の感情をあるがままに表現しようとする主張で、形式的・旧套的な文体から抜け出そうとするものであった。この動きは、十八世紀後半になるとさらに進んで、俗語を取り入れた新しい文体を用いた作品が登場するにいたる。朴趾源の『熱河日記』が代表的なものであるが、これに対して正祖は「文体反正《ムンチェバンジョン》」を主張し、こうした動きを抑えようとするほどであった。

文学の主流は依然として漢詩であり、朴斉家の漢詩などは清の文壇でも高く評価されたが、この時期には漢詩以外の多様な文学作品がつくられるようになる。そのなかでも重要な意味をもったのは、小説《ソソル》の本格的な登場である。小説の登場は、⑴中国の小説の流入と普及、⑵漢文小説の創作、⑶中国の小説のハングル訳本の登場とその普及、⑷ハングル小説の創作、⑸ハングル小説の出版とその普及、という段階をへたと考えられているが、十八世紀には⑶と⑷の過程が進んだ。十八世紀中葉、ソウルにはじめて貰冊家《セチェクチプ》(貸本屋)があらわれるが、これはハングル小説を筆写して貸与するという営業をおこなうものであった。その前提となったのが、十八世紀前半に広まった漢文小説やハングル小説の筆写とその流通で、当初は宮中や上層エリート家門の女性を対象にしていたこの動きが、しだいにソウルの中上流家庭にまで拡大するなかで、貰冊家が登場するにいたったのである。貰冊家では筆写のみがおこなわれ、そのため小説の普及もなお限られたものであったが、十九世紀になると、ハングル小説を印刷した「坊刻版《バンガクパン》」の小説が登場し、貰冊家はおおいに発展していくことになる。

　ハングル小説の普及は、それだけ文学の受容層が拡大したことを意味しているが、読者層だけでなく、作者の面でも新しい担い手が登場してくる。「委巷人《ウィハンイン》《いこうじん》」とか「閭巷人《ヨハンイン》《りょこうじん》」と呼ばれる人たちがそれで、彼らは主に中人階層に属した。(5) 奴婢身分の出身でありながらその才能を認められて訳官《ヨックァン》(通訳官)に取り立てられ、通信使の一行として来日し、日本の文人たちとも交流のあった洪世泰《ホンセテ》などが初期の代表的人物であるが、彼は委巷人の漢詩のみを集めた『海東遺珠《ヘドンユジュ》』を編纂した。中人層と似た社会的境遇にあった両班庶子からも、優れた文人たちが多数あらわれた。正祖が設置した奎章閣の検書官に抜擢された朴斉家、柳得恭、李徳懋などが著名で、彼らは老論の名門家門出身である朴趾源などと交遊を結び、文人としての名声を博した。

　中人や両班庶子のこのような動きはソウルに限定されたものであったが、地方社会においても文化基盤の拡大がみられた。それを端的に示すのが、科挙受験者数の著しい増加である。『正祖実録《チョンジョシルロク》』によると、正祖二十四(一八〇〇)年三月に実施された科挙の試験には、文科《ムングァ》で一一万名以上、武科《ムグァ》で三万五〇〇〇名以上の受験生が押し寄せた。科挙の試験には三年に一度実施される正規の試験（これを式年試《シンニョンシ》といった）と、国王即位の祝賀など、さまざまな名目で実施された臨時の試験の二種類があった。式年試は道ごとに一次の試験をおこない、そこで合格した者（その合格定員は二〇〇名であった）だけがソウルで実施される二次試験に参加することができた。しかし臨時に実施される試験の場合は、最初からソウルで試験が実施されたので、全国から受験生が押し寄せたのである。英祖の代には一万を超えるほどであった受験者数が正祖の末年には文科と武科をあわせて一五万名近くにまで急増したのである（ちなみに、十九世紀になるとこの傾向はいっそう強まり、二〇万名を数えるようになる）。

科挙受験者数の急増は、両班化現象の進行を示すものであるが、注目されるのは、このように多数の受験者が存在したということは、彼らが試験の準備をおこなえるほどに書籍が普及したこと、また、その書籍を読むことのできる識字層が拡大したこと、を意味するという点である。科挙の試験では、文科の場合も武科の場合も、受験科目が定められており、科目ごとにテキストも指定されていた。受験生たちはこのテキストを勉強したわけであるが、ほとんどのテキストは政府によって刊行されたものであった。朝鮮の場合、同じ時期の中国や日本に比べて、民間出版業の発達が遅くなるという特徴があるが、それは政府による書籍の出版が盛んであったことが一つの原因であった。民間の出版業者が登場するのは十九世紀の坊刻版の出現によってである。いずれにせよ、このように大量の科挙受験者が存在したことを考えると、受験者数の数倍の識字層が存在したと思われるが、ハングルと漢字・漢文を解する人口は、かなりの比率にのぼったとみることができよう。

書籍の普及をよく示すもう一つの現象は、冊暦《チェンニョク》の普及である。冊暦とは、現在のカレンダーにあたるもので、一年の月暦《ウォルリョク》（各月の干支《カンジ》と大小の別、各月に含まれる節気《チョルギ》などを記載）、日暦《イルリョク》（各月ごとに一日から晦日までの日ごとの干支などを記載）を収録したものである。冊暦の正式の名称は「時憲書《サホンソ》」といい、天文と暦を司る政府機関である観象監《クァンサンガム》《かんしょうかん》で印刷され、出版された。朝鮮前期には数千部程が印刷されるにすぎなかったが、正祖の代になると毎年、三〇万部をはるかに超える部数が印刷された。冊暦は政府の各機関などに配布されたが、大多数は民間での需要にあてるために販売された。

朝鮮時代の両班たちの日記が多く残されているが、そのほとんどは、冊暦に毎日の天気やできごとを記録したものである。冊暦は民間で出版することが厳禁されていたが（国家による時間の支配）、十八世紀末期になると、民間でも出版されるようになる。それだけ民間の需要が大きかったのである。

科挙受験者の増加や冊暦の普及といった事態は、両班的な文化が両班以外の階層にも広がりつつあったことを端的に示している。また平安道《ピョンアンド》や咸鏡道《ハムギョンド》出身の科挙合格者数の増大が示すように、こうした現象は全国的なものであった。このように十八世紀以降、文化の生産と消費の両面でその社会的基盤が拡大していったのであり、階層間、地域間の文化的格差は確実に縮まりつつあった。しかしこのように文化的格差が縮小していった半面、異なるかたちの文化格差が生じてきたことにも注意しなければならない。

異なるかたちの文化格差とは、一つにはソウルとそれ以外の地域との格差であり、もう一つは男女間の格差である。こうした現象を端的にみせてくれるのが、「実学」のあり方である。「実学」と呼ばれる新しい思想潮流が生まれたのは、ソウルとその周辺地域に限定されており、他の地域にまで拡散することはほとんどなかった。貰冊家の出現も、これまでの研究ではソウルでのみ確認されており、他の地域でもそれが存在したとは思われないのである。十九世紀に始まる坊刻版の出版も、ソウル以外の地域では、全羅道《チョルラド》の全州《チョンジュ》と京畿《キョンギ》の安城《アンソン》でのみその存在が確認されている。十八世紀になって、慶尚道や全羅道出身者の科挙合格が困難となり、科挙に合格しても高い地位にのぼる道が封じられるにつれて、ソウルと他地域のあいだの人的移動が減少したことが、このような現象を生み出したもっとも大きな要因であったと思われる。

男女間の文化的格差についていえば、科挙の受験生が大幅に増加したものの、科挙の受験は男性に限られたものであった。このことは、男女のあいだに識字率の大きな格差が存在したであろうことを示している。郷校《ヒャンギョ》で学ぶ学生はいうまでもなく、書堂《ソダン》などの民間教育で学ぶ者も圧倒的に男性が多かった。小説の読者層の中心は女性であったと思われるが、それはソウルに限定されたもので、他の地域の女性たちには小説に接する機会さえなかったのである。

十八世紀に顕著になってくる以上のような文化的格差は、十九世紀になるとさらに深まったものと思われる。『春香《チュニャン》伝《ジョン》』の印刷本が全国に流通するようになるのは、二十世紀になってからのことである。

▼補説26▲「実学」の評価をめぐって

本論で述べたように、十八世紀になって登場してくる新しい思想動向を「実学《シラク》」ととらえ、その担い手を「実学派《シラクパ》」と呼ぶのが今日の学界の通説的な理解であるが、近年になって、こうした理解に対する批判がさまざまなかたちで提起されている。

「実学」という概念は二十世紀になってつくられた概念であり、歴史的用語としては不適切であるという批判や、これまでの「実学」研究がもっていた近代志向的性格、民族主義的性格に対する批判、さらに「実学」と朱子学《チュジャハク》を対立的にとらえることの可否をめぐる議論などが活発におこなわれているのが、現在の研究状況である。そこでここでは、「実学」という概念が成立する過程を簡単に振り返ったうえで、今後の研究がめざすべき方向性に関する議論を紹介することにしたい。

今日「実学派」と呼ばれている知識人の著述は、同時代の人たちに広く読まれていたわけでは決してない。彼らの思想が注目されるようになるのは、十九世紀末になってからであり、開港以後の危機的状況のなかで、西洋の実用的な学問を受容しなければならなくなった時代的要請との関連から、その先駆者として柳馨遠《ユヒョンウォン》や李瀷《イイク》、丁若鏞《チョンヤギョン》の思想が新聞などで紹介され始めた。しかしこの段階では「実学」という用語はいまだ登場しておらず、「実用的な学風」として紹介されるのが一般的であった。ただし丁若鏞の『牧民心書《モンミンシムソ》』などの刊行がすでにこの時期から始まっていることは注目される。
「実学」という用語が本格的に登場するのは一九三〇年代になってからで、そこには二つの潮流が存在した。その一つは朝鮮人知識人による朝鮮学運動の一環としての「実学」への注目であり、もう一つは一部の日本人研究者による朱子学批判としての「新しい学風」への注目である。

一九三〇年代の朝鮮学運動は、総督府が標榜する「文化統治」のもとで、思想面、文化面で日本の支配に抵抗し、民族的な意識の高揚をはかろうとする知識人の運動であった。「実学」という言葉を最初に用いたのは崔南善《チェナムソン》であったとされるが、以後、文一平《ムニルピョン》や鄭寅普《チョンインボ》などによって、「実学の風」「実事求是の学」の発掘とその研究が始められたのである。そこでは「実学」の具体的特徴として、民族としての自我意識、空理空論を廃した実証的立場、民衆生活の改善を重視する経世的立場などが指摘されている。この運動が大きく高揚したのが一九三五年の丁若鏞逝去一〇〇年紀念事業であった。このように「実学」という概念は、当初から政治的性格を強く帯びて生み出されたものであり、この点は今日の研究まで続く「実学」研究の大きな特徴であるということができる。

一方、「実学」という概念は朝鮮人知識人の専有物ではなかったことにも留意する必要がある。すなわち「実学」への注目という潮流のもう一つの流れとして、日本人による「実学」掘起しの動きが存在したのである。この動きは従来ほとんど知られていなかったが、近年、権純哲《クォンスンチョル》によってはじめて明らかにされた（「茶山丁若鏞の経学思想研究」東京大学人文科学研究科博士論文）。権によると日本人研究者による「実学」への注目も、「文化統治」のもとでの民衆啓蒙という政治的性格の強いものであり、したがって「実学」概念がもつ政治的性格自体が、相互に対立する複合的な性格を帯びていた。
「実学」研究が大きく進展するようになるのは植民地支配から解放されて以後のことで、とくに一九五〇、六〇年代になって研究が本格化した。この時期の「実学」研究はまず北朝鮮で先鞭がつけられたが、三〇年代の朝鮮学《チョソナク》運動にも加わっていた崔益翰《チェイッカン》がその中心的研究者であった。一方、韓国で初期の「実学」研究を主導したのは千寛宇《チョングァヌ》であり、一九五二年に発表された「磻渓柳馨遠研究」が記念碑的な論文であった。

この時期の「実学」研究の大きな特徴は、たんなる思想史の分野にとどまらず、社会経済史の研究と緊密な関係を保ちながら研究が進められたことである。すなわち、十八世紀の朝鮮社会を中世封建制社会の解体期ととらえ、そのなかで資本主義の萌芽が成長してくると主張する「資本主義萌芽論《チャボンジュイメンアロン》」から大きな刺激を受けながら、「実学」研究がおこなわれたのである。のちにこうした研究動向は「内在的発展論《ネジェチョクパルチョルロン》」と呼ばれるようになるが、「資本主義萌芽論」と「実学」研究は、「内在的発展論」の二つの柱であった。そして伝統的な学派の系譜に関する叙述にとどまっていた思想史の研究を、近代的な分科学問としての思想史研究の地位にまで高めたことが、この時期の「実学」研究の最大の成果であったということができる。

「内在的発展論」という方法論や「実学」研究は日本の朝鮮史研究にも大きな影響を与えた。「実学」研究では朴宗根《パクチョングン》や姜在彦《カンジェオン》の研究が代表的なものであるが、とくに姜が示した「実学思想」から「開化思想」への継承・発展という枠組は、韓国の研究にも大きな影響を与えた。

こうして「実学」研究は一九七〇年代にその最盛期を迎えることになるが、他方で、「実学」研究に対する批判的見解が初期から存在していたことにも留意する必要があろう。その代表的なものは韓沽劤《ハヌグン》の研究で、「実学」という概念は超歴史的概念であり、朝鮮王朝建国を主導した儒学者たちも自らの思想を「実学」ととらえていたことをあげて、千の見解を批判したのである。しかしこうした批判はあまり注目されることなく、学界の大勢は「内在的発展論」に主導されていった。

「内在的発展論」に対する批判はまず、「資本主義萌芽論」に対する批判から始まった。資本主義萌芽に関する実証的根拠が薄弱であるという批判から始まったこの動きは、さらに西洋の近代を基準とする「内在的発展論」の方法に対する批判にまで進んだが、「実学」研究にもその批判が向けられるようになった。こうした動きは、一九八〇年代から始まったが、現在もこの過程の最中にあるということができる。

「実学」研究に対する批判は多岐にわたるが、中心的な批判点としては、思想的には傍流にすぎなかった「実学」思想に研究が集中することへの疑問、「実学」が朱子学を克服したととらえることへの疑問、西洋や日本の思想史研究の方法を朝鮮に適用するという方法への批判、などがあげられる。

こうした批判は一面では研究内容自体に対する批判としておこなわれているが、巨視的にみると、とくに近代化の課題が基本的に達成された（一九七〇年代を中心とした経済の高度成長と八七年の民主化）韓国社会の構造変化の産物であるという側面があることも無視できない。

「実学」という概念を放棄しなければならないという主張がある一方で、近代を批判し、近代を克服するための「実学」（新「実学」）研究を主張する意見もあるが、いずれにせよ、従来の「実学」研究に対する根本的な再検討なしには新たな研究の進展はありえない、というのが研究の現段階であることは確かである。その際、もっとも大きな問題は、従来の枠組ではない新しい枠組をどのようにつくっていくのかについて、いまだ出口を見出すことができないでいるというところにあるように思われる。そしてその問題は、たんに「実学」研究に限られるものでは決してない。

▼補説27▲ 朝鮮の族譜と家族・親族制度の変化

族譜とは

族譜《チョッポ》は家系記録の一種であるが、一人の人物を起点として、その子孫を網羅的に記録したものであり、起点となる人物を始祖《シジョ》という。ただし子孫を網羅的に記録するとはいえ、それは理念、理想であり、実際には族譜に収録されない子孫も存在した。また子孫のうちでは男性の子孫が中心で、女性はまったく収録されないか、あるいは女性の結婚相手の男性の名前を収録するなど、男性とは異なった扱いを受けた。

世界各地域ではさまざまな家系記録が作成されてきたが、その多くは単系の家系記録であり、父から子、孫と、系譜関係を単線で繋ぐ形式のものが多い。したがって父、祖父、曾祖父、高祖父と直系の系譜をたどることができても、父や祖父、曾祖父の兄弟やその子孫たちは家系記録に登場しない。それに対して族譜は、始祖のすべての子孫を記録するので、そこに収録される人員は膨大な数になる。

今日に繋がる形式の族譜が作成され始めたのは、中国・宋代にはいってからのことで、それ以前にも族譜と同じような家系記録が作成されていたと思われるが、現存していない。宋代以後、中国で族譜の編纂が盛んになったのは、儒教的な宗法観念の普及によるものであるが、同時につぎのような社会状況も大きく作用した。宋代になって科挙制度が確立し、それにともなって士大夫《したいふ》と呼ばれるエリート階層が登場するが、士大夫の地位は世襲することのできない不安定なものであった。そこで士大夫たちは一族のなかから継続して科挙合格者を出してその社会的地位を維持するために宗族という血縁集団を組織して、対応しようとした。この宗族の構成員を網羅したのが族譜である。

朝鮮における族譜編纂の始まり

中国で作成され始めた族譜の影響を受けて、周辺の東アジア地域、すなわちベトナムや琉球でも族譜が編纂されるようになるが、そのなかでも朝鮮は族譜の編纂がもっとも盛んな地域である。その経緯を簡単に紹介することにする。

朝鮮において族譜が作成されるようになるのは、十五世紀になってからである。十五世紀の初期から族譜が編纂されたことが確認されるが、現在残っているもっとも古い族譜は一四七六年に刊行された『安東《アンドン》権氏《クォンシ》世譜《セボ》』(明の成化十二年に刊行されたので安東《アンドン》権氏《クォンシ》成化《ソンファ》譜《ボ》と呼ばれる)である。族譜の作成主体は本貫《ボングァン》と姓を同じくする父系血縁集団であるが、安東権氏といえば、安東を本貫(祖先の出身地)とする権氏である。安東権氏のように本貫と姓を同じくする集団を同本同姓《トンボンドンソン》集団(または姓貫《ソングァン》集団)という。

以後、十五世紀から十六世紀にかけてしだいに族譜の作成が拡大していったが、十六世紀末までに作成された族譜で現存するものは少数にすぎない。その理由は、多くの族譜が草本として作成され、印刷・刊行されなかったことと、壬辰倭《イムジンウェ》乱《ラン》などの戦乱のため、多くの族譜が失われたためである。族譜の刊行が本格化するのは十七世紀になってからで、十八世紀になると族譜の編纂と刊行が完全に定着するにいたる。そして十九世紀、二十世紀と、時代が新しくなるにつれて、ますます大量の族譜が作成されるようになり、今日にいたっている。

したがって朝鮮の族譜は五〇〇年をはるかに超える長い歴史を有しているが、通常、十七世紀あたりを境に族譜の内容が大きく変わることに着目して、十六世紀までの族譜を初期族譜と呼ぶのが一般的である。

初期族譜の特徴を具体的にみてみよう。左ページの図は『安東権氏成化譜』の一部である（天巻、日字部分）。安東権氏の核心的な家系である権溥《クォンブ》の子孫たちが記載されているが、権溥―権準《クォンジュン》―権廉《クォンニョム》―権鏞《クォニョン》までの系譜は族譜の前の部分に記載された系譜を示しており、このページには権鏞の子・定柱《チョンジュ》の子孫たちが記載されている。ここで「女夫」とあるのは女婿を意味しており、定柱の女婿である崔雲海《チェウネ》、盧尚礼《ノサンネ》などが記載されている。さらに盧尚礼の女婿として金復恒《キムボッカン》という人物が記載されているが、このように女婿子孫たちも、内孫《ネソン》と外孫《ウェソン》の区別なしにすべて記載するのが、初期族譜の大きな特徴である。したがってこの族譜は安東・権氏の族譜でありながらも、そこに登場する人物の圧倒的多数は安東・権氏以外の父系血縁集団に属する人たちである。

また、子女の記載順序も男女の別に関わりなく出生順に記載されているが、これも初期族譜の大きな特徴である。例えば定柱の次男である希遂《ヒス》の子女たちの記載順序にこのことがあらわれている（ちなみに、定柱の女婿として「後夫」王環《ワンファン》という人物が記載されているが、これは崔雲海と結婚した定柱の娘が王環と再婚したことを示している。この時代には、女性の再婚も忌避すべきこととみなされていなかったのである）。

このような特徴は、父系と母系を同等のものと認識する当時の双系的な家族・親族観念を反映したものと理解されているが、外孫の系列もすべて収録しているのには、他の要因があったものと考えられる。すなわち、安東権氏が婚姻を通じて他の有力な一族と結ばれていることを誇示するのが成化譜編纂の大きな目的ではなかったのか、ということである。実際にも、成化譜に登場する人物たちの多くは当時の高位・高官者であった。安東権氏の族譜でありながら、権氏以外の人物が圧倒的多数を占めるという現象も、このように考えると理解しやすい。

初期族譜のこうした特徴は、中国の族譜にはまったくみられないもので、族譜という家系記録の形式は中国から受容されたものであるが、その社会的機能は中国と異なるものであった。一族の力を誇示するだけでなく、婚姻を通じて結ばれ

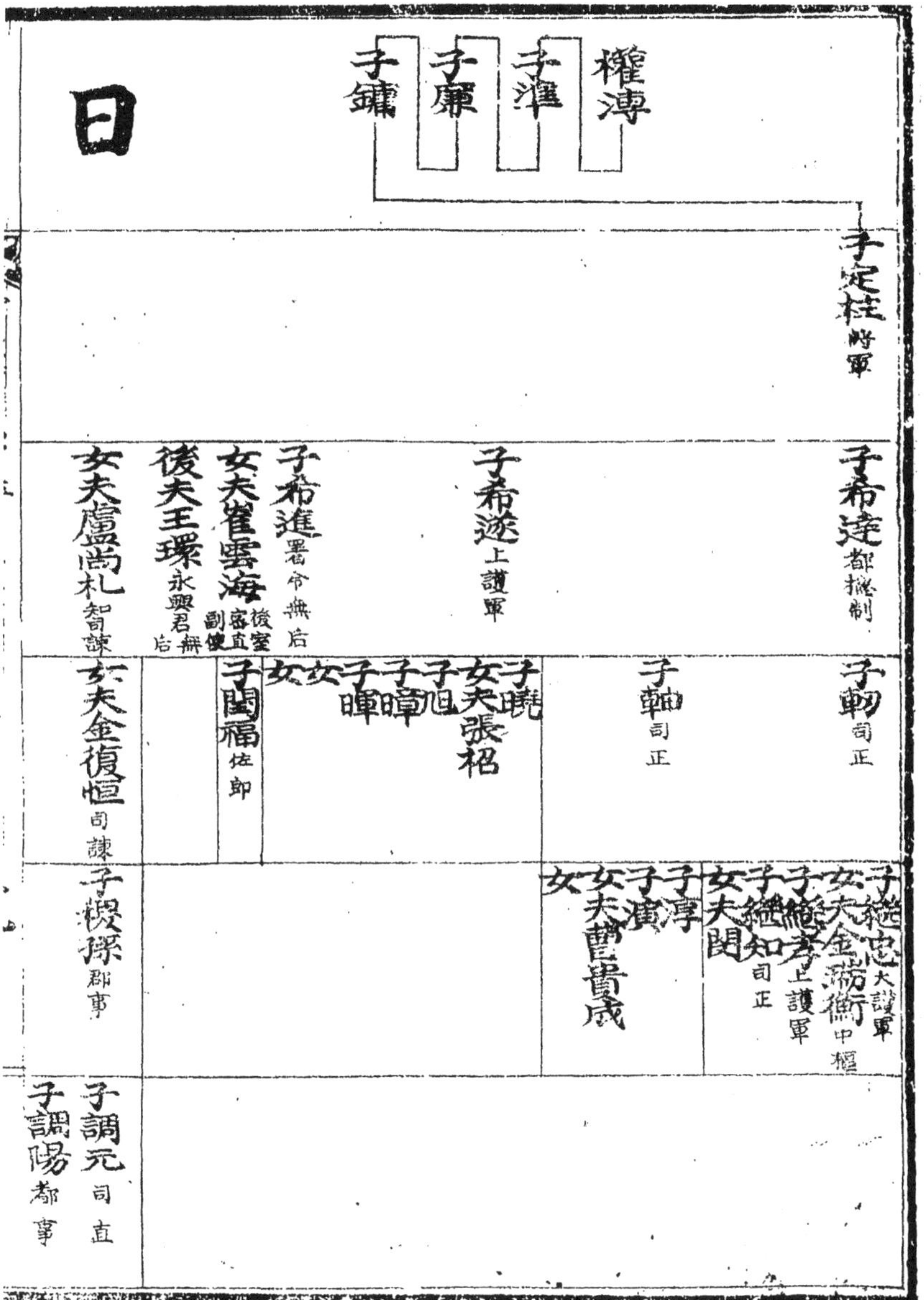

図25　『安東權氏成化譜』(部分)

た両班《ヤンバン》たちの階層的結合の記録として族譜が編纂され始めたのである。

族譜の変化と父系血縁結合の強化

十七世紀になると、それまで族譜を編纂したことがなかった有力な家門《カムン》でも族譜を編纂することが一般的な風潮となるとともに、ほとんどの族譜が印刷・刊行されるようになった。族譜の編纂と刊行が社会的に定着したということができるが、それにともなって族譜の内容が変化し始める。第一の変化は、外孫の収録範囲がしだいに縮小していくことである。初期族譜では外孫も内孫と同様に族譜が編纂された時点までの系譜が記録されたが、外孫については三代まで、二代までと、その収録範囲が短くなっていくのである。そして十八世紀以後になると、女婿のみ、あるいは女婿の子女までを収録するのが一般的になる。第二の変化は、出生順であった子孫の記載が、「先男後女《ソンナムフニョ》」といって、男子をまず記載し、つぎに女婿《ヨソ》を記載するように変化することである。

以上のような変化は、父系血縁観念が強まり、その結合が強化されたことを反映するものである。もともと族譜は、宗族という父系血縁集団の構成員を収録することを目的に中国で作成され始めたのであるが、十七世紀以後、朝鮮の族譜も中国族譜と同様の意味と機能をもつにいたったということができる。しかし当初、有力両班集団の階層的結合を誇示するものとして作成され始めた朝鮮族譜の性格が、これによって消滅したわけではない。そのことをよく示すのが、婚姻の記載である。中国の族譜では一族に嫁いできた女性について姓のみを記載するのが一般的であり、姓が記載されないこともあるが、朝鮮の族譜では嫁いできた女性について、その父の名と本貫を必ず記載した。つまりどういう一族と婚姻をおこなったかが重視されたのであり、両班家門との婚姻をおこなわないとそれだけで両班としての社会的認知を得られなくなった。また十八世紀以後も女婿の名は必ず記載されたので、族譜に異姓の人間が多数登場するという面では初期族譜と同様であった。

十七世紀以後の族譜の特徴として、族譜に記載される一族の範囲が拡大していくことを指摘することができる。安東権氏の例をあげると、現在は一五の派《パ》に分かれているが、最初の族譜である成化譜に登場するのはこのうちの三つの派だけである。他の一二の派は、成化譜以後に作成された族譜に新たに登場したもので、族譜が編纂されるたびに、以前の族譜にはみえなかった派が入録《イムノク》されて、現在の一五派にまで拡大したのである。

こうした現象は安東権氏に限られたものでなく、ほとんどの同本同姓集団に共通してみられる。新たに族譜に入録される集団は始祖との系譜関係を立証しうる根拠を提示し、すでに族譜に入録されている人たちの承認を得ることが必要であったが、多くの場合、確実な証拠なしに入録を認められるのが一般的であった。新たに入録を認められた集団はそのことにより自分たちの家系を誇ることが可能になったし、集団の範囲を拡大することによって、集団全体の力を増大することができたのである。

しかしこうした族譜収録範囲の拡大は、族譜の信憑性をそこなうことにもなった。いわゆる「偽譜《ウィボ》」の問題である。十八世紀になると没落した両班家門の者から族譜を買い取り、そこに自分の名を記入して両班である証とする行為が横行し、社会問題となるほどであった。

両班以外の階層の族譜編纂

族譜は当初、両班たちが一族の社会的地位を誇示するために作成し始めたものであり、族譜を有することは両班であることの証であった。しかし始祖のすべての子孫を収録するというのが族譜の理念であったから、両班でない者が族譜に収録されるのは不可避であった。十八世紀以後、族譜に収録される者の範囲が拡大していくなかで、族譜を有することが両班であることを意味しなくなるが、こうした動きとは別に、両班以外の階層が自分たち一族の結合を示すために族譜を編纂し始める。中央政府で専門技術職に就いていた中人《チュンイン》層のなかから、族譜を編纂する家門があらわれるが、これは代々、技術職に就く家門が固定化していくなかで生じた現象であった。

技術職中人とともに、両班と良人《ヤンイン》身分の中間に位置した郷吏《ヒャンニ》層のなかからも族譜を作成する家門がでてくるが、郷吏の場合は、両班たちの族譜に自分たち一族も収録することを求める方法が多くとられた。両班と郷吏はもともと、高麗《コリョ》時代の地方豪族であった吏族《イジョク》にその淵源をもっていたので、祖先を同じくしたのである。郷吏家門は最初は族譜に「吏派《イパ》」と記入されて差別されたが、十九世紀以後、「吏派」の表示が消滅していく。

このように族譜の編纂が盛んになり、そこに収録される者の範囲が拡大されるなかで、極めて特異な族譜も作成された。例えば『養世系譜《ヤンセゲボ》』という族譜があるが、これは内侍《ネシ》(宦官《ファングァン》《かんがん》)たちの族譜である。内侍は子をもつことができなかったので、その地位は養子を通じて継承された。したがってこの族譜に収録されている人物はすべて異なる姓を有しているが、父系血縁関係を示すという族譜本来の目的からはずれて、一族の社会的地位を示すために作成されたのである。

家族・親族制度の変化と族譜

十七世紀以後の族譜の変化や、十八世紀以後の族譜編纂階層の拡大といった現象を生み出した基底的な要因は、家族・親族制度の変化であった。朝鮮においてはもともと、父系と母系を問わない双系的な血縁観念が強く、また高麗時代から朝鮮前期においても結婚後の妻方居住が一般的であった。財産相続においても男女の均分相続が慣例であり、祖先祭祀も子女が輪番で祭祀を担当することが広くおこなわれていた。同族のあいだの結婚や一夫多妻制など、儒教的な理念とは相容れない慣習も一般的であった。

こうした家族・親族制度のあり方は、朝鮮王朝になって儒教が国家理念としての地位を占めるなかで問題視されるようになり、同族間の結婚の禁止、一夫多妻制の禁忌化などの措置がとられたが、社会的に定着するまでには多大の時間を要した。それでも両班などの上流階層のなかでは、比較的早くから同族間の結婚を避けることが広がり、また一夫多妻制に代わって妻妾制が定着していった。相続においても十七世紀以降、女性が相続から排除されるようになり、結婚後の居住形態も夫方居住が一般化していった。族譜における外孫の収録範囲の縮小、父系血縁組織としての門中の結成などの動きは、以上のような家族・親族制度の変化と深く関連したものであった。

しかし両班以外の階層においては話は別で、そもそも代を継いで受け継がれていくものとしての家族という観念そのものが明確でない人たちが多く存在していた。戸籍大帳には父や祖父の名前として「夫之《ブジ》」と記されている事例を多くみることができるが、「夫之」とは「不知《ブジ》」という意味であり(両者は朝鮮語では同じ発音になる)、父親の名前も知らない者がありふれた存在だったのである。こうした状況が変化し始めるのは十八世紀になってからであり、一般庶民のあいだで親から子へと受け継がれていくものとしての家に対する意識や、その拡大としての親族意識が一般化するのは、十八世紀後半以降のことであった。族譜編纂階層の拡大という新しい事態は、以上のような変化を前提とするものであった。

近代以降の族譜編纂の爆発的増加

十八世紀から十九世紀にかけて族譜の編纂・刊行はますます盛んになっていったが、こうした趨勢は二十世紀にはいっても続いただけでなく、さらに加速化された。啓蒙思想家たちは、族譜が古い時代の産物であり、新しい時代にはふさわしくないとして、族譜の横行を強く批判したが、それにもかかわらず現実には朝鮮時代をはるかに上回る大量の族譜がつくられたのである。朝鮮総督府では毎年の出版物を分野別に分類した統計を発表したが、多くの年で族譜が出版物の首位を占めるほどであった。二十世紀前半に刊行された族譜の圧倒的多数を占めるのは、同本同姓集団全体を対象とせずに、その一部を収録対象としたものである。同本同姓集団全体を対象とした族譜を大同譜《テドンボ》と呼び、その一部を対象とした族譜を派譜《パボ》とか門中譜《ムンジュンボ》と呼ぶが、派譜や門中譜の編纂・刊行は十九世紀に始まり、二十世紀になって本格化したのである。そしてこうした派譜・門中譜の主体となったのは、それまで自身の家系を含む族譜をもたなかった人たちであった。

こうした族譜の盛行をもたらした要因はさまざまであるが、もっとも重要なのは印刷技術の普及である。それまでの木版印刷ではなく、近代的な印刷技術が導入・普及されたことによって、族譜の刊行がはるかに容易になったのである。また、交通・通信技術の発達や新聞・雑誌の普及、郵便制度の整備などによって、情報の伝達がすみやかにおこなわれるようになったことも、族譜の編纂を容易にする大きな要因であった。

族譜の出版は一九四五年の独立以後、現在にいたるまでさかんにおこなわれている。近年では族譜の作成に電子情報手段が用いられたり、族譜そのものが電子媒体で閲覧できるようになるなどの変化も加速化しつつある。当初は族譜を有することが両班であることの証であったが、現在では「族譜ももたない」という言葉が他人を侮辱する言葉に変化した。この変化ほど、朝鮮における族譜の歴史をよくあらわすものはないであろう。

宮嶋　博史

注

(1) 奎章閣は正祖の即位直後の一七七六年に設けられた王室図書館で、昌徳宮の北苑内に位置した。その目的は、歴代国王の御筆、詩文、書画、王室の系譜記録などを保管することであったが、それにとどまらず、国政改革に必要な情報を得て、これを改革に利用することを意図して設けられたのである。そしてその構成員には党派や出身家門を問わず、有能な人材が集められ、正祖の諮問に応えた。奎章閣の図書は現在、ソウル大学校の奎章閣韓国学研究院と韓国学中央研究院蔵書閣に引き継がれている。

(2) 英祖と正祖の元来の廟号は英宗、正宗であったが、高宗の代に英祖、正祖と改められた。高宗がこの二人の国王を自らの範とみなしたゆえの措置であった。

(3) 軍役だけでなく、国家に対する各種義務を村落で共同で負担することが、十八、十九世紀に一般化していく。そのなかで、洞契《トンゲ》という組織も一般化していくが、洞契もその一種である「契《ケ》」という名称をもつ組織がこの時期に急速に普及する。「契」は共通の目的をもった者によって組織される結社的組織で、構成員の醵出した資金を貸し出し、殖利活動をともなうのが一般的であった。

(4) 十八世紀には郷吏のなかでも分化が進み、重要な郷吏職が少数の有力家門によって独占される傾向が強まった。こうした有力な家門のなかから、科挙をめざす人物も登場したのである。

(5) 委巷人とか閭巷人と呼ばれる人たちの文化的活動は十九世紀になっていっそう活発になり、多くの詩社が結成された。開港後に西欧や日本の新知識にいち早く関心を示した人物の多くも、この系譜を引いている。

第九章　朝鮮末期（十九世紀）

1　門閥独裁政治の台頭

時派と僻派

朝鮮《チョソン》の十九世紀に対する従来の研究では、「資本主義萌芽論《チャボンジュイメンアロン》」や高揚した民衆運動を通じて朝鮮内部から生じた「近代移行期」と肯定的にみる視角と、「十九世紀の危機」（四八三頁参照）とみる視角が併存している。しかし、それまでの朝鮮の歴史のなかで、最大の危機の時代であり、朝鮮王朝成立以来蓄積された矛盾が、たびたびの改革・改良にもかかわらず、根本的に解決できず、体制の危機に瀕していたことはどちらも認めている。また、この時期は西欧で「小氷期」といわれる現象、すなわち自然災害や疫病の蔓延という自然条件の影響もかさなり、そのうえ西欧列強の通商圧力と武力的脅威が可視化・現実化されたりもした。したがって、支配層は内憂・外患のなかで、国内の民衆の動きと外国勢力の結合をもっとも恐れた。権力内部では、正祖《チョンジョ》時代にはかろうじて均衡していた老論《ノロン》と南人《ナミン》、時派《シパ》と僻派《ピョクパ》の政治的力関係が、幼い純祖《スンジョ》（在位一八〇〇～三四）の即位とともに均衡を失い、一派に権限が集中するようになり、国政運営にも大きな蹉跌を来した。さらに純祖・憲宗《ホンジョン》（在位一八三四～四九）・哲宗《チョルチョン》（在位一八四九～六三）と三代続いて外戚《ウェチョク》に権力が集中する勢道政治《セドジョンチ》がおこなわれ、民への収奪が強化されると、その間に、社会意識を高めてきた民は生存のための抗争を展開していく。

時派・僻派は老論・少論《ソロン》・南人という党派とは異なり、権力集団内部に生じた集団であり、大変複雑な形成過程・行動様式をとっている。時派・僻派はおもに老論から分化したが、南人や少論も加わっており、政局の動向によっては他派に転ずることもあった。

時派・僻派は一七八〇年頃から結集し始め、八四年には扶洪派《プホンパ》(正祖の母方祖父洪鳳漢《ホンボンハン》中心)を時派、攻洪派《コンホンパ》を僻派(英祖《ヨンジョ》継妃の兄慶州金氏《キョンジュキム》金亀柱《キムグジュ》中心)という名称が定着した。一七八八年には、正祖が任命した人事をめぐる官僚のやりとりのなかで公然と時僻《サビョン》論争《ノンジェン》がおこなわれるほどであった。

時派・僻派が分裂した理由は何か。まず第一に、一七二一〜二二年に起こった景宗《キョンジョン》の世弟《セジェ》(のちの英祖)による代理聴《テリチョン》政《ジョン》問題をめぐる老論と少論の対立、つまり景宗支持か世弟支持かという問題から生じた二つの事件に対する立場の違いがあげられる。一七二一年(辛丑)少論の急進派金一鏡《キミルギョン》ら七人が連名で上訴し、世弟による代理聴政を提起した趙聖復《チョソンボク》とそれを強行しようとした老論四大臣金昌集《キムチャンジプ》、李頤命《イイミョン》、李健命《イゴンミョン》、趙泰采《チョテジェ》を景宗への不忠罪で攻撃し、四大臣をはじめ老論五〇〜六〇名が処罰されたりした。さらに、翌年(壬寅)睦虎龍《モコリョン》によって、老論名門の子弟たちが宦官《ファングァン》や宮女《クンニョ》と結託して景宗の殺害を企図したと密告されて、四大臣は賜死《ササ》、一七〇名余りの老論が殺害されたり処罰された。老論はこの二つの事件に対する立場を「辛壬義理《シニムイリ》」と呼んで、自らの存立の基盤とした。

第二に、英祖が思悼世子《サドセジャ》(死後英祖が命名)を殺した壬午禍変《イモファビョン》をめぐって、思悼世子の死に同情する時派と英祖の措置を当然とする僻派に分かれた(壬午義理《イモイリ》)。この事件は一七六二年、国王周囲の内侍《ネシ》が謀反をはかっていると密告した羅《ナ》景彦《ギョンオン》を英祖が審問した際、羅が世子の非行を記した紙を英祖の袖に入れたことが発端となった。英祖は世子に自決を迫ったが、世子が応じなかったので米びつに閉じ込めて餓死させた。この事件に対し、英祖は国家と王朝のためやむをえなかったと釈明したが、問題はそれで終わらず、つぎの正祖の執権期間中つねにつきまとい政局運営の安定に障害となった。

とくに、時派に荷担していた南人領袖蔡済恭《チェジェゴン》《さいさいきょう》が正祖の蕩平《タンピョン》策によって領議政《ヨンイジョン》となり、思悼世子の三〇周忌がかさなった一七九二年、嶺南《ヨンナム》（慶尚道《キョンサンド》）儒生《ユセン》たち一万名余りが、思悼世子のぬれぎぬをはらし、彼を陥れた者の処罰を要求する「嶺南万人疏《ヨンナムマンインソ》」を朝廷に上した。これに対する賛否両論が沸騰するなかで、老論は決定的に時派と僻派に分裂し、少論儒生が嶺南儒生に同調するなど、政界を巻き込む大問題となった。

第三に、「辛壬義理」「壬午義理」で分裂した時派・僻派の対立がいっそう深まったのは、蕩平政治を標榜し、外戚を排除しながら王権強化をはかり、政局運営を主導しようとした正祖のやり方を支持するか支持しないかに原因する。

時派・僻派の葛藤は政界のみにとどまらず、思想界にも深く浸透した。当時、老論内部では、権尚夏《クォンサンハ》の学統を引く「湖《ホ》」（忠清道《チュンチョンド》）と金昌協《キムチャンヒョプ》の学統である「洛《ナク》」（漢城《ハンソン》）の政界・学界を巻き込んでの湖洛論争《ホランノンジェン》がおこなわれていたが、慶州金氏勢力を中心とする僻派は「湖」を支持し、金昌協の兄金昌集の後孫である金祖淳《キムジョスン》ら時派は「洛」を支持した。

一八〇〇年六月、正祖の逝去により十一歳の純祖が即位すると、時派・僻派の対立は新たな様相を帯びる。幼君を補佐するため、英祖の継妃貞純王后《チョンスンワンフ》（大王大妃《テワンデビ》）が垂簾《すいれん》《スリョム》政治《ジョンチ》を開始したが、それは貞純王后の実家慶州金氏の金観柱《キムグァンジュ》・金日柱《キミルジュ》・金龍柱《キミョンジュ》や領議政沈煥之《シムファンジ》など老論僻派の権力掌握を意味した。しかし、一八〇四年純祖の親政開始、それに続く貞純王后の死により僻派は決定的打撃をこうむった。

さらに一八〇五年僻派の立場を弁護し巻返しをはかろうとした右議政《ウイジョン》金達淳《キムダルスン》は、「嶺南万人疏」の首謀者の処罰および思悼世子の死とかかわる老論の行動の正当化をはかった。これに対し、純祖と時派が強く反発し、〇六年一月刑曹《ヒョンジョ》参判《チャムパン》趙得永《チョドゥギョン》の攻撃を契機に金達淳は死を賜り、さらに、金漢禄《キマンノク》が大逆罪で官職を追奪されたのをはじめとして金観柱なども流配され、僻派は権力の座から退けられた。金達淳事件が終息し、時派が政権を掌握したのちは、朝廷内に競争勢力がいなくなったため、二派の争いは表面化しなくなった。

大王大妃貞純王后の垂簾政治

一八〇〇年、十一歳の純祖が即位すると、大王大妃（慶州金氏）が簾の後ろから垂簾政治をおこない、すべての政治的権威の中心になった。大王大妃の垂簾政治の開始とともに、僻派が実権を握った。大王大妃は正祖の死の翌日、沈煥之を領議政に、李時秀《イシス》を左議政《チャイジョン》に、徐龍輔《ソヨンボ》を右議政にして、正祖の路線を尊重する姿勢をみせる一方で実家からも政界に登用し僻派政権を固めた。さらに正祖の国葬が終わると、時派だけでなく僻派の政治路線に批判的な老論系までも政界から追放した。思悼世子を追尊（王の称号を与える）する主張が、彼を処断した英祖の立場を否定するという理由であった。また、王族恩彦君裀《ウノングンイン》（正祖異母弟）家族や正祖時代活躍した南人を天主教《チョンジュギョ》信者という口実で処刑したり、官爵剥奪したりした。

大王大妃の垂簾政治は正祖死後から一八〇三年十二月まで続き、この間にいくつかの重要な政治的決定がおこなわれた。一八〇一年の辛酉教獄《シニュギョオク》、同年の公奴婢《コンノビ》の解放と庶孼《ソオル》《しょげつ》（両班《ヤンバン》の妾子孫）の登用、〇二年の壮勇営《チャンヨンヨン》の廃止がそれである。僻派政権がおこなったこれらの政策は、自派の利害に合致し、反対勢力である時派の力を削ぐことに主要目的がおかれていたとはいえ、朝鮮後期社会の変化と発展の方向に規定されていたことは否定できない。

朝鮮後期に奴婢《ノビ》制度そのものが弛緩してきたなかで、公奴婢の役負担もしだいに減少し、一七七四年には、婢の負担する綿布は廃止し、奴だけに綿布一疋をおさめさせるようにした。その結果、奴婢の役が良人《ヤンイン》と同じになり、負担だけで考えると良賤《ヤンチョン》の区別がなくなった。

すでに正祖年間に老論僻派は意味のなくなった公奴婢制度を廃止し、良役にあてて、国家財政を増やすことを主張していたが、南人時派は公奴婢廃止が良賤制そのものの土台を揺るがすことから反対であった。僻派の執権により、一八〇一年一月内奴婢《ネノビ》三万名、寺奴婢《サノビ》二万名の廃止が純祖の綸音《ユヌム》《りんいん》（みことのり）として出され、奴婢《ノビ》台帳《デジャン》も焼却された。北学《ブッカク》を先導した朴《バク》趾源《チウォン》（号は燕巌《ヨナム》）の弟子のなかで「経済之学」を継承した実務官僚李書九《イソグ》が戸曹判書《ホジョパンソ》としてこの改革を断行した。公奴婢が解放されて税金があがってこなくなった内需司《ネスサ》（王室所有財産・奴婢の管理機関）や各官庁の収入不足分八万両は、正祖がつくり時派の金祖淳が掌握していた壮勇営に負担させ、財政補充と同時に反対派の軍事力を削ごうとした。しかし、壮勇営ではいくら節約しても三万両しか調達できなかった。一八〇二年壮勇営廃止後、その不足分は良民全体に課されることになる。

一八〇一年一月三相および吏曹判書《イジョパンソ》尹行恁《ユンネンイム》らが一致して、英祖・正祖代から継続してきた庶孼の登用の道をさらに拡大するため、正祖年間の決定を実行することを論じ、王（実質的には大王大妃）の賛同を得た。しかし、この主張を先導した尹行恁が失脚し死罪になったため施行されなかった。その後も何度か庶孼たちの大々的な登用運動がおこなわれたが、哲宗代まではなかなか実行できなかった。

公奴婢解放や庶孼の登用推進は正祖の政策の継続であるが、正祖が設置した壮勇営に関しては、完全に否定された。王権の強化を志向した正祖は、その基盤として一七八五年国王護衛を担当する壮勇衛《チャンヨンウィ》を設置した。それが徐々に拡大されて壮勇営に発展し、王城護衛の内営《ネヨン》と水原《スウォン》華城《ファソン》防衛の外営《ウェヨン》の二体制になった。運営費は最初、王室経費から支出されたが、規模を拡大していく過程で、訓錬都監《フルリョンドガム》所属二二〇〇名をはじめとして他の軍営《クニョン》の軍人を移動させたり、財政も移管して、他の軍営に匹敵する規模の軍営に成長した。

正祖が死亡し、大王大妃を頂点とする僻派政権が成立すると、軍事権・財政権の基盤を確立する意味から、壮勇営に目がつけられ、壮勇営はまず財政的に萎縮させられ、続いて廃止された。

純祖が即位するとすぐ、大王大妃は、正祖の国葬と陵の建設費用、清からの勅使接待と清への朝鮮使節往来費用を壮勇営の財源から支出すること、壮勇営の歳入を戸曹と平安道《ピョンアンド》・黄海道《ファンヘド》民庫《ミンゴ》（中央各司への上納や地方経費に充当するために民から徴収する雑役税）へ編入するなどを命ずる教をくだした。壮勇営解体の第二段階は、先に述べたように、一八〇一年一月、公奴婢廃止のとき、そこで生じる財政の不足分を壮勇営の財源から補充しようとしたことである。壮勇営は財政的に軍営の体をなさなくなったが、最終的には、一八〇二年、僻派の中心人物で正祖の蕩平政治の反対勢力であった沈煥之が、壮勇営の廃止を提唱して大王大妃が許可した。

壮勇営の廃止にともなって、壮勇営の残りの財源は戸曹に移管され、戸曹から宮房《クンバン》や軍営に支給することになった。宮殿内の宿衛は武芸別監《ムイェビョルガム》の担当となり、壮勇営所属の軍人は武芸別監と訓錬都監の不足人員に充当するなどの処置がおこなわれた。

辛酉教獄

十八世紀後半天主教が中国から朝鮮に受容されると、学術の面を越えて、宗教として拡大した。僻派は天主教を「無父無君の宗教で天をあざむき人倫に反する」邪学《サハク》と規定し弾圧を加えた。しかし正祖存命中は開明的な正祖や正祖の片腕で南人時派の蔡済恭の庇護のもとで決定的な大事件にまではならなかった。一八〇〇年には信者が一万名程に増加し、天主教会の活動も活発になった。このような天主教の拡大に大王大妃や僻派は体制的危機を感じ禁圧するとともに、天主教徒が多かった南人時派や関係する老論時派に対する大規模粛正をはかった。これが辛酉教獄である。

事件はすでに正祖の国葬が終わってまもない一八〇〇年十二月に中人崔泌恭《チュンインチェピルゴン》の逮捕で始まり、翌年本格化した。一八〇一年一月大王大妃は、教（命令文）をくだし、公的に天主教徒に対して宣戦布告した。教では「邪学は人倫を毀損し、教化に背き、自ら夷狄《いてき》禽獣になるもので、民のなかに徐々に染み込んでいくことから民を哀れに思い」と儒教《ユギョ》的倫理観に基づいて天主教禁圧の理由を述べる。さらに天主教殲滅方法に関して、監司《カムサ》・守令《スリョン》は邪学信徒に信仰を捨てさせるようにし、それでもまだ信仰する者は反逆罪で処罰すること、守令は各郡県で五家作統法《オガジャクトンポプ》を施行して、天主教徒がいたら、民をして官に告げさせ残らず懲らしめるようにと、具体的に指示している。

その後、天主教徒と目される官僚たちの罪をあばく上疏があいつぎ、蔡済恭と対立していた南人の睦万中《モンマンジュン》が司諫院《サガヌオン》大司諫《テサガン》になって指揮をし、南人の重要な人物でかつ天主教の指導者らはほとんど逮捕をまぬがれなかった。二月末、南人の重要人物は獄死したり、処刑されたり流配されて辛酉邪獄の第一段階が終わった。

しかし、三月に中国人神父で一七九五年から朝鮮に入ってひそかに活動していた周文模《チュムンモ》が、それ以上の信者の被害を防ごうと自首したことで、さらに迫害が拡大していった。周文模の自白によって、南人以外からも犠牲者がでた。金尚《キムサン》憲《ホン》の宗家を継ぐはずの老論の要人金建淳《キムゴンスン》である。彼は李喜英《イヒヨン》ら数名とはかり、無人島を買ってそこに渡り、軍器や船をつくって清国に行き、先輩信者の無念を晴らそうという「海島行」計画を立てたがそれが露見して処刑された。周文模神父も、また彼を匿った姜完淑《カンワンスク》や宮女たちも斬首された。周神父が恩彦君䄄の宮殿に通い、洗礼をおこなったことが判明すると、䄄の妻宋氏と子婦には賜死が命ぜられ、その余波は江華島《カンファド》に流配された恩彦君䄄にまでおよんだ。

迫害は地方各地でもおこなわれた。全羅道《チョルラド》では、洗礼式のための香油を求めに使者として中国に往来していた黄沁《ファンシム》と金有山《キムユサン》が逮捕され、信教の自由の獲得をめざして西洋船を朝鮮海岸に招く計画があることが暴露された。中心人物五名は凌遅処斬《ヌンジチョチャム》《りょうちしょざん》(大逆罪を犯した者に科した最大の極刑で、凌遅処死ともいう。丘をゆっくり上り下りするように苦痛を最大限感じさせながら殺す。四肢と肩・胸を切り、最後に心臓を刺して首を切った)の刑を受け、関係者の多くが逆賊として処罰された。

辛酉教獄は、九月の黄嗣永《ファンサヨン》の逮捕を契機にさらに過酷な弾圧が展開された。黄嗣永はすでに二月に逮捕令がくだり、逃亡を続けて、忠清道の堤川《チェチョン》の僻村に匿われているなかで「帛書《ベクソ》《はくしょ》」を書いた。その年の一月から本格化した迫害の具体的状況を自身の見聞と、漢城に送った信者の情報をもとに記し、神父をはじめとする殉教者たちの略歴、また、朝鮮の教会の再建や信仰の自由を獲得するための方法も絹の布にびっしりと書きつけた。それを中国北京にいるコベア主教に伝えようとして志半ばで捕まった。そのとき、「帛書」も押収され、裁判における重要な証拠となった。政府側がもっとも問題にしたのは、「帛書」のなかに、信仰の自由確保のため、清皇帝に頼んで朝鮮の朝廷に宣教師往来の許可を出させること、朝鮮を清の一省として編入し監督してもらうこと、甚だしくは西洋に対する武力動員の要請まで書かれていたことである。それは外国勢力と結んで王朝の転覆をはかるものと認識された。帛書に関連して、黄嗣永と姻戚関係にある丁若銓《チョンヤクチョン》・丁若鏞《チョンヤギョン》兄弟への尋問も再開された。その結果、黄嗣永は大逆不道罪で凌遅処斬され、丁若銓ら六名は流配された。

この事件は十二月末、大王大妃が「討邪教文《トサギョムン》」を頒布し(実際の執筆者は弘文館大提学《ホンムングァンデジェハク》李晩秀《イマンス》)、天主教徒の「反社会」「反秩序」「不孝」という罪悪を強調し、虐殺や流配などの正当化をはかった。下教後、死刑宣告を受けた者の死刑執行、未決罪人の審理の急遽終結、それ以上の捜索の打切りなどがおこなわれ、辛酉教獄はようやく終わった。記録によって異なるが、大体処刑者一〇〇名、流配者四〇〇名程と推定される。当時天主教徒の中心地であった漢城、京畿《キョンギ》、忠清道、全羅道ではどこでも迫害事件が起きた。

この事件の背景について、大王大妃の二つの教書では、天主教への信仰は儒教社会の秩序と安寧に背き、信者は孝などの人間の倫理と自然の感情を否定し、祭祀もおこなわず禽獣に等しい行為をしているので許しがたいと説明した。しかし事件の過程にみられるように真の原因は、老論僻派の南人ら時派に対する政治的報復である。また、天主教徒の集団的結社の存在と、信教の自由のために中国や西洋などの外国勢力を引き入れようとする計画に大きな衝撃を受け、王朝への重大な挑戦とみたからである。

この事件の結果、李承薫《イスンフン》(朝鮮人最初の受洗者)、李家煥《イガファン》、丁若鏞兄弟、権哲身《クォンチョルシン》などの当代の優秀な南人学者たちが処刑されたり、流配されたりし、南人勢力は政界から後退させられた。

朝鮮政府は、守令に天主教徒の逮捕と禁教を命じ、さらには民の統制のため、伝統的な隣保組織である五家作統《オガジャクトン》制の徹底をはからせ、あわせて儒教的郷村倫理である郷約《ヒャンヤク》を活用させた。各郡県では自主的に施行節目を作成したが、「赤城坊郷約禁邪学節目《チョクソンバンヒャンヤククムサハクチョルモク》」がその一例である。全羅道淳昌《スンチャン》郡赤城《チョクソン》坊のものと推定される同節目は、面里制の下部機構である五家作統制の統主に統内の移動者を把握させるなど天主教の浸透を防ぐための条目を列挙している。

地域の末端にまでおよぶ厳しい迫害のなかでも生き残った信徒たちは山間に身を潜めて、信仰を伝えた。それまで男性知識人を中心としていた信仰が、この事件を契機に庶民、とくに女性にまで拡大する一因となった。したがって、天主教徒に対する弾圧は、その後も各地で絶えることはなかった。なかには一八三九年の己亥《キヘ》教獄《ギョオク》のように大弾圧にまで発展した事件もある。一八一六年北京にはいることができた丁夏祥《チョンハサン》は以後も北京に往来し、北京主教に朝鮮への宣教師派遣を懇請し、訳官劉進吉《ユジンギル》たちも別途に要請した。それでも効果がなかったので教皇庁に直接宣教師派遣の訴えをおこない、ようやく一八三五年にフランス人モーバン神父が、続いてシャスタン神父・アンベール主教が朝鮮国内にはいってきて活動するようになった。しかし、一八三九年にはこのフランス人宣教師と数十名の信徒の処刑がおこなわれ、フランスとの国際問題に発展することになった。

勢道政治の開始

一八〇四年一月、大王大妃が垂簾聴政《スリョムチョンジョン》を終えると、慶州金氏とこれを中心とする僻派の政治勢力は急激に弱まり、代わって、純祖妃の父金祖淳をはじめとする時派が台頭し始めた。一八〇五年一月、大王大妃が死去すると、僻派の中心慶州金氏は朝廷から追放され、時派が完全に権力を独占することになった。また、この政界再編は正祖が育てた親衛勢力の政権掌握でもあり、純祖・憲宗・哲宗代六〇年にわたる勢道政治の開始でもあった。

「勢道《セド》」は本来「世道《セド》」からきており、世の中を正しくおさめる道を意味し、優れた儒者は「世道」を自ら担い、その時代の国家と社会に責任を負おうとしたところからきている。しかし朝鮮後期の「勢道政治」はこれとは違い、王の寵臣や王の姻戚関係にある臣下が王権をかさに、あるいは無視して独裁的におこなった政治形態をいう。勢道政治は正祖の登極を助けた洪国栄《ホングギョン》を礼遇し、政権を任せたことに始まるが、本格的な勢道政治は純祖以後、憲宗・哲宗・高宗《コジョン》(在位一八六三〜一九〇七)時期まで続き、十九世紀朝鮮王朝の政治的特徴をなす。

純祖年間には、安東金氏の金祖淳を中心に、豊壌趙《プンヤンチョ》氏の趙万永《チョマニョン》、潘南朴《ポンナムパク》氏の朴宗慶《パクチョンギョン》などが連立して勢道政治をおこなった。安東金氏は純祖の妻の実家、潘南朴氏は純祖の母の実家、豊壌趙氏は純祖の子孝明世子《ヒョミョンセジャ》(翼宗《イクチョン》と追尊)の妻の実家である。潘南朴氏はその後勢力が後退し、一八一一年洪景来《ホンギョンネ》の乱以後は金祖淳が、三二年金祖淳死後から四〇年まではその子金逌根《キミュグン》《きんゆうこん》、四一年から四八年の憲宗親政期には趙寅永《チョイニョン》・趙秉亀《チョビョング》(死後趙秉鉉《チョビョンヒョン》)、哲宗代は金左根《キムジャグン》が勢道政治の中心になった。

安東金氏・豊壌趙氏は代々、山林《サルリム》(1)としての学問を継承し、その後官職を得て漢城に進出して門閥を形成した家門であり、純祖代の核心人物は、正祖のときに成長した老論の少壮学者たちであった。十九世紀勢道政治の核心安東金氏は、丙子胡乱《ピョンジャホラン》で斥和派《チョクファパ》の先頭に立った金尚容《キムサンヨン》・金尚憲《キムサンホン》兄弟によって、社会的な基盤がつくられた。その後孫金昌協・金昌《キムチャン》《きんしょう》翕《フプ》《きゅう》兄弟らが学者として大成すると学識・名望・徳望を供えた老論の名門となり、権力への道を歩み始めた。金祖淳の権力掌握の出発点は、娘が一八〇二年純祖の王妃《ワンビ》に迎えられたことによる(純元王后《スヌォンワンフ》)。この結婚は正祖の末年に正祖によって決められたため、僻派も強いて反対できなかった。正祖は側近の親衛官僚であった金祖淳の娘を世子妃として選び、亡くなる直前には直接彼を呼んで世子《セジャ》の輔導を委託したとされる。これこそが安東金氏の勢道政治の道を開いたのである。安東金氏は純祖妃だけでなく、憲宗・哲宗の妃も輩出し、三代にわたる外戚となって、六〇年間勢道としての地位を保ちつづけた。もちろん前述したように、つねに安東金氏が勢道政治の中心にいたわけではない。

勢道政治期の政治構造は、備辺司《ピビョンサ》が政策決定の中心になり、備辺司の見解あるいは備辺司を掌握した勢道政治家の見解が、大臣をとおして王に提示され、王はそれに対する立場を表明するかたちであった。勢道政治は十八世紀の蕩平《タンピョン》論《ノン》を否定したうえ、朱子学《チュジャハク》の名分論と義理論からまったく抜け出られない思想的限界をもち、頻発する民衆の抵抗にも、君主の修身と聖志によって乗り越えていくという道義的経世論で対処しようとした。現実としての国家的危機を認識していなかったわけではないが、三政《サムジョン》(田税《チョンセ》・軍役税《クニョクセ》・還穀《ファンゴク》)をはじめとする民弊に対し、国家財政の削減で対応し、賦税制度の運営も中間搾取を防止するなどの弥縫的対策に終止し、制度改革による矛盾の解決という根本的方向はでてこなかった。

純祖は十九歳になった頃、王として政治を主導する親政《チンジョン》体制を固めていった。安東金氏を牽制できる新たな政治勢力として、正祖朝以来外戚を批判し清論《チョンノン》を堅持してきた金載瓚《キムジェチャン》《きんさいさん》を領議政として中心にすえ、純祖の母の実家潘南朴氏の力も借りた。しかし彼らは一定の政治的理念をもった集団ではなく、基盤も脆弱であった。

純祖は実務担当者を直接呼んで実情を把握しようとしたり、地方官の不正をあばく暗行御史《アメンオサ》を派遣して民の苦痛を取り除こうとした。また、国家の財政・軍制・土地などの基本的情報を把握するため、徐栄輔《ソヨンボ》・沈象奎《シムサンギュ》らに『万機要覧《マンギヨラム》』の編纂を命じるなど、現実問題の把握とその解決方法の模索に努めた。軍事にも継続して関心をもち、一八一〇～一一年には武芸別技軍《ムイエビョルギグン》の新設と五衛都摠府《オウィドジョンブ》の宿衛機能を復旧する試みもおこなったが、財政不足と公式決定手続きをへていないという理由で安東金氏らに阻まれて意志を貫くことはできなかった。

おりもおり、全国的に日照りなどの自然災害や、伝染病が蔓延し、政治の跛行と自然災害は民心の離反を招き、一八一一年二月黄海道谷山《コクサン》で韓命弘《ハンミョンホン》ら数百人にのぼる農民蜂起、そして同年十二月には洪景来の乱が起こって、官軍と熾烈な戦闘を展開した。結果的には官軍が蜂起軍を殲滅したが、純祖は国政運営の困難に加え、時派により親政を断行しようとする努力を徹底的に潰されたことで、精神的な病気に陥った。

そのような状況下、金祖淳は、一時、反乱の原因をつくった失政の責任を問われて失脚しそうになったが持ち直し、一八一二年息子金逌根をはじめとする安東金氏が大挙官職を占めるようになり、かえって勢道政治が本格化していった。金祖淳は備辺司から奎章閣《キュジャンガク》まで掌握して、軍事権・人事権を一手に握り、豊壌趙氏と連合・牽制を繰り返しながら、潘南朴氏の勢力を没落させ、彼の絶頂期を築いていく。

金祖淳は権力基盤を固めたのち、蔡済恭の復権とその息子の登用、柳成龍《ユソンニョン》の子孫の大司諫への抜擢など嶺南士林の登用、天主教弾圧にかかわって一九年間流刑されていた丁若鏞の釈放、差別されていた咸鏡道《ハムギョンド》・平安道での特別科挙《クァゴ》の実施、庶孽の登用拡大など、勢道政治に対する社会的反発を緩和し、少しでも不満を解消するような政策をとった。

孝明世子の代理聴政

自らの親政が意図のとおりに進まなかった純祖は、一八二七年二月から、十九歳になった孝明世子に代理聴政をおこなわせ、安東金氏を牽制して王権の回復をはかろうとした。また、趙万永の娘を世子嬪に迎え入れ、王世子《ワンセジャ》の外戚となった豊壌趙氏の人材を政界に登用した。それは、一七七五年に英祖が王世孫の正祖に代理聴政をさせた例に倣ったもので、人材登用、刑罰執行、軍事力発動などは純祖がおこない、それ以外の政務をすべて世子に任せた。

母が金祖淳の娘である孝明世子の代理聴政は、安東金氏ら執権勢力の暗黙の了解のもとに始められたが、世子は聴政を開始するとすぐに、安東金氏への牽制を開始した。まず、世子代理聴政開始の賀礼を宗廟《チョンミョ》と景慕宮《キョンモグン》(思悼世子とその嬪の祠堂)などでおこなうにあたり礼式手順に問題があったとして、安東金氏系列の前吏曹判書李羲甲《イヒガプ》《りぎこう》、金在昌《キムジェチャン》、現任金《キ》履喬《ミギョ》を減俸した。また、前全羅道観察使曺鳳振《チョボンジン》《そうほうしん》が、全羅道の民弊を質問した純祖には問題がないと答え、世子との対面では、弊害を書いた書状を持参した二面性を問題にして流配した。さらに彼を弾劾しなかったという理由で弘文館員たちを辞職させるなど、安東金氏系列に対してつぎつぎと攻勢にでた。続けて、吏曹判書金履喬が江原道《カンウォンド》観察使に推薦した人物の交代を命じたり、北人任存常《プギンイムジョンサン》を司諫院大司諫に任命し、彼に右議政沈象奎の権勢と奢侈を弾劾させ、沈を流配したりするなどの措置をおこなった。一方で、自身の政治的基盤を固めるための人事を追求し、勢道政治を批判して一八一九年に流配された任燦《イモブ》《にんぎょう》を釈放し、金鏴《キムノ》《きんろ》(金載瓚の甥)、金正喜《キムジョンヒ》など安東金氏に反対していた人びとを奎章閣の閣臣に入れ、政治勢力の刷新を断行するなど国王の権限を強力に行使しようとする姿勢を示した。

孝明世子を支えた新たな執権勢力は、時派・僻派が分立する以前に戚族政治に批判的であった老論清流《チョンニュ》の流れを汲む人びとを中心に、それまで政治的に疎外されていた南人・少論・北人などの多様な政治勢力を結集したものである。側近勢力の中核は金鑢、李寅溥《イインボ》《りいんぶ》、洪起燮《ホンギソプ》《こうきしょう》、金魯敬《キムノギョン》《きんろけい》などで、また、徐俊輔《ソジュンボ》、徐憙淳《ソヒスン》《じょきじゅん》、金鼎集《キムジョンジプ》《きんていしゅう》、李止淵《イジヨン》、李紀淵《イギヨン》、金正喜、権敦仁《クォンドニン》などが周囲を固めた。核心官僚たちを政治的権力の中核である備辺司実務を担当する専任堂上(禄俸を受けて長期的に備辺司に在職する官僚)に配置し、一八二九年頃には世子の側近が備辺司を掌握するにいたった。

世子は、正祖に倣って蕩平を標榜し、安東金氏の外戚勢力を牽制したが、その一方では、世子妃の父である趙万永に訓錬都監《フルリョンドガム》、吏曹《イジョ》、戸曹《ホジョ》、兵曹《ピョンジョ》などの要職を占めさせ、軍事権・財政権・人事権を掌握させたり、趙寅永(趙万永の弟)に弘文館大提学、奎章閣提学《キュジャンガクジェハク》、成均館大司成《ソンギュングァンデサソン》などの学問分野の要職を歴任させ、世孫の教育係にさせるための伏線を敷くなど、新たな外戚かつ親衛勢力の育成に努めたりもした。側近が押さえている訓錬都監と宣恵庁《ソネチョン》に新たに鋳造した銭七三万三六〇〇両余りを所属させ、財政権も掌握した。

世子は、人材登用の関門である科挙制度の改善にも努力し、門閥を重視せず、清廉・謹厳な官吏を公正に選抜することを強調した。しかし、現実には、人材発掘と学問推奨を名目に科挙に代わる臨時試験を頻繁におこない、親衛勢力の育成をはかった。この臨時試験に対しては、官僚たちのあいだからも批判があいついだ。

世子は先王の陵を年平均二回参拝し、そのときに夜間軍事訓練をおこなった。民心把握と軍事訓練をとおした軍事権の掌握を目的にしたものであった。民心把握の努力という意味では、上言《サンオン》や撃錚《キョクチェン》《げきじょう》(2)などの王への直訴も積極的に受け、年平均一四三件にものぼった。上言・撃錚制度がもっとも発達していたといわれる正祖代につぐ数字である。また、一八二九年には三南《サムナム》地方に暗行御史を派遣して民政の鍵である守令に対する統制をおこなおうとした。

一八二九年頃には、世子側近と安東金氏系列の葛藤は頂点に達したとみられ、三相(領議政・左議政・右議政)がそろって世子と純祖の政治を批判しながら、つぎつぎと辞職した。同じ頃、安東金氏系の金履載《キミジェ》が世子の代理聴政を批判して、世子の側近勢力を僻派として攻撃し、故人李書九をその頭目とみなして官爵の追奪を要求する上疏をおこなった。それに対し、副護軍慎宜学《シニハク》が正祖晩年の五晦筵教《オフェヨンギョ》《ごかいえんきょう》(3)に敷衍しながら世子側を擁護し、金履載の追放を主張したが、世子は慎宜学に死を与え、李書九の官爵追奪は拒否して、決定的な決裂は回避しようとした。

三相が不在で政治的混乱が続く非常事態のなかで、世子自身が各種の政務を執ることになったが、そのさなか一八三〇年閏四月世子は突然の病に倒れ、二十三歳で世を去った。

世子の死後、内医院《ネイウォン》提調《ジェジョ》の職にあった洪起燮と金鑢の責任追及がおこなわれ、安東金氏は権力構造の再編をはかるため、世子の聴政期に形成された政治勢力を攻撃し始めた。世子の喪中にもかかわらず、たびたびの政争がおこなわれ、「世子を幻惑させて国の原則をないがしろにした」理由で、金鑢、李寅溥、洪起燮、金魯敬ら世子の親衛勢力を流配した。しかし中央政界から追放するだけにとどまったのは、安東金氏側が、もう一つの外戚勢力である豊壌趙氏との均衡・協力関係を考えたことと、政争を拡大させまいとする純祖の努力のたまものであった。流配された世子の親衛勢力らは一八三三年までには釈放された。

安東金氏を牽制するために世子に執権させた純祖は、世子の死後、元の立場に戻ったが、臣下の協力を得るためには身を低くしなければならない状況となり、その後政治に対する熱意も失せていった。晩年の一八三四年頃は、次対《チャデ》(国王と重臣との国務会議)において、左議政洪奭周《ホンソクチュ》《こうせきしゅう》が、臣下との接見すら少ない王の政治姿勢を憂え、政務に前向きになることを切願している。その直後にも弘文館《ホンムングァン》校理《ギョリ》柳《ユ》致明《チミョン》が上疏して、民の救済が火急な状況のなかで、王が臣下に沈黙を貫いていることを憂慮し、王の再考を懇願した。

憲宗期の勢道政治

一八三四年十一月、純祖が死去して、孫の憲宗が八歳で即位した。母は豊壌趙氏・趙万永の娘である。王が幼いため、祖母である純祖妃純元王后(安東金氏金祖淳の娘)が大王大妃として、一八四〇年まで垂簾聴政をおこなった。彼女の命令は諺文《オンムン》(今のハングル)で書かれ、それを王の秘書室である承政院《スンジョンウォン》が受け取って漢文に翻訳して保管し原文は廃棄した。大王大妃の垂簾聴政が開始されると、安東金氏家門は再び権力確保のための努力を始めたが、純祖が憲宗輔導の責任を任せた趙寅永が政局運営に積極的に参与したので、二勢力間の均衡がある程度保たれた。三相は純祖末期をそのまま踏襲し、領議政沈象奎、左議政洪奭周、右議政朴宗薫《パクチョンフン》が留任したが、孝明世子代理聴政以降、趙万永が握っていた軍事権は、大王大妃の弟金逌根を御営大将《オヨンデジャン》に任じ豊壌趙氏と安東金氏の勢力均衡をはかった。一八三七年十月には領議政李相璜《イサンファン》《りしょうこう》、左議政朴宗薫、右議政李止淵(趙万永系列)、礼曹判書《イェジョパンソ》李紀淵(李止淵弟)、戸曹判書《ホジョパンソ》趙寅永という体制になり、外戚の均衡を保ちながら安東金氏の勢力を扶植することがはかられた。また、一八三七年三月には金祖根《キムジョグン》の娘が王妃(孝《ヒョ》顕王后《ヒョンワンフ》)に選ばれ、安東金氏と王室との関係がさらに深まった。

純元王后の垂簾聴政期には、一八三六年十二月に起きた南膺中《ナムンジュン》《なんようちゅう》謀反事件や、四〇年七月の金魯敬(この時すでに故人)・金正喜父子弾劾事件、同年九月の李止淵・李紀淵兄弟弾劾事件などの政争が続いた。南膺中事件とは、正祖の異母弟恩彦君の孫を王に推戴して清州《チョンジュ》城を占領しようとする計画の露見をいう。告発により挫折し南膺中は大逆不道罪とされ逃げ込んだ倭館《ウェグァン》で捕らえられて、その首が倭館に懸示され、関係者約二〇名が処刑された。この事件の裁判のなかで、大王大妃の弟金逌根の名前がでたが、それをあくまで追及しようとした左議政洪奭周は司憲府大司憲《テサホン》金鏴の攻撃によって官職が剝奪された。洪奭周は外戚勢力の政局運営の妨害になるとみなされたためである。また、金魯敬・金正喜・李止淵・李紀淵への弾劾は、垂簾政治の終了前に、勢力基盤を固めようとした安東金氏に対し競争・牽制の可能性があるとみなされたからである。孝明世子代理聴政期に新たに形成された勢力は、憲宗初年の垂簾政治期に一次的に朝廷に復帰したが、二つの外戚の競争が激しくなっていくなかで、再び中央から追放された。

こうした政争だけでなく、大王大妃の垂簾政治期には天主教への弾圧が本格化し、第二次天主教迫害ともいうべき己《キ》亥《ヘ》教獄《ギョオク》が起こった。辛酉教獄以後も信者たちは政府の天主教排斥に屈しなかったため、天主教拡大の勢いはとどまらなかった。そのなかで起こったのが、前述した一八三九年の己亥教獄であり、三八年冬から四〇年春まで続き、約七〇名が処刑された。

　政府は天主教徒の捜索中にフランス人神父の潜入を知り、燎原の火のように増えつづける天主教徒を根絶するためにつぎつぎと処刑していった。一八三九年七月には、大王大妃は、五家作統制をさらに厳しく施行して徹底的な捜索をおこない、連座制を施行するように厳命した。八月にはフランス人三神父と丁若鍾の息子丁夏祥・堂上訳官で正三品の劉進吉ら五四名が死刑になった。安東金氏の中心であった金逌根は天主教に対して寛大であり、劉進吉と親交があった。しかし、そのとき彼は病床にあり、斥邪に積極的であった豊壌趙氏に朝廷の実権は傾いていた。とくに李止淵のあとに趙寅永が右議政になると迫害はいっそう強められた。

　一八三九年十月には趙寅永の筆になる「斥邪綸音《ソクサユヌム》《せきじゃりんいん》」が大王大妃名で全国にくだされた。「斥邪綸音」に述べられている天主教禁止理由は、それまでと同様、朝鮮王朝の根幹である儒教の教えに反することに加えて、山谷にひそかに集まって経文を唱え、黄巾の乱や白蓮教徒と同じ反政府運動を最終目的としていることがあげられた。すなわち、当時全国に流浪民や盗賊が横行し、民の反乱が間断なく起こっている状況で、それらと天主教が結合して、組織的に王朝に反抗することを憂慮した結果とみられる。

　当時、ヨーロッパが東洋に進出し始め、中国がアヘンをめぐってイギリスと軋轢《あつれき》を起こしているという燕行使《ヨネンサ》（清へ派遣した朝貢使節）情報が朝鮮にもたらされていた。フランス人神父の潜入は朝鮮王朝をして鎖国政策をさらに強化し、天主教徒の拡大を阻止する方向に向かわせた。

　一八四〇年十二月に大王大妃は垂簾政治をやめ、翌年から憲宗の親政が開始された。親政とともに趙寅永が領議政になり安東金氏を押さえて、豊壌趙氏が優位に立つことになる。憲宗は、国家に忠誠をつくした臣下の子孫を登用したり、清白吏（清廉な官員）を推薦させたり、名望のある儒学者を漢城に招くなどの刷新政策をとった。とくに十九歳になった頃からは、国政運営に積極性を示すようになり、国政の弊害を調査するよう指示を出したり、また王権を高めるための事業として、正祖代に編纂した『国朝宝鑑《ククチョボガム》』(歴代王の事蹟を記した歴史書。一四五七年・一六八四年にも編纂)に続く正祖・純祖・翼宗(孝明世子)三代の『三朝宝鑑《サムジョボガム》』の編集を命じた。そして、正祖死後中止されていた抄啓文臣《チョゲムンシン》制度を復活して、人材の発掘に努めようとした。

そうした憲宗の王権強化の努力は勢力基盤となる軍事力の育成政策にもあらわれた。一八四五年宮中に護衛のための内営《ネヨン》を設置し、自身の親衛軍を養成しようとした。しかし、翌年一月に、内営の武官が内裏の近くで騒乱を起こしたことを口実に、領議政権敦仁は三軍営《クニョン》と摠戎庁《チョンユンチョン》《そうじゅうちょう》がすべて王の親衛兵なので内兵養成を廃止するように奏上した。その結果内営は廃止され、七月に宮中の警備が不十分だという理由で摠戎庁を摠衛営《チョンウィヨン》《そうえいえい》に昇格させ、宮中に入直させるようにした。

憲宗の親政期間、安東金氏は金逌根に代わって金左根や金興根《キムングン》が中核になり、豊壌趙氏は趙寅永のあと、趙秉亀、趙秉鉉が中心になったが、二外戚の競争はしだいに激化していった。一八四四年四月に、趙秉鉉は科挙試験の不正に絡んで攻撃を受けたが、さらに、四七年十月には前司諫院《サガヌォン》正言《ジョンオン》尹行福《ユネンボク》が趙秉鉉を権奸(権勢のある奸臣)と名指しで攻撃し、それをきっかけに朝廷の弾劾が強まりついに流配された。弾劾の理由は、王妃(南陽洪氏《ナミャンホン》、孝定王后《ヒョジョンワンフ》)の病気を理由に、光山金氏《クァンサンキム》・金在清《キムジェチョン》の娘が宮中にはいったのは、南陽洪氏家門と外戚権力を二分されることを恐れた趙秉鉉の工作であること、趙家子弟の出世が早すぎることなどであった。このとき、趙秉鉉を攻撃した李穆淵《イモギョン》《りぼくえん》も弾劾の内容が虚偽であったとして流配された。憲宗は弾劾に対して消極的でありながら、臣下の執拗な攻撃に負けて、流配の決定をしたもので、一八四八年十二月には趙秉鉉の流配を解いた。

一八四八年七月に司諫院大司諫徐相教《ソサンギョ》が金興根に対し、朝廷を操縦して王権をないがしろにしたという理由で攻撃する事件が起きた。他の臣下は趙秉鉉のときほどの積極性をみせなかったが、憲宗はすぐに金興根の官職を辞めさせ流配し、論議を回避しようとした大司諫や攻撃をおこなわなかった重臣を罷免もしくは流配した。安東金氏家門の勢力に対しては批判的であり、自身の外家である豊壌趙氏家門には好意的であった憲宗の立場を反映している。

憲宗の在位期間は一八三四年から四九年までの十五年間であったが、この間に租税収取にかかわる弊害いわゆる三《サム》政《ジョン》紊乱がますます甚だしくなり、地域的な反乱が勃発した。また十九世紀にはいり、イギリス軍艦の朝鮮沿岸への侵入が始まったが、とくに親政期には、フランスの軍艦までたびたび侵入し、朝鮮は文字通りの内憂外患の時代を迎えた。

一八四五年六月イギリスの軍艦サマラン号が済州島《チェジュド》の牛島《ウド》、全羅道の長興府《チャンフン》・興陽県《フンヤン》・康津県《カンジン》に寄港し測量をおこなって南海《ナメ》に去った。一八四六年六月今度はセシル海軍少将が率いるフランスの軍艦三隻が忠清道洪州《ホンジュ》の外煙島《ウェヨンド》沖にやってきたが、一八三九年にフランス人宣教師三人が殺害された理由を詰問する書信を持参しており、その回答を得るために、翌年再び来港するむねが伝えられた。

フランス軍艦の来航とそれによる国内の動揺という国難にあたって、憲宗は領議政権敦仁とフランス軍艦がもたらした書信の意図、現在の事態を清国に上奏するか否か、その前に捕らえた金大建《キムデゴン》神父の処置などを議論した。今回の事態の原因を天主教の拡大と信徒の外国への内通と判断し、結局、天主教徒の根絶政策がとられることになり、金大建神父と信者の処刑がおこなわれた(丙午教難《ビョンオギョナン》)。

朝鮮最初の神父である金大建は、一八三六年マカオに渡って神学を学び、四五年一月に帰国したのち、天主教の布教に全力をつくしていた。一八四六年中国からメステル神父と崔良業《チェヤンオプ》神父を迎えるために、黄海道白翎島《ペンニョンド》の沖で清国船に朝鮮地図と書信を渡して帰る途中で逮捕された。

一八四七年八月ラピエール海軍大佐率いるフランス軍艦が、朝鮮政府の回答を求めて全羅道万頃《マンギョン》県(現在の全羅北道金堤郡《キムジェ》)の薪峙島《シンチド》沖に到着したが、ここで座礁し、古群山島《コグンサンド》に上陸した。難破した軍人五六〇名は古群山島住民から食糧と水の供給を受け、上海にいたイギリス軍艦の救助を得て帰国できた。翌一八四八年夏から冬にかけて咸鏡道、慶尚道、全羅道、黄海道、江原道などの沿海に西洋船の出没があいつぎ、政府は海岸警備を強化した。

哲宗期の勢道政治

憲宗は健康の悪化により、一八四九年六月六日、継嗣を残さず二十三歳の若さで死去した。王室の最年長者であった大王大妃純元王后が即座に政府を取り仕切り、憲宗の葬儀次第から王の継承者選定にいたるまで中心になった。八日には正祖の異母弟恩彦君の孫で、全渓《チョンゲ》大院君《デウォングン》の第三子李元範《イウォンボム》を徳完君《トグァングン》として冠礼式をあげさせ、そのあとすぐ第二五代王に封じた。哲宗である。このとき哲宗は十九歳であったが、兄の懐平君《ヘピョングン》の獄事に連座し江華島に流配されて農作業に従事していた。王としての訓練を積んでいなかったため、大王大妃が二回目の垂簾政治をおこなった。

哲宗は王家の系統からいうと、憲宗の伯父にあたり、甥の跡を伯父が継ぐかたちになってしまい王統上の問題が生じた。そこで、大王大妃は、哲宗を自身の養子にして、英祖が兄の景宗の跡を継いだことに倣い、純祖と翼宗の跡を継がせることにした。しかし哲宗の王位継承上の正統性をめぐっては、その後も王家の祭祀のたびに問題となった。例えば、一八五一年には憲宗の神主《シンジュ》（位牌）を宗廟に祀るにあたり、正祖の養父真宗《チンジョン》（英祖の長子孝章世子《ヒョジャンセジャ》を追尊）の神主を永寧殿《ヨンニョンジョン》に移すかどうかという論争が生じた。これは二大外戚である安東金氏と豊壌趙氏の力関係を左右する朝廷内の大論争となり、結果的には安東金氏の主張がとおって真宗の神主は移された。そのとき、豊壌趙氏系の権敦仁は、実際の系譜では真宗は哲宗の曾祖父になるので宗廟に祀らなければならないと主張したが、その礼論の背後に金正喜がいると目され、二人は流配される結果になった（己酉礼論《キユイエロン》）。

己酉礼論で勝利した安東金氏は、金祖淳の祖父の兄の曾孫金汶根《キムムングン》の娘を哲宗の妃に選び、その勢力を固めて、哲宗年間にわたって勢道政治をおこなった。哲宗の即位が正統性の点で瑕疵をもっていたことに加えて、その祖父たちが天主教にかかわって処罰された罪人であったことから、哲宗にとって正統性確保が大きな政治的懸案となった。大王大妃や哲宗の先代に対する封爵と祭祀の施行、生父への君号授与・墓の造成と守墓軍設置などがつぎつぎとおこなわれ、賜死された祖父恩彦君夫妻の名誉回復とともに、恩彦君に対する文書の洗草などの処置がとられた。同時に、哲宗を王位にのぼらせる主導力となった大王大妃に対しては、七十歳の祝宴や盛大な葬儀で報いるとともに、その死後は安東金氏家門が地位を維持できるような諸措置をとった。安東金氏の石室書院《ソクシルソウォン》を賜額書院《サエクソウォン》に昇格させ、金祖淳の位牌を祭ったこと（配享）などがその例である。

また、王室としての体面を整えるために一八五九年には、懸案だった慶熙宮《キョンヒグン》の修理をおこなった。その前から哲宗は修理を希望しながら国家財政が厳しいため延期していたが、ようやく、財源を確保して実施した。以上のような哲宗の正統性を獲得するための先代への褒賞措置や宮殿の修理は国家財政がさらに枯渇し、民生が塗炭に陥る一つの要因ともなった。

三代の王妃を輩出した安東金氏は、とくに哲宗代に外戚としてもっとも権勢をふるったが、その具体的な権力把握の方式をみてみよう。領議政以下三相には安東金氏を中心にしながらも、豊壌趙氏系や潘南朴氏系も入れ、一定の権力配分のかたちをとった。国家最高の政治機関である備辺司の場合はどうか。哲宗年間を通じて備辺司に任命された官僚は、全部で一一〇名程であるが、そのなかで姓貫《ソングァン》は安東金氏が一番多いものの一六名、安東金氏との姻戚関係者二六名と合わせても全体に占める率はそれほど多くない。しかし哲宗の執権時期が長くなるほど徐々に多くなる傾向を示している。しかも備辺司の実際の任務を担当する専任堂上に任命されたのは、全体四四名中一五名（三四％）が安東金氏とその姻戚であった。専任堂上は業務の内容によって、八道《パルド》句管堂上《ググァンダンサン》（個別の道の職務担当）、有司堂上《ユサダンサン》（備辺司の全体的業務担当）、貢《コン》市堂上《シダンサン》、堤堰堂上《チェオンダンサン》、舟橋堂上《チュギョダンサン》に分かれる。複数の職務兼担を含め、四四名が全部で一〇八の堂上職を分担したことになる。安東金氏は三〇を占め、姻戚の一五と合わせると、全体の四一・七％を占めていた。すなわち、備辺司のなかでも安東金氏系がいくつかの専任堂上職を兼職し、権力を独占したのである。

安東金氏の勢道政治のもとでも、哲宗は自身の勢力を育成し、王権強化を模索しようと試みた。趙秉鉉派とみなされて処罰を受けた徐相教らの流配地を移したり、一八五六年には権敦仁を判中枢府事《パンジュンチュブサ》に任命し政界に復帰させるなどの人事もおこなった。復帰した権敦仁は再び弾劾を受けてまた流配され、王の出した再叙用の命を受け取る前に死亡した。哲宗はまた、軍事力の強化のため、訓錬都監所属の馬歩軍と別技軍から六〇名を選抜し武芸都監《ムイェドガム》をつくろうとしたり、五衛都摠府による統帥権の掌握を目的に都摠管《トジョングァン》と副摠管《プジョングァン》を国王の特旨で任命したりした。これらの試みは、結果的には哲宗の軍事力強化にはいたらなかったが、安東金氏は王権の伸張を防ぐため、宗親と哲宗の姻戚を除去して王を圧迫した。その代表的な事件が李世輔《イセボ》の流配である。安東金氏は自らに批判的な発言をした慶平君《キョンピョングン》晧《ホ》《こう》を除去しようとしたが、王が処分を躊躇すると、金左根、金汶根、金炳国《キムビョングク》らが都城の外に出て抵抗を示した。慶平君は全羅道康津県薪智《シンジ》島《ド》に囲籬安置され、爵号を奪われて、李世輔と改名した。彼は高宗即位年に釈放され、一八九四年まで要職を歴任した（六八年に寅応《イヌン》と改名）。また、社会批判や愛や流配生活を詠んだ多くの時調《シジョ》（朝鮮独自の定型詩）を残したことでも知られる。

哲宗は即位前江華島で一般農民と同じような生活をしていたので、当時の農民の逼迫した生活と、深刻化していた三政問題も認識しており、貪官汚吏《タムグァンオリ》《たんかんおり》が民を侵奪し私的な利益をはかる風潮の蔓延を慨嘆した。それゆえ、民の生活を左右する職責たる守令に自己の任務の全うを指示し、守令を管理する観察使の役割を強調した。

深まっていく民の生活苦とそれによる流民化、さらにはたびかさなる民の抵抗という当時の社会状況のなかで、哲宗と執権層がまったく手をこまねいていたわけではなく、民の負担を軽減するための税金の蕩減や財政が少しでもましな地域への租税負担の移転、納付期日の延期などの従来からの弥縫策はとった。しかし、それらは根本的な解決策とは程遠く、一八六二年の三南民乱《サムナムミルラン》の勃発を防ぐことはできなかった。

守令権強化と地方社会

地方において、十七世紀に確立した士族《サジョク》中心の支配秩序は、十八世紀にはいり、徐々に動揺し始めた。すなわち小農経営の成長にともなう奴婢の自立と逃亡・佃戸の抗租など士族の物的土台の動揺と縮減、老論中心の中央政界からの脱落と内部分裂、現実的な郷村統制の核心である賦税行政が総額制による共同納へ変化したこと（田税においては各郡県単位で一定の税額を負担する比総制《ビジョンジェ》、軍役《クニョク》においては里単位で隣保組織を基礎にして軍役者の欠員を補充する里定制《イジョンジェ》、還穀《ファンゴク》〈四八〇頁参照〉においては里に分給し秋返済のときに各里で利子と元穀を合わせておさめる里還《イファン》への変化）と田税の金納化が在地士族を媒介とした納付形態を大きく変え、賦税運営から士族は排除されていった。

一七二八年に起こった戊申乱《ムシルラン》はこの変化をさらに推し進めた。戊申乱を契機に始まった中央政府の郷村支配権拡大の試みは守令権を媒介にしてあらわれ、従来の郷案体制を核とする士族秩序が全面的に否定され、官主導の統制策が郷会《ヒャンフェ》を組織基盤として強化された。官権の強化は、守令の役割を補佐する勢力である吏《イ》（郷吏《ヒャンニ》）・郷《ヒャン》（郷任《ヒャンイム》、郷所ともいう）・面《ミョ》任《ニム》・里任《イイム》の権限がとくに賦税行政において強力になることを意味した。これらの勢力の主体は新たな商品貨幣経済発展のなかで富を蓄積してきた富民《プミン》層であり、売郷《メヒャン》・売任《メイム》（郷吏と郷任資格を売ること）により権力構造のなかに包摂され、民侵奪の中心となった。一方で富民は財政補充策にも利用され、勧分《ファンブン》（賑恤《チニュル》《しんじゅつ》を目的とする富民からの借金）や軍役と還穀の不足分を一括して土地に転嫁する新たな収奪方法である都結《トギョル》の対象ともなった。守令・吏・郷が一体となった富民収奪の結果は「貧富俱に困する」状況を生み出し、富民まで抵抗の隊列に並ぶ状況が生じる。

新しい社会勢力は新郷《シニャン》と呼ばれるようになり、既成士族勢力である旧郷《クヒャン》とのあいだに郷戦《ヒャンジョン》と呼ばれる対立が生じるようになった。郷戦は各地であらわれたが、例えば、一八〇八年慶尚道英陽《ヨンヤン》県の雲谷影堂《ウンゴクヨンダン》（書院の一種）撤廃事件をみてみよう。雲谷影堂は一七八一年庶孼《ソオル》・冒称儒生《モチンユセン》《ぼうしょうじゅせい》などの新郷勢力によって建立されたが、旧郷と関係があり、新郷に敵対的立場をとっていた慶尚道観察使の命により撤廃された。以後この問題は、中央政府にまで飛火し、熾烈な闘争が一八三九年まで続いた。英陽県における郷戦は最終的に、当時の郷村社会で優位を占めていた新郷の勝利に帰したが、それは士族支配体制の解体を意味した。観察使や守令がどちらの立場に立つかによって郷戦の勝利は左右される場合が多かったが、より優先的には中央の政治的立場が反映された。したがって新郷は守令、さらに中央と結びつきながら旧郷を圧倒していった。そこに、地方の実務を担当していた郷吏層が結びつき、守令―吏・郷中心の郷村支配体制が形成された。

郷村社会に直接の勢力基盤をもっていなかった勢道政権は、自派から守令を輩出し、その守令を媒介にして郷村を支配しようとした結果、守令権が強化された。守令―吏・郷支配体制は守令の民への圧制と、吏・郷の富の蓄積を招来した。一八四二年英陽県では守令李俊英《イジュニョン》によって量田《ヤンジョン》が実施され、それに基づいて都結が施行されたが、これこそ守令―吏・郷による郷村支配の成立を意味した。都結の実施の結果は、郷村支配勢力内に入り込めなかった饒戸《ヨホ》《じょうこ》富民《プミン》層（農業や商業的経済活動で富を蓄積した階層）に税金が集中し、彼らの没落の原因になった。饒戸富民層は、消極的・個別的抵抗を抜け出て、農民抗争に進むようになるが、それが一八五二年に起きた英陽作変《ヨンヤンチャクビョン》である。

英陽作変は、英陽県を中心に青松《チョンソン》、平海《ピョンヘ》、慶州《キョンジュ》、興海《フンヘ》などの地で組織された十九世紀前半の典型的な作変（兵乱を目標に準備した抗争が実行に移せなかった場合をいう）の一つである。出身《チュルシン》鄭禹龍《チョンウリョン》の息子鄭元一《チョンウォニル》が首謀者となり、幻術を信じ、無頼輩を集めて剣磨山《コムマサン》中で挙兵した。この事件は結局、首謀者の逮捕・処刑によって短期間に終息した。参加者は判明しているだけでも、四〇名以上にのぼり、身分的には生員《センウォン》・出身（武科《ムグァ》及第者で出仕していない者）などの両班や尊位《チョヌイ》（地方の末端行政を扱う職位）のほか、酒店、冶匠《ヤジャン》（鍛冶屋）、魚物商、筆商（筆屋）などの商工業者が多い。郷権から疎外された貧寒な知識層と都結によって収奪の対象とされた富民層であったと考えられる。

2　三政の矛盾と「十九世紀危機」

賦税制度の改編

守令《スリョン》―吏《イ》・郷《ヒャン》支配体制は、守令―監司《カムサ》（観察使）―中央勢力家に連なる重層的権力構造のもとで、収奪的性格をあらわした。守令―吏・郷支配体制のもとで、総額制と身分制に基づく租税徴収の不均衡は社会矛盾を増幅させていった。とくに軍政に顕著にみられる身分制に立脚した賦税《プセ》運営の原理は徐々に経済力中心の運営に変わっていった。

本来、儒教《ユギョ》思想を根本とする朝鮮《チョソン》王朝の財政政策は、少なく徴収する小さな政府運営を志向するものであった。小さな財政でも経済を掌握して飢饉や自然災害に対する積極的な努力を傾けてきた。しかし、十八世紀後半から始まった世界的な小氷期的自然災害の影響を受けて、生産力の減少傾向が続いた。政府の支出経費は増大する反面収入は減少し、「量入爲出」という財政の根本原理が正常に運営されなくなり、国家の財政状態は悪化の一途をたどった。哲宗《チョルチョン》年間銅銭発行が急増したが、それは財政構造と貨幣経済状況に対する弥縫策であった。

賦税制度の運営方式は各種賦税の地税化・共同納・金納化の方向に変化した。地税化は大同法《テドンポプ》の実施から始まり、一七一一年の「良役変通節目《ヤンヨクピョントンジョルモク》」の頒布以来、面里制《ミョルリジェ》・里定法《イジョンポプ》が定着し、それを土台に共同納が強化された。共同納の強化はすべての租税の土地への収斂をもたらした。一方で、十七世紀末以降貨幣流通が一般化し、現物租税全般の金納化が広範に展開された。このような変化を総合した徴収方法が都結《トギョル》である。

都結は十九世紀初めから各地で散発的にあらわれ始め、一八三〇年代には全国的現象となった。貨幣納を前提に田《チョン》税《セ》・大同税《テドンセ》・結銭《キョルチョン》など多様な名称の田税、軍役《クニョク》・還穀《ファンゴク》・雑役《チャビョク》の未収分などをすべて土地に賦課し一括して収納する方式である。守令の立場からは、中央財政への確実な上納を保証するとともに地方財政と官衙《かんが》(官庁)の費用などの財政需要増加に対応できる。また民の立場からも階層間の利害対立は含みながら一定程度身分別差額租税徴収を解消する方法として受け入れられた。このように都結は当時の社会的経済的変動に対応する収取方法として地方において自律的に発生し一般化したのである。

政府のなかで都結に対する反対論議があったのにもかかわらず、守令が任地で都結を実施していったのは、たんに自らの利益の追求というだけでなく、郷会《ヒャンフェ》をとおした民意の反映という基盤があったからであろう。都結は当時の収取体制の矛盾を解決する現実的方法として考えられていた点も否定できない。事実、農民抗争において糾弾の対象とされたのは、都結価《トギョルガ》の高額と中間収奪の問題であって諸税を土地に一元化するその収取方法自体ではなかった。

田政紊乱

三政《サムジョン》とは、朝鮮政府が民間から徴収した諸税のなかで、土地税の徴収と上納の運営に対する「田政《チョンジョン》」、軍役（徭役《ヨヨク》）運営に対する「軍政《クンジョン》」、種子および食糧として穀物を分給して回収・管理する「還政《ファンジョン》」（還穀）の主要三種の租税政策を合わせていう。とくに十九世紀になって、「三政《サムジョン》紊乱《ムルラン》《びんらん》」として、朝鮮社会を揺るがす大きな要因となり、ついには一八六二年三南民乱《サムナムミルラン》の勃発にいたった。ちなみに朝鮮後期の租税の比率は、田税四六％、還穀三六％、軍役一六％、雑役二％であった。

まず、十九世紀に田政の何が「紊乱」として問題になったのか。実学者姜瑋《カンイ》は、境界の紊乱、租税賦課の不均衡から始めて、「陳税《チンセ》、虚卜《ホボク》、白徴《ペクチン》」はもちろんのこと、「隠結《ウンギョル》、余結《ヨギョル》、都結、加結《カギョル》、宮結《クンギョル》、屯結《トゥンギョル》」など多様な徴税方法の弊害の存在を述べ、その改革を要求している。つまり、田政の「紊乱」とは、民の立場からみれば、ありとあらゆる不公平・不合理・収奪的な方法を駆使して、田税とそれ以外の土地税を横徴する問題であり、王朝政府の立場からは徴収した田税が国庫に所定額はいらず、地方官衙や地方守令・郷吏《ヒャンニ》などの中間段階で消えてしまうという複合的な問題ということができる。

そのなかでも、民乱《ミルラン》時期にもっとも甚だしい弊害とされたのは都結であるが、都結が開始された時期には、一結当り八両くらいでそれほど多額ではなかったので、農民の立場からも不利とはされなかった。しかし、都結は法的に規定されたものでなく、あくまで便宜的な方式であったため、時間がたつにつれ、弊害を露呈し始めた。結価が上昇し、最初の七～八両から二〇両を越えた。とくに、季節的な穀価の差を利用して結価を決めることが多くなると結価が上昇し、農民の負担を増加させた。また、本来は、官庁経費や還穀・軍布《クンポ》の未収分解決のために都結が実施されたのに、守令や吏胥《イソ》は季節による穀物価格の差を利用して営利を求め、私的な利益追求の道具とした。政府は都結を禁止しようとしたが、監司や守令の反対で貫徹できなかった。

隠結は収税地の隠匿であり、土地台帳には陳結《チンギョル》（種々の原因で耕作されていない荒蕪地《こうぶち》）という名称で登載され、土地税の上納分から漏落したため中央政府の収入減の最大要因となった。十八世紀末に調査がおこなわれ、無税地から徴収対象地に転換するよう試みられ、開墾すれば三年間は無税、四年後から半額とした。しかし実際には相当部分の隠匿がおこなわれ、実際の田税徴収地である実結《シルギョル》総額は増えなかった。それら隠匿した田税の大部分は地方官庁の財源として活用された。

国家に上納する田税と貢納《コンナプ》および徭役の一部を土地税化した大同などの税額以外に、地方官庁は地方経費のための税源として種々の税を追加しようとした。荒蕪地に対して課税する陳税、収税できる土地が存在しないのに虚偽文書を作成して課税する虚卜（虚結、虚卜仮作、浮結ともいう）や定額以上に課税する加結、土地調査実施のとき量案には実際より少なく記入することでプールした差額の土地すなわち量案未記載の土地である余結などがそれにあたる。隠結以下、中央政府が把握できない非正規の徴収であり、地域民にとっては増税にすぎず、吏胥の中間横領が発生する場合も多かった。また、中央財務機関である戸曹《ホジョ》、その傘下の宣恵庁《ソネチョン》や均役庁《キュニョクチョン》に上納する代わりに、王室の宮房《クンバン》や各軍営・内需司《ネスサ》などに直接おさめる土地、すなわち本来は田税を免除され、それら機関が王から私的に徴収権を付与された土地が宮結や屯結である。しかし、「一土両徴」といわれるように、実際には農民が所有する土地の上に設定される場合が多く、農民はその土地の田税を負担したうえに、宮房や軍営・内需司からも重複徴収された。

土地に課税される田税およびそれ以外の税目と定額以上の税額によって、民の負担はますます過重になったが、堪えられずに流亡が頻発すると、課税対象者でないにもかかわらず税を徴収したり、無関係の人に責務を弁済させるようにする白徴がおこなわれた。白徴は、一七三二年沃川《オクチョン》郡守李著《イジョ》が隠結を私的に使って白徴し弾劾された例のように、他の方法と複合されることによって弊害が増幅していった。

軍政紊乱

軍政の問題点としては、中央政府が定めた軍役の種類と人数以外に各種の額外軍役があり、その種類や人数が増加したこと、軍役の代わりにおさめる軍布の追加徴収、軍布を銭納化するときの営利追求など、徴収する官側の問題と、おさめる側の避役による軍籍《クンジョク》（軍役徴収者名簿）の空洞化問題が絡まっていた。

十八世紀半ばの「良役実総《ヤンヨクシルジョン》」(4)の完成は、それまでの軍役の諸問題を改革し、軍役行政の基準をつくった。中央機関と軍営・地方監営所属の軍役に関しては、所属別・役種別の軍額が確定され遵守された。しかし、地方官庁に所属した邑《ウプ》《ゆう》所属《ソソク》軍額は十九世紀前半まで増加し、地方官庁の重要な財源の一つになった。政府により額外軍役と認識されたのは、まさにそれであった。邑所属軍役にはそれまで除外されていた私奴《サノ》が多く所属させられ、軍役問題がおよぶ層は拡大した。

また、十八世紀までの軍役運営は中央機関が直接地方に命令して所属軍役者を徴発したり軍布を納入させる方式であったため、担当者が上番軍を率いたり、軍布を送付したりして納付した。しかし、地域単位で所属別・役種別軍額が固定化されたのちは、地方官衙がその仕事を代行するようになり、その地域に居住する軍役負担者を一括して管理するための運営費用が付加される結果になった。軍布を銭に換算して徴収するときも、該当機関の財源にするため、担当実務者が綿布の時価と差がでるように調整する場合があり、軍役負担者の不利になった。これらは中央財政である軍布徴収にあたって、地方官庁の財源確保の手段としても利用しようとしたところから生じた問題である。

軍役の弊害のなかで、農民の抵抗を引き起こした最大の問題は、避役による軍籍の空洞化と脱役した額を埋めるための負担集中であった。軍額は総額制の原則によって、面《ミョン》や里《イ》などの各地域に割り当てられたが、一人が脱役すればこれを補充しなければならなかった。個人的脱役のみならず、地方官衙の郷吏の手助けを受けて、郷校《ヒャンギョ》や書院《ソウォン》所属者・権勢家の佃戸などさまざまな名目で集団的に軍役を逃れる場合も続出し、極大化したときには一〇のうち六から七が脱役した地域もあった。その結果、脱役者の分を埋め合わせることが必要になり、「白骨徴布《ペッコルチンボ》」（死者に軍役を割り当てる）、「黄口充丁《ファングチュンジョン》」（赤子に軍役を割り当てる）という言葉に象徴されるように、弱者に負担が集中する状況があらわれた。民はこれに対し、流亡から抗争にいたる手段で反対の意志を表明した。純祖《スンジョ》代初めの咸鏡道《ハムギョンド》端川《タンチョン》や黄海道《ファンヘド》谷山《コクサン》の農民抗争は、軍政問題が主要な理由になっていた。全国各地で起こった民の抵抗事件は、やがて、三南民乱に続く前哨戦であった。

政府はこのような弊害を認識し、対策案を募集したり、暗行御史《アメンオサ》を派遣するなどの対策をとった。しかし、議論の段階で終わってしまった対応策が多く、根本的対策を実施するにいたらなかった。

還政紊乱

民乱の最大原因とされるのが、還穀すなわち還政である。還穀は本来、農民に食糧・種子を貸し付けて再生産を支えるという民政保護的目的と、その利子の一部を国家機関の財政補助とするという現実的目的をもって設置された。還穀は、災害が発生した地域に償還の義務のない賑恤穀《チニョルゴク》《しんじゅつこく》を放出したり、慶尚道《キョンサンド》の租税米を咸鏡道に移送するなど穀物の地域間移動機能も有していた。それゆえ、十八世紀朝鮮の農村経済を安定させ、統合するのに還穀が大きな役割をはたした面は否定できない。

しかし、十九世紀になって、「財政補用」が前面にでると、漢城《ハンソン》の各衙門《アムン》《がもん》、地方官衙、四都留守《サドユス》、監営《カミョン》ごとに新しい還穀を設置し、十八世紀初めに五〇〇万石であった還穀総数は、一八〇七年には一〇〇〇万石と二倍に増加した。利子率は一〇分の一と固定され、戸曹と地方の財政に活用されたが、手数料としての付加税が種々添加されることで結果的に利率が増加した。そのため、農業生産の不振で還穀の償還が困難になった農家が増大しただけでなく、政府財政の悪化で還穀の元穀《ウォンゴク》に対する補充が中断し、倉庫に保管する穀物が減少の一途をたどった。一八〇七年に一〇〇〇万石あった還穀は、六二年には帳簿上では八〇〇万石となり、しかも帳簿上でのみ存在する虚留穀《ホリュゴク》が五四%を占めていたため、実在するものは三六八万石にすぎなくなった。加えて、還穀をめぐる地方官と郷吏の不正や腐敗が進み、一八四〇年代には還穀は賑恤機能をほとんど喪失し、農家経済を圧迫する租税収奪としての面だけが残ってしまった。

還穀は国家の立場から賑恤と災害時予備穀の意味で設定されたが、実際に地方で運営される方式は高利貸し的性格が濃厚であった。まず、各地域の還穀総額の半分を官の倉庫に保管し半分を農民に貸し付ける「半留半分《バルリュバンブン》」が原則であったにもかかわらず、利子を財政に活用するため分留の比率が守られなくなり、分給率(貸し付け率)が高まった。すべて貸し付ける「尽分《チンブン》」などまであらわれる状況となった。例えば、一八六三年の慶尚道の還穀総数は約一八万石、全羅道は約七九万石であったが、分給率はそれぞれ八四・四%、八二・六%となり、利子は約九万石、約六万五〇〇〇石にものぼった。

分給率の高まりは、民の側にとっては強制的な貸与を意味し、賦税として認識せざるをえなかった。甚だしい場合は、白徴といって、実際の穀物は分給せず、秋の償還時に利息としての税のみをとることまで生じた。結還《キョルアン》(土地を基準に還穀を貸し付ける)、戸還《ホファン》(戸口を基準に還穀を貸し付ける)も実際は利息分としての租税徴収にすぎなかった。当然、還穀の分給を逃れる者が続出し、とくに、この時期新たに富を蓄積して成長した富戸《ブホ》はさまざまな方法を使って分給を逃れ、免税戸の比率が高まった。分給量の増加と不公平な分給によって、相対的に負担能力のない層に強制的に課されることになり、償還できない民が絶え間なく流亡し、残った民の負担がいっそう高まるという悪循環に陥った。戸数二〇〇〇戸だった咸興《ハムン》の場合、流亡戸の分が残りの民戸に再び賦課され、一戸当り四〇石という膨大な分給量になり、その結果、邑に残った民戸が一八一一年には五〇〇戸にすぎなくなったという報告がされている。

つぎに、還穀の回収時に貨幣利用が一般化されると、それを利用して結果的に利子率を高める方法がとられた。穀価が高い地域で還穀を返すとき、本来決められている詳定価《サンジョンガ》（一石三両）より高い価格で利息を徴収し差額を儲ける加作《カジャク》が広くおこなわれた。加作は中央上納分だけでなく、地方財政の一部にも利用され、この時期の還穀の弊害の筆頭にあげられた。

このように還穀の運用現場では、分給過程と収取過程を相互に連結して収奪を強化し、得られた差額は地方財政の補充にあてた。それは一地域内だけでおこなわれたのではなく、地域間の還穀量の差や穀物の時価差を利用してもおこなわれ、地域間の還穀の不均衡はさらに深まった。

ところで、還穀の弊害という場合、地方官庁の財政補充を目的とする「半官」的な性格よりも、地方官や担当郷吏の私的着服という面がクローズアップされた。彼らは還穀運営の現場で、地方財政のために種々の営利行為をおこなったが、私的な利益を求めて不正行為をおこなう場合も多く、還穀の弊害が増大した。守令・郷吏は民に分給する過程で、詳定価以下の低い価格で与え、徴収するときは時価で受け取って差額を着服したり、地域間の還穀量や時価差を利用した穀物移動によって利益を享受した。倉庫の備蓄穀が消失する逋欠《ポフム》《ほけつ》の原因の多くは、郷吏が個人的に横領した吏逋《イポ》《りほ》の場合が多かった。逋欠の増大は、分給運営をますます不可能にした。一八三七年の京畿道《キョンギド》砥平《チピョン》《とへい》県の還穀総額は二万二三一八石であったが、そのうち逋欠が七〇％にのぼっていた。この例からもわかるように、六二年の民乱前、逋欠は各地で莫大な額にいたっていた。

3　民衆運動の高まり

身分制の解体

十九世紀朝鮮《チョソン》社会を特徴づけるのは、中央政府の国家統合の瓦解、勢道政治《セドジョンチ》による政治的・社会的腐敗とともに、土地生産性と生活水準の下落・死亡率の増加を内容とする「十九世紀危機」、そして、「民乱《ミルラン》の時代」と称される打ち続いた民衆運動である。「民乱」や「農民戦争《ノンミンジョンジェン》」と呼ばれる民衆運動のもっとも先鋭なかたちだけでなく、身分制の解体を引き起こした、民衆の抵抗の諸相からも民衆の意識と運動の高まりを読み取ることができる。

壬辰《イムジン》・丁酉《チョンユ》倭乱《ウェラン》と胡乱《ホラン》をへて、朝鮮の身分制度は国家の財政的・軍事的必要と民衆の絶え間ない身分上昇の動きによって、全体的に上向き調整されていきながら解体の方向に向かった。それが頂点に達したのが十九世紀で、「両班《ヤンバン》（とくに幼学《ユハク》）の増大」と「奴婢《ノビ》の激減」「常民《サンミン》の減少」という身分制の解体を端的にあらわす現象が起こった。

表7（次頁）は、三年ごとに作成され、現存している「戸籍大帳《ホジョクテジャン》」から計算した「両班」「常民」「奴婢」の身分別戸口《ホグ》（本表では口は職役を有する男性のみ）である。「戸籍大帳」は、各郡県《クニョン》の行政末端単位である里《イ》・洞《トン》を基礎につくられ、国家が把握した戸口や人的情報を集合した行政の基本資料である。実在の戸口を完全に網羅しているとはいえず、朝鮮後期になるほど把握できない戸口が増えていくが、変化の趨勢を明らかにするためには重要な資料である。表7は、現在、残存している戸籍大帳のなかで、戸口や身分に対する変動研究の蓄積がある大丘府《テグ》・蔚山府《ウルサン》・丹城県《タンソン》を取り上げた。

ここでは、両班・常民・奴婢と三大身分に分けたが、それぞれの身分に含まれている職役《チギョク》（国家への負担義務）範囲は地域や時期、研究者によっても微妙な差異があり、詳細な説明が必要である。それでも、十七世紀初めから十九世紀初め・中葉にかけて、各郡県において共通しているのは、両班戸・両班男性の激増、軍役負担層である常民の甚だしい減少、奴婢の継続的な減少と消滅に向かっての加速である。こうした戸籍大帳上における身分の急激な変動が生じた理由は何か。

両班層は十九世紀になると、戸の六割から七割という多大な数に達するが、その内訳は、官職者、生員《センウォン》、進士《チンサ》、幼学、忠義衛《チュンイウィ》、業儒《オビュ》、業武《オムム》などで、とくに幼学（国家の役負担をしない儒学勉強中の者）が占める比率は時期ごとにどの地域でも

表7　18〜19世紀の身分別戸口変化　（数字は%）

年	地域	戸			男丁			出典
		両班	常民	奴婢	両班	常民	奴婢	
1729	蔚山府	26.3	59.8	13.9				鄭奭鍾1983
1766	蔚山府	41	57	2				鄭奭鍾1983
1804	蔚山府	53.5	45.6	0.9				鄭奭鍾1984
1867	蔚山府	65.5	34	0.6				鄭奭鍾1985
1690	大丘府	9.2	53.7	37.1	8.2	48.8	43	四方博1938
1729・1732	大丘府	18.7	54.6	21.6	16.2	50.9	32.9	四方博1939
1783・1786	大丘府	37.5	57.5	5	35.2	51.9	12.9	四方博1940
1858	大丘府	70.3	28.2	1.5	61.2	22.1	16.7	四方博1941
1717	丹城県	19.9	52.5	27.6	12.8	42.2	45	金錫禧・朴容淑1979
1786	丹城県	32.2	59	18.8	23	51	26	金錫禧・朴容淑1979
1825	丹城県	57.1	38.4	2.1	42.1	20	10.5	井上和枝1985

拡大していく。丹城県一八二五年の場合九八・八%、大丘府一八五八年には八九・九%にもなり、両班の増加とはすなわち幼学の増加ということができる。増加した理由は多様であり、本来の両班である幼学の再生産、忠義衛や業儒・業武・中人《チュンイン》層（庶孽《ソオル》《しょげつ》の子孫、技術職、行政末端の郷吏《ヒャンニ》や面《ミョ》任《ニム》など）からの職役名称の移動、商業的農業や都市地域の商工業的経済力を基盤に成長した常民による合法的な幼学獲得をあげることができる。また、このなかには冒称《モチン》《ぼうしょう》幼学《ユハク》も非常に多かった。

幼学は身分上昇変動の主軸をなすが、幼学を通時的に両班とみなすことはできないだけでなく、法制と地域社会での待遇という両側面から考えなければならない。戸籍上で幼学を名乗ったとしても、村落居住期間が短かったり、その先祖が本来常民や奴婢であったということを知っている地域の人びとは両班として待遇しない。

晋州《チンジュ》府の場合には、戸籍大帳上の記載と地域における身分認識が明確に異なっていたことが知られている。一八三二年の「晋州郷校修理時物財収集記」には、郷校《ヒャンギョ》の修理費用寄付者の名簿が記載されているが、そのなかで、両班である儒戸《ユホ》は二三・八％、それ以外は常民戸《サンミノ》である。また儒戸については「元儒《ウォニュ》」と「別儒《ピョリュ》」の区別がなされ、それぞれ、一一・五％、一二・三％となっている。晋州では、本来の両班と新興両班を明確に区別していたことがわかるだけでなく、その比率も示され、さらに避役のために、常民が郷校の校生となっていたことも推測できる。同じく、晋州府沙月里《サウォル》でおこなわれた洞契《トンゲ》（地域の相互援助組織）の名簿は、上契《サンゲ》と下契《ハゲ》が別に作られ、戸籍大帳上で幼学と記載されていた人も、その先祖が奴であったために十九世紀後半になっても下契に入れられ、両班の待遇がされていなかった例もある。都市に移住した場合は別であるが、地方の農村では、国家が把握する身分と社会的身分には差異があったのも事実である。

しかし、それでも幼学戸が爆発的に増加していったことは、また、社会全般に身分制的特権が残っており、伝統的な両班意識が消えていなかったことを示している。その一方で、国家が行政の基本台帳作成業務において、身分の変動を容認あるいは黙認したことは、身分制の動揺を自ら招き、身分制に基づく収取体制の枠組解体の端緒を開き、民の抵抗運動の拡大を招来した。

奴婢の解放

朝鮮後期、とくに十九世紀の身分制の解体をもたらしたもう一つの重要な要因は、奴婢の身分上昇運動であるが、それは国家による公奴婢の廃止に帰結された。

奴婢制度は、朝鮮後期の身分上昇趨勢のなかで、徐々に奴婢の免賤《ミョンジョン》を認める方向に変化していく。それはまず、朝鮮王朝自らが戦争や反乱などの社会的混乱の収拾、国家財政の補充のため、納粟《ナプソク》・納銭《ナプチョン》や戦功・反逆者討伐の功労などによる奴婢の身分上昇を認める方向をとったからであり、法的にも、奴婢の良人化《ヤンイン》を進める規定を整備していった。それまでは片方の親が賤人《チョニン》であれば子どもはすべて賤人になるという法律により、国家の賦役の主たる負担者である良人が減少していった。その弊害を防止するため、一七三一年十二月の伝教(王命)により、すべての公私奴と良妻の子どもは母に従って良人にすることが決められた(奴良妻所生従母法《ノリャンチョソセンジョンモポブ》)。本来、軍役の義務がなかった奴も朝鮮後期には役負担者の減少により、軍役に充当させられる者が増えていくが、辺境地帯の防備のため、彼らのなかの武芸に優れた者を咸《ハム》鏡道《ギョンド》親騎衛《チンギウィ》や平安道《ピョンアンドビョルム》別武士《サ》にして、武芸を錬磨させ、免賤の道を開いた。また宗親や外戚の賤妾《チョンチョプ》子孫は早くから代価なく、あるいは他の奴婢を身代わりにして良人になる(「代口贖身《テグソクシン》《だいこうしょくしん》」)ことができたが、「代口贖身」できる身分範囲が士《サ》族《ジョク》の賤妾子孫に拡大された。

このように法的に認められた奴婢の良人化の方法だけでなく、奴婢たちは非合法的方法も駆使して、身分の上昇をはかった。逃亡や身分冒称などの方法がとられたが、逃亡したのち流民化したり、都市や辺境地域に流入する場合が多かった。奴婢の捜索(推奴《チュノ》《すいど》)が禁止されている島にも逃亡奴婢が集まった。その結果、奴婢の戸口は減少し、奴婢制度そのものが弛緩した。

一七五五年、公私奴婢を問わず、男子の身貢《シンゴン》は布一疋、女子は半疋に減ずるという王命がくだった。さらに一七七四年には、婢の負担する身貢は廃止されたので、奴婢の役が良人と同じになり、公奴婢の場合、負担では良賤の区別がなくなった。それでも奴婢の逃亡は減少することはなかった。

『続大典《ソクテジョン》』には、奴婢を探し出す推刷《チュスエ》《すいさつ》政策を規定しているが、実効があがらず、正祖は一七七七年二月に奴婢捜索官吏を派遣する推刷官《チュスエグァン》制度を廃止し、奴婢の捜索をいっさい禁じ、奴の身貢の定額を各郡県に割り当てる比総《ビジョンジェ》制を全国に拡大した。推刷官が廃止されたため、奴婢の逃亡はさらに急増し、奴婢数がいっそう減少したので、残った奴は定額を満たすためにいっそう負担が重くなった。

すでに正祖年間に公奴婢制度の廃止が論議されたが、南人時派《ナミンシパ》の反対で実現できなかった。僻派《ピョクパ》の執権により、一八〇一年一月内需司《ネスサ》と宮房《クンバン》奴婢三万六九七四名、寺奴婢《サノビ》と各道所属奴婢二万九九一三名の廃止が純祖《スンジョ》の綸音《ユヌム》《りんいん》(王のお言葉)

として出され、奴婢台帳《ノビデジャン》も焼却された。正祖子飼いの実務官僚李書九《イソグ》が戸曹判書《ホジョパンソ》としてこの改革にあたり、正祖が華城《ファソン》（現在の水原《スウォン》）に備蓄した財源を転用して正祖以来の宿願であった奴婢解放事業に着手したのである。綸音のなかでは、「奴婢も良人とまったく同じ赤子」であると認めるという、発想の転換がなされている。

地主である支配層は自身が所有する私奴婢の解放には消極的であったが、逃亡奴婢も多く、農業・商工業従事の私奴の場合、富を蓄積して常民層や中人層に、さらに十九世紀には徐々に幼学層にまでのぼる者も出現し、結果的に奴婢戸口の激減に繋がった。

洪景来の乱の勃発

十九世紀は「民乱の時代」といわれるが、身分制の解体や賦役制度の改変という体制を揺るがす変動が、民の自覚をさらに促し、自身の利益擁護のために官に抵抗するようになった。民の官への抵抗には、時期と地域、民の意識や組織とも関連して多様な形態があった。流亡はどの時期にもみられるもっとも原初的な民の動きであり、十八世紀以来各地で抗租抗税運動が頻発したが、撃錚《キョクチェン》、呈訴《チョンソ》、等訴《トンソ》(5)のような合法的方法が多くとられた。また掛書《ケソ》《かいしょ》、流言飛語、松明《ソンミョン》示威、山呼《サノ》(6)のような主体が明確でない方法によっても民の意志を示した。そのような諸形態の運動が、十九世紀には変乱や民乱さらには農民戦争というかたちをとって大きなうねりとなった。

変乱は郷村社会に根をもたない豪民や民間の知識人たちが、『鄭鑑録《チョンガムノク》』「海島真人説《ヘドジニンソル》」などの異端思想を理念的武器にして、流亡民や貧民を動員し、国家権力の奪取をめざす武力闘争を指す。農民が主体となり、行政地域を超えて中央権力に抵抗し改革を要求して、武装闘争が長期化すると農民戦争と規定される。民乱はおもに賦税《ブセ》運営にかかわる不公平や不正を改革する目的で、郡県単位でおこなわれることが多く、なかには郷権《ヒャンクォン》（地方郡県の行政権）の掌握をめざした場合もあった。合法的な呈訴運動から非合法的武力蜂起の段階までを含んでいる。

一八一一年十二月に起こった洪景来《ホンギョンネ》の乱（平安道《ピョンアンド》農民戦争《ノンミンジョンジェン》）は、大規模な武力蜂起で、六二年の三南民乱《サムナムミルラン》、九四年に勃発した甲午《カボ》農民戦争《ノンミンジョンジェン》とともに、朝鮮王朝体制を内部から揺るがす原動力になった。

一八一一年十二月二十日平安道観察使《クァンチャルサ》（監司《カムサ》）李海愚《イヘウ》の極秘報告が、民の突然の異常な動きと賊徒が嘉山《カサン》を襲撃したことを伝えた。朝廷を震撼させた洪景来の乱の勃発である。洪景来の乱は、十二月十八日の出陣と嘉山の占領が表面化してから、官軍との熾烈な戦闘、定州城《チョンジュソン》籠城をへて、翌年四月十九日の官軍の勝利によって、反乱民の大虐殺という終息を迎えた。蜂起が平安道内に限定されたとはいえ、明確に王朝交代を掲げた大規模な反乱事件であった。

洪景来の乱の原因は、前述したこの時期の社会変動・身分変動とともに、平安道の地域的特性と経済的発展に求めることができる。平安道は他の地域に比べて、政治的な差別を受けて科挙《クァゴ》に合格しても官職に進出することが難しかったので、士族《サジョク》階層の成長ができず、士族の支配体制は確立しなかった。したがって、郷権は座首《チャス》・別監《ピョルガム》などの郷任《ヒャンイム》層が握り、賦税運営などにおいて郷吏《ヒャンニ》層を従える郷村秩序が形成された。しかし、十八世紀中葉になると、新たに富を蓄積した商人を中心とする常民が新郷任層に進出し、郷権を把握しようとして旧郷任層とのあいだに郷戦《ヒャンジョン》が起こり郷村秩序が動揺した。土地は広いが平坦な農地が少なく、人も少ない西北二道（平安道・黄海道《ファンヘド》）では、農業では人蔘《インサム》などの商品作物生産が発展し、対清貿易などの商業や絹織物・鍮器《ユギ》《ちゅうき》手工業などが盛んであった。また、対清銀貿易のために金銀鉱山の採掘も進展し、商業的成長が顕著になった。それによって、富を蓄積した勢力が、金によって郷任層の資格を買い、新郷層への成長をはかったり、礼金を出して、郷案《ヒャンアン》や校案《キョアン》（郷校《ヒャンギョ》学生名簿）に名前を載せる場合も多かった。結局、彼らは見返りとして軍役《クニョク》や徭役《ヨヨク》を免じられ、他の民に畳役がおよぶことになる。

売郷を含む平安道の弊害は、暗行御史《アメンオサ》や監司の報告でもたびたび問題になっていた。一八〇八年にも平安道暗行御史徐能輔《ソヌンボ》が「臥還《ワファン》《がかん》、売郷《メヒャン》、族徴《チョクチン》」を除去しなければ民が生活できないと王に報告し、王朝としても積弊を把握していたが、解決の手を打てないでいた。臥還とは、還穀《ファンゴク》原資を分給せず、分給したものとして利息のみを取ることであり、族徴は軍額を満たすために、不足分を親族にまで代替させる弊害であった。

民の生活を脅かすそれらの積弊とともに、平安道では、商工業によって富を蓄積した「饒戸《ヨホ/じょうこ》」に対する収奪も厳しかった。中国の勅使送迎《チクサ》（支勅）のときの富民都監《プミンドガム》問題がそれである。富民都監とは民のなかから少しでも豊かな者を選んで「都監《トガム》」に任じ、物品をおさめる責任を課した役である。勅使の送迎が終わったのち、収支決算が合わなければ該当都監に全部責任をとらせたので、一回都監を割り当てられると破産してしまい、さらに隣人や親戚にも累がおよんだので、富民も貧民もともに苦しめられた。

郡県が疲弊する原因をつくったのは、監司を筆頭に守令《スリョン》・郷任・郷吏である。なかでも守令による収奪はもっとも甚だしく、邑《ウプ/ゆう》（郡県）財政の補塡をはかった場合もあるにはあったが、多くは私的利益追求を事とした。当時、二年くらいの短期で蓄財することのできる外職、すなわち監司や守令になることを望む朝官が多く、猟官運動が盛んであった。そのなかでも平安道は勢道家金祖淳《キムジョスン》が「平安道は大藩である。富と華麗さは国で最高である」と言ったように、商業や鉱業による富の蓄積が大きかったので、その監司や守令職は争奪の的であった。就任した監司や守令は任官地の民を収奪することになり、その利益は再び中央の勢道家に還元されて政治資金になるという悪循環に陥っていた。

このような経済的・社会的状況は平安道だけでなく、黄海道や咸鏡道でも同じであり、とくに収奪の対象になった郷民や富を蓄積した商人層が守令に対抗する事件が起こるようになった。洪景来の乱以前、一八〇八年咸鏡道端川《タンチョン》と北青《プクチョン》で、一一年五月には黄海道谷山《コクサン》で民乱が起きた。なかでも谷山の場合は、守令に対し、富民層が組織的に抵抗し、洪景来の乱を先取りする事件となった。

洪景来の乱の経過

洪景来の乱は、一八一一年十二月十八日に蜂起し、三カ月半の定州城の籠城をへて翌年四月政府軍の攻撃によって終息した。明確な王朝交代を標榜したこの蜂起は、その一〇年前である一八〇一年十一月頃から用意周到な準備が始められた。平安道龍岡《ヨンガン》出身で風水《ブンス》に相当な素養をもっていた洪景来は、一〇年間各地を放浪しながら、禹君則《ウグンチク》という同志を得て、この間に蜂起の準備を進めた。蜂起計画の基盤になったのは『鄭鑑録』の鄭姓真人革命思想であり、「済世の聖人」（鄭真人《チョンジニン》）の命を受けた洪景来が軍を起こして閭延《ヨヨン》の真人と合流し、その後李《イ》氏朝鮮王朝を打倒して、民衆を救うという世直しが計画された。洪景来はその後嘉山の富豪李禧著《イヒジョ》と出会ったが、李禧著は反乱にとって重要な資金源を提供する約束をした。彼は嘉山の多福《タボク》洞に基地となる家をつくり、反乱に備えた物資の備蓄をおこない、金鉱採掘の名目で労働者を集めて軍事訓練もおこなった。また、蜂起前、大定江《テジョンガン》の楸島《チュド》で軍事資金のためにひそかに貨幣を鋳造し、平安道内各地では郷任や郷吏など蜂起に内応する勢力形成工作をおこなった。漢城《ハンソン》にも呼応する者を潜入させ、掛書を通じて民衆の扇動を工作しようとしたが、これは失敗した。

一八一一年は大凶年になって、民衆は飢餓に苦しんだが、平安道はとくにひどかった。洪景来たちはこの期に乗じて反乱を起こすことにし、大同江《テドンガン》上の薪島《シンド》で幹部会議を開き、十月には約六〇人の同志が皆、多福洞に集結した。十二月二十日に挙事することを決定し、雲山《ウンサン》金鉱の労働者を集める口実で一〜三両の先金を与え軍士を募集した。しかし、挙事の動きが事前に漏れて、十八日に宣川《ソンチョン》府使金益淳《キミクスン》が李禧著や金昌始《キムチャンシ》らに逮捕状を出し、郭山《クァクサン》の朴星信《パクソンシン》らが逮捕されたため、蜂起の実行が急遽十八日夜と決定された。

十二月十八日、蜂起軍は蜂起の正当性を闡明《せんめい》し、宣川の加耶《カヤ》洞で生まれた鄭真人が鉄騎数万を率いて咸鏡道・江原《カンウォン》道《ド》・慶尚道《キョンサンド》で挙兵したので、自分たちも呼応すると檄を飛ばして出陣した。蜂起軍は、南進軍と北進軍の二隊に分けられた。ソウルに向かう南進軍は平西《ピョンソ》大元帥《デウォンス》洪景来が指揮し、南進軍の後方を固め義州《ウィジュ》に向かう北進軍は副元帥《ブウォンス》金士用《キムサヨン》が指揮した。

まず、南進軍の動きはつぎのようであった。嘉山郡衙に向かった蜂起軍騎馬兵三〇〜四〇名、一般軍士一〇〇〜一五

○名は、郡の郷吏らの案内で郡衙を占領し郡守《クンス》鄭蓍《チョンシ》《ていし》を殺害し、尹元燮《ユヌォンソプ》を守令格の主管将《チュグアンジャン》として、官衙《かんが》の兵器を収集し、穀倉を開いて飢民に与えた。十九日には各地の守令に対し蜂起軍に降伏して荷担するようにという檄文を送っている。また同日博川《パクチョン》津頭《チンドゥ》に進撃し、二十日には膨れ上がった軍隊とともに博川郡衙にはいり、降伏した郡守の代わりに主管将を任命した。本来の計画では博川から寧辺《ヨンビョン》を攻略したのち、安州《アンジュ》に進撃する予定であった。しかし、安州兵営《ビョンヨン》の執《チプ》事金大麟《サキムデリン》と李仁培《イインベ》はまず安州攻撃を主張し、洪景来に反対されると、彼を殺して政府軍側に寝返ろうとはかり、洪景来を襲撃して負傷させた。その結果、蜂起軍は洪景来の回復を待つため、二十一日に嘉山多福洞に引き揚げざるをえなくなった。寧辺では、先発隊があらかじめ城内にはいって準備していたが、二十二日、雲山郡守と价川《ケチョン》郡守が軍人を率いて応援に駆けつけ、嘉山と博川の避難民を城外に追放し、内応者を多数処刑した。そのため、寧辺進撃はとりやめられたが、南進軍から派遣された蜂起軍三〇〇名が計画通り泰川《テチョン》を攻略し、すでに逃亡していた県監《ヒョンガム》の代わりに倉監辺《チャンガムピョン》大益《デイク》を留陣将《ユジンジャン》に任命した。

南進軍の動きに劣らず、北進軍の動きはさらに活発であった。北進軍は、十八日金士用らが、捕らえられていた朴聖信らを救出して、十九日数十名で郭山に向かい、郭山を占領した。郡守は定州城に逃走したあとだったので、朴聖信を主管将に定め、定州に向かった。定州ではその前から反乱の噂が流れ、牧使《モクサ》李近冑《イグンジュ》《りきんちゅう》が内応者を逮捕して獄に入れたが、十八日崔爾崙《チェイリュン》《さいじろん》が獄門を開いて収監者を救出した。牧使は蜂起軍に対抗するため、兵を集めようとしたが失敗し、安州の兵営に逃亡した。二十一日金士用は内応者の歓迎を受けて数百名で定州城に入城した。金士用軍のなかには、官属や他地域からきた将士も含まれていた。金士用は崔爾崙を主管将とし（のちに金履大《キミデ》に換え崔爾崙を参謀にする）、定州の有力家門出身者を身分相当の地位に任命し、座首・風憲《プンホン》などにも新しい職責を与えたり、元の地位を維持させた。彼は占領地ごとに社倉穀《サチャンゴク》を軍糧に換え、行政体系を利用して募軍活動をおこなったり、各地域の有識者を従事官に任命して自身に随行させるなど組織体系を整えようとした。二十四日定州を出発し、郭山をへて宣川に入城し、蜂起軍による新たな行政体系を指示した。黄海道からきた将士と定州からきた別武士が指揮する歩軍二四〇名からなる北進軍分隊が、二十八日に亀城《クソン》に向かって出陣し、亀城邑城から三〇里離れた南倉の穀物を飢民に分け与えた。亀城の郷任層である許《ホ》《きょ》瑀《ウ》《う》が地域民六〇〇名余りを率いて合流し大勢力となった蜂起軍は、府使の軍隊と対峙した。北進軍本隊は、定州・郭山・宣川の歩軍一二〇〇名、騎兵八〇名の勢力で、すでに二十三日に座首・中軍《チュングン》らが府使を降伏させた鉄山《チョルサン》に無血入城した。金士用は元守令鄭敬行《チョンギョンヘン》を清北都指揮使《チョンブクドジフィサ》に、鉄山将校鄭復一《チャンギョチョンボギル》を鉄山留陣将に任命した。一八一二年一月三日、龍川《ヨンチョン》を占領し、指揮部は良策站《ヤンチエクチャム》に駐留して、義州攻略の方策を練った。この時点の参加者は数千名に達していた。

中央政府は、十二月二十日平安道兵使《ピョンサ》の極秘報告を通じて平安道の反乱を把握した。二十二日には新たに任命した定州牧使申鴻周《シノンジュ》・嘉山郡守鄭周誠《チョンジュソン》に戦闘と募軍の権限を与え、鄭晩錫《チョンマンソク》を関西慰撫使《クァンソウィム》兼監賑使《サギョムガムジンサ》にするなどの諸措置を取った。平安道地域の政府軍の準備も整い、二十七日には中央から京軍《キョングン》三哨と開城軍《ケソングン》一哨を出動させた。蜂起軍と政府軍の最初の戦闘は二十九日、博川の松村《ソンチョン》里で開始された。蜂起軍は二十四日に洪総角《ホンジョンガク》が三〇〇名、二十六日に洪景来、金昌始、禹君則らが五〇〇名を率いて集結し、これに農民が加勢して一〇〇〇名以上の兵力となり、官軍は平安道各地の軍属《クンソク》を合わせて、二〇〇〇名余りであった。激しい戦闘の結果、蜂起軍は敗退し、二〇〇名以上の蜂起軍軍士が殺され、三〇名余りが逮捕された。

洪景来らの蜂起軍本隊は、二十九日夜定州城に戻ったが、官軍は多福洞の基地を燃やし、民間人を殺戮した。蜂起加担者だけでなく、一般農民まで官軍の焦土作戦を避けるため定州城にはいった。北進軍のなかで亀城攻略を準備していた六〇〇～七〇〇名の蜂起軍は南進軍の敗退を知って、主力は定州城にはいったが、残りは散り散りになった。一月になると、蜂起軍が占領していた泰川、寧辺、郭山が官軍によって奪われた。一月十日、宣川を占領していた李済初《イジェチョ》と定州城から出動した金昌始の部隊が郭山の四松野《サソンヤ》で官軍と戦ったが、官軍の先制攻撃を受けて敗退し、李済初は処刑され、金昌始は味方に背信されて殺された。この戦いで北進軍は回復不可能な痛手を受けた。金士用が率いる北進軍本隊は、龍川占領後、良策站に布陣していたが、義州では官軍に荷担する義兵が起こり、一月十日、官軍が龍川を取り戻して蜂起軍二六名を処刑した。金士用は一月十三日軍卒《クンジョル》たちに軍糧を分け与えたのち、指揮部は定州城にはいった。鉄山も官軍に占領され、雲巌山城《ウナムサンソン》と東林城《トンニムソン》などに残っていた蜂起軍も崩壊し、北進軍は解体された。

十二月二十九日以後、洪景来らは定州城にはいって、指揮系統を整備しながら籠城にはいった。定州城は堅固な邑城《ウプソン》で軍糧も豊富に備蓄されていた。洪景来は大元帥として指揮し、官軍の攻撃に積極的に、組織的に備えながら、北から「胡兵」の援軍がくると宣伝して籠城者たちをなだめた。鎮圧軍は一月五日に第一次総攻撃をかけたが、蜂起軍の反撃を受けて退却した。二十七日に漢城を出発した巡撫営《スンムヨン》兵士は二十九日に開城《ケソン》に到着して開城軍と合流し、近隣地域から動員した兵士と合わせて八〇〇〇名余りが一月十一日に定州を包囲した。十六日に大砲とはしごを動員して大々的な攻撃をしかけたが、蜂起軍の戦術に翻弄され、二一名の死亡者と五〇名余りの負傷者を出して退却した。官軍は一月十九日から何度も攻撃を繰り返し、蜂起軍も城外に出て応戦した。しかし、籠城が長引くにつれ、配給する食糧がしだいに少なくなり、城内の事情が厳しくなっていった。三月末には口減らしのため、二回にわたって、婦女子と老弱者二二七名を城外に出した。この間に洪景来を殺す計画が蜂起軍内部からも官軍からも持ち上がったがいずれも成就はせず、官軍の攻撃は蜂起軍の頑強な抵抗にあって、四月にはいっても戦線膠着状態であった。官軍は四月三日から城を爆破するためのトンネルを掘り始めた。四月十八日それが完成し、十九日城壁に火薬をしかけて北城壁を爆破し、官軍が城内に侵入した。この戦いで洪景来は戦死し、逮捕者は漢城に送られ、処刑された。籠城に参加し逮捕された者は二九八三名で、このうち、女子八四二名と十歳以下の少年二二四名を除いた一九一七名がすべて斬首されて、この蜂起は終わった。

洪景来の乱の政治的性格

洪景来の乱の直接的原因については、反乱軍が発した檄文(十二月二十二日、金昌始作成)や洪景来が司馬試《サマシ》に落ちたことなどを基にして、平安道に対する中央の差別が強調されてきた。しかし、士族《サジョク》層が存在しなかった平安道で中央の顕官を輩出できなかったことは事実だが、科挙においては、少なくとも正祖・純祖年間には式年文科《シンニョンムングァ》や別試文科《ピョルシムングァ》において他道に劣らない合格者を出しており、科挙差別は原因の一つと断定できない。また、檄文中に「幼い王が位にあり、権謀と不正が日ごとに盛んになっている。勢道家金祖淳・朴宗慶《パクチョンギョン》らが国権をほしいままにしている」と勢道政治に対する強い批判があげられているがこれは事実とは相違する。純祖はすでに成人して蜂起が起きる前の一八〇四年から親《チン》政《ジョン》をおこなっていた。つまり檄文は、中央の政治状況を十分に把握していないことを示している。続いて「檄文」は、「仁天は災いをくだし、冬の雷、地震、彗星、風雹《ふうはく》がない年がなく、凶年が頻発し、人民が餓死している」と、勢道政治のために天変地異が頻発し民が死境に陥っている状況を述べ、「済世の聖人」（鄭真人）による世直し革命の必然性を説く。

郭山の薬商の供述では、首謀者の一人金昌始の言葉として洪景来が鄭真人の命を受けて都元帥となり、黄海道・平安道両道を征服してから、閭延の真人と合流して前進し、兵革は必ず七年かかるといっている。少なくとも首謀者たちは全国的世直し革命を意図しており、漢城でも掛書などの工作を計画した。「檄文」が平安道の民人への呼びかけに始まり、平安道に対する中央の差別を強調しているのは、すでに郭山・定州などが蜂起軍の支配下にはいっていた状況で、これから進軍する平安道各邑を念頭においた記述とみられる。洪景来の乱は、蜂起軍および鎮圧軍のほとんどが平安道人であるという局地性を帯びていたが、その本来の意図は鄭真人による王朝交代という鄭鑑録思想（五一四頁参照）に基づく世直し革命であった。平安道を蜂起の始発点に選んだのは、十九世紀初めの平安道が、朝鮮王朝の累積した矛盾とともに、新たに起こりつつある階層の経済的成長、社会的身分上昇運動が明確にあらわれていた地域だからである。

洪景来の乱の参加層

そうした政治的性格を踏まえて、洪景来の乱の参加階層の分析をすることで、社会的性格が明らかになるであろう。

洪景来の乱の参加層は、指導層(首謀者・内応者)と兵士たちの階層的性格が大きく異なっており、必然的に蜂起参加の目的も多様であった。まず、首謀者たちは、官軍側の記録である『陣中日記』では二三名が記され、平安道龍岡県(洪景来)、嘉山郡(李禧著、禹君則)、郭山郡(金昌始、洪総角、金国範《キムグクポム》)、泰川県(金士用)、价川郡(李済初、李済信《イジェシン》、李夏有《イハユ》)、安州牧(楊秀浩《ヤンスホ》、楊秀漸《ヤンスジョム》)、平壌《ピョンヤン》府(黄再清《ファンジェチョン》)、博川郡(韓信行《ハンシネン》、金之幹《キムジガン》、崔大運《チェデウン》)、寧辺大都護府(張之煥《チャンジファン》、金碩良《キムソンニャン》)、黄海道鳳山《ポンサン》郡(尹厚倹《ユヌゴム》)、載寧《チェリョン》郡(金雲龍《キムルリョン》、車南道《チャナムド》)、京畿道《キョンギド》開城府(権景伯《クォンギョンベク》、林思恒《イムサハン》)の出身である。

そのなかで首謀者の身分を検討すると、乱を最初から計画し周到な準備を整え、定州城の籠城を率いた平西大元帥洪景来の場合、従来没落両班とされてきたが、それに対する明確な史料がなく、風水師《プンスンサ》を業とする一定の知識を有した常民と考えるのが妥当である。蜂起一〇年前から洪景来と会って準備を進めた禹君則は亀城民の賤孽《チョノル》(賤民の妾の子孫)もしくは嘉山の駅奴《ヨンノ》(駅に所属する奴)の甥とされ、風水師を業としていたが、紅蔘《ホンサム》(蒸して乾燥した朝鮮人蔘)の密貿易で捕盗《ポド》庁《チョン》に捕らえられた経歴もある。李禧著は蜂起の財政的基盤を提供した人物であるが、もとは駅奴である。しかし、富裕な財産によって納粟免賤《ナプソンミョンチョン》(政府に穀物を上納して良人となること)し、武科《ムグァ》に合格したのち、郷案《ヒャンアン》に入録し郷権《ヒャンクォン》に接近する運動をしたが、嘉山郡守鄭蓍の妨害に遭って成就しなかったため、社会的な不満をいだいていた。南進軍先鋒将としてつねに洪景来とともにあって、軍事的活躍をした洪総角は、生業が商人であったが経済的には貧寒であった。

彼らに対して、出身身分が両班、郷任で郷村の指導的地位にいたとしても、経済的には没落していたと考えられるのは、金昌始、金士用、李済初である。金昌始は父が幼学《ユハク》であり、自身は一八一〇年式年試で進士に合格しており、経済的には婢二口と挟人(モスム、作男)を有していたが負債が多かったとされる。金昌始は各地の内応者とのパイプをつくり、富民を巻き込むのに功があった。檄文をつくったのも彼である。副元帥として北進軍を指揮した金士用は、父が座首で、経済的には貧しいが、郷村のなかでは巨族として知られていて、親戚から科挙合格者も出している。「力士《ヨクサ》」として先鋒将の任を担った李済初の身分に関しては確実な史料がないが、父の戸籍に職役名がなく、経済的には草家三間

（かや葺き屋根の二間の部屋、貧しさの象徴）と物置小屋のモスムと少なからざる本を所有していたとされるところから、没落した郷任家系とみられる。以上のように首謀者は両班・郷族《ヒャンジョク》（郷任家系）から没落両班・常民まで多様であるとともに、経済力を梃子に身分浮上していく層と経済的に没落していく層が混在し、この時期の身分変動の状況をそのまま反映している。

それに対し、内応者の身分構成をみると、平安道地方の有力な郷任や郷吏、そして「饒戸富民《ヨホプミン》」と称されている富裕層によって占められている。「饒戸富民」は準備期において、軍資金、軍糧、武器、蜂起の根拠地まで調達し、博川や定州・鉄山などの郷任や郷吏は蜂起軍が各邑にはいってくる前に邑内を掌握していた場合もあり、嘉山や泰川のように、蜂起軍を郷吏が軍楽で迎える場合もあった。用意周到な事前工作がおこなわれていたのである。蜂起軍は、守令が死んだり、捕らえられたり、逃亡して空白になった邑の行政を、彼ら郷任や郷吏あるいは地域の有力両班にそのまま任せた。嘉山郷吏尹元燮を嘉山郡守に、泰川倉監辺大翼《ピョンデイク》を泰川県監に、郭山僉使《チョムサ》朴聖臣《パクソンシン》を郭山郡守に、博川執事韓一行《ハニルヘン》を留鎮将（郡守と同格）に、定州郷吏崔爾倫を定州牧使に、軍校《クンギョ》柳文済《ユムンジュ》を宣川府使に、鉄山の巨族鄭一族の鄭聖翰《チョソンハン》を龍川府使に任命し、さらに鄭一族鄭敬行を清北都指揮使に、定州座首金履大を鎮撫都督《チンムドドク》に定めた。中央派遣の守令を郷任や郷吏ですげ替えただけで従来の郡県の行政組織をそのまま継承しようとしたことは、蜂起軍が独自の行政組織を創出できなかったためである。同時に、郷任や郷吏あるいは有力両班の政治力に依存して支配する方針をとったことと、内応勢力として貢献した彼らの政治的野心を充足させる目的からでもあった。

指導層の多様な身分構成に対して、兵士として参加した層は農民、零細商人、没落両班、賃労働者、流民など多種の下層民であった。彼らの多くは、政治的目的や高い意識をもって自主的に参加したというより、募集に応じた場合が多かった。蜂起軍は鉱山採掘の鉱夫として前金を払って募集したり、食いつめて物乞いをしていた金貴突《キムグィドル》の例のように食糧を与えるという理由で集めたりもした。また、宣川では各面《ミョン》の約正《ヤクチョン》（この場合、面任《ミョニム》の意味）たちが分担し農民二〇〇名を集め、定州に送ったりした。このように、指導層とは社会的性格と目的を異にし、寄集めの集団にすぎない彼らが、定州城では一〇〇日を超える籠城をもちこたえたのであった。多様な集団を結びつけ、ともに戦うことができたのはなぜか。それは洪景来が一貫して参加者に説きつづけた鄭鑑録由来の鄭真人の世直し革命論、その一環としての胡兵の救援説であった。

三南民乱

一八六二年二月から五月にかけて、慶尚道二一邑、全羅道《チョルラド》三八邑、忠清道《チュンチョンド》一一邑で民乱が勃発し政府を震撼させた。民乱はその後も全国的に拡散しただけでなく、政府が民乱原因の解決のため、三政釐整庁《サムジョンイジョンチョン》《さんせいりせいちょう》を設置して対応策を考究のすえ公布した「罷還帰結《パファンギィギョル》」に対する抵抗まで起こった。京畿道広州《クァンジュ》や咸鏡道咸興《ハムン》、済州島《チェジュド》と、まさに連鎖反応的な広がりであった。この一見自然発生的運動の高揚は、それぞれの郡県で種々の形態をとった反官・反地主闘争の一局面にすぎなかった。各郡県の運動はそれぞれの歴史的経過を有しており、一八六二年の爆発的蜂起のあとも、抗税・抗租運動は継続的におこなわれた。

一八六二年の民乱の嚆矢《こうし》が丹城《タンソン》民乱である。晋州民乱調査のためもっとも早く中央から派遣された按覈使《アネクサ》《あんかくし》朴珪寿《パッキュス》が「晋州の変が起こった。居昌《コチャン》・咸陽《ハミャン》の変は晋州を摸倣して起こした。晋州は丹城を真似た」と報告したように、丹城民乱は、その原因・展開過程・収束状況などにおいて、その後晋州をはじめ各地に頻発した民乱の原初的形態を示している。その意味で丹城民乱の具体的様相をみてみよう。

丹城民乱の主原因は、守令と胥吏によって起こされ痼疾《こしつ》化していた還穀問題であるが、つぎのようにまとめることができる。⑴吏胥《イソ》（民乱期には郷吏より吏胥という表現がほとんど）の還穀横領額が六万石におよび一八六一年の収取総額が一結当り一八両と多額にのぼった。⑵前監司が丹域の還穀の弊害を緩和するため、三〇〇〇石を移貿《イモ》（還穀を売り、それを元手に安い穀物を買い入れること）したのに吏胥がその事実を隠蔽し、露見すると、少しずつ民からの徴収額を減額しようとした。⑶藁草や松枝を米にみせかけて、二万五〇〇〇石分を貯蔵庫の中に投じ、春、民間に分給し吏胥の横領分の解消を企てた。⑷暗行御史が措置した救済金を軍器補修名目で横領した。

丹城民乱は、事実上、一八六一年冬金麟燮《キミンソプ》《きんりんしょう》らの在地士族が始めた請願を中心とする合法的運動から開始された。一八六二年一月「一郷大会」（拡大郷会《ヒャンフェ》）により指導層の方針を決定し「一郷大小民人」五〇〇名余りによる大丘監営《テグカミョン》への示威運動が展開される。参加者の拡大と手段の先鋭化のなかで、打倒対象である吏胥・軍卒との対立は熾烈となり、吏《イ》房《バン》・倉色《チャンセク》(7)の家を焼打ちするにいたった。ついに二月四日客舎で「大会」中の「大小民人」が吏胥らに襲撃され、その混乱のなかで守令林景黙《イムビョンモク》《りんへいもく》が大丘監営に逃亡し、事態は新たな局面へと突入する。「郷員《ヒャンウォン》」による郷庁《ヒャンチョン》のトップである座首と郷吏のトップである吏房・戸長《ホジャン》の選出である。郷権を掌握した在地士族を中心に邑民による丹城支配は新守令が到任後も続き、嶺南《ヨンナム》宣撫使《ソンムサ》《せんぶし》李参鉉《イチャミョン》が丹城県にはいり、指導者たちが逮捕されてようやく終結した。逮捕された人びとは、金《キム》《きん》欞《ニョン》《れい》とその同族である尚州金《サンジュキム》氏らの在地士族であった。金麟燮はその後捕らえられ義禁府《ウィグムブ》に送られた。前司諫院《サガヌォン》正言《ジョンオン》金麟燮は嶺南《ヨンナム》学派の柳致明《ユチミョン》（号は定斎《チョンジェ》）と許伝《ホジョン》（号は性斎《ソンジェ》）に師事したが、出身地や門閥が重視される中央政界において権門にへつらうのがいやで郷里に戻った。金欞はその父で、丹城民乱は、在地士族が指導層の中核となり、広範な農民層を参加層のなかに含んだ抗税闘争である。在地士族は軍役の結斂化《キョルリョム》（土地税として賦課）、還穀問題という邑民との共通の利害に立って、収取過程における守令・校卒《キョジョル》（軍校など警察関係の邑役人）・面任・吏胥の弊害を弾劾するにあたり、民意を代弁し、邑民と利害を一致させる方向で邑権の掌握をはかった。

つぎに、丹城民乱の組織の特徴は、「郷会」「大会」という、在地士族あるいは場合によっては各階層民の会議が連日開かれて運動の方向を決めたことである。郷会または大会に参集しない者に対しては罰銭を徴収し、計二〇〇〇両に達したという。邑権掌握後は、ここで邑の重要事項が検討された。郷会は丹城民乱の進行過程で重要な役割をはたし、その意味では、「抵抗の組織」として位置づけられるが、釐整庁《イジョンチョン》節目《ジョルモク》が領布されたのちは、守令によって主催され、守令の諮問機関としての機能をはたした。

一八六二年の民乱の直接的な原因は、それぞれの郡県の特殊な状況を背景にしてはいるが、共通する問題が三政紊乱である。すなわち十九世紀の国家財政の危機を収奪の強化によって乗り切ろうとした国家政策がもたらした賦税収取上の制度的問題に加えて、収取過程における守令や吏胥の種々の横領にあった。まず、もっとも大きな原因となった還穀と関連しては、還穀総額の過多、吏胥が横領した分を邑民に負担させる「吏逋《イポ》徴民《ジンミン》《りほちょうみん》」、米穀の季節・地域による換算額の違いを利用する収奪などが共通にあげられた。また、多額の田税《チョンセ》や大同税《テドンセ》、田税を一律に銭に換算して収取する結価《キョルガ》、多種の税をまとめて土地に課す都結《トギョル》が弊害とされた。とくに、結価や都結は土地所有階層である限り士族も逃れることができないため、不当な収取負担に対しては積極的な抗議行動にでる結果となった。

丹城民乱の展開は前述したが、その影響を受けて発生した晋州をはじめとする各地の民乱の展開過程はつぎのようにいくつかの類型にまとめられる。多くの場合、まず、郷会を開き、郡県の官衙や各道の監営に呈訴した。地方官への呈訴の大部分は要求が聞き届けられず、逆に主導者が逮捕される結果に終わった。そのような場合、中央の備辺司《ビビョンサ》に呈訴したり、さらに王に直訴する撃錚という合法的手段も使われたが、集団的な力に訴える示威行動に移った場合、中央派遣の官吏は「民乱」と認識した。集団的示威行動はつぎのような諸形態をとった。⑴集まった邑民たちが官衙を攻撃し、最重点課題を強訴する形態。ときには守令を追放する場合も起こった。晋州の場合には都結と吏逋徴民の是正を強訴し、さらに慶尚《キョンサン》右兵営《ウビョンヨン》に集結して、右兵使《ウビョンサ》の横領と吏逋の強制徴収を非難した。扶安《プアン》では全羅兵使《チョルラビョンサ》白希洙《ペッキス》を殴打し、宣撫使趙亀夏《チョグハ》一行の道を塞ぎ、それに従う胥吏を殺したが、金溝《クムグ》でも宣撫使の一行の道を塞いだ。⑵邑内《ウムネ》の支配層や吏胥・大商人などへの攻撃がおこなわれ、彼らの家屋への放火、財物の略奪などがおこなわれ、胥吏が殺害される状況も生じる形態。⑶丹城の例にみられる邑権の掌握形態。統治機構を再編し、座首・吏房から、官衙の官奴《クァンノ》まで選定し、新たな収取帳簿を作成した。⑷居昌の例のような中央権力への直接抵抗形態。監営から捕卒《ポジョル》を動員して民乱首謀者を逮捕したが、押送の途中で農民たちが護送行列を襲い、首謀者を奪還した。暗行御史李寅命《イインミョン》が鎮営《チニョン》から捕卒を急派したところ、農民たちに捕らえられ郷所《ヒャンソ》の獄に数日閉じ込められた。⑸他地域への拡大形態。一八六二年の民乱はほとんどが郡県単位であったが、懐徳《フェドク》の農民軍は清州《チョンジュ》まで示威していき、忠清道恩津《ウンジン》の農民は道の境界を越えて全羅道礪山《ヨサン》《れいざん》府に押しかけ家屋を壊したり、燃やしたりした。

多くの郡県において⑴と⑵の示威形態の結合がみられたが、民乱参加者の社会的性格や意識に左右され、⑶から⑸の形態をとる場合もあった。

三南民乱の参加者と組織

民乱の初期形態である呈訴運動から前記⑴の段階を主導したのは、邑で指導的立場にある元官僚や在地士族である。そして邑の官衙襲撃までは彼らの持つ指導力は大きい。丹城の前司諫院正言金麟燮、晋州の前弘文館校理《ホンムングァンギョリ》李命允《イミョンユン》、仁同《インドン》の前司諫院正言張膺杓《チャンウンピョ》《ちょうようひょう》、長興《チャンフン》の前宝城《ボソン》郡守高済煥《コジェファン》らは蜂起に深くかかわって、農民たちの代弁者としての役割をはたした。

蜂起が一段階高揚し、⑵の段階に進むと、没落両班や樵軍《チョグン》《しょうぐん》が中心勢力として浮上してきた。晋州民乱の指導者柳継春《ユゲチュン》は、本来身分は両班だったとされるが、土地もなく、代書人をして一般農民と変わらない生活をしていたため、還穀問題は切実であり、晋州府と慶尚監営、さらに備辺司にまで呈訴運動をしていた人物であった。咸平《ハムピョン》の指導者鄭瀚淳《チョンハンスン》《ちょうかんじゅん》も没落両班と考えられ、蜂起の目的は「輔国為民(国を輔《たす》け民の為にする)」にあると主張し、一〇箇条の要求を提出した。

民乱の中心には、晋州や尚州《サンジュ》のように私奴《サノ》が含まれる場合もある。また、多様な階層の人びとが参加したが、当時の状況を直接体験した姜瑋《カンウィ》《きょうい》は、流民や放浪者、手工業者・商人・両班家の奴なども参加していたと記している。

このように民乱の原因と経過に従って、指導者や参加者の階層も変化していったが、政府は元朝官や士族は流配に処した一方、集団的暴行の中心になった下級階層指導者は逮捕すると即座に晒し首などの刑に処した。

重要な役割をした民乱の組織として郷会があげられる。郷会は十八世紀には身分制的支配機構を安定的に維持するために運営されたが、十九世紀になると賦税収取に関連し、被支配層の支配機構に抵抗する組織へと転換していった。郷会から民乱形態に発展していった場合も多い。先にあげた丹城の場合は、同じ「抵抗の郷会」といっても、「郷員」すなわち在地士族参加の郷会と、参加層を拡大させた「大小民人」参加の郷会とが同時期に存在し、議事内容あるいは運動の進展状況にともなって随時使い分けられている。それだけではなく、釐整庁節目発布にあたり、守令の諮問機関としての機能もはたしている。晋州の場合は、指導人物たちが居住地域で邑の弊害を論議する里会《イフェ》を開き、通文を作成してまわしたのち、郷会(一郷集会)を召集して農民を動員した。このように、「郷会」は地域や民乱の展開の時期により、参加者・呼称も異なっているが、参加する階層の意見集約と蜂起準備組織であった点は共通している。

民乱のもう一つの重要な組織に樵軍がある。樵軍は、農民層の分解で生じた零細な土地所有者である貧農または小作人、一時的雇用労働者が、農閑期に肥料用の草や自己消費あるいは市場での販売のための燃料(薪)を集める共同労働組織をいう。自ら「われわれは鎌を持ち、チゲを背負う者で山に登れば樵軍であり、野で働けば農夫」と称しているように、「半農半樵」の生活形態である。貧農が三政の負担に堪えがたかったのと同様、土地に付加された田税や都結が小作人に転嫁される賦税収取状況のもとで、小作人も生計の維持が難しかった。また、地主とのあいだの地代をめぐる葛藤、木を切ったり採集するための入山をめぐる山林地主との摩擦も頻発していた。

彼らは樵魁《チョグェ》、座上《チャサン》、頭目《トゥモク》などと呼ぶ者が指揮して、一〇名から二〇名規模で集団的に行動した。晋州管内では樵軍が三〇〇名にいたると記録され、晋州民乱のときには、平常の作業着で頭に白はちまきをして仲間意識を高め、棍棒を武器に集団的力を誇示した。民乱が高揚した段階で、守令を追放したり、吏胥や邑の支配的士族・土豪などを襲撃するにいたると樵軍が中心的役割をはたした。

政府の対応(三政釐整策)

丹城に続いて、兵営のある晋州で民乱が勃発したことが、二月二十九日慶尚道観察使(慶尚監司)李敦栄《イドニョン》および慶尚右《キョンサンウ》道兵《ドビョン》馬節度使《マジョルトサ》(慶尚右兵使)白楽莘《ペンナムシン》の報告により都に伝えられ、政府を驚愕させた。国王は即座に備辺司の会議をへて牧使洪秉元《ホンビョンウォン》の罷免・逮捕を命じ、三月一日朴珪寿を晋州按覈使として派遣することを決定した。三月十八日朴珪寿は晋州に到着し、調査を始めたが、その間にも咸陽、居昌、星州《ソンジュ》と慶尚道各地でつぎつぎと民乱が起こった。朴珪寿の報告によれば、「監司が新たに赴任し、按覈使がくだってくれば百姓が当然おこなうべきことは陳情であるが、そうはせず蜂起が継続して起こっている。朝にはこちらの県で、夕べにはあちらの県で蜂起したという情報が聞こえてくる」という切迫した状況であった。政府は朴珪寿に続いて四月十五日行護軍《ヘンホグン》李参鉉を宣撫使に任命し慶尚道に派遣した。慶尚道に続いて、全羅道さらに忠清道と三南に民乱が拡大すると、政府は按覈使五名、宣撫使二名、暗行御史一〇名を派遣して収拾にあたらせた。按覈使は蜂起に参加した民の処罰と乱の原因の調査を目的にしたが、宣撫使は今回はじめて派遣された官職であり、農民たちの要求に応ずるという政府の姿勢を示してもいた。また暗行御史を派遣して守令の不正事実を調査し、原因を糾明しようとした。宣撫使と暗行御史は抗争地域だけでなく、他の地域でも起こる可能性を考慮して活動地域を拡大した。

蜂起が発生したら監司や守令はまず、蜂起軍を処罰したのち、報告することを命じ、蜂起の主導者たちは例外なく晒し首の刑にし、追随者も杖刑・徒刑に処した。賦税収奪にかかわった吏胥・郷任も処罰した。

一方、政府は按覈使らの報告により民乱の根本的原因を還穀・田政・軍政の弊が極限にいたったためと結論づけた。政府は、監司や高官さらに各郡県民にまで対策案の提出を命じるとともに、三政改革のための臨時特別機構の設置を決定した。これが三政釐整庁である。三政釐整庁は三政矯弊策を全国から募り、集まった数百にのぼる対案を検討した結果、閏八月「三政釐整節目《サムジョンイジョンジョルモク》」四一条を頒布した。

「三政釐整節目」の重要な点は、田政においては田税・大同・三手米《サムスミ》以外の税の追加新設をいっさいなくすこと、都結・防結《パンギョル》の弊をいっさいなくすこと、三税の作銭《チャクチョン》は詳定式例《サンジョンシンネ》(一定の換算率)により施行することなどであり、軍政五条においては、簽丁《チョムジョン》(軍役負担者の選定)と免除の年限を厳格にし不公平をなくすこと、不法避役者を摘発し役に就かせること、各邑の軍額を決定するときの不公平をなくすことなどであった。もっとも弊害が大きかった還穀に対しては二三条があてられたが、そのなかでもっとも大きな改革は、還穀制を廃止し、その利息の代わりとして、実際に耕作している田地一結につき二両の結銭《キョルチョン》を徴収するようにしたことである。還穀がもっていた予備穀としての機能は、実際に残っていた二三〇万石を元手に一五〇万石を恒留石《ハルリュソク》として郡県に保存し二年ごとに交換することにした。「罷還帰結」と呼ばれるこの措置については政府内でも意見が分かれたが、おもな反対意見は、貧民たちは大変喜ぶが権勢家や吏胥は賛成しないこと、地税が小作人に転化される慶尚道などの農民は不満であること、還穀制における春貸秋斂(春に貸し付け秋に納めさせる)の救貧機能が生かせないことなどであった。

ところで、三政釐整庁は節目発布によってその使命を終わったものとして、直後に撤廃され、三政に関する業務は備辺司に移管された。「罷還帰結」に対する反対が四都《サド》(開城《ケソン》、広州《クァンジュ》、水原《スウォン》、江華《カンファ》)をはじめ各地で提起され、最初に広州で反対の蜂起が起こった。石当り五両を徴収して恒留穀をつくろうとしたことに反対して広州府に訴状を提出し、還穀制度に戻すように要求した。広州府が拒否すると抵抗民は漢城《ハンソン》にのぼって、権勢家趙斗淳《チョドゥスン》と鄭元容《チョンウォニョン》の家を取り囲んで示威をおこなった。昌原《チャンウォン》、清安《チョンアン》、咸興《ハムン》でも新政策反対の民乱が起こった。その結果、十月末備辺司は新たに頒布した三政釐整節目が不十分で現実に合わないとしてその施行をやめ、もとに戻すことを決定した。

しかし、還弊がもっとも甚しかった三南地方に対しては、十二月新たに還弊《ファンペ》救《ク》弊節目《ペジョルモク》をつくり頒布した。それにより「蕩《タン》逋《ポ》均《ギュン》還《ファン》」(吏胥の横領分などを減額して還穀の分給を公平にする)と呼ばれる政策がおこなわれ、四道で一〇〇万石が免除された。三政釐整節目によってより根本的解決方向が打ち出されたのにもかかわらず、朝廷内の政策不一致によって挫折し、還穀に対しても若干の手直しがなされただけで終わった。こうした政府の対応はその後も民乱が散発的に起こる火種を残した。

一八六二年の民乱は三政問題を中心に各郡県固有の弊害を解決するため、邑民の合法的な上疏運動から出発し、要求が拒否されると集団的闘争形態に発展することで全国化した。この民乱は朝鮮王朝の体制的矛盾とそれによって惹起された民の生活の破綻を、公平で合理的な租税収取をとおして解決しようとする切実な要求を掲げて起こった生存闘争であった。したがって、その要求はより根本的な土地所有の不均等や地主・小作問題にまではいたっていない。そのため、打倒対象は三政の弊害を起こした責任者である守令などの地方官、邑の行政末端で直接担当した吏胥や軍属に止まり、王や中央政府には矛先が向いていなかった。

しかし、それまでに軋轢《あつれき》のあった在地士族や土豪が攻撃された邑もあり、土地所有をめぐる階層間の社会・経済的対立関係が表面化し始めた。

東学の成立

十九世紀を「民乱の時代」というとき、そのもっとも発展した運動が「東学農民戦争《トンハンノンミンジョンジェン》」であり、伝統社会の身分制や儒《ユ》教《ギョ》的秩序を土台とする思惟と行動の枠組を超える民衆の成長を示した。「東学農民戦争」の主体となった民衆たちの思想的根拠となったのが東学である。

東学は一八六〇年四月に崔済愚《チェジェウ》によって創始された。崔済愚は、慶州《キョンジュ》で慶州崔《チェ》氏と再嫁女である朴《パク》氏(本貫不明)とのあいだに生まれ、崔致遠《チェチウォン》に連なる名門の子息として父の遺訓により八歳から十五歳までは儒教の勉強をした。父母を早く亡くしたのち、結婚したものの、その後約一〇年間行商をしながら全国をまわった。この間に当時の朝鮮民衆がおかれた社会的矛盾や経済的苦境に直接接し、また、中国にまで迫っていた欧米列強の脅威と「異様船《イヤンソン》」(外国船)が朝鮮の海へ出現するのを見聞した。このときの経験が民衆救済・侵略勢力排斥という東学の骨格をなす思想的土台となった。

一八五九年十月に家族を連れて蔚山《ウルサン》から慶州に戻り、求道の道を志したとき、名前を済愚、号を水雲《スウン》、字を性黙《ソンモク》と変えた。『東経大全《トンギョンデジョン》』「布徳文《ポドンムン》」によると、一八六〇年四月崔済愚は天から神の声を聞き、護符と呪文を受けよという教えを受けたという。シャーマニズム的な憑霊型体験である。そして一八六一年六月から彼はこの新しい「無極の大道」を人びとに広げていく実践に移った。

東学は、朝鮮王朝の支配原理である儒教、伝統的宗教である仏教・道教などだけでなく、土着的な民間宗教であるシャーマニズム、当時一般民衆のなかで流行していた『鄭鑑録』などの秘記類・風水地理説《プンスジリ》などからも、さらに外来の西学からも受容し、融合して形成した新しい民族宗教である。この折衷主義的な性格が広範な階層の人びとに受け入れられる要素となった。

東学の思想的特徴は、革命思想(終末論と後天開闢思想)、平等思想、共同体思想、治病思想、反外勢・反西学《ソハク》思想、民衆思想といえる。革命思想とは、崔済愚が得度したときを基準に歴史時代を分け、今の混乱した時代が必ず崩壊し(終末論)、新しい文明が開かれる「無極の大道」(天道)の時代が開闢し、それは五万年持続されるという内容である。その大道を成就する根本原理は「無為而化」で、老子の「無為」から来ている。今の矛盾に満ちた現実を克服し、新しい時代と文明を開こうとする後天開闢思想は民衆に希望を与えた。

平等思想に関していえば、崔済愚は、人間の心と神の心は本質において二つではなく一つである(一如)という一元論的観念を前提に、神は絶対的他者ではなく自我の本質であると認識し、自分の教え通り二一字の呪文を唱え「誠敬信」を実行すれば、だれでも貴賤の別なく、自分自身の心のなかの「ハヌニム」(神)と内面的一体を成すことができると考えた。この「侍天主《シチョンジュ》」思想こそ東学の平等思想につながり、身分制という桎梏《しっこく》に苦しむ民衆に平等意識を覚醒させた。

崔済愚の布教方法は、「侍天主」を核心とする呪文によって教化し、知識層向けには漢文体で哲学的体系化をおこない、漢文の素養のない一般民衆や婦女に対してはその要諦をハングルの歌詞にして理解しやすいようにした。漢文教理は、輔国安民《ボグクアンミン》、後天開闢《フチョンゲビョク》、「東学《トンハク》」創始の意味、「先信後誠」の修行姿勢などについて解説しているが、のちに『東経大全』に「布徳文、論学文《ノナンムン》、修徳文《スドンムン》、不然其然《プリョンギヨン》」としてまとめられた。

崔済愚の刑死後『龍潭遺事《ヨンダムユサ》』としてまとめられた歌詞は、息子と甥に教える教訓形式の「教訓歌《キョフンガ》」、婦女子を慰労するとともに自分が国を守るので安心しなさいと婦女子に安心を与える「安心歌《アンシムガ》」、故郷慶州龍潭の美しさと自分の生涯を歌った「龍潭歌《ヨンダムガ》」、弟子たちに修道を勧める「道修歌《トスガ》」、崔済愚自身の成長と得度過程を歌った「夢中老少問答歌《モンジュンノソモンダプカ》」など九編となる。

崔済愚の思想は十九世紀の危機的な対内・外状況のなかで苦しんでいた朝鮮民衆たちに受け入れられる要素を有していた。一八六一年に布教を始めて以来、東学は慶尚道慶州を中心に教徒が拡大していき、六二年には一五郡県に「接《チョプ》」が組織された。「接」は崔済愚が負商《プサン》(背負子に担いで日用品を販売する行商人)であったときの経験を生かしてつくった修道人と伝道人の組織であり、その規模は六〇人から七〇人であった。

一八六四年崔済愚は「邪道乱正《サドランジョン》」の罪目で斬首され、東学は不法化されたが、六〇年代後半には慶尚道北部で指導体制が整備され組織が再建され始めた。二代目教祖崔時亨《チェシヒョン》(号海月《ヘウォル》)は献身的活動をおこない、それによって地下組織をとおして教勢が全国に拡大していった。崔時亨は一八六一年六月、すなわち崔済愚が布教を始めたとき、信徒となり、以後東学思想の実践に努めた。彼は東学の平等思想をさらに発展させ、「人乃天《インネチョン》」「事人如天《サイニョチョン》」で表現されるように天である人間の平等を強調し、とくに子どもと女性と奴婢が「ハヌニム」として待遇される万人平等を唱えた。

ところで、崔済愚は自らが創始した宗教をなぜ、「東学」と命名したのか。西学に対抗するための一種の対抗イデオロギーとして「東学」と名づけたという見解もあるが、一八六〇年四月に崔済愚が憑霊体験によって覚醒し、新宗教を創始した時点で、反西学的認識をもっていたとはいえない。西学に対する言及が最初にあらわれるのは、布徳文(一八六一年春)で、得度から七〜八カ月後である。この間に、一八六〇年十月、英仏連合軍が清の首都北京を陥落させるという衝撃的な事件が起こっている。崔済愚は天主堂を建てて積極的に布教活動をする宣教師たちに関心をもったが、排他的な見解はもっていない。その一方、武力で侵略する西洋の強大さを認識し、不安感・危機感をもち、警戒をみせ始めている。

民衆への布教を開始した一八六一年六月以後、天主とハヌニムという用語・万民平等説・教理の類似などから、人びとが西学と崔済愚の創始した道を混同し、西学として排斥する状況が生じた。崔済愚は自分の「道《ト》」が西学と異なる点、西学では世の中の困難を救えないことを明らかにする必要が生じた。そのため、一八六二年一月儒生対象の「論学文」において、儒学的倫理観に依拠して自身の「道」が明らかに西学と異なることを強く打ち出し、西学は神を敬う方法を誤り、神のためではなく、宣教という目的のみのために利己的に他国を侵犯し真理も虚無に陥っていると批判した。また、一般民衆のための「勧学歌《クォナッカ》」をつくり同じ目的を込めた。崔済愚はこの時点になってはじめて、西学との差別性を明らかにする意味で、自身の「道」を「東学」と命名したのである。

このように、崔済愚の段階では西欧列強に対する危機感はあったが、排撃するところまではいたっていなかった。しかし、第二代教祖崔時亨の段階になると、一八六六年丙寅洋擾《ピョンインヤンヨ》、七一年辛未洋擾《シンミヤンヨ》という仏・米と武力衝突が発生した状況で、西欧列強さらには日本との対決姿勢が明確にあらわれる。一八八四年崔時亨の「降書《カンソ》」(崔時亨の説法をのちに教団が編纂した『海月《ヘウォル》神師《シンサ》法説《ポプソル》』所収の一章。崔時亨がハヌニムから受けとったという文書で、そのなかには崔時亨のおこなうべき仕事が書かれていたという)では西洋勢力の東洋への武力侵略を強く批判し、彼らと闘争しなければならないことを強力に主張した。以後、東学は輔国安民を打ち立てて反外勢運動を本格化していく。

▼補説28▲　市廛と行商の女性たち

朝鮮時代後期は親迎や相続における男女差などをはじめとして家父長制が強化され、それ以前に比べて、女性の権利や立場が縮小され、女性の活動は私的領域に制限される傾向が強まった。とくに両班女性たちは、『内訓《ネフン》』（江戸時代の「女大学」のような規範）によって万事が緊縛され、外出も自由にはできなかった。しかし、常民以下の女性たちは上流の女性たちに比べれば活動の自由があり、家の外の仕事にも従事していた。その代わりに相当厳しい労働量であり、育児、掃除、調理、洗濯、水運び、養蚕、織布、裁縫などの家内労働、そして夏には除草、田植えなど野外の労働と休む暇もなかった。また、女人廛《ヨインジョン》の経営や行商などの商業に携わった例も確認でき、この時期の女性たちの活動領域に新たな視点を提供している。当時の流通体系は市廛《シジョン》制度と褓負商《ポブサン》（第八章四二九頁参照）制度でなっていたが、女性たちの市廛活動が最初にみられるのは、一七四六年、「男子は萩でつくったざるに、女子は瓢箪《パガジ》《ひょうたん》に魚物を載せて市内にはいってきて各所の路上で商いをしている」という乱廛《ナンジョン》（認可されていない商業活動）に対する訴訟記事のなかである（『各廛記事《カクチョンギサ》』）。続いて、一七五一年、「一七三〇年以後それまで乱廛を厳しく取り締まっていたのを民衆の生計のために一時禁止をゆるめて商業従事を許すようにしたところ、西小門外の狭い路上で、女性三人が『佐飯《チャバプ》の物』（魚を塩漬けにしたおかず）を売り始めたが、そのうちとうとう魚廛《オジョン》（魚を売る店舗）をつくって好き勝手に乱売するようになった」と提訴された。両方とも十八世紀の半ば頃には女性たちの市廛活動がめだち始めたことを示唆している。

女性たちの市廛活動が明確に示されているのは、『万機要覧《マンギヨラム》』（一八〇九年編纂）で、ソウルの常設店舗「無分各廛」（「有分各廛」に対する用語で平市署におさめる税金の額による分類）のなかに、女人廛六廛が含まれている。女性たちによる六廛とは、「蔬菜廛《ソチェジョン》」「隅廛《ウジョン》六処」「蔟頭里廛《チョクドゥリジョン》」「佐飯廛《チャバプチョン》四処」「針子廛《チムジャジョン》」「内外粉廛《ネウェブンジョン》」である。「蔬菜廛」は梨峴《イヒョン》と七牌《チルペ》に店舗を構えていた八百屋である。最初は女性専用の市廛ではなかったが、蔬菜売りは儲けが少ないので男性たちが手を出さなくなり、疲弊した廛を女性たちが買い取って市廛として市案《シアン》（店の登録簿）に登録した。

「隅廛六処」は果実販売の市廛が松峴《ソンヒョン》（南大門《ナムデムン》前）、貞陵洞《チョンヌンドン》、典医洞《チョニドン》などの六カ所の角に位置していたことからでた名前である。生果・乾果すべてを販売し、漢城府をはじめとする官庁の需要を賄った。

「蔟頭里廛」（足豆《チョクトゥ》里廛《リジョン》）は「婦女首飾」を売る店であるが、「首飾」には首の装飾品と女性の礼装に使う冠の二説がある。いずれにしても女性の頭部装飾品に対し、「足」字という卑語を借音したもので、のちに「蔟」字になり「蔟頭里」に変わった。一七五九年、上流婦人が鬘《かつら》を使って奢侈の風潮が高まったので、加髢制《カチェジェ》《かてい》を禁止し蔟頭里（冠）を使うようにしたことが流行の原因であろう。「蔟頭里廛」は古い絹の衣類の生地を黒く染色して、頭飾りをつくるのが仕事だった。

「佐飯廛四処」は、『万機要覧』には、生鮮佐飯廛《センソンジャパブチョン》、上米佐飯廛《サンミジャパブチョン》、内魚物佐飯廛《ネオムルジャパブチョン》、外魚物佐飯廛《ウェオムルジャパブチョン》と記されている。それぞれ「生鮮廛《センソンジョン》」「上米廛《サンミジョン》」「内魚物廛《ネオムルジョン》」「外魚物廛《ウェオムルジョン》」の近くに位置していたところから名づけられた。先の一七五一年の記事における女性三人の「佐飯の物」販売廛は外魚物佐飯廛にあたると考えられる。

「針子廛」は縫い針販売の専門店であった。高宗《コジョン》代と推定されている『漢京識略《ハンギョンシンニャク》』（漢城府の地誌）では針子は東床廛《トンサンジョン》で販売している。「針子廛」がなくなってしまったのか両廛で扱っていたのか不明である。

「内外粉廛」は化粧品の販売店であり、おしろい・臙脂《ヨンジ》《えんじ》（紅花からつくったものと丹土からつくったものがある）、眉の化粧用大青《テチョン》などを売っていた。チョクトゥリ（蔟頭里）や花冠などに使う装飾用色糸など一部装身具も扱った。女性たちの廛は女性の日常生活と密接な関係のある化粧品などの生活用品と果実・野菜や総菜など価格が低廉なものを販売する小規模経営で、官庁への税金や貢納負担、男性経営の廛からの侵害に耐えながら運営していた。

また、貢人《コンイン》文書[8]をとおしても、女性の商業活動を知ることができる。貢人権を所有している女性は直接経営する場合もあり、家族や親戚に経営させて間接的にかかわる場合もあった。

商業に従事する女性のなかには、零細な行商をおこなう者もあり、当時の風俗画にその姿をとどめている。申潤福《シニュンボク》の「魚物商《オムルサン》」には魚を入れた籠を頭に載せ、肩に野菜のザルをかけた女性、金弘道《キムホンド》「行旅風俗《ヘンニョプンソク》図屏風《トビョンプン》」のなかの「売塩婆行図」には頭に籠や甕を載せた六人の女性たち、うち一人は子どもを背負って籠を頭に載せている様子が描かれている。

4　十九世紀の思想と文化

考証学と心性論

十八世紀以来の社会・経済的変化に対応して、思想界においても変革が起きた。支配イデオロギーとしての性理学《ソンニハク》の内部でも、現実社会に対応できる実証的な学問気風が成長した。とくに対清関係が活発になるにつれて清から流入した明末清初の書籍は朝鮮《チョソン》の学問と技術に多大な影響を与えたが、なかでも清代の学術を代表する考証学《コジュンハク》(乾嘉考証学)に対して、朝鮮の知識人は大きな関心をいだき、当時の文化界に考証学の方法が流行した。朴趾源《パクチウォン》、李書九《イソグ》、成海応《ソンヘウン》、丁若《チョンヤ》鏞《ギョン》、徐有榘《ソユグ》《じょゆうく》、洪奭周《ホンソクジュ》《こうせきしゅう》など当代の学者の多くが考証学の影響を受けている。

中国において明末以来、宣教師によってもたらされた西洋文物の影響および当時の社会的事情を反映して起こった新たな学風は清朝考証学と呼ばれる。それまでの哲学的で抽象的な問題を扱ってきた性理学や陽明学《ヤンミョンハク》に対し、現実に土台をおき、事実を明らかにしようとする傾向を帯びていた。その学問方法は、非常に緻密に文字と言葉の韻と意味を明らかにし、古書を網羅的に渉猟して確実な実証的帰納法をとり、従来の経書研究の方法を刷新した。

考証学者たちは、漢代儒学者の「言言有拠」すなわち文献実証主義を強調しながら「漢学復興《ハナクボクン》」という旗幟を高く掲げ、儒教《ユギョ》の理念的原型である原始儒教に学門的回帰をしようとした。自身の学問が漢代漢学の精粋を継承するという意味でこれを自ら「漢学《ハナク》」と呼んだが、清朝考証学の最盛期であった乾隆(一七三六～九五)・嘉慶(一七九六～一八二〇)の年号を付して乾嘉《けんか》考証学《こうしょうがく》とも呼ばれる。

考証学は学界の主流に浮上する過程で、最初もっていた経世学的傾向が顕著に退色していったが、宋学《ソンハク》における「義《イ》理《リ》」探求に関心をもつ学者たちも存在した。彼らは考証学的方法を駆使して、形而上学的な朱子性理学(宋学)の「義理」とは区別される「新義理」論を打ち出した。すなわち「事理」と「情理」など現実生活の経験上の事実を価値基準とする新義理理念体系（乾嘉新義理学）の構築を志した。

朝清の学術交流は主に燕行《ヨネン》によって進められた。燕行使《ヨネンサ》とその随員たちは、清の政治的な安定と先進的な文物を直接見聞し、徐々に華夷論《ファイロン》に基づく北伐論《ブクポルロン》から抜け出て、清の先進文物を学び、朝鮮に導入しようとした。当時の朝鮮の学界では、統治イデオロギーである性理学は日ごとに硬直化していき、空虚な性や理の「義理」に執着する弊害もあらわれていたので、性理学以前の経世精神を回復することを志向し、考証学的方法を利用して修正・補完を考えた。また、十八世紀後半以後、正祖《チョンジョ》は性理学の正統性を高めるため、朱子書の大規模な国家編纂事業を推進していたが、その校勘・考証・編集には客観的な考証学的方法が必要とされた。こうした朝鮮の性理学界内部の必要と清との交流を基盤に、清代文物の受容によって朝鮮思想界を改革しようとする北学論《ブッカンノン》が登場し始めた。十九世紀にはいって勢道政治《セドジョンチ》の展開とともに、反清的な名分論が思想界の主流から退き、また、朱子性理学の絶対性の弱化により、北学論は学界の大勢を占めるようになった。

清から大量の書籍が朝鮮に流入され、それを読むことが流行した結果、朝鮮の知識人たちは清の考証学に接するようになった。それだけでなく燕行使の滞留期間の延長と中国人との接触許可政策により、両国知識人間の直接的学術交流が可能になり、考証学が朝鮮学界に浸透した。

考証学の朝鮮流入によって、朝鮮学界における漢学（乾嘉考証学）と宋学（朱子学《チュジャハク》）をめぐる学術論争は方法論と「義理」思想の二つの側面を焦点にして熾烈に展開された。無条件に漢代漢学と乾嘉考証学を排斥する知識人は存在したが、方法論においては、多くの知識人が学問研究の必須的基盤として考証学を肯定し、乾嘉考証学が朝鮮に導入されることに開放的であった。

しかし、「義理」思想の面では、朝鮮の知識人は朱子性理学を正統として堅持し、乾嘉考証学の義理解釈に否定的立場をとった。清朝学界に亀裂を惹起した漢・宋論争に対しては強い警戒心を示したが、それは、性理学を否定すれば、朝鮮の思想体系そのものが動揺するからであった。

朝鮮知識人の一部は、乾嘉考証学の義理論に対して「漢宋折衷論」というかたちで対応しようとした。これは朝鮮文化のなかで儒教経世精神への復帰をはかるために、朱子性理学と乾嘉考証学とを折衷しようと試みることであった。南公轍《ナムゴンチョル》《なんこうてつ》、成海応、洪奭周は漢学と宋学はそれぞれ訓詁と義理に特性があるので、両者を並列・結合させようとする漢宋折衷論を提示したが、折衷の基準は宋学の義理と正統性においた。宋学の正統性を確保しながら、漢学の長所を部分的に受容し朱子学を精緻にしようとしたのである。

金正喜《キムジョンヒ》は乾嘉義理学に対し開放的な態度をとり、経典考証に基づいた古学中心の漢宋折衷論を提示した。丁若鏞は相対的に漢代漢学の地位を高め、実践を志向した原始儒教中心の漢宋折衷論を提起した。

清代考証学は、朝鮮の思想界に前述のような変化をもたらしただけでなく、金石学《クムソッカク》・音韻学などの発達を促した。また、考証学の幅広い学問範囲と博学的傾向は、それまでに蓄積された成果を整理し集大成した膨大な百科事典的著述を世に出した。李圭景《イギュギョン》の『五洲衍文長箋散稿《オジュヨンムンジャンジョンサンゴ》』、李裕元《イユウォン》の『林下筆記《イマピルギ》』、崔漢綺《チェハンギ》の『明南楼叢書《ミョンナムヌチョンソ》』などである。

性理学における心性論は李滉《イファン》《りこう》と李珥《イイ》《りじ》に代表されるが、「気質の性」が先天的に規定されていることを強調した。先天的気の差によって人間はすでに貴賤と賢愚・善悪が規定された存在と解釈し、生まれつきの人間の宿命を変化させるのは難しいとされた。したがって、万物のなかで人間がもつ独自性や自律性が際立たなくなるという帰結になる。

それに対し、実学者たちは人間の先天的「気質の性」を認めず、自ら主体的に考えることができる存在と規定した。そして人間の本質が「性」ではなく、「心」であると主張し、人間の「心」はすべての理智を覚ることができる霊明性と自ら好悪と善悪をおこなうことができる自律性をもっているという新たな人間観を提示した。

弥勒信仰と鄭鑑録

朝鮮王朝では「正学《チョンハク》」としての性理学の発展の陰で、多様な思想が「邪学《サハク》」として排斥されながら民衆のなかで命脈を保ってきた。それらが、朝鮮後期になると、政治的・社会的矛盾の深化とともに、変革思想として浮上した。とくに仏教の弥勒《ミルク》信仰や風水地理説《プンスジリ》・鑑訣《カムギョル》(王朝の興亡を予言する書)・図讖《トチャム》《としん》(未来の吉凶禍福を予言する術法)思想などは民衆の抵抗運動と結合して重要な位置を占め始めた。これらの思想がいつ頃民衆のなかに広がっていったのか記録上確実ではないが、掛書《ケソ》《かいしょ》事件や流言飛語事件などを通じて広く伝播していったことがわかる。

まず、弥勒信仰について述べよう。弥勒信仰は三国時代以来綿々と続き、将来弥勒が出現してユートピア的理想社会をつくるという希望を民衆に与えてきた。十七世紀後半以後、この弥勒信仰が朝鮮王朝の重大な政治問題として浮上する。一六八八年、僧侶呂還《ヨファン》らが京畿《キョンギ》の楊州《ヤンジュ》一帯で、「釈迦の時代が終わって弥勒の時代がくる」という流言飛語を押し広め、信徒を集めて漢城《ハンソン》への侵攻まで計画した。その間に黄海道《ファンヘド》の有力なムーダンを引き入れ、呂還はムーダン元香《ウォニャン》と結婚して彼女を「龍女夫人《ヨンニョブイン》」と呼んだりした。この事件は大雨で王宮が崩壊するという予言がはずれて失敗し、呂還は処刑されて終わったが、首謀者たちは弥勒信仰と龍信仰を結合させて民衆を集め、民衆は弥勒の超越的な力と天変地異を期待して、理想世界が具現すると信じたのであった。

一七三七年には黄海道で弥勒信仰にかかわる事件が起きて京畿・忠清道《チュンチョンド》にまでおよび、五八年にも新渓《シンゲ》県でムーダンの英武《ヨンム》を中心に弥勒信仰教徒が結集したが、この事件は黄海道・京畿高陽《コヤン》県、江原道《カンウォンド》へも飛び火した。弥勒信仰による民衆運動は、奴婢《ノビ》を含む下層民が中心となって既存の思想や制度に対して強い拒否感を示した点に重要な意味がある。

とくに十八〜十九世紀には、民衆思想のなかでも、現世に対する強い拒否意識とともに理想郷に対する追求を内容とする鑑訣・図讖思想が流行した。現世の桎梏《しっこく》から解放され、もうすぐ理想郷の到来を可能にする存在がやってくるという流言がおこなわれ、民衆の意識に大きな影響を与えた。すでに高麗《コリョ》末以来存在していたこのような思想が、朝鮮後期に発生した民衆抵抗運動と結びつき、鑑訣思想をあらわす書物のなかでも王朝交代を予言する『鄭鑑録《チョンガムノク》』が代表的な存在となり、一般的に鄭鑑録といえば鑑訣思想全体を指すようになった。(9)

『鄭鑑録』はほとんどが作者・製作年代とも不明な場合が多く、しかも同名異本と異名同本が多いため、どれが正本か確認しにくい。複数書籍に共通している骨子はつぎのようにまとめることができる。(1)山勢を論じ国都の継続年数を述べるが、これは言い換えれば王朝の易姓革命を意味する、また、李《イ》氏王朝が三回断絶するという陰陽説《ウミヤンジョル》に基づく「三絶運数説《サムジョルンスジョル》」を述べている種類もある。(2)民生が塗炭に陥る状態を述べ、その時期を暗示し、ときには被害地を指摘する。(3)「十勝《シプスン》の地」(異民族侵攻、兵乱、飢饉、疫病を経験せず平和に安全に暮せるユートピア)の地名を提示し、そこに行けば生命を保全することができると述べる。(4)「鶏龍山《ケリョンサン》遷都説」。李氏王朝が滅び、鄭《チョン》氏王朝が鶏龍山に都邑を定めるという未来国土の理想をあらわし、より積極的に易姓革命を呪術的方法で具体化した。鶏龍山は風水地理的に都邑に適したところとして知られていた。(5)「鄭姓真人《チョンソンジニン》出現説」。鶏龍山遷都と結びついて、鄭真人《チョンジニン》という救世主が海島あるいは南方から軍隊を率いてあらわれ、新王朝を建設するという予言である。

すなわち鄭鑑録思想は、外部の侵入から守られ、天変地異を克服し、支配者の収奪から逃れて、皆が平和と平等を享受することを願う民衆の希望に応えたものである。本来の『鄭鑑録』には「海島真人《ヘドジニン》説」はなかったが、禁書をひそかに写本で伝える過程で一五八九年の鄭汝立《チョンヨリプ》事件などの現実の反乱事件が投影されたり、他の秘訣《ビギョル》との融合が生じ、鄭鑑録といえば鄭真人海島起兵説とイメージされ、多大な社会的影響をおよぼした。

予言書である鑑訣類は秘書として伝えられてきたが、十八世紀になるとたびかさなる掛書事件や流言飛語事件、さらには未遂を含む抵抗運動の思想的背景として明確に出現し、朝廷を震撼させた。まず、史料上確認できるのは、一七三三年に全羅道《チョルラド》南原《ナムオン》で起こった掛書事件を捜査するなかで、『南師古秘訣《ナムサゴビギョル》』と『要覧《ヨラム》』が浮上したことである。『南師古秘訣』は十六世紀までに流行した予言書とは異なる編年体で書かれていたが、その直前の一七二八年に起こった戊申乱《ムシルラン》に対する「血が流れて川をなし道が塞がれて民戸の煙がとだえた」という記述があり、「このような末世にあたって百姓《ひゃくせい》が保全できるところは山林」という予言があった。戊申乱は少論《ソロン》と南人《ナミン》のなかの対老論《ノロン》強硬派が景宗《キョンジョン》毒殺に英祖《ヨンジョ》が関与したとして密豊君坦《ミルプングンタン》を推戴して、忠清道《チュンチョンド》、全羅道、慶尚道《キョンサンド》で起こした反逆事件であった。その事件に対する記述があったことに朝廷は緊張した。また、すでにこの秘記の存在を知っていた薬房(内医院)都提調《トジェジョ》徐命均《ソミョンギュン》が「南師古の秘記が世の中に伝えられ流行すると世の人びとがそれに言葉をくっつけたりこじつけたりしている」と述べたが、予言書の流布の仕方をよくあらわしている。『要覧』は南原事件の中心人物金元八《キムオンパル》が戊申乱のときの掛書を土台にして著述したものである。

『鄭鑑録』の名前は、一七三九年にはじめてあらわれる。西北の辺境地帯の人びとが「鄭鑑讖緯《チョンガムチャムイ》の書」を互いに伝播しているので、焚書して禁止するよう求めた臣下の意見を、英祖が取り合わなかったという記事で、各種予言書が「鄭鑑」の名称に帰結していく過程をみせてくれる。

一七八二年には王朝転覆事件(文仁邦《ムニンバン》事件)が起こったが、首謀者文仁邦が所持していた『鄭鑑録』の表現が問題になった。また、正祖の訊問を受けた共謀者朴瑞集《パクソジブ》が、若いとき読んだハングルの鄭鑑録に、朝鮮王朝は建国四〇〇年後の一七九二年に海中の島から出現する英雄によって滅亡するという予言があったと陳述した。別の事件関連者は「草浦《チョポ》というところに海水がはいってきたら新しい王朝が建国される」と聞いたと述べた。この内容は一六二八年に起きた柳孝《ユヒョ》立《リプ》逆謀事件の思想的背景となった別の予言書に書かれている。民間でひそかに伝えられた予言書において救世主出現の前提条件は少しずつ変化し、一八一一年の洪景来《ホンギョンネ》の乱では「鶏龍山の石が白くなり草浦に海水が生じたら」と変わっていった。洪景来の乱で鄭鑑録が蜂起軍の精神的支柱となったことはすでにみたが、鄭鑑録思想はその後の諸変乱《ビョルラン》、一八六二年の三南民乱《サムナムミルラン》、九四年の東学農民戦争《トンハンノンミンジョンジェン》においても民衆の拠り所となった。

ハングル小説の盛行

一五一一年『薛公瓚伝《ソルゴンチャンジョン》《せっこうさんでん》』という禍福輪廻を内容とする漢文小説を書いた蔡寿《チェス》が処罰されるという筆禍事件が起こった。その理由は内容の虚妄とともに、「諺語《オノ》」すなわちハングルに翻訳して広め民衆を幻惑させたためとされた。ハングル小説は十六世紀中頃から、『三国志演義』などの中国の長編小説を翻訳することから始まり、十七世紀中葉以後、ソウルの商業都市としての成長を基盤に小説が盛行する条件が醸成され、『九雲夢《クウンモン》』『彰善感義録《チャンソンカミロク》』『蘇賢成録《ソヒョンソンノク》』『謝氏《サシ》南征記《ナムジョンギ》』などの朝鮮の創作長編小説が流通するようになった。

最初は両班《ヤンバン》たちを読者として成立した長編小説は、当時の支配理念である家父長制に基づく性理学的倫理を小説的装置をとおしてあらわす場合がほとんどであった。例えば『柳氏三代録《ユシサムデロク》』などは累代にわたる家長権の葛藤を小説化することによって理想的な家長の姿を追求している。しかし、漢文小説のハングルへの翻訳によって、小説の底辺が拡大していくとともに、小説のジャンル自体が民衆の成長と歩調を合わせて変化していく。貰冊《セチェク》《せいさつ》・坊刻本《バンガクボン》の盛行にみられるように、小説は利潤を追求する商品としての価値を獲得するほど幅広い読者層をもつようになった。

その読者層のなかで女性は重要な位置を占めていた。金万重《キムマンジュン》は母のために『九雲夢』を書いたとされ、『謝氏南征記』や『彰善感義録』は「閨房《キュバン》《けいぼう》小説《ソソル》」といわれるほど女性読者が想定されている。したがって、内容も家父長的な理念を鼓吹する一方で、家父長的男性に対する女性の多様な抵抗を表現した。『明珠奇逢《ミョンジュキボン》』では知恵で人生を切り開く女性像、『双星奉孝録《サンソンボンヒョロク》』や『玄氏両雄双麟録《ヒョンシリャンウンサンニルロク》』では、男装して武術で夫を助けるという積極的な女性像を描き出した。

十八世紀には、女性たちがハングル小説の盛行を牽引していったことがいくつかの史料から確認できる。蔡済恭《チェジェゴン》《さいせいきょう》は「女四書序《ヨサソソ》」(『樊巌集《ボナムチプ》《はんがんしゅう》』巻三三)で「最近女性たちが競ってすることはひたすら小説を尊ぶことである。小説は日ごとに増加し、すでに一〇〇〇種にもいたっている。『儈家《クェガ》《かいか》』(「貰冊」ともいう。貸本屋のこと)ではこれを浄書し、借りて読む者があれば代金を受け取って利益にする。婦女たちは見識なく、簪《かんざし》や指輪を売ったりお金を借りてでも、争って小説を借りてきて長い時間読みふけり一日を送る。料理や裁縫などの自身の責任を忘れてしまっていることがしばしばである」と最近の女性たちの小説への熱気を批判し、それに対し、自分の亡妻は、ハングルの女性教訓書である「女四書」を愛読していたと称賛している。また、李徳懋《イドンム》は『士小節《サソジョル》(婦儀篇《プイピョン》)』で、「ハングル小説を耽読してはいけない。家事を放り投げ女性がしなければならない仕事を怠けるようになる。甚だしくは金を出して借りて読んでそれにはまり財産を傾ける者もいる」とハングル小説への耽溺を戒めている。「女四書序」は十八世紀中頃、『婦儀篇』は一七七七年に書かれており、この時期のハングル小説の流行がよくわかる。

ハングル小説の成長によって、それまでの個人的に売り買いしたり、借りて写したりする流通方式は限界に達した。急増した需要に合わせて新たに登場した流通方式が貰冊と坊刻である。

貰冊は専門的に本を写して代金を受け取って貸し出す商業的貸与方式である。先に引用した蔡済恭の「女四書序」では「儈家」といっている。貰冊本は現在九〇種が現存しているが、多数の人びとの手に渡ることから破損を防ぐため表紙を厚くしており、上段に頁を表示して破損したら該当部分のみ補修できるようになっている。また、利潤が得やすいように巻数を増やしてあるが、例えば、本来の『春香伝《チュニャンジョン》』一巻が貰冊本は一〇巻になっているという具合である。

狭い意味の貰冊店《セチェクチョム》は都会の特定の場所に本を備置して代金を受け取って貸与するが、婦女子用の日常用品を売る小間物行商人が一定の間隔で往来し、新しい小説を貸したことも広い意味の貰冊業に該当する。これらを含めた広義の貰冊業は遅くとも十七世紀末には成立していたと考えられる。貰冊業は坊刻本刊行と相補いながら小説流通体系を形成し、ハングル小説の流行をもたらす基盤をつくった。

朝鮮中期、書物の数が爆発的に増加し、それまでの、主として中央と地方の官庁主導で必要な数量のみを印刷・普及させる方式では対処できなくなった。そこで民間業者によって刊行される坊刻本が登場した。坊刻本の起源は十六世紀とされ、壬辰倭乱《イムジンウェラン》後本格化した。坊刻本には漢文とハングル版があり、漢文版の場合は『千字文《チョンジャムン》』『類合《ユハブ》』『童蒙先習《トンモンソンスブ》』

などの学習教材や『論語《ノノ》』『孟子《メンジャ》』などの経書、『資治通鑑《チャチトンガム》』『史略《サリャク》』などの歴史書、『時憲暦《シホンニョク》』などの実用書が刊行された。

小説への受容が高まると坊刻本小説が出現した。一七二五年全羅道羅州《ナジュ》で最初の坊刻本小説として漢文版『九雲夢』が刊行された。詩歌では一八四四年の「漢陽歌《ハニャンガ》」、ハングル坊刻本小説としては、一七八〇年ソウルの坊刻業者「京畿《キョンギ》」で刊行された『林慶業伝《イムギョンオプチョン》』が確認されている。林慶業は実在の人物で、丙子胡乱《ピョンジャホラン》前後の時期に清に対抗するために活動したが裏切りにあって殺された人である。死後名誉回復され、正祖の命令で『林忠愍公実記《イムチュンミンゴンシルギ》《ちゅうびんこう》』がハングル版と同時期に漢文で刊行されている。ハングル版は漢文版と比べて、林慶業が明に使節として往来したとか、清の国家的危機にあたって救援兵を率いて応援し危機を救ったというような虚構が加えられ、小説としてのおもしろみを出し読者の興味をそそっている。

ところで現在みられる大多数の坊刻本はハングルであり、漢文坊刻本小説はほとんどない。これはハングルを主として使った庶民がハングル坊刻本の読者であったことを示している。刊本の多くが散逸して、今日では『姜太公伝《カンテゴンジョン》』『趙雄伝《チョウンジョン》』『三国志《サムグクチ》』『沈清伝《シムチョンジョン》』『謝氏南征記』『九雲夢』『劉忠烈伝《ユチュンニョルジョン》』『淑英娘子伝《スギョンナンジャジョン》《しゅくえいじょうしでん》』『春香伝』など五〇種程が現存している。

なお、坊刻本はソウル（京版《キョンパン》）だけでなく、全州《チョンジュ》（完版《ワンパン》）や安城《アンソン》（安版《アンパン》）でも刊行された。坊刻本は利潤追求のために大量供給方式がとられ、原価を少しでも減らすため原本の内容を省略したり縮約して刊行した。粗悪だが一般庶民まで読むことができるようになり、知識の大衆的拡散という意味で重要な役割をはたした。それだけではなく、成長してきた民衆の社会的批判意識を育て、未来への希望を与えるのに寄与した。この時期に広く読まれた許筠《ホギュン》《きょきん》の『洪吉童伝《ホンギルドンジョン》』は、義賊の活躍を描きながら、庶孼《ソオル》《しょげつ》差別という身分制度への批判や当時の乱れた貪官汚吏への膺懲《ようちょう》をモチーフにしている。また『春香伝』も妓生《キセン》の娘春香が権力者である守令《スリョン》に抵抗しながら純愛を貫いてハッピーエンドに終わる内容である。そこに幅広い読者層を獲得した理由があった。

地理誌と地図の編纂

中国を経由してはいってきた西洋の科学技術の影響を受けた朝鮮の学術のなかで、地理学の発展は特筆に値する。地理学は国土の基本情報と朝鮮後期の変化していく社会・経済的情報を提供することのできる学問体系となった。十七世紀初頭以来の西洋の宇宙観と地球儀の導入、そして野蛮人と考えていた清が中華文明の中心たる明を滅亡させたことは、それまで中国中心に世界を考え、それに付随する国として自国を考えていた朝鮮知識人に空間意識と天下意識の変革を迫った。中国的天下思想を否定した李瀷《イイク》(号は星湖《ソンホ》)や安鼎福《アンジョンボク》(号は順菴《スナム》)らの先駆的業績を継承した地理学者たちは、朝鮮の地理研究と地図製作の土台を築いた。

十七世紀以来、西洋の地理志の伝来によって、中国を相対化した世界とそのなかの自国朝鮮という認識に立って、地理学を体系的に研究し叙述しようとする動きが活発になり、地理志の編纂に結実した。朝鮮後期に編纂された地理志は世界(外国)地理志と国内地理志に分類できる。外国地理志として代表的なのは、一八五七年に崔漢綺(号は恵岡《ヘガン》)が編纂した『地球典要《チグジョニョ》』で、これは『職方外紀』(一六二三年)、『地球図説』(一七六七年)、『海国図志』(一八四四～五二年)、『瀛環《えいかん》志略《しりやく》』(一八五〇年)など国内外の各種地理書を参考にして、彼の理論である「気化」(「気」は万物の運動と変化の原因、したがって、すべての物は運動と変化を起こさざるをえない)と「実用」を基準に、取捨選択して編集したものである。

朝鮮後期の全国地理志のなかでは、李重煥《イジュンファン》の『択里志《テンニジ》』(一七五一年)と金正浩《キムジョンホ》の『大東地志《テドンジジ》』(一八六一～六六年頃)が双璧をなす。『択里志』は『新増東国輿地勝覧《トングギョジスンナム》』に代表されるそれまでの郡県別の百科全書式地理誌とは異なり、朝鮮を総合的に扱った八道総論・道別地誌、そして主題別に人文地理的接近をした新しい地理志の形式を備えていた。

金正浩は、『新増東国輿地勝覧《シンジュンドングギョジスンナム》』(一五三〇年)から詩文・人物条を除外して多様な資料を参考に、『東輿便攷《トンヨピョンゴ》』(一八三四年）、『東輿図志《トンヨドジ》』（一八三四〜四〇年代、名称は地図と地誌をともに収録という意味だが地図は収録せず、六一年に序文を書くまで持続的に校正）、『青丘図《チョングド》』（一八四六〜四九年）、『東輿図志』（一八五〇年代初め）、『輿図備志《ヨドビジ》』（一八五三〜五六年）などの地誌や地図を編纂し、それらの集大成として木版本『大東輿地図《テドンヨジド》』『大東地志《テドンジジ》』を地図と地誌がともに利用できるようにセットにして刊行した。金正浩は地図と地誌を一緒に利用してこそ国土情報が総合的に理解できるとつねに強調し、多くの人に利用されるように木版本あるいは活字本として普及させようとした。『大東地志』は著者の死により、二五巻「山水考」と二六巻「辺防考」が収録されず、平安道《ピョンアンド》が未完成のまま終わった。『大東地志』は従前の地理志にはみることができない各地方の人口、耕地面積、租税、交通など経済・社会的情報を中心に扱い、詩文や人物などの文化的内容は少ないのが特徴である。

各郡県あるいは面《ミョン》も含めて膨大な数にのぼる地方地理志（邑誌《ウプチ》《ゆうし》）の編纂は、朝鮮後期地理学の最大の成果であり、統治の基礎資料となる人材輩出状況、自然環境、産物、交通事情、人口、地方官庁の構成や郷吏（胥吏《ソリ》）の人数などから、地域にかかわる古蹟や詩文などまで網羅している場合が多い。しかし、邑誌ごとに収録内容や分量の違いがあり、精粗の差もみられる。『大東地志』と同様に、社会・経済・軍事の内容が強化され、文化的内容が省略される傾向をみせる。

十七世紀頃から朝鮮の地図学者は中国中心の世界観から脱皮して、朝鮮半島だけを描く全国地図を製作し始めた。中国では早くから地図製作に方眼図法が使用されたが、朝鮮では十八世紀以後はじめて鄭尚驥《チョンサンギ》と金正浩によって活用され始めた。鄭尚驥は、一七五七年頃『東国地図《トングクチド》』を製作したが、一〇〇里尺（一〇〇里を一尺で描く方法）で縮尺をあらわし、すべての山を連続的な脈であらわすなどの独創的な方法をとり、山脈・河川・都市の位置を比較的正確に描き出して、朝鮮地理学に飛躍的な発展をもたらした。

金正浩は『青丘図』『東輿図』『大東輿地図』などを製作し、鄭尚驥以後約一世紀間沈滞状態にあった地図学を復活させた。『大東輿地図』は大縮尺地図（一：一六万）で、二二層の構成となっており、これをすべて連結すれば大型全国地図（横二・七三メートル、縦六・四メートル）となる。地形・道路・都市・駅などが詳しく正確に描かれ、道路上には一〇里間隔で点を付けて距離推定を容易にした。最近、この地図は実測地図ではなく、備辺司《ピビョンサ》に所蔵されていた各種地図と既存の資料を活用してつくった編集地図であるという事実が判明した。

▼補説29▲　相続文書（分財記）

財産相続文書である分財記《ブンジェギ》は、財産相続に関する処理指針または相続の結果を子孫に伝えようとして作成された私家の文書である。分財記は、財主《チェジュ》が生前に直接財産を分けた場合の「許与文記《ホヨムンギ》」と財主死後に相続人たちが集まって分けた場合の「和会文記《ファフェムンギ》」に分けられる。「許与文記」中には、科挙《クァゴ》に及第した祝いや、孝行を愛でて財主が特定人に財産の一部を支給する場合があり、とくに「別給文記《ピョルグプムンギ》」という。普通、分財記は財主または相続人が財産支給または取得の事実を官から承認してもらうために提出した書類（所志《ソジ》）と一括されている場合が多い。

分財記の形態は、一般的に分財の理由を示す序文、分財内容、参与者の同意をあらわす署名からなっている。最近、韓国学中央研究院の安承俊《アンスンジュン》によって、一七四三年蔚珍《ウルジン》県のある在地両班家門で作成された古文書規式集が発見され、そのなかに許与文記・和会文記の規式が含まれていたことから、分財記の標準的マニュアルの存在が知られるようになった。

分財記は現在、約五八〇件が確認されているが、もっとも古いものは一三五四年の海南尹《ヘナムユン》氏の別給文記である。十六・十七世紀の分財記は多量に残っているが、十八世紀からは減少して、十九世紀中頃からのものはほとんど残っていない。両班家門のものが圧倒的に多いが、数は少ないながら常民《サンミン》や奴婢の分財記も含まれている。

分財記にあらわれた財主と相続者（被分与者）の関係は多様である。⑴父と子・女（娘を意味する）・妾子・妾女、⑵母と子・女・家系継承者・養子、⑶祖父と孫子・女（外孫子・女含む）、⑷祖母と孫子・女（外孫子・女含む）、⑸妻の父・母と婿、⑹義父・母と嫁、⑺兄と弟妹間、⑻曾祖父・母と曾孫、⑼族祖と族孫、⑽夫と妾、⑾妾と嫡子などあらゆる親族関係が含まれていて、相続の実態を知ることができる。

分財記は財産相続の実態に対する研究に活用され、崔在錫《チェジェソク》は、現存分財記の全作成期間ともいえる十五〜十九世紀分一二〇余件を分析し、十七世紀中盤に長いあいだの慣行であった男女均分から差等（不均分）財産相続制に転換されたこと、その後十八世紀中盤からは長子優待・男女差別の相続に傾くという時期的推移を明らかにした。これを基礎としながら、その後相続制変化の原因を解明しようとする研究が進展し、祭祀方式の変化、家族制度や社会構造の変化との連関について分析が進められた結果、性理学的家族制度の確立、均分相続による財産の零細化防止などの説が出された。

分財記を資料とする相続制研究は、全体構造への接近だけではなく、分財記を継承してきた各家門の社会経済的基盤と成長過程に対する事例研究を盛んにした。さらに、個別の常民や賤民《チョンミン》、妾子女への財産相続研究など、今まで対象の外にあった階層の相続にも目を向けさせた。

また、分財記には相続の実態だけでなく、分財の対象である財産、すなわち奴婢と土地に関する多様な情報が含まれている。したがって、それを活用して私奴婢の多様な使役形態、居住地分布、良賤交婚（良民と賤民間の結婚）を含む婚姻形態、婚姻年齢、出産年齢、主家の相続による奴婢家族の変動などに対する研究や、両班家の財産保有規模や農業経営方式を解き明かす研究の材料として活用されており、文書の作成目的からくる多くの制約にもかかわらず、経済史分野・家族史分野において有用な資料となっている。

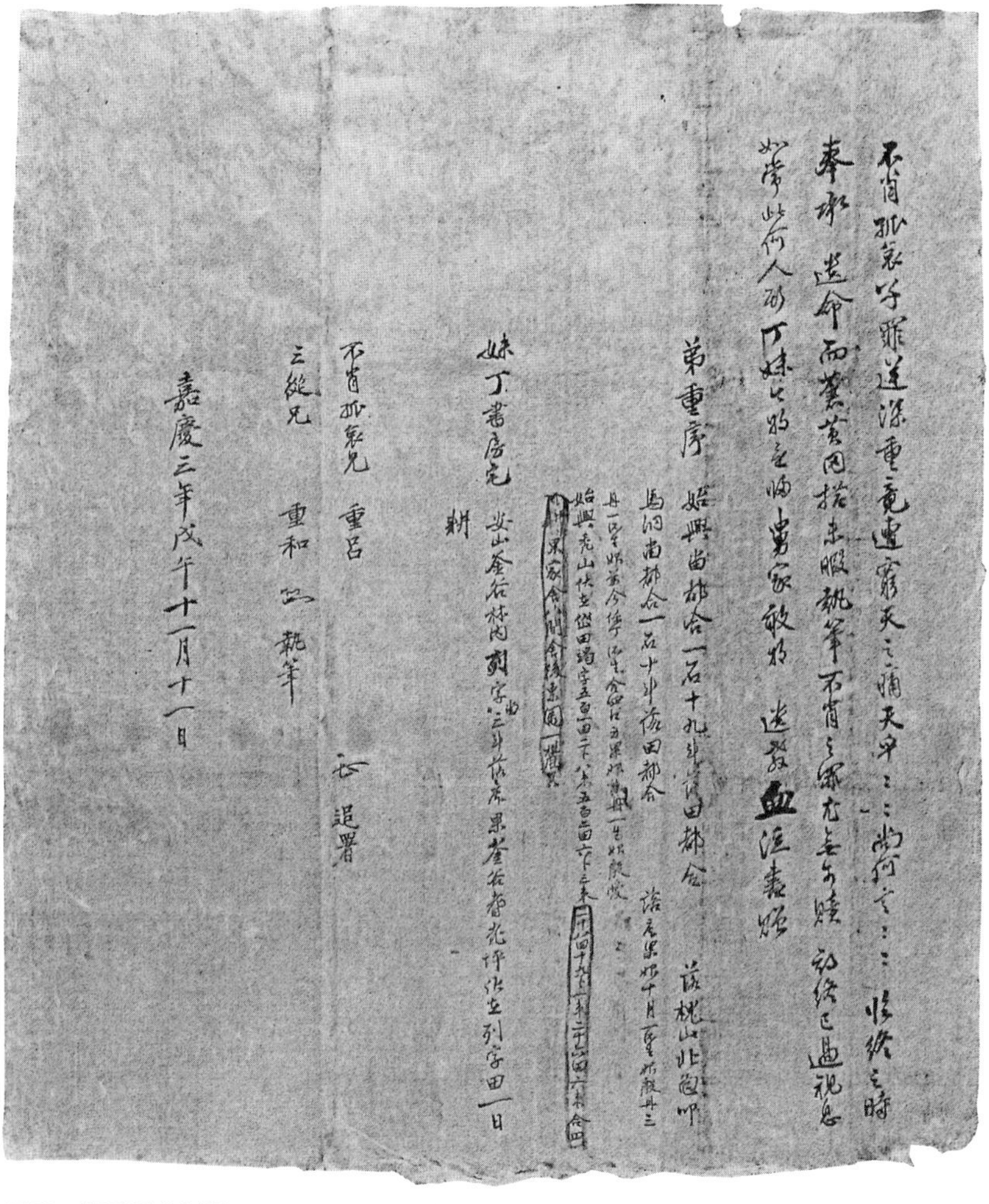

図26　柳重呂分財記　この文書は，1798(戊午年)11月11日に柳重呂(ユジュンニョ)がその弟・柳重序(ユジュンソ)と妹・丁書房(チョンソバン)(丁若綏〈チャンヤクス〉)宅(テク)に父親・柳賮(ユシン)の財産を分け与えることを記したものである。執筆者は三従兄・柳重和(ユジュンファ)である。

▼補説30▲　パンソリ

パンソリは演唱者（歌い手）が観客の前に一人で立ってジェスチャーをしながら歌と言葉で『春香伝』や『沈清伝』のような長い物語を語りつづける講唱芸術の一種である。演唱者と聴衆のあいだには鼓手が存在し、歌と語りそして歌い手の動作と鼓手・聴衆のかけ声などが一つになった総合芸術ともいえる。

パンソリの起源に関しては、(1)巫家《ムガ》起源説、(2)広大《クァンデ》「笑謔之戯」起源説、(3)パンノルム（朝鮮南部で広く歌われた雑歌）起源説などがある。(1)は南部地方の世襲ムーダン（シャーマン）が歌う叙事巫歌《ソサムガ》またはそのクッ（ムーダンがおこなう祭祀で、踊ったり呪文を唱えて祈る儀式）から由来するという説であり、(2)は宮中の最大の年中行事である儺礼《ナレ》《だれい》における「笑謔之戯」のなかで、全国各地からやってきた広大の一人が全羅道巫家の音楽と様式を利用して、伝来してきた説話を歌ったところから始まったとされ、(3)は南部地方の民謡を歌い踊る倡優《チャンウ》集団である広大の歌から発生したというものである。いずれにしても、パンソリは最初、単独公演が目的ではなく、「儀礼」や「儀式」や「遊び」のために動員されたことを示している。

パンソリが一つの芸術として発達し始めたのは十七世紀後半と推定される。柳振漢《ユジナン》が全羅道を旅行していてパンソリ『春香歌《チュニャンガ》』の公演を観覧し、これを漢詩に翻訳した晩華本《マンファボン》『春香歌』がつくられたのが一七五四年なので、遅くとも十八世紀前半には成立していたと考えられている。パンソリの演唱者たちは当時の身分秩序のなかではもっとも低い地位に属する賤民《チョンミン》であったため聴衆も圧倒的に庶民が多く、庶民の世界観と意識がパンソリの基底を流れている。

職業的演技者として成功するため、演唱者は多彩な内容と音楽性を備えるよう努め、初期の素朴な内容と表現は、十八世紀中葉には高い水準の叙事詩として発展した。伝来した説話を基に潤色したり改作したりしながら成立した作品は、演唱者の徒弟式教育によって伝承されながら、部分的な改作をかさねて内容と音楽性がしだいに洗練されていった。享受層も庶民から、両班や中人《チュンイン》層にまで拡大した。とくに吏胥層はそれ以前から郷土祝祭の主祭者であり、また、祝祭で演じられる仮面劇の演技者でもあった関係で、パンソリの享受者・後援者になった。

パンソリの舞台および舞台装置に関してもっとも古い記録は、一八一〇年に書かれたと推定される宋晩載《ソンマンジェ》の『観優戯《クァヌヒ》』である。そのなかで、劇場は「亭子」が使われ、舞台は亭の建物と庭のあいだであり、両班たちは堂上(亭の中)に座り、一般庶民は堂下すなわち亭の庭に座を占めていると記している。とくに舞台装置は決められていず、屏風と庭に敷くむしろくらいであった。

パンソリは口碑文学形態で伝承され、それが文字記録形態で整理されたのは十九世紀にはいってからである。少なくとも十八世紀には台本が制作されたらしく、『春香歌』『赤城歌《チョクソンガ》』や『興夫歌《フンブガ》』などが有名であった。

パンソリの伝承地域は全羅道、忠清道西部、京畿道南部まで広い地域にいたっているが、地域的特徴と伝承系譜によって、分派が生じた。全羅道東北地域の系譜を「東便制《トンピョンジェ》」、全羅道西南地域のそれを「西便制《ソピョンジェ》」、京畿道・忠清道のものは「中高制《チュンゴジェ》」と呼ばれている。

パンソリの公演における大きな特徴は、聴衆が公演に積極的に介入することである。演唱者と鼓手がつくりだす「時間的空間」とこれを埋める聴衆のかけ声によって、非常に緊密で、開放的で、即興的な相互作用関係が生じる。

パンソリは、近代にはいり西洋文化の浸透などの影響によって衰退していき、妓生《キセン》などの特別な職業の人びとによって維持されていたが、一九七〇年代以後、政府が民族文化として支援を始めた。

▼補説31▲　絵画のなかの民衆生活

朝鮮後期における民衆文化盛行の傾向は、ハングル小説やパンソリだけでなく、美術においても同様であり、風俗画や民画が盛んになった。風俗画は朝鮮後期には「俗画《ソックァ》」と呼ばれ、中国の影響を抜け出て朝鮮の実際の生活を写実的に描写するところに新しい時代的特徴があった。朝鮮後期の風俗画には二つの系統が考えられる。一つは、宮廷で描かれた絵や官の編纂した倫理書の挿絵が民間に流布するようになったものである。朝鮮の宮廷では、中国からはいってきた「豳風《ひんぷう》図《ず》」や「無逸図」「耕織図」などを画員に描かせ、統治者に民の生業の困難さを覚らせ正しい政治をするようにと戒めた。このような民の生業を描いた絵が宮中の外に流れていって民間人が所有するようになり、風俗画の発展の背景になった。また、朝廷では民に性理学的な道徳秩序を守らせる教化の目的で、『三綱行実図《サムガンヘンシルド》』などを出版し、民間にそれらが流通するようになった。教化本には理解しやすいように挿絵として風俗的な絵を入れたところから挿絵の風俗画も流布し、のちに民が壁の装飾とする絵として発達し、風俗画に繋がった。

もう一つは、両班画家たちの描く人物山水画のなかで、点景としての人物描写から人物の占める比重がしだいに高まり、描かれる人物も両班から庶民に代えられ、風俗画として発達した。庶民の生活相を直接対象とする風俗画の嚆矢《こうし》は、尹斗《ユンドゥ》緒《ソ》である。「木器作り」や「わらじ編み」は仕事をする人物が絵の大部分を占めるが、その人物の姿は庶民よりは貴族的な面貌を供えている。それに対し「採艾《チェエ》《さいがい》」には写実的な庶民女性の姿が描かれ、人物山水画が風俗画に発展する過程をみせてくれる。「手工旋車図《スゴンソンチャド》」や「僧侶図《スンニョド》」を書いた両班画家趙栄祏《チョヨンソク》《ちょうえいせき》は風俗画に諧謔美を導入し、中人《チュンイン》出身金弘道《キムホンド》は「檀園《タヌオン》風俗画帖《プンソックファチョプ》」や「行旅風俗八曲屏風《ヘンニョプンソクパルゴクピョンプン》」などで、申潤福《シニュンボク》は「蕙園伝神帖《ヘウォンジョンシンチョプ》」などでそれぞれ風俗画の典型的様式を確立した。山水・人物・花鳥画に秀でていた二人は、風俗画において二大頂点を築き、種々の点で対比される。金弘道が庶民の喜怒哀楽に力点をおき、衣服も麻や木綿の素材で写実的に素朴に表現したのに対し、申潤福は都市の人びとの洗練された粋を巧みに表現した。また、金弘道の場合、労働と結びついた庶民の健康的な生の描写が本領であったとすれば、申潤福は上流層の退廃的な生を扱い、なかでも妓生を描いた美人画は彼の独断場であった。

朝鮮後期の風俗画はすでに画家として名声のあった中人以上の作家によって描かれ、それを享有する客も両班などの上層であり、民衆は画材・画素として扱われたもので、パンソリのような民衆芸術とは一線を画する。そして絵画としての技巧が凝らされ、現実の風景そのままではない。しかし、高い絵画的技術によって、当時の生活風景の断面を写実的に切り取っている。文献資料から疎外された民衆生活の細部を記録したという意味で大変重要である。

朝鮮後期の風俗画に描かれた民衆の生活の断面は、主として、⑴衣食住とその関連の仕事、⑵生業現場、⑶信仰、⑷歳時風俗と遊び、に分類できる。⑴にはいるのは、衣類作りと洗濯に関して、「機織り」(金弘道)、「縫い物」(趙栄祏)、「洗濯場」(金弘道)、「渓辺街話《ケビョンガファ》」(申潤福)、食糧を得るための労働と労働のあいだの食事風景である「米搗き」(趙栄祏)、「採艾」(尹斗緒)、「小昼」(金弘道)などである。⑵には、農業現場の「耕作」(金弘道)、「稲の脱穀」(金弘道)、漁業に関して「魚取り」(金弘道)があり、「瓦葺き」(金弘道)、「鍛冶屋」(金弘道)、「馬の装蹄」(金弘道)、「煙草刻み」(金弘道)、「行商」(金弘道)、「酒幕」(申潤福)、「両班のゴザ作り」(金弘道)など民衆の種々の労働現場を詳細に描いただけでなく、没落両班が夫はゴザ作り、妻は機織りをする様子も描かれ、変化する社会相をもあらわしている。⑶には、「路上托鉢《ノサンタクバル》」(申潤福)、「巫《ム》女神舞《ニョシンム》」(申潤福)などがあり、儒教が浸透していた社会で、主に女性たちによって仏教やシャーマニズムが根強く信仰されていた実態をみせてくれる。⑷には、生活を楽しむ両班男性から庶民男女までの姿が描かれている。厳しい労働のなかでも人びとは慰安を忘れず、民衆は集まって遊んだり、見世物を見物したりした。都市の裕福な男性たちは妓坊に上って妓生と遊んだり、妓生をともなって野外に出かけたりした。⑷にはいる絵として、「舞童《ムドン》」(金弘道)、「端午風情《タノプンジョン》」(申潤福)、「コヌノリ(はさみ将棋の一種)」(金弘道)、「シルム(すもう)」(申潤福)、「酒肆挙盃《チュサコベ》」(申潤福)など多数をあげることができる。

風俗画に描かれた断面を繋ぐことで、当時の衣食住状況や労働現場が復元できる。例えば、女性たちの衣に関する労働だけでも、木綿の種抜き、麻糸をよる作業、繭から糸を取る作業、綿入れ作業、糸紡ぎ、麻糸繋ぎ、機織り、縫い物、洗濯などと多種で、食生活に関しては、穀物や豆挽き、米搗き、水汲み、御飯作りなど非常に多様であり重労働であったことがわかる。農業生産の現場では、田畑の耕作、播種、田植え、除草、脱穀の様子が詳細に描かれている。また、風俗画では、画材の対象に対して、衣服や髪型、かぶり物まで身分別に描き分けてあり、その点でも歴史的資料としての価値が高い。

井上　和枝

注

(1) 山谷林下に隠居しながら学問を磨き、必要によって国家からも召し出される学徳兼備者。

(2) 上言は官人から公私賤まで身分を問わず国王に文書によって請願する。上言の内容は一般的には、孝子・忠臣・烈女の表彰・贈職などである。撃錚は裁判の結果に不服な者が道ばたで鉦やケンガリという楽器を打ち鳴らして、王に呼訴する。子孫が先祖のために、妻が夫のために、弟が兄のために、従者が主人のためにする場合以外は禁止され、おこなうと処罰された。

(3) 一八〇〇年五月末日に正祖が経筵(王の前で経書の講義をすること)の席でくだした教。その背景には、正祖が李晩秀を吏曹判書に任命したことに対し、老論時派の金履載が李晩秀の兄李時秀が当時右議政に在職中なので「相避」の慣行によって避けねばならないとその人事を批判したが、正祖は金履載を処罰し、その「俗習」を直そうとした問題があった。教では、臣下に対し、君主の正当な政治論理の闡明に対しては対立せず積極的に呼応することを要求した。しかし、この教をくだした翌月に正祖は亡くなった。

(4) 一七四三年に右議政趙顕命《チョヒョンミョン》の「良役《ヤンヨク》査定案《サジョンアン》」を基につくられた中央と地方の軍役基本台帳で、実際には四八年に刊行され頒布された。各道別に男性人口を良賤に分けて把握し、彼らに賦課される中央軍営、地方監営、軍事機関(鎮)の役名と割り当てられた人数、および郡県ごとに配定された役名と人数を記録している。

(5) 撃錚は注(2)参照。呈訴は誤った判決がくだされたと考えた場合、判決後一定期間内に訴状を司憲府や各道の監司に提出し、再審理を求めたものである。等訴は複数の人が連名で訴状を作成し行政機関に要望を出す行為をいう。

(6) 掛書は謀反を起こしたり人を陥れたりするときに名前を隠して宮門や城門・官庁の門に書いたものを貼り付ける行為をいう。「流言飛語」は、例えば、「海東から救世主が出現する」というような噂が民のあいだに拡散していくことである。松明示威は夜、山に登って松明を掲げて示威する行為をいい、山呼は守令が問題をきちんと処理できないような場合、胥吏や民のなかで恨みをいだいた者たちが山に登って、大声で悪口を言うことを指す。

(7) 吏房は地方官衙で人事関係の実務を担当した部署を指し、その仕事に従事した郷吏をいうこともある。郷吏のなかのもっとも責任ある地位で首吏とも呼ばれた。倉色は倉庫の出納をおこなう郷吏である。

（8）貢人とは大同法《テドンポプ》施行後すべての貢物《コンムル》を大同米《テドンミ》で上納するようになると、国家の必需品を大同米を代価にして物品を納入する業者が生まれたが、その業者組合貢契《コンゲ》の契員。

（9）一般的に鄭鑑録というとき、その意味はつぎのように分類できる。まず第一が、『鄭鑑録』という名称の書籍である。これには『鄭李問答《チョンイムンダプ》』など六〜七個の異称があり、『鑑訣』または『鑑録《カムノク》』と略称されることもある。第二に、『鑑訣』に『東《トン》国歴代気数本宮陰陽訣《グンニョクテギスボングンウミャンギョル》』『歴代王都本宮数《ヨクテワンドボングンス》』『三韓山林秘記《サマンサルリムビギ》』を合わせて、鄭鑑録と呼ぶことがある。第三にすべての秘訣書を鄭鑑録と通称する。秘訣書は現存しているだけでも七〇〜八〇種類が確認されている。各種秘訣書は概略的にいえば、風水地理思想を取り込みながら王朝の興亡盛衰を予言する書籍である。

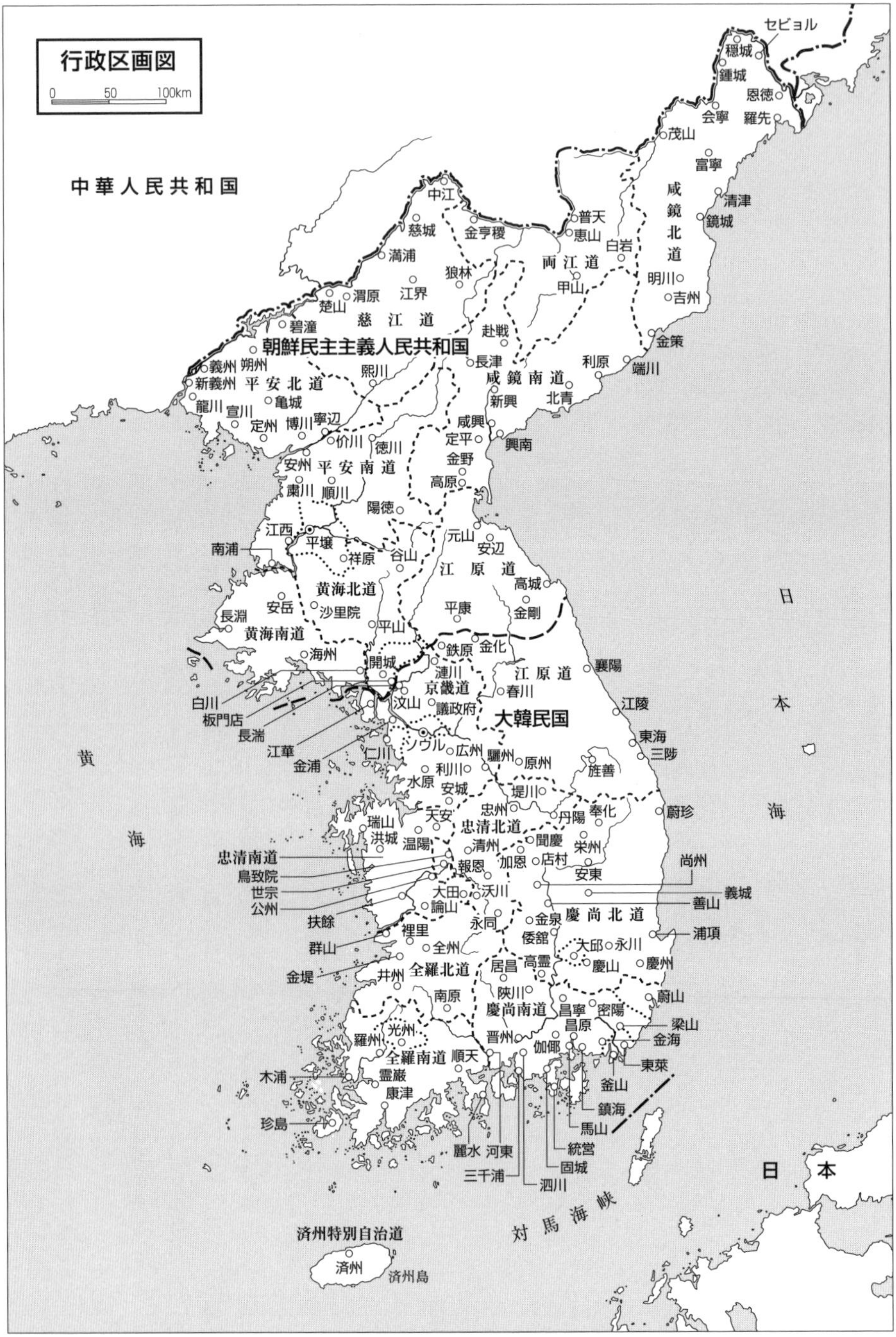
行政区画図
0
50
100km
中華人民共和国
朝鮮民主主義人民共和国
大韓民国
日本海
黄海
対馬海峡
日本
セビョル
穏城
鍾城
恩徳
会寧
羅先
茂山
富寧
咸鏡北道
清津
鏡城
中江
慈城
金亨稷
普天
恵山
白岩
両江道
明川
吉州
満浦
狼林
甲山
渭原
江界
楚山
慈江道
碧潼
赴戦
金策
長津
利原
端川
義州
朔州
熙川
咸鏡南道
新義州
平安北道
新興
北青
龍川
亀城
宣川
定州
博川
寧辺
咸興
定平
興南
价川
徳川
安州
平安南道
金野
粛川
順川
高原
陽徳
江西
平壌
元山
安辺
南浦
祥原
谷山
江原道
黄海北道
高城
安岳
沙里院
平康
長淵
金剛
黄海南道
平山
海州
鉄原
金化
開城
漣川
江原道
襄陽
京畿道
春川
白川
板門店
汶山
議政府
江陵
長湍
江華
ソウル
広州
東海
三陟
金浦
仁川
驪州
原州
利川
旌善
水原
安城
堤川
忠州
奉化
蔚珍
天安
丹陽
瑞山
忠清北道
洪城
温陽
聞慶
清州
栄州
忠清南道
報恩
加恩
店村
尚州
鳥致院
安東
世宗
大田
沃川
義城
公州
論山
善山
扶餘
慶尚北道
金泉
永同
浦項
裡里
倭舘
大邱
永川
群山
全州
居昌
高霊
慶山
慶州
金堤
井州
全羅北道
陜川
蔚山
南原
慶尚南道
昌寧
密陽
昌原
梁山
光州
羅州
晋州
伽倻
金海
全羅南道
順天
東莱
木浦
霊巌
釜山
康津
鎮海
馬山
珍島
統営
麗水
河東
固城
三千浦
泗川
済州特別自治道
済州
済州島

世界歴史大系《せかいれきしたいけい》　朝鮮史《ちょうせんし》１—先史《せんし》～朝鮮王朝《ちょうせんおうちょう》—

2017年10月20日　1版1刷発行
2019年6月20日　1版2刷発行

編　　者　李成市《りそんし》・宮嶋博史《みやじまひろし》・糟谷憲一《かすやけんいち》
発 行 者　野 澤 伸 平
発 行 所　株式会社　山川出版社
〒101-0047　東京都千代田区内神田1-13-13
電話　東京　03(3293)8131(営業)　8134(編集)
https://www.yamakawa.co.jp/
振替　00120-9-43993
印刷・製本　図書印刷株式会社
装　　幀　菊 地 信 義

Printed in Japan ISBN978-4-634-46213-7

執筆者紹介（執筆順）

李《り》 成《そん》 市《し》（編者）
1952年生まれ。早稲田大学文学学術院教授。
主要著書：『古代東アジアの民族と国家』（岩波書店，1998），『東アジア文化圏の形成』（世界史リブレット7，山川出版社，2000），『岩波講座日本歴史』（全22巻，共編著，岩波書店，2016）

宮嶋《みやじま》 博史《ひろし》（編者）
1948年生まれ。東京大学・成均館大学校名誉教授。
主要著書：『朝鮮土地調査事業史の研究』（東京大学東洋文化研究所報告，汲古書院，1991），『両班——李朝社会の特権階層』（中公新書，中央公論社，1995），『「韓国併合」100年を問う——『思想』特集・関係資料』（共編著，岩波書店，2011）

糟谷《かすや》 憲一《けんいち》（編者）
1949年生まれ。一橋大学名誉教授。
主要著書・論文：『朝鮮の近代』（世界史リブレット43，山川出版社，1996），『朝鮮現代史』（共著，山川出版社，2016），「閔氏政権成立の歴史的背景」（『朝鮮史研究会論文集』第54集，2016）

吉井《よしい》 秀夫《ひでお》
1964年生まれ。京都大学大学院文学研究科教授。
主要著書・論文：『古代朝鮮　墳墓にみる国家形成』（京都大学学術出版会，2010），「朝鮮三国時代における墓制の地域性と被葬者集団」（『考古学研究』第49巻第3号，2002），「植民地と歴史学」（『岩波講座日本歴史』第22巻，岩波書店，2016）

橋本《はしもと》 繁《しげる》
1975年生まれ。早稲田大学非常勤講師。
主要著書・論文：『韓国古代木簡の研究』（吉川弘文館，2014），「中古新羅築城碑の研究」（『韓国朝鮮文化研究』12号，2013），「韓国木簡論——漢字文化の伝播と変容」（『岩波講座日本歴史』第20巻，岩波書店，2014）

酒寄《さかより》 雅志《まさし》
1949年生まれ。國學院大學栃木短期大学日本文化学科教授。
主要著書・論文：『渤海と古代の日本』（校倉書房，2001），「円仁と『法華経』」（『國學院大學栃木短期大学日本文化研究』創刊号，2016），「古代における日本海交流」（『季刊悠久』第147号，2016）

森平《もりひら》　雅彦《まさひこ》　1972年生まれ。九州大学大学院人文科学研究院教授。
主要著書：『モンゴル帝国の覇権と朝鮮半島』(世界史リブレット99，山川出版社，2011)，『モンゴル覇権下の高麗——帝国秩序と王国の対応』(名古屋大学出版会，2013)，『中近世の朝鮮半島と海域交流』(編著，汲古書院，2013)

六反田《ろくたんだ》　豊《ゆたか》　1962年生まれ。東京大学大学院人文社会系研究科教授。
主要著書：『日本と朝鮮　比較・交流史入門——近世，近代そして現代』(共編著，明石書店，2011)，『朝鮮王朝の国家と財政』(世界史リブレット110，山川出版社，2013)，『寺内正毅ゆかりの図書館　桜圃寺内文庫の研究』(共著，勉誠出版，2013)

井上《いのうえ》　和枝《かずえ》　1946年生まれ。鹿児島国際大学元教授。
主要著書・訳書：『植民地朝鮮の新女性　「民族的賢母良妻」と「自己」のはざまで』(明石書店，2013)，『薩摩・朝鮮陶工村の四百年』(共著，岩波書店，2014)，『朝鮮村落社会史の研究』(訳，法政大学出版局，2006)

付　　録

索　　引

＊ 原則として日本語の発音によって配列した。

人名索引

◆ア　行

哀荘王(788-809, 在位 800-809)………… 121
阿骨打──→太祖(金)
足利義満(1358-1408)………………………… 338
阿花(華)王(?-405, 在位 392-405)……… 74
閼智(伝説上の新羅始祖, 金氏)…………… 87
アムガ(魏王)(?-1324)……………………… 248
アユルシリダラ(北元, 昭宗)(?-1378, 在位 1371-78)…………………………… 264
アユルバルワダ(元, 仁宗)(1285-1320, 在位 1311-20)………………… 248, 255, 256
安珦(1243-1306)……………… 283, 286, 288, 351
安堅(15 世紀)……………………………… 359
安原王(?-545, 在位 531-545)……………… 63
安勝(?-684)……………………………… 109, 110
安処謙(1486-1521)…………………………… 347
安蔵(法師)(6 世紀)………………………… 90
安蔵王(?-531, 在位 519-531)……………… 63
安鼎福(1712-91)……………………… 434, 436, 519
安平大君瑢(1418-53)……………… 303, 359, 360
アンベール　Imbert, Laurent Marie Joseph(1796-1839)…………………… 461
安祐(?-1362)………………………………… 266
イェスン＝テムル(泰定帝)(1276-1328, 在位 1323-28)……………………………… 257
伊夷模(2-3 世紀, 在位 197-227)…………… 58
異斯夫(5 世紀後半-6 世紀半ば)………… 116
懿仁王后朴氏(1555-1600)………………… 375
惟政(松雲大師)(1544-1610)……………… 371
一然(1206-89)……………………………… 31, 285
伊珍阿豉王(伝説上の大加耶始祖)……… 97
乙支文徳(7 世紀)…………………………… 105
威徳王(昌王)(525-598, 在位 554-598)………………………………………… 77, 82, 114
イェスジン(懿妃)(?-1316)………………… 247
イリンチンバラ(濮国長公主)(?-1319)……………………………………………… 247
イリンチンバル(徳寧公主)(?-1375)……………………………………………… 248
尹瓘(?-1111)…………………………… 213, 214, 222
尹鑴(1617-80)……………………… 392-394, 401
尹彦頤(?-1149)……………………………… 222
尹元衡(?-1565)……………………………… 349, 353
印侯(1250-1311)…………………… 259, 260, 276
尹行恁(1762-1801)…………………………… 457
尹行福(1796-?)……………………………… 469
尹坤(?-1421)………………………………… 332
尹持忠(1759-91)……………………………… 436, 437
尹之任(?-1534)……………………………… 348
尹秀(13 世紀)………………………………… 276
尹集(1606-37)………………………………… 382
尹紹宗(1345-93)……………………………… 273
尹汝弼(1466-1555)…………………………… 348
尹碩(?-1348)………………………………… 259
尹善道(1587-1671)…………………………… 359
印璫(?-1356)………………………………… 265, 267
尹斗寿(1533-1601)…………………………… 353, 354
尹斗緒(1668-1715)…………………………… 526, 527
尹任(1487-1545)……………………………… 349
尹璠(1384-1448)……………………………… 349
尹弼商(1427-1504)…………………………… 345
禹夏永(1741-1812)…………………………… 417
烏雅束(?-1113)……………………………… 213, 214
右渠(?－前 108)……………………………… 32
禹君則(1776-1812)………………… 490, 492, 495
禹玄宝(1333-1400)…………………………… 272, 273
烏炤度(9 世紀)………………………………… 159
禹仁烈(1337-1403)…………………………… 272, 332
禹性伝(1542-93)……………………………… 354
于勒(6 世紀)…………………………………… 98
永昌大君瓂(1606-14)……………………… 375-377
英祖(朝鮮)(1694-1776, 在位 1724-76)……………………………… 383, 402, 403, 405-410, 414, 422, 431, 433, 434, 439, 452, 454-457, 464, 471, 515
睿宗(高麗)(1079-1122, 在位 1105-22)……………………………………… 210, 213-215, 222, 224, 228
睿宗(朝鮮)(1441-69, 在位 1468-69)…………………………………………… 305, 342
英宗(元)──→シディバラ
永寧公綧(1223-83)…………………………… 240, 261

衛満（前3-前2世紀）……3, 31, 32
嬰陽王（?-618, 在位590-616）……64
永楽帝（1360-1424, 在位1402-24）……296, 332, 333
栄留王（?-642, 在位618-642）……106
恵居（?-974）……226
恵勤（1320-76）……284
エセン＝テムル（営王）（?-1332）……247
慧超（704-?）……131
恵亮（6世紀）……90
エル＝テムル（?-1333）……257
淵蓋蘇文（?-665）……64, 106, 108
燕山君（1476-1506, 在位1494-1506）……344-347, 366, 400, 401, 426
淵浄土（7世紀）……109
円測（613-696）……131
淵男建（7世紀）……109
淵男産（639-702）……109
淵男生（634-679）……109
王規（?-945）……173
王建──→太祖（高麗）
王康（?-1394）……279
王三錫（14世紀前半）……260
王式廉（?-949）……172, 173
王莽（前45-後23, 在位後8-23）……38
欧陽脩（1007-72）……355
オゴデイ＝カーン（モンゴル, 太宗）（1186-1241, 在位1229-41）……238
恩彦君䄄（1755-1801）……456, 459, 467, 471, 472
温祚王（伝説上の百済始祖）……72, 73

◆カ　行

解仇（?-478）……75
カイシャン（元, 武宗）（1281-1311, 在位1307-11）……248, 250, 256
河緯地（1412-56）……303, 341
懐平君（1827-44）……471
蓋鹵王（?-475, 在位455-475）……62, 73-75
赫居世（伝説上の新羅始祖, 朴氏）……86
郭再祐（1552-1617）……371
荷知王（嘉悉王）（5世紀-6世紀前半）……98
カマラ（晋王）（1263-1302）……247, 248
河崙（1347-1416）……305
韓安仁（?-1122）……215
韓永（1285-1336）……261
韓希愈（?-1306）……275
毌丘倹（?-255）……58
元暁（617-686）……131, 132
韓濩（1543-1605）……360
韓忠（1486-1521）……348
韓致亨（1434-1502）……345
韓百謙（1552-1615）……389
韓明澮（1415-87）……303, 342, 345
魏弘（?-888）……134
僖康王（?-838, 在位836-838）……121
奇皇后（皇后奇氏）（14世紀）……258, 262, 264, 265, 267
箕子（伝説上の古朝鮮王）……30, 31, 34
義慈王（?-660, 在位641-660）……106, 108, 109, 158
奇遵（1492-1521）……348
義湘（625-702）……131
亀城君浚（1441-79）……342
毅宗（1127-73, 在位1146-70）……224, 232, 233, 236
熙宗（1181-1237, 在位1204-11）……235
徽宗（1082-1135, 在位1100-26）……228
乞乞仲象（?-697）……135, 137
吉再（1353-1419）……343
乞四比羽（?-697）……135, 137
奇轍（?-1356）……264
義天（大覚国師）（1055-1101）……225-227
禧嬪張氏（?-1701）……404, 405
キムトン（曹国長公主）（?-1325）……248
弓裔（?-918）……123, 170-172, 199
仇亥王（6世紀, 在位521-532）……98
休静（西山大師）（1520-1624）……371
姜瑋（1820-84）……477, 500
姜邯賛（948-1031）……181
姜完淑（1760-1801）……459
姜希顔（1417-64）……359
姜謙（?-1504）……345
姜沆（1567-1618）……374
姜弘立（1560-1627）……378, 380
強首（?-692）……132
恭譲王（1345-94, 在位1389-92）……272, 273, 279, 291
恭愍王（1330-74, 在位1351-74）……242, 248, 257, 258, 264-270, 284, 286, 288-290, 330
姜民瞻（?-1021）……181
姜融（?-1349）……286
許筠（1569-1618）……430, 518
許堅（1646-80）……404
許磁（1496-1551）……349

魚叔権(16 世紀前半)……359
許浚(1546-1615)……376
魚世謙(1430-1500)……345
許積(1610-80)……393, 394, 403, 404
許伝(1797-1886)……498
許磐(?-1498)……345
許穆(1595-1682)……393, 394
金安国(1478-1543)……348, 352
金安老(1481-1537)……348, 349
金堉(1580-1658)……391
金一鏡(1662-1724)……454
金隠居(?-775)……121
金殷傅(?-1017)……210
金宇顒(1540-1603)……353, 354
金益淳(1764-1812)……490
金寛毅(12 世紀後半)……171, 224
金観柱(1743-1806)……455
金漢禄(1722-90)……455
金禧(?-1531)……348
金亀柱(1740-86)……454
金義珍(?-1070)……223
金絿(1488-1534)……348, 360
近仇首王(?-384, 在位 375-384)……74
金九容(1338-84)……269
金忻(1251-1309)……259
金謹思(1466-1539)……348
金均貞(?-836)……122
金欽突(?-681)……119
金訓(?-1015)……187
金建淳(1776-1801)……459
金憲昌(?-822)……122
金孝元(1532-90)……352, 353
金興根(1796-1870)……469
金弘道(1745-?)……509, 526, 527
金宏弼(1454-1504)……343, 345, 347, 376
金載瓚(1746-1827)……463
金在昌(1770-?)……464
金在清(1807-?)……469
金左根(1797-1869)……462, 469, 473
金沙弥(?-1194)……237
金粲(?-1137)……215
金時習(1435-93)……304, 359
金馹孫(1464-98)……343-345
金志貞(?-780)……121
金自点(1588-1651)……379, 384
金錫冑(1634-84)……386, 393
金集(1574-1656)……431
金周元(8 世紀)……122
金就礪(?-1234)……238
金守温(1410-81)……300
金寿興(1626-90)……393
金俊(金仁俊)(?-1268)……234, 235, 242, 243
金春秋→武烈王
金士用(?-1812)……490-493, 495
金浄(1486-1521)……348
金昌翕(1653-1722)……462
金昌協(1651-1708)……455, 462
金尚憲(1570-1652)……381, 382, 384, 459, 462
近肖古王(?-375, 在位 346-375)……74, 78
金昌始(?-1812)……490, 492-495
金昌集(1648-1722)……454, 455
錦城大君瑜(1426-57)……304
金尚容(1561-1637)……462
金湜(1482-1520)……347, 348
金思蘭(8 世紀)……119, 145
金仁存(?-1127)……222, 223
金仁問(629-694)……109
金生(711-?)……132
金誠一(1538-93)……357, 367, 370
金正喜(1786-1856)……464, 465, 467, 471, 512
金正浩(19 世紀半ば)……435, 519, 520
金正国(1485-1541)……348
金世弼(1473-1533)……348
金詮(1458-1523)……359
金千鎰(1537-93)……371
金宗衍(?-1390)……272
金宗瑞(1390-1453)……302-304
金宗直(1431-92)……343, 344
金祖根(1793-1844)……467
金祖淳(1765-1832)……455, 457, 461-464, 466, 471, 472, 489, 494
金大建(1822-45)……470
金大城(?-774)……130
金大問(7 世紀後半-8 世紀前半)……132
金達淳(1760-1806)……455
金佇(?-1389)……271, 291
金致陽(?-1009)……180, 181
金長生(1548-1631)……357, 431
金通精(?-1273)……244
金鼎集(1808-59)……465
金悌男(1562-1613)……377
忻都(13 世紀)……245
金得培(1312-62)……266
金日柱(?-1823)……455
均如(923-973)……226
金炳国(1825-1905)……473

金富佾(1071-1132)……224
金富軾(1075-1151)……216, 225
金文起(1399-1456)……341
金汶根(1801-63)……471, 473
金泂(1541-93)……371
金方慶(1212-1300)……245, 246
金甫当(?-1173)……236
金梵文(?-825)……122
金万重(1637-92)……516
金融(?-770)……121
金逌根(1785-1840)……462, 463, 467-469
金佑明(1619-75)……393
金庾信(595-673)……107, 108
金鏞(?-1363)……268
金履喬(1764-1832)……464
金履載(1767-1847)……465, 466, 528
金瑬(1571-1648)……379
金龍柱(1755-?)……455
金麟燮(1827-1903)……498, 500
金礪器(?-1644)……380
金鑢(1783-?)……464-467
金魯敬(1766-1840)……465-467
禑王(辛禑)(?-1388, 在位 1374-88)
……269-272, 288, 290, 291
具致寛(1406-70)……342
クトゥルク=ケルミシュ(斉国大長公主)(?-1297)……247, 260, 281
クビライ(元, 世祖)(1215-94, 在位 1260-94)……239, 242-244, 246, 247, 249, 254
グユク=カン(モンゴル, 定宗)(1207-56, 在位 1246-48)……239
景哀王(?-927, 在位 924-927)……123, 170
恵恭王(758-780, 在位 765-780)
……117, 121, 130
敬順王(金傅)(?-978, 在位 927-935)
……123, 172, 191
恵宗(高麗)(?-945, 在位 943-945)……173, 178
恵宗──→トゴン=テムル
景宗(高麗)(955-981, 在位 975-981)
……176, 180, 188
景宗(朝鮮)(1688-1724, 在位 1720-24)
……404, 405, 406, 454, 471, 515
慶大升(1154-83)……233, 234
景徳王(?-765, 在位 742-765)……120, 121, 129, 130, 147
敬嬪朴氏(淑儀朴氏)(?-1533)……348
慶平君晧(李世輔, 李寅応)(1832-95)……473
桂林君瑠(1502-45)……349
謙益(6 世紀)……78
元敬王后閔氏(1365-1420)……296
甄萱(?-936)……123, 170, 173, 230
元昊(15 世紀)……304
元聖王(?-798, 在位 785-798)……121, 122
献宗(1084-97, 在位 1094-95)……210, 214
憲宗(モンゴル)──→モンケ=カーン
憲宗(朝鮮)(1827-49, 在位 1834-49)
……453, 461, 462, 466-471
顕宗(高麗)(992-1031, 在位 1009-31)
……181, 182, 188, 190, 210, 225
顕宗(朝鮮)(1641-74, 在位 1659-74)
……388, 389, 392, 393, 402, 403, 421
元宗(高麗)(1219-74, 在位 1260-74)
……242, 243, 247, 252
元宗(朝鮮, 定遠君琈)(1580-1619)
……377, 379
玄宗(唐)(685-762, 在位 712-756)
……119, 139, 140, 142, 145, 149, 166
憲徳王(?-826, 在位 809-826)……121
顕妃──→神徳王后康氏
建文帝(1377-1402, 在位 1398-1402)
……296, 332, 333, 339
興安君瑅(?-1624)……379
黄允吉(1536-?)……370
光海君(1575-1641, 在位 1608-23)
……375-380, 388-390, 401, 410
広開土王(374-412, 在位 391-412)……60, 61, 63, 69-71, 74, 87, 97, 100, 114
洪灌(?-1126)……224
洪瀚(1451-98)……345
洪起燮(1776-1831)……465, 466
洪季男(16 世紀後半)……371
孝恵公主(1511-31)……348
洪景舟(?-1521)……347
高敬命(1533-92)……371
洪景来(1771-1812)……462, 463, 488, 490-495, 497, 516
孝顕王后金氏(憲宗妃)(1828-43)……467
高興(4 世紀)……78
洪国栄(1748-81)……408, 461
洪茶丘(1244-91)……245
黄嗣永(1775-1801)……459, 460
黄周亮(11 世紀前半)……224
孝昭王(?-702, 在位 692-702)……119
孝心(?-1194)……237
黄沁(1756-1801)……459

黄真伊(16 世紀前半)……359
洪瑞鳳(1572-1645)……381
孝成王(?-742, 在位 737-742)……130, 147
洪世泰(1653-1725)……438
洪奭周(1774-1842)……466, 467, 510, 512
高祖(唐)(565-635, 在位 618-626)……64
光宗(王昭)(925-975, 在位 949-975)……173, 175, 176, 178, 182, 185, 226
孝宗(鳳林大君淏)(1619-59, 在位 1649-59)……382-384, 386, 388, 389, 391-393
高宗(唐)(628-683, 在位 649-683)……108, 139
高宗(高麗)(1192-1259, 在位 1213-59)……238, 242
高宗(朝鮮)(1852-1919, 在位 1863-1907)……409, 433, 452, 461, 473, 509
康宗(1152-1213, 在位 1211-13)……235
高蔵(退位後の宝蔵王)……139
洪総角(?-1812)……492, 495
洪大容(1731-83)……433, 435, 436
康兆(?-1010)……181
孝定王后洪氏(憲宗継妃)(1831-1904)……469
興徳王(?-836, 在位 826-836)……122
高徳武(7 世紀後半-8 世紀前半)……139
孝寧大君補(1396-1486)……345
康伯珍(?-1504)……345
洪福源(1206-58)……240, 261, 287
光武帝(後漢)(前 6-後 57, 在位後 25-57)……38, 39
洪武帝(明, 太祖, 朱元璋)(1328-98, 在位 1368-98)……13, 267, 291, 292, 330-332, 383
洪文系(洪奎)(?-1316)……243
洪鳳漢(1713-78)……407, 408, 454
皇甫仁(1387-1453)……303
洪万選(1643-1715)……416
孝明世子──→翼宗
洪翼漢(1586-1637)……382
高龍普(?-1362)……286
洪倫(?-1374)……269
呉延寵(1055-1116)……213
呉健(1521-74)……353
故国原王(?-371, 在位 331-371)……59, 74
故国壌王(?-391?, 在位 384-391?)……60, 63
呉三桂(1612-78)……383, 403
呉思忠(1327-1406)……272
呉達済(1609-37)……382
小西行長(1558-1600)……369
呉命恒(1673-1728)……406
権応銖(1546-1608)……371
権漢功(?-1349)……259
権近(1352-1409)……288, 292, 331, 356
権輗(1495-1549)……348
権景裕(?-1504)……345
権謙(?-1356)……264
権五福(1467-98)……345
権尚夏(1640-1721)……455
権尚然(1751-91)……437
権大運(1612-99)……394
権哲身(1736-1801)……436, 460
権敦仁(1783-1859)……465, 469-471, 473
権日身(1751-91)……436
権溥(1262-1346)……283, 446
権擥(1416-65)……303
権慄(1537-99)……371

◆サ　行

崔安道(1240-1340)……259, 276
崔怡(?-1249)……233, 234, 236, 239, 275
崔允儀(1102-62)……285
崔瑩(1316-88)……267, 270, 271, 290
崔永慶(1529-90)……354
崔漢綺(1803-79)……512, 519
崔竩(?-1258)……233, 235, 242
崔珦(?-1230)……234
崔忻(7 世紀後半-8 世紀前半)……139, 141
崔源(?-1378)……258, 259
崔彦撝(866-944)……134, 159
崔沆(?-1257)……233, 242
崔恒(1409-74)……305
蔡済恭(1720-99)……408, 409, 437, 455, 458, 463, 516
崔済愚(1824-64)……504, 506
崔滋(1188-1260)……285
崔濡(?-1364)……267
蔡寿(1449-1515)……516
崔閏徳(1376-1445)……302
崔俊文(?-1219)……234
崔承老(927-989)……176
崔時亨(1827-98)……506, 507
崔世延(?-1297)……276
崔誠之(1265-1330)……259, 286
崔坦(13 世紀)……243
崔致遠(857-?)……97, 132, 134, 504
崔冲(984-1068)……223

崔忠献(1149-1219)……………… 233, 234, 237
崔忠粋(?-1197)…………………………… 233
崔南善(1890-1957)…………………… 12, 442
崔泌恭(1769-1801)…………………………458
崔溥(1454-1504)……………………………345
崔鳴吉(1586-1647)……………… 379, 381, 382
崔茂宣(1325-95)…………………… 270, 286
崔良業(1821-61)…………………………… 470
崔老星(党黒厮)(14世紀前半)………… 260
鐥(前1-後1世紀)…………………………… 39
サルタク＝コルチ(?-1219)………………238
三斤王(465-479, 在位478-479)…………75
慈懿大妃(荘烈王后)趙氏(1624-88)
……………………………………392, 393
指空(?-1363)……………………………… 260
慈蔵(7世紀)…………………………………130
実聖王(?-417, 在位402-417)…………… 62
シディバラ(元, 英宗)(1303-23, 在位
1320-23)……………………………256, 257
思悼世子──→荘献世子
シャスタン　Chastan, Jacques
Honore(1803-39)……………………… 461
周世鵬(1495-1554)…………………………351
周文模(1752-1801)…………………………459
朱熹(1130-1200)……………………… 282, 352
粛宗(高麗)(1054-1105, 在位1095-1105)
………………………… 210, 213-215, 221, 227
粛宗(朝鮮)(1661-1720, 在位1674-1720)
…………………………………………341, 383,
386, 392-394, 401-405,
408, 410-412, 414, 416, 418, 431
朱蒙(伝説上の高句麗始祖)……………… 56,
57, 72, 73
首露王(伝説上の金官加耶始祖)…… 96, 97
準(前3-前2世紀)………………………3, 31, 48
純元王后金氏(1789-1857)………… 461, 462,
464, 466-468, 471, 472
順式(10世紀)……………………………172, 175
純祖(1790-1834, 在位1800-34)……… 410,
437, 453, 455-457,
461-467, 469, 471, 480, 486, 494
順宗(1047-83, 在位1083)…………………210
順治帝(清)(1638-61, 在位1643-61)…396
順道(4世紀)………………………………… 63
蔣英実(15世紀)……………………………300
昌王──→威徳王
昌王(高麗, 辛昌)(1380-89, 在位1388-
89)………………………… 269-272, 290, 291
承化侯温(?-1271)……………………………244
章敬王后尹氏(1491-1515)…………348, 349
浄源(1011-88)………………………………227
昭顕世子溰(1612-45)……… 380-382, 392, 393
蕭恒徳(蕭遜寧)(?-996)…………………180
小獣林王(?-384, 在位371-384)……… 60, 63
蕭敵烈(?-1023)……………………………181
譲寧大君禔(1394-1462)……………………299
蕭排押(?-1023)……………………………181
徐栄輔(1759-1816)………………………… 463
徐熙(942-998)………………………………180
徐憙淳(1793-?)………………………………465
徐居正(1420-88)……………………………359
徐敬徳(1489-1546)…………………………357
徐俊輔(1770-1856)…………………………465
徐相教(1814-?)……………………………469, 473
徐能輔(1769-?)…………………………… 488
徐命均(1680-1745)………………………… 515
徐有榘(1764-1845)…………………………510
徐龍輔(1757-1824)…………………………456
神懿王后韓氏(節妃)(1337-91)…………293
申維翰(1681-?)………………………………395
瀋王暠(14世紀)……………………248, 256, 257
沈澮(1418-93)………………………………345
沈煥之(1730-1802)………………… 455, 456, 458
沈器遠(1569-1644)…………………………379
慎宜学(1772-1829)………………………… 466
沈義謙(1535-87)………………………… 352, 353
申欽(1566-1628)……………………………359
辛禑──→禑王
申景濬(1712-81)……………………………435
申景禛(1575-1643)…………………………379
仁顕王后閔氏(1667-1701)………………… 404
真興王(534-576, 在位540-576)… 89, 90, 115
申鴻周(1752-1829)………………………… 492
沈孝生(1349-98)……………………………293
申采浩(1880-1936)…………………………12, 51
申師任堂(1504-51)…………………………359
慎守勤(1450-1506)…………………………348
申溗(1600-61)……………………………… 416
申叔舟(1417-75)……………… 299, 304, 339, 342
仁順王后沈氏(1532-75)……………………352
申潤福(1758-?)……………………509, 526, 527
辛昌──→昌王
沈象奎(1766-1838)……………… 463, 464, 467
申崇謙(?-927)…………………………… 171, 173
真聖女王(?-897, 在位887-897)…… 134, 169
仁宣王后張氏(1618-74)……………………393

仁祖(1595-1649, 在位 1623-49)……332, 379-382, 384, 386, 388, 389, 391-393, 402, 403, 408-411, 417, 424, 427, 433, 437-439, 452-458, 461-467, 469, 471, 486, 487, 494, 511, 515, 518, 528
神宗(北宋)(1048-85, 在位 1067-85)……200
神宗(高麗)(1144-1204, 在位 1197-1204)……235, 272
真宗(孝章世子)(1719-28)……471
仁宗(高麗)(1109-46, 在位 1122-46)……211, 214-216, 222, 223
仁宗(元)──→アユルバルワダ
仁宗(朝鮮)(1515-45, 在位 1544-45)……348, 349
沈岱(1546-92)……371
沈忠謙(1545-94)……353
沈貞(1471-1531)……347, 348
神貞王后趙氏(孝明世子嬪, 翼宗妃)(1808-90)……464, 465
神徳王后康氏(顕妃)(?-1396)……293, 294
真徳女王(?-654, 在位 647-654)……107, 124, 127
沈徳符(1328-1401)……272, 291
辛旽(?-1371)……268-270, 288
真平王(?-632, 在位 579-632)……115
神武王(?-839, 在位 839)……121, 122
神文王(?-692, 在位 681-692)……118, 119, 127-129
仁穆王后金氏(1584-1632)……375, 377-379
申用漑(1463-1519)……359
申砬(1546-92)……370
仁烈王后韓氏(1594-1635)……381
瑞興侯琠(?-1307)……256
騶(?-後 12)……38
崇禎帝(明)(1610-44, 在位 1628-44)……383
聖王(聖明王)(?-554, 在位 523-554)……76, 77, 82, 89, 98
成海応(1760-1839)……510, 512
成希顔(1461-1513)……346
成俔(1439-1504)……359
成渾(1535-98)……353
成三問(1418-56)……299, 303, 341
成重淹(1474-1504)……345
成俊(1436-1504)……345
成石璘(1338-1423)……272
世祖(元)──→クビライ
世祖(朝鮮)(1417-68, 在位 1455[1456]-68)……303-305, 308, 324, 342-344, 346, 357, 358, 361
正祖(1752-1800, 在位 1776-1800)……383,
世宗(1398-1450, 在位 1418-50)……299-303, 335, 337, 340, 357-359, 361, 416
成宗(高麗)(960-997, 在位 981-997)……176, 177, 180, 182, 185, 189, 227
成宗(元)──→テムル
成宗(朝鮮)(1457-94, 在位 1469-94)……305, 339, 341-346, 359, 361, 385
聖宗(契丹)(971-1031, 在位 982-1031) 181
靖宗(1018-46, 在位 1034-46)……182, 210, 222
成聃寿(15 世紀)……304
正門(?-775)……121
聖徳王(?-737, 在位 702-737)……130, 142
戚継光(1528-87)……386, 387
セシル　Cécille, Jean Baptist Thomas Médée(1787-1873)……470
節妃──→神懿王后韓氏
偰循(?-1435)……300
薛聡(7 世紀半ば-8 世紀前半)……132
偰長寿(1341-99)……272
泉蓋蘇文──→淵蓋蘇文
全渓大院君(1785-1841)……471
千秋太后皇甫氏(964-1029)……181
宣祖(1552-1608, 在位 1567-1608)……352, 353, 370, 371, 375-377, 387
宣宗(高麗)(1049-94, 在位 1083-94)……210, 214, 215, 226
宣徳王(?-785, 在位 780-785)……121
善徳女王(?-647, 在位 632-647)……107
双冀(10 世紀)……176
宋希璟(1376-1446)……339
荘献世子(思悼世子)(1735-62)……407, 408, 454-456
曹好益(1545-1609)……371
宗貞盛(?-1452)……335, 337
宋浚吉(1606-72)……384, 392
宋象賢(1551-92)……370
宋松礼(?-1289)……243
曹植(1501-72)……352-354, 401
宋時烈(1607-89)……384, 392, 393, 401, 404, 425, 431
曹頔(?-1339)……257
宋晩載(1788-1851)……525

曹敏修(?-1390) …… 271, 290
曺鳳振(1777-1838) …… 464
宗義調(1532-88) …… 369, 370
宗義智(1568-1615) …… 369, 370, 394
蘇軾(1037-1101) …… 226
蘇定方(7 世紀) …… 108
蘇馬諟(1 世紀) …… 39
孫守卿(?-1356) …… 259

◆タ　行

大彝震(?-857, 在位 830-857) …… 155, 158, 160
大諲譔(末王)(生没年不詳, 在位 907-926) …… 162-164
大覚国師──→義天
大華璵(成王)(?-794, 在位 794) …… 151-153
大恭(?-768) …… 121
大欽茂(文王)(?-793, 在位 737-793) …… 146-150, 152, 156, 166, 167
大矩(和尚)(9 世紀後半) …… 134
大言義(僖王)(?-817, 在位 812-817) …… 153
大虔晃(?-871, 在位 857-871) …… 155, 156
大玄錫(?-895, 在位 871-895) …… 155, 158
大光顕(10 世紀) …… 180
大仁秀(宣王)(?-830, 在位 818-830) …… 154-156, 158, 159
大嵩璘(康王)(?-808, 在位 794-808) …… 152, 153
太祖(契丹, 耶律阿保機)(827-926, 在位 916-926) …… 161-164, 180
太祖(高麗, 王建)(877-943, 在位 918-943) …… 123, 171-175, 178, 180, 188, 199, 224, 228, 229, 231
太祖(金, 完顔阿骨打)(1068-1123, 在位 1115-23) …… 214
太祖(朝鮮)(1335-1408, 在位 1392-97) …… 273, 291-296, 330, 331, 357, 358
太宗(唐, 李世民)(598-649, 在位 626-649) …… 64, 106, 119
太宗(新羅)──→武烈王
太宗(モンゴル)──→オゴデイ＝カーン
太宗(朝鮮, 李芳遠)(1367-1422, 在位 1400-18) …… 273, 291-296, 299, 301-303, 331-333, 335, 357, 361
太宗(後金, ホンタイジ)(1592-1643, 在位 1626-43) …… 380-382
大祚栄(?-719, 在位 698-719) …… 135, 137-141, 152, 154, 155, 158
泰定帝──→イェスン＝テムル
大武芸(武王)(?-737, 在位 719-737) …… 140, 142, 144-146, 150, 156
大封裔(9 世紀) …… 159
帯方公俌(?-1128) …… 215
大明忠(簡王)(?-818, 在位 817-818) …… 150, 153-155, 167
大野勃(7 世紀後半-8 世紀前半) …… 154, 155
拓俊京(?-1144) …… 215
卓都卿(?-1362) …… 266
檀君 …… 30, 31, 54, 285, 358
端敬王后慎氏(1488-1534) …… 348
端宗(魯山君)(1441-57, 在位 1452-55) …… 302-304, 341
竹同(12 世紀後半) …… 237
智証王(437-514, 在位 500-514) …… 88, 115, 128
知訥(1158-1210) …… 284
池湧奇(?-1392) …… 272, 291
忠恵王(1315-44, 在位 1330-32, 1339-44) …… 246, 248, 257, 259, 276
忠粛王(在位 1313-30, 1332-39) …… 247, 256, 257, 259, 260, 276, 283, 286, 287
忠宣王(1275-1325, 在位 1298, 1308-13) …… 247, 248, 250, 252, 255-257, 259, 261, 267, 275, 276, 283, 286, 287
中宗(朝鮮)(1488-1544, 在位 1506-44) …… 346, 347-349, 352
忠定王(1338-52, 在位 1349-51) …… 248, 257, 258
忠穆王(1337-48, 在位 1344-48) …… 248, 257
忠烈王(1236-1308, 在位 1274-98, 1298-1308) …… 245, 247, 249, 251-253, 255, 256, 259-261, 265, 269, 276, 281
趙位寵(?-1176) …… 236
趙寅永(1782-1850) …… 462, 465, 467-469
趙英珪(?-1395) …… 291
趙栄祏(1686-1761) …… 526, 527
趙暉(13 世紀) …… 240
趙亀夏(1815-77) …… 499
趙匡(?-1136) …… 216

趙絅(1586-1669)……381
趙憲(1544-92)……371
趙顕命(1690-1752)……528
趙光祖(1482-1519)……347, 348, 352, 366, 376
趙思義(?-1402)……294
張士誠(1321-67)……267
長寿王(394-491, 在位 413-491)……60-62, 69, 70, 74, 75, 114
趙浚(1346-1405)……271-273, 288-290, 292, 305, 360
張舜龍(1255-97)……260, 276
趙小生(?-1362)……266
趙仁規(1237-1308)……275
趙聖復(1681-1723)……454
趙泰采(1660-1722)……454
趙冲(1171-1220)……238
趙得永(1762-1824)……455
趙斗淳(1796-1870)……503
趙日新(?-1352)……264
趙璞(1356-1408)……272, 273
趙胖(1341-1401)……291, 331
張晩(1566-1629)……380
趙万永(1776-1846)……462, 464-467
張文休(8 世紀前半)……144
趙秉亀(1801-45)……462, 469
趙秉鉉(1791-1849)……462, 469, 472
チョーペル(鎮西武靖王)(14 世紀)……248
張保皐(?-841)……122
張膺杓(1819-?)……500
趙旅(1420-89)……304
趙琳(?-1408)……291
池龍寿(14 世紀)……267
智禄延(?-1126)……215
チンギス＝カン(1167-1227, 在位 1206-27)……238
禔──→讓寧大君禔
鄭寅普(1892-1950)……12, 442
定遠君琈──→元宗(朝鮮)
鄭蘊(1569-1641)……381
鄭介清(1529-90)……354
丁夏祥(1795-1839)……461, 468
鄭可臣(?-1298)……285
貞熹王后(慈聖大妃)尹氏(1418-83)……342, 349
鄭逑(1543-1620)……353, 357
鄭筠(?-1179)……233
貞恵公主(733-777)……152, 166
貞顕王后(慈順大妃)尹氏(1461-1530)……346
鄭彦信(1527-91)……354
鄭元容(1783-1873)……503
貞孝公主(757-792)……150, 152, 166
鄭蓍(1768-1811)……491, 495
丁若鍾(1760-1801)……468
丁若銓(1758-1816)……460
丁若鏞(1762-1836)……408, 433, 434, 436, 441, 442, 460, 464, 510, 512
貞純王后金氏(1745-1805)……455-458, 460, 461
鄭順朋(1484-1548)……349
鄭招(?-1434)……300
鄭尚驥(1678-1752)……435, 520
鄭昌孫(1402-87)……345
鄭汝昌(1450-1504)……343, 345, 376
鄭汝立(1546-89)……354
鄭仁卿(1237-1305)……275
鄭仁弘(1535-1623)……371, 375, 376, 379, 401
鄭世雲(?-1363)……266
定宗(高麗)(923-949, 在位 945-949)……173, 175, 178, 188
定宗(モンゴル)──→グユク＝カン
定宗(朝鮮, 李芳果)(1357-1419, 在位 1398-1400)……293, 294, 296, 299, 332
鄭擢(1363-1423)……331
鄭地(1347-91)……270
鄭知常(?-1135)……215, 216
鄭仲夫(1160-79)……232, 233, 235, 236
鄭澈(1536-93)……354, 359
鄭道伝(1342-98)……269, 271-273, 284, 288-290, 292, 293, 331, 332, 356, 360
鄭撥(1553-92)……370
鄭晩錫(1758-1834)……492
鄭文孚(1565-1624)……371
鄭鳳寿(1572-1645)……380
鄭苯(?-1454)……303
鄭夢周(1337-92)……269, 272, 273, 288, 291
鄭曄(1563-1625)……357
鄭麟趾(1396-1408)……299, 300, 304
狄仁傑(630-700)……136, 139, 140, 166
哲仁王后金氏(哲宗妃)(1837-78)……471
哲宗(1831-63, 在位 1849-63)……453, 461, 462, 471-473, 476
テムゲ＝オッチギン(?-1246)……238
テムル(元, 成宗) (1265-1307, 在位 1294-1307)……247, 256

腆支王(?-420, 在位 405-420) …… 74
東城王(?-501, 在位 479-501) …… 75
東川王(?-248, 在位 227-248) …… 58
道琛(?-662) …… 108
徳川家康(1542-1616) …… 394
徳興君塔思帖木児(14 世紀) …… 267
徳興君昭(1530-57) …… 352
徳宗(高麗)(1016-34, 在位 1031-34) …… 182, 188, 210
徳宗(朝鮮, 懿敬世子暲)(1438-57) …… 342
トク＝テムル(元, 文宗)(1304-32, 在位 1328-29, 1329-32) …… 257
トゴン＝テムル(元, 恵宗)(1320-70, 在位 1333-70) …… 257, 262, 264, 265
訥祇王(?-458, 在位 417-458) …… 62, 87, 92
豊臣秀吉(1537-98) …… 10, 369, 370, 372, 374, 394

◆ナ　行

奈勿王(?-402, 在位 356-402) …… 87, 92, 121
南誾(1354-98) …… 271, 273, 293
南孝温(1454-92) …… 304, 343, 345
南公轍(1760-1840) …… 512
南袞(1471-1527) …… 347, 348, 359
南在(1351-1419) …… 273, 331
南閭(前 2 世紀) …… 32
任元敳(任元厚, 1089-1156) …… 216
任士洪(1445-1506) …… 345, 346, 348
任存常(1772-?) …… 464
任爣(1759-?) …… 464
ヌルハチ(1559-1626) …… 378
納哈出(?-1388) …… 266

◆ハ　行

裴克廉(1325-92) …… 272
裴佺(?-1361) …… 258, 259, 276
裴仲孫(?-1271) …… 243, 244
廃妃尹氏(?-1482) …… 345
白惟咸(1546-1618) …… 354
白惟譲(1530-89) …… 354
白頤正(1247-1323) …… 283, 288
苩加(?-501) …… 75
伯固(2 世紀) …… 58
白寿翰(?-1135) …… 215, 216
バドゥリ(17 世紀前半) …… 380
バヤン(?-1340) …… 257
バヤン＝クトゥグ(慶華公主)(?-1344) …… 248
潘阜(1230-?) …… 244
万暦帝(明)(1563-1620, 在位 1572-1620) …… 383, 405
否(前 3 世紀) …… 3, 31
美川王(?-331, 在位 300-331) …… 59
毗曇(?-647) …… 107
表沿沫(1449-98) …… 345
閔哀王(?-839, 在位 838-839) …… 121, 122
閔漬(1248-1326) …… 285
閔甫(14 世紀) …… 260
武王(百済)(?-641, 在位 600-641) …… 77, 82, 83, 115
普愚(1301-82) …… 284
福城君嵋(1509-33) …… 348
福信(鬼室福信)(?-662) …… 108
苻堅(前秦)(338-385, 在位 357-385) …… 63
藤原惺窩(1561-1619) …… 374
藤原緒嗣(774-843) …… 151
藤原仲麻呂(706-764) …… 120
武宗(元)──→カイシャン
武則天(則天武后)(624-705, 在位 690-705) …… 113, 136-139
ブッダシュリー(薊国大長公主)(?-1344) …… 247, 255, 256
ブッダシュリー(魯国大長公主)(?-1365) …… 248
武帝(前 159-前 87, 在位前 141-前 87) …… 3, 7
武寧王(462-523, 在位 501-523) …… 75, 76, 78, 81
扶餘隆(615-682) …… 109
武烈王(金春秋)(?-661, 在位 654-661) …… 106-108, 117, 119, 121, 122, 130
文一平(1888-1936) …… 442
文益漸(1329-98) …… 285, 313
文公仁(?-1137) …… 215
文周王(?-478, 在位 475-478) …… 75
文正(?-1093) …… 223
文聖王(?-857, 在位 839-857) …… 122
文宗(高麗)(1019-83, 在位 1046-83) …… 182, 189, 200, 205, 210, 225, 269
文宗(元)──→トク＝テムル
文宗(朝鮮)(1414-52, 在位 1450-52) …… 302
文帝(隋, 楊堅)(541-604, 在位 581-604) …… 104

文定王后尹氏(1501-65)……348, 349
文武王(626-681, 在位 661-681)……108, 109, 119, 127, 129
辺安烈(?-1390)……270, 272, 291
卞孝文(1396-?)……300
亡伊(12 世紀後半)……237
法興王(?-540, 在位 514-540)……89, 90, 107, 115, 125
方国珍(1319-74)……267
亡所伊(12 世紀後半)……237
豊璋(扶餘豊)(7 世紀)……108
鳳城君岏(1529-47)……349
宝城君夻(1416-?)……345
宝蔵王(?-682, 在位 642-668)……109
宝良(6 世紀)……90
朴葳(?-1398)……272
朴允徳(15 世紀)……300
朴寅亮(?-1096)……224
朴漢柱(?-1504)……345
朴義(?-1321)……276
朴宜中(1337-1403)……269
朴珪寿(1807-76)……497, 502
朴景亮(?-1320)……276
朴薫(1484-1540)……347
朴元宗(1467-1510)……346
睦虎龍(1684-1724)……454
朴趾源(1737-1805)……434, 437, 438, 456, 510
朴守卿(?-964)……175
朴述熙(?-945)……173
朴尚衷(1332-75)……269
朴仁老(1561-1642)……359
朴斉家(1750-1805)……408, 433, 434, 438
朴世熹(1491-1530)……348
朴聖臣(?-1812)……496
朴堧(1378-1458)……359
穆宗(980-1009, 在位 980-1009)……180, 181, 188, 221, 224
朴宗薫(1773-1841)……467
朴宗慶(1765-1817)……462, 494
朴弼顕(1680-1728)……406
朴苞(?-1400)……294
朴彭年(1417-56)……303, 341
睦万中(1727-?)……458
朴燁(1570-1623)……379
慕容皝(297-348, 在位 333-348)……59
ボロト＝テムル(魏王)(14 世紀)……248

◆マ　行

摩羅難陀(4 世紀)……78
満月王后(8 世紀)……121
万積(?-1198)……237
味鄒王(?-284, 在位 262-284)……87
密豊君坦(1688-1729)……515
妙清(?-1135)……215, 216, 227
明宗(高麗)(1131-1202, 在位 1170-97)……232, 235
明宗(朝鮮)(1534-67, 在位 1545-67)……349, 351-353
メステル　Maistre, Ambroise(1808-57)……470
毛文龍(1576-1629)……379, 380
モーバン　Maubant, Pierre Philibert (1803-39)……461
モンケ＝カーン(モンゴル, 憲宗)(1208-59, 在位 1251-59)……239, 242

◆ヤ　行

耶律阿保機──→太祖(契丹)
兪応孚(?-1456)……303, 341
兪棨(1607-64)……381
兪孝通(15 世紀)……300
兪千遇(1209-76)……236
楊規(?-1011)……181
陽原王(?-559, 在位 545-559)……63
楊士彦(1517-84)……360
煬帝(隋)(569-618, 在位 604-618)……105
楊徳禄(1553-1635)……371
翼宗(孝明世子)(1809-30)……462, 464-467, 469, 471

◆ラ　行

羅徳憲(1573-1640)……381
李頤命(1658-1722)……454
李寅溥(1777-?)……465, 466
李寅命(1819-87)……500
李塏(1417-56)……303, 341
李海愚(1760-1832)……488
李家煥(1742-1801)……460
李适(1587-1624)……379, 380, 386
李浣(1602-74)……384, 386
李嵒(1297-1364)……286
李貴(1557-1633)……379, 381, 386

李喜英(?-1801)……459
李紀淵(1783-1858)……465, 467
李羲甲(1764-1847)……464
李義駿(1738-98)……383
李禧著(?-1812)……490, 495
李洁(1547-89)……354
李義旼(?-1196)……233, 235
李義方(?-1174)……232, 233, 236
李義鳳(1733-1801)……435
李圭景(1788-?)……512
李奎報(1168-1241)……236, 275, 284, 285
李黿(?-1504)……345
李彦迪(1491-1553)……357, 376
李健命(1663-1722)……454
李元翼(1547-1634)……389, 390
李顥(11世紀)……210
李高(?-1171)……232, 233
李沆(?-1531)……348
李滉(退渓)(1501-70)……351-354, 356, 357, 376, 400, 401, 512
李肯翊(1736-1806)……434
李穀(1298-1351)……283
李克均(1437-1504)……345
李克墩(1435-1503)……344
李済初(?-1812)……492, 495
李山海(1538-1609)……353, 354
李参鉉(1807-?)……498, 502
李参平(?-1653)……374
李之氏(1092-1145)……216
李珥(栗谷)(1536-84)……353, 356, 357, 359, 367, 400, 512
李施愛(?-1467)……304, 324
李子淵(1003-61)……210, 214, 215
李止淵(1777-1841)……465, 467, 468
李資義(?-1095)……214
李資謙(?-1126)……211, 215
李時秀(1745-1821)……456, 528
李子春(1315-60)……289
李爾瞻(1560-1623)……375-377, 379
李重煥(1690-?)……9, 434, 519
李守恭(1464-1504)……345
李春英(1563-1606)……354
李舜臣(1545-98)……371, 372
李曙(1580-1637)……386
李承休(1224-1300)……31, 209, 285
李承薫(1756-1801)……436, 460
李相璜(1763-1841)……467
李書九(1754-1825)……456, 465, 487, 510
李穡(1328-96)……269, 271-273, 283, 285, 288, 291
李稷(1362-1431)……305, 332
李如松(?-1598)……371
李仁実(1081-1153)……222
李尽忠(?-696)……135-137, 139
李仁任(?-1388)……270, 271
李仁復(1308-74)……285
李仁老(1152-1220)……285
李睟光(1563-1628)……430
李崇仁(1349-92)……269, 288
李成桂──→太祖(朝鮮)(1335-1408)も見よ……266, 267, 270-273, 279, 289-292, 301, 305, 340
李斉賢(1287-1367)……250, 283, 285
李世佐(1445-1504)……345
李世輔──→慶平君晧
李勣(?-669)……109
李碩(11世紀後半)……210
李摠(?-1504)……345
李蔵用(1201-72)……244
李胄(?-1504)……345
李澄玉(?-1453)……304
李頲(1025-77)……210
李廷馣(1541-1600)……371
李蕆(1376-1451)……302
李徳懋(1741-93)……434, 438, 517
李敦栄(1801-?)……502
李寧(12世紀前半)……228
李坡(1434-86)……345
李檗(1754-85)……436
李潑(1544-89)……354
李晩秀(1752-1820)……460, 528
李文真(6世紀後半-7世紀前半)……64
李文和……332
李芳遠──→太宗(朝鮮)
李芳果──→定宗(朝鮮)
李芳幹(?-1421)……293, 294
李芳毅(?-1404)……293
李芳実(?-1362)……266
李芳碩(1382-98)……293, 294
李芳蕃(1381-98)……293, 294
李穆(1471-98)……345
李穆淵(1785-1854)……469
李夢鶴(?-1596)……373
李命允(1804-63)……500
李茂(1355-1409)……331
李孟専(1392-1480)……304

柳永慶(1550-1608)……375, 376
柳灌(1484-1545)……349
柳僖(1773-1837)……435
柳拱辰(1547-1604)……354
柳璥(1211-89)……234, 242
柳馨遠(1622-73)……432, 434, 441
柳継春(?-1862)……500
李裕元(1814-88)……512
柳珣(1335-98)……331
柳孝立(1579-1628)……516
柳子光(1439-1512)……344
柳重臨(18 世紀後半)……417
柳順汀(1459-1512)……346
柳仁雨(?-1364)……265
劉進吉(1791-1839)……461, 468
柳仁淑(1485-1545)……349
柳誠源(?-1456)……303, 341
柳清臣(?-1329)……275, 276
柳成龍(1532-97)……353, 354, 357, 389, 390, 463
柳濯(1311-71)……265
柳致明(1777-1861)……466, 498
柳得恭(1748-1807)……434, 438
柳夢寅(1559-1623)……430
梁吉(9 世紀)……123, 170
梁載(14 世紀前半)……260
良志(7 世紀)……131
了世(1163-1245)……284
綾昌君佺(1599-1615)……377
李瀷(1681-1763)……432-434, 436, 437, 441, 519
李立(?-1627)……380
李琳(?-1391)……272
李麟佐(?-1728)……406
林惟茂(?-1270)……235, 243
臨瀛大君璆(1418-69)……342
林衍(?-1270)……235, 243, 247
臨海君珒(1574-1609)……376, 377
林慶業(1594-1646)……384, 518
林堅味(?-1388)……271
林百齢(?-1546)……349
廉興邦(?-1388)……271
廉相(?-775)……121
廉承益(?-1302)……261
廉悌臣(1304-82)……261, 265, 286
盧英(13 世紀後半)……260
盧頙(?-1356)……264
魯山君──→端宗
盧重礼(?-1452)……300
盧旦(?-1091)……223

事項索引

◆ア　行

安鶴宮……62, 65
安岳三号墳……67
暗行御史……463, 465, 480, 488, 498
按察使……194
安東都護府……109, 110, 138, 139, 142, 158
安羅……60, 74, 75, 97, 98, 101, 114
遺教七臣……376
委巷人……438, 452
尹氏廃妃賜死事件……345
一利川の戦い……173
乙亥定式……412
乙巳士禍……349
乙巳貢案……366
威化島の回軍……271, 279, 290
乙卯倭変……369, 385
『医方類聚』……300
尹瓘九城の役……213
蔭叙(門蔭)……187, 212, 218
院相……342, 343
蔚珍鳳坪里碑……88, 115
雲従街……323
営衙門屯田──→屯田
栄山江流域前方後円墳……83-86
衛氏朝鮮……3, 4, 30-32, 39, 48, 53
英陽作変……475
駅三洞式土器……24, 25
役分田……188
駅吏……318
円覚寺……346, 358, 434
圜丘(壇)……177, 209
燕行使……397, 436, 468, 511
煙台島貝塚……20
燕行録……397
王子の乱(第一次)……293, 294
王子の乱(第二次)……294
王宮里遺跡……77, 82, 83
王興寺……77, 82, 114

◆カ　行

外位……89, 117, 118, 125, 126
海印寺……131, 284, 360
回回……260

◆サ　行

◆タ　行

◆ナ　行

◆ハ　行

◆マ 行

◆ヤ 行

◆ラ　行

◆ワ　行

地名索引

◆サ　行

◆タ　行

◆ナ　行

◆ハ　行

◆マ　行

◆ヤ　行

◆ラ　行・ワ　行

朝鮮史１(先史～朝鮮王朝)年表

＊ 月日は陰暦。
便宜上，王名を廟号で表記する。

年代	政　治・経　済
前400年頃	中国で，朝鮮の政治勢力の存在が知られる。
前195年頃	衛氏朝鮮が成立する。
前128	穢君の南閭，漢に降る。漢，蒼海郡を設置。
前126	漢，蒼海郡を廃止。
前109	漢，衛氏朝鮮を攻撃する。
前108	漢，衛氏朝鮮を滅ぼし，楽浪郡・真番郡・臨屯郡を設置。
前107	漢，玄菟郡を設置(属県に「高句麗県」あり)。
前82	漢，真番郡・臨屯郡を廃止す。 この頃，高句麗興起す。
前75	漢，玄菟郡を高句驪県に移動。
前57	伝説上では新羅建国す。
前37	伝説上では朱蒙(鄒牟)が高句麗を建国。
前18	伝説上では百済の温祚が建国す。
後12	王莽，高句麗王の騶を殺し，国号を下句麗と改める。 この頃，辰韓の廉斯鑡，楽浪に降る。
32	後漢へ高句麗が朝貢し，高句麗王へ称号が戻される。
30	後漢，楽浪郡の混乱をおさえる。 後漢，東部都尉を廃し，楽浪郡の７県を放棄す。
49	高句麗，右北平・漁陽・上谷・太原などに侵入。
105	後漢，玄菟郡をさらに西方に移す。 この頃，高句麗，沃沮・穢を支配下に置く。
190	遼東で公孫度が自立。玄菟郡と楽浪郡を支配。
204	この頃，遼東の公孫康，楽浪郡を分割して帯方郡を設置。

社　会・文　化	世界・日本
20万年前　朝鮮で旧石器時代始まる。	50～20万年前　周口店で北京原人が生活。
前8000年頃　朝鮮で土器の製作が始まる(済州島)。	
前5000年頃　櫛目文土器の製作が始まる。	
前4000年頃　朝鮮で農耕が始まる。	
前1000年頃　朝鮮で無文土器時代が始まり，青銅器が使用される。	
前800年頃　朝鮮で水田耕作が始まる。	
	前479　孔子死去。
前300年頃　朝鮮で鉄器の使用が始まる。	
	前195　漢の高祖死去。
前45　平壌，貞柏洞三六四号墓，「楽浪郡初元四年県別戸口簿」木簡。	
	8　王莽，新を建国。
	25　光武帝が漢(後漢)を再興。
	57　倭の奴国王が後漢に使者を派遣，金印を与えられる。
	80　この頃，班固によって『漢書』が成立。
	180　ローマで五賢帝時代が終わる。
	184　黄巾の乱起こる。
	208　赤壁の戦い。

209	この頃，高句麗，卒本から国内城(丸都城)に遷都。
233	呉の孫権，遼東の公孫氏に使節を派遣。公孫氏，呉の使節を殺害して魏に送る。呉の使節の一部は高句麗に逃亡。
236	高句麗，呉の使節を殺害して魏に送る。
238	魏の司馬懿，遼東の公孫氏を滅ぼし，楽浪郡・帯方郡などを平定。
242	高句麗，西安平を攻撃。魏，高句麗を攻撃。
244	魏の毌丘倹，高句麗を攻撃し，王都を陥落させる。
246	韓の数十国，帯方郡に対して蹶起。帯方郡太守，戦死す。
276	「東夷」諸国，しばしば西晋に通交(～291)。
313	高句麗，この頃，楽浪・帯方郡を滅ぼす(中国郡県支配の終了)。 この頃，楽浪の王遵ら，鮮卑族の慕容氏のもとに移住。
342	前燕の慕容皝，高句麗の国内城を攻略し，美川王の墓を暴く。
343	高句麗の故国原王，前燕に朝貢し，美川王の遺骸を取り戻す。
355	高句麗の故国原王，前燕に人質を送り，拘留されていた母を取り戻す。
369	百済の近仇首王，高句麗の故国原王を迎撃。
371	百済と高句麗，平壌付近で戦い，高句麗の故国原王戦死。百済，漢山城に都を移すという。
372	百済の近肖古王，東晋に朝貢し「鎮東将軍領楽浪太守」の冊封を受ける。 この頃，百済，倭に七支刀を贈る。
373	高句麗，初めて律令を定めるという。
377	新羅，高句麗とともに前秦に朝貢する。
382	新羅の楼寒(奈勿王)，前秦に使いを出す。
391	高句麗の広開土王，即位(「広開土王碑」による)。
395	高句麗の広開土王，稗麗に遠征。
396	高句麗，百済の北部を領有。後燕の慕容氏，高句麗の広開土王を「平州牧・遼東帯方二国王」に冊立。
397	百済，倭と結好。
398	高句麗の広開土王，粛慎に遠征。

	221 劉備が蜀で帝位につく。 222 孫権が帝位につき，呉を建国。 228 魏，遼東の公孫淵，父の後を継ぎ，魏は遼東太守に任じる。
242 この頃，輯安北方に「毌丘倹紀功碑」が建てられる(1909年に発見)。	239 卑弥呼，魏に遣使。
	265 司馬炎(晋の武帝)，即位。 280 晋，呉を滅ぼす。 297 正史『三国志』の著者陳寿死去。 301 アルメニアがキリスト教を国教化。 313 ミラノ勅令発布。ローマでキリスト教公認。
353 平壌佟利墓に「永和九年」(353)銘塼。	
369 石上神宮所蔵の七支刀，「泰和四年」(369)に作成される。	370 前秦，前燕を破る。
372 前秦の苻堅，僧の順道を高句麗に派遣し仏像経文を送る(高句麗仏教の始まり)。 高句麗，大学を建てる。	
375 高句麗の小獣林王，肖門寺と伊弗蘭寺を創建。 この頃，百済の高興，『書記』を編纂するという。	375 フン族が東ゴート王国を征服。西ゴートもフン族におされてドナウ川を渡る(ゲルマン民族大移動の開始)。 376 前秦，華北を統一。
384 胡僧・摩羅難陀，百済に仏教を伝える。	384 ***1*** 後燕独立。***4*** 後秦独立。西燕独立。
393 高句麗の広開土王，平壌に9つの寺を創建。	392 ***11-8*** ローマ帝国のテオドシウスがキリスト教の国教化を完成。 394 ***8*** 後燕，西燕を滅ぼす。***10*** 前秦滅亡。 395 ***1-17*** ローマ帝国，東西分裂。 396 ***4-10*** 後燕の慕容垂陣没。 398 ***1*** 南燕建国。***12-4*** 平城に遷都した北魏の拓跋珪帝位につく。 399 法顕，仏典を求めて，インドへ旅立つ。

400	高句麗の広開土王，半島南部に出兵して倭と安羅を討つ。後燕の慕容氏，高句麗の新城・南蘇城を攻撃。
404	高句麗の広開土王，かつての帯方郡の地域に侵入した倭を撃退。
407	高句麗の広開土王，百済と推定される地域に兵を派遣。
408	百済の佐平制が始まるという。
410	高句麗の広開土王，東扶餘に遠征。
413	高句麗の長寿王，東晋へ使節を派遣。
417	高句麗，新羅の訥祇王の即位に介入。
424	高句麗，宋(南朝)に朝貢し冊封を受ける。
427	高句麗，平壌城に遷都。
433	新羅，百済と講和し，使者を交換。
435	高句麗，北魏に朝貢し冊封を受ける。北魏，高句麗に李敖を派遣。
442	大加耶，百済の救援を受け倭を撃退。
450	高句麗，新羅の北方に侵入。
454	高句麗，新羅へ侵入。
455	高句麗，百済へ侵入。新羅が百済への援軍を派遣。
472	百済，北魏に使者を遣わす。
475	高句麗，百済の漢城を攻略し百済の蓋鹵王を殺す。百済の文周王立ち，熊津城に遷都。
478	百済の文周王，解仇に暗殺される。
479	加羅(大加耶)王荷知，南斉(南朝)に朝貢し冊封を受ける。
	この頃，新羅，王の居所を月城に定める。
490	百済，南斉(南朝)に朝貢し，「王・侯」号を臣下に与えるよう要求。
491	高句麗，長寿王が98歳で死去。
495	百済，再び南斉(南朝)に朝貢し，「王・侯」号を臣下に与えるよう要求。
498	百済の東城王，耽羅への侵攻をはかり，武珍州へ進軍。
501	百済の東城王，苩加に暗殺される。武寧王が即位。
512	この頃，百済，半島西南部を占領。
514	新羅の法興王即位(「中古」の開始)。
520	新羅，律令を制定。
521	百済，新羅を伴って梁(南朝)に遣使。
522	新羅，大加耶国と婚姻関係を結ぶ。
531	新羅，上大等を設置。高句麗，安蔵王が殺害され，弟の安原王が即位。百済軍，安羅に進駐。

	5世紀初め　アッティラを指導者とするフン族，パンノニア地方に侵入。
408　大安・徳興里古墳の被葬者「鎮」，永楽十八年(408)に没す。	407　後燕，高雲に奪われる。
	409　***3***　東晋の劉裕，北伐開始。***10***　後燕滅亡。馮跋，北燕を建国。
	410　***2-5***　劉裕が南燕を滅ぼす。***8-24***　アラリック，ローマを占領し，3日間略奪。
414　高句麗，「広開土王碑」を建立。	
415　慶州壺杅塚出土の壺杅に「乙卯年(415)国岡広開土地好太王壺杅十」の銘文。	
この頃(広開土王代〜長寿王代)，「中原高句麗碑」を建立。	420　***6-14***　東晋の恭帝，劉裕に譲位(宋朝の成立)。
この頃(長寿王代)，「集安高句麗碑」を建立。	421　倭王讃，宋の武帝に朝貢。
	431　***6-22***　エフェソス公会議で，ネストリウス派が異端とされる。
	436　***5-5***　北燕滅亡。馮弘は高句麗へ亡命。
	439　北魏が華北を統一。
451　慶州瑞鳳塚出土の銀盒杅に「延寿元年辛卯」(451)の銘文。	
	476　***9-4***　西ローマ帝国滅亡。
	478　倭王武，宋の順帝に朝貢。
	479　***4-3***　蕭道成，順帝より受禅(斉朝の成立)。
501　新羅，「浦項中城里碑」を建立。	
503　新羅，「迎日冷水碑」を建立。	
513　百済が日本に五経博士を派遣。	
	523　***4***　北魏で六鎮の乱起こる。
524　新羅，「蔚珍鳳坪里碑」を建立。	
527　百済，大通寺を建立。新羅，仏教を公認。	527　磐井の乱起こる。

532	新羅，金官加耶国をあわせる。
536	新羅，「建元」の元号を定める。
538	百済，泗沘城に遷都し，国号を南扶餘とする。
551	百済，高句麗から漢山城地域を奪回。新羅，漢江流域へ進出。
552	新羅，百済から漢山城地域を奪取し，新州を置く。
554	百済の聖王(聖明王)，新羅と管山城で戦って敗死。威徳王が即位。
562	新羅，大加耶国を滅ぼす(加耶諸国の滅亡，三国鼎立の開始)。
564	新羅，北斉(北朝)に遣使。
568	新羅，陳(南朝)に遣使。
586	高句麗，長安城(平壌)に遷都。
590	隋，高句麗に璽書を送る。
594	新羅，隋に使節を派遣。
598	高句麗，遼西の営州(朝陽)に侵攻。隋の文帝，高句麗遠征軍を派遣，嬰陽王の謝罪で収束。
607	隋の煬帝が突厥の啓民可汗を訪れた際，高句麗の使者と遭遇。
612	隋の煬帝，第1次高句麗遠征，乙支文徳，薩水の戦いで隋軍を破る。
613	隋の煬帝，第2次高句麗遠征，楊玄感の乱により退却。
614	隋の煬帝，第3次高句麗遠征，嬰陽王が遼東城で謝罪し収束。
619	高句麗，唐に朝貢。
624	高句麗・百済・新羅，唐に朝貢し冊封を受ける。
631	唐の太宗，高句麗に使者を派遣。高句麗，長城の整備に着手。

	534 ***10-7*** 交歓，鄴に孝静帝を擁立(東魏成立)。
	535 ***1-1*** 宇文泰，文帝を擁立(西魏成立)，北魏は東西に分裂。
	540 倭の大伴金村，加羅割譲問題で辞職。
541 百済，梁に博士の派遣を願い出る。	
544 新羅，興輪寺なる。	
545 頃 新羅，「丹陽赤城碑」を建立。	
550 新羅，安蔵法師を大書省に任命する。	
551 新羅，高句麗から恵亮法師を迎えて僧統に任命する。新羅，初めて百座講会と八関斎会を行う。	552 倭で仏教の崇拝をめぐり，物部氏と蘇我氏が対立。
552 高句麗の陽原王，長安城の築城を決意。	
553 新羅，皇龍寺の造立始まる。	554 『魏書』の撰進。
	555 突厥が柔然を滅ぼす。
561 新羅，「昌寧碑」を建立。	
564 新羅，丈六三尊像を造立。	
566 高句麗，長安城の内城城壁の工事が始まる。	566 この頃，突厥がサーサーン朝と協力してエフタルを滅ぼす。
567 百済の昌王(威徳王)，王陵に隣接する寺院に木塔を建立(陵山里廃寺舎利龕銘文)。	567 この頃，アヴァール王国が成立。
568 新羅，「磨雲嶺碑」「黄草嶺碑」を建立。	568 突厥の使者がコンスタンティノープルに至る。
569 新羅，皇龍寺なる。	
577 百済の昌王(威徳王)，王子を弔うために木塔を建立(王興寺青銅製舎利函銘文)。	581 中国，隋が成立。
589 高句麗，長安城の外城城壁の工事が始まる。	589 隋が陳を滅ぼし，統一を果たす。
593 高句麗，長安城の完工。	
600 高句麗の李文真，『留記』を約して『新集』を撰修。 この頃，百済の王興寺の築造が始まる。	607 倭の小野妹子が隋に派遣される。
	618 中国，唐が成立。
	621 唐が中国を統一。 この頃，契丹の孫敖曹，唐に遣使。
	622 ***2-22*** 倭の厩戸王(聖徳太子)死去。 この年，イスラーム教徒の聖遷。
624 唐の高祖，高句麗に道士を派遣して天尊像をもたらす。	630 最初の遣唐使を倭が派遣。 この年，ムハンマドがメッカを制圧。 唐，東突厥を滅ぼす。
634 新羅の芬皇寺なる。百済の王興寺なる。	

642	百済の義慈王，新羅西部を奪取。高句麗の淵(泉)蓋蘇文，栄留王を殺害して権力を掌握し，宝蔵王を擁立。新羅，金春秋を派遣して高句麗に百済出兵を請い拒絶される。
644	唐の太宗，高句麗への攻撃を命ず(～646，唐太宗の第1次高句麗遠征)。
645	唐の太宗，高句麗へ親征。唐，卑沙城を落とす。唐，蓋牟城，白巌城，遼東城を落とす。唐，安市城の攻略を断念，退却。
647	新羅，毗曇の反乱起こる。新羅の善徳女王死す。唐の太宗，高句麗への攻撃を命ず(唐太宗の第2次高句麗遠征)。
648	唐の太宗，高句麗への攻撃を命ず(唐太宗の第3次高句麗遠征)，泊灼城を破り退却。
649	新羅，唐の衣冠制を採用。
650	新羅，唐の年号「永徽」を採用。
651	新羅，執事部を設け，官制を整備。
654	新羅の武烈王即位する(「中代」の開始)。新羅，「理方府格」を定める。
655	高句麗と百済，連合して新羅を攻撃。唐の高宗，高句麗を攻撃(唐高宗の第1次高句麗遠征)。
658	唐の高宗，高句麗を攻撃(658，659連年攻撃)。
659	新羅，唐に百済の侵攻を訴える。
660	新羅，唐と連合して百済を滅ぼす。唐，高句麗への攻撃を再開。
661	唐の高宗，高句麗への攻撃を命ず。平壌城を包囲するも退却。
663	唐・新羅軍，白江(白村江)で百済復興軍・倭軍を破る。
665	***8*** 新羅，百済と会盟。
666	高句麗，淵(泉)蓋蘇文が没し，子の淵男生が権力を掌握。淵男生，弟の淵男建，淵男産と対立して，国内城に逃亡し，唐に援軍を求む。唐軍，淵男生と合流。
668	新羅，唐と連合して平壌城を包囲。平壌城が陥落し宝蔵王が捕らえられ高句麗が滅ぶ。
671	新羅，百済旧都の泗沘城を占拠し所夫里郡を置く。新羅，安勝を高句麗王に封じる。唐と軍事対立(～676)。
674	新羅，月池を造営。新羅，外位を廃止。
676	新羅と唐との武力抗争が止む。唐，熊津都督府・安東都護府を後退させる(新羅の旧百済・高句麗領獲得)。
682	新羅，国学と位和府を設置。
684	新羅，益山の報徳国を滅ぼす(新羅の三国統一の完成)。
685	新羅，五京を完備し，六停軍団が成立。
687	新羅の郡県制(九州五京制)確立。文武官僚に職田を支給。
689	新羅，禄邑を廃止し，租の支給を始める。

	635 ネストリウス派キリスト教の伝道団が唐に至る。
639 百済，弥勒寺に伽藍を造立(弥勒寺西塔舎利奉安記)。	640 倭に唐への留学生が帰国。 唐，高昌を滅ぼす。
643 唐の太宗，高句麗の淵(泉)蓋蘇文に８人の道士を派遣して『道徳経』をもたらす。 この頃，唐から新羅に慈蔵が帰国。	642 ***1-9*** 魏王泰ら，『括地志』を編纂。
646 新羅，皇龍寺九層塔なる。	645 倭で中大兄皇子らが蘇我入鹿を殺害。
	648 契丹の孫敖曹，唐から松漠都督に任ぜられ，唐の国姓の李氏を賜る。
	651 この頃，『コーラン』成立。
	661 ウマイヤ朝が始まる。
	670 この頃，インドネシアにシュリーヴィジャヤ朝が興る。
671 義湘，浮石寺を創建。	671 ***6*** 日本，近江令を施行。
679 新羅，四天王寺なる。	677 ***2*** 唐，元高句麗王の高蔵を遼東都督・朝鮮王に封じて遼東に帰らせる。
682 新羅，感恩寺なる。	684 契丹の李尽忠，唐から松漠都督に任ぜられる。
	685 契丹の孫万栄(李尽忠の妻の兄，孫敖曹の孫)，唐から帰誠州刺史に任ぜられる。
	690 唐で武則天即位し，国号を周と改める。
	691 イェルサレムに「岩のドーム」完成。

696	大祚栄，契丹の李尽忠の反乱に乗じて東走。
698	大祚栄，震(振)国王を自称(渤海の建国)。
713	大祚栄，唐から左驍衛員外大将軍・渤海郡王に封じられる(唐，崔忻を渤海へ冊封使として派遣)。
719	渤海，大武芸が即位。
721	新羅，東北境に長城を築く。
722	新羅，関門(毛伐郡城)を築く。百姓に丁田を支給。
727	***9*** 渤海，日本へ初めての遣使(渤海郡王の大武芸が高斉徳を派遣)。
730	渤海，大武芸の弟大門芸，唐へ亡命。
732	渤海の張文休，唐の登州を襲撃(～733)。新羅，唐の要請を受けて出兵。
733	唐，亡命中の大門芸を幽州へ派遣。唐，宿衛中の新羅王子金思蘭を帰国させ，渤海を攻撃させる。渤海と突厥と契丹，遼西の渝関都山で唐軍を破る。
735	唐の玄宗，新羅王の金興光(聖徳王)に勅書(『唐丞相曲江張先生文集』巻9)。唐，新羅に浿江(大同江)以南の領有を認める。 この頃(735末～736初)，渤海の大武芸，大茂慶を派遣して唐に謝罪。
737	渤海，大武芸が没し，大欽茂が即位。
739	***12*** 遣唐使平群広成が渤海経由で日本に帰国(途中で渤海大使の若忽州都督胥要徳が漂没)。
	渤海，唐の天宝年間(742～755)に顕州を王都とする。
748	新羅，大谷城など14郡県を置く。
752	渤海，慕施蒙を日本へ派遣。
	渤海，唐の天宝末年(755・756)に上京に遷都。
757	新羅の景徳王，郡県名を唐式に改める。禄邑を再び支給。
758	***9*** 渤海の木底州刺史の楊承慶らが日本へ来る。
759	***10*** 渤海の玄菟州刺史の高南申らが日本へ来る。新羅の景徳王，官庁・官職名を唐式に改める。

	696 ***5-6*** 契丹の李尽忠と孫万栄，唐に反乱を起こす(営州刺史の趙文翽を殺害)。***8*** 契丹の反乱軍，硤石谷で唐軍を破る。***10-22*** 李尽忠死去。突厥の默啜可汗，契丹を攻撃。
	697 ***6-30*** 孫万栄死去。契丹の反乱軍が突厥に降伏。
	699 唐，高徳武(元高句麗王の高蔵の子)を安東都督に任じる。
	705 ***1*** 武則天が退位して中宗が復位(～710)。***2*** 中宗，国号を唐に戻す。
714 ***5-18*** 宣労靺鞨使の崔忻が鴻臚井の碑を刻ませる(開元二年五月十八日銘)。	712 ***6*** 唐，幽州都督の孫佺に奚の首領李大輔の部落を攻撃させるも失敗。唐，玄宗即位(～756)。
	718 日本でこの年，養老律令編集。
	722 黒水靺鞨の大酋長の属利稽，唐へ朝貢(渤海領内を無断で通過)。
	725 唐の安東都護の薛泰，黒水靺鞨の地に黒水軍を置く。
	725 唐，黒水靺鞨の地に黒水府を置く。
	734 ***4*** 唐の張守珪，契丹軍を破る。***10*** 突厥の毗伽可汗が毒殺される。***12*** 唐の張守珪，契丹軍を再度破る。
	735 ***7*** 突厥，唐と契丹の連合軍に大敗する。
738 新羅，奉徳寺なる。渤海，唐に使者を派遣して『唐礼』『三国志』『晋書』『十六国春秋』を書写。	744 突厥，滅亡する。
751 新羅の金大城，仏国寺・石窟庵創建。	
	752 東大寺盧舎那仏の開眼供養会。
	754 ***1-17*** 鑑真，日本に至る。
	755 ***11-9*** 安禄山が范陽で挙兵。***12-12*** 安禄山が洛陽を占拠。
	757 ***1-1*** 安禄山，子の安慶緒に殺害される。
	759 ***4*** 史思明が反乱軍の実権を掌握。
	761 ***3-16*** 史思明，子の史朝義に殺害される。

762	渤海の大欽茂，唐から渤海国王に封じられる。
768	新羅で反乱が起こる(以後，反乱続発)。
776	新羅の恵恭王，官職名を唐式から元に戻す。
780	新羅，恵恭王殺され，武烈王の王統が途絶える(「中代」の終焉)。宣徳王即位(「下代」の開始)。
788	新羅，読書三品科を設ける。
790	新羅，渤海に遣使。新羅，金彦昇を唐へ派遣。
809	新羅，金彦昇が甥の哀荘王を殺害し，即位(憲徳王)。
812	新羅，渤海に遣使。
818	***5*** 第10代渤海王に大仁秀が即位。
822	新羅，金憲昌の乱起こる。
825	金梵文の乱起こる。
826	新羅，浿江長城を築く。
838	新羅，上大等の金明らが反乱を起こし，僖康王が自殺。金明，即位(閔哀王)。
839	新羅，金陽，金祐徴を推戴して清海鎮から挙兵。閔哀王，殺害される。金祐徴，即位(神武王)。神武王が病没し，子の金慶膺，即位(文聖王)。
841	新羅，清海鎮大使の弓福(張保皐)を殺す。
847	***12*** 能登へ渤海の永寧県丞の王文矩が日本へ来る。
851	新羅，清海鎮を廃止。
886	黒水靺鞨，新羅に使者を派遣。
889	新羅，元宗らの乱起こる。
892	甄萱，武珍州を掌握して自立。
896	赤袴賊の反乱起こる。王建，弓裔に帰服し，彼の武将となる。
897	渤海の大封裔，唐で新羅使と席次を争う。
900	甄萱，完山で後百済王を称する。
901	弓裔，後高句麗を建国。
904	弓裔，鉄円に摩震を建て，年号を武泰とし，百官を設ける(後三国時代始まる)。
907	渤海，大諲譔が即位。
911	弓裔，国号を泰封に改め，年号を水徳万歳とする。
918	***2*** 渤海の大諲譔，契丹に朝貢。***6*** 王建，弓裔を倒し，高麗を建て，年号「天授」を創める。八関会を催す。

	762 ***4-5*** 唐，太上皇（玄宗）死去。 ***4-18*** 唐，粛宗死去，代宗即位。 ***10-30*** 唐，ウイグルの力を借りて，史朝義を破り，洛陽を回復。
	763 史朝義死去，安史の乱終結。
771 新羅，奉徳寺鐘の鋳造なる。	
777 渤海の貞恵公主（大欽茂の二女）死去（「貞恵公主墓誌」，1946年に発見）。	
792 渤海の貞孝公主（大欽茂の四女）死去（「貞孝公主墓誌」，1990年に発見）。	
833 張建章が返礼使として渤海に向けて出発（「張建章墓誌」）。新羅の菁州蓮池寺鐘，鋳造。	838 日本，最後となる遣唐使を派遣，円仁が同乗する。
841 ***12*** 渤海使賀福延が来日（『壬生家文書』古往来消息雑雑「渤海国中台省牒」）	842 唐，武宗による会昌の廃仏。 847 円仁，帰国。
	853 日本の僧円珍が入唐する。
856 新羅の竅興寺鐘，鋳造。	
	894 ***9-30*** 菅原道真，遣唐使の派遣中止を建議。
	900 ***4*** サーマーン朝がサッファール朝を破り，中央アジアを支配する。
	901 ***1-27*** 日本，菅原道真が左遷される。
	907 耶律阿保機，天皇帝の尊号を奉られる。
	911 契丹，奚を平定。
	916 耶律阿保機，大聖大明天皇帝の尊号を奉られる。
	918 ***12*** 耶律阿保機，遼陽故城に行幸。

919	高麗，国都を開城に定める。渤海，日本に最後の使節を送る。
922	契丹，高麗へ使者を派遣。後百済，日本に使者を派遣。
923	高麗，この頃初めて五代(後梁)に通交する。
924	渤海，契丹の遼州刺史の張秀実を殺害。
926	***1***　渤海，契丹に滅ぼされる。***2***　渤海の安辺・鄚頡・南海・定理府などが降伏。渤海を東丹国と改め，耶律倍が東丹王となる。***3***　渤海の安辺・鄚頡・定理府などが反乱。***5***　渤海の南海・定理府などが反乱。この前後，渤海人が高麗に多数亡命する。
927	甄萱，新羅の景哀王を殺害。公山の戦いで高麗が後百済に大敗。
928	***12***　東丹王の耶律倍，南京(遼陽)に渤海の遺民を移す。
929	後百済，日本に使者を派遣。
933	高麗，後唐の冊封を受け，初めて中国年号に従う。
934	渤海世子の大光顕，高麗に亡命する。
935	甄萱，高麗に投降する。新羅敬順王金傅，高麗に投降する(新羅の滅亡)。
936	高麗，一利川の戦いに勝ち，後百済を滅ぼす(高麗による後三国の統一)。
942	高麗，契丹との関係を絶つ。
943	高麗，第2代恵宗が即位。
945	王規，高麗王位をめぐって騒乱を起こす(王規の内乱)。第3代定宗が即位。
958	光宗，中国式の科挙制度を始める。
960	光宗，官僚の公服制度を定める。
962	高麗，初めて宋に遣使する(963年，冊封を受ける)。
976	景宗，初めて田柴科を定める。
982	成宗，初めて中央官制の本格的な整備を開始する。
983	成宗，三省・六曹・七寺を定める。初めて地方官制を本格的に整備し，十二牧に地方官を派遣し，郷吏の職名を改める。
993	契丹の最初の高麗侵入。徐熙，契丹との講和に活躍する。
994	高麗，契丹に朝貢し(996年，冊封を受ける)，宋との国交を断つ。
995	成宗，開城府を設ける。官僚の初期官階を廃し，「文散階」だけを与える。
998	穆宗，田柴科を改定する。
1009	金致陽が反乱を起こすも，康兆が鎮圧。康兆，穆宗を殺して，顕宗を擁立する。この頃，東北女真の海賊行為が始まる。
1010	契丹の再度の高麗侵入(～11．開城，廃墟と化す)。
1014	契丹の蕭敵烈が高麗侵入。
1015	契丹の耶律世良が高麗侵入。
1016	この頃，初めて都兵馬使みえる。
1017	契丹の蕭合卓が高麗侵入。
1018	顕宗，地方官制を整備し，郷吏の定員・公服を定める(高麗郡県制度の完成)。契丹の高麗侵入(～19)。姜邯賛ら契丹に反撃する。
1020	高麗，契丹に降伏する(22年，冊封を受ける)。
1033	徳宗，契丹・女真の南下に備え，「千里の長城」を築造する。
1034	徳宗，田柴科を改定する。
1044	靖宗，東北界に三関城を築く(金と接壌する)。
1049	文宗，功蔭田柴法を定める。
1069	文宗，量田尺度・田税額を定める。
1076	文宗，田柴科を更定し，官制・班次を改め，禄俸制を定める(高麗官僚制の確立)。

	919 ***2*** 耶律阿保機，遼陽故城に渤海民を移住させる。
	925 ***12*** 耶律阿保機，渤海へ侵攻。
	926 ***7-27*** 耶律阿保機が扶余府で病没。
	929 東丹王の耶律倍，医巫閭山へ隠棲。
	930 ***11*** 東丹王の耶律倍，後唐へ亡命。
	936 石敬瑭が後晋を建国。契丹，燕雲十六州を譲り受ける。
	947 契丹，国号を遼に改める(～983)。
	983 遼，国号を契丹に改める(～1066)。
	1004 契丹と宋，澶淵の盟。
11世紀初め 『高麗版大蔵経』の初雕始まる(～87頃)。	
	1019 日本の九州へ刀伊の入寇。
	1066 契丹，国号を再び遼に改める。

1095	李資義，乱を起こして鎮圧される。
1102	女真完顔部の烏雅束，高麗東北境外に進出。
1106	睿宗，初めて監務を派遣する(流亡民の発生，地方制度の手直し)。
1107	尹瓘，長城以北に九城を築く。東北女真に反撃され撤退する(～09)。
1126	李資謙，乱を起こして鎮圧される(慶源李氏の没落)。高麗，金に臣事する(28，仁宗が冊封を受ける)。
1135	妙清ら，仁宗に西京遷都を拒否され，反乱を起こす(～36)。
1170	李義方・鄭仲夫ら武臣，クーデタを起こし，毅宗を追放して政権を奪取(庚寅の乱)。これより，武臣間の権力闘争によって政情不安続く。
1173	金甫当，毅宗復位をはかって挙兵する。武臣政権の第2次クーデタ(癸巳の乱)。
1174	趙位寵，反武臣政権を唱え，反乱を起こす。西北界の民衆，呼応する(～79)。これ以後，全国各地で民衆反乱が激発する。
1176	公州鶴鳴所で亡伊・亡所伊が反乱を起こす。
1182	全州で竹同が反乱を起こす。
1196	武臣の崔忠献，政権を掌握する(崔氏政権の成立，～1258)。
1213	高宗が即位。
1216	モンゴルに追われた契丹人集団が高麗に逃入。
1218	モンゴル軍と東真軍が高麗に進軍，高麗軍と共同で契丹集団を平定(～19)。
1231	モンゴルのサルタク＝コルチが来侵(～32)(第1次高麗侵略，以後断続的に続く，～59)。
1232	武臣の崔怡，高宗に迫り，江華島に遷都する(～70)。
1235	モンゴルのタングト＝バートルが来侵(～39)。
1247	モンゴルの阿母侃が来侵(～49)。
1253	モンゴルのイェグウが来侵(～54)。
1254	モンゴルのジャライルタイが来侵(～59)。
1258	武臣の金俊ら，崔竩を倒す(崔氏政権の崩壊)。モンゴル，永興に双城総管府を置き，東北界を割取する(～1356)。
1259	高宗，モンゴルに降伏する。高宗，急死する。
1260	高麗，初めてモンゴル年号「中統」を行う。
1266	モンゴル，日本との通交のため，黒的らを高麗に派遣する。
1267	高麗の潘阜，日本に元の国書を伝達する。
1269	元の使臣黒的ら，高麗を経由して日本に赴く。
1270	モンゴル，西京(平壌)に東寧府を置き，西北界を割取する(～90)。武臣の林惟茂，誅殺される(武臣政権の崩壊)。三別抄，江華島で反乱を起こし，珍島・耽羅(済州島)に移る(～73)。
1271	元宗，禄科田を開始する。元の使臣趙良弼ら，高麗を経由して日本に赴く。
1273	元・高麗軍，三別抄を平定する。元，耽羅(済州島)を領有する(～94)。
1274	高麗世子，初めて元帝の娘と結婚して駙馬となる(のちの忠烈王)。元・高麗連合軍の第1次日本侵攻(甲戌の役，文永の役)。

1091	この頃，義天，『続蔵経』を刊行し始める。	1096	第1回十字軍，出発。
1102	粛宗，銅貨「海東通宝」を鋳造する。		
		1126	靖康の変(～27)。
		1132	この頃，耶律大石，チュー河畔で即位し，遼を復興：西遼(カラ・キタイ)の建国。
1145	金富軾，『三国史記』50巻を編纂する。		
		1189	フリードリヒ1世，第3回十字軍遠征に出発。
		1206	テムジン，全モンゴルを統一，チンギス＝カンと改名。
		1211	チンギス＝カン，金への攻撃を開始。
		1215	チンギス＝カン，北中国を制圧。蒲鮮万奴，東真(東夏・大真)を建国。
		1229	モンゴル，太宗オゴデイ＝カーンが即位。
1232	この頃，『高麗大蔵経』初雕板木，モンゴルの兵火で焼失する。		
1236	崔怡，モンゴル退散のため，『八万大蔵経』を再雕する(～51)。		
		1243	バトゥ，サライ・バトゥを首都とする国家を樹立。
		1246	モンゴル，定宗グユク＝カンが即位。
		1251	モンゴル，憲宗モンケ＝カーンが即位。
		1260	クビライ，カンとなる。
		1271	クビライ，国号を「大元」と改める。
		1274	元・高麗軍，日本へ侵攻。

1280	元，初めて高麗に征東行省を設立する(前期征東行省)。
1281	元・高麗連合軍の第2次日本侵攻(辛巳の役，弘安の役)。
1287	元，高麗に征東行省を設立し(後期征東行省)，高麗王を長官に任命する(「国王・丞相」)。
1290	高麗の安珦，朱子学を導入する。
1308	元，忠宣王を瀋陽王(のち瀋王)に封じる。「立省」問題，初めて提起される(断続的，～43)。
1321	この前後，瀋王の暠，高麗王位を狙う。
1350	倭寇，これより猖獗をきわめる。
1356	恭愍王，反元運動を開始し，元皇室外戚勢力の処刑，征東行省理問所の廃止，双城総管府の回復などを実行する。
1359	紅巾軍，高麗に侵入する。
1361	紅巾軍，高麗に再度侵入(～62)。李子春没し，子の李成桂が後継者となる。
1363	興王寺で恭愍王の暗殺未遂事件。
1366	辛旽，田民弁正都監を置く。辛旽の政治改革始まる(～71)。
1369	明，高麗に国号「明」，年号「洪武」を通告する。高麗，元との国交を断つ。
1374	恭愍王，暗殺される。
1380	李成桂，倭寇をおおいに撃破する。
1387	明，高麗の管轄地域は「鉄嶺の南」と通告する使節を高麗に派遣。
1388	辛禑，崔瑩・李成桂らに遼東攻撃を命じる。李成桂，威化島から回軍し，辛禑・崔瑩らを追放する。
1391	李成桂，三軍都総制府を創設し，長官に就任して，全権を掌握する。科田法を制定して，国家体制の経済的基盤を固める。
1392	**7**　李成桂即位(～1408)(王氏高麗王朝の滅亡)。
1393	国号を「朝鮮」と定める。
1394	漢陽(現ソウル)に遷都，漢城と改称。
1398	第1次王子の乱，太祖が譲位し，定宗が即位。
1399	開城に遷都。
1400	第2次王子の乱。太宗が即位，私兵を廃止し，官制を改革。
1401	朝鮮の太宗，明の建文帝から「朝鮮国王」に冊封。
1403	明の永楽帝，改めて太宗を「朝鮮国王」に冊封。
1405	漢城に遷都。
1406	寺院の整理廃合と所有土地・奴婢数の限定を行う(24年には36寺に整理)。
1407	この頃までに商倭の停泊地を富山浦(釜山浦)と乃而浦に制限。

	1284 元の世祖(クビライ＝カン)，ベトナムを伐つも，成功せず。
	1294 元，成宗(テムル)即位。
1290 この頃，一然，『三国遺事』を撰述する。	
	1307 元，武宗(カイシャン)即位。
	1311 元，仁宗(アユルバルワダ)即位。
	1320 元，英宗(シディバラ)即位。
	1323 元，泰定帝(イェスン＝テムル)即位。
	1328 元，文宗(トク＝テムル)即位。
	1333 ***5-21*** 鎌倉幕府滅亡。***7-8*** 元，恵宗(順帝，トゴン＝テムル)即位。 高麗の奇子敖の娘，元の宮女となる(39年アユルシリダラを生み，40年恵宗の皇后となる)。
	1339 ***10*** 英仏百年戦争開始。
	1342 修道士マリニョーリの使節団，大都に至る。
	1344 『遼史』『金史』なる。
	1345 『宋史』なる。
	1351 紅巾の乱が起こる。
1363 この頃，文益漸が元から木綿種を招来し，栽培する。	1356 ***9-19*** ポワティエの戦いで，イングランド軍大勝，仏王ジャン2世を捕らえる。***12*** 神聖ローマ皇帝カール4世，金印勅書を発し7選帝侯による皇帝選挙制を定める。
	1368 閏***7-28*** 元の恵宗(トゴン＝テムル)，大都を放棄し上都へ撤退：元の北帰。 明の建国。
1390 高麗最後の戸籍作成。	
1394 鄭道伝，『朝鮮経国典』を政府に提出。	
1397 趙浚，『経済六典』(元六典)を撰進。	
	1398 明，洪武帝死去，建文帝即位。
	1402 明，燕王が南京を陥落させ，即位(永楽帝)。
1403 鋳字所設置，金属活字を大量に鋳造。	
1412 河崙ら，『続六典』を撰進。	

1413	永吉道設置(1416 咸吉道，～1469 咸鏡道，1470 永安道，1509～咸鏡道と改称)。
1414	政務を六曹から直接王に報告させる(六曹直啓制)。
1418	世宗が即位。上王の太宗が兵権を握る。
1419	***5*** 数千人規模の倭寇が来襲。***6*** 対馬を征討(己亥東征〈応永の外寇〉)。
1420	集賢殿を設置。
1422	太宗が死去。
1426	商倭の停泊地に塩浦を追加。
1433	世宗，女真対策のため豆満江下流右岸地域へ金宗瑞らを派遣，鴨緑江上流左岸地域へ崔閏徳を派遣。
1436	六曹の所務をまず議政府に報告させる(議政府署事制)。世宗，女真対策のため鴨緑江上流左岸地域へ李蔵を派遣。
1443	日本(対馬の宗氏)と己亥条約を締結。 この頃までに閭延・慈城・茂昌・虞芮の四郡を設置(55～59 順次廃止)。
1450	世宗死去，文宗が即位。
1452	文宗死去，端宗が満 11 歳で即位。六曹直啓制を廃止し，議政府の権限を強化。
1453	***10*** 首陽大君瑈，多数の重臣を殺害(癸酉靖難)。李澄玉，「大金皇帝」を称して反乱し，鎮圧される(李澄玉の乱)。
1455	瑈，端宗に退位を迫り，自ら即位(世祖)。六曹直啓制を復活。
1456	成三問ら，端宗の復位を謀って失敗し，処刑される(死六臣)。
1457	端宗を魯山君に降格し，寧越に流す。魯山君自殺。
1467	李施愛の乱。
1469	成宗即位。
1476	成宗の親政始まる。
1479	王妃尹氏(尹起畝の娘，燕山君の母)を廃す。
1482	廃妃尹氏に賜死。
1494	***12*** 成宗死去，燕山君があとを継ぐ。
1498	金馹孫の史草に関する誣告から，士林派への弾圧が行われる(戊午士禍)。
1504	燕山君の生母尹氏への廃妃賜死事件に関係した大臣・士林派への弾圧が行われる(甲子士禍)。
1506	***9*** 中宗反正。燕山君廃位，中宗が即位。
1510	庚午三浦倭乱。備辺司を置く。
1516	六曹直啓制を最終的に廃止。

1413 『太祖実録』撰述(1451 改訂)。	
1420 宋希璟が回礼使として日本訪問(のち『老松堂日本行録』を撰述)。	
1426 李稷ら,『続六典』(新続六典)を撰進。	
1429 鄭招・卞孝文ら,『農事直説』を撰述(翌年刊行)。	
1431 『太宗実録』撰述(1442 改訂)。	
1432 尹淮,申檣ら,『新撰八道地理志』を撰進。	
1433 兪孝通・盧重礼・朴允徳,『郷薬集成方』を撰述。	
1434 偰循ら,『三綱行実図』を撰述。	
1443 申叔舟が通信使の書状官として日本訪問(1471,『海東諸国記』を撰述)。「訓民正音」(ハングル)を創製。	
1445 鄭麟趾ら,『治平要覧』を撰述。金守温ら,『医法類聚』を撰述。	
1446 『訓民正音』(ハングルの解説書)成立。	
1447 『龍飛御天歌』撰述。『釈譜詳節』撰述。この頃(1447 ～ 48 頃),『月印千江之曲』撰述。	
1448 『東国正韻』撰述。	
	1450 頃 キプチャク・ハン国が分裂し,カザン・ハン国,アストラハン・ハン国,クリミア・ハン国形成。
1451 『高麗史』撰述。	
1452 『高麗史節要』撰述。	
1454 『世宗実録』『世宗実録地理志』撰進(端宗 2)。	1453 ビザンツ帝国滅亡。
1462 『楞厳経諺解』刊行。	1461 明,『大明一統志』なる。
1469 『経国大典』撰進(1484 最終完成,1485 施行)。	
1476 『安東権氏世譜』(成化譜)刊行。	
1478 『東文選』撰述。	
1481 『東国輿地勝覧』50 巻の編纂。	
1484 『東国通鑑』撰述。	
1487 徐居正,『筆苑雑記』を撰述。	
1493 成俔ら,『楽学規範』を撰進。	
1518 『続東文選』撰述。	

1519	***10*** 趙光祖，不当に得た功臣号の剝奪を進言。***11*** 趙光祖ら士林派への弾圧が行われる（己卯士禍）。
1522	備辺司設置。
1544	***11*** 中宗死去，仁宗が即位。尹任らが権力を握る。
1545	***7*** 仁宗死去，明宗が即位。尹任や士林派への弾圧行われる（乙巳士禍）。
1555	乙卯の倭変。備辺司，常設機関化。
1559	林巨正の乱。
1565	文定王后死去し，弟の尹元衡失脚。
1567	宣祖が即位。
1575	東人・西人の分党対立が起こる。
1591	東人が南人・北人に分裂。
1592	日本軍の侵入（壬辰倭乱〈文禄の役〉）。李舜臣，水軍を率いて制海権を握る。
1597	日本軍の第2次侵入（丁酉倭乱〈慶長の役〉）。
1598	日本軍撤兵。李舜臣，露梁の戦いで戦死。
1599	北人が大北・小北に分裂。
1607	回答兼刷還使呂祐吉一行を日本へ派遣。
1608	光海君即位（～23）。宣恵庁設置，京畿に大同法実施。
1609	日本（対馬の宗氏）と己酉約条を締結。
1614	永昌大君殺される。
1619	明救援のために遼東へ出兵した朝鮮軍，後金に降る（サルフの戦い）。
1623	仁祖反正。西人政権の成立。江原・忠清・全羅三道に大同法実施。
1624	摠戎庁設置。
1625	忠清・全羅両道の大同法廃止。
1626	守禦庁設置。
1627	***1*** 後金軍の侵入（丁卯胡乱，～***3***）。
1635	三南の量田を実施。
1636	清軍の第2次侵入（～37，丙子胡乱）。
1637	***1*** 朝鮮，清に降って属国となり，昭顕世子・鳳林大君，瀋陽に送られる。
1645	***1*** 昭顕世子，朝鮮に帰国。ついで没し，鳳林大君，王世子となる。
1649	孝宗即位。
1651	忠清道に大同法を実施。
1652	御営庁設置。
1658	全羅道の沿海に大同法実施。
1659	顕宗即位。
1660	己亥礼訟。
1663	全羅道の山郡に大同法実施。
1669	奴良妻所生従母役法を実施。

1525　成俔，『慵斎叢話』を撰述。	
1531　『新増東国輿地勝覧』55 巻の刊行。	
1543　白雲洞書院設立(50,「紹修書院」の額を下賜)。	
1556　李滉，『朱子書節要』『易学啓蒙伝疑』を撰述。	
1558　李滉，『聖図十図』を撰述。	
1559　李珥，『東湖問答』を撰述。	
1575　李珥，『聖学輯要』を撰述。	
1577　李珥，『撃蒙要訣』を撰述。	
1580　鄭澈，「関東別曲」をつくる。	
	1598　アンリ 4 世，ナントの王令を発布し，ユグノー戦争終結(62 ～)。
1599　金長生，『家礼輯覧』を完成。	
	1601　ヨーロッパ全土に記録的な低温。英，救貧法制定。
	1609　オランダ，平戸商館を開設。
	1624　オランダ，台湾西南部を占領。
	1626　スペイン，台湾北部を占領。
1629　李忠景らの明火賊事件が起こる。	
	1644　***3-19***　李自成，北京を占領。崇禎帝が自殺し明滅ぶ。***5-2***　清軍，北京入城，李自成，西安に逃れる。***6***　日本越前の漂流民，清の盛京ついで北京に入る(46 年送還)。
	1652　松花江で最初の露清衝突。
1654　時憲暦を用いる。	
	1658　清，黒竜江一帯でロシア軍を破る。

1674	甲寅礼訟起こり，西人敗れ，南人政権成立。粛宗即位(～1720)
1678	慶尚道に大同法実施。
1680	庚申換局(大黜陟)，南人敗れ西人政権成立。
1683	西人，老論・少論に分裂。
1689	己巳換局，世子冊立問題起こり西人政権倒れ，南人政権成立。
1694	甲戌換局，少論主導の西人政権成立。
1708	黄海道に詳定法実施。
1712	***5*** 朝鮮・清の国境画定，白頭山に定界碑を建てる。
1720	景宗即位(～24)。
1721	王世弟(のちの英祖)代理聴政問題をめぐり，老論・少論の対立激化。
1722	壬寅の獄，金昌集ら老論4大臣処刑される。
1724	英祖即位(～76)。
1725	乙巳処分，老論政権成立。
1727	丁未換局，少論政権成立。
1728	南人の李麟佐や少論急進派が，英祖の退位と老論の一掃を謀って蜂起(戊申の乱)。
1729	己酉処分。英祖，蕩平策を本格的に推進。
1740	庚申処分。金昌集・李頤命の官爵を復す。
1750	均役法を実施。
1755	乙亥の獄。老論の優位が確立。
1762	荘献世子に賜死。
1770	官婢の身貢全廃。
1775	王世孫(のちの正祖)代理聴政。
1776	正祖即位。代理聴政に反対した者を処分。
1783	李承薫，北京で天主教の洗礼を受ける。
1791	珍山の変(辛亥邪獄)，洋書の所蔵を禁止。
1800	純祖即位(～34)，大王大妃(貞純王后)の垂簾政治(～04)。
1801	辛酉邪獄。
1802	金祖淳の女，純祖の王妃となる(純元王后)。
1806	金祖淳が政権を握る。安東金氏の勢道政治始まる。
1811	通信使易地聘礼。洪景来の乱(～12)。
1819	趙万栄の女，孝明世子の嬪となる(神貞王后)。
1832	イギリス船ロード・アーマスト号来航し，通商を求める。
1833	漢城で米騒動。
1839	己亥邪獄。
1846	フランス軍艦来航し，天主教弾圧を詰問。
1847	趙秉鉉・亀夏父子流配。

1678　常平通宝を鋳造。	
	1683　オスマン帝国，第2次ウィーン包囲に失敗。
1688　僧侶の呂還ら，ソウル攻撃を企てるが，発覚して逮捕される。	
	1689　***7***　清・ロシア間にネルチンスク条約締結。黒竜江方面国境を定める。
	1707　日本，富士山噴火，宝永山できる。
1712　清と朝鮮，長白山定界碑を建てる。	
1715　洪万選の『山林経済』撰述。	
	1720　清，ダライ＝ラマ7世を承認し，軍をラサに入れ，ジュンガル軍を退ける。
	1728　チベットの反乱，鎮圧。ケンペル『日本志』英訳版。
1744　『続大典』なる。	
	1753　大英博物館創設。
	1762　***6-28***　露，ピョートル3世暗殺，エカチェリーナ2世即位。
	1765　ワット，蒸気機関を改良。
1766　柳重臨『増補山林経済』撰述。	
	1769　アークライト，水力紡績機を発明。
1770　柳馨遠の『磻渓随録』刊行(著書の完成は1670年)。	
	1775　アメリカ独立戦争勃発。
1776　奎章閣設置。	
	1783　日本，大黒屋光太夫ら，カムチャツカに漂流。
	1792　***9***　ロシア使節ラクスマン，日本の根室に来航。
	1793　***1***　フランス，ルイ16世処刑。
	1802　***6***　ベトナムの阮福映，西山朝を滅ぼし全土統一：阮朝の成立(～1945)
1818　丁若鏞の『牧民心書』なる。	
	1840　アヘン戦争始まる(～42)。

1849	哲宗即位(～63)，大王大妃(純元王后)の垂簾政治。
1851	金汶根の女，哲宗の王妃となる(哲仁王后)。
1862	壬戌民乱。

1860　崔済愚，東学を創始。 1861　金正浩の『大東輿地図』刊行。	1853　ペリー，日本の浦賀に来航。 1856　アロー号事件，アロー戦争始まる(～60)。 1858　英，インドを直接統治。 1860　米，リンカン，大統領に当選。

参考文献

以下に紹介する文献は，著者が選択したものであり，日本語で刊行された著書・訳書を中心としている。点数が多いので，解説はつとめて簡略にした。これ以外の文献(とくに研究論文)を知ろうとするときには，Ⅰ-2に掲げた『朝鮮史研究入門』の各章文献一覧と「朝鮮史研究の手引き」を参照されたい。なお，第1章，第2章に関するものについては，文献史学のものと考古学のものに分け，第3章に関するものについては，後期新羅に関するものと渤海に関するものに分け，後期新羅に関するものは第2章に関するもののうちの文献史学のものと一括して示した。

Ⅰ　朝鮮史全般に関する文献および朝鮮史研究の手引きとなる文献

1　通史・概説

(1)　武田幸男編『朝鮮史』(新版世界各国史2)山川出版社　2000
(2)　田中俊明編『朝鮮の歴史——先史から現代』昭和堂　2008
(3)　朝鮮史研究会編『朝鮮の歴史　新版』三省堂　1995
(4)　吉田光男編『韓国朝鮮の歴史』放送大学教育振興会　2015
(5)　中塚明『これだけは知っておきたい日本と韓国・朝鮮の歴史』高文研　2002
(6)　吉野誠『東アジア史のなかの日本と朝鮮——古代から朝鮮まで』明石書店　2004
(7)　歴史教育研究会(日本)・歴史教科書研究会(韓国)編『日韓歴史教材　日韓交流の歴史』明石書店　2007
(8)　関周一編『日朝関係史』吉川弘文館　2017
(9)　李憲昶，須川英徳／六反田豊監訳『韓国経済通史』法政大学出版局　2004

(1)〜(4)は朝鮮史の通史であり，(5)(6)(7)は日朝関係の通史を含む朝鮮史の通史である。(8)は日朝関係史の最新の通史である。(9)は経済史の通史として貴重である。

2　研究入門・事典・辞典・史料集・歴史地図・年表・文献目録

(1)　朝鮮史研究会編『朝鮮史研究入門』名古屋大学出版会　2011
(2)　朝鮮史研究会編『新朝鮮史入門』龍渓書舎　1981
(3)　伊藤亜人／大村益夫／高崎宗司／武田幸男／吉田光男／梶村秀樹編『新版　韓国朝鮮を知る事典』平凡社　2014
(4)　木村誠／吉田光男／趙景達／馬淵貞利編『朝鮮人物事典』大和書房　1995
(5)　朝鮮総督府中枢院編『朝鮮人名辞書』朝鮮総督府　1939
(6)　朝鮮総督府編『朝鮮語辞典』朝鮮総督府　1920，復刻版，国書刊行会　1974
(7)　歴史学研究会編『世界史史料』12巻，岩波書店　2007〜13
(8)　韓国教員大学歴史教育科編，吉田光男監訳『韓国歴史地図』平凡社　2006
(9)　朝鮮史編修会編『朝鮮史』37巻　朝鮮総督府　1932〜40，復刻版，東京大学出版会　1975〜76

⑽　朝鮮史研究会編『戦後日本における朝鮮史文献目録　1945～1991』緑蔭書房　1994

⑴は日本における朝鮮史研究の到達水準を示す最新の研究案内書であり，朝鮮史を深く学ぼうとするためには必読書である。⑵は旧版の研究案内書であるが，1970年代までの日本における朝鮮史研究の状況を知るためには基本的な文献である。⑶は1986年に初版が刊行された『朝鮮を知る事典』に改訂を重ねて改題したものであるが，朝鮮に関する総合的な事典。⑷は古代から現代までの主要な人物について解説した事典。⑸は戦前に刊行された人名辞典で，誤りや説明不足も散見されるが，収録人物数が多いので，今日でもなお利用されている。⑹は朝鮮王朝末期に使われていた用語を多く収録しているので，史料用語の解釈に役立つことが多い。⑺は重要な史料を選んで，その日本語訳を収録したものであるが，朝鮮史の史料も含まれており，研究を始めようとするときに史料に接することの重要性を示してくれる。⑻は韓国で刊行された歴史地図を翻訳したもので，地図の点数が豊富である。⑼は1894年６月(陰暦)までの時期について，『大日本史料』の体裁にならって，編年体で事項を記し，項目ごとに典拠史料名を付したものであるが，詳細な年表として利用することができる。⑽は戦後日本における朝鮮史研究文献の目録である。1992年以降については朝鮮史研究会刊行の『朝鮮史研究会論文集』各号の巻末に文献目録を掲載してきたが，2016年からは掲載を停止し，インターネットでの閲覧に全面的に移行した(詳しくは『朝鮮史研究会論文集』巻末における説明を参照)。

Ⅱ　各章に関する文献

第１章　先史から古朝鮮

１　文献史学関係

⑴　礪波護／武田幸男『隋唐帝国と古代朝鮮』(世界の歴史６) 中央公論社　1997(文庫版：2008)
⑵　今西龍『朝鮮古史の研究』近澤書店　1940
⑶　朝鮮民主主義人民共和国社会科学院編『朝鮮の始祖檀君――研究論文集』外国文出版社　1994
⑷　在日本朝鮮歴史考古学協会編訳『朝鮮民族と国家の源流』雄山閣　1995
⑸　池内宏『満鮮史研究』(上世，一冊) 吉川弘文館　1951
⑹　駒井和愛『楽浪』中公新書　1972
⑺　三上次男『古代東北アジア史研究』吉川弘文館　1966
⑻　李丙燾『韓国古代史研究』学生社　1980
⑼　李成市『古代東アジアの民族と国家』岩波書店　1998
⑽　東潮／田中俊明『高句麗の歴史と遺跡』中央公論社　1994
⑾　東北亜歴史財団，篠原啓方訳，田中俊明監修『高句麗の政治と社会』明石書店　2012

⑴は朝鮮古代史全体の通史であるが，檀君神話から楽浪，三韓についての記述も詳しい。古朝鮮に関して，⑵は戦前の研究であるが，檀君・箕子の伝説や古朝鮮の地理に関

する基本的な文献批判がなされている。朝鮮民主主義人民共和国における檀君および古朝鮮の研究については，(3)(4)で論考が日本語訳されている。(3)は「檀君陵」の発掘成果のみならず，檀君時代の遺跡，歴史的評価について扱い，(4)は古朝鮮に関する多方面からの論考が収録されており，研究状況を知ることができる。

楽浪郡および高句麗などの諸民族について，(5)は戦前の研究成果をまとめたものであるが，漢の設置した郡県の動向，高句麗の歴史，東北アジア諸民族に関する古典的な著作として重要である。(6)は考古学の成果を中心とした楽浪郡の概説であるが，周辺諸民族への影響や郡域の研究など文献研究の成果についても概略がまとめられている。(7)は楽浪郡の支配構造のほか，古朝鮮や三韓における国家形成，挹婁・濊の社会や文化について民族史的な観点から扱った研究論文集である。(8)は韓国での古代史の大家による研究で，檀君神話から漢四郡，濊，三韓についての論文を集成している。(9)は古代朝鮮史を広く扱った論文集であるが，楽浪郡の設置が諸民族に及ぼした影響，濊族の社会，高句麗の建国伝説についての論文を収める。(10)は高句麗史全体を扱っているが，建国神話や高句麗初期の歴史，関連する遺跡について知るにも便利である。(11)は韓国での高句麗史研究の翻訳で，高句麗の起源や建国神話についても扱う。

2　考古学関係(朝鮮半島の考古学の全般に関するものを含む)

(1)　梅原末治『朝鮮古代の文化　朝鮮古蹟調査事業の経過と其の業績を通じて観た半島古代の文化』高桐書院　1946

(2)　梅原末治『朝鮮古代の墓制』座右寶刊行会　1947

(3)　金廷鶴編『韓国の考古学』河出書房新社　1972

(4)　金元龍，西谷正訳『韓国考古学概論』東出版　1972

(5)　金元龍，西谷正訳『韓国考古学概説(増補改訂)』六興出版　1984

(6)　金元龍『韓国考古学概説(第三版)』一志社　1986〈韓国語〉

(7)　金元龍監修『韓国の考古学』講談社　1989

(8)　韓国考古学会編，武末純一監訳，庄田慎矢／山本孝文訳『概説　韓国考古学』同成社　2013

(9)　早乙女雅博『朝鮮半島の考古学』同成社　2000

(10)　東潮／田中俊明『韓国の古代遺跡』１新羅篇(慶州) 中央公論社　1988

(11)　東潮／田中俊明『韓国の古代遺跡』２百済・伽耶篇　中央公論社　1989

(12)　東潮／田中俊明『高句麗の歴史と遺跡』中央公論社　1995

(13)　金正培『韓国の旧石器文化』六一書房　2005

(14)　松藤和人編『東アジアのレス-古土壌と旧石器編年』雄山閣　2008

(15)　松藤和人『日本と東アジアの旧石器考古学』雄山閣　2010

(16)　申鉉東編著『朝鮮原始古代住居址と日本への影響　朝鮮原始・古代住居址の主要調査報告』雄山閣　1993

(17)　後藤直『朝鮮半島初期農耕社会の研究』同成社　2006

(18)　庄田慎矢『青銅器時代の生産活動と社会』学研文化社　2009〈韓国語〉

(19)　宮里修『韓半島青銅器の起源と展開』社会評論　2010〈韓国語〉

(20)　平郡達哉『墳墓資料からみた青銅器時代社会』書景文化社　2013〈韓国語〉

(21) 中村大介『弥生文化形成と東アジア社会』塙書房　2012

(1)〜(11)は朝鮮半島の考古学の概要を知るために有用な著作である。(1)(2)は植民地時代に日本人がおこなった考古学的調査研究の概要をまとめる。(3)〜(8)は韓国人研究者による概説書。数度にわたり改定された金元龍の概説書のなかで，(4)と(5)が日本語に翻訳されている。なかでも(5)は筆者自身が原著に手を加えたものを底本としており，さらに訳者により詳細な注釈がつけられている。(6)が韓国語で刊行された最終改訂版である。(8)は韓国考古学会が編集した『韓国考古学講義』(2007年)の改訂版(2010年)を翻訳したもの。(9)〜(12)は日本人研究者による概説書である。なかでも(10)(11)(12)は大韓民国・朝鮮民主主義人民共和国・中華人民共和国の各地の遺跡についての綿密な現地調査に基づいて書かれており，情報が古くなった部分はあるものの，現在でも参考になる部分が多い。

(13)(14)(15)は旧石器時代を扱った著作。(13)は日本や中国での類例を参照しつつ，石器製作技法に注目して，朝鮮半島で出土した旧石器の変遷を検討する。(14)(15)では古土壌と広域火山灰に注目し，朝鮮半島だけではなく中国や日本までを含めた広域編年を確立するための，国際的・学際的研究の成果をまとめる。

新石器時代を研究対象とした日本語の論文は決して少なくはないが，それらを著作としてまとめたものがないのが実情である。そうしたなかで(16)は，新石器時代・青銅器時代を中心とする，先史時代の住居跡をテーマとした朝鮮民主主義人民共和国・大韓民国での研究論文を翻訳・掲載するとともに，1980年代を中心とする新たな住居跡の調査例を集成・紹介する。

(17)〜(21)は青銅器時代・初期鉄器時代を扱った著作。(17)は解放後の朝鮮民主主義人民共和国・大韓民国での調査成果をもとに，1970年代以降，朝鮮半島における無文土器・青銅器・墳墓・農耕を検討し，さらに日本列島への影響についても言及してきた著者の論説をまとめている。(18)〜(21)は1990年代以降，長期留学して現地での発掘調査にも従事した日本人研究者により，日本と大韓民国で刊行された著作である。(18)は土器・石器・住居跡などを手がかりとして，地域ごとの青銅器時代考古資料の編年を構築するとともに，土器の焼成法や玉の生産・分配の様相を取り上げて，当時の生産活動について検討を加える。(19)は青銅器時代・初期鉄器時代における多様な青銅器類の起源と展開について，総合的な検討をおこなう。(20)は支石墓をはじめとする墳墓の領域や副葬品の分析をとおして，青銅器時代社会の特質を検討する。(21)は中国東北地方から朝鮮半島における石器・青銅器・土器の編年と，集落や墳墓の様相の分析をおこない，それをもとに，東アジア社会において弥生時代が始まった意義について検討する。

第２章　高句麗・百済・新羅・加耶／第３章　後期新羅と渤海

１　第２章の文献史学および第３章の「後期新羅」に関する文献

(1) 礪波護／武田幸男『隋唐帝国と古代朝鮮』(世界の歴史６) 中央公論社　1997(文庫版：2008)
(2) 井上光貞／西嶋定生／甘粕健／武田幸男編『東アジア世界における日本古代史講座』全10巻　学生社　1980〜86
(3) 東潮／田中俊明『韓国の古代遺跡』１新羅篇(慶州) 中央公論社　1988

⑷　東潮／田中俊明『韓国の古代遺跡』２百済・伽倻篇　中央公論社　1989
⑸　東潮／田中俊明『高句麗の歴史と遺跡』中央公論社　1994
⑹　李丙燾『韓国古代史研究』学生社　1980
⑺　木村誠『古代朝鮮の国家と社会』吉川弘文館　2004
⑻　濱田耕策『朝鮮古代史料研究』吉川弘文館　2013
⑼　韓国国立昌原文化財研究所編『韓国の古代木簡』藝脈出版　2004
⑽　朝鮮文化研究所編『韓国出土木簡の世界』雄山閣　2007
⑾　橋本繁『韓国古代木簡の研究』吉川弘文館　2014
⑿　武田幸男『高句麗史と東アジア――「広開土王碑」研究序説』岩波書店　1988
⒀　徐建新『好太王碑拓本の研究』東京堂出版　2006
⒁　武田幸男『広開土王碑墨本の研究』吉川弘文館　2009
⒂　古瀬奈津子編『広開土王碑拓本の新研究』同成社　2013
⒃　東北亜歴史財団編，田中俊明監訳，篠原啓方訳『高句麗の政治と社会』明石書店　2012
⒄　東北亜歴史財団編，東潮監訳，篠原啓方訳『高句麗の文化と思想』明石書店　2013
⒅　東北亜歴史財団編著，羅幸柱監訳，橋本繁訳『古代環東海交流史１　高句麗と倭』明石書店　2015
⒆　坂元義種『百済史の研究』塙書房　1978
⒇　吉田晶『七支刀の謎を解く――四世紀後半の百済と倭』新日本出版社　2001
(21)　鈴木靖民編『古代東アジアの仏教と王権――王興寺から飛鳥寺へ』勉誠出版　2010
(22)　新川登亀男編『『仏教』文明の東方移動――百済弥勒寺西塔の舎利荘厳』汲古書院　2013
(23)　末松保和『古代の日本と朝鮮』吉川弘文館　1996(初版：『任那興亡史』大八洲出版　1949)
(24)　金鉉球『大和政権の対外関係研究』吉川弘文館　1985
(25)　山尾幸久『日本古代王権形成史論』岩波書店　1983
(26)　山尾幸久『古代の日朝関係』塙書房　1989
(27)　李永植『加耶諸国と任那日本府』吉川弘文館　1993
(28)　鈴木英夫『古代の倭国と朝鮮諸国』青木書店　1996
(29)　鈴木靖民他『伽倻はなぜほろんだか(増補改訂版)』大和書房　1998
(30)　田中俊明『大加耶連盟の興亡と「任那」』吉川弘文館　1992
(31)　田中俊明『古代の日本と加耶』(日本史リブレット70)山川出版社　2009
(32)　今西龍『新羅史研究』図書刊行会　1970(初版：近沢書店　1933)
(33)　末松保和『新羅の政治と社会』上・下　吉川弘文館　1995(初版：『新羅史の諸問題』東洋文庫　1954)
(34)　井上秀雄『新羅史基礎研究』東出版　1974
(35)　李基白，武田幸男監訳『新羅政治社会史研究』学生社　1982
(36)　村上四郎『朝鮮古代史研究』開明書院　1978
(37)　李成市『古代東アジアの民族と国家』岩波書店　1998
(38)　池内宏『満鮮史研究』上世第二冊(復刻)吉川弘文館　1979(初版：1960)

⑶⑼ 盧泰敦，橋本繁訳『古代朝鮮三国統一戦争史』岩波書店　2012
⑷⑽ 浜中昇『朝鮮古代の経済と社会――村落・土地制度史研究』法政大学出版局　1986
⑷⑴ 李成市『東アジアの王権と交易』青木書店　1997
⑷⑵ 濱田耕策『新羅国史の研究』吉川弘文館　2002

⑴は後半で古朝鮮から後期新羅・渤海までの古代史が通史的に扱われており，著者の研究成果が反映されていて研究の到達点を知ることができる。⑵は東アジアの歴史についてさまざまなテーマから書かれた論文集であり，古代朝鮮についても重要な論文が多く含まれる。⑶⑷⑸は古代朝鮮各国の通史とともに関連する遺跡・遺物について詳しく解説されており，刊行から年月が経っているとはいえ遺跡の分布や全体像を知るうえで現在でも有用である。

⑹⑺⑻は古代朝鮮全体を扱った研究論文集である。⑹は韓国古代史学界の大家によるもので古代全般にわたり，政治・社会から説話まで多分野の研究成果の集成である。⑺は国家形成や国家制度に関する研究成果であり，⑻は高句麗・広開土王碑の文章構造を明らかにした論文を中心に，古代朝鮮の金石文に関する基礎的研究を収めている。

⑼⑽⑾は新たな史料として注目されている木簡についての文献である。⑼は木簡の写真資料や釈文を載せた図録であり基本資料となる。⑽は個々の木簡について分析した論文が収められ，⑾は新羅木簡に関する基礎的研究を中心とした論文をまとめたものである。

⑿～⒅は高句麗について扱った文献である。⑿は広開土王碑文の分析を中心とした研究論文集であるが，高句麗史の展開を東アジアにおいて位置づけている。⒀⒁⒂は広開土王碑研究の基本資料となる拓本の編年のための研究であり，⒀は碑文の字形の変化，⒁は拓本の着墨箇所，⒂は使用された紙の大きさに着目して編年をおこなう。⒃⒄⒅は，韓国での研究論文集の翻訳書である。⒃は建国から滅亡にいたる通史，⒄は宗教や文化のほか遺跡・遺物の研究現状，⒅は倭との外交関係や文化的な影響について主に扱う。

⒆～⑵⑵は百済史関係の文献である。⒆は百済に関する『三国史記』および中国史書の記事について基礎的な検討をおこなう。⒇は百済・倭関係の基本資料である七支刀の銘文について詳細に再解釈を加えている。⑵⑴⑵⑵はいずれも，近年あいついで百済の寺院から出土した銘文資料に関しての論文を収めたもので，⑵⑴は扶余・王興寺で出土した舎利容器，⑵⑵は益山・弥勒寺で出土した舎利奉安記に関する研究である。

⑵⑶～⑶⑴は加耶に関する文献である。⑵⑶は加耶地域を日本が支配していたとする戦前の研究に基づいてはいるものの，加耶史の全体的な動きを叙述していていまなお参照に値する。加耶については日朝関係史の観点から多くの研究蓄積があり，「任那日本府」について多様な再解釈がなされている。⑵⑷は百済の設置した軍司令部であったとする一方，⑵⑸～⑵⑻は倭国から派遣された使者として理解する。⑵⑼は文献史学および考古学の研究成果をまとめたシンポジウムの記録である。⑶⑽⑶⑴は加耶史の観点から書かれた概説書であり，⑶⑽は大加耶国を中心とする北西部の加耶諸国による連盟体の成立から終焉までを扱い，⑶⑴は金官加耶を中心に日本とも関係の深かった南部加耶諸国の動向について扱う。

⑶⑵～⑶⑺は新羅に関する文献でいずれも研究論文集である。⑶⑵は戦前の研究であり，新羅の通史，制度史や金石文についての論文を収める。⑶⑶も戦前の研究成果を中心として

おり，王位継承や骨品制など新羅史全体の性格に関わる問題が扱われる。⒁⒂はいずれも新羅の制度史を扱った研究論文集で，王権と貴族の政治的関係に着目する。⒃は新羅の地方制度，高句麗滅亡後の報徳国を中心に扱う。⒄は古代史全体の研究論文集であるが，新羅史に関しては仏教と国家，軍事制度を中心に検討を加える。このほか，⑺も郡県制や官僚制，身分制など新羅独自の制度を運用面から明らかにしている。

⒅⒆は三国統一の過程についての文献である。⒅は新羅史の古典的著作であり，百済・高句麗滅亡前後の戦役について詳細に考察する。⒆は中央アジアを含む広い視野から戦争の過程を描いている。

⒇(41)(42)は新羅後期についての文献である。⒇は新羅・高麗の土地制度に関する論考集であるが，第一編で新羅村落文書について精緻な検討を加える。(41)は752年の新羅使による日本との交易を中心に，王権による政治的支配と交易の関係を明らかにする。(42)は唐の礼や制度を受容していかに新羅が祭祀や制度を整備していたかについて論じた研究論文集である。

2　第２章の考古学に関する文献

⑴　高久健二『楽浪古墳文化研究』学研文化社　1995〈韓国語〉
⑵　田村晃一『楽浪と高句麗の考古学』同成社　2001
⑶　在日本朝鮮社会科学者協会歴史部会編訳『朝鮮民族と国家の源流——神話と考古学』雄山閣　1995
⑷　全浩天『楽浪文化と古代日本』雄山閣　1998
⑸　武末純一『土器からみた日韓交渉』学生社　1991
⑹　井上主税『朝鮮半島の倭系遺物からみた日朝関係』学生社　2014
⑺　東潮『古代東アジアの鉄と倭』渓水社　1999
⑻　門田誠一『古代東アジア地域相の考古学的研究』学生社　2006
⑼　吉井秀夫『古代朝鮮　墳墓にみる国家形成』京都大学学術出版会　2010
⑽　朱栄憲，有光教一監修，永島暉臣慎訳『高句麗の壁画古墳』学生社　1972
⑾　社会科学院考古学研究所編，呂南喆／金洪圭訳『高句麗の文化』同朋社　1982
⑿　金日成綜合大学編，呂南喆／金洪圭訳『五世紀の高句麗文化』雄山閣　1985
⒀　在日本朝鮮社会科学者協会歴史部会編『高句麗・渤海と古代日本』雄山閣　1993
⒁　東潮『高句麗考古学研究』吉川弘文館　1997
⒂　東潮『高句麗壁画と東アジア』学生社　2011
⒃　門田誠一『高句麗壁画古墳と東アジア』思文閣出版　2011
⒄　千田剛道『高句麗都城の考古学的研究』北九州中国書店　2015
⒅　朴淳発，木下亘／山本孝文訳『百済国家形成過程の研究』六一書房　2003
⒆　孫明助『百済の鉄器文化』孫明助先生追悼記念事業会　2012
⒇　土田純子『東アジアと百済土器』同成社　2017
(21)　李盛周，木村光一編訳，原久仁子共訳『新羅・伽耶社会の起源と成長』雄山閣　2005
(22)　早乙女雅博『新羅考古学研究』同成社　2010
(23)　定森秀夫『朝鮮三国時代陶質土器の研究』六一書房　2015

(24)　東潮『倭と加耶の国際環境』吉川弘文館　2006
(25)　朴天秀『加耶と倭　韓半島と日本列島の考古学』講談社　2007
(26)　張允禎『古代馬具からみた韓半島と日本』同成社　2008
(27)　諫早直人『東北アジアにおける騎馬文化の考古学的研究』雄山閣　2012
(28)　高田貫太『古墳時代の日朝関係——新羅・百済・大加耶と倭の交渉史』吉川弘文館　2014
(29)　金宇大『金工品から読む古代朝鮮と倭　新しい地域関係史へ』京都大学学術出版会　2017
(30)　朝鮮学会編『前方後円墳と古代日朝関係』同成社　2002
(31)　酒井清治『土器から見た古墳時代の日韓交流』同成社　2013
(32)　山本孝文『三国時代律令の考古学的研究』書景文化社　2006〈韓国語〉
(33)　重見泰『新羅土器からみた日本古代の国家形成』学生社　2012
(34)　亀田修一『日韓古代瓦の研究』吉川弘文館　2006
(35)　清水昭博『古代日韓造瓦技術の交流史』清文堂　2012
(36)　清水昭博『古代朝鮮の造瓦と仏教』帝塚山大学出版会　2013
(37)　李炳鎬『百済寺院の展開と古代日本』塙書房　2015

(1)〜(6)は原三国時代に関連する著作。(1)は墳墓の編年をもとに楽浪の社会構造を検討し，さらに朝鮮半島南部への楽浪文化の伝播過程について考察する。(2)は植民地時代および朝鮮民主主義共和国の調査成果を手がかりとして，楽浪墳墓とその出土遺物，および高句麗の山城・積石塚・寺院などについて長年研究してきた著者の論文をまとめる。(3)は檀君陵「発見」後の朝鮮民主主義人民共和国における，古朝鮮についての新たな見解を示す論文を翻訳・収録する。(4)は朝鮮民主主義人民共和国による平壌市楽浪区域の楽浪墳墓の調査・研究成果に基づき，楽浪文化について議論する。(5)は九州における弥生土器・古式土師器の編年と，遺物の搬入・搬出関係をもとに，朝鮮半島南部と九州北部の考古資料の並行関係を明らかにし，当時の交流関係について検討をおこなう。(6)は朝鮮半島南部で出土した，紀元前３世紀〜紀元後５世紀までの倭系考古資料の分析をもとに，当該時期における日朝関係の変遷とその特質について論じる。

(7)(8)(9)は三国時代を中心として，朝鮮半島各地の考古資料を広く取り扱った著作。(7)は朝鮮半島を中心として，初期鉄器時代から三国時代における鉄および鉄器の生産と流通の変遷を検討する。(8)は朝鮮半島に由来するさまざまな考古資料を手がかりとして，古代東アジアにおける地域間関係について検討を加える。(9)は新石器時代から三国時代にいたるまでの墳墓の地域性と階層性の変化を検討することで，朝鮮半島における国家形成過程を概観する。

(10)〜(17)は高句麗に関係する著作。(10)〜(13)は朝鮮民主主義人民共和国における高句麗考古学の調査成果を翻訳したものである。(10)は高句麗の壁画古墳を，その石室構造と壁画内容により変遷過程を検討する。(11)は1970年代までの調査成果をもとに，高句麗文化の特質を概観する。(12)は東明王陵とその周辺遺跡の発掘調査を報告する。(13)は1980年代から1990年代初めまでに発表された，高句麗の積石塚・壁画古墳・山城などに関する論文に，渤海に関する論文を加えたものである。(14)は高句麗の積石塚および横穴式石室の出

現と展開過程を検討し，さらに高句麗文物の編年もおこなう。そして，高句麗墓制や文物をとおして朝鮮半島南部諸地域との関係も検討する。⒂は高句麗の壁画にみられる墓主行列像・四神・風景などの特徴と変遷を検討し，中国や日本の関係資料との関係に言及する。⒃は壁画に描かれた墓主像とともに，仏教をはじめとする当時の文化・信仰を示す要素に注目することで，高句麗壁画の東アジア的な位置づけを試みている。⒄は瓦の編年をもとに，桓仁・集安・平壌における都城関連遺跡についての検討をおこなう。

⒅⒆⒇は百済に関係する著作。⒅は漢江流域における土城・墳墓およびその出土遺物の検討をとおして，考古学的に百済の国家形成過程を議論する。⒆は製鉄遺跡および出土遺物をとおして，百済の鉄器文化の特質を検討する。⒇は百済と周辺諸地域における土器・陶磁器の搬入・搬出関係を整理したうえで，百済土器の総合的な編年をおこない，さらに漢城期百済の領域拡大過程に言及する。

(21)(22)(23)は新羅・加耶に関係する著作。(21)は鉄器・古墳群・土器生産システムなどに注目して，洛東江流域において新羅・加耶社会が形成されていく過程を検討する。(22)は土器・装身具・盛矢具などの検討をとおして，三国時代新羅の諸相を研究してきた筆者の論文をまとめる。(23)は洛東江流域を中心とする諸地域ごとに，陶質土器の編年をおこない，新羅土器・加耶土器の出現・展開過程を検討する。

(24)〜(31)は考古資料をとおして，三国時代における朝鮮半島と倭との関係を検討した著作。(24)は倭と加耶の関係を中心としつつ，１世紀〜６世紀にかけての地域間関係の変化と，その歴史的背景を考察する。(25)は加耶諸国・栄山江流域・新羅に関係する考古資料の特徴と，考古資料の搬入・搬出関係の検討成果をもとに，文献史料に依拠した従来の古代日韓関係論の見直しを提起する。(26)は鐙と轡の立聞金具に注目して，馬具類の朝鮮半島内における分布状況と，日本列島出土例との関係を検討する。(27)は鉄製轡の製作技法の検討をとおして馬具類の総合的な編年をおこない，その成果をもとに，朝鮮半島南部および日本列島における騎馬文化の受容・展開過程を検討する。(28)は垂飾付耳飾・帯金具・鐙・鉄鉾の編年と系譜関係を整理したうえで，朝鮮半島各地と日本列島各地のあいだにおける，さまざまな交流関係の実態について検討する。(29)は朝鮮半島南部と日本列島各地間における垂飾付耳飾と装飾大刀の製作技術の伝播と展開過程を検討して，当時の地域間交流の実態の復元を試みる。(30)は日本で最初に栄山江流域の前方後円墳問題を取り上げたシンポジウムをもとに，関係する問題をまとめた論文集である。(31)は日本における須恵器生産の始まりと，日本各地で出土する朝鮮半島系土器の特徴を検討する一方，栄山江流域を中心とする土器の特徴，および出土須恵器について検討をおこない，日本列島との関係について考察を加える。

(32)〜(37)は６・７世紀代の朝鮮半島の諸状況と，日本列島との関係を考古学的に検討した著作。(32)は墓制・器物・服飾などを取り上げて，百済と新羅が律令国家として成長する過程を考古学的に検討する。(33)は７世紀以降の新羅土器様式の検討をおこない，その成果をもとに，日本に搬入された新羅土器の様相から，日本と新羅の関係について考察する。(34)〜(37)は日本と朝鮮半島の間における仏教の伝播と，それにともなう寺院の建立・瓦生産に関わる諸問題を取り上げる。(34)は百済における瓦生産の開始と変遷，地域性などを分析したうえで，日本各地における朝鮮系瓦の受容様相とその歴史的背景について考察を加える。(35)は熊津・泗沘時代の百済瓦の生産・流通の様相を検討し，日本に

おける初期瓦生産体制と比較をおこなう。(36)は楽浪および朝鮮三国における瓦生産と，仏教の伝来・受容との関係について概観する。(37)は瓦当の分析と最近の発掘調査成果をもとに，百済に特有な伽藍配置の出現過程を検討するとともに，それらが新羅や日本に与えた影響を論ずる。

3　第3章の渤海に関する文献

(1)　金毓黻『渤海国志長編』金氏千華山館　1934

(2)　孫玉良編著『渤海史料全編』吉林文史出版　1992

(3)　鈴木靖民／金子修一／石見清裕／浜田久美子編『訳注日本古代の外交文書』八木書店　2014

(4)　鳥山喜一『渤海史考』奉公会　1915(1977年に原書房から再版)

(5)　鳥山喜一『失はれたる王国——渤海国小史』翰林出版　1944

(6)　鳥山喜一，船木勝馬編『渤海史上の諸問題』風間書房　1968

(7)　濱田耕策『渤海興亡史』吉川弘文館　2000

(8)　朱国忱／魏国忠，佐伯有清監訳，濱田耕策訳『渤海史』東方書店　1996(原題『渤海史稿』)

(9)　石井正敏『日本渤海関係史の研究』吉川弘文館　2001

(10)　酒寄雅志『渤海と古代の日本』校倉書房　2001

(11)　森安孝夫「渤海から契丹へ」(井上光貞他編『東アジア世界における日本古代史講座　7　東アジアの変貌と日本律令国家』) 学生社　1982

(12)　吉林省文物考古研究所・敦化市文物管理所編著『六頂山渤海墓葬——2004～2009年清理発掘報告』文物出版社　2012

(13)　黒竜江省文物考古研究所編著『渤海上京城』上下　附図　文物出版社　2009，黒竜江省文物考古研究所趙虹光『渤海上京城考古』科学出版社　2012

(14)　吉林省文物考古研究所等編『西古城——2000～2005年度渤海国中京顕徳府故址田野考古報告』文物出版社　2007

(15)　吉林省文物考古研究所『八連城——2004～2009年度渤海国東京故址田野考古報告』文物出版社　2014

(16)　吉林省文物考古研究所／延辺朝鮮族自治州文物管理委員会弁公室「吉林和竜市竜海渤海王室墓葬発掘簡報」(『考古』2009年第6期) 中国社会科学院考古研究所　2009

(17)　田村晃一『クラスキノ(ロシア・クラスキノ村における一古城跡の発掘調査)』渤海文化研究中心　2011

(18)　清水信行(研究代表)『沿海州渤海古城　クラスキノ古城の機能と性格』(平成22年度～平成24年度科学研究費補助金　基盤研究(B)研究成果報告書)　2013

(19)　田村晃一「渤海の瓦当文様に関する若干の考察」(『青山史學』第19号) 青山学院大学文学部史学研究室　2001

(20)　小嶋芳孝「渤海前期の王都に関する研究」(『中国とロシア沿海地方における渤海の考古学的研究』科学研究費補助金基盤研究B研究成果報告書) 金沢学院大学　2016

(21)　中澤寛将『北東アジア中世考古学の研究——靺鞨・渤海・女真』六一書房　2012

(22)　酒寄雅志「東亜考古学会の東京城調査」(菊池俊彦編『北東アジアの歴史と文化』)

北海道大学出版局　2010
(23)　李殿福「渤海の考古学」(西川宏訳『高句麗・渤海の考古と歴史』) 学生社　1991
(24)　朴時亨「渤海史研究のために」(『歴史科学』1962年１号　東京歴史科学学会，朴鐘鳴訳『古代朝鮮の基本問題』学生社　1974)
(25)　鈴木靖民「渤海の首領に関する予備的考察」(旗田巍先生古稀記念会編『朝鮮歴史論集』上巻) 龍渓書舎　1979(「渤海の首領に関する基礎的研究」と改題して『古代対外関係史の研究』吉川弘文館　1985 に収録)
(26)　大隅晃弘「渤海の首領制――渤海国家と東アジア世界」(『新潟史学』第17号) 新潟史学会　1984
(27)　古畑徹「張九齢作『勅渤海王大武藝書』第一首の作成年時について――『大門芸の亡命年時について』補遺」(『集刊東洋学』第59号) 中国文学史哲研究会　1988
(28)　古畑徹「張九齢作『勅渤海王大武藝書』と唐渤紛争の終結――第二・三・四首の作成年時を中心として」(『東北大学東洋史論集』第３輯) 1988
(29)　河上洋「渤海の交通路と五京」(『史林』第72巻第６号) 史学研究会　1989
(30)　氣賀澤保規『則天武后』白帝社　1995(2016年に講談社学術文庫として再版)
(31)　吉本智慧子「契丹文 dan gur 本義考――あわせて「東丹国」の国号を論ず」(『立命館文學』第609号) 立命館大学人文学会　2008
(32)　澤本光弘「契丹(遼)における渤海人と東丹国――『遣使記事』の検討を通じて」(荒井慎太郎／高井康典行／渡辺健哉編『遼金西夏研究の現在(１)』) 東京外国語大学アジア・アフリカ言語文化研究所　2008
(33)　李成市「八世紀新羅・渤海関係の一視角――『新唐書』新羅伝長人記事の再検討」(『國學院雜誌』第92巻第４号) 1991(『古代東アジアの民族と国家』岩波書店　1998 に収録)
(34)　赤羽目匡由「新羅末高麗初における東北境外の黒水・鉄勒・達姑の諸族――新羅・渤海との関係において」(『朝鮮学報』第197輯) 朝鮮学会　2005(「渤海・新羅接壌地域における黒水・鉄勒・達姑諸族の存在形態」と改題して『渤海王国の政治と社会』吉川弘文館　2011 に収録)
(35)　沼田頼輔『日満の古代国交』明治書院　1933
(36)　新妻利久『渤海国史及び日本との国交史の研究』東京電機大学出版局　1964
(37)　上田雄／孫栄健『日本渤海交渉史』六興出版　1990
(38)　上田雄『渤海国の謎――知られざる東アジアの古代王国』講談社現代新書　1992
(39)　東野治之「日唐間における渤海の中継貿易」(『日本歴史』第438号) 吉川弘文館　1984(『遣唐使と正倉院』岩波書店　1992 に収録)
(40)　浜田久美子「外交儀礼の確立と展開」(『日本古代の外交儀礼と渤海』) 同成社　2011

926年正月，遼(契丹)によって滅んだ渤海は，自らの歴史書を残さなかった。そのため渤海史研究は，『旧唐書』『新唐書』や日本の『続日本紀』以下の五国史の渤海関係記事など外国の史料に頼らざるをえなかった。

(1)は渤海史に関する中国・日本，さらには朝鮮の史料などを広く渉猟して大別編集したもので，渤海史研究の基本史料集といえる。(2)も各国の史料から抽出した渤海関係史

料を項目別に編年配列していて有用である。(3)は渤海と日本とのあいだで取り交わされた37通の外交文書を校訂した本文に，訓読・語釈・現代語訳をつけている。

渤海史の先駆的な研究として，鳥山喜一の(4)(5)などをあげることができるが，没後に，(6)として，渤海王国の通史と疆域，そして日本との交渉などが総合的にまとめられている。(7)は渤海史を「武」,「文」,「富」,「商」, 王国の解体という時代に区分し，渤海人を主人公としてその歴史を語る。中国においても渤海史像を描く書籍がいくつか発表されているが，(8)は渤海史を粟末部を主体とする靺鞨の国家として，その300年の歴史を四期に分け，さらに社会・経済，政治制度，対外関係，文化など総合的に論じている。

渤海史を広くアジア諸国との多様な関係を分析視角にすえた(9)は，渤海王の世系，渤海の社会構造や朝鮮における渤海観の変遷，日渤外交開始前後の事情，さらには外交文書の扱いなどを，日本・中国・朝鮮の史料を検討して明らかにしている。(10)も渤海の国家形成と展開，渤海王権の構造，さらには古代の日本との外交・文化交流を，朝鮮半島をはじめとする東北アジアの諸国家・諸民族の動向を視野に入れて論じている。(11)は東・北アジアの国際関係のなかにおける渤海の位置を検討し，渤海が新羅や日本と同様，唐の律令制を導入して一元的支配をめざしたが，必ずしも実効があがらなかったとする。

近年，中国において渤海関係の遺跡の調査が進み，それらの成果報告書があいついで刊行されている。(12)は1997年におこなわれた六頂山古墳群の分布調査に基づき，2004～05年にかけて古墳分布の悉皆調査をおこない，あわせて10基の大型古墳の発掘調査の成果を報告している。他に(13)(14)(15)などがあいついで刊行された。(16)は2004年７月から11月と，2005年６月から11月に竜海墓区の14基の古墳を発掘した成果を，簡報として報告したものである。第３代王大欽茂，第９代王大明忠の皇后の墓誌が出土していることが報告されているが，わずかな内容が伝えられるだけである。詳報が待ち望まれる。

ロシアにおいても，渤海や靺鞨の遺跡調査がおこなわれている。青山学院大学の田村晃一は，精力的に渤海考古学に取り組み多数の論文を公表しているが，日本との交流を考えるうえで重要な拠点と考えられてきたロシア沿海州のクラスキノ城の調査を，1998年からロシア科学アカデミー極東支部諸民族歴史学・考古学・民族学研究所と共同しておこなってきた。その成果は(17)として公表された。さらに(18)によって，クラスキノ城は，８世紀前半代まで出土遺物から遡ることができ，東京の竜原府管下の塩州の州治に比定され，また日本との交易の拠点としての性格が確認された。さらに(19)によって，渤海の都城(上京・西古城，八連城など)の宮殿や寺院を飾る瓦，とくに軒丸瓦の先端に付けられた瓦当の複弁のハート形蓮華文の型式変化に注目して編年を試み，都城の造営時期を考える。

小嶋芳孝は，中国・ロシアの考古学的成果を幅広く集積して，渤海はもとより靺鞨諸部の実態を多角的に明らかにしているが，そのなかで(20)は，複弁のハート形蓮華文以外の瓦当の分類もおこない，渤海の都城が旧国，顕州(河南屯古城)，ついで上京，そして上京をモデルに西古城・八連城が造営されたことを論証する。(21)は７世紀から13世紀の北東アジアの手工業生産・流通・消費構造と，渤海から金・東夏代にかけての地域社会の実態を，ロシア・中国の考古学の成果を分析して論じる。こうした渤海をめぐる考古学調査の先駆けとなったのが東亜考古学会の東京城(上京)調査で，(22)は外務省外交史料館が所蔵する東亜考古学会に助成した際の記録類「東京城関連史料」を中心に，東京帝

国大学助手の駒井和愛や京都東方文化学院の水野清一の発掘日誌などを参照して，その調査の経過を跡づけ，東京城調査が日本と満洲の友好の歴史的裏付となったことを指摘した。(23)は1980年代まで渤海関係の考古学の調査による成果を紹介したもので，都城と宮殿・官衙・寺廟，州県城をはじめ，石塔や陵墓，瓦当文様など多角的に紹介している。なかでも墳墓壁画として，貞孝公主墓壁画の紹介は興味深い。

渤海史研究にとって，その建国者ならびに中心的民族を高句麗人とするか，あるいは在地の民族である靺鞨人か議論の分かれるところである。それは『旧唐書』渤海靺鞨伝が，渤海の建国者である大祚栄を「高句麗の別種」とする一方，『新唐書』渤海伝は，渤海を「高句麗に服属していた粟末靺鞨」とすることに起因する。(1)は，渤海史を中国東北史と認識して史料収集をしている。他方(24)は渤海国は高句麗人創建の国であることを多方面から論じ，新羅時代にはすでに「南北朝」という概念があったと主張する。その後の大韓民国・朝鮮民主主義人民共和国の渤海史研究に影響を及ぼした。(25)は各地域に割拠する靺鞨諸部の在地首長たちを「首領」として編成する首領制をとおして，渤海の国家・社会の特質を論ずる。(26)は靺鞨諸族の唐への朝貢の実態を究明して，靺鞨族の在地首長が渤海の支配体制である首領制に組み込まれていく過程を明らかにしている。

渤海の存立にとって唐との関係は重要で，とりわけ黒水靺鞨の征討に端を発した大武芸と王弟大門芸の対立は唐渤間の紛争へと発展し，渤海史上もっとも深刻であった。(27)(28)は玄宗の宰相であった張九齢による「勅渤海王大武藝書」を，契丹・奚，突厥の動向を考慮しつつ，大門芸の唐亡命から唐に謝罪するまでのあいだに四首が作成されたとして，その作成年月を確定する。

(29)は渤海の五京は重要な対外交通の拠点におかれたが，とくに鴨緑江と陸路を経て唐を結ぶ交通の転換点である臨江に交易ルートの拠点として西京がおかれたとする。(30)は中国歴代王朝で唯一の女帝となった則天武后の一生を描く。その第19章「武后朝の朝士――狄仁傑」で，謀反の疑いをかけられて左遷された狄仁傑が，契丹と突厥の外寇の終息後，則天武后の宰相に返り咲いて，羈縻政策による異民族支配の提言していることに注目し，国号を「渤海」とした背景を考える。

(31)は中国出身の契丹語，女真語，満洲語の研究者ならではの「耶律宗教墓誌銘」の読解を試み，渤海を滅ぼして遼(契丹)の建てた「東丹国」に新たな意味を見出す。(32)は滅亡した渤海から後唐に派遣された「遣使」を，『耶律羽之墓誌』の分析を通して，930年に後唐に亡命した東丹国王倍の安否を確認するものであったとし，渤海滅亡後の遼と東丹国の動向を明らかにする。

渤海と新羅の関係は，ほとんど交流がなかった。(33)は『新唐書』新羅伝にみえる長人記事に注目して，８世紀前半の新羅と渤海の軍事的緊張と没交渉が,「鉄関門」をはさんだ東北辺の渤海領域民を新羅人が異人としてイメージしたことの反映とする。(34)は８世紀中葉に渤海によって新羅と接する地域に遷徙された北方の黒水・鉄勒・達姑諸族を，新羅は長人として認識し，それらが９世紀末から10世紀かけて「東北境外」の勢力として渤海の羈絆を脱して自律的活動をしたとする。

日本と渤海の交流を論じた研究は，新たに興った「満洲国」と日本の友好・一体化を，渤海時代の昔に遡って歴史的に確認する意図をもっておこなわれた。(35)などはその代表といえる。戦後，(36)は丹念に渤海関係史料を収集して，日本と渤海の交渉を跡づけ，(37)

(38)などに引き継がれた。

(39)は宝亀年間(770年代)以降，新羅にかわって渤海による唐貨物の日本への中継貿易がおこなわれたことを指摘する。(40)は『延喜式』にみえる外国使節(蕃客)の迎接使規定と，天長元(824)年に制定された一紀(12年)一貢の年期制の検討を通じて，９世紀以降の日本の外交儀礼と日渤両国関係について論ずる。

第４章　高麗前期／第５章　高麗後期

(1)　金庠基『新編高麗時代史』ソウル大学校出版部　1985〈韓国語〉
(2)　朴龍雲『増補版　高麗時代史』一志社　2008〈韓国語〉
(3)　『韓国史』11〜21　国史編纂委員会　1993〜96〈韓国語〉
(4)　池内宏『満鮮史研究』中世第１〜３冊　吉川弘文館　1979(復刻)
(5)　今西龍『高麗及李朝史研究』国書刊行会　1974
(6)　末松保和『高麗朝史と朝鮮朝史』(末松保和朝鮮史著作集５)吉川弘文館　1996
(7)　内藤雋輔『朝鮮史研究』東洋史研究会　1961
(8)　藤田亮策『朝鮮学論考』藤田先生記念事業会　1963
(9)　桑野栄治『李成桂――天翔る海東の龍』(世界史リブレット人37)山川出版社　2015
(10)　周藤吉之『高麗朝官僚制の研究――宋制との関連において』法政大学出版局　1980
(11)　周藤吉之『宋・高麗制度史研究』汲古書院　1992
(12)　辺太燮『高麗政治制度史研究』一潮閣　1971〈韓国語〉
(13)　金龍善『高麗蔭叙制度研究』一潮閣　1991〈韓国語〉
(14)　朴龍雲『高麗時代台諫制度研究』一志社　1980〈韓国語〉
(15)　許興植『高麗の科挙制度』一潮閣　2005〈韓国語〉
(16)　矢木毅『高麗官僚制度研究』京都大学学術出版会　2008
(17)　武田幸男「高麗時代の郷職」(『東洋学報』47-２)　1964
(18)　武田幸男「高麗初期の官階――高麗王朝確立過程の一考察」(『朝鮮学報』41)　1966
(19)　金塘澤『高麗の武人政権』国学資料院　1999〈韓国語〉
(20)　Edward J. Schultz, *Generals and Scholars: Military Rule in Medieval Korea*, University of Hawai'i Press., 2000.
(21)　金昌賢『高麗後期政房研究』高麗大学校民族文化研究院　1998〈韓国語〉
(22)　川西裕也『朝鮮中近世の公文書と国家――変革期の任命文書をめぐって』九州大学出版会　2014
(23)　李基白『高麗兵制史研究』一潮閣　1968〈韓国語〉
(24)　豊島悠果『高麗王朝の儀礼と中国』汲古書院　2017
(25)　李基白『高麗貴族社会の形成』一潮閣　1990〈韓国語〉
(26)　John B. Duncan, *The Origins of the Chosŏn Dynasty*, University of Washington Press., 2014.
(27)　奥村周司「高麗における八関会的秩序と国際環境」(『朝鮮史研究会論文集』16)　1979
(28)　奥村周司「使節迎接礼より見た高麗の外交姿勢――十一，二世紀における対中関係の一面」(『史観』110)　1984
(29)　奥村周司「高麗の圜丘祀天礼と世界観」(武田幸男編『朝鮮社会の史的展開と東アジ

ア』）山川出版社　1997
(30)　盧明鎬「高麗時代の多元的天下観と海東天子」(『韓国史研究』105)　1999〈韓国語〉
(31)　旗田巍『朝鮮中世社会史の研究』法政大学出版局　1972
(32)　李佑成『韓国中世社会研究』一潮閣　1991〈韓国語〉
(33)　朴宗基『高麗時代部曲制研究』ソウル大学校出版部　1990〈韓国語〉
(34)　浜中昇『朝鮮古代の経済と社会――村落・土地制度史研究』法政大学出版局　1986
(35)　有井智徳『高麗李朝史の研究』国書刊行会　1985
(36)　姜晋哲『〔改訂〕高麗土地制度史研究』一潮閣　1989〈韓国語〉
(37)　姜晋哲『韓国中世土地所有研究』一潮閣　1989〈韓国語〉
(38)　北村秀人「高麗時代の漕倉制について」(『旗田巍先生古稀記念朝鮮歴史論集(上)』) 龍溪書舍　1979
(39)　北村秀人「高麗時代の貢戸について」(『人文研究(大阪市立大)』32-9)　1981
(40)　北村秀人「高麗時代の京市の基礎的考察――位置・形態を中心に」(『人文研究(大阪市大)』42-4)　1990
(41)　朴鍾進『高麗時期財政運営と租税制度』ソウル大学校出版部　2000〈韓国語〉
(42)　魏恩淑『高麗後期農業経済研究』慧眼　1998〈韓国語〉
(43)　盧明鎬「高麗時代郷村社会の親族関係網と家族」(『韓国史論(ソウル大)』19) 1988〈韓国語〉
(44)　森克己『新編　森克己著作集』2・3　勉誠出版　2009
(45)　丸亀金作「高麗と宋との通交問題(1，2)」(『朝鮮学報』17, 18)　1960～61
(46)　森平雅彦編『中近世の朝鮮半島と海域交流』汲古書院　2013
(47)　池内宏『元寇の新研究』東洋文庫　1931
(48)　張東翼『高麗後期外交史研究』一潮閣　1994〈韓国語〉
(49)　森平雅彦『モンゴル覇権下の高麗――帝国秩序と王国の対応』名古屋大学出版会 2013
(50)　森平雅彦『モンゴル帝国の覇権と朝鮮半島』(世界史リブレット99)　山川出版社 2011
(51)　村井章介『アジアのなかの中世日本』校倉書房　1988
(52)　張東翼『モンゴル帝国期の北東アジア』汲古書院　2016
(53)　青山公亮『日麗交渉史の研究』明治大学　1955
(54)　中村栄孝『日鮮関係史の研究』上　吉川弘文館　1965
(55)　荒野泰典・石井正敏・村井章介編『日本の対外関係』3・4　吉川弘文館　2010
(56)　山内晋次『奈良平安期の日本とアジア』吉川弘文館　2003
(57)　李領『倭寇と日麗関係史』東京大学出版会　1999
(58)　許興植『高麗仏教史研究』一潮閣　1986〈韓国語〉

現在，高麗史研究の主軸は韓国にあり，どの分野であろうと韓国の研究を参照しないことには研究が成り立たない。換言すると，日本語文献に基づくだけでは，高麗史を体系的に理解することは不可能である。ここで取り上げる参考文献は，本章の記述典拠を逐一提示するものではなく，日本の読者の参考に資するべく，日本語で書かれた主要論

著を中心に，学説論争や通説形成の基礎・始点となった韓国の古典的業績の一部，および英語圏の代表的論著を紹介する文献案内として理解いただきたい。

まず現状において残念な点は，高麗史に特化して全体像を詳しく通観できる日本語の著作が存在しないことだが，韓国語のものに(1)(2)(3)がある。とくに(3)は1990年代前半までの各分野の到達点を詳しく整理しており，その注記に基づいて関連論著をたぐることが可能である。

(4)〜(8)はオムニバス的な著作集。(4)は戦前日本の成果を示す記念碑的著作。初期の政治史と，契丹・女真・モンゴルなど北方系諸民族・国家との政治・軍事面の交渉を中心テーマとする。(5)は(4)の著者と双璧をなす戦前の泰斗の論集。おもに紀年問題・史料文献に関する論考を収める。(6)は官制と兵制，および対明交渉に関する論考を，(7)は大覚国師義天の事績，兵制，モンゴルからの制度・風俗上の影響，中国との海上航路など多岐にわたる論考を，それぞれ収録。(8)は考古学者である著者の史料文献や紀年制度に関する論考も収めるが，墓誌銘を駆使した前期の門閥形成に関する論考が出色。

(9)〜(24)は政治・制度史関係。(9)は朝鮮朝の建国者に関する評伝だが，関連する高麗末期の政治史を史料に即して詳述している。高麗盛時の官僚制度については，(10)(11)において中国史の大家でもある著者が宋制との比較という観点から基礎研究をおこなっている。韓国では古典的な業績である(12)のほか，個別のトピックスを掘り下げた(13)(14)(15)などがある。(16)はこの分野に関する日本学界の近年の成果。官僚制度の構造とその動態的な変化について見取り図を描く。(17)(18)は高麗独自の位階制である郷職にはじめて注目した業績。武臣政権について日本にはまとまった著作がないが，韓国には(19)をはじめ多数の成果がある。(20)は同問題に関するアメリカの研究者による業績。後期については体系的な制度研究が不足がちだが，(21)は数少ないまとまった好論。(22)は朝鮮古文書に関する日本初の専著でもあるが，朝鮮時代までを見渡しながら任命文書の様式とその変化の過程・背景を論じる。(23)は兵制史研究の古典。(24)は儀礼・王都論に関する近年の成果であり，後述する外交交渉のうち対宋・対金関係の論考も含む。

国家・社会の性格に関する議論に目を移すと，(25)は貴族制社会論の通説を示すもの。アメリカの研究者による成果である(26)は，統治機構と支配者集団の変化を追跡して朝鮮時代への展開を示す。奥村周司による(27)(28)(29)は，高麗における自国中心的な世界観の存在を指摘し，中国中心の華夷秩序を前提とする見方になじんできた当時の学界に刺激を与えた。(30)はこれを発展させて「多元的天下観」を提唱した論考。

社会経済史では長らく土地制度と地方社会が焦点となってきた。(31)はその基礎研究。とくに郡県・雑所などの地方編成を朝鮮社会の独自性を剔抉する鍵として浮上させた。(32)は同時期に韓国で進められた関連研究を収める。(33)は雑所制度に関する韓国での通説形成に寄与した論著。土地制度について，日本では(34)が集中的に検討を加え，農業技術や農村社会，量田をめぐる問題ともリンクして時代区分論へと深まりをみせた。(35)にも土地関連の論考を収める(ほか倭寇に関する論考も収録)。(36)(37)は土地制度に関する韓国での議論の基礎となった。そのほか日本では北村秀人が個別の論点について基礎研究を多数発表しており，数例をあげると，漕運，貢戸，京市を扱った(38)(39)(40)などがある。(41)は財政に関する韓国の代表的著作。ただこのテーマについては各論者の見解の相違が著しい。(42)は数少ない農業史の専著。親族制度については盧明鎬の貢献が大きく，(43)はそ

の代表例。

国際関係については他地域史の研究者も参画して日本での研究も比較的活発である。(44)は日本古代・中世史の立場から当時の東アジア地域間交渉を描いた往年の大著の復刻。(45)は対宋関係に関する基礎研究。(46)には対宋関係の舞台裏としての海上交通の実像に迫る論考を収める。(47)はモンゴルの日本侵攻に関する研究だが，事元期初期の対元関係を描く。(48)は対元関係について中国文献の関係史料を渉猟した点に特色がある。(49)はモンゴル帝国史研究の成果をふまえて対元関係を再検討し，その制度的な構図を描く。同じ著者による(50)は，対モンゴル関係を文化・経済交流や国内社会の動向も含めて論じた概説書。(51)は日本中世史研究者の論集だが，三別抄が対モンゴル共闘を日本に呼びかけた事件について取り上げる。(52)は(48)の著者が新出史料を駆使して事元期高麗と周辺国の相互交渉を論じる。(53)(54)は日本・高麗関係史の古典。現在の到達点は(55)によって通観できる。(56)は日朝間の漂流民送還や，国際交流における海商の役割を論じるなかで，高麗をめぐる状況に言及している。(57)は倭寇の足取りを詳細に検討し，その実体について新説を提示した。

(58)は仏教史，とくにその制度的な枠組に関する論著。

第６章　朝鮮初期／第７章　朝鮮中期

(1)　中村栄孝『朝鮮――風土・民族・伝統』吉川弘文館　1971
(2)　岸本美緒／宮嶋博史『明清と李朝の時代』(世界の歴史12）中央公論社　1998(文庫版：中央公論新社　2008)
(3)　宮嶋博史『両班――李朝社会の特権階層』中公新書　1995
(4)　池内宏『満鮮史研究　近世篇』中央公論美術出版　1972
(5)　桑野栄治『李成桂――天翔る海東の龍』(世界史リブレット人37）山川出版社　2015
(6)　川西裕也『朝鮮中近世の公文書と国家』九州大学出版会　2014
(7)　今西龍『高麗及李朝史研究』国書刊行会　1974
(8)　末松保和『高麗朝史と朝鮮朝史』(末松保和朝鮮史著作集５）吉川弘文館　1996
(9)　末松保和『朝鮮史と史料』(末松保和朝鮮史著作集６）吉川弘文館　1996
(10)　有井智徳『高麗李朝史の研究』国書刊行会　1985
(11)　平木實『朝鮮社会文化史研究』国書刊行会　1987
(12)　平木實『朝鮮社会文化史研究』Ⅱ　阿吽社　2001
(13)　平木實『韓国・朝鮮社会文化史と東アジア』学術出版会　2011
(14)　朝鮮総督府中枢院調査課，麻生武亀執筆『李朝法典考』(復刻）第一書房　1977(初版：朝鮮総督府中枢院　1936)
(15)　田鳳徳，渡部学訳『李朝法制史』北望社　1971
(16)　高橋亨，川原秀城／金光来訳『高橋亨朝鮮儒学論集』知泉書館　2011
(17)　阿部吉雄『日本朱子学と朝鮮』東京大学出版会　1965
(18)　李泰鎮，六反田豊訳『朝鮮王朝社会と儒教』法政大学出版局　2000
(19)　矢木毅『韓国の世界遺産 宗廟――王位の正統性をめぐる歴史』臨川書店　2016
(20)　田花為雄『朝鮮郷約教化史の研究　歴史篇』鳴鳳社　1972
(21)　渡部学『近世朝鮮教育史研究』雄山閣　1969

(22) 李成茂，平木實／中村葉子訳『韓国の科挙制度』日本評論社　2008
(23) 山内弘一『朝鮮からみた華夷思想』(世界史リブレット67）山川出版社　2003
(24) 河宇鳳，井上厚史訳『朝鮮実学者の見た近世日本』ぺりかん社　2001
(25) 河宇鳳，金両基監訳，小幡倫裕訳『朝鮮王朝時代の世界観と日本認識』明石書店　2008
(26) 李憲昶，須川英徳／六反田豊監訳『韓国経済通史』法政大学出版局　2004
(27) 四方博『朝鮮社会経済史研究』上・中・下　国書刊行会　1976
(28) 和田一郎『朝鮮土地地税制度調査報告書』(復刻）宗高書房　1967(初版：『朝鮮ノ土地制度及地税制度調査報告書』朝鮮総督府　1920)
(29) 宮嶋博史『朝鮮土地調査事業史の研究』東京大学東洋文化研究所　1991(普及版：汲古書院　1991)
(30) 田川孝三『李朝貢納制の研究』東洋文庫　1964
(31) 六反田豊『朝鮮王朝の国家と財政』(世界史リブレット110）山川出版社　2013
(32) 須川英徳『李朝商業政策史研究』東京大学出版会　1994
(33) 金東哲，吉田光男訳『朝鮮近世の御用商人』法政大学出版局　2001
(34) 李春寧，飯沼二郎訳1989『李朝農業技術史』未來社　1989
(35) 李大熙『李朝時代の交通史に関する研究』雄山閣出版　1991
(36) 吉田光男『近世ソウル都市社会研究』草風館　2009
(37) 李海濬，井上和枝訳『朝鮮村落社会史の研究』法政大学出版局　2006
(38) 李勛相，宮嶋博史訳『朝鮮後期の郷吏』法政大学出版局　2007
(39) 韓永愚，岩方久彦訳『朝鮮王朝儀軌——儒教的国家儀礼の記録』明石書店　2014
(40) 奎章閣韓国学研究院編，小幡倫裕訳『朝鮮時代の女性の歴史——家父長的規範と女性の一生』明石書店　2015
(41) 森平雅彦編『中近世の朝鮮半島と海域交流』(東アジア海域叢書）汲古書院　2013
(42) 中村栄孝『日鮮関係史の研究』上・中・下　吉川弘文館　1965〜69
(43) 長節子『中世国境海域の倭と日本』吉川弘文館　2002
(44) 関周一『中世日朝海域史の研究』吉川弘文館　2002
(45) 村井章介『中世倭人伝』岩波新書　1993
(46) 池内宏『文禄慶長の役』(正編第一・別編第一・付編解説）(前２者は復刻）1987(初版：正編第一　南満洲鉄道　1914，別編第一　東洋文庫　1936)
(47) 北島万次『豊臣秀吉の朝鮮侵略』吉川弘文館　1995
(48) 北島万次『秀吉の朝鮮侵略と民衆』岩波新書　2012
(49) 貫井正之『豊臣政権の海外侵略と朝鮮義兵研究』青木書店　1996
(50) 三宅英利『近世日朝関係史の研究』文献出版　1986
(51) 夫馬進『朝鮮燕行使と朝鮮通信使』名古屋大学出版会　2015
(52) 田代和生『近世日朝通交貿易史の研究』創文社　1981
(53) 田代和生『新・倭館——鎖国時代の日本人町』ゆまに書房　2011
(54) 池内敏『近世日本と朝鮮漂流民』臨川書店　1998
(55) 李薫，池内敏訳『朝鮮後期漂流民と日朝関係』法政大学出版局　2008
(56) 孫承喆，鈴木信昭監訳，山里澄江／梅村雅英訳『近世の朝鮮と日本』明石書店

1998
(57) 稲葉岩吉『光海君時代の満鮮関係』(復刻) 国書刊行会　1976(初版：大阪屋号書店 1933)
(58) 宋希璟，村井章介校注『老松堂日本行録』岩波文庫　1987
(59) 申叔舟，村井章介訳註『海東諸国紀』岩波文庫　1991
(60) 申維翰，姜在彦訳註『海游録』(東洋文庫) 平凡社　1974
(61) 姜沆，朴鐘鳴訳註『看羊録』(東洋文庫) 平凡社　1984
(62) 柳成龍，朴鐘鳴訳註『懲毖録』(東洋文庫) 平凡社　1976

まず朝鮮時代に関する総論的な文献として(1)(2)をあげておく。(1)は著者が戦前から戦後にかけて執筆した史論や随想を一書にまとめた著作である。実証研究ではなく，しかも今から30年以上も前に刊行されたものではあるが，朝鮮時代の歴史的特質について洞察力に富む記述が多く，一読の価値がある。(2)は中国の明・清史と朝鮮時代史とをそれぞれの専門家が並行して叙述したユニークな概説である。当時の特権的支配階層であり，朝鮮時代を理解するうえで重要なキーワードでもある「両班」(＝士族)に着目し，その経済的・政治的成長と衰退の過程を通じて朝鮮時代を概観する。「両班」についてのより詳しい文献としては，(2)の著者による(3)も注目される。地域社会での「両班」の経済基盤や日常生活，人的ネットワーク，両班的な価値観や生活理念を志向する社会の成立過程などに言及する。

次に高麗から朝鮮への王朝交替期を扱った文献として(4)(5)(6)がある。(4)は朝鮮を建国した李成桂の祖先の動向や北方辺境地域の情勢と歴史地理に関する重厚な実証研究である。(5)は李成桂の生涯に焦点を合わせて当該時期の政治史を略述する。(6)は官僚の任命文書の変遷過程を解明するもので，日本ではじめて公刊された前近代朝鮮古文書研究のまとまった成果としても重要である。

(7)〜(13)はいずれも高麗および朝鮮時代に関する各著者の研究論文集である。そのうち(7)(8)(9)はおもに戦前の研究成果が中心だが，(8)は朝鮮初期の政治制度と対明関係，(9)は『実録』をはじめとする朝鮮時代の各種文献史料に関する重要な論文を収める。(10)は高麗時代と朝鮮初期の身分，役制，土地制度，対外関係など，(11)(12)(13)は奴婢制度や支配イデオロギーとしての儒教と社会との関係，その他社会史や文化史関係の多方面にわたる研究成果の集成である。

(14)〜(58)の文献は各論に相当する。このうち(14)(15)は朝鮮時代の法制史に関する先駆的な研究である。(14)が『経国大典』をはじめとする法典編纂の過程を追究するのに対し，(15)は朝鮮時代の法の特質を論じるほか，地方官の不正摘発のために国王の密命を受けて地方に派遣された暗行御史の制度を詳細に考察する。

(16)〜(25)は朝鮮時代，官学として重視された朱子学もしくはそれを含めた儒教と関連する内容を取り扱った文献である。(16)は著者が戦前に公表した研究成果を集成し，論文中に引用されている漢文資料を現代語訳したもので，李滉(退渓)と李珥(栗谷)のあいだの理気論争をはじめ，その後の朝鮮儒教研究を大きく規定した論文を収める。(17)は近世日本の朱子学成立に及ぼした朝鮮朱子学の影響を詳細に論じ，(18)は朝鮮時代の社会や経済の発展に儒教が大きな影響を与えたことを論証するとともに党争を肯定的に評価し，戦

前に優勢であった儒教亡国論的な歴史観に再考を迫る。また⑲は歴代国王の位牌を祀る宗廟の歴史をたどりながら，その背後にある王権や礼制の問題を平易に解説する。⑳㉑㉒は儒教に立脚した民衆教化，教育制度，官僚選抜制度をそれぞれ扱ったもので，⑳は郷約，㉑は儒教教育史の先駆的な研究であり，㉒は科挙制度に関する全般的な概説である。㉓㉔㉕は朝鮮時代の儒者官僚や知識人の世界観や異国観を扱うが，㉓は小中華思想や華夷世界観についての平易な概説，㉔㉕は世界観や日本観に関する研究である。

㉖〜㉟は経済関係の文献である。朝鮮経済史の通史である㉖はその第1部で朝鮮時代を扱う。㉗は著者が戦前に手がけた主要な研究成果を戦後にまとめたもので，狭義の経済分野だけでなく，戸籍，郷約，契など社会史的な方面についてもその後の研究の方向性を大きく規定した重要な論文を収める。㉘は土地と地税の制度史に関する古典的研究であり，長らく通説とされた土地国有制論を最初に唱えた著作である。㉙は植民地期の土地調査事業を主題とする研究だが，その前史となる朝鮮時代の土地制度や量田制度などについても多くの分量を割いて考察する。㉚は朝鮮初期に確立した貢納制度の内容と，それが17世紀に廃止されて大同法が実施されるまでの過程を実証的に跡づけ，㉛は大同法を中心とした朝鮮時代の財政制度を概観する。㉜㉝はいずれも商業史研究であり，このうち㉜は国家権力と商人との関係を分析することで朝鮮時代の商業のあり方について資本主義萌芽論とは異なる理解を示し，㉝は大同法下，国家公認の貢納請負商人として活動した貢人の事例分析を通じて，商品貨幣経済の発達を背景にその性格が大きく変化していく過程を明らかにする。㉞は農業技術史，㉟は交通史に関する研究である。

㊱㊲㊳は社会史関係の文献である。㊱は戸籍や官員履歴書といった一次資料を駆使しながら王都漢城の住民や街区を復元し，漢城の近世都市としての性格を明らかにする。これに対し㊲㊳は邑を単位とした地方社会(郷村社会)の様相を追究した研究である。

その他，㊴は近年韓国で注目されている『儀軌』に関する総論的な研究，㊵は女性史研究のまとまった成果，㊶は日本史や中国史などと比べると研究の立ち後れがめだつ海域史・海事史に関する近年の成果である。

朝鮮時代の対外関係史のうち，日本との関係については日本史研究者による日朝関係史研究の膨大な蓄積がある。そのなかでとくに有益と思われるものとして㊷〜(54)をあげておく。㊷は当該分野の開拓者である著者の戦前から戦後にかけての研究成果の集大成であり，今なおその学術的価値は高い。㊸㊹は15・16世紀の日朝交流の諸相を考察し，㊺は三浦での倭人の活動を活写する。㊻〜㊾は豊臣秀吉による日本の朝鮮侵攻を主題とするもので，㊻はその古典的研究，㊼は平易な概説である。㊽は日朝双方の民衆に焦点を合わせてこの戦争を論じ，㊾は朝鮮側の義兵の動向を明らかにする。㊿は17世紀以降の通信使に関する網羅的な研究である。(51)は通信使と朝鮮が明と清に派遣した燕行使とを対比的に取り上げ，この時期の朝鮮を取り巻く国際情勢，燕行使を通じた朝中間の学術交流，両使節の視線を通じてみた日中朝3国の学術の特徴などを論じる。(52)は17世紀以降の日朝間の貿易の様相とその推移を詳細に跡づけた実証研究であり，同じ著者による(53)は当時釜山浦にあった倭館の歴史とその機能，またそこで展開された日本人と朝鮮人の接触や交流の実態などを叙述する。(54)は17世紀以降，朝鮮から日本に漂着した漂流民を対象にして日朝間の文化接触や相互認識の問題を考察する。巻末に収録された16世紀末から19世紀にいたる日朝間の漂流関係年表も有益である。同じ時期の漂流民を対象

とした韓国での研究成果として(55)もある。(56)も17世紀以降の日朝関係を論じた韓国での成果である。以上のような対日本関係とは対照的に，朝鮮初期から中期にかけての対明ないし対清関係に関する日本語文献としては，上記(51)のほかでは(57)がほぼ唯一である。明清交代期の朝鮮側の外交政策をとくに後金(のちの清)との関係を中心に考察した戦前の成果だが，光海君の外交政策に関しては長らく通説とされてきた。

平凡社の東洋文庫シリーズをはじめとして，朝鮮時代の著作のいくつかは日本語で読むことができる。(58)〜(62)はそのような朝鮮時代の著作の日本語訳註本である。このうち(58)〜(61)は本文中で言及した。(62)は日本の朝鮮侵攻の際に朝鮮側の最高指導者であった柳成龍がのちに戦争の経緯について反省を込めて叙述した著作である。

第8章　朝鮮後期

(1)　岸本美緒／宮嶋博史『明清と李朝の時代』(世界の歴史12）中央公論社　1998

(2)　李泰鎮編『朝鮮時代政治史の再照明：士禍・党争篇』汎潮社　1985〈韓国語〉

(3)　李銀順『朝鮮後期党争史研究』一潮閣　1988〈韓国語〉

(4)　金駿錫『朝鮮後期政治思想史研究——国家再造論の台頭と展開』知識産業社　2003〈韓国語〉

(5)　金成潤『朝鮮後期蕩平政治研究』知識産業社　1997〈韓国語〉

(6)　金仁杰他『正祖と正祖時代』ソウル大学校出版文化院　2011〈韓国語〉

(7)　服部民夫『韓国——ネットワークと政治文化』東京大学出版会　1992

(8)　宮嶋博史『朝鮮土地調査事業史の研究』汲古書院　1991

(9)　韓国歴史研究会・土地台帳研究班『朝鮮後期庚子量田研究』ヘアン　2008〈韓国語〉

(10)　孫炳圭『朝鮮王朝財政システムの再発見——17-19世紀地方財政の研究』歴史批評社　2008〈韓国語〉

(11)　鄭演植『英祖代の良役政策と均役法』韓国学中央研究院出版部　2015〈韓国語〉

(12)　李憲昶，須川英徳／六反田豊共監訳『韓国経済通史』法政大学出版局　2004

(13)　金容燮『朝鮮後期農業史研究——農村経済・社会変動』一潮閣　1970〈韓国語〉

(14)　金容燮『朝鮮後期農学の発達』ソウル大学校韓国文化研究所　1970〈韓国語〉

(15)　李栄薫『朝鮮後期社会経済史』ハンギル社　1988〈韓国語〉

(16)　姜万吉『朝鮮後期商業資本の発達』高麗大学校出版部　1973〈韓国語〉

(17)　宋賛植『朝鮮後期社会経済史研究』一潮閣　1997〈韓国語〉

(18)　須川英徳『李朝商業政策史研究——18・19世紀における公権力と商業』東京大学出版会　1994

(19)　元裕漢『朝鮮後期貨幣史研究』韓国研究院　1975〈韓国語〉

(20)　四方博『朝鮮社会経済史研究』上・中・下　国書刊行会　1976

(21)　武田幸男他『朝鮮戸籍大帳の基礎的研究』1〜4　学習院大学東洋文化研究所　1977〜2002

(22)　孫炳圭『戸籍　1606-1923——戸口記録で見る朝鮮の文化史』ヒューマニスト　2007〈韓国語〉

(23)　金炫栄『朝鮮時代両班と郷村社会』集文堂　1999〈韓国語〉

(24) 宮嶋博史『両班――李朝社会の特権階層』中公新書　1995
(25) 鄭奭鍾『朝鮮後期社会変動研究』一潮閣　1983〈韓国語〉
(26) 韓相権『朝鮮後期社会の訴冤制度――上言・撃錚研究』一潮閣　1996〈韓国語〉
(27) 平木實『朝鮮社会文化史研究』国書刊行会　1987
(28) 李勛相，宮嶋博史訳『朝鮮後期の郷吏』法政大学出版局　2007
(29) 李海濬，井上和枝訳『朝鮮村落社会史の研究』法政大学出版局　2006
(30) 金大吉『朝鮮後期場市研究』国学資料院　1997〈韓国語〉
(31) 鄭勝謨，林史樹訳『市場の社会史』法政大学出版局　2002
(32) 金弼東『韓国社会組織史研究――契組織の構造的特性と歴史的変動』一潮閣　1992〈韓国語〉
(33) 朴忠錫，井上厚史／石田徹訳『韓国政治思想史』法政大学出版局　2016
(34) 姜在彦『朝鮮の開化思想』岩波書店　1980
(35) 山口正之『朝鮮西教史――朝鮮キリスト教の文化史的研究』雄山閣　1967
(36) 中純夫『朝鮮の陽明学――初期江華学派の研究』汲古書院　2013
(37) 夫馬進『朝鮮燕行使と朝鮮通信使』名古屋大学出版会　2015
(38) 朴趾源，今村与志雄訳『熱河日記――朝鮮知識人の中国紀行』１，２（東洋文庫）平凡社　1978
(39) 渡部学『近世朝鮮教育史研究』雄山閣　1969
(40) イ・ユンソク『朝鮮時代商業出版――庶民の読書，知識と娯楽の大衆化』民俗苑　2016
(41) 李重煥，平木實訳『択里志――近世朝鮮の地理書』(東洋文庫）平凡社　2006

(1)は中国の明，清代と朝鮮王朝時代を対象とした通史で，東アジアや世界との関連のなかでとらえようとしている。朝鮮史部分は朝鮮時代中・後期が中心であるが，朝鮮時代全般に関する概観を理解するのに便利である。(2)は党争を否定的にとらえる植民地期の日本人研究者の見解を批判して，文官支配のもとでの政権交代方式として党争をとらえ直そうとする論文など，後期政治史の再検討を試みた論文を集めたものである。(3)は党争の展開過程を描いた基礎的研究であり，(4)は思想史分野の研究であるが，党争の当事者であった南人，老論，少論の政治思想を検討していて，党争の過程を理解するのにも有用である。(5)と(6)は蕩平政策が推進された英祖と正祖の時代を対象としたもので，この時代に関する研究は韓国できわめて盛んであるが，現在の水準を示す研究書としてここではこの２冊をあげておく。(7)は現代の韓国政治を主たるテーマとした研究であるが，韓国政治における人的ネットワークの原型を求めて，朝鮮時代中・後期における支配層のネットワークがしだいに少数家門に集中していく様相を明らかにしていて，政治動向の背景を理解するのにも有益である。

(8)は植民地時期の土地調査事業に関する研究であるが，その前史として朝鮮時代の土地制度や地税制度に関しても検討されている。朝鮮時代最後の大規模な量田(土地調査)であった庚子量田と，その結果作成された量案(土地台帳)についても詳しく紹介されている。(9)はその庚子量田を対象とした共同研究の成果で，量田にいたる政治過程，量案と各種土地文書，当時の土地所有状況など，多様な問題が検討されている。(10)は朝鮮後

期の国家財政を，中央財政と地方財政の関連を中心に検討したもので，田税や軍役，還穀など，各種税役が総合的に分析されているところに大きな特徴がある。⑾は国家財政のなかで大きな比重を占めた軍役に関して，その改革論議の過程と，均役法の実施にいたる経緯を明らかにした基礎的研究である。

⑿は経済通史であるが，朝鮮後期に関わる部分に多くのページが割かれている。朝鮮後期における経済発展を高く評価するいわゆる資本主義萌芽論には批判的であるが，萌芽論の立場からする研究の成果も取り入れて，バランスのとれた内容になっている。⒀は量案をはじめて本格的に検討して，当時の土地所有関係を明らかにし，18世紀に身分制に基づく支配が解体期にはいっていたことを主張した論文，農業における資本主義萌芽を体現する存在としての「経営型富農」の概念を提起した論文など，朝鮮後期に近代的な要素が内的に準備されていたことを主張して，1970，80年代の研究を主導した記念碑的な著書である（こうした主張はのちに「内在的発展論」と呼ばれるようになった）。⒁も同じ著者による論文集で，朝鮮時代の各種農書をはじめて総合的に検討して，農業生産力の発展過程を追跡したものである。⒂は量案の資料的性格の検討に基づいて⒀を批判したもので，1990年代以後の研究に大きな影響を与えた。⒃は朝鮮後期における商業資本の発展をはじめて実証的に追及した著書で，⒀とともに，資本主義萌芽論を代表する研究である。⒄は早世した著者の論文を集めた論文集であるが，手工業の発展と商人資本による手工業支配の実態を明らかにした論文をはじめ，財政や貨幣問題など，経済史に関わる多様な分野の研究が収められている。⒅は18，19世紀における商業と政治権力の関係を追求して，朝鮮時代の商業にとって公権力による保護が不可欠なものであったことを主張している。⒆は朝鮮時代後期の貨幣史に関する古典的研究で，銅銭の発行と普及の実態を明らかにするとともに，開港後の貨幣問題についても検討されている。

⒇は京城帝国大学教授であった著者の論文を集めたものであるが，戸籍大帳を用いて朝鮮後期における身分制の変動を検討した論文は，現在にいたるまで，大きな影響を与え続けている。㉑は学習院大学に所蔵されている朝鮮時代の戸籍大帳を用いた共同研究の成果をまとめたもので，４冊の研究報告書に加えて，日本所在の朝鮮戸籍大帳の目録も刊行されている。㉒は戸籍大帳の電算化プロジェクトを中心的に担っている著者が戸籍に関わるさまざまな問題を検討した書である。大韓帝国期の新式戸籍や植民地期の民籍簿にも言及されていて，戸籍研究の現在の水準を示してくれる。

朝鮮後期の政治や社会，文化の問題を理解するためには両班に対する知識が不可欠であるが，㉓と㉔はそれに資するものである。⑺が中央の両班家門を対象としたものであったのに対して，この２冊とも郷村社会における両班の実態を明らかにしたもので，㉓では18世紀以後，両班支配が動揺を始める過程も検討されている。㉕は慶尚道蔚山の戸籍大帳を素材として，身分制の動揺を主張した論文とともに，民衆運動の展開をはじめて本格的に明らかにした論文が収められている。㉖は政治文化の特徴の一つである国王への直訴の様相を明らかにしたもので，とくにそれが活性化される英祖，正祖の時代が主として検討されている。奴婢の存在は朝鮮後期社会において大きな意味をもったが，㉗は奴婢制度の変遷を検討した著者の博士論文を中心に編まれている。㉘は地方行政の実務担当者であった郷吏の実態を膨大な史料発掘に基づいて検討したもので，郷吏の政治的・社会的機能の分析とともに，仮面劇の演行における郷吏の主導的役割など，文化

史的にも興味深い内容が含まれている。(29)は朝鮮時代の村落研究の開拓者というべき著者の論文を集めたもので，村落共同体の問題や村落の分化など，多方面にわたる検討がおこなわれている。(30)と(31)は農村の定期市であった場市をテーマとしたものであるが，前者では朝鮮後期における場市の発展過程が，後者では場市のもった社会的，文化的意義が論じられている。(32)は朝鮮後期に多数結成されるようになる「契」を研究したもので，契を共同体と見る見解を批判して，それを結社的な組織と見るべきことが主張されている。

(33)は古代から近代までの政治思想を対象とした通史であるが，中心をなすのは実学思想に関する部分である。丸山真男の『日本政治思想史研究』から大きな影響を受けたことが容易に見てとれるが，こうした方法に対しては韓国の学界でも賛否が分かれている。(34)は在日の研究者でありながら，韓国の研究にも大きな影響を与えた著者の開化思想に関する本格的研究書であるが，開化思想の母胎としての実学思想についても詳しく検討されている。実学思想に関しては今日でも，韓国を中心に膨大な書籍，論文が発表されているが，ここでは上記2冊をあげるにとどめる。(35)は朝鮮における天主教(カトリック)の受容過程を追及した貴重な研究書であるが，壬辰乱の際のセスペデスによる伝道など，外部からの影響が過大に重視されている点には注意を要する。朱子学の支配的地位が中国以上に強固であった朝鮮時代において，陽明学の受容とその後の発展を追跡したのが(36)である。朝鮮においてはじめて陽明学を本格的に受容したとされる鄭斉斗とその門人や子孫の思想が詳しく検討されているが，そのほとんどが18世紀の人物たちである。清と日本のあいだに国交がなかった時代において，朝鮮からは清へも日本へも使節が派遣されていた。前者が燕行使であり，後者が通信使であるが，両者をあわせて検討したのが(37)である。そのなかでもとくに，北学派の代表的人物の一人である洪大容が清の知識人とおこなった筆談を史料とした一連の論文には，極めて興味深い事実が明らかにされている。(38)は，やはり北学派の一人である朴趾源の中国紀行文として，名著の誉れ高い『熱河日記』を抄訳したものである。(39)は朝鮮時代における教育，とくに民間教育の展開過程をさまざまな角度から検討したもので，庶民のための教育機関であった書堂の普及，拡大過程やそれを支えた教育理念の発掘など，重要な事実が明らかにされている。(40)は商業出版という角度から朝鮮後期の出版文化のありさまを検討したもので，これまで通説とされてきた見解(とくにハングル小説に関わる通説)が批判されていて，極めて論争的な内容になっている。(41)は朝鮮の人文地理書の古典を翻訳したもので，今日の朝鮮半島の人文地理を理解するうえでも参考となる見解が散りばめられている。

第9章　朝鮮末期(19世紀)

1　政治史

(1)　李在哲『朝鮮後期備辺司研究』集文堂　2001〈韓国語〉
(2)　鄭炳三他『秋史とその時代』トルペギ　2002〈韓国語〉
(3)　金明淑『19世紀政治論研究』漢陽大学校出版部　2004〈韓国語〉
(4)　李成茂，李大淳監修，金容権訳『朝鮮王朝史　下』日本評論社　2006
(5)　李成茂『朝鮮時代党争史』1・2　美しい日社　2007〈韓国語〉
(6)　劉奉学『改革と葛藤の時代——正祖と19世紀』新丘文化社　2009〈韓国語〉

⑺　卞媛林『純元王后の独裁と19世紀朝鮮社会の動揺』一志社　2012〈韓国語〉

⑴は朝鮮後期の政治構造の核心であった備辺司の成立から運営，機能，権力構造内における位置，廃止論議などの全般的な問題に関して17世紀を中心に叙述している。⑵は清朝考証学を受容して金石学などの発展に貢献し，政治家としても重要な役割を果たした金正喜(号は秋史)とその門人たちの足跡を多様な側面から同時代の社会・文化的状況のなかで叙述したものである。⑶は勢道(外戚)政治に代表される19世紀の政治を安東金氏に対する反対勢力である孝明世子(翼宗)の代理聴政，金載瓚(号は海石)・趙寅永(号は雲石)・金正喜の政治活動から究明した。19世紀政治史の総合的理解にとって重要である。⑷は1998年に刊行された原著『朝鮮王朝史』１・２巻を日本語に翻訳したなかの下巻にあたる。粛宗朝から純宗朝までを，王朝別に政治史を中心にして社会・経済・文化・軍事が叙述されている。王の性格や行動などのトピックを入れたりして，一般の読者にも興味をもちやすいような工夫がなされている。⑸は宣祖朝から高宗朝までの党争について，発生原因を各時期の時代背景のなかに位置づけて説明し，党争の経過も詳細に叙述している。⑹は正祖時代を新旧の思想的・文化的衝突と世代間の葛藤をはらんだ激動の時代ととらえ，19世紀はその延長線上で，社会・経済的に変化が拡散され，伝統的秩序が崩壊し，さらに下からの知識人と民の改革要求が高まり，社会と文化がダイナミックな転換をなした時期として叙述している。とくに，金正喜とその一門の知識人がどのように時代の変化に対応したかが中心的テーマになっている。⑺は従来安東金氏の操り人形のように評価されてきた純元王后(純祖妃)への見方を批判し，19世紀の朝鮮政治史を，王妃の実家中心の勢道ではなく，大妃が幼い王や政治経験の貧弱な王に代わって大権を掌握していった世道という新しい視点を提示し，その観点から王后の独裁政治を描いた。

2　経済史・社会史

⑴　平木実『朝鮮社会文化史研究』国書刊行会　1987
⑵　須川英徳『李朝商業政策史研究――18・19世紀における公権力と商業』東大出版会　1994
⑶　韓相權『朝鮮後期社会と訴寃制度――上言・撃錚研究』一潮閣　1996〈韓国語〉
⑷　高錫珪『19世紀朝鮮の郷村社会研究――支配と抵抗の構造』ソウル大学校出版部　1998〈韓国語〉
⑸　金俊亨『朝鮮後期丹城士族層研究――社会変化と士族層の対応様式を中心に』亜細亜文化社　2000〈韓国語〉
⑹　文勇植『朝鮮後期賑政と還穀運営』景仁文化社　2000〈韓国語〉
⑺　呉永教『朝鮮後期郷村支配政策研究』ヘアン　2001〈韓国語〉
⑻　平木実『朝鮮社会文化史研究』２　阿吽社　2001
⑼　卞光錫『朝鮮後期市廛商人研究』ヘアン　2001〈韓国語〉
⑽　宋讃燮『朝鮮後期還穀制改革研究』ソウル大学校出版部　2002〈韓国語〉
⑾　裵亢燮『朝鮮後期民衆運動と東学農民戦争の勃発』景仁文化社　2002〈韓国語〉
⑿　李栄薫編『数量経済史から再考する朝鮮後期』ソウル大学校出版部　2004〈韓国

語〉
⒀　呉永教『朝鮮後期社会史研究』(延世国学叢書64）ヘアン　2005〈韓国語〉
⒁　李海濬，井上和枝訳『朝鮮村落社会史の研究』法政大学出版局　2006
⒂　李勛相，宮嶋博史訳『朝鮮後期の郷吏』法政大学出版局　2007
⒃　吉田光男『近世ソウル都市社会研究——漢城の街と住民』草風館　2009

⑴は著者の博士論文を刊行した『朝鮮後期奴婢制研究』(知識産業社，1982年，韓国語)の日本語訳を中心に，旌表政策(孝子・烈女などの表彰制度)と教化教育，祭天信仰，東学の「神」概念などの研究を加えた。奴婢制の制度的研究としては，日韓を通じて先駆的なものである。⑵は18世紀のソウル商業における乱廛問題，19世紀の商業税徴収問題，開港後の海関税や生糸輸出政策をとおして，李朝から大韓帝国期の商業政策の推移を追求し，その連続性を実証した。本格的な商業史研究として日本だけではなく，韓国においても評価されている。⑶は民が上言や撃錚(道ばたでケンガリという楽器をたたいて王の下問を待つことによって王に直接訴える朝鮮独自の訴寃制度)に関して総合的に検討した成果である。当時の民のおかれた状況を直接的に反映するという意味で貴重な分析である。⑷は士族支配体制解体後の18世紀半ばに「守令—吏・郷支配体制」が成立したという新たな枠組の導入によって，当時の社会矛盾の根本的原因を明らかにするとともに，その社会矛盾を民の側から解決しようとした1862年農民抗争と1894年の東学農民戦争について構造的に追求した意欲的な著作である。⑸は戸籍大帳・郷案・両班の日記等の史料を駆使して，慶尚道丹城県の長期的な郷村支配層の変化，すなわち，有力家門の丹城定着，士族層の支配権確立，士族層の基盤弱化と非士族層の台頭，士族の対応策としての丹城民乱について明らかにした。⑹の著者は賦税化と収奪の側面からのみの還穀制研究ではなく，農民再生産の基盤保護という還穀本来の機能をも視野に入れた再検討の必要を主張し，当時の頻繁な自然災害への対処としての備蓄穀物の確保という王朝政府の賑恤政策の変化を明らかにした。今後の還穀制研究の幅を広げる重要な著作である。⑺は17世紀の国家の郷村支配政策である面里制と五家作統制を中心に，当時の在地勢力を含めた郷村社会の支配実態および賦税制度改革論と関連させながら明らかにした。また，19世紀以後，天主教禁圧との関連で再び脚光を浴びた五家作統制について検討し，17世紀からの連続性に触れている。⑻は著者の朝鮮時代社会文化に関する諸論考を収録した。郷村における儒教的教化としての郷飲酒儀礼・郷射儀礼，旱魃をめぐる天譴意識とその施策，王権をめぐる諸問題，朝鮮時代末期の雇工・奴婢の事例などが検討されている。⑼の著者は既存の研究とは異なり，市廛商人を官商という一つの範疇ではなく，六矣廛に代表される大市廛と一般市廛を区別しなければならないという立場を取る。そして朝鮮後期の商業勢力は官商と私商の対立ではなく，大商人と中小商人の対立と把握することが，この時期の商品経済の性格を正確に理解できると結論づけた。⑽は賑恤として設定された還穀制が徐々に租税化し，19世紀に多くの弊害をあらわすようになるとし，それを最大の原因として起こった1862年農民抗争を詳細に事例検討した。さらに農民抗争以後の還穀制改革政策の施行過程とその後の還穀制の変動を扱っている。還穀制を改革方向で解決しようとした主体が農民であったことを関連史料を用いて具体的に明らかにした点が本書の最大の特徴である。⑾は朝鮮後期における民の官への抵抗

形態である変乱・民乱・農民戦争を全般的に検討したものである。民衆の多様な動き，変乱の流れを詳細に検討し，東学農民戦争に収斂していく過程を明らかにした。⑿は欧米の数量経済史研究を韓国経済史に応用して，17世紀以来の人口・賃金・利子率・土地価格・財貨価格・市場の長期変動動向を追跡した野心的な共同研究の成果である。19世紀危機説の諸論考が網羅されており，李栄薫氏らが提示して始まった「19世紀危機論争」のなかで脚光を浴びた。⒀は17世紀から19世紀における地方社会の運営状況を国家と在地士族の両面から検討し，1862年農民抗争の展開まで扱っている。原州の事例分析では，同族マウル(村)の成立背景・構造・運営実態・洞契から在地士族の子弟教育や女性教育にも言及し，多面的に在地士族の存在のあり方を追求した。⒁は伝統的な集落(マウル)に関して，成立から歴史的変化までを跡づけた。村落自治の発展，士族組織と村落民組織，祭祀や習俗も含む村落生活の具体的状況を，地方史料の綿密な収集と周到な読解により解明し，支配層中心の従来の村落社会史研究を，村落民を視野に入れた研究へと転換させた。⒂は朝鮮時代に地方行政の末端を担った土着集団である郷吏に対する本格的研究書の日本語訳である。関連資料を網羅的に発掘し，郷吏の家系・地方行政における寡頭的運営体制・社会的位置・配偶者の選択・身分上昇などを系統的に明らかにした。郷吏によるタルチュム(面踊り)の主催を地域支配と関連づけて論ずるなど，郷吏研究における先駆的業績である。⒃は朝鮮時代のソウル社会について，都市空間，住民と居住空間，洞の形成，官僚の居住地域，住民の移動，商業空間など，生活の舞台としての地域を都市的視点からまとめ，住民の生活に多面的に接近した。

3　思想史・文化史

⑴　鄭炳模『韓国の風俗画』ハンギルアート　2000〈韓国語〉
⑵　崔ドンヒョン編『パンソリの美学と歴史』民俗苑　2005〈韓国語〉
⑶　趙珖『朝鮮後期社会と天主教史』(高麗史学会研究叢書２）景仁出版　2010〈韓国語〉
⑷　イドンミン『朝鮮後期絵画史(19世紀)』随筆と批評社　2011〈韓国語〉
⑸　安承俊『朝鮮時代財産相続文書　分財記』韓国学中央研究院蔵書閣　2014〈韓国語〉

⑴は韓国の風俗画を宗教・政治・通俗生活の３類型に分類し，時代別にいかなる歴史的背景のなかでどのように展開したのかを検討した。風俗画に対する理論的解説から重要な絵画に対する作品論まで網羅されている。⑵はパンソリに関する理論および演目である『興夫伝』や『水宮歌』などの作品論等諸側面から接近し，パンソリの神髄と歴史を理解するのに有意義である。⑶は著者による天主教研究三部作の一つであり，朝鮮における天主教の起源から始まって，西勢東漸の国際環境のなかでの天主教布教，1801年の教獄，黄嗣永帛書，丙寅洋擾など，天主教に関係する歴史的事件を詳細に扱っている。⑷は朝廷のお雇い画家としての画員の絵画だけでなく，民間画家たちの作品をも網羅し，南宋画から風俗画や春画・仏画などまで叙述し，19世紀朝鮮絵画を理解するための重要な道しるべとなっている。とくに日本ではほとんど知られていない碧梧社や六橋詩社などの文化集団にも触れていることも特筆すべきである。⑸は朝鮮時代の相続文書である

分財記に関して理論的総論から個別分財記にいたる各論までを叙述したものである。著者は現存する約580件の分財記に目を通しており，分財記に対するもっとも基本的で専門的文献といえる。分財記の歴史的変化から女性の相続・非士族の相続まで朝鮮時代の相続のあり方の全体像を明らかにしている。

王朝系図

高句麗〔高 氏〕

＊実　線　血縁関係の判明する者
＊点　線　血縁関係，あるいは長幼の準の明らかでない者
＊①②…　王代数を表す

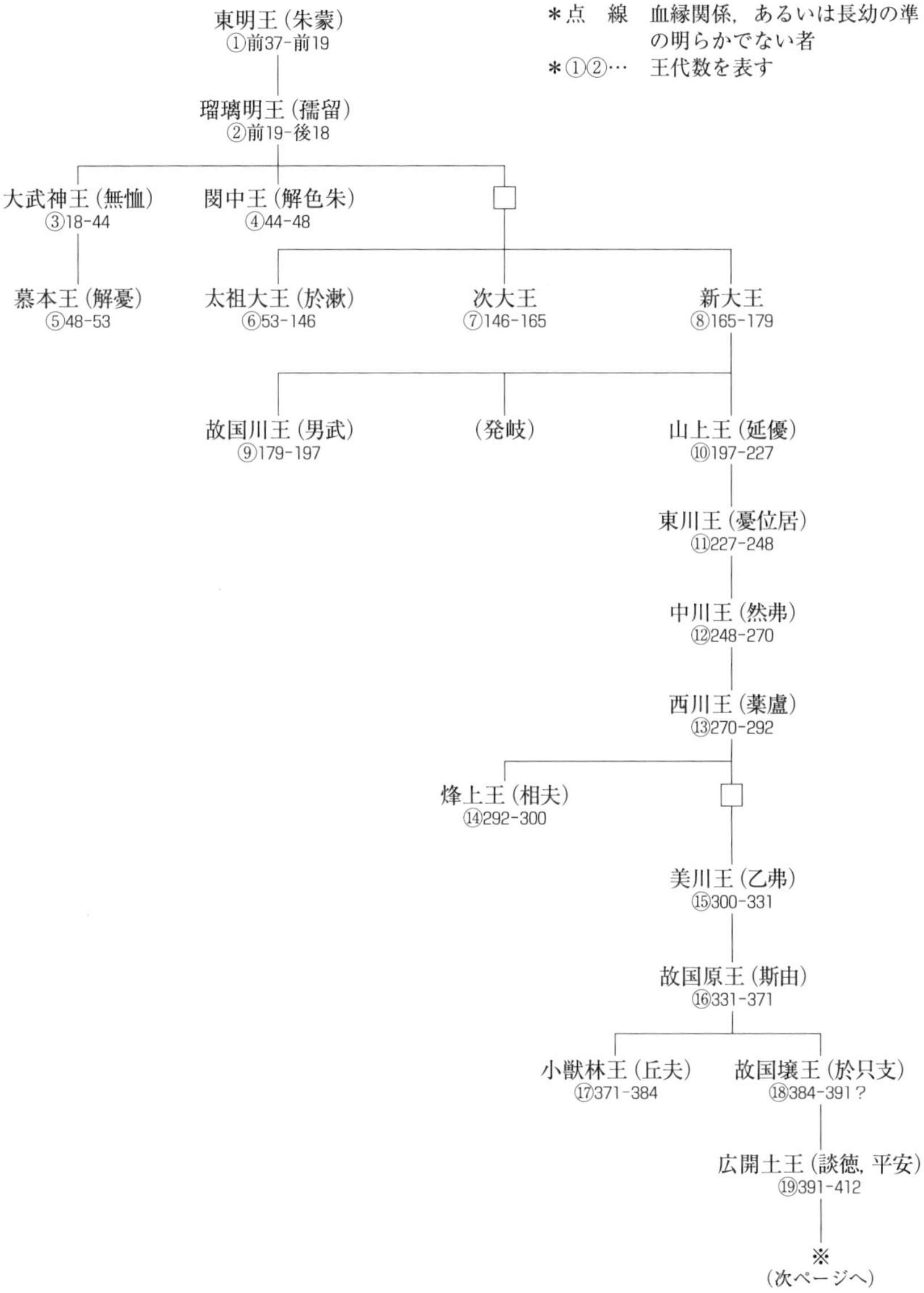

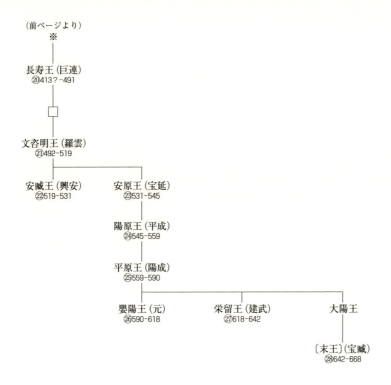

(前ページより)
※

長寿王(巨連)
⑳413?-491

□

文咨明王(羅雲)
㉑492-519

安臧王(興安)
㉒519-531

安原王(宝延)
㉓531-545

陽原王(平成)
㉔545-559

平原王(陽成)
㉕559-590

嬰陽王(元)
㉖590-618

栄留王(建武)
㉗618-642

大陽王

〔末王〕(宝臧)
㉘642-668

百　済〔夫(扶)餘氏〕

温祚王①前18-前28

多婁王②28-77

己婁王③77-127

蓋婁王④128-166

肖古王⑤166-214

仇首王⑥214-234

沙伴王⑦〔234〕

古尒王⑧234-286

責稽王⑨286-298

汾西王⑩298-304

契　王⑫344-346

比流王⑪304-344

近肖古王⑬346-375

近仇首王⑭375-384

枕流王⑮384-385

辰斯王⑯385-392

阿華王⑰392-405

腆支王⑱405-420

久尔辛王⑲420-427

毗有王⑳427-455

蓋鹵王㉑455-475

文周王㉒475-478

三斤王㉓478-479

□

東城王(牟大)㉔479-501

武寧王(斯摩，隆)㉕501-523

聖　王(明襛)㉖523-554

威徳王(昌)㉗554-598

恵　王(季)㉘598-599

法　王(宣)㉙599-600

武　王(璋)㉚600-641

〔末王〕(義慈)㉛641-660

南伽耶〔金官加羅〕

首露王 ①42-199
居登王 ②199-253
麻品王 ③253-291
居叱弥 ④291-346
伊尸品王 ⑤346-407
坐知王 ⑥407-421
吹希王 ⑦421-451
銍知王 ⑧451-492
鉗知王 ⑨492-521
仇衡王 ⑩521-532
武力
舒玄
庾信

大伽耶〔高霊加羅〕

悩窒朱日 ①
異悩王 ⑨
月光太子
道設知王 ⑯？-562

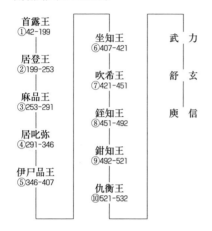

新　羅〔朴, 昔, 金氏〕

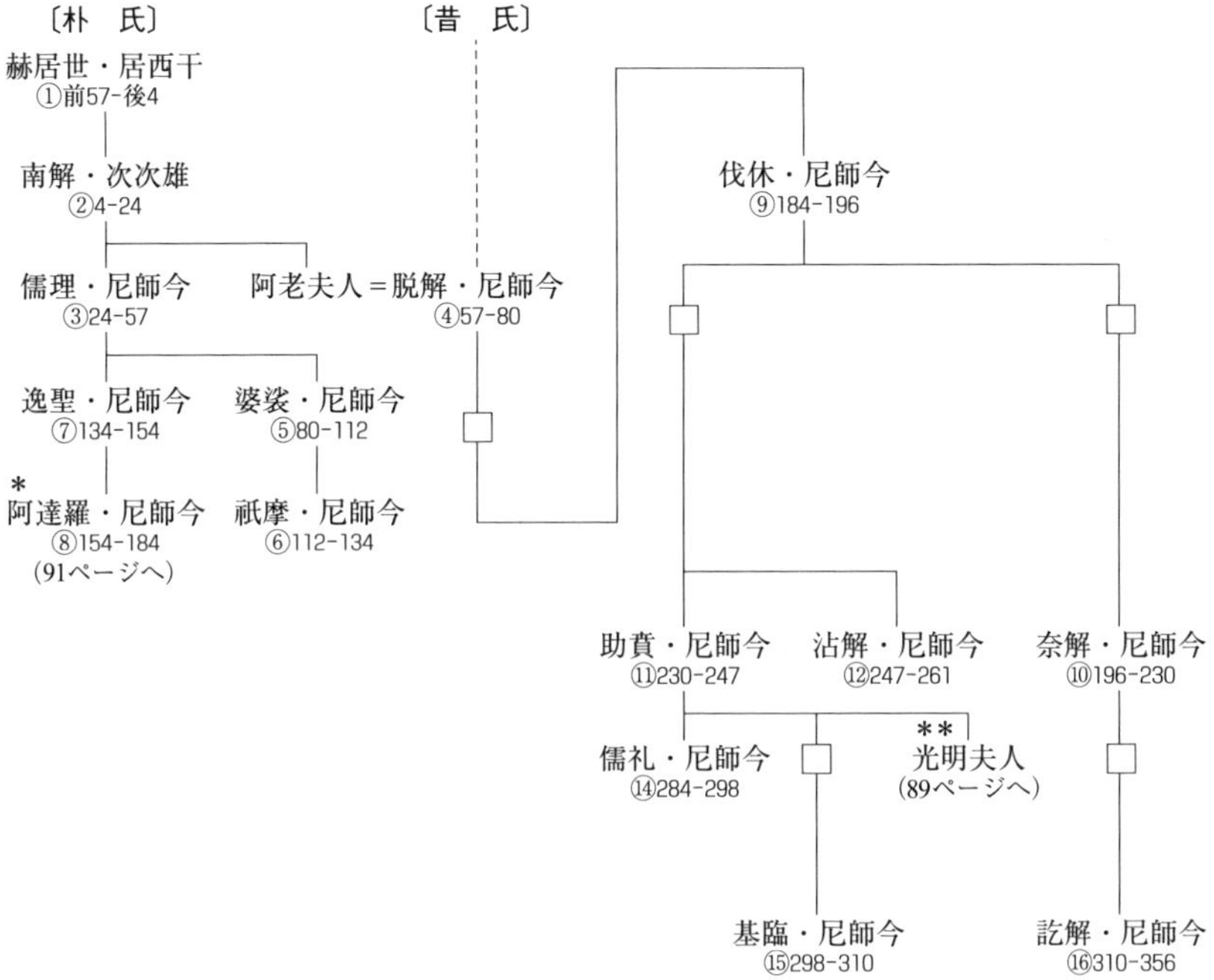

〔朴　氏〕
〔昔　氏〕
赫居世・居西干
①前57-後4
南解・次次雄
②4-24
儒理・尼師今
③24-57
阿老夫人＝脱解・尼師今
④57-80
逸聖・尼師今
⑦134-154
婆娑・尼師今
⑤80-112
＊
阿達羅・尼師今
⑧154-184
(91ページへ)
祇摩・尼師今
⑥112-134
伐休・尼師今
⑨184-196
助賁・尼師今
⑪230-247
沾解・尼師今
⑫247-261
奈解・尼師今
⑩196-230
儒礼・尼師今
⑭284-298
＊＊
光明夫人
(89ページへ)
基臨・尼師今
⑮298-310
訖解・尼師今
⑯310-356

〔金 氏〕

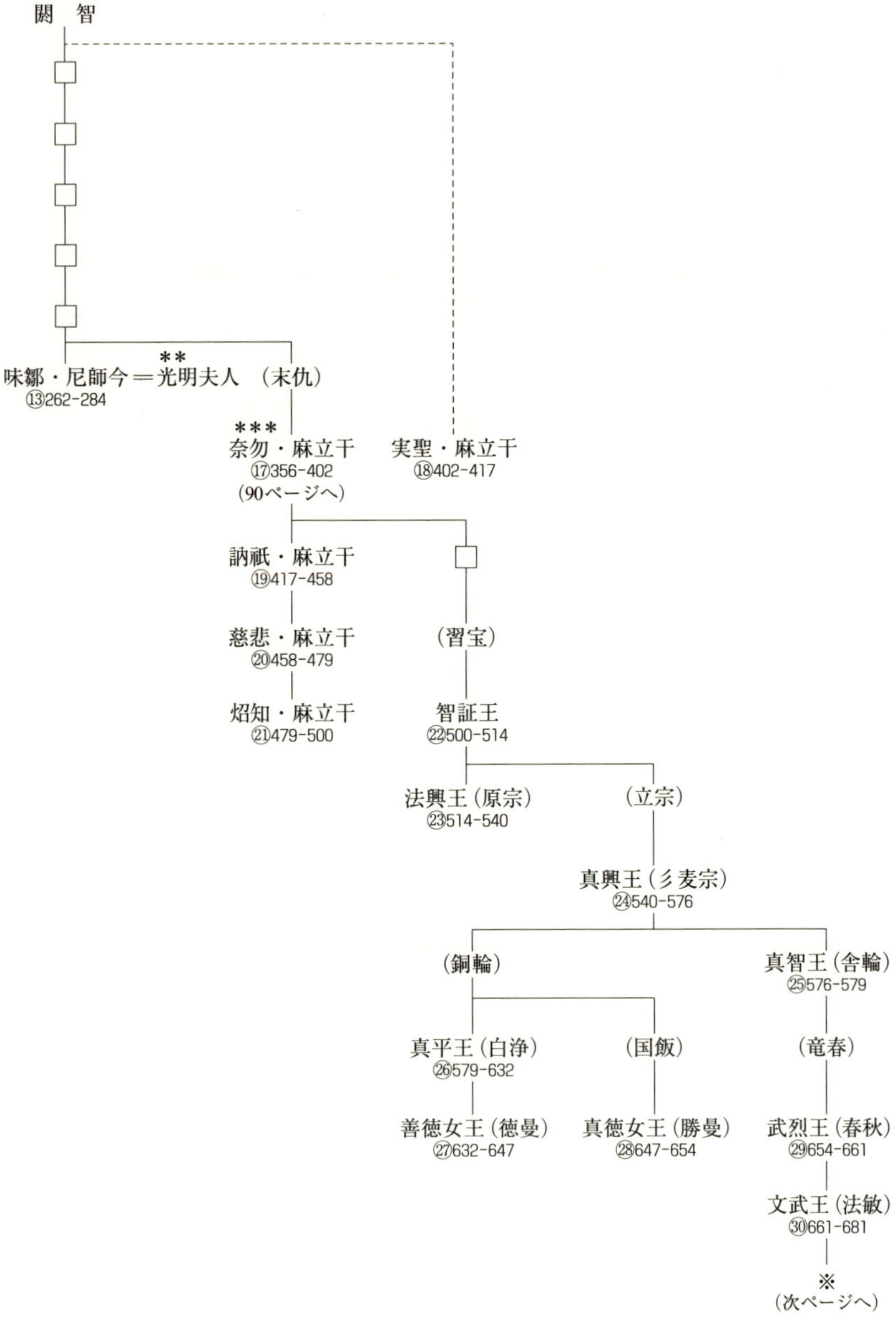
閼 智
**
味鄒・尼師今＝光明夫人 (末仇)
⑬262-284
***
奈勿・麻立干
⑰356-402
(90ページへ)
実聖・麻立干
⑱402-417
訥祇・麻立干
⑲417-458
慈悲・麻立干
⑳458-479
炤知・麻立干
㉑479-500
(習宝)
智証王
㉒500-514
法興王(原宗)
㉓514-540
(立宗)
真興王(彡麦宗)
㉔540-576
(銅輪)
真智王(舎輪)
㉕576-579
真平王(白浄)
㉖579-632
(国飯)
(竜春)
善徳女王(徳曼)
㉗632-647
真徳女王(勝曼)
㉘647-654
武烈王(春秋)
㉙654-661
文武王(法敏)
㉚661-681
※
(次ページへ)

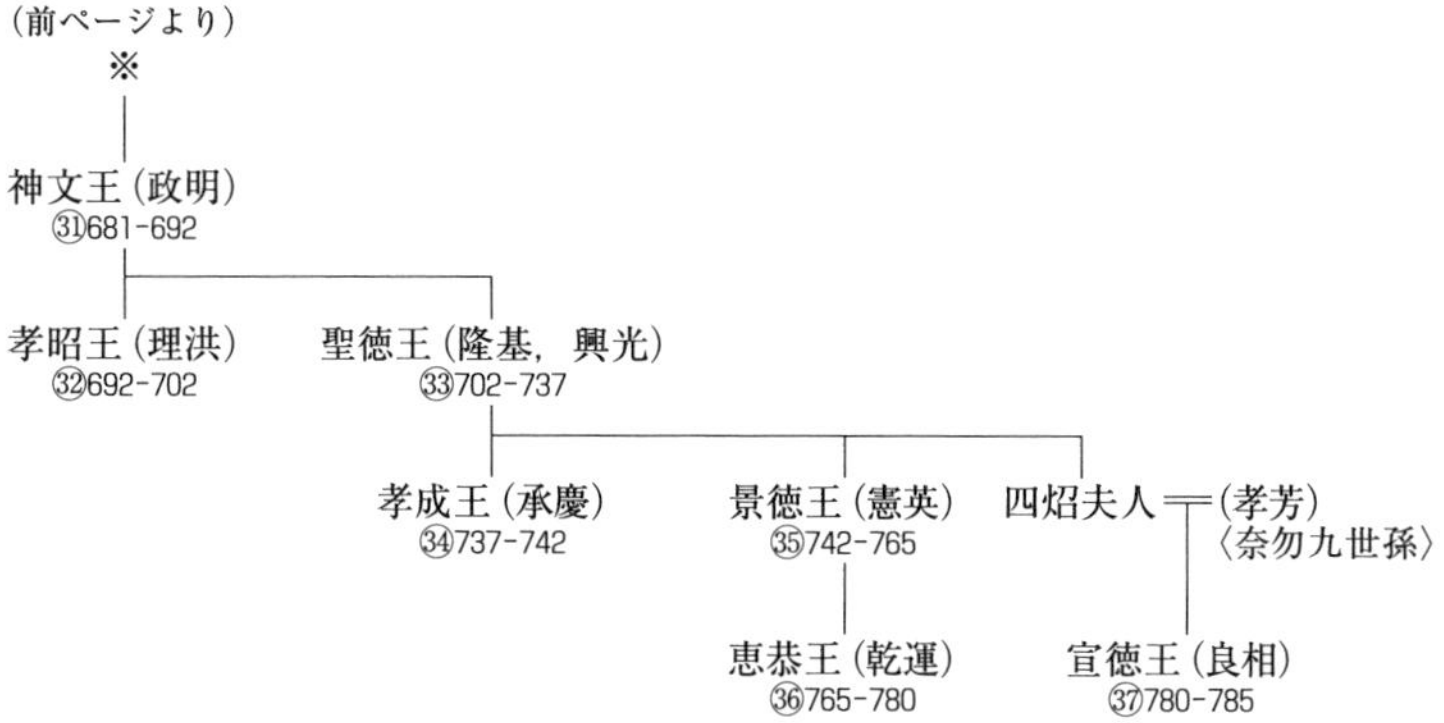
(前ページより)
※
神文王(政明)
㉛681-692
孝昭王(理洪)
㉜692-702
聖徳王(隆基, 興光)
㉝702-737
孝成王(承慶)
㉞737-742
景徳王(憲英)
㉟742-765
四炤夫人
(孝芳)
〈奈勿九世孫〉
恵恭王(乾運)
㊱765-780
宣徳王(良相)
㊲780-785

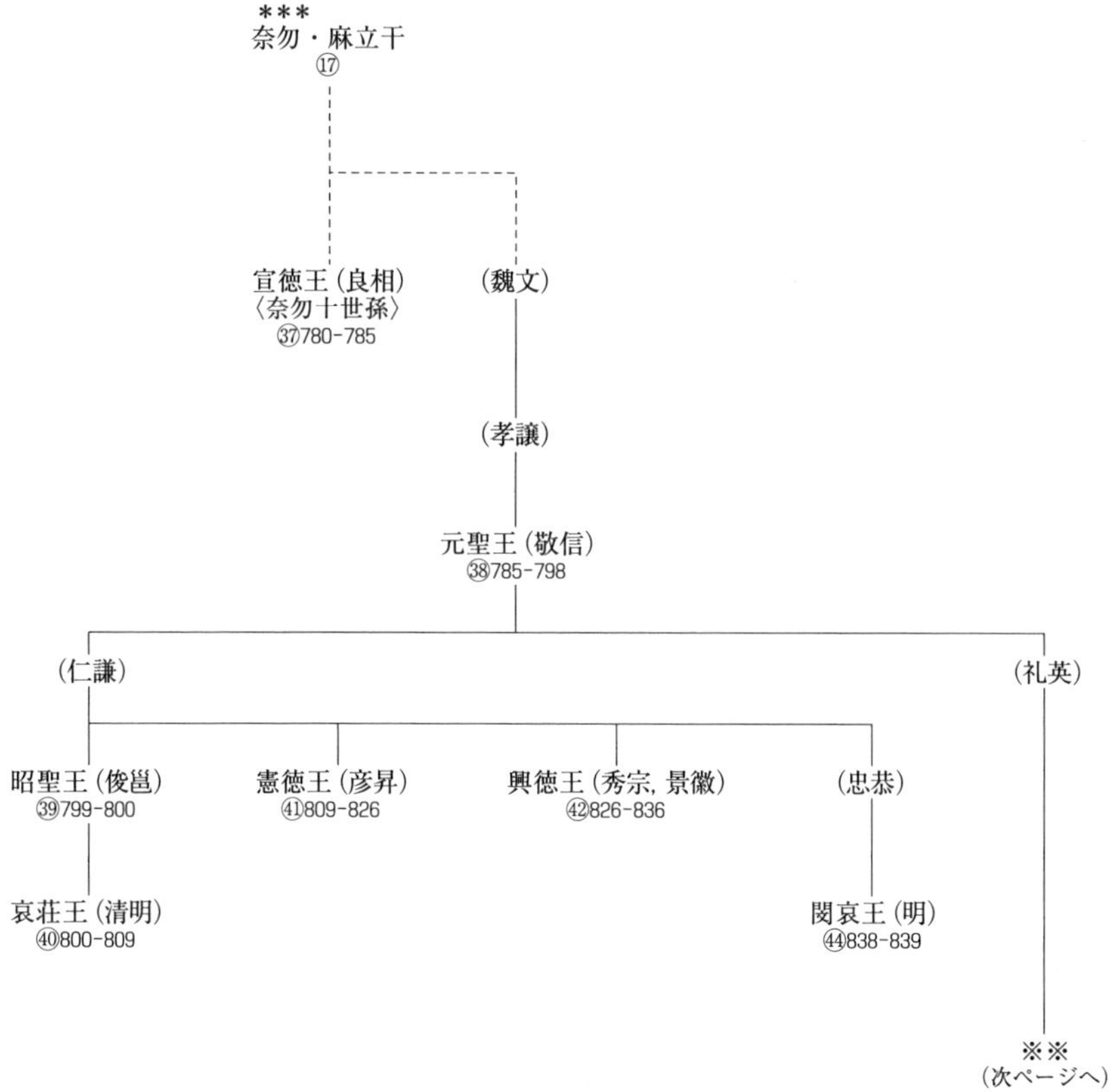
***
奈勿・麻立干
⑰
宣徳王(良相)
〈奈勿十世孫〉
㊲780-785
(魏文)
(孝讓)
元聖王(敬信)
㊳785-798
(仁謙)
(礼英)
昭聖王(俊邕)
㊴799-800
憲徳王(彦昇)
㊶809-826
興徳王(秀宗, 景徽)
㊷826-836
(忠恭)
哀荘王(清明)
㊵800-809
閔哀王(明)
㊹838-839
※※
(次ページへ)

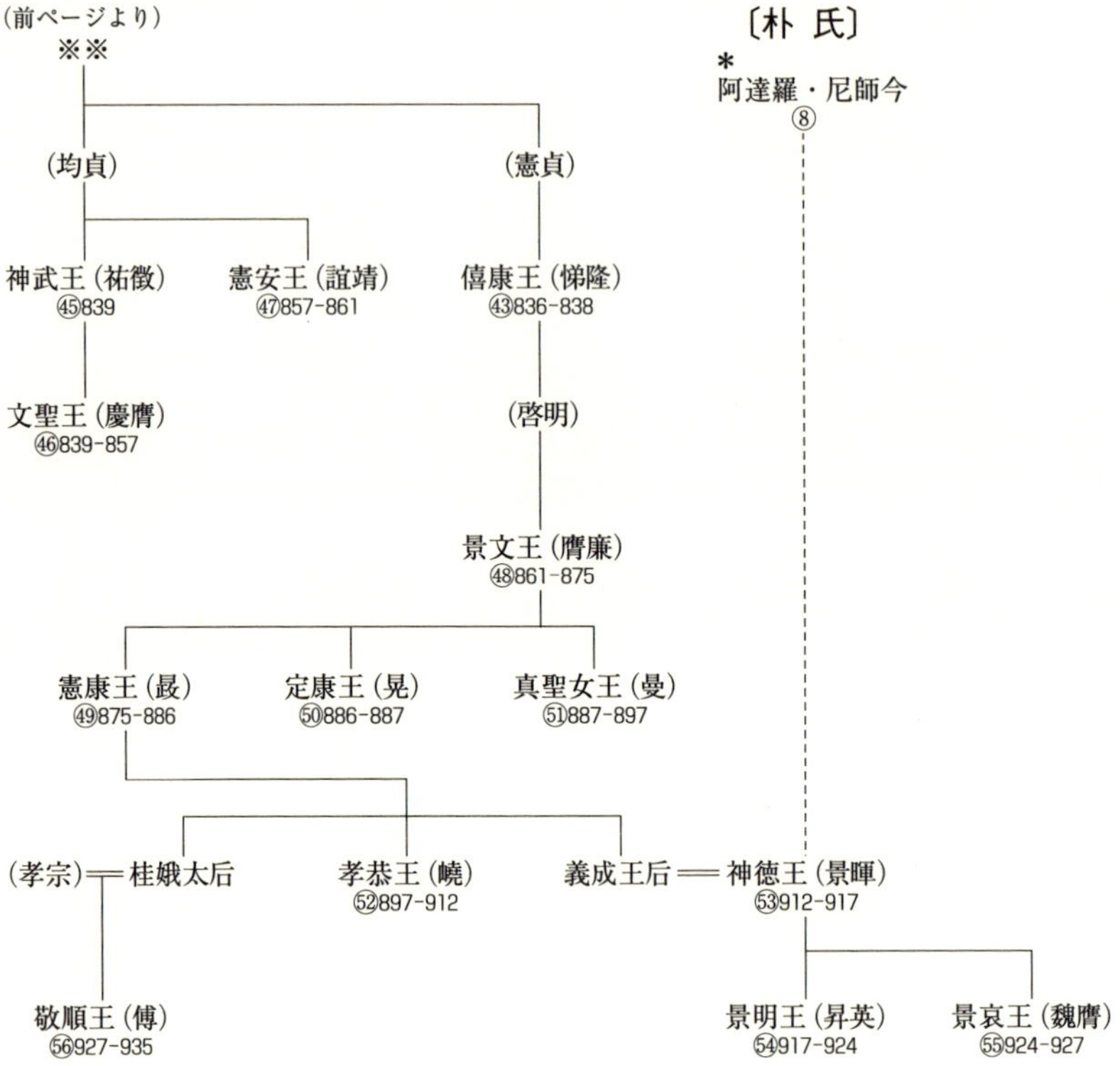

（前ページより）
※※
（均貞）
（憲貞）
神武王（祐徴）
㊺839
憲安王（誼靖）
㊼857-861
僖康王（悌隆）
㊸836-838
文聖王（慶膺）
㊻839-857
（啓明）
景文王（膺廉）
㊽861-875
憲康王（晸）
㊾875-886
定康王（晃）
㊿886-887
真聖女王（曼）
51 887-897
（孝宗）＝桂娥太后
孝恭王（嶢）
52 897-912
義成王后＝神徳王（景暉）
53 912-917
敬順王（傅）
56 927-935
景明王（昇英）
54 917-924
景哀王（魏膺）
55 924-927
〔朴 氏〕
*
阿達羅・尼師今
⑧

渤　海〔大　氏〕

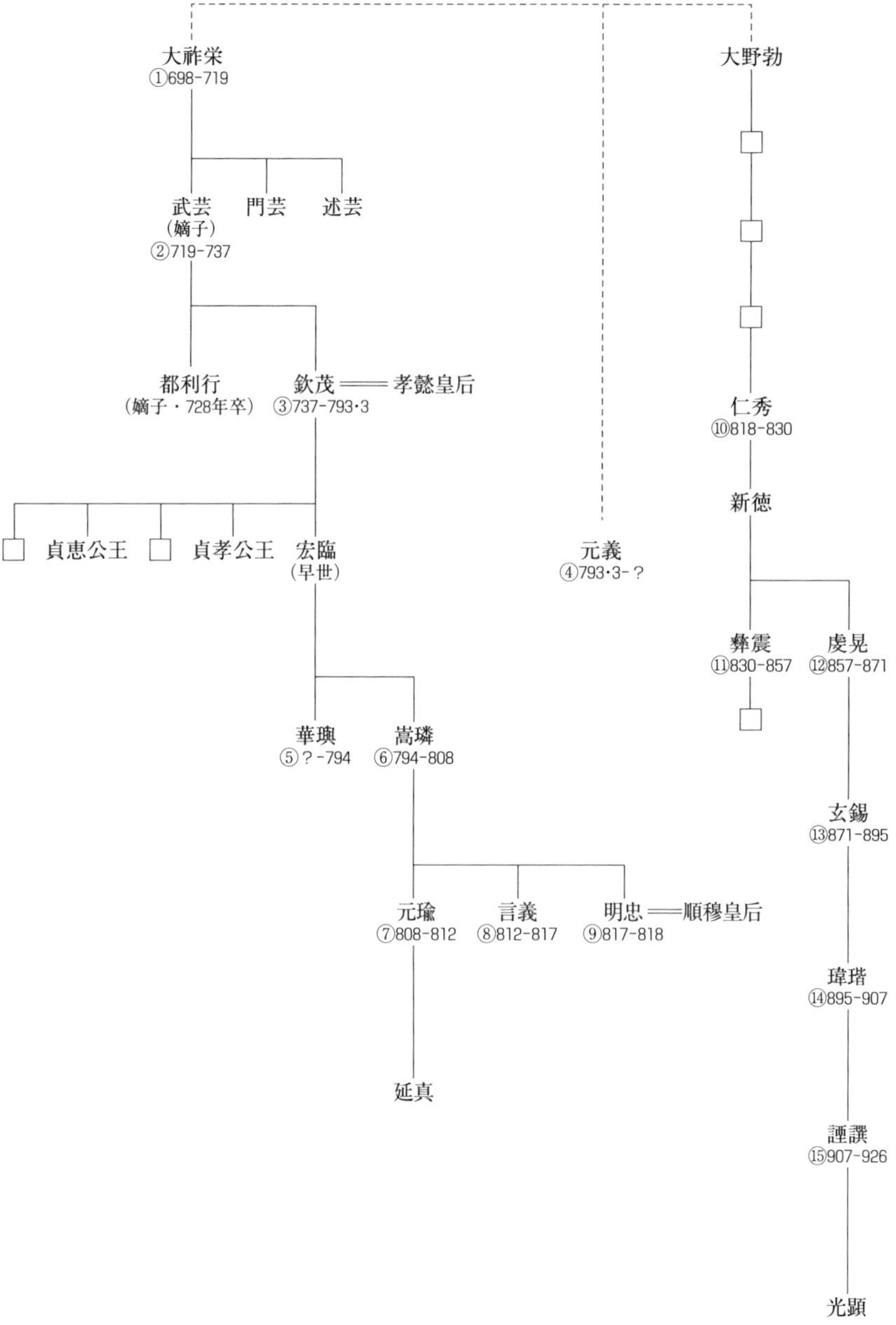
大祚栄
①698-719
武芸
（嫡子）
②719-737
門芸
述芸
都利行
（嫡子・728年卒）
欽茂
③737-793･3
孝懿皇后
貞恵公王
貞孝公王
宏臨
（早世）
華璵
⑤？-794
嵩璘
⑥794-808
元瑜
⑦808-812
言義
⑧812-817
明忠
⑨817-818
順穆皇后
延真
元義
④793･3-？
大野勃
仁秀
⑩818-830
新徳
彝震
⑪830-857
虔晃
⑫857-871
玄錫
⑬871-895
瑋瑎
⑭895-907
諲譔
⑮907-926
光顕

高　麗〔王 氏〕

- 太祖（建） ①918-943
  - 恵宗（武） ②943-945
  - 定宗（尭） ③945-949
  - 光宗（昭） ④949-975
    - 景宗（伷） ⑤975-981
      - 穆宗（誦） ⑦997-1009
  - □
    - 成宗（治） ⑥981-997
  - □
    - 顕宗（詢） ⑧1009-31
      - 徳宗（欽） ⑨1031-34
      - 靖宗（亨） ⑩1034-46
      - 文宗（緒→徽） ⑪1046-83
        - 順宗（勲） ⑫1083
        - 宣宗（蒸・祁→運） ⑬1034-94
          - 献宗（昱） ⑭1094-95
        - 粛宗（煕→顒） ⑮1095-1105
          - 睿宗（俁） ⑯1105-22
            - 仁宗（構→楷） ⑰1122-46
              - 毅宗（徹→晛） ⑱1146-70
              - 明宗（昕→晧） ⑲1170-97
                - 康宗（祦） ㉒1211-13
                  - 高宗（瞋→晊→皦） ㉓1213-59
                    - 元宗（倎→禃） ㉔1260-74
                      - 忠烈王（諶→賰→昛） ㉕1274-98/1298-1308
                        - 忠宣王（謜→璋） ㉖1298/1308-13
                          - 忠粛王（燾） ㉗1313-30/1332-39
                            - ※（次ページへ）
              - 神宗（旼→晫） ⑳1197-1204
                - 熙宗（悳→韺） ㉑1204-11
                - □
                  - □
                    - □
                      - □
                        - □
                          - □

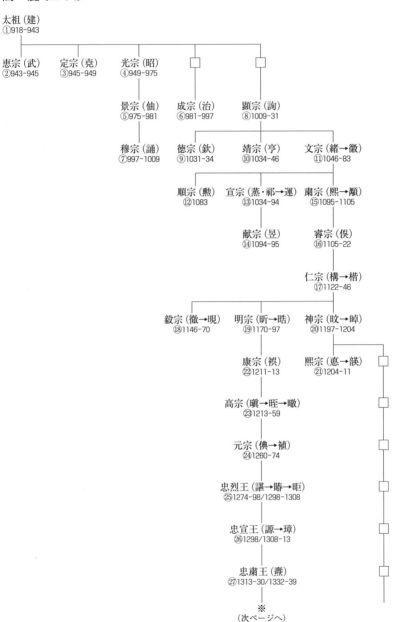

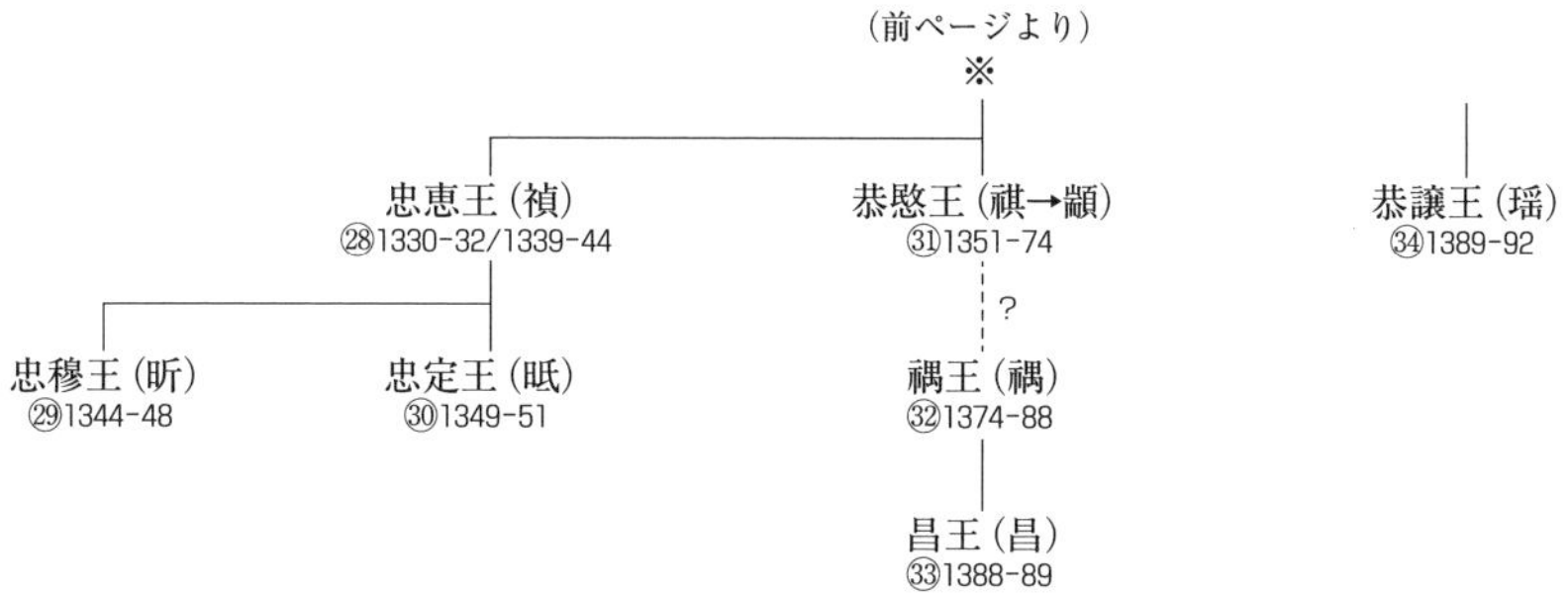
（前ページより）
※
忠恵王（禎）
㉘1330-32/1339-44
恭愍王（祺→顓）
㉛1351-74
恭譲王（瑶）
㉞1389-92
忠穆王（昕）
㉙1344-48
忠定王（㫝）
㉚1349-51
?
禑王（禑）
㉜1374-88
昌王（昌）
㉝1388-89

朝　鮮〔李 氏〕

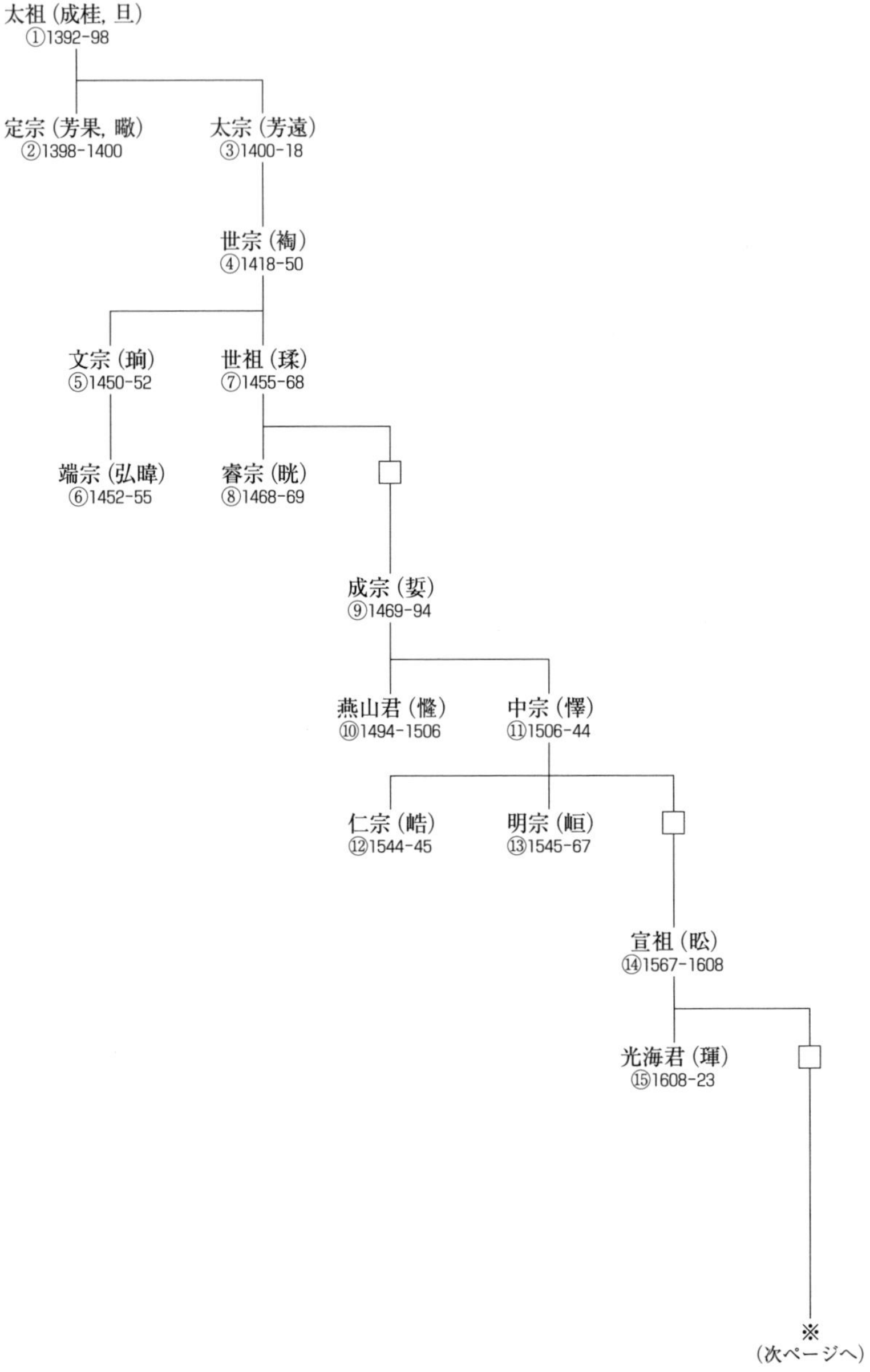

太祖（成桂, 旦）
①1392-98
定宗（芳果, 曔）
②1398-1400
太宗（芳遠）
③1400-18
世宗（祹）
④1418-50
文宗（珦）
⑤1450-52
世祖（瑈）
⑦1455-68
端宗（弘暐）
⑥1452-55
睿宗（晄）
⑧1468-69
成宗（娎）
⑨1469-94
燕山君（㦕）
⑩1494-1506
中宗（懌）
⑪1506-44
仁宗（峼）
⑫1544-45
明宗（峘）
⑬1545-67
宣祖（昖）
⑭1567-1608
光海君（琿）
⑮1608-23
※
（次ページへ）

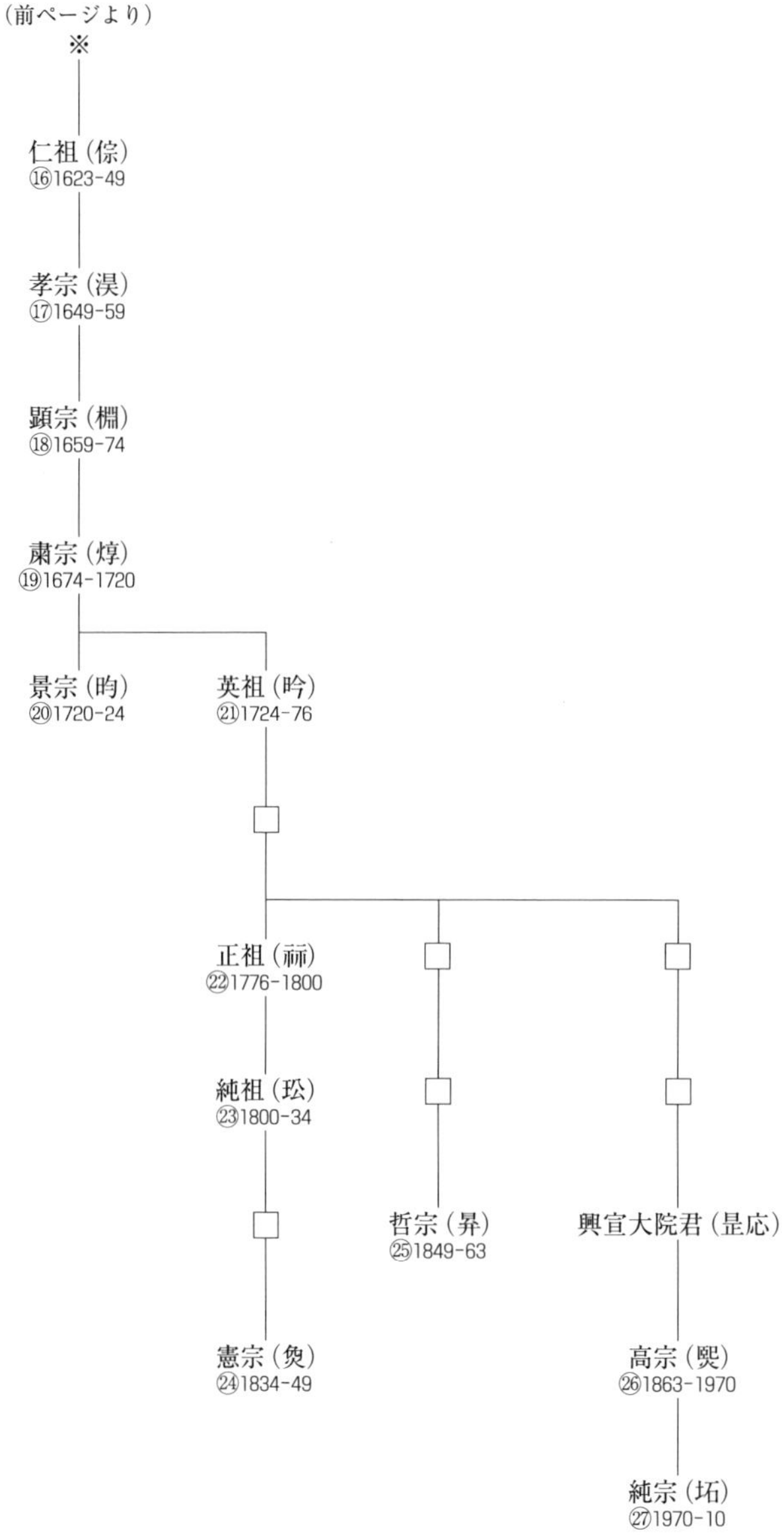
(前ページより)
※
仁祖(倧)
⑯1623-49
孝宗(淏)
⑰1649-59
顕宗(棩)
⑱1659-74
粛宗(焞)
⑲1674-1720
景宗(昀)
⑳1720-24
英祖(昑)
㉑1724-76
正祖(祘)
㉒1776-1800
純祖(玜)
㉓1800-34
憲宗(奐)
㉔1834-49
哲宗(昪)
㉕1849-63
興宣大院君(昰応)
高宗(㷩)
㉖1863-1970
純宗(坧)
㉗1970-10